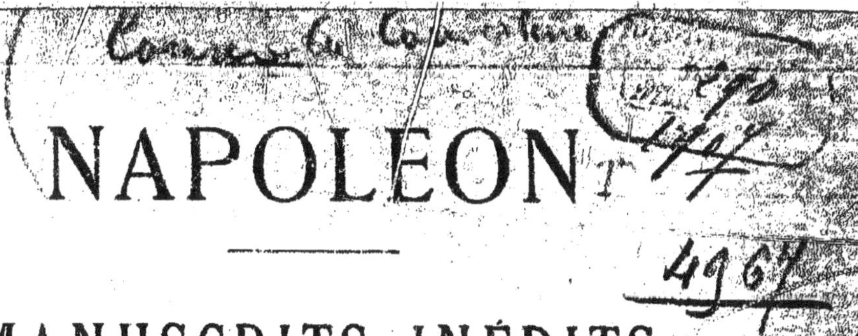

NAPOLEON

MANUSCRITS INÉDITS

1786-1791

Publiés d'après les originaux autographes

PAR

FRÉDÉRIC MASSON et GUIDO BIAGI

PARIS
SOCIÉTÉ D'ÉDITIONS LITTÉRAIRES ET ARTISTIQUES
Librairie Paul Ollendorff
50, CHAUSSÉE D'ANTIN, 50

1907

NAPOLÉON

MANUSCRITS INÉDITS

LA PREMIÈRE ÉDITION DES **MANUSCRITS DE NAPOLÉON**
a été publiée par nous sous le titre :

NAPOLÉON INCONNU

PAPIERS INÉDITS (1786-1793)

Accompagnés de notes sur **La Jeunesse de Napoléon** (1769-1793),

par FRÉDÉRIC MASSON.

Ces Notes aujourd'hui détachées forment un volume distinct sous le titre

NAPOLÉON DANS SA JEUNESSE

1769-1793

NAPOLÉON

MANUSCRITS INÉDITS

1786-1791

Publiés d'après les originaux autographes

PAR

FRÉDÉRIC MASSON et GUIDO BIAGI

PARIS

SOCIÉTÉ D'ÉDITIONS LITTÉRAIRES ET ARTISTIQUES

Librairie Paul Ollendorff

50, CHAUSSÉE D'ANTIN, 50

1907

INTRODUCTION

Pour étudier Napoléon, pour essayer de se former une opinion sur les impressions que son cerveau a reçues et qui ont déterminé le courant de ses idées, rien de plus nécessaire que de connaître exactement et dans le plus grand détail, ses années d'enfance et de jeunesse — ses années de formation intellectuelle. Or, jusqu'ici, il est singulièrement difficile d'en acquérir une notion satisfaisante. On rencontre, pour s'en instruire, des romans sentimentaux et imbéciles ou des pamphlets à ce point haineux que les parties même de vérité qu'ils contiennent en deviennent suspectes et exigent d'être vérifiées : de documents authentiques, originaux, indiscutables, qui fassent preuve pour l'histoire, extrêmement peu. Quelques témoignages secondaires, quelques anecdotes recueillies à Sainte-Hélène, de la bouche de l'Empereur par Las-Cases, Montholon et Antommarchi, et c'est tout. Témoignages et anecdotes ont encore besoin d'être contrôlés et sont souvent en contradiction avec les faits. On sait ce qu'il faut penser des mémoires de Bourrienne. Ceux de Mme la duchesse d'Abrantès, plus perfides, contiennent peut-être encore moins de vérité. Les frères de Napoléon qui ont écrit leurs souvenirs n'ont point vécu aux mêmes lieux que lui, ne se rappellent point exactement ce qui le concerne et portent des jugements qu'obscurcit parfois le sentiment exalté de leur personnalité propre. Donc, émanant des contemporains, presque rien qui le montre et apprenne à le connaître. De lui, de papiers qu'il ait écrits alors, guère plus : une douzaine de lettres authentiques, un fragment de discours, trois ou quatre morceaux d'études, voilà tout ce qu'ont apporté les explorations de Blanqui, les patientes recherches de M. le baron de Coston et de M. le conseiller Nasica, tout ce qu'ont procuré de lumières la prudente avarice de M. Guillaume Libri et la haine exercée de M. Iung.

Nous fournissons ici, pour l'étude de la jeunesse de Napoléon, une contribution qui est sans doute la plus importante qu'on ait imprimée jusqu'ici : la plupart des écritures d'étude qu'il a faites en France de 1786 à 1792.

Quelques fragments en sont connus : les uns ont été publiés à des dates diverses, d'une manière incomplète et inexacte, d'après les copies anciennes ; les autres l'ont été en 1842, sans beaucoup de correction, d'après les originaux même que nous avons entre les mains. Cette publication a été de beaucoup la plus importante, mais, en la faisant, M. Guillaume Libri se souciait assez peu de la liaison des idées, de l'exactitude des textes, de la fixation des dates ; il visait à amorcer quelque amateur généreux auquel il vendît le plus cher possible les autographes qu'il se trouvait posséder. Il y réussit et ne tarda pas à céder les manuscrits de Napoléon, en même temps que quantité d'autres moins légitimement acquis, au comte d'Ashburnham, amateur hors de pair, dont la bibliothèque a été assurément une des plus considérables et des plus riches qu'un particulier ait formées.

Comment ces autographes étaient-ils venus aux mains

de Libri et quelles garanties fournit-on de leur authenticité ?

Soit que Napoléon eût conservé ces papiers en un coin de son cabinet durant tout son règne, soit que, à une date qu'on ignore, il les ait retrouvés ou rachetés, toujours est-il qu'il les possédait en 1815 et que, vraisemblablement durant les Cent-Jours, il les enferma dans un carton couvert d'un papier grisâtre à dessins quadrillés, lequel avait contenu antérieurement une *Correspondance avec le Premier Consul*, biffa cette inscription, écrivit en place : *à remettre au cardinal Fesch seul*, ferma et scella le carton de son cachet impérial et le fit tenir à son oncle. Ce carton fut emporté à Rome par Fesch, qui, dit-on, n'eut point la curiosité de l'ouvrir et il resta ainsi scellé et ficelé jusqu'en 1839. A la mort du cardinal (13 mai 1839), son grand vicaire et futur biographe, l'abbé Lyonnet, s'empara du carton, ainsi que de quantité d'autres papiers, et rapporta son butin à Lyon. L'année suivante, passa par cette ville le fils aîné de Lucien Bonaparte, le prince Charles-Lucien. L'abbé Lyonnet, pris de tardifs scrupules, le pria d'assister avec quelques personnes qualifiées à l'ouverture du carton ; mais, soit que l'examen rapide des papiers qui y étaient contenus n'eût pas permis d'en apprécier l'importance ; soit que les autographes eussent paru peu lisibles ou que les études du prince, uniquement tournés vers les sciences naturelles, n'eussent point suffisamment préparé son jugement, le dépôt soustrait à la succession du cardinal ne fut pas authentiquement réclamé et l'abbé Lyonnet en garda la disposition. « Il hésitait, a dit M. le baron de Trémont dans des notes inédites, sur le meilleur parti à en tirer : donner ces papiers à une bibliothèque ou les vendre au profit des pauvres, lorsque Libri qui avait appris leur existence le décida en faveur des pauvres et fut jusqu'à lui faire entrevoir un évêché. Ils se rendirent chez un notaire qui passa un acte de vente moyennant sept à huit mille francs. »

Ce récit se trouve confirmé par une série d'affirmations de Libri et de ses défenseurs, lors du procès qui lui fut intenté par le gouvernement français pour les vols commis dans les bibliothèques [1], par deux lettres écrites par l'abbé Lyonnet à Libri et conservées aujourd'hui à la Bibliothèque nationale [2], enfin par la trouvaille dans le cabinet de M. Etienne Charavay du fragment d'un manuscrit de Napoléon sur lequel le possesseur a inscrit qu'il le tenait en don de l'abbé Lyonnet.

Cette distraction insignifiante n'est malheureusement pas la seule qu'on ait à signaler. Avant de céder ses autographes au comte d'Ashburnham, Libri avait donné, vendu ou échangé à certaines personnes divers manuscrits. On verra plus loin qu'il en a été ainsi pour le manuscrit intitulé : 15e *Cahier*. On peut soupçonner qu'il en a été de même pour les 2e, 3e et 4e *Cahiers d'extraits sur l'artillerie*, car nous n'avons de cette série que ceux désignés : 1er et 5e [3]. De là des lacunes, mais l'ensemble de la collection n'en subsiste pas moins et la masse des documents retrouvés est si importante que ces lacunes ne sauraient modifier sensiblement l'impression qu'on en tirera.

Nul n'a jamais contesté l'authenticité de ces manuscrits — pas plus, en 1842, lorsque Libri en publia des fragments

(1) Réponse au rapport de M. Boucly. Paris, 1848, in-8°, p. 90.

(2) Fonds Français. Nouvelles acquisitions, n° 3271, fol. 515 et n° 3276, fol. 56.

(3) D'après une lettre que j'ai lieu de croire authentique, il existerait, en Angleterre, d'autres papiers d'étude de Napoléon et en particulier un fragment d'un cours de minéralogie; mais cette pièce est datée *Paris, le 2 thermidor*; elle est, par suite, de l'an III, de l'époque où Napoléon attendait qu'il fût remis en activité comme général. Or, aucune pièce du fonds Libri n'est postérieure à 1793, au moment où Napoléon a quitté la Corse, et l'on doit penser que ce fragment fait partie d'un autre fonds dont il est jusqu'ici le seul morceau signalé.

dans la *Revue des Deux-Mondes* et dans l'*Illustration*, que, en 1848, lors du fameux procès, ou, en 1883 et en 1886, lorsque M. Léopold Delisle, administrateur de la Bibliothèque nationale, décrivit la collection Ashburnham dans une série de rapports et de notices que sa haute compétence a faits définitifs. Libri volait des manuscrits ; il n'en fabriquait pas. Ceux par qui et à qui il vendait ces papiers étaient les plus fins amateurs qui fussent en Europe, et il n'eût point été si sot que de les tromper puisque c'eût été se fermer leur porte. Aucune discussion ne peut s'élever sur l'authenticité des pièces que nous publions : un simple examen suffirait d'ailleurs à convaincre les plus incrédules.

Au mois de décembre 1881, lorsque le bruit se répandit que le comte d'Ashburnham songeait à se défaire des collections que son père avait formées, je signalai au prince Napoléon l'existence et l'intérêt de ces papiers. Le Prince, si passionnément épris de la gloire de son oncle, si convaincu que rien de ce qui pouvait éclairer son histoire n'était pour le diminuer et pour lui nuire, si instruit du détail et de l'ensemble puisque, seul, il avait recueilli la Tradition dont il a été durant toute sa vie le champion fidèle, le Prince saisit avec empressement cette occasion d'acquérir quelque lumière nouvelle sur cette partie inconnue de la vie de l'Empereur. Il entra aussitôt en relations avec lord Ashburnham, obtint que les manuscrits fussent déposés durant quelques jours au British Muséum et voulut bien me demander d'aller les y examiner. Grâce à l'honorable M. E. Maunde Thomson, l'un des trustees de cet établissement, qui me donna asile dans son cabinet et me fournit toutes les facilités de travail avec une inépuisable obligeance, je pus rapidement dresser un inventaire et prendre copie des documents les plus importants. Le

25 janvier 1882, je rendis compte du résultat de mon voyage au Prince, qui m'envoya presque aussitôt la note suivante :

« Le rapport sur les papiers de lord Ashburnham est très complet.

« Il soulève les questions suivantes :

1° Faut-il en faire une publication sous forme de *Variétés* dans *le Napoléon* et la tirer plus tard en brochure ?

« 2° Se préoccuper de l'effet au point de vue unique de la mémoire de Napoléon et non de la curiosité publique. Cela sera-t-il utile à la mémoire du Grand Homme ?

« 3° Faudrait-il tout publier ou faire un choix ?

« 4° Faudrait-il compléter cette publication par des extraits plus complets pris dans les papiers ? »

Il ne me sembla pas alors que le Parti fût intéressé à une publication immédiate et intégrale, surtout dans les colonnes d'un journal qui, malgré les efforts de ses rédacteurs, demeurait obscur et n'était guère lu. Le Prince avait déjà, de cette façon, fait imprimer à Ajaccio une partie des *Lettres sur la Corse*. Cet essai n'avait pas produit de résultat appréciable. Les écrits de l'Empereur ne semblaient pas à leur place convenable dans un feuilleton ; moins que tous les autres, ceux-ci, qui : pour être lus avec quelque fruit, demandent une culture, une attention, une suite, impossibles à obtenir des lecteurs intermittents d'une feuille populaire. Enfin, si utiles, si nécessaires même que soient ces documents, pour déterminer l'éclosion intellectuelle de Napoléon, pour suivre l'origine, la formation et la progression de ses idées ; s'ils ajoutent à l'opinion qu'on peut se faire du lieutenant et du capitaine Bonaparte, s'ils font comprendre certaines évolutions de son esprit et les diverses habitudes qu'il a données à ses facultés, ils n'augmentent ni ne diminuent l'opinion qu'on s'est formée du Premier consul et de l'Empereur. Par conséquent, dans le sens où le Prince posait la question, leur publication n'était point *utile à la mémoire du Grand Homme*. Elle n'eût point été opportune, car en mettant alors au jour les opinions que Napoléon professait sur la société et l'Eglise, la propriété et la loi, la France et la République, sur toute chose d'ailleurs, on ne pouvait manquer de précipiter la rupture avec cet état-major du Parti, qu'on s'imaginait avoir rallié et qu'on s'efforçait sans cesse de ménager.

D'ailleurs, lorsque me parvinrent les copies que j'avais laissé à faire à Londres d'après les documents dont l'écriture était le plus facilement déchiffrable, *le Napoléon* avait cessé de paraître et le Prince avait renoncé pour le moment à la publication quotidienne d'un journal directement inspiré par lui.

Il n'avait point pourtant rénoncé à faire connaître la substance des papiers dont il possédait les copies, et lorsque, au mois d'avril 1883, il apprit que décidément la collection Ashburnham allait être vendue, il m'engagea à donner au journal *le Gaulois*, qui m'offrait alors son hospitalité, un article sur *Bonaparte inconnu*. Il en trouva lui-même le titre, et c'est pour cette raison que j'avais intitulé la première édition du présent livre : *Napoléon inconnu*.

Le but du Prince était, non pas de prendre date pour une publication ultérieure, mais d'éveiller l'attention des Français qui pouvaient avoir souci de l'histoire et de Napoléon, d'indiquer le trésor qui allait échapper et qui, pour peu d'argent, pouvait être récupéré par la natiou.

L'on ne doutait pas en effet, à ce moment, que la collec tion ne fût dispersée par lots, selon les convenances des divers États. De l'ensemble, lord Ashburnham demandait 300.000 livres sterling (7.500.000 francs), et, pour fournir cette somme, une sorte de consortinm devait être formé entre la plupart des grandes bibliothèques de l'Europe. La Bibliothèque nationale de Paris offrait pour sa part 600.000 francs : mais c'était pour un lot de manuscrits, fragments antiques, miniatures, curiosités archéologiques, dérobé, paraît-il, dans divers dépôts français par Libri et Barrois et qu'il importait essentiellement de recouvrer. Le Prince espérait que, en signalant l'existence des manuscrits de Napoléon, une petite part serait faite pour eux sur ce formidable crédit.

C'était une illusion : à la Bibliothèque nationale, au ministère de l'Instruction publique, nulle part, personne ne songea jamais à revendiquer pour la France ces autographes et à en offrir une somme quelconque. M. Léopold Delisle a déclaré dans son rapport au ministre que si, pour 600.000 francs, la Bibliothèque avait recouvré les deux cents volumes présumés volés et formant dans la collection Ashburnham les fonds Libri et Barrois, « *il aurait été entendu que la France ne réclamerait aucun autre article des collections offertes en ce moment au British Museum* ».....

A défaut de la France, l'Italie s'offrit. Le 15 mai 1884, le comte d'Ashburnham prenait l'engagement de céder au gouvernement italien, moyennant la somme de 23.000 livres sterling (675.000 francs) dix-huit cent vingt-six manuscrits provenant de sa collection. Un projet de loi fut présenté le 12 juin, voté le 17, et, avant la fin de l'année 1884, l'Italie entrait en possession de près de deux mille manuscrits, entre lesquels, sous l'unique n° 1873, figuraient, les papiers de jeunesse de Napoléon [1], plus de cent manuscrits autographes, sans compter les copies et les imprimés.

(1) Voir sur cette affaire les brochures de M. Léopold Delisle : *Les Manuscrits du comte d'Ashburnham. Rapport au ministre de l'Instruction publique et des Beaux-Arts.* Paris, 1883. In-4°, et *Notice des manuscrits du fonds Libri conservés à la Laurentienne à Florence.* Paris, 1886, in-4°.

En cette ville de Florence, berceau antique de la famille Bonaparte, en cette admirable bibliothèque Médicéo-Laurentienne où sont accumulées des richesses sans prix, les papiers de Napoléon, dédaignés par les savants officiels et les archéologues français, trouvèrent ainsi un asile.

Ce n'était pas moins un grand regret pour certains de penser que la publication des *Ecrits de jeunesse* se trouverait ainsi ajournée fort longtemps, qu'elle serait faite en Italie, peut-être avec une préparation insuffisante et selon un classement discutable. L'insertion dans la *Revue des Deux Mondes* des articles de M. Taine, extraits de son livre : *Les origines de la France contemporaine* montrait justement combien il importait de faire enfin la lumière sur les études premières de Napoléon et sur les directions successives qu'il avait suivies. Sans doute, en répondant aux *Détracteurs* avec l'autorité que lui assuraient son nom, ses traditions, ses études, et — l'on peut le dire à présent sans être suspect de flatterie — la supériorité de son intelligence, le prince Napoléon avait, en quelques phrases brèves, rétabli les faits : il avait exposé avec une franchise entière les phases diverses de la vie de l'Empereur[1] ; mais le cadre qu'il s'était tracé lui interdisait de fournir à l'appui de son affirmation les preuves nécessaires ; il exprima le désir que je fisse imprimer certains des documents que j'avais entre les mains, et, en mars 1889, je publiai dans la revue *Les Lettres et les Arts* (*Art and Letters*) une étude, trop écourtée sans doute, mais qui con-

(1) Voir dans *Napoléon et ses détracteurs*. Paris, 1887, in-12, le chapitre intitulé : *L'homme et l'autre*. On a dit que j'avais collaboré à des parties à ce livre : cela est vrai. Mais si le Prince a adopté certaines de mes idées, il en a rejeté d'autres. Il a pris mes notes et, par son style, sa façon, le tour qu'il y a donné, il a fait siennes des idées que d'ailleurs je n'avais aucun mérite à exposer, puisque nous les avions ensemble tournées et retournées cent fois, qu'elles nous paraissaient, à l'un et à l'autre, l'expression même des faits, et que c'était simplement le résumé de nos entretiens que je lui présentais.

tenait au moins une analyse exacte et à peu près intégrale des papiers Libri.

Cet article[1], par les documents qu'il renfermait, aurait pu rectifier certaines notions, mais la forme que j'avais dû lui donner et le luxe de la revue qui l'avait inséré ne lui permettaient d'atteindre que quelques amateurs et le Prince qui, en en acceptant la dédicace, en avait marqué le caractère officieux, ne le considéra que comme un jalon planté et une pierre d'attente.

Aussi, à Rome, quelques années plus tard, lorsqu'il apprit que M. le docteur Biagi, préfet de la bibliothèque Médicéo-Laurentienne, pensait à faire imprimer les documents dont il avait la garde, et à les publier avec la collaboration de l'honorable Ferdinand Martini, il se le fit présenter, l'encouragea vivement à ce projet, lui expliqua ce qui avait été fait déjà et comment mes études antérieures pouvaient rendre la collaboration utile. Lui-même me mit en relations avec M. Biagi, et les jours où, à Prangins et à Genève, je le vis pour la dernière fois, se passèrent presque à parler uniquement de ces papiers que je devais publier et de ses mémoires à lui qu'il voulait que je rédigeasse. Comme il n'a point vu le présent travail terminé, je n'ose, par un scrupule qu'on appréciera, le mettre sous le patronage de son nom, mais si jamais dédicace eût été justifiée, c'eût été celle-ci, puisque c'est lui qui a inspiré et ordonné les premières recherches, encouragé les premiers extraits, noué la collaboration des éditeurs et déterminé même la publication.

J'ai dû entrer dans ces détails personnels pour prouver

(1) Il en existe un tirage à part à trente exemplaires sous le titre : *Napoléon Bonaparte, lieutenant d'artillerie, ses lectures et ses écrits*. Paris, Boussod, Valadon et Cie, 1889, 4° de 42 pages avec quatre planches hors texte et deux planches dans le texte.

que ce n'est point ici une improvisation et moins encore une spéculation. Il me reste à dire pourquoi ce projet si ancien a, dans l'exécution, subi de tels retards.

En 1891, M. Guido Biagi, dont la compétence et l'érudition sont universellement connues et dont les beaux livres sur Dante, sur Shelley et sur la littérature napoléonienne font autorité, fut appelé à occuper une haute situation politique au ministère de l'Instruction publique et se trouva pour plusieurs années détourné de ses études littéraires. Ce ne fut qu'à la fin de 1893 qu'il put reprendre et poursuivre la portion du travail dont il s'était chargé. Il copia et fit copier sous ses yeux, presque en fac-similé, tous les papiers du fonds Libri. Je repris à mon tour ces copies ; je les récrivis entièrement ; je les collationnai avec celles que j'avais jadis rapportées de Londres ; et, pour me servir de guide et suppléer aux mauvaises lectures, je m'efforçai, par la lecture attentive des ouvrages d'où Napoléon avait tiré ses notes, de retrouver les mots et les phrases même qu'il avait extraites. Deux seulement de ces livres ont échappé à mes recherches : les textes des extraits peuvent donc en être plus fautifs, mais, grâce à un collationnement nouveau que M. Biagi a fait à Rome [1], nous espérons avoir atteint une correction relative.

Néanmoins l'écriture de Napoléon, dès cette époque, est si difficile, l'orthographe est si fantaisiste que bien des erreurs sont possibles. Cette orthographe étrange et déroutante devait-elle être conservée et reproduite exacte-

(1) M. Biagi étant retenu à Rome par ses fonctions d'inspecteur général du ministère de l'Instruction publique, et moi-même ne pouvant à ce moment quitter Paris, le gouvernement de S. M. le roi d'Italie a bien voulu, sur la demande de l'ambassadeur de France, décider que les précieux papiers seraient momentanément transportés de la Bibliothèque Médicéo-Laurentienne à la bibliothèque Casanatense, où M. Biagi a pu faire le collationnement.

ment ? Je ne l'ai pas pensé. Les textes servilement copiés eussent imposé au lecteur, sans aucun profit pour la linguistique, une insupportable fatigue. Les fac-similé suffisent pour en donner une idée. Pour tous les documents, même ceux antérieurement publiés, nous avons donc rétabli l'orthographe moderne.

Les mots douteux sont signalés par des crochets où ils sont enfermés [ ] ; les mots qui ont dû être suppléés sont placés entre parenthèses ( ).

L'ordre que nous avons adopté pour la publication des textes est, sauf une exception, purement chronologique. Notre but, en effet, est bien moins de mettre au jour des essais, la plupart inachevés, à l'état de brouillons ou de notes, que de montrer par quelles phases a passé l'esprit de Napoléon, quelles idées l'ont frappé dans ses lectures, quelles impressions il en a reçues, quelles traces sa mémoire en a gardées, dans quel sens il a dirigé ses études et quels sujets l'ont le plus particulièrement attiré aux diverses époques. C'est pour cette raison que nous avons publié, sans exception, *toutes* les pièces du fonds Libri qui émanent de Napoléon ; que, hormis une note initiale décrivant le manuscrit et indiquant les sources, nous n'avons accompagné les textes d'aucune note de contrôle, de contradiction, d'explication ou de référence ; enfin, que nous ne nous sommes pas bornés à publier les documents inédits du fonds Libri, mais que nous avons donné place à tous les écrits antérieurement imprimés qui présentent un caractère certain d'authenticité : nous en avons indiqué exactement l'origine et le premier éditeur. De cette façon, la suite des idées se présente sans interruption et le lecteur peut prendre une vue complète de toutes les œuvres, actuellement connues, de la jeunesse de l'Empereur.

Telles ont été les raisons qui, voici douze ans, nous déterminèrent à publier, d'après les originaux autographes, le texte complet des manuscrits de Napoléon. Depuis lors, le texte a été utilisé par plusieurs historiens de valeur, entre autres par M. Arthur Chuquet ; des parties en ont été traduites en anglais et en allemand ; l'histoire de la formation intellectuelle de Napoléon s'en est trouvée éclaircie.

Toutefois, dans les premières éditions, nous avions constaté deux défauts qui pouvaient en empêcher la diffusion : le texte des *Manuscrits* se trouvait encadré de notes de l'un de nous qui constituaient un travail personnel, par suite discutable, et qui prenaient par rapport au texte de Napoléon une importance exagérée. Nous avons disjoint ces *Notes* qui formeront un volume distinct. Les *Manuscrits* se suffisent par eux-mêmes ; ils portent leur enseignement ; ils montrent à la fois les études que Napoléon préféra, les buts qu'il se proposa, les rêves qu'il forma, les pensées dont il fut agité, le style qu'il adopta, les procédés de composition qu'il suivit, le développement successif de son intelligence et de ses idées.

En second lieu, fallait-il après avoir fourni les moyens d'étudier Napoléon dans cette préparation à la vie, le suivre dans l'action? Nous avions pensé jadis que l'on pouvait sans inconvénient pousser jusqu'à l'extrême limite où conduisaient les Manuscrits Libri, quitte même à combler les lacunes existantes par des textes déjà publiés. Mais, d'une part, même collationnés sur les premières éditions, ces textes ne présentaient plus les garanties réservées aux originaux ; si, pour la *Lettre à M. Matteo Buttafuoco* l'on avait un imprimé annoté et corrigé par Bonaparte, par suite de valeur égale à un manuscrit, comment distinguer la première édition pour le *Souper de Beaucaire*, entre celle de Sabin Tournal et celle de Marc Aurel. Quant à la

Position politique et militaire du département de Corse au 1er juin 1793, on n'en avait que des éditions récentes et on était privé de tout moyen de contrôle. Enfin et surtout, à dater du voyage en Corse de septembre 1791, l'orientation de Napoléon a changé. Il est entré dans les affaires, il y a été mêlé ; la période d'incubation est terminée. Comme l'a très bien montré M. Chuquet, il faut une étude particulière pour ces deux années (septembre 1791-juin 1793) qui forment la Période corse de sa vie. Nous avons apporté à cette étude une contribution qui eut son importance, mais à moins de trouvailles inattendues nous n'estimons pas que la vérité soit encore acquise, ni même qu'elle pourra l'être par des *Continentaux*.

Napoléon, en Corse, n'étudie plus, ne compose plus, n'écrit plus pour son instruction ou pour son plaisir ; il formule des règlements : *Règlement pour la police et le service du Bataillon des Gardes Nationales volontaires ;* il rédige des mémoires apologétiques, des projets militaires : *Mémoire justificatif du Bataillon des Volontaires sur l'émeute d'avril ; Protestation des Volontaires au sujet de l'abandon de la contre-attaque de la Sardaigne ; Mémoire sur la nécessité de se rendre maître des îles de la Magdelaine ; Projet d'une nouvelle attaque de la Magdelaine ; Projet pour la défense du golfe d'Ajaccio ; Projet pour la défense du golfe de Saint-Florent ; Position politique et militaire du département de Corse au 1er juin 1793 ;* cela est de l'action et c'est là en réalité que débute Bonaparte.

La Période corse close en juin, s'ouvre une nouvelle période qui, malgré les subdivisions qu'elle comporte, ne doit guère se terminer qu'après le commandement de Paris : c'est la Période jacobine. Il faudra bien que quelque jour on s'y attache et, malgré d'excellentes publications telles que les ouvrages de M. A. Chuquet et de M. le baron Joseph du Teil, telles que le livre plus général de M. Paul Cottin, elle réserve encore bien des surprises, si l'on parvient surtout à découvrir des correspondances de Napoléon avec ses frères et avec les réfugiés Corses. De cette date, d'ailleurs, sauf des lettres d'affaires, des ordres, des situations, nulle œuvre qu'on sache en dehors du *Souper de Beaucaire*. Et c'est là encore de l'action ; les représentants du peuple ne s'y trompent pas.

Pour toutes ces raisons, nous avons convenu d'arrêter cette publication au retour de Napoléon en Corse, en septembre 1791, de ne point dépasser le *Discours de Lyon* qui marque la terminaison des travaux académiques. D'après certains indices, d'après quelques fragments qu'on a vu passer dans des ventes, on est en droit de penser que, à Paris, soit dans le séjour qu'il y fit de juin à septembre 1793, soit dans celui qu'il y fit de prairial an III à vendémiaire an IV, il a repris certaines études, même qu'il en a abordé d'autres, d'un caractère plutôt scientifique, donnant le pas aux projets militaires ; néanmoins, cela encore est confus et mal débrouillé ; ce ne sont pas les lambeaux de papier qu'on a rencontrés dans des collections particulières qui permettent d'en acquérir une idée. D'ailleurs, ce n'est plus là qu'une distraction, tout au plus une occupation ; ce n'est plus la passion ardente de s'instruire, de prendre et d'accumuler des notions, comme de 1785 à 1791. Désertant le passé, Napoléon est tourné tout entier vers l'avenir et il s'en empare.

F. M.

1895-1907.

MANUSCRITS
DE NAPOLÉON

I[1]

Le 26 avril 1786.

C'est aujourd'hui que Paoli entre dans sa soixante-unième année. Son père Hiacinto Paoli aurait-il jamais cru, lorsqu'il vint au monde, qu'il serait compté un jour au nombre des plus braves hommes de l'Italie moderne. Les Corses étaient dans ces temps malheureux (en 1725) écrasés plus que jamais par la tyrannie génoise. Avilis plus que des bêtes, ils traînaient dans un trouble continuel une vie malheureuse et avilissante pour l'humanité. Dès 1715, cependant, quelques pièves avaient pris les armes contre les tyrans, mais ce ne fut qu'en 1729 que commença proprement cette révolution où se sont passés tant d'actes d'une intrépidité signalée et d'un patriotisme comparable à celui des Romains. Eh bien ! Voyons, discutons un peu. Les Corses ont-ils eu droit de secouer le joug Génois? Écoutons le cri des préjugés : les peuples ont toujours tort

(1) *Inédit. Fonds Libri.* Ce fragment, le plus ancien que l'on rencontre dans les papiers de Napoléon, est écrit sur un cahier composé de 33 pages in-folio, où se trouvent des études et des impressions consignées à des dates diverses. Plusieurs feuillets sont blancs. En fin se trouve un dessin informe de maison et une page de chiffres dont on n'a pu trouver la signification. Les notes contenues dans ce cahier sont reproduites à leur date chronologique sous les numéros I, II, III, IV, V, VI, VII, et XXXII.

de se révolter contre leurs souverains. Les lois divines le défendent. Qu'ont de commun les lois divines dans une chose purement humaine? Mais, concevez-vous l'absurdité de cette défense générale que font les lois divines de jamais secouer le joug même d'un usurpateur? Ainsi, un assassin assez habile pour s'emparer du trône après l'assassinat du prince légitime est aussitôt protégé par les lois divines et, tandis que, s'il n'eût pas réussi, il aurait été condamné à perdre, sur l'échafaud, sa tête criminelle. Ne me dites pas qu'il sera puni dans l'autre monde, parce que j'en dirais autant de tous les criminels civils. S'en suivrait de là qu'ils ne doivent pas être punis dans celui-ci. Il est d'ailleurs simple qu'une loi est toujours indépendante du succès du crime qu'elle condamne.

Quant aux lois humaines, il ne peut pas y en avoir dès que le prince les viole.

Ou c'est le peuple qui a établi ces lois en se soumettant au prince, ou c'est le prince qui les a établies. Dans le premier cas, le prince est inviolablement obligé d'exécuter les conventions par la nature même de sa principauté. Dans le second, ces lois doivent tendre au but du gouvernement qui est la tranquillité et le bonheur des peuples. S'il ne [le fait] pas, il est clair que le peuple rentre dans sa nature primitive et que le gouvernement, ne pourvoyant pas au but du pacte social, se dissout par lui-même; mais disons plus : le pacte par lequel un peuple établit l'autorité souveraine dans les mains d'un corps quelconque, n'est pas un contrat, c'est-à-dire que le peuple peut reprendre à volonté la souveraineté qu'il avait communiquée. Les hommes dans l'état de nature ne forment pas de gouvernement. Pour en établir un, il a fallu que chaque individu consentît au changement. L'acte constituant cette convention est nécessairement un contrat réciproque. Tous les hommes ainsi engagés ont fait des lois. Ils étaient donc souverains. Soit par la difficulté [de s'assembler] souvent, soit pour toute autre cause, le peuple aura remis son autorité à un corps ou homme particulier. Or, nul n'est tenu aux engagements qu'il [contracte contre son gré]. Il n'y a pas de lois antérieures que le peuple (qui, dans quelque gouvernement [que ce soit] doit être foncièrement regardé comme le souverain), ne puisse abroger. (Il n'en est pas) de même quant aux liens qu'il peut avoir avec les peuples voisins.

Ouvrez les Annales de Corse, lisez les Mémoires de ses braves insulaires, ceux de Michele Merello, etc.; mais, bien plus, lisez les projets de paix proposés par la République même, et, par les remèdes qu'ils y apportent, vous jugerez des abus qui devaient y régner. Vous y verrez que les accroissements de la République dans l'île furent commencés par la trahison et la violation du droit de l'hospitalité surprise de Bonifacio et des gens les législateurs de Capo Corso. Vous y verrez qu'ils soutinrent par la force de leur marine plusieurs [mécontes] des habitants des pièves d'Istria contre la République de Pise qui en possédait quelque partie. Enfin, si à force de ruse, de perfidie et de bonheur, ils vinrent à faire consentir les ordres de l'État à déclarer Prince la République de Gênes, vous y verrez le pacte tant réclamé par les Corses, quelles étaient les conditions qui devaient constituer leur souveraine principauté.

Mais, de quelque nation que vous soyez, seriez-vous même un ex-eunuque du sérail, retenez votre indignation au détail des cruautés qu'ils employèrent pour se soutenir. Paolo, Colombano, Sampietro, Pompiliani, Gafforio, illustres vengeurs de l'humanité, héros qui délivrâtes vos compatriotes des fureurs du despotisme, quelles furent les récompenses de vos vertus? Des poignards, oui, des poignards!

Efféminés modernes qui languissez presque tous dans un doux esclavage, ces héros sont trop au-dessus de vos lâches âmes; mais considérez le tableau du jeune Leonardo, jeune martyr de la patrie et de l'amour paternel. Quel genre de mort termina ton héroïque carrière au printemps de tes ans? Une corde[1].

Montagnards, qui a troublé votre bonheur? hommes paisibles et vertueux qui couliez des jours heureux au sein de votre patrie, quel tyran barbare a détruit vos habitations? Quatre mille familles furent obligées de sortir en peu de temps. Vous qui n'aviez que votre patrie, par quel événement imprévenant[2] vous vois-je transportés dans des climats étrangers? Le feu consume vos demeures rustiques et vous n'avez plus l'espoir de vivre avec vos Dieux domestiques. Puissent les furies vengeresses te faire expier dans les plus affreux tourments le meurtre des Zucci, des Rafaelli et des autres illustres patriotes que tu fis massacrer malgré les lois de l'hospitalité qui les avaient appelés dans ton palais, misérable Spinola! Par quel genre de mort la République tarderait-elle de faire périr les soutiens de la liberté corse?

Si, par la nature du contrat social, il est prouvé que sans même aucune raison, un corps de nation peut déposer le prince, que serait-ce d'un privé qui, en violant toutes les lois naturelles, en commettant des crimes, des atrocités, va contre l'institution du gouvernement? Cette raison ne vient-elle pas au secours des Corses en particulier, puisque la souveraineté ou plutôt la principauté des Génois n'était que conventionnelle. Ainsi, les Corses ont pu, en suivant toutes les lois de la justice, secouer le joug génois et peuvent en faire autant de celui des Français. Amen

(1) En marge : 28 avril.

(2) Imprévu? (*Ed.*)

II[1]

3 mai.

Toujours seul au milieu des hommes, je rentre pour rêver avec moi-même et me livrer à toute la vivacité de ma mélancolie. De quel côté est-elle tournée aujourd'hui ? Du côté de la mort. Dans l'aurore de mes jours je puis encore espérer de vivre longtemps. Je suis absent depuis six à sept ans de ma patrie. Quels plaisirs ne goûterai-je pas à revoir dans quatre mois et mes compatriotes et mes parents ! Des tendres sensations que me fait éprouver le souvenir des plaisirs de mon enfance, ne puis-je pas conclure que mon bonheur sera complet ? Quelle fureur me porte donc à vouloir ma destruction ? Sans doute, que faire dans ce monde ? Puisque je dois mourir, ne vaut-il pas autant se tuer ? Si j'avais déjà passé soixante ans, je respecterais le préjugé d mes contemporains et j'attendrais patiemment que la nature eût achevé son cours ; mais puisque je commence à éprouver des malheurs, que rien n'est plaisir pour moi, pourquoi supporterais-je des jours que rien ne me prospère ? Que les hommes sont éloignés de la nature ! Qu'ils sont lâches, vils, rampants ! Quel spectacle verrai je dans mon pays ? Mes compatriotes chargés de chaines et qui baisent en tremblant la main qui les opprime ! Ce ne sont plus ces braves Corses qu'un

(1) Publié par Libri. *Souvenirs de la jeunesse de Napoléon*, p. 22 et 23 du tirage à part. Réimprimé par Iung, *Bonaparte et son temps*, I, 168, mais présenté par lui comme écrit à Douai en 1787. Voir la note du n° I.

héros animait de ses vertus, ennemis des tyrans, du luxe, des vils courtisans[1]. Fier, plein d'un noble sentiment de son importance particulière, un Corse vivait heureux s'il avait employé le jour aux affaires publiques. La nuit s'écoulait dans les tendres bras d'une épouse chérie ? La raison et son enthousiasme effaçaient toutes les peines du jour. La tendresse, la nature rendaient ses nuits comparables à celles des Dieux. Mais, avec la liberté, ils se sont évanouis comme des songes, ces jours heureux ! Français, non contents de nous avoir ravis tout ce que nous chérissions, vous avez encore corrompu nos mœurs. Le tableau actuel de ma patrie et l'impuissance de le changer est donc une nouvelle raison de fuir une terre où je suis obligé par devoir de louer des hommes que je dois haïr par vertu. Quand j'arriverai dans ma patrie, quelle figure faire, quel langage tenir ! Quand la patrie n'est plus, un bon patriote doit mourir. Si je n'avais qu'un homme à détruire pour délivrer mes compatriotes, je partirais au moment même et j'enfoncerais dans le sein des tyrans le glaive vengeur de la patrie et des lois violées. La vie m'est à charge parce que je ne goûte aucun plaisir et que tout est peine pour moi. Elle m'est à charge parce que les hommes avec qui je vis et vivrai probablement toujours ont des mœurs aussi éloignées des miennes que la clarté de la lune diffère de celle du soleil. Je ne peux donc pas suivre la seule manière de vivre qui pourrait me faire supporter la vie, d'où s'ensuit un dégoût pour tout.

(1) On peut lire : *des villes courtisanes* (*Ed.*).

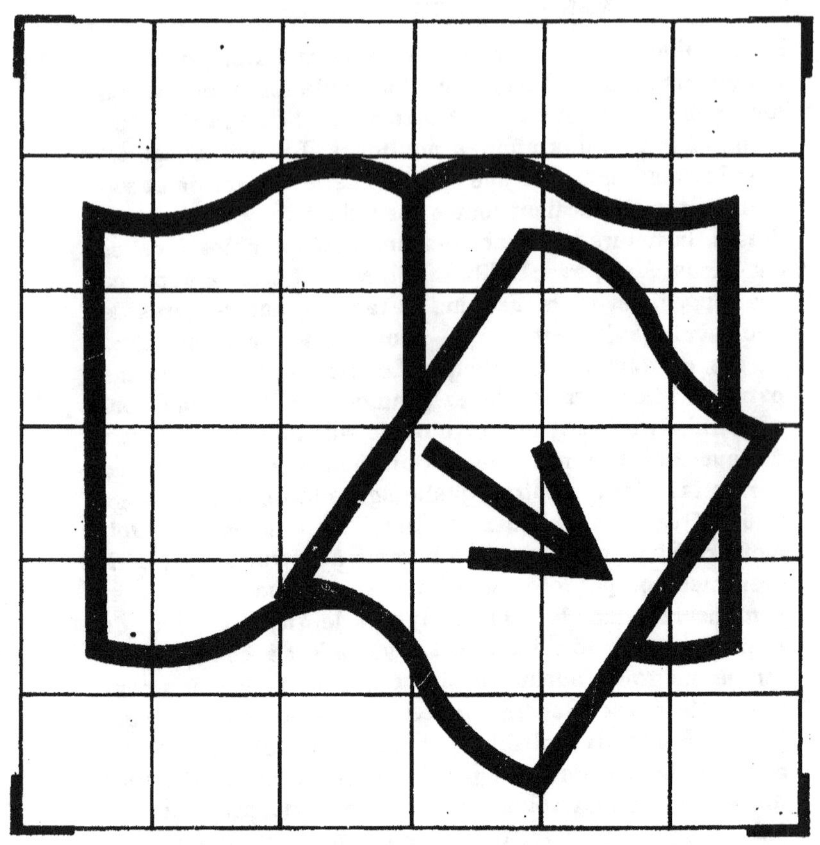

[illegible] liberté [illegible] [illegible] [illegible] [illegible] [illegible]
heureux, Français [illegible] courtisans. Français non contents de nous avoir ravi tout ce que nous chérissions, vous avez encore corrompu nos mœurs.
Le tableau actuel de ma patrie et l'impuissance de le changer est donc une nouvelle raison de fuir une terre où je suis obligé par devoir de louer des hommes que je dois haïr par vertu.
Quand j'arriverai dans ma patrie, quelle figure faire, quel langage tenir. Quand la patrie n'est plus, un bon patriote doit mourir.
Si je n'avais qu'un homme à détruire pour délivrer mes compatriotes, je partirais au moment même et j'enfoncerais dans le sein des tyrans le glaive vengeur de la patrie et des lois violées.
La vie m'est à charge parce que je ne goûte aucun plaisir et que tout est peine pour moi. Elle m'est à charge parce que les hommes avec qui je vis et vivrai probablement toujours ont des mœurs aussi éloignées des miennes que la clarté de la lune diffère de celle du soleil. Je ne puis donc pas suivre la seule manière de vivre qui pourrait me faire supporter la vie, d'où s'ensuit un dégoût pour tout.

9 mai
2 heures [illegible]

Roustan un de ces capables détracteurs [illegible] qui se dit ennemi des préjugés des hommes [illegible] [illegible] la religion du [illegible] [illegible] que [illegible] qu'il prétend que [illegible] sur la religion considérée d'un point politique. Ainsi par amour, passion souvent le motif secret des actions des hommes, ni l'orgueil, de la haine, ni la jalousie, ni la haine mais l'amour de la vérité [illegible] de tout côté et persuadé de [illegible] pour son flambeau suivre il publie des réflexions sur le huitième chap. de son contrat social.
Mais c'est sans doute il ne se flatte pas de [illegible] [illegible] pour la [illegible] [illegible]. [illegible] il était homme [illegible] jamais [illegible] qu'il n'a pas tout bien [illegible] aussi [illegible] ne s'agit pas ici d'une de ces idées [illegible] mais d'un des principaux chap. du contrat social et d'une idée [illegible] pour trouver [illegible] des gouvernements modernes et anciens.

La religion chrétienne est-elle bonne pour la constitution politique d'un état? [illegible] Rousseau [illegible] qu'il dit [illegible] 3 [illegible] [illegible] [illegible]

III

9 mai. 4 heures après midi.

Rousseau! un de tes compatriotes, de tes amis, un homme vertueux qui se dit au-dessus des préjugés des hommes voudrait détruire ceux qu'il prétend que tu as sur la religion considérée du côté politique. Ce n'est par aucune passion, si souvent le motif secret des actions des humains. Ni l'orgueil de la haine, ni la jalousie ne l'anime, mais l'auguste vérité. Il fléchit devant elle et, persuadé de ton respect pour son flambeau sacré, il publie ses réflexions sur le huitième chapitre de ton *Contrat social*. Mais non, sans doute, il ne suffit pas d'être vertueux et d'aimer la vérité pour lutter contre Rousseau. Il était homme, aussi je crois facilement qu'il n'a pas tout bien vu. Aussi, ne s'agit-il pas d'une de ses idées isolées, mais d'un des principaux chapitres du *Contrat Social* et d'une idée nécessaire à approfondir pour trouver en partie la différence des gouvernements modernes et anciens.

La religion chrétienne est-elle bonne pour la constitution politique d'un État? Rousseau en doute si peu qu'il

(1) *Inédit. Fonds Libri.* Voir la note initiale du manuscrit 1.

Ce fragment se rapporte évidemment au volume intitulé : *Offrande aux autels et à la Patrie*, par Ant.-Jaq. Roustan, ministre du saint Évangile à Genève. Amsterdam, chez Marc-Michel Rey, 1764, in-8°. Ce volume contient : *Défense du christianisme considéré du côté politique où l'on répond en particulier au chapitre* VIII *du quatrième livre du Contrat social.* — *Examen historique des quatre beaux siècles de M. de Voltaire*, etc. — Le premier morceau est le seul dont Napoléon se soit occupé.

dit : « la troisième[1] est si évidemment mauvaise que c'est perdre le temps que de s'amuser à le démontrer ». Tout ce qui rompt l'unité sociale ne vaut rien. Toutes les institutions qui mettent l'homme en contradiction avec lui-même ne valent rien. Comme ces principes sont incontestables, M. Roustan ne peut les rétracter, mais il nie que les religions catholiques réformées soient dans ce cas.

Pour la religion romaine, il est de la dernière évidence que l'unité de l'État est rompue.

Approfondissons donc les raisons qu'il donne contre Rousseau. Il est vrai que le Christianisme et les gouvernements ont pour but commun le bonheur des hommes mais suit-il de là que l'unité de l'État n'est pas contrariée? Non sans doute. Ils parviennent au même but mais par des routes opposées. Le christianisme rend heureux par le mépris qu'il inspire aux maux qui nous affligent dans ce monde. « Qu'est-ce que la vie en comparaison de l'éternité? Je suis [malheureux] et vous, méchant, vous prospérez; mais je vous attends au tribunal de l'Être suprême. C'est alors que l'échéance tournera et tournera une fois pour toujours. » Le gouvernement veille à la sûreté des citoyens : « Tu m'as lésé, tu as violé les lois à mon égard, viens me rendre compte devant les ministres de la justice, les vengeurs du crime et les soutiens des lois. » Vous voyez donc bien que l'esprit qui inspire le Christianisme et le gouvernement sont contraires quoique atteignant au même but, mais si, dans quelqu'un de ces moments de crise qu'éprouve chaque État, l'on se trouve obligé de rendre pour un instant le peuple malheureux pour sauver la patrie, le Christianisme vous résisterait et contrarierait les vues du gouvernement. La question est donc résolue.

Le Christianisme défend aux hommes d'obéir à tout ordre opposé à ses lois, à tout ordre injuste émané de la

(1) « La troisième, c'est-à-dire la religion catholique romaine. C'est la deuxième que nous tous comptons, mais il ne veut pas. » (Note de Bonaparte.)

part même du peuple. Il va donc contre le premier article du pacte social, base des gouvernements, car il substitue sa confiance particulière à la volonté générale constituant la souveraineté. Comme nous parlons politique, les inconvénients doivent être comptés. L'inconvénient de cette défense que fait l'Évangile est si dangereux dans l'État chrétien qu'il rompt totalement l'unité de l'État puisque les ministres de la loi et les ministres de la religion ne sont pas les mêmes. L'esprit particulier à ce dernier corps se conduisant selon la plus stricte règle sera de s'ingérer à contredire indirectement les ordres du souverain. En effet, quel est le tribunal qui décidera si tel ou tel ordre est injuste? La conscience, me dites-vous. Qu'est-ce qui dirige la conscience? Vous voyez donc bien que l'État n'est plus un. Suivez ce raisonnement et vous verrez que la réponse du vicomte d'Orthe est bien différente dans un état chrétien. Vous concevez donc vous-même l'influence que peuvent avoir les ministres de la religion contre les lois, puisque, pour prévenir les abus des élections, vous conseillez des ecclésiastiques éclairés et vertueux. Vous sentez donc qu'ils ont dans l'État plus d'influence que les ministres des lois même; or, comme les corps des ministres de religion ne sont jamais ou presque jamais citoyens, mais toujours ministres, conflit d'influences.

Je ne relèverai pas un grand nombre de contradictions réelles ou d'inconséquences où tombe M. Roustan. J'en ai suffisamment relevé. Il est donc constant que le Christianisme, même réformé, détruit l'unité de l'État : 1° parce qu'il inspire ou diminue la confiance que l'on doit avoir aux ministres de la loi[1], 2° parce que, par sa constitution, il a un corps particulier qui, non seulement partage le cœur du citoyen, mais encore peut souvent contrarier les vues du gouvernement. Et d'ailleurs ce corps n'est-il pas indépendant de l'État? Il l'est, puisqu'il n'est pas

(1) En marge : 10 mai, matin (*Bon.*).

soumis aux mêmes maximes. Le voit-on défendre la patrie, les lois, la liberté? Non. Son empire n'est pas de ce monde. Il n'est donc jamais citoyen.

De ce que le Christianisme rompt l'unité de l'État, peut-on conclure qu'il a été la cause de tant de troubles qui ont agité les États chrétiens? Ainsi le prétend Rousseau et c'est ce qu'il s'agit d'approfondir. Que, en suivant les routes tortueuses de la métaphysique, l'esprit s'égare dans un aperçu, une supposition, un principe, c'est le propre de l'humanité que l'expérience nous montre tous les jours. Mais que J. J., que l'auteur de l'*Émile*, du *Contrat Social*, cet homme profond et pénétrant qui avait employé sa vie à étudier les hommes, que Rousseau qui nous a si bien dévoilé les petits ressorts des grandes actions, ait tiré une conséquence fausse; qu'il ait mal connu les principes qui ont livré les États chrétiens à toute la fureur des dissensions civiles, c'est ce que M. Roustan me persuadera difficilement. Cependant, ne soyons pas enthousiaste. Qui peut connaître la vicissitude de l'esprit humain? Tel bon plongeur qui a sondé le superbe océan, qui a vu sans frémir les précipices qui menaçaient ses jours, les a terminés malheureusement dans une onde tranquille. Il faut distinguer l'esprit que le Christianisme a donné par sa constitution au clergé d'avec le sens précis de la loi. « Tu es plus puissant que le souverain même, dit l'un, tu as besoin des richesses pour soutenir ton rang et en imposer aux autres classes de l'État, » cette voix qui se fait entendre sans cesse ne tarde pas à l'emporter. Avant, l'Évangile leur dit : « Restez pauvres » ; ils éludent bientôt le conseil. Or, Rousseau n'attaque que l'esprit de la constitution qui, en rompant l'unité de l'État, en rendant les ministres de la religion puissants, riches, zélés pour leurs dogmes intolérants, fut la cause de toutes ces guerres qui ont divisé les États chrétiens.

Le reproche que vous faites aux Empereurs chrétiens, il faut le faire plutôt au Christianisme puisque c'en est une suite naturelle. De deux avis sur un dogme, il n'y en a nécessairement qu'un de bon qui est celui de Jésus-Christ. Chaque parti soutient son avis avec le même entêtement. On en vient aux insultes parce qu'il s'agit de gagner le peuple. Chacun se regarde avec horreur et croit voir sur le front de son adversaire l'enfer et ses supplices. Qui est-ce qui cédera ? Non seulement la honte, l'amour-propre empêchent de se reconnaître vaincu : mais le crédit, mais les richesses, mais la faveur du peuple. On s'obstine donc. Celui qui n'est pas dans la voie du Seigneur ne doit pas jouir des avantages de ses créatures. Il faut tout au moins le dépouiller des biens temporels. Que feront les ministres de la loi dans tout ceci ? Iront-ils porter leur jugement aux deux partis ? Quelle témérité ! « De quoi vous avisez-vous ? Cette question n'est pas de votre ressort. Il s'agit de l'autre monde. » Voici les lois méprisées. Audacieux mortels, vous respirez et vous ne vous croyez pas soumis aux lois ! Votre empire est de l'autre monde, et vous troublez celui-ci ! Voilà comme le Christianisme a rompu l'unité de l'État, voilà comment il a enfanté les guerres qui ont déchiré le sein de presque tous les royaumes de l'Europe.

La politique, dites-vous, y a eu beaucoup de part. J'y consens. Que s'ensuit-il ? N'est-il pas dangereux dans un État que des ambitieux puissent trouver des prétextes de le troubler ? Ainsi, l'esprit de la constitution chrétienne, bien loin d'affermir l'État, ne l'a jamais qu'ébranlé en rompant l'unité de gouvernement et en fournissant des prétextes puissants sur la multitude pour colorer les démarches des ambitieux. Mais la raison que vous nous donnez pour appuyer votre sentiment est plaisante.

D'un air triomphant, vous demandez pourquoi la Suisse protestante, les Calvinistes français et piémontais n'ont pas été agités par les dissensions civiles. Pourquoi ? Parce qu'ils avaient un ennemi commun, le Papiste. Tant que les chrétiens ont été persécutés, bridés par les païens c'étaient les humbles, les bons. L'esprit de la constitution, qui s'est montré depuis, était enseveli par l'impuissance. Les guerres politiques, la vigilance dont la nation avait besoin pour que le prince n'envahît pas le reste de ses libertés, les anciens papistes qui étaient encore nombreux, le besoin qu'avaient les protestants d'Allemagne de secours contre les ligues romaines, furent autant de motifs qui garantirent les Suédois des guerres de religion. Mais n'ouvrons pas les annales de l'Europe, nous y verrions bien d'autres maux qu'ont enfantés les différentes sectes réformées.

Avant de vouloir relever les erreurs où est tombé Jean-Jacques, il aurait fallu le lire. Vous prenez au pied de la lettre le sens de ses phrases, lorsqu'il dit que l'idée d'un royaume de l'autre monde ne put jamais entrer dans la tête des païens : c'est-à-dire qu'ils ne purent jamais concevoir que des hommes assemblés formassent société simplement pour des motifs religieux. Ils connaissaient trop le cœur humain pour ne pas voir visiblement que cela tendait à la destruction et de leur religion et de leur gouvernement, et que ces chrétiens un jour seraient despotes dans ce monde, quoi qu'ils en disent.

L'ineptie de ce que vous nous dites page 26 est telle qu'il est impossible de le mieux rétracter que de renvoyer à la lecture de votre projet. Attend-on que le feu eût embrasé la cité pour arrêter les incendiaires ? Mais d'ailleurs, vous ne comprenez donc pas qu'il était impossible de prouver les effets de la constitution chrétienne, vu que, par sa nature, elle n'est développée que lorsqu'elle est la plus puissante ? Ils étaient faibles sans doute parce qu'ils étaient dispersés, parce qu'ils manquaient encore d'union, d'énergie, vu que la constitution n'était pas achevée. L'énergie qu'il faut pour se préparer à repousser de vive force des souverains qui vous attaquent et à qui vous êtes accoutumés d'obéir, est bien différente de cette fureur qu'inspire l'enthousiasme de se laisser martyriser. L'un marque de la grandeur d'âme, l'autre le fanatisme.

Si un Empereur n'est pas plus tôt chrétien, si la prospérité n'a pas plus tôt joué sur le christianisme que tous les ressorts [de l'État] n'en soient rompus; il est clair que cette religion ne pourra en rien aider le gouvernement et que, au contraire par sa prompte corruption, [elle] ne pourra que nuire infiniment à la société.

Voyez-vous cela dans les religions anciennes? Non sans doute. Tout au moins la religion suit le degré de corruption du gouvernement. Méditez la constitution chrétienne et vous y trouverez la source des guerres et, l'oserai-je dire, du peu de respect que nous avons pour la religion.

Vous avouez donc que vous ne comprenez pas comment le clergé est maître et législateur dans sa patrie. Croyez-vous par là nous faire soupçonner que Rousseau n'avait aucune idée en disant cela? Non! non! vous nous faites plutôt croire qu'il aurait bien mieux valu pour vous de ne pas écrire. Le clergé, partout où il fait un corps attenant à plusieurs États, est maître, en ce que ses décisions sont indépendantes de tous les autres corps de l'État. Il est législateur, en ce qu'il règne sur les consciences. Enfin, tout ce qu'il fait, il le fait despotiquement.

Nous venons d'approfondir les raisons que M. de Roustan donne pour prouver que le Christianisme ne rompait point l'unité de l'État et n'était point la cause des guerres qui avaient agité les États chrétiens.

Le Christianisme détache-t-il les citoyens de la patrie, est la seconde question qu'il faut approfondir. Rousseau prouve pour l'affirmative. M. de Roustan commence par s'appuyer de l'autorité de Montesquieu qui non seulement ne décide rien, mais encore est contre lui. Tout ce qu'il dit depuis la page 42 jusqu'à 44 est absolument pour fortifier l'avis de Jean-Jacques ou plutôt est absolument inutile. Il veut justifier le Christianisme. Qui est-ce qui l'attaque dans le sens où il le défend? car il ne s'agit pas de savoir si Jésus-Christ a bien ou mal fait, mais simplement si le Christianisme détache le citoyen de l'État.

« La liberté étant perdue, il ne s'agissait plus que d'empêcher les esclaves de dégénérer encore, ne pouvant plus s'aimer comme compatriotes, de leur apprendre à s'aimer en tant qu'hommes. » Si le but de l'Évangile était de discipliner les esclaves, la question est résolue. S'ils apprirent que l'on pouvait « encore mériter le respect en mourant pour la liberté morale, comme on s'immortalisait autrefois en mourant pour la liberté politique, » il est clair que, dans leurs âmes, un désir fut substitué à l'autre et adieu la patrie. « S'ils apprirent que ces superbes tyrans qui ne mettaient de bornes à leur pouvoir que celle de leurs caprices, que leur gloire n'était qu'un éclair et leur puissance que faiblesse, qu'un Dieu devant qui ils n'étaient que des vermisseaux éclairait de près toute leur conduite, que la mort était à ses ordres et les amènerait bientôt à son tribunal pour y recevoir les peines ou les récompenses que leur administration méritait, » ils en conclurent donc qu'un tyran leur était donné par Dieu, ils apprirent donc que la punition n'appartenait qu'à celui qui l'avait placé. Adieu l'estime de sa propre existence si nécessaire dans un gouvernement. S'attendrait-on après cela que M. de Roustan nous dirait que « la religion chrétienne préparait les peuples à recouvrer leur liberté politique s'ils en trouvaient l'occasion ? Une nation qui a des mœurs et est unie n'a qu'à vouloir secouer le joug pour le rompre ». Mais vous nous avez dit que l'Évangile avait pour but de discipliner des esclaves. Dans cette attention, ç'aurait été bien gauche à lui de leur donner l'énergie et inspirer la volonté de secouer le joug du souverain. Quelles contradictions étonnantes ! Mais, approfondissons votre maxime : « Une nation, dites-vous, qui a des mœurs et est unie n'a qu'à vouloir secouer le joug pour le rompre. » Les chrétiens être unis ! ne dites donc pas cela. Les chrétiens peuvent bien n'être jamais divisés. La tranquillité est son élément[1], mais l'unité politique au contraire est un sentiment chaud qui se comporte bien peu avec la froideur et le pyrrhonisme chrétien. Mais quand on admettrait votre maxime, la volonté lui manquera toujours, car aussitôt que la volonté[2]... Non seulement l'unité de l'État consiste en ce qu'il n'y ait ni corps, ni particuliers qui puissent croiser les moyens qu'il emploie pour parvenir au but du gouvernement, mais encore il faut que les sentiments qu'inspirent les différentes institutions tendent au même but. Or, le Christianisme ne nous inspire-t-il pas une indifférence marquée pour des actions purement humaines?

Le Christianisme, il est vrai, tend à nous rendre heureux. Le but du gouvernement tend à nous rendre heureux. S'ensuit-il de là que le Christianisme ne détruit pas l'unité de l'État, nous en doutons. Ils peuvent venir au même but, mais par des routes entièrement opposées et qui se contrarient. Le Christianisme nous rend heureux en nous faisant regarder tout le mal que nous éprouvons comme une punition de Dieu et qui sera récompensée dans l'autre vie. Il dit : cette vie est donc heureuse par l'espoir d'une vie future. Le but du gouvernement, au contraire, est de prêter main-forte au faible contre le fort et, par ce moyen, faire goûter à chacun une douce tranquillité, route du bonheur. Mais, d'ailleurs, dès que les ministres de la loi ne sont pas en même temps ministres de la religion, il s'ensuit donc un esprit particulier à ce corps, et cet esprit est d'autant plus fort que son empire est purement métaphysique. Le cœur du citoyen est donc partagé entre les ministres de la loi et ceux de la religion. Or, l'esprit naturel à l'homme est de vouloir dominer. Jugez si un corps, qui est tout-puissant sans puissance, ne voudra pas en avoir une réelle. Et c'est ce qui est arrivé. Ainsi je dis que le Christianisme détruit l'unité de l'État parce qu'il

(1) (De la Religion.)

(2) Phrase incomplète.

existe un corps qui a un esprit particulier et indépendant de l'esprit de l'État : les Jésuites.

Mais, vous avouez vous-même que Jésus dit aux hommes que Dieu est le premier roi et qu'ils ne doivent pas obéir à des ordres injustes. Vous rendez donc le sujet juge des actes du souverain. La conscience, dites-vous, sera son tribunal. Mais qui est-ce qui régit la conscience? Ce sont les ministres de la religion. Vous voyez donc bien que voici l'unité de l'État détruite.

Vous dites qu'il aurait été à souhaiter pour les monarchies du paganisme que cette maxime eût été reçue. Je veux bien le croire. Le Christianisme peut avoir adouci les mœurs, mais cela n'a aucun rapport à notre question.

Mais ne voyez-vous pas que ce que vous me dites pour le vicomte d'Orthe est d'une nature bien différente dans le paganisme ou dans une autre religion. L'unité aurait existé de même, parce qu'il n'y avait qu'un corps qui pût regarder cela comme son fait, au lieu qu'ici les ministres de la religion se regardent comme autorisés à la protéger ou du moins à l'applaudir. Que cela soit bon ou mauvais, cela sortirait de la question. Mais vous avouez donc ce que vous voulez nier, puisque vous dites tacitement que le prêtre serait prêt à rendre le peuple rebelle à des ordres injustes, quand vous nous dites que le prince pourra éviter cet inconvénient en choisissant des prêtres vertueux. Cela sort de la question. Je vous dirai cependant que vous tombez en contradiction avec vous-même. Voici comment : vous nous avez dit que Jésus avait exhorté à ne pas obéir à un ordre injuste. Plus un ministre de la religion sera vertueux, plus il suivra les maximes de Jésus-Christ. Or j'entends par rebelle un homme qui n'obéit pas aux ordres du souverain.

Vous nous dites que les Empereurs firent une grande faute en enrichissant (les prêtres), vous ne voyez donc pas que c'était une suite naturelle, d'abord du pouvoir qu'ils avaient sur la conscience du prince, et ensuite du bien ou du mal qu'ils pouvaient faire dans l'État. Quoi ! vous voulez qu'un homme, qu'un corps qui est plus puissant que personne ne soit pas riche. Entrez donc un peu dans le cœur humain ! Ainsi donc la richesse du clergé était une suite naturelle de son esprit de ne pas dépendre du Gouvernement et, conséquemment, doit être mise sur le compte du Christianisme ainsi que les abus et les guerres qu'il a enfantés. Je dis : indépendance du gouvernement. Cela est clair. D'abord parce que, étant indépendant pour le spirituel, nécessairement [il] devait avoir de l'influence sur le temporel.

Les Évangiles ont beau dire : « Obéissez au souverain, » que m'importent à moi ces paroles ? Ce n'est pas elles que je cherche, mais le ressort et la constitution qui disent le contraire. De même, ils ont beau dire : « Reste pauvre et sage ; » mais les ressorts de leur institution disent : soyez riches. Mais, en suivant même le strict esprit du Christianisme, l'unité est rompue dans l'État. Cela est prouvé et par cette raison et par les suites de l'esprit de la constitution. Rousseau a eu raison de dire que la doctrine de Jésus causa des divisions intestines qui n'ont jamais cessé d'agiter le monde chrétien. Ces soupçons d'hérésie ne sont-ils pas une suite de l'intolérance et du minutieux du Christianisme. Voyez si le Paganisme opéra rien de pareil. (Il) ne m'importe si les églises se sont conduites ou non chrétiennement pourvu simplement que ces guerres soient une suite de la constitution du Christianisme. C'est tout ce qu'il me faut. C'est justement là ce que Rousseau dit : que l'unité rompue, les guerres civiles s'en sont suivies parce que l'on est autorisé des ministres de la religion. Mais il paraît que vous n'avez pas compris Rousseau ! Il ne dit pas que c'est l'Évangile directement qui occasionne ces abus, mais la suite des abus de la constitution politique du Christianisme. Mais, supposons que Rousseau eût dit en effet que l'Évangile inspire la discorde. La raison que lui opposez est plaisante. Le despotisme se change toujours en tyrannie :

s'ensuit-il de là que quelques bons princes ne puissent pas rendre leurs sujets heureux? La Suisse n'a pas été agitée par des guerres intestines parce qu'ils avaient des Romains à combattre et, d'ailleurs, à cause que la petitesse de chaque canton est d'ailleurs suite de la constitution helvétique. Les protestants de Suède, de Danemark, de France ne se sont pas fait la guerre entre eux parce qu'ils avaient des Romains à combattre.

Mais pourquoi, je vous prie, défendez-vous plutôt les protestants d'Augsbourg que les chrétiens romains? L'un et l'autre ne veulent pas vous admettre.

Malgré le titre d'ami que vous donnez à Rousseau, vous n'êtes pas fait pour lire ses ouvrages. Pour prouver que les païens peuvent avoir l'idée d'un royaume de l'autre monde, vous nous dites que plusieurs [.....] par là je crois bien que vous n'entendez pas ce que veut dire Rousseau. Les politiques et les Césars du paganisme ne purent jamais croire que les Chrétiens parlassent sincèrement et puissent jamais se contenter d'un empire métaphysique. Et en cela se voit qu'une profonde politique cèle son œuvre. Les païens auraient dû attendre que les chrétiens eussent manifesté? Supposez qu'une armée vienne pour entrer dans votre ville, cependant elle n'a pas manifesté aucun mauvais dessein[1]....

(1) Dans ce brouillon parfois confus, où les répétitions sont fréquentes, où souvent l'auteur, qui, il ne faut pas l'oublier, a dix-sept ans, est mal servi par une langue qui n'est point sa langue maternelle; où, de plus, des lectures peut-être mauvaises peuvent multiplier les obscurités; dans ce brouillon écrit d'un jet, sans rature et que Bonaparte n'a ni relu ni revu, il est impossible de ne point découvrir tout entière la théorie que Napoléon a tenté plus tard de faire prévaloir et de ne point reconnaître l'origine de ses idées sur la religion catholique. Consul et empereur, il a prétendu empêcher qu'elle rompît l'unité de l'État en en donnant à l'État la direction. « Avec mon influence et mes forces en Italie, je ne désespérais pas, a-t-il dit dans le *Mémorial*, de finir par avoir à moi la direction du Pape et dès lors quelle influence! Quel levier d'opinion sur le reste du monde! » Lorsqu'il veut établir le Pape à Paris, l'établir à la fois évêque de Paris et de Rome, le tenir ainsi sous sa main avec toute la cour pontificale dont il fera comme une annexe ecclésiastique de sa cour impériale; lorsqu'il imagine ainsi de renforcer son pouvoir civil de ce pouvoir religieux; lorsqu'il institue le budget des cultes et que, en mettant ainsi à la charge de l'État une modique redevance à payer aux prêtres, il peut leur interdire de posséder une fortune propre et qui les

rende indépendants du gouvernement; que, du même coup, il garantit la fortune des particuliers contre l'impôt que prélèveraient, à chaque génération, ceux qui se disent les maitres et les ouvriers de « l'au-delà »; lorsqu'il bannit de son empire les Réguliers sur qui il n'aurait nul moyen d'action, — car il ne les tiendrait ni par l'argent, ni par l'ambition — et qu'il n'y admet que des Séculiers; lorsque, par ces séculiers, il obtient que la religion enseigne l'obéissance à son gouvernement et qu'il s'applaudit de les avoir rendus les agents les plus utiles de ses volontés, n'est-ce pas de ce raisonnement tenu par lui en 1786 qu'il part nécessairement, et les idées qu'il exprime ici ne sont-elles pas celles qui ont forcément dû le conduire? (*Ed.*)

IV

Jeudi, 22 novembre 1787, à Paris.
Hôtel de Cherbourg, rue du Four-Saint-Honoré[2].

Je sortais des Italiens et me promenais à grands pas sur les allées du Palais-Royal. Mon âme, agitée par les sentiments vigoureux qui la caractérisent, me faisait supporter le froid avec indifférence; mais, l'imagination refroidie, je sentis les rigueurs de la saison et gagnai les galeries. J'étais sur le seuil de ces portes de fer quand mes regards errèrent sur une personne du sexe. L'heure, la taille, sa grande jeunesse ne me firent pas douter qu'elle ne fût une fille. Je la regardais : elle s'arrêta non pas avec cet air grenadier [des autres], mais un air convenant parfaitement à l'allure de sa personne. Ce rapport me frappa. Sa timidité m'encouragea et je lui parlai... Je lui parlai, moi qui, pénétré plus que personne de l'odieux de son état, me suis toujours cru souillé par un seul regard... Mais son teint pâle, son physique faible, son organe doux

(1) *Fonds Libri.* Voir note initiale du n° I; Publiée pour la première fois par moi dans *les Lettres et les Arts*, puis dans *Napoléon et les femmes*, t. Ier.

(2) Cette rue, qui commençait à la rue Saint-Honoré pour finir à l'entrée de la rue Coquillière et au milieu environ de la rue Traînée, devait son nom au four banal que l'évêque de Paris y possédait du côté de l'église Saint-Eustache. (*Ed.*)

ne me firent pas un moment en suspens. Ou c'est, me dis-je, une personne qui me sera utile à l'observation que je veux faire, ou elle n'est qu'une bûche.

— Vous aurez bien froid, lui dis-je, comment pouvez-vous vous résoudre à passer dans les allées?

— Ah! monsieur, l'espoir m'anime. Il faut terminer ma soirée.

L'indifférence avec laquelle elle prononça ces mots, le flegmatique de cette réponse me gagna et je passai avec elle.

— Vous avez l'air d'une constitution bien faible. Je suis étonné que vous ne soyez pas fatiguée du métier.

— Ah dame! monsieur, il faut bien faire quelque chose.

— Cela peut être, mais n'y a-t-il pas de métier plus propre à votre santé?

— Non, monsieur, il faut vivre.

Je fus enchanté, je vis qu'elle me répondait au moins, succès qui n'avait pas couronné toutes les tentatives que j'avais faites.

— Il faut que vous soyez de quelques pays septentrionaux, car vous bravez le froid.

— Je suis de Nantes en Bretagne.

— Je connais ce pays-là... Il faut, mademoiselle que vous me fassiez le plaisir de me raconter la perte de votre p.......

— C'est un officier qui me l'a pris.

— En êtes-vous fâchée?

— Oh! oui, je vous en réponds. (Sa voix prenait une saveur, une onction que je n'avais pas encore remarquée.) Je vous en réponds. Ma sœur est bien établie actuellement. Pourquoi ne l'eus-je pas été?

— Comment êtes-vous venue à Paris?

— L'officier qui m'avilit, que je déteste, m'abandonna. Il fallut fuir l'indignation d'une mère. Un second se présenta, me conduisit à Paris, m'abandonna, et un troisième, avec lequel je viens de vivre trois ans, lui a succédé.

[illegible] pâle [illegible] agité par des [illegible]
[illegible] que la voiture [illegible] les frais
avec indifférence mais l'imagination [illegible] je sentis
les signes de la raison et depuis les galeries
j'étais sur le seuil de ces portes de fer quand une [illegible]
sur une [illegible] de soie [illegible] la belle grande [illegible]
[illegible] par dans les grilles [illegible] une fille [illegible]
[illegible] non pas avec cette grâce [illegible]
mais un être [illegible] parfaitement [illegible] de
la personne [illegible] la timidité [illegible]
Je lui parlais. j'étais presque assuré qui [illegible] plus que
personne de l'odeur de [illegible] sans toujours [illegible] pour un seul de
regard. mais son teint pâle son physique faible son organe
doux [illegible] parmi [illegible] au surplus qui
[illegible] une personne qui n'osera aller à l'observatoire
que je voulais faire [illegible]
Vous avez bien fait me dit-elle [illegible] à passer dans les allées
[illegible] oh monsieur [illegible] il faut [illegible]
[illegible] avec laquelle elle prononça ces
mots [illegible] de cette personne me gagna et je pressai
[illegible]
Vous avez [illegible] d'une constitution bien faible [illegible]
je suis étonné que [illegible] des [illegible]
[illegible] il faudrait bien faire [illegible]
[illegible] pas [illegible]
[illegible]
[illegible]
[illegible]
Il faut que vous soyez [illegible]
[illegible] Je suis de [illegible]
ce pays-là [illegible] que vous [illegible]
[illegible]
C'est un officier qui m'a [illegible]
Je vous [illegible]
[illegible]
[illegible]
[illegible] vous [illegible]
[illegible]
[illegible]

Quoique Français, ses affaires l'ont appelé à Londres et il y est. Allons chez vous.

— Mais qu'y ferons-nous ?

— Allons, nous nous chaufferons et vous assouvirez[1] votre plaisir.

J'étais bien loin de devenir scrupuleux ; je l'avais agacée pour qu'elle ne se sauvât point quand elle serait pressée par le raisonnement que je lui préparais en contrefaisant une honnêteté que je voulais lui prouver ne pas avoir...

(1) *Exercerez* rayé.

V[1]

27 novembre. Paris, 11 heures du soir.

J'ai à peine atteint l'âge... et cependant je manie le pinceau de l'histoire. Je connais ma faiblesse... mais[2] peut-être pour le genre d'écrits que je compose, c'est la meilleure situation d'âme et d'esprit. J'ai l'enthousiasme qu'une étude plus profonde des hommes détruit souvent dans nos cœurs. La vénalité de l'âge viril ne salira pas ma plume. Je ne respire que la vérité; je me sens la force de la dire, et en lisant cette légère esquisse de nos malheurs, je vois vos pleurs couler. Chers compatriotes, nous avons toujours été malheureux. Aujourd'hui, membres d'une puissante monarchie, nous ne ressentons de son gouvernement que les vices de sa constitution; et, aussi malheureux peut-être, nous ne voyons de soulagement à nos maux que dans la suite des siècles.

(1) *Inédit. Fonds Libri.* Voir note initiale du n° I.

(2) Entre les lignes : « Comme une connaissance trop sincère du cœur humain détruit... »

VI[1]

J'ai à peine atteint l'âge de l'aurore des passions ; mon cœur est encore agité de la révolution que cette première connaissance des hommes produit dans nos idées et cependant vous exigez, mademoiselle, que je discute une question qui exigerait une connaissance profonde du cœur humain. Mais vous obéir n'est-il pas le seul titre qui puisse me maintenir digne membre de cette société intime? Considérez donc ce discours moins comme une production de l'esprit et des connaissances que comme le tableau fidèle des sentiments qui agitent ce cœur où toute la perversité des hommes n'a peut-être pas encore pénétré.

Si j'avais à comparer les siècles de Sparte et de Rome avec nos temps modernes, je dirais : Régna ici l'amour et là l'amour de la patrie. Par les effets opposés que produisent ces passions, on sera autorisé sans doute à les croire incompatibles. Ce qu'il y a de sûr du moins, c'est qu'un peuple livré à la galanterie a même perdu le degré d'énergie nécessaire pour concevoir qu'un patriote puisse exister. C'est le point où nous sommes parvenus aujourd'hui. Peu de personnes croient à l'amour de la patrie. Quelle foule d'ouvrages n'a-t-il pas paru pour en montrer le chimérique ? Sentiments que produit l'action sublime du grand Brutus, n'êtes-vous donc qu'une chimère[2]? [Romains,

(1) *Inédit. Fonds Libri.* Voir note du n° I. J'ai donné quelques lignes de ce discours dans *les Lettres et les Arts.*

(2) La partie entre crochets est bâtonnée dans le manuscrit. (*Ed.*)

premier peuple de la terre par la simplicité de vos vertus, la force de vos âmes et l'étendue de vos connaissances naturelles, vous vous êtes tous trompés. Vous avez élevé des autels à Brutus comme à un héros. Eh bien! apprenez de moi que ce grand homme n'est qu'un fou qu'égara l'amour-propre, lorsque, au milieu de votre place publique, il enfonça dans le sein de ses fils le glaive vengeur des lois. Vous crûtes qu'il était animé de cette passion qui vous transportait tous. Eh bien! cette passion sublime que vous nous vantez tant n'est que l'amour-propre, et vous avez été assez peu habiles pour [vous laisser séduire] ainsi par une férocité sans exemple. L'on vit la vanité l'emporter sur l'amour paternel. Voilà, messieurs, la sensation que j'éprouve à la vue de la question que je dois approfondir. L'amour de la gloire, dit-on, a produit cette foule d'actions que la postérité a célébrées à juste titre, mais auxquelles nos histoires opposent [les produits] de l'amour de la Patrie...]

L'amour de l'estime des hommes ou de la gloire peut-il avoir produit cette foule d'actions que la postérité à célébrées sous le nom d'amour de la patrie, ainsi le prétendent nos sophistes modernes. Si cependant nous venons à en démontrer l'insuffisance, que sera ce donc? Quel aura donc été le mobile des célèbres patriotes qui tiennent une place si distinguée dans les annales de l'Univers, quelles seront les passions primitives constituant le patriotisme?

Tel, mademoiselle, serait l'objet des idées que je vais développer sous vos auspices. Puissent-elles en être dignes, heureux toutefois de m'avoir procuré le plaisir de captiver l'attention de la société intime.

Ouvrons les annales des Monarchies. Notre âme s'enflamme sans doute au récit des actions de Philippe, Alexandre, Charlemagne, Turenne, Condé, Machiavelli et tant d'autres hommes illustres qui, dans leur héroïque carrière, eurent pour guide l'estime des hommes; mais quel sentiment maîtrise notre âme à l'aspect de Léonidas et de ses trois cents Spartiates. Ils ne vont pas à un combat, ils courent à la mort pour le sort qui menace leur patrie; ils affrontent les forces réunies de l'Orient pour obéir, premiers soutiens de la liberté; mais toi, qui aujourd'hui enchaînes à ton char le cœur des hommes, sexe dont tout le mérite consiste dans un extérieur brillant, considère ici ton triomphe et rougis de ce que tu n'es plus. C'est dans tes annales que je vais trouver la plus grande preuve de l'insuffisance de la gloire. Quelles sont les héroïnes qui triomphent au milieu de Sparte? Je les vois, à la tête des autres citoyens, célébrer par des cris d'allégresse le bonheur de la patrie. « O Thermopyles, vous renfermez le tombeau de mon époux, puissiez-vous rendre le même office à mon fils si des tyrans menaçaient jamais ma patrie. » Quoi! vous que je vois couronnées de myrthe, vous êtes les efforts sublimes du plus grand héroïsme. Quoi! ce ne serait donc autre que le vil amour de la gloire? Mais l'amour de la gloire n'est-il pas l'envie d'avoir son nom chanté par la renommée! Avaient-elles rien de pareil à espérer les femmes spartiates? [N'étaient-ce pas les effets ordinaires que produisait la nouvelle d'une bataille que l'envie de leurs proches d'y être?] Ceux-là, dit Plutarque, se montraient triomphant dans les temples et les places publiques, tandis que les mères et femmes de ceux qui étaient échappés n'osaient se montrer. Oui, voilà des choses dignes de la patrie. Vous voyez donc bien que l'amour de la gloire ne peut pas avoir été le moteur des Spartiates.

Mais, si l'amour de la gloire a été le principe des actions des républicains et des monarchistes, d'où vient la différence étonnante des sentiments qui nous animent au seul récit, d'où vient la différence même des actions? Aristide, le plus sage des Athéniens, Thémistocle, le plus ambitieux, encore la terreur du Grand roi, et tous deux sauveurs et restaurateurs de leur patrie, sont récompensés

(1) En marge : « Trouver la plus grande preuve de l'insuffisance de la gloire. »

par un exil ignominieux. « O Dieux, puissiez-vous oublier l'injustice de mes compatriotes autant que moi-même je leur pardonne, dit Aristide en jetant un dernier regard sur son ingrate et chère patrie. » — « Dis à mon fils, disait Cimon en subissant son arrêt ignominieux, que, n'étant plus citoyen, je ne lui suis plus rien et que Athènes est toujours sa mère et sa patrie. »

Thémistocle préfère avaler la coupe fatale à se voir à la tête des troupes de l'Orient et à se trouver à portée de venger son outrage particulier. Il pouvait espérer sans doute de subjuguer la Grèce. Quelle gloire dans la postérité et quelle satisfaction pour son ambition ! Mais non, il vivait au milieu des fastes de la Perse en regrettant toujours son pays. « O mon fils, nous périssions si nous n'avions péri ! » Phrase énergique qui doit être à jamais écrite dans le cœur d'un vrai patriote.

A ces traits d'héroïsme comparerons-nous les actions de Robert d'Artois, de Gaston d'Orléans, du grand Condé et de cette foule de Français qui ne rougirent pas de dévaster les campagnes qui les avaient vu naître. Les uns avaient été nourris dans les préceptes du patriotisme et les autres de l'amour de la gloire. Osez prononcer que le patriotisme n'est rien. Rien produisit-il jamais quelque chose ?

[Dion possède une grande fortune, une race distinguée, une considération acquise. Que manque-t-il à son bonheur ? Ames énervées, vous ne pouvez deviner et vous osez parler ! Sa patrie est esclave d'un tyran qui est son allié, d'un tyran qui l'aime et le considère, mais enfin d'un tyran. Les feux brûlants du patriotisme embrasent sa grande âme.] Enflammé par le feu brûlant du patriotisme, le disciple du grand Platon, le sévère Dion quitte les lieux fortunés de l'Attique. Adieu, plaisirs qui charmiez sa philosophie. Il sacrifie sa tranquillité. Un tyran règne dans sa patrie. Fuis, Denys, fuis donc de ces rives, ci-devant le théâtre de tes cruautés. Dion a déjà arboré dans Syracuse l'étendard de la Liberté, mais l'effet surprenant de la jalousie, ce monstre effroyable que vomirent les enfers dans leurs fureurs se glisse dans le cœur des Syracusains. Les insensés! ils osent prendre les armes contre leur sauveur; ils attaquent de toutes parts la légion qui vient de les délivrer et qui reste fidèle à ce héros qui la conduit. Quels sont cependant les sentiments qui l'animent? « Etrangers, qui prenez ici la défense de mes jours, s'écrie Dion, ne versez pas, je vous en conjure, le sang de mes compatriotes! » Est-ce l'amour de la gloire qui lui a dicté cette harangue sublime? Qu'eût fait le grand Condé?... Dites, messieurs, que croyez-vous qu'eût fait le grand Condé dans cette circonstance? Syracuse! Syracuse, tu aurais porté longtemps la peine de ton ingratitude. Liée à son char, tu eusses servi à jamais de monument à sa gloire et la postérité n'aurait sans doute qu'applaudi sa bravoure. Mais ce ne sont pas là les sentiments qui agitent un cœur où n'est que l'amour de la patrie. Tandis que ses barbares concitoyens font usage, pour lui ravir la vie, de ces armes que lui-même leur a fournies : « Étrangers, s'écriait Dion, qui défendez ici mes jours, je vous en conjure, ne versez pas le sang de mes concitoyens. » Le protecteur de la liberté n'est plus dans la cité. Déjà les satellites des tyrans font couler des flots de sang. La liberté chancelle dans sa dernière forteresse. Dion jouit de son triomphe, voit à ses genoux ces ingrats qui, parjures, en voulaient à sa vie. Mais quoi! tu pleures; des larmes ont coulé de tes stoïques yeux! Quoi! ces tigres qui, pour prix de ta première défaite, sont altérés de ton sang, ces tigres arrachent tes larmes! Sentiment de la patrie, que tu es puissant sur les cœurs! Ainsi que le soleil dissipe le plus épais brouillard, ainsi, ô grand Dion, ton aspect dissipa la nombreuse cohorte du tyran. Qu'avec plaisir tu vis couler ton sang! Il scella pour longtemps la liberté de Syracuse. Vous voulez que l'amour de la gloire ait produit ces sublimes larmes! Vous voulez qu'il ait produit cette courte harangue où règne un sentiment que Jésus-Christ a seul depuis renouvelé! Mais non! non! L'amour de l'immortalité est un sentiment personnel qui céda toujours à l'amour-propre blessé. Turenne, le héros de la France, cède à un intérêt personnel et se rue contre la patrie, — mais, que dis-je, cède? — donne une nouvelle force aux effets de la vengeance de l'amour-propre. C'est un sentiment liable avec les passions les plus opposées! Condé [aux Dunes] était animé par l'amour de la gloire tout comme à Rocroy et à Nordlingue.

Faut-il chercher encore des preuves de l'insuffisance de l'amour de la gloire? Ouvrons les annales de cette petite île trop peu connue sans doute pour l'honneur des temps modernes : un Corse est condamné à périr sur l'échafaud. Ainsi l'ont voulu les lois de la République. Outre les liens du sang, ceux de la reconnaissance et de la plus tendre amitié liaient étroitement son neveu à son sort. Dans le transport qui l'anime, il se jette aux genoux du premier magistrat, du grand Paoli. « M'est-il permis de plaider pour mon oncle? Les lois sont-elles faites pour faire notre malheur? Il n'est que trop coupable sans doute, mais nous offrons 2,000 sequins pour le racheter. Jamais il ne rentrera dans l'île. Nous en fournirons 400 tant que durera le siège de Furiani. — Jeune homme, lui répond Paoli, vous êtes Corse. Si vous croyez que cela puisse faire honneur à la patrie, ce jugement va se prononcer et je vous accorde sa grâce. » Ce bon jeune homme se lève. Les convulsions de son visage expriment assez le désordre de son âme. « Non! non! je ne veux pas acheter l'honneur de la patrie pour 2,000 sequins. O mon oncle, je périrais plutôt dans tes bras. » Sous quelle face que j'envisage cette héroïque réponse, je ne puis y apercevoir aucune trace de gloire.

Si je continuais, mademoiselle, à parcourir les annales de cette illustre nation, quels traits de patriotisme n'y trouverais-je pas? Gaffori, qui joignit à l'âme de Brutus l'éloquence de Cicéron, tu fais au patriotisme le sacrifice de ton amour paternel. Ni l'ambition, ni l'attachement à ses propriétés, ni même ses fils prisonniers des tyrans ne purent tenter Rivorella. « Quant à mes fils, il faudra bien sans doute qu'on me les rende. Je considère le reste comme indigne, m'étant personnel et incomparablement au-dessous des engagements que j'ai contractés avec mes compatriotes; je meurs content puisque je meurs pour mon pays. Paoli, dans mes bras! je serai à côté de Gaffori et des autres illustres patriotes. » [ ] Quelques Amphipolitains firent [part] à Argileonis de la mort de son fils Brasidas qu'ils avaient vu périr: « Sans doute, non, Sparte n'en a point encore un pareil. — Ne dites point cela, mes amis; mon fils était un digne citoyen, je veux le croire, mais Sparte en compte dans ses murs encore plus de soixante-dix encore plus dignes d'elle. »

Ce sont dans ces réponses privées où se peint le sentiment. Chaque trait, chaque mot d'un Spartiate peint un cœur embrasé du plus sublime patriotisme. [Vous qui prétendez au titre de bons patriotes, qui aspirez à en avoir le sentiment, voici votre baptême]. Il n'appartient sans doute qu'à ces âmes privilégiées de la vertu, à ces hommes qui, par la force de leurs organes, peuvent maîtriser toutes leurs passions et [par] l'étendue de leur vue gouverner les États, de marcher sur les traces des Cincinnatus, des Fabricius, des Caton, des Thrasybule; mais vous, qui prétendez simplement au titre de bons citoyens, méditez Pedaratus. Un vain titre est refusé aux Bouillon et Turenne, le héros de la France, Turenne, le rempart invincible de la patrie, Turenne, qu'elle a comblé de ses faveurs, eh bien! Turenne réduit en cendres les chaumières qu'il avait si longtemps défendues. Des honneurs refusés à Condé blessent sa gloire, et Condé déploie l'étendard de la révolution. Voilà ce que produisit, dans les deux plus grands hommes de la France, la soif de l'ambition. Que Pedaratus, simple citoyen d'une république célèbre, est dans ce moment au-dessus de ces illustres monarchistes ! Il demande avec instance au tribunal du peuple d'être élu un des Trois Cents, première magistrature de la République. Il est refusé. « Sparte, chère patrie, tu renfermes donc trois cents citoyens plus [honnêtes] hommes que moi. Dieux, soyez témoins de mon allégresse ! Ah ! puissé-je être le dernier en [amour] que je consentirai volontiers à ce prix à n'être que citoyen. Demeurez enfin confondus, prônistes de la gloire. Rendez hommage à la vérité. Car les Spartiates affectaient-ils tous ces sentiments sublimes pour s'acquérir de la gloire ? C'était donc un sentiment joué et joué par toute une ville? Mais pour peu que vous connaissiez le génie des hommes, vous verrez que cette imposture n'aurait pas duré longtemps. Le ridicule de l'ennui même d'affecter un sentiment que l'on n'a pas aurait bientôt fait que le peuple au moins aurait secoué le joug inutile...

VII[1]

THÉODORE A MILORD WALPOLE

Des prisons de Londres.

Milord, pourquoi m'avoir tiré de l'obscurité où je vivais? Je gémissais dans un cachot... mais j'y gémissais inconnu. Mon nom et mon rang connus de peu de personnes, ignorés de mes gardes, ignorés de mes compagnons d'esclavage, me laissaient encore goûter la triste consolation d'être révéré par les criminels ou les malheureux qui m'entouraient.

Si leur âme, oppressée par l'horreur de la prison formait des projets de délivrance, j'en étais le premier instruit. Il n'y en avait pas un qui [ne] dit : Nous romprons nos chaînes et vous serez à notre tête.

Mais depuis ce jour, milord, où vous leur fîtes connaître ce que j'étais, je suis redescendu le dernier dans leur estime et suis l'ob-

(1) *Fonds Libri*. Publié dans *les Lettres et les Arts*. Voir la note du n° I.

Ce fragment, non daté, est jeté après le discours précédent, daté de Paris, le 27 novembre 1787, et avant une note datée d'Auxonne le 23 octobre 1788. Il est donc difficile de désigner l'époque précise où il a été écrit. Il est évidemment inspiré comme les numéros I, II, V et VI, par le sentiment corse, mais ce courant d'esprit, on le retrouve pareil de 1786 à 1793.

On sait que le fait auquel Bonaparte fait allusion s'est produit en 1753. Le baron de Neuhof qui, après d'étranges aventures, s'était proclamé roi de Corse en 1736, sous le nom de Théodore Ier, était parvenu à délivrer presque en entier son royaume de la tyrannie génoise. Obligé de quitter la Corse pour chercher de nouveaux secours sur le continent, il tenta de nouveau d'y revenir en 1738 et en 1743 et, empêché de débarquer, se réfugia à Londres où ses créanciers le firent enfermer dans la prison pour dettes. En 1753, Horace Walpole ouvrit en sa faveur une souscription, dont le produit servit à adoucir les rigueurs de sa captivité, et plus tard il lui fit ériger un tombeau dans le cimetière de Sainte-Anne de Westminster. Il est inutile de faire remarquer que cette correspondance entre Walpole et Théodore est imaginée par Bonaparte. Cette foi en la générosité du peuple anglais, cette conviction que l'hospitalité anglaise, éprouvée par Théodore et par Paoli, ne peut être demandée en vain, n'est-ce pas l'origine des idées qui, à Rochefort, ont eu une si cruelle influence sur la destinée de l'Empereur? (*Ed.*)

jet de leur risée... Hommes injustes! J'ai voulu contribuer au bonheur d'une nation. J'y ai réussi un moment et vous m'admiriez. Le sort a changé. Je suis dans un cachot et vous me méprisez.

MILORD A THÉODORE

[Malheureux qui gémissez dans nos prisons[1],] vous souffrez et êtes malheureux. Ce sont bien deux titres pour avoir droit à la pitié d'un Anglais. Sortez donc de votre prison et recevez 3,000 livres de pension pour subsistance.

(1) Les mots entre crochets sont raturés. (Éd.)

VIII

PROJET DE CONSTITUTION DE LA CALOTTE DU RÉGIMENT DE LA FÈRE

Messieurs.

Vous nous avez chargés de rédiger les principaux points de la constitution de la *Calotte*. Nous nous sommes empressés de nous rendre dignes de votre confiance et nous soumettons aujourd'hui à votre profonde sagesse les idées que nous a inspiré l'amour de l'ordre public.

[1] *Inédit. Fonds Libri.* Manuscrit de 5 pages, in-folio.

« Dans l'ancienne armée, dit M. Hennet dans son *Régiment de la calotte* (Paris, 1886. In-12, page 245), le conseil de la Calotte était une société formée entre les officiers de chaque régiment au-dessous du grade de capitaine pour se défendre contre l'arbitraire des chefs, réprimer certains écarts de conduite et se maintenir dans les traditions de l'honneur militaire. »

« C'était, dit plus amplement M. de Roman dans ses *Souvenirs d'un officier royaliste*, une institution qui existait dans tous les régiments avant la Révolution et au moyen de laquelle le premier lieutenant exerçait une sorte de police sur ses camarades avec le droit, transmis pour ainsi dire par tradition, de porter la parole au nom du corps et de faire une mercuriale à celui dont la conduite méritait d'être blâmée, soit pour une action équivoque sur le point d'honneur, une conduite crapuleuse indigne d'un officier, un manque d'égards ou de politesse envers ses camarades ou toutes autres personnes, principalement les dames.

« Cette réprimande, qu'on était obligé de recevoir sans se fâcher, faisait ordinaire-

Il est, Messieurs, des Lois constitutives auxquelles il n'est pas permis de déroger. Elles doivent dériver directement de la nature du Pacte primitif. Leur développement sera le premier objet sur lequel nous fixerons votre attention.

Il est des Lois qui ne sont que fondamentales. L'unanimité des suffrages peut alors les anéantir. Celles-ci, Messieurs, nous découvriront la nature de l'autorité du plus ancien lieutenant.

Entrant ensuite dans les détails des formes à donner à

ment beaucoup d'impression à celui qui la recevait, surtout lorsqu'elle se donnait en présence de tous les camarades assemblés et plus encore lorsqu'il s'en suivait une punition souvent publique, telle que de recevoir la bascule, de sauter sur la couverture. C'était un moyen simple qui contribuait à maintenir une bonne tenue dans les corps et cet esprit d'ensemble qui en faisait souvent la force et qui procurait beaucoup d'agrément aux officiers, car la délicatesse et l'honnêteté dont ils faisaient constamment profession les faisaient regarder en France et même en Europe comme les plus braves et les plus polis du monde. »

On a, dans les *Mémoires de Ségur* (Paris, 1824, t. II, p. 208), un singulier exemple de la façon dont les calotins maintenaient leur droit de blâme, même lorsqu'il s'agissait d'officiers supérieurs. Il est incontestable que seule cette singulière institution pouvait établir une sorte d'égalité nécessaire « entre la grande noblesse, celle de la cour et celle des provinces, entre le riche et le pauvre » et remédier, dans une mesure, aux abus que signalait si justement le comte de Saint-Germain, qu'il avait tenté d'abolir durant son ministère et qui, après sa chute, par une réaction naturelle contre son système, se trouvèrent accrus au point de devenir intolérables pour la plupart des officiers qui ne tenaient point à la Cour.

Bonaparte, « petit noble », comme il se qualifie lui-même, plus jaloux que tout autre de ses droits d'homme et d'officier, devait nécessairement tenir plus que qui que ce fût à la seule institution qui pût assurer, en ce temps d'inégalité sociale, l'égalité nécessaire entre officiers du même grade, dresser, dans la vie quotidienne, devant le bon plaisir de quelques-uns, l'infranchissable rempart de la volonté collective du corps entier. Et cette volonté anonyme et solidaire qui hors du service ne reconnaissait même point les grades et affrontait les plus puissants lorsque l'honneur ou les dames étaient en cause, ne pouvait être justifié en son origine et en ses actes que par les principes républicains auxquels Bonaparte était attaché. Il fallait, pour qu'elle se manifestât, qu'elle fût l'expression du sentiment commun; donc, qu'elle fût délibérée dans des assemblées plénières. Il fallait pour qu'elle s'exécutât que l'arrêt prononcé par l'assemblée, engageât chacun des membres et que celui qui serait tenté de s'y soustraire eût affaire au corps d'officiers tout entier, soit collectivement par la mise en quarantaine, soit individuellement par des appels successifs sur le terrain.

Il fallait donc pour que l'institution de la calotte produisit son effet entier que, le principe admis, un règlement intérieur déterminât l'organisation à adopter, les procédures à suivre, le nombre des votes à réunir, etc...

On savait par l'article publié par M. Libri, le 1er mars 1842 dans la *Revue des Deux-Mondes* (*Souvenirs de la Jeunesse de Napoléon tirés de ses manuscrits inédits*), que Bonaparte lieutenant au régiment de la Fère avait rédigé un projet de constitution de la notre administration, nous désignerons la portion d'autorité que vous devez accorder au Chef et aux Infaillibles pour éviter à la fois les inconvénients de l'anarchie et les abus du pouvoir arbitraire.

La police de vos assemblées, les formes à suivre dans vos procédures, ce qui nous portera à vous parler et à discuter l'institution d'un Grand maître des cérémonies, terminera la tâche glorieuse et pénible que vous nous avez imposée.

Heureux si notre travail peut mériter votre agrément, heureux s'il peut être de quelque utilité à la chose publique !

calotte. On affirmait même que ce projet avait été publié par M. le baron de Coston sous le titre de : *Règlement de la calotte du régiment de la Fère composé en 1788 par Napoléon Bonaparte ;* mais cette brochure avait échappé aux recherches de tous les historiens contemporains et n'existait même point à la Bibliothèque Nationale. Grâce à l'extrême obligeance de M. Paul Rousset, avocat à la cour d'Aix, petit-fils de M. le baron de Coston, j'ai pu avoir communication d'un exemplaire de cette plaquette (In-12 de 40 pages dont 13 seulement consacrées au règlement même) imprimée par Bourron à Montélimar et portant Grenoble pour lieu d'édition. Mais, en collationnant le texte donné par M. de Coston avec le manuscrit autographe de Napoléon, j'ai constaté d'abord que le texte publié, copié, comme le dit M. de Coston, sur le brouillon resté entre les mains de l'auteur ou d'un de ses camarades était incomplet de près d'un tiers, puis que les mauvaises lectures en dénaturaient complètement l'ordonnance et la suite.

Une anecdote rapportée par M. de Coston, et qu'il tenait de son cousin, le baron de Cachard, lieutenant au régiment de la Fère en même temps que Napoléon, prouve que les officiers avaient eu connaissance de ce projet de règlement. « Ce devait être en septembre 1788, écrit M. de Cachard. Nous étions en garnison dans cette vilaine résidence d'Auxonne où nous ne savions que faire et que devenir. Un de nous, et je présume que c'était Bonaparte lui-même, avait proposé de rédiger une constitution pour la calotte afin d'éviter l'arbitraire. Il en fut chargé lui-même et n'eut point de collaborateurs. Lorsqu'elle fut terminée, M. de la Grange, notre premier lieutenant, nous convoqua chez lui. Quand j'arrivai, Bonaparte n'y était pas encore, mais la fameuse constitution s'y trouvait. Elle était écrite sur un cahier dont les feuilles étaient attachées avec un ruban rose. Nous en parlions sur le ton de la gaité comme des jeunes gens de notre âge. Je m'aperçus que nos plaisanteries faisaient de la peine au chevalier des Mazis, ami intime de l'auteur, qui s'empara tout à coup du manuscrit et le jeta au feu, en disant que ce n'était qu'une plaisanterie et qu'elle avait duré assez longtemps. »

Néanmoins, ce ne devait être qu'une mise au net qui fut brûlée par des Mazis et il n'est point douteux que tous les officiers du régiment de la Fère n'attachaient point si peu d'importance à ce règlement, puisque, outre la minute originale, il s'est trouvé la copie qu'a publiée M. de Coston et qui a dû être prise par un des camarades de Bonaparte sur son premier brouillon.

ARTICLE PREMIER

Institution primitive de la Calotte et de ses lois constitutives.

Nos ordonnances, Messieurs, nous prescrivent une obéissance aveugle aux officiers supérieurs. De là est né le tribunal fraternel de la Calotte. La défense commune fut le premier régime qui éleva le tribunal, et son premier bienfait fut de faire respecter aux chefs des jeunes gens sans doute, mais des jeunes gens qui, remplis des préceptes de l'honneur et non encore avilis par les fureurs de l'ambition ne le cèdent à aucun corps par leurs sentiments.

Il fallait être respectable pour être respecté et l'on ne tarda pas à sentir la nécessité de soumettre à la volonté générale les rebelles inexécutions particulières qui nuisaient à l'intérêt commun. Par quelle fatalité étrange, une constitution aussi avantageuse devint-elle l'instrument des fantaisies des particuliers ? Par quelle fatalité ce qui n'avait été imaginé que pour l'avantage de tous devint-il dans plusieurs corps la source des vexations les moins pardonnables ? Ainsi, Messieurs, dans la main des hommes tout se corrompt ! Ainsi le monde languit aujourd'hui dans l'esclavage !

C'est en réfléchissant sur cet exposé que vous verrez, Messieurs, que la Calotte doit être composée de tout ce qui a le grade de lieutenant. On voudrait en vain mitiger les prérogatives de quelques membres : tous sont égaux, tous sont animés par l'intérêt du corps, tous doivent avoir voix délibérative. La date du brevet, l'ancienneté du grade, distinctions puériles. Tous ceux qui partagent également le danger doivent partager également des honneurs. Ceci peut être cependant susceptible de quelques faibles restrictions.

ARTICLE 2.

Lois fondamentales.

Les Lois qui dérivent de la nature du pacte sont Lois constitutives. Aucun législateur, aucune autorité ne peut y déroger. Nous n'en connaissons qu'une. C'est l'Égalité dans les membres qui composent la Calotte.

Les Lois qui dérivent des rapports qu'ont les corps entre eux sont ce que nous appelons Lois fondamentales. Telle est l'institution qui confère au plus ancien lieutenant la dignité de chef de la Calotte. Toutefois, toutes les personnes étrangères à votre Assemblée sont accoutumées à considérer le plus ancien lieutenant comme votre chef. Ceci est consacré par une longue suite d'années. Vous ne pouvez donc l'en déchoir sans lui faire le plus grand tort. C'est pourquoi il faut qu'il soit convaincu d'une incapacité absolue, ce qui ne peut être que par l'unanimité des suffrages

Nous distinguons, Messieurs, deux sortes de chefs de Calotte. Le chef de Calotte premier lieutenant et le chef de Calotte le plus ancien lieutenant. Le chef de Calotte premier lieutenant ne peut être déposé que par les grandes assemblées où tous les Calottins assistent. Le chef de Calotte plus ancien lieutenant peut l'être par la Calotte particulière où il préside.

ARTICLE 3.

De l'autorité du chef de Calotte et des Infaillibles.

Tout gouvernement doit avoir un chef et nous venons de prouver que le plus ancien lieutenant est chef né de la Calotte. Toute l'autorité attribuée aux puissances exécutives est de son ressort. Le droit de convoquer l'Assemblée, d'y présider, de la représenter dans toutes les occasions, la charge de veiller au maintien des intérêts et des égards qui nous sont dus; le droit de faire des démarches relatives, de parler au nom de tous sans y être autorisé, dans les occasions imprévues, ne peut lui être contesté.

Il est auprès de chaque individu particulier l'organe de l'opinion publique. La nuit n'a point pour lui de ténèbres; il ne doit rien ignorer de tout ce qui pourrait compromettre votre rang et votre habit.

Les yeux perçants de l'aigle, les cent têtes d'Argus lui suffiraient à peine pour satisfaire à toutes ses obligations, aux devoirs que lui impose sa charge. Si jamais, Messieurs, il s'endormait comme celui-ci, il faudrait alors lui faire subir la même destinée et s'armer du glaive de la Loi. Son élévation ne le rend que plus comptable de sa conduite. La Loi toujours passive ne reconnaît jamais aucun respect humain. Vous recommanderez sans doute, Messieurs, à vos membres de lui porter les plus grands égards; vous réprimerez la fougue, [la tension] de vos éloquents et parfois braves orateurs. Mais nous entendons déjà leurs véhémentes réclamations. Ils vous représentent la Liberté sur le point de succomber sous le faix de la colossale autorité du Chef.

Son autorité n'est pas trop étendue, son droit, tant qu'il sera fidèle à l'esprit de la Loi; mais si jamais il prétendait s'en affranchir, si jamais, Messieurs, contre l'esprit de l'association, le Chef voulait s'ingérer dans des affaires étrangères à l'intérêt public; si jamais par cet esprit de partialité qui caractérise si souvent les hommes en place, il vexait les uns pour en obliger d'autres; si jamais, par oubli des Lois constitutives, il refusait de convoquer l'Assemblée à la réquistion d'un ou de plusieurs membres, il faut pourvoir aux moyens de la réprimer sans tomber dans le chaos de l'anarchie. Etablissez deux Infaillibles. Donnez-leur le pouvoir, lorsqu'ils sont d'accord de s'opposer à l'exécution journalière de sa charge moyennant la formule : « Nous nous opposons au nom de la Chambre au projet que vous avez ou comme inutile ou contraire à soutenir. » Donnez-leur le pouvoir de convoquer l'Assemblée si absolument le premier lieutenant s'y refusait. Donnez à chaque Infaillible la faculté de proposer une motion contre le Chef sans courir aucun risque et soyez sûrs que, moyennant leur activité, votre constitution est assurée à jamais.

Qui appellerez-vous à remplir les places importantes d'Infaillibles ? Y appellerez-vous les deux lieutenants qui suivent le premier ? Nous n'avons pas besoin de renouveler des plaies qui saignent encore. Trop près du trône et [appelés à y monter] ils auraient le même intérêt à la propagation du despotisme. Liés par une longue connaissance, éloignés par leur âge du commun de l'Assemblée, ils seraient moins propres à en être les défenseurs. Ces raisons nous engageront sans doute à appeler pour occuper ce poste l'ancien lieutenant en premier et le plus ancien lieutenant en second. Par ce moyen, les deux ordres qui composent la République seront liés entre eux, auront plus de raisons de se ménager et auront chacun leur organe pour être l'expression de leur opinion. Vous ne craindrez plus alors, Messieurs, qu'un intérêt contraire au vôtre ne les lie. D'ailleurs, il est indispensable d'accorder une certaine prépondérance à l'ancien lieutenant afin qu'il commence de bonne heure à apprendre l'art difficile de gouverner avec équité. Vous sentez qu'il est indispensable d'accorder une certaine dignité au premier lieutenant en second qui, étant membre de la députation dans vos discussions avec les corps étrangers, doit participer aux honneurs, participant aux dangers.

ARTICLE 4.

Police des Assemblées.

Le chef de Calotte qui seul peut convoquer l'Assemblée en désignera l'heure et le lieu. Il aura soin autant que cela se pourra de choisir le moment le plus convenable aux Calottins. S'il manquait souvent à cette convenance, tout comme s'il convoquait l'Assemblée pour des choses futiles, la Chambre lui donnerait un des Infaillibles pour le conseiller. La convocation se fera par le moyen du junior qui sera accompagné pour la première fois de celui qui le précède. L'on accordera six minutes de grâce au delà du temps désigné et tout membre venant après se placera à la sellette pour être jugé. Si le Chef outrepassait les six minutes, les deux Infaillibles iraient occuper leur place ordinaire, et feraient siéger sur le trône le plus ancien lieutenant présent. Le Grand maître des cérémonies ferait une courte harangue et exposerait le sujet de la convocation de l'Assemblée et tout se ferait comme à l'ordinaire. Si le premier lieutenant arrivait dans ces circonstances, il siégerait au milieu de la chambre sans avoir la faculté de parler. Si l'on n'avait pas encore été aux voix, on le rétablirait avec les cérémonies usitées et, dès ce moment, il aurait sa voix prépondérante.

Le Chef sera placé entre les deux Infaillibles. Les deux plus anciens les suivront l'un d'un côté et l'autre de l'autre. Si alors il y avait à la Chambre plus de quatre nouveaux votants qui n'auraient pas vu les Assemblées d'été, les deux premiers d'entre eux seront placés immédiatement après ; ensuite, l'on se placera par rang. Les sièges seront placés à peu près en rond autant que cela se pourra, en laissant seulement l'espace de quatre places, pour désigner la barre et, au delà, se placera la sellette. Le junior de la dernière promotion, aidé du junior de tous et sous l'inspection du Grand maître, sera chargé de disposer l'emplacement. Le junior de tous sera chargé de crier silence au signe que lui fera le Chef. Le junior de la dernière promotion sera placé à côté du Grand maître.

Ce serait le lieu, Messieurs, d'entrer dans les détails des différentes cérémonies, soit pour recevoir le Chef, soit pour le déposer, soit pour le réhabiliter, soit pour les punitions, soit pour rétablir un membre qui a siégé à la barre, etc. Tous ces détails sont trop minutieux et fatigueraient votre attention. Le Grand maître des cérémonies qui aura l'inspection de toutes ces affaires pourra être par vous chargé de ce travail, afin que, par la suite, ceci soit arrêté incontestablement ainsi que les différentes formules des serments ou autres discours d'usage.

ARTICLE 5.

Des procédures et du Grand maître des cérémonies.

La Chambre peut s'assembler pour tant d'objets différents, les objets discutables sont en si grand nombre que si l'on voulait déterminer les différents procédés à suivre dans les différentes discussions, nous n'aurions jamais tout prévu ; ce qui nous a principalement portés à vous proposer l'institution d'un Grand maître des cérémonies.

Les anciens connaissent toujours assez la Loi. S'ils l'oublient ce n'est que pour leur avantage. C'est pourquoi il faudrait que le Grand maître des cérémonies ne soit pas trop ancien et soit éloigné des puissants. Il serait élu à la pluralité des voix et par scrutin, et devrait être au corps depuis deux promotions. La Loi serait déposée chez lui. Il devrait la connaître, en avoir saisi l'esprit. La direction de toutes les cérémonies serait un des objets de son occupation. C'est lui qui aurait le droit de représenter le texte de la Loi lorsqu'il serait violé. Dans les discussions épineuses, il serait consulté sur les moyens de procéder pour discuter de manière à éclairer la Chambre et d'en connaître l'avis. Le Grand maître des cérémonies n'aurait aucune autorité. Il n'aurait que le droit de parler sans pouvoir être jamais pris à partie de ses discours, surtout s'il s'agissait de représenter à l'Assemblée les vexations qu'éprouve quelque membre nouveau arrivé de la part de quelques anciens.

Il serait à la fois grand maître des cérémonies, orateur et conseilller de la Calotte.

L'intelligence, l'activité, la chaleur et une bonne poitrine sont des qualités requises pour parvenir à cette place. Vous sentez tous, Messieurs, combien le manque de cet emploi faisait tort à l'ancienne législation. A tous les moments, l'on était arrêté et il fallait deux heures de préliminaires avant d'épuiser une discussion de l'objet principal et jamais l'on ne suivait des procédés réguliers.

Le bon choix seul pourrait rendre cette charge utile à la République.

Il [le Grand maître des cérémonies] pourrait d'ailleurs être déposé pourvu qu'il eût les trois quarts des voix contre lui, et tout votant qui proposerait de le déposer et qui n'en aurait pas la moitié serait chassé, à l'exception du premier lieutenant et des Infaillibles. Vous engagerez sans doute, Messieurs, vos orateurs à le ménager dans leurs discours et la jeunesse [à avoir] quelques égards pour sa personne.

Le premier lieutenant ne pourrait jamais convoquer l'Assemblée sans avertir [le Grand maître] des objets à discuter.

Il [le Grand maître] sera placé de manière à être vu de tout le monde.

Le choix de l'hiver ne pourrait pas avoir lieu pour l'été à moins d'être [continué].

Tout membre qui voudra consulter la Loi ira chez lui et la lira sans pouvoir l'emporter.

Il pourra donner des ordres aux juniors qui seront tenus de lui obéir.

Le Grand maître des cérémonies est le seul en charge qui soit au choix de la Chambre. Cette seule raison peut rendre son ministère très utile dans certaines circonstances. Vous ne balancerez donc pas, Messieurs, à adopter cette institution sans laquelle vos Assemblées seront toujours confuses.

Toute personne, Messieurs, dénoncée à votre tribunal par le chef, sera d'abord reconnue par la visite des Infaillibles. S'il avoue la plainte, il passera à la barre. Le chef fera aussitôt choix d'un avocat qui sera un de ceux instruits à fond du délit. Aucun membre ne pourra refuser d'être avocat de la Chambre. L'accusé nommera également son avocat. Si celui-ci y consent, il pourrait l'entretenir en particulier l'espace de cinq minutes ou plus si le cas l'exigeait. Après quoi, on discutera l'affaire. Aucun membre ne pourra parler que les avocats. L'accusé, après les plaidoyers, pourra faire encore ses réflexions ; après quoi, l'on ira aux voix de la manière suivante. Le Grand maître des cérémonies aura toujours sur lui la liste des votants et un crayon. Le premier Infaillible dira son sentiment et selon qu'il est favorable ou contraire à l'accusé, le Grand maître des cérémonies écrira à côté de son nom la lettre initiale de l'avocat pour [.....]. Si un membre avait ouvert un troisième avis, le nom de ceux qui le suivraient, serait apostillé par la lettre initiale du membre qui aurait ouvert l'avis. Après quoi, il [le Grand maître ?] fera le résumé et le présentera au criminel.

Il y a une autre manière d'aller aux voix : c'est le scrutin. Le Grand maître des cérémonies aura autant de petits billets qu'il y a de membres. Le junior les distribuera et ensuite l'on repassera encore ou l'on écrira son avis. Le junior repassera avec un chapeau et chacun y jettera le billet. Le Maître des cérémonies seul vérifiera et en publiera le résumé.

Cette manière d'exprimer par scrutin aura lieu pour l'élection ou la déposition des dignitaires et pour toutes autres choses qui pourraient donner du respect.

Article 6.

Observations diverses.

Tous les membres sont égaux. L'on ne peut sans doute porter atteinte à cette loi qu'en renversant la constitution. Vous jugerez cependant, Messieurs, que si le nombre des nouveaux arrivés était trop considérable, ils auraient avis prépondérant et, par leur union et leur inexpérience, pourraient jeter le navire du bien public sur quelque roche malfaisante.

C'est pourquoi vous arrêterez que si le Chef et les deux Infaillibles sont d'accord et d'un avis opposé à celui des nouveaux votants, ceux-ci, seraient-ils dix, ne pourraient avoir que trois voix contraires. Nous entendons, Messieurs, par nouveau votant tout membre qui n'aurait pas vu les Assemblées d'été, ces Assemblées majestueuses, sublimes où la Calotte entière se voit.

Cette loi vous paraîtra dure, mais considérez, Messieurs, qu'il est rare que, d'une promotion, il vienne plus de cinq ou six officiers et qu'ils ne peuvent être unis que par corruption. Considérez que les trois premiers mois ils n'ont pas voix comme n'étant pas reçus [1] de sorte que leur temps de juniors n'est que de trois ou quatre mois.

L'unanimité des suffrages est requise, Messieurs, pour pouvoir déposer le Chef. Bien entendu cependant que les parents n'y sont pas compris et, comme les liens de l'amitié ne sont pas moins sacrés, l'on ne comprendra ni ses proches parents, ni deux de ses amis. C'est pourquoi, avant de procéder à la déposition du Chef, l'Assemblée exclura deux votants comme sensés amis du chef des Calotins. Quel est l'infortuné qui n'a point deux connaissances intimes parmi ses camarades ?

Il est, quoique rarement, des sujets dont toute la conduite est une contradiction continuelle à la dignité de votre habit. Il faut alors accorder au premier lieutenant une autorité plus marquée. Vous arrêterez donc que moyennant cette formule : « *La Chambre vous charge, illustre chef, de prendre les moyens les plus expéditifs pour ramener au ton général Monsieur un tel* », moyennant cette formule, dis-je, le premier lieutenant acquerra sur le

[1] Nommé lieutenant en second par brevet en date du 1er septembre 1785, expédié le 24 octobre. Bonaparte est parti pour son régiment le 30 octobre, y est arrivé dans les tout premiers jours de novembre, y a fait le service de bombardier et de sous-officier et n'a été reçu officier que le 10 janvier 1786. (*Ed.*).

Calottin qui en est le sujet toute l'autorité de la Chambre et celui-ci sera obligé de lui obéir comme si tous parlaient.

Vous pourrez, Messieurs, déposer les Infaillibles pourvu qu'il y ait les trois quarts des voix contre eux.

Lorsque la Calotte serait mécontente du premier lieutenant, elle pourra le lui témoigner par injonction de mieux se conduire. Le second Infaillible sera l'organe de l'Assemblée par injonction d'être plus fidèle au sens de la Loi. Le Grand maître des cérémonies [sera] chargé de lui porter la parole. Le mécontentement de la Chambre pourrait se manifester en ordonnant aux deux Infaillibles de veiller à sa conduite, en lui en associant un pour le conseiller dans toutes ses fonctions, finalement en le chassant. Pour cette dernière punition, ne s'insorgera (1) que lorsqu'il aura les trois quarts des voix contre lui.

Tout membre qui proposera de déposer ou de chasser le Chef sera, s'il ne réussit pas, puni du dernier supplice, à l'exception cependant des deux Infaillibles et du Grand maître des cérémonies.

Nous avons à vous proposer une loi peu nécessaire au moment actuel, mais qui peut le devenir d'un moment à l'autre. C'est, Messieurs, que le lieutenant qui n'aura pas deux ans de services ne pourra se battre sans avoir pour témoin une personne de trois promotions avant lui. Vous sentez l'avantage de cette loi. Si c'est une pique mal entendue, l'ancien procure de l'apaiser. Si le combat est contre une personne étrangère, quel avantage pour un jeune homme d'avoir un ancien pour le conseiller. Si l'on transgressait cette loi, il faudrait une punition exemplaire, mais non, cela n'arrivera jamais. L'activité du premier lieutenant saura contenir cette brûlante jeunesse. La sévérité de la Chambre le secondera et, moyennant leur prévoyance, l'on ne verra plus de ces scènes à la fois ridicules et barbares.

(1) Présumé de l'italien : *Insorgere*, se lever (*Ed.*).

Telles sont, Messieurs, les lois que vous devez adopter. Si elles ne sont pas les meilleures que l'on pourrait donner à une association sans préjugés, ce sont à notre avis les meilleures qui vous conviennent. Puissent-elles ne pas être des toiles d'araignée ! Puissent-elles, respectées du faible, craintes du puissant, assurer à jamais le bonheur, la prospérité, la félicité de notre très chère République !

Ce sont les sentiments qui nous ont animés, ceux qui nous animent en ce moment. Vos lumières, votre expérience ajouteront ce que mes faibles talents n'ont peut-être fait qu'imparfaitement. Souvenez-vous cependant, Messieurs, que ces Lois méditées dans la profondeur de la retraite, éclairées par l'amour du bien, ont captivé dans tous leurs points l'unanimité des suffrages des trois commissaires que vous avez nommés.

Pour faciliter mieux votre discussion, vous aurez ici le capital du contenu des articles que nous venons de vous lire.

Après avoir fait lecture à haute et intelligible voix desdites lois à la Calotte assemblée et présidée par son Chef, nous tous déclarons devoir être lesdites lois reçues et mises en exécution comme tendant au bien de l'Association, dérivant du [même] original et imaginées en tout pour faire prospérer la Calotte.

L'Assemblée de la Calotte composée de tout ce qui a le grade de lieutenant est le corps legislatif qui a le droit de tout entreprendre [sans] ne recevoir d'autre loi que son intérêt.

Tous les membres qui ne sont pas en place ne sont pas égaux. Les nouveaux votants n'auront tous ensemble que trois voix à opposer au Chef et aux Infaillibles quand ceux-ci seront unis.

Le premier lieutenant est le chef de la Calotte et a tout pouvoir exécutif.

IX[1]

PREMIER CAHIER SUR L'ARTILLERIE

Notes tirées du Mémoire de M. le marquis de Vallière inséré dans les Mémoires de l'Académie, Année 1772. — Janvier 89. Auxonne.

Avant M. de Vallière père, l'on avait en France des pièces de calibre depuis 33 livres jusqu'à 1/4 et des pièces courtes et légères depuis celles de 6 jusqu'à celles de 24.

M. de Vallière instruit par vingt-huit ans de guerre, introduisit le projet d'une seule artillerie de cinq calibres : 4, 8, 12, 16, 24. Cela avait l'avantage de ce que les places fournissaient aux armées et vice versâ.

Il se détermina pour les longueurs des pièces sur les considérations que les pièces fussent assez longues pour pouvoir être employées dans les embrasures. Ce fut en 1702 qu'il fit ces changements.

Par la suite, lorsqu'on prît le parti d'adapter des pièces aux régiments, l'on introduisit les pièces dites à la suédoise, ce sont des pièces de 4 courtes.

M. de Vallière fait effort dans son mémoire de prouver les avantages des pièces longues :

1° Comme portant plus loin... ce qu'il prouve par l'autorité du chevalier d'Arcy, d'Euler, de Robins, de Montecucoli.

(1) *Inédit. Fonds Libri.* Manuscrit in-folio de 13 pages.

Le chevalier d'Arcy, par ses expériences, a trouvé qu'une pièce de 6 pieds de long surpasserait dans sa portée celles qui n'auraient que 4 pieds. M. Robins cite l'expérience d'une couleuvrine de 60 calibres de longueur qui réduite à 20 n'enfonce plus son boulet qu'à la moitié de la profondeur où il avait pénétré.

Montecucoli est du même avis et les expériences nombreuses qu'il a faites soit en temps de paix, soit en campagne, rendent son témoignage d'un grand poids.

M. Antonini, directeur de l'École d'artillerie de Turin, qui est connu par des ouvrages très estimés, arrive au même résultat, soit par ses théories, soit par ses expériences.

2° Les pièces longues tirent plus juste, comme étant plus justes, soit du côté du pointement, soit du côté du tir.

3° Comme ayant moins de recul. Les pièces courtes sont plus légères, occasionnent moins de résistance, ont moins de frottement, par conséquence, plus de recul. Les expériences de Strasbourg évaluent ce recul au triple des pièces longues. L'artillerie nouvelle a l'avantage sans doute de pouvoir être transportée à bras; mais, cet avantage n'a lieu que pour les pièces de 4; mais, ces pièces de 4 doivent être approvisionnées : il faut donc aussi traîner les provisions. Pour faire l'effet de la pièce de 4 de l'ancien système, il faut substituer la pièce de 8 du nouveau. M. Leduc, commissaire du Roi aux épreuves de Strasbourg, le prouve dans un mémoire fondé sur ces mêmes expériences. Si les pièces du nouveau système ont le très petit avantage de la mobilité particulière, elles sont plus embarrassantes vu la nécessité d'avoir deux équipages, l'un pour le siège, l'autre pour la campagne. Les nouvelles pièces sont trop courtes pour pouvoir être mises en batterie. Elles dégradent les embrasures, par conséquence ne pourront pas servir aux ouvrages que l'on fera, soit pour garder un pont, soit pour retrancher un camp, ou même le champ de bataille... L'on sera donc obligé d'avoir des pièces de siège pour assiéger même une bicoque. Que fera-t-on de cette pesante artillerie quand la circonstance pour laquelle elle aura été apportée sera passée?

« Elle est, disent les partisans du nouveau système, inutile : vos pièces tirent à plus de 1.000 toises ; nous ne voulons tirer qu'à 500. Vos pièces tirent à une grande distance aussi juste que les nôtres à 500. La justesse de cette distance nous suffit. L'on ne doit pas tirer au delà de 500 toises; nous sommes égaux : c'en est assez. L'excédent est une superfluité qui ne ferait que nous embarrasser et, si tant est que ce soit un avantage, n'est-il pas plus que compensé par celui que procure la grande célérité avec laquelle marche et manœuvre notre artillerie? » Combien de fois la supériorité de force que donnent les pièces longues ne sera-t-elle pas avantageuse, pour rompre, percer, renverser les obstacles qu'oppose l'ennemi, comme colonne de troupe, retranchements, abatis, effets qu'elle produirait d'autant plus promptement qu'elle y joindrait la justesse du tir? Toutes les fois qu'on combattra artillerie contre artillerie quel avantage n'aura pas sur l'autre celle qui aura en sa faveur la supériorité de la force et de [la] portée? Cela se fit voir à Berg-op-Zoom.

Il fut fait en 1740 devant le maréchal de Broglie et d'Asfeld des épreuves à Strasbourg. La pièce à la suédoise, que les nouvelles pièces de 4 représentent, tirait 11 coups par minute, tandis que la pièce longue n'en tirait que 9 : mais la première s'échauffant promptement, il fallait interrompre son feu pour la rafraîchir, tandis que la seconde tirait beaucoup plus longtemps.

D'ailleurs, devant l'ennemi, on ne peut jamais tirer que 5 à 6 coups par minute.

Toutes les fois qu'il sera question de défendre ou de tenter le passage d'une rivière, l'on ne saurait avoir une trop grande portée. En 1744, le maréchal de Coigny en fit l'expérience. Ce général ordonna qu'il serait placé, sur la rive du Rhin, dix pièces de 4 à la suédoise pour battre le confluent du Necker et couler à fond les bateaux qui s'y présenteraient. Sur les représentations de l'officier d'artillerie, l'on y mélangea des pièces de 4 longues. Celles-ci faisaient plusieurs ricochets sur la surface de l'eau, tandis que les premières, tirées sur un angle trop ouvert, ne faisaient aucun effet.

Si l'on veut inquiéter l'ennemi lorsqu'il fait son embarquement, si l'on veut passer les fleuves en sa présence, l'on ne saurait avoir trop de longueur de portée : certes que 60 ou 80 toises de plus seront un objet considérable!

Si l'armée ou un corps de troupe veut en forcer un autre à quitter un poste inattaquable, quel avantage ne sera-ce pas d'avoir de grandes portées! Mais, dans une bataille même, si le général projette d'attaquer les ennemis avant qu'ils aient fait leurs dispositions, il ordonnera de les troubler en les canonnant; comme elles ne se sont point encore étendues en une ligne mince, à trois hommes de profondeur, elles offrent un but suffisant pour les canonner avec succès, si elles sont à moins de mille toises de distance; car les pièces de quatre longues à quatre degrés et d'autres calibres à trois degrés portant à cette distance, y compris les ricochets qui sont plus propres que les coups en plein fouet pour troubler les manœuvres, les pièces courtes, à même distance, ne pourraient porter que sous un angle trop considérable, ce qui les empêcherait de ricocher et ne ferait tomber le boulet que sur un point et, par conséquence, sur un seul homme, si par hasard il s'y rencontrait. Si l'ennemi se forme et s'avance, s'il arrive à 400 toises, les pièces longues pointées sous une obliquité qui forme sur la ligne du front de l'armée ennemie un angle environ de 30 degrés, pourront mettre, à charge égale, à chaque coup, sept à huit hommes, et peut-être plus, hors de combat, s'ils sont serrés à l'ordinaire, tandis que la pièce courte, tirant directement comme on le propose n'en peut mettre au plus que trois. Si elle veut prendre, dans ce cas, la manière de tirer de la pièce longue, son boulet n'arrivera point. S'il arrive, ce ne sera qu'à la faveur d'un degré d'élévation plus considérable. Par conséquence, il ne tombera que sur un seul point, en plongeant et sans ricochet. Il est même tel degré d'obliquité — celui de 10 — auquel la pièce longue peut d'un seul coup mettre quinze à dix-huit hommes hors de combat. Que fera de mieux à cette distance la cartouche à balle tant vantée?

De plus, la pièce courte doit opter entre tirer sur le canon ou sur la troupe. La pièce longue, moyennant le feu oblique, peut tirer sur tous les deux, toutes les fois que le canon ennemi débordera la ligne.

Une batterie de pièces longues, capable de porter à 1000 toises, peut, au gré du général, réunir tous ses feux sur telle partie de la première ligne qu'il voudra, rompre cette ligne et mettre la confusion jusqu'à la seconde et troisième ligne. L'infanterie donne alors sur cette armée ébranlée. Pendant cela, l'on change un peu la direction et l'on va porter l'épouvante sur une autre partie de l'armée ennemie.

Les batailles de Raucoux, de Dettingen, d'Hastembeck fournissent les preuves de tout ceci.

A la première, le maréchal de Saxe employa des pièces de 16 pour attaquer une colonne qu'il voyait se former.

A Dettingen, l'on tira à 700 toises les pièces courtes, incapables par leur peu d'épaisseur de pouvoir souffrir sans risque l'augmentation de poudre à laquelle elles ont été restreintes pour ménager leur faiblesse.

A Hastembeck, l'on attaqua l'ennemi à plus de 6 à 700 toises.

Puisque les pièces de l'ancien calibre 4 faisaient l'office du calibre de 8 nouveau, le 8 celui du 12, il s'ensuit qu'il faut, dans un nouvel équipage d'artillerie, composé de pièces nouvelles, un tiers, l'on pourrait dire la moitié, de plus de poudre, un tiers plus de pesant de boulets, en un mot beaucoup plus de voitures, chevaux, etc., etc.

Ainsi, les avantages de l'artillerie comme elle est établie par l'ordonnance de 1732, consistent : 1° De n'être jamais obligée de se surcharger d'un double équipage, un pour le siège et l'autre pour la campagne ;

2° De se toujours trouver en mesu revis-à-vis de toutes les circonstances qui se présentent dans la guerre de campagne, comme attaque, défense de redoutes, de châteaux ou autres postes fortifiés ;

3° De pouvoir, dans le besoin, tirer des places une artillerie propre pour l'armée et en jeter promptement dans les places même fortifiées un supplément, etc., etc.

Les pièces légères, ayant beaucoup de recul, tourmentent d'autant plus leurs affûts et les usent.

L'équipage de campagne de l'ordonnance de 1732 était composé de $\frac{1}{7}$ du calibre de 12, $\frac{2}{7}$ du calibre de 8 et les $\frac{3}{5}$ du calibre de 4.

Les partisans de la nouvelle artillerie au contraire, composaient leur équipage de $\frac{2}{5}$ du calibre de 12, $\frac{2}{5}$ du calibre de 8, $\frac{1}{5}$ de 4. Joignez à cela le projet qu'ils forment d'augmenter de beaucoup le nombre des pièces du parc : nous sommes donc en droit de ne pas vouloir entrer en comparaison à nombre égal, mais, pour prouver que nous n'avons rien avancé au hasard en disant que leur artillerie légère est de fait, à la lettre et intrinsèquement, plus pesante, plus embarrassante, infiniment plus dispendieuse que l'ancienne, nous allons faire la comparaison à nombre égal sans cependant renoncer au droit que l'équité nous donne de réclamer un autre calcul qui suive le premier.

Combinaison dans les principes de la nouvelle artillerie dans le système des puissances du nord

Artillerie du parc pour une armée de 100 bataillons. Il faudra 200 pièces.

	Voitures	Chevaux
80 pièces de 12 à 7 chevaux et à 3 voitures de munitions chacune	240	1.520
80 pièces de 8 à 5 chevaux et à 2 voitures	160	1.040
40 pièces de 4 à 3 chevaux et 1 voiture . .	40	280
200	440	2.840

ANCIENNE ARTILLERIE

	Voitures	Chevaux
30 pièces de 12 à 9 chevaux et 3 voitures	90	630
60 pièces de 8 à 7 — et 2 —	120	1.000
70 pièces de 4 à 4 — et 1 —	70	560
40 pièces de 4 légères à 3 chev. et 1 voiture	40	280
200	320	2.470

Or, on n'a jamais mené dans une armée française de 100 bataillons plus de 130 ou 140 pièces, non compris celles que l'on a données depuis quelques années aux bataillons.

Le résultat des combinaisons d'un parc de la même artillerie de 150 pièces, c'est à dire 20 de 12, 40 de 8, 70 de 4, 20 à la suédoise, offre 230 voitures et 1720 chevaux. Or ce parc ne fait [pas] le même effet qu'un composé de 200 pièces légères.

Il reste à donner une idée de l'économie de la poudre.

ÉTAT DES CHARGES DE TOUS LES CALIBRES

	Anciennes	Nouvelles
Pièces de 12	5 Lb.	4 Lb.
Pièces de 8.	3	2 1/2
Pièces de 4 ordinaire	2	1
Pièces de 4 à la suédoise.	1 1/4	1

Or, nous avons prouvé que la nouvelle artillerie des étrangers, pour égaler les effets de notre ancienne, était obligée d'opposer le calibre de 8 à celui de 4 ancien et d'employer le calibre de 12 pour égaler celui de 8 ancien. Ainsi, où nous dépenserons 2 lb de poudre, eux en dépenseront 2 lb 1/2 ; où nous en dépenserons 3, eux en dépensent 4, non compris l'augmentation d'une moitié en sus du poids du boulet de la pièce de 12 substituée à la 8 longue et du double de la pièce de 8 courte à la place de celle de 4 longue.

	Poids du métal	Poids de l'affût Seil. Avec son avant-train	Poids de la pièce Sur son affût complet
Pièces de 4.			
Anciennes . .	1150 lb	1288 lb.	2438 lb
Nouvelles. . .	600	1219	1819
Différence .	550 lb de moins	69 lb de moins	619 lb de moins
Pièces de 8.			
Anciennes . .	2100 lb	1479 lb	3579 lb
Nouvelles. . .	1200	1727	2927
Différence .	900 lb moins	248 lb plus	625 lb moins
Pièces de 12.			
Anciennes . .	3200 lb	1766 lb	4966 lb
Nouvelles. . .	1800	1954	3754
Différence .	1400 lb moins	188 lb plus	1212 lb moins

Comparaison des pièces de 4 anciennes avec les nouvelles de 8 courtes et de 8 anciennes avec celles de 12 courtes

Pièces de 4 anciennes	1150 lb	1288 lb	2434 lb
Pièces de 8 nouvelles	1200	1727	2927
Différence	50 lb plus	439 lb plus	487 lb plus
Pièces de 8 anciennes	2100 lb	1479 lb	3579 lb
Pièces de 12 nouvelles	1800	1954	3754
Différence	300 lb moins	475 lb plus	175 lb plus

Longueur donnée des pièces qui influe considérablement sur la portée.

Pièces de 4 anciennes . .	6 p. 6 p. o l.
— *nouvelles* . .	4 p. 3 p. 4 l.
	2 p. 2 p. 8 l.
Pièces de 8 anciennes . .	7 p. 10 p. o l.
— *nouvelles* . .	5 p. 4 p. 6 l.
	2 p. 5 p. 6 l.
Pièces de 12 anciennes . .	8 p. 8 p.
— *nouvelles* . .	6 p. 2 p.
	2 p. 6 p.

(a) Non compris le poids double de boulets pour pouvoir tirer autant de coups que la pièce de 4, non compris l'augmentation du poids de la poudre. (*Bon.*)

X[1]

PRINCIPES D'ARTILLERIE

Toute la poudre de charge est enflammée avant que le boulet soit sensiblement mis en mouvement.

L'inflammation de la poudre se fait, il est vrai, par degré ; le premier grain communique le feu au second et aux grains contigus et ceux-ci aux autres, mais il n'est pas moins vrai que la poudre est enflammée avant que le boulet soit sensiblement mis en mouvement par la pression immédiate du fluide sur la surface et par celle des grains contigus à cette surface ; dans le premier cas, le principe que je viens de poser est vrai ; dans le second, si l'on fait attention que le fluide produit par la poudre est mille fois plus élastique que l'air, que nous rapporterons, que la compression des grains dans l'âme de la pièce est prodigieuse et que la flamme trouve un passage aisé au travers, les grains ainsi pressés et environnés par le feu ne peuvent tarder de s'enflammer ; d'ailleurs la poudre s'enflamme successivement pendant tout le temps (que) le boulet (met) à parcourir l'âme de la pièce. Lorsqu'on lui oppose deux boulets

(1) *Inédit. Fonds Libri.* Manuscrit in-folio de 12 pages. On a tout lieu de penser que ces notes ont été tirées par Napoléon des *Nouveaux principes d'artillerie* de Benjamin Robins, commentés par M. Léonard Euler, traduits de l'allemand avec des notes par M. Lombard, professeur royal aux Ecoles d'Artillerie à Auxonne. Dijon, 1783. in-8°. Mais tout commentaire a semblé oiseux surtout étant donné le travail que prépare sur la question de l'enseignement de l'Artillerie dans les Ecoles, M. le baron Joseph du Teil.

au lieu d'un, alors il doit s'en enflammer deux fois plus de poudre que s'il n'y avait qu'un seul boulet. La perte de mouvement communiquée en deux boulets doit donc être deux fois plus grande que celle qui n'a été communiquée qu'à un seul boulet, ce qui est cependant contraire à l'expérience qui fait voir (que) les vitesses des boulets sont en raison inverse de leur nombre. Joignez à cela qu'en doublant et triplant la charge, on a toujours la vitesse des boulets proportionnelle à la quantité de poudre.

La poudre que l'on trouve quelquefois devant une pièce paraît contredire ce principe, mais, ou cette poudre est restée dans le bouchon, alors elle est en petite quantité; ou elle est mauvaise : ce qui est si vrai que, si l'on y mettait le feu, elle se mettrait en fusion sans explosion, ce qui prouve que le mélange dans ces sortes de grains n'avait pas été bien fait. Si ces [expériences] ne peuvent être révoquées en doute elles font voir la [réalité] de ce principe : que l'inflammation de la poudre se fait par degré, principe qui a servi de base dans la charge et dans la longueur des pièces. En supposant que la poudre, dans une pièce, s'enflamme pendant tout le temps que le boulet met à parcourir l'âme de la pièce, il est clair qu'il doit y avoir une certaine charge qui serait entièrement enflammée lorsque le boulet serait parvenu à la bouche de la pièce. Cette charge serait celle qui donnerait au boulet la plus grande vitesse. Cette première charge, en France, ne doit être ni plus grande que la moitié du boulet, ni plus petite que le tiers. Robins trouve que toute charge au-dessous du tiers et de la moitié du poids du boulet, pourvu qu'elle n'occupe pas les trois quarts du cylindre, augmente la vitesse du boulet; un boulet de deux livres par 3°, chassé avec une charge égale au poids du boulet, s'enfonce dans la terre à une profondeur plus grande d'un tiers qu'elle n'eût été s'il eût été chargé avec la quantité ordinaire.

Si l'on tire, avec une même charge, deux pièces de différente longueur, celle qui est la plus longue communiquet-elle au boulet le plus de vitesse? La supposition [de] l'inflammation successive de la poudre a fait croire que pour assigner la longueur qu'on doit donner à une pièce, il fallait s'appuyer sur ce principe, savoir : que la pièce doit être assez longue pour donner à la poudre le temps de s'enflammer; de là, on a donné aux pièces la longueur qui paraîtrait conforme à ce principe, mais Benjamin Robins prouve qu'un boulet tiré avec une couleuvrine qui était six fois le diamètre de son calibre pénétrait dans le bois deux fois autant et même davantage qu'un boulet tiré avec une pièce dont la longueur était de vingt fois son calibre. Il est cependant bien évident que l'action de la poudre se trouve affaiblie en tel point qu'elle devient moins forte par la résistance et le frottement que le boulet éprouve au travers de la pièce ; il est évident, dis-je, que, pour lors, si l'on raccourcissait le canon, on augmenterait la vitesse du boulet, mais c'est un cas qui n'arrivera jamais avec les pièces chargées à l'ordinaire.

Si l'on tire successivement la pièce avec différentes charges, la pression de la poudre sur le boulet est dans toute [l'étendue] du cylindre comme la quantité de poudre dont a été composée la charge. Cette proposition est évidente, car l'élasticité du fluide produit par l'inflammation de la poudre est renfermé dans un espace donné et toujours comme sa densité, mais cette densité est connue. La quantité de poudre donne l'élasticité du fluide produit par la poudre ou bien la pression de la poudre sur le boulet, etc. Par exemple, si l'on tire une pièce avec des charges différentes, l'une de deux et l'autre de quatre livres, si l'on suppose que les fluides qu'elles produisent aient à parcourir un même cylindre, la densité et, par conséquent l'élasticité du fluide dans le deuxième cas est double de celle qu'elle est dans le premier et par conséquent la pression est comme la quantité de poudre. L'action de la poudre sur le boulet cesse aussitôt que le boulet est tiré de la pièce. S'il s'agissait de donner des démonstrations géométriques, cette proportion paraîtrait fausse puisque la flamme agit encore sur le boulet lorsqu'il est hors du canon, mais elle paraîtra évidente si l'on considère avec quelle promptitude la flamme, lorsqu'elle est hors de la pièce, se dilate de tous côtés et la force ne peut plus agir sensiblement sur le boulet; s'il est donc vrai que l'action de la flamme influe si peu sur le boulet lorsqu'il est sorti du canon, on peut regarder cette force comme nulle. S'il fallait se tenir aux [proportions] géométriques dans ces sortes de propositions, jamais on ne pourrait avancer d'un pas dans les problèmes balistiques.

La pression de la force de la poudre sur le boulet [diminue] de plus en plus à mesure que le boulet est poussé en avant : la poudre enflammée occupe un plus grand espace et par conséquent son élasticité diminue, en sorte que, par exemple, dedans une pièce de 24 livres de balle et longue de 10 pieds, la charge, avant d'être enflammée, occupe un pied du cylindre; lorsque le boulet sera parvenu à la bouche de la pièce, la poudre occupe dix fois autant d'espace qu'elle en occupait au premier moment de son inflammation et, par conséquent, elle n'exerce plus sur le boulet qu'un dixième de la première pression et, plus la pièce sera longue, plus l'action de la poudre sur le boulet du canon se trouvera affaiblie.

Quoique la vitesse augmente en passant dans le canon, néanmoins l'accélération de cette vitesse diminue à mesure qu'il s'approche de la bouche.

Cette proposition est évidente pour deux raisons : la première est que la pression diminue de plus en plus comme nous l'avons vu ci-dessus; la deuxième, c'est que le boulet augmentant de vitesse se soustrait de plus en plus à son impulsion, car il est clair que, plus il a de vitesse, moins il doit être affecté dans un espace donné par l'action de la poudre qui le [chasse].

Les boulets doivent en général acquérir un mouvement de rotation en passant à travers la pièce; car un boulet ne saurait sortir de la pièce d'où il est tiré sans éprouver un frottement contre les parois intérieures; or, il est impossible que le frottement que suppose un mouvement progressif ne donne pas au boulet un mouvement de rotation; il faut remarquer que, à cause de l'inégalité des frottements des boulets au dedans des canons, il n'est pas sûr que deux boulets, en passant à travers la même pièce, acquièrent un mouvement de rotation dans le même temps; le mouvement de rotation, combiné avec le mouvement progressif, doit faire sortir le boulet du plan vertical dans lequel il aurait commencé à se mouvoir, car, au moyen du mouvement de rotation, le boulet frappe l'air de manière que la résistance n'est plus directement opposée à son mouvement, mais devient oblique à sa direction et le force à s'écarter du plan vertical dans lequel il tendait à se mouvoir.

Si on fait tourner un pendule autour de la ligne qui le soutient et qu'on l'abandonne à lui-même après l'avoir éloigné de la ligne perpendiculaire, il s'écartera de la ligne dans laquelle il avait commencé à tourner et à faire des vibrations et la déclinaison se fera toujours où le mouvement de rotation est opposé au mouvement progressif; on peut remarquer la même chose à l'égard des balles de paume auxquelles, par un coup oblique de raquette, on a communiqué ce mouvement de rotation autour de leurs axes.

Si l'on pouvait déterminer la position de l'axe autour duquel se fait le mouvement de rotation, l'on connaitrait la direction de l'écartement du boulet; mais la position de cet axe n'est point fixe, ainsi l'étendue de la déclinaison doit changer aussi souvent que la position de cet axe: quelle irrégularité ne doit pas causer ce changement de direction entre plusieurs amplitudes d'un même boulet, quoique la pièce, la charge, l'inclinaison soient toujours les mêmes! Ces irrégularités sont d'autant plus grandes que le mouvement de rotation [varie] avec le mouvement progressif.

Les amplitudes des pièces ne peuvent point marquer exactement les vitesses des boulets.

Car, la même pièce, tirée dans le même angle, avec la même charge et les mêmes circonstances qu'il est possible (de reunir), porte néanmoins les boulets à des distances très différentes ; ces irrégularités dans les portées peuvent-elles être toutes attribuées à la poudre ? Si cela était, elle ne pourrait qu'augmen... ou diminuer les amplitudes, au lieu qu'il arrive souvent que non seulement elles sont différentes quant à la longueur, mais que le boulet s'écarte prodigieusement à droite ou à gauche de sa première direction. L'on a vu que deux boulets, tirés avec le plus grand soin, avec une pièce dont la position était constante et invariable, s'écartèrent seulement l'un de l'autre lorsqu'ils furent tombés dans la plaine. Leurs directions formèrent un angle de 15°. D'où vient donc cette différence qui se trouve entre les amplitudes d'une même pièce ? Ells vient en grande partie de la résistance de l'air, car, en vertu du mouvement de rotation, la résistance de l'air est oblique à la direction et, par conséquent, doit l'écarter et diminuer les portées.

L'action de l'air sur les projectiles a, dans bien des pièces, une force prodigieuse et le mouvement de ces corps se trouve changé et ralenti par la rotation.

La plupart des auteurs qui ont donné des traités sur le mouvement des projectiles militaires ont supposé que la résistance que l'air oppose aux boulets et aux bombes est si petite, eu égard au poids de ces corps, que les effets en étaient insensibles, et, de l... s ont conclu que la ligne que ces corps décrivent était une ... abole ; mais Benjamin Robins comparant les amplitudes des bombes et des boulets avec celle qui leur était assignée par la théorie, il trouva que lorsque l'on tirait un boulet avec de petites charges, pour lors, en effet, la résistance était peu de chose, mais aussi il remarqua qu'en augmentant la charge et accélérant par conséquent la vitesse, la résistance de l'air se trouvait de beaucoup augmentée ; il trouva, par exemple, qu'un boulet de 24 livres avec une charge ordinaire éprouve de la part de l'air une résistance égale au moins au poids de 400 livres et que son amplitude n'était au plus que la huitième partie de celle qu'elle devrait être sans la résistance.

La résistance de l'air agit avec plus ou moins de force suivant que le mouvement du projectile est plus ou moins rapide. Cette résistance est à peu près en raison inverse du carré des vitesses, c'est-à-dire : si, à un certain degré de vitesse correspond une résistance analogue, à deux degrés de vitesse, il déplacera deux fois plus d'air dans le même instant et communiquera à chaque particule d'air deux fois plus de vitesse, c'est-à-dire que la résistance qu'il éprouvera sera quatre fois plus grande que s'il n'eût eu qu'un degré de vitesse, ou, ce qui revient au même, la résistance sera en raison inverse des vitesses.

Benjamin Robins a trouvé que ce rapport ne subsistait plus dès que l'une des vitesses est plus petite que 1.200 pieds par seconde, que l'autre est plus grande, car, alors, dit-il, la résistance devient trois fois aussi grande que si elle était calculée selon la loi de la maxime précédente. De là il conclut que, quelle que soit la volée d'un boulet qui se meut avec une pareille vitesse, l'étendue de cette volée augmentera très peu quel que soit le nouveau degré de vitesse qu'acquierre le boulet par l'impression d'une charge plus forte. C'est à la résistance de l'air qu'on doit attribuer la [différence] qui se trouve entre les amplitudes de deux pièces de différents calibres et tirées sous le même angle avec des boulets convenables et des charges ordinaires. Ces différences ne peuvent être attribuées qu'à la différence des vitesses, puisque la charge des pièces étant proportionnelle à leur calibre, ils sont chassés de leur canon avec autant de promptitude de l'un que de l'autre : une différence si considérable entre les volées ne peut donc être attribuée qu'à la différence des résistances qui leur sont opposées : en effet, un boulet de 24 livres a quatre fois plus de surface qu'un de 3, mas il en a huit fois la solidité, en sorte que la résistance qu'il rencontre n'est par rapport à son poids que la moitié de celle qu'éprouve le boulet de 3 livres ; aussi il arrivera toujours que les résistances que l'air oppose à deux globes différents, seront en raison inverse des diamètres de ces globes ; si l'on tire successivement une même pièce avec des charges différentes, il peut arriver que la petite charge porte plus loin que la plus forte, car il peut se faire que la force de déclinaison qui écarte le boulet de la direction dans laquelle il commençait à se mouvoir, [augmente] l'amplitude de la petite charge et diminue celle de la plus forte, il arrivera alors que cette amplitude sera moins étendue que l'autre.

Si deux pièces de même calibre, mais de différentes longueurs, sont successivement tirées avec la même charge et sous (un même) angle d'élévation, il peut se faire que la volée de la pièce la plus courte soit plus étendue que la plus grande, car le mouvement de rotation accélérant le mouvement d'un boulet et retardant celui de l'autre, l'amplitude du boulet qui est tiré avec le plus de vitesse (sera) plus courte que celle du boulet qui l'a été le plus lentement. La même chose peut arriver si l'une des pièces est plus longue que l'autre. Benjamin Robins a souvent prouvé dans ses expériences la vérité de ces principes. Dans toutes les opérations d'artillerie, l'on doit toujours employer la quantité de poudre seulement nécessaire préférablement à l'autre. Tout ce qu'on peut ajouter à une charge au delà de ce qui suffit pour exécuter le projet qu'on médite, non seulement est une dépense inutile, mais encore peut souvent causer des désordres qu'on aurait pu s'épargner. La pièce, par exemple, étant échauffée et forcée, son recul est plus violent, son affût en souffre davantage et devient plus sujet à se déranger, ce qui rend le service plus lent. Ce n'est pas même le plus grand mal qui puisse en résulter, car il peut arriver que, si l'on augmente la vitesse du boulet, il produira moins d'effet qu'il n'aurait fait si la charge eût été plus petite.

Déterminer les occasions principales où il est plus

avantageux d'employer de fortes ou de petites charges. Les occasions principales où il est plus important d'employer de fortes charges, c'est lorsqu'il s'agit de détruire des parapets, de démonter des batteries couvertes, de forts mortiers, ou de battre en brèche, car, dans tous ces cas, si l'obstacle contre lequel on dirige le canon n'est pas fort éloigné, chaque degré de vitesse portera le boulet avec plus de force et pénétrera plus avant dans le corps solide qu'elle rencontrera en son chemin. Dans ce cas la charge peut être égale au tiers du poids du boulet.

Il faut observer cependant que, si l'obstacle contre lequel on dirige les batteries n'en est éloigné que de 4 ou 5 verges (la verge vaut pieds), pour lors, une augmentation considérable dans la vitesse du boulet n'augmente pas sensiblement la force avec laquelle il va frapper le corps contre lequel il est tiré. Si l'obstacle est auprès de la pièce [ ] qu'il puisse être renversé par un boulet tiré avec une petite charge.

En augmentant la quantité de poudre, bien loin de causer bien plus de dommage à l'ennemi, on ne fait que diminuer l'effet du boulet contre un corps solide. Il y fera beaucoup plus de fracas si son mouvement est presque à bout par la résistance des corps qu'il a traversés, que s'il était encore avec une grande vitesse. On est convenu de ce principe en tirant contre les flancs d'un vaisseau ; car, si le boulet n'a précisément que la vitesse qu'il lui faut pour passer au travers, il en brisera les planches, au lieu que, s'il est tiré avec tant de vitesse qu'il en conserve encore après les avoir percées, il n'y fera qu'un trou qui se refermera même à cause de l'élasticité du bois.

Des petites charges produisent aussi plus d'effet lorsque l'on tire à cartouche. En effet, les balles qui remplissent les cartouches lorsqu'on les tire avec de fortes charges se dispersent et s'écartent de leur direction, au lieu que, si la charge est plus petite, leur mouvement sera plus égal et elles resteront plus serrées, ce qui causera plus de ravage parmi les troupes sur lesquelles on tire. Comme les boulets en passant au travers des bataillons éprouvent peu de résistance, les charges des pièces de campagne étaient très petites. On a trouvé que chargées de $\frac{1}{6}$ ou d' $\frac{1}{5}$ du poids du boulet elles produisaient les effets qu'on en attendait.

Description du canon rayé. — Toute la différence du canon rayé consiste en ce qu'une pièce ordinaire est lisse en dedans, au lieu que, dans le cylindre de l'autre, on pratique et creuse des raies en forme de spirale. Le nombre des raies n'est pas fixé et varie suivant la fantaisie de l'ouvrier ou le calibre du canon; elles sont pareillement plus ou moins profondes selon les pays, la matière dont on fond la pièce, ou enfin le caprice du fondeur: ce canon s'appelle aussi carabiné.

Différentes manières de charger le canon rayé. — Il y a plusieurs manières de charger le canon rayé. Lorsqu'on a mis dans la pièce une quantité de poudre suffisante, on prend une balle de plomb d'un diamètre un peu plus grand que celui de la pièce avant qu'elle fût rayée. On la place à la bouche de la pièce et on fait entrer cette balle de force, à coup de maillet et de refouloir, jusqu'à ce qu'elle touche la charge. Le plomb cédant à la force, il est poussé; la surface de la balle (perd) sa forme sphérique et prend celle de l'intérieur du cylindre.

En Allemagne et en Suisse, on a perfectionné cette manière de charger le canon rayé, surtout à l'égard des grosses pièces dont on se sert pour tirer à de grandes distances : pour cela, on coupe un morceau de cuir en forme de cercle ou un morceau de futaine, dont on enduit un des côtés avec de la graisse, contre la bouche du canon. En plaçant le boulet de fer, on l'enfonce dans le canon; par ce moyen, le cuir ou la futaine empêche l'empreinte des raies pourvu qu'elles ne soient pas trop profondes. Comme ces deux méthodes de charger les pièces par leur bouche exigent beaucoup de temps, les canons que l'on fond en Angleterre sont faits de manière qu'on les charge par la culasse qui, pour cette raison, a plus de capacité que toute autre partie. On fait entrer la poudre et le boulet par une ouverture pratiquée dans le côté de la pièce, après quoi on le referme avec une vis.

Avantage des pièces de canon rayées. — L'utilité et l'avantage du canon rayé consistent en ce que la surface de la balle, suivant la courbure des raies, acquiert, avec les mouvements progressifs, un mouvement de rotation autour de l'axe du cylindre et, comme il la conserve encore au sortir de la pièce et que l'axe de ce mouvement coïncide avec la ligne de direction, la pression de sa résistance sera égale, dans toutes les parties de la surface qui se présentent avec la première, de sorte qu'elle ne pourra causer aucune déclinaison; on pourra donc, avec de pareilles pièces, frapper un but à une distance beaucoup plus grande que celle où l'on suppose pouvoir atteindre avec une pièce ordinaire. Il ne faut pas croire pour cela que la vitesse d'un boulet tiré avec une pièce rayée soit plus grande que ce même boulet tiré avec une pièce ordinaire avec la même charge [ce qui est faux]. En effet si les raies sont profondes et que le boulet soit assez gros pour les remplir, le frottement qu'il éprouve doit diminuer sa vitesse ; la seule raison de l'augmentation de portée ne peut venir que du mouvement de rotation qui empêche toutes les déclinaisons qui écartent le boulet et ralentissent son mouvement dedans les pièces ordinaires. Lorsqu'il s'agit de tirer des boulets à une grande distance, les formes des charges et les longueurs des pièces peuvent alors être d'une grande utilité.

La vérité de cette maxime peut être facilement déduite des observations précédentes. Le boulet à la vérité acquiert un nouveau degré de vitesse par l'impulsion d'une charge plus forte et par l'augmentation de la longueur de la pièce ; mais aussi, quel que soit l'accroissement de sa vitesse au sortir du canon, son amplitude ni sa force ne seront considérablement augmentées. En effet, la moindre résistance de l'air (gêne) la vitesse du boulet, mais l'action de l'air sur les projectiles a une force prodigieuse et cette force est d'autant plus grande que la vitesse du mobile augmente; la résistance, qui est l'effet de cette force, (suit) à la vérité, dans les petites charges, le rapport du carré des vitesses; mais, en augmentant la charge, la résistance ne suit plus cette loi ; car alors elle devient trois fois aussi grande que si elle était calculée suivant cette maxime. D'ailleurs, ce mouvement de rotation du boulet change non seulement sa direction, mais diminue son amplitude. La juste charge d'une (pièce) n'est pas celle qui peut communiquer au boulet la plus grande vitesse; elle n'est pas déterminée par un rapport constant de son poids avec celui du boulet, mais c'est la quantité de poudre qui est seulement nécessaire pour remplir l'objet que l'on se propose et, au lieu d'être en raison du boulet, elle doit changer suivant les diverses opérations qu'il faut faire ; qu'il s'agisse de détruire un parapet, de démonter des batteries, de battre en brèche, si l'obstacle n'est pas éloigné, chaque accroissement de vitesse fera pénétrer le boulet plus avant ; mais, si c'est à une fort grande distance, les fortes charges ne portent guère plus avant que les petites : dans ce cas, il peut y avoir même rapport entre la charge et le poids du boulet, de même que dans celui où, l'obstacle étant près de la pièce, peut être renversé aisément par un boulet tiré avec une petite charge, comme s'il s'agissait de tirer contre des planches ou le flanc d'un vaisseau.

Déterminer les rapports des différentes vitesses que peuvent imprimer à un même boulet des charges plus ou moins fortes, des pièces plus ou moins longues.

La méthode la plus favorable pour y parvenir n'est pas d'examiner leur amplitude, mais de prouver à quelle profondeur pénètre le boulet tiré avec une même charge contre un solide placé à une petite distance de la bouche de la pièce. Tel est par exemple un madrier ou un (amas) de terre ou d'argile. Car nous avons démontré que les amplitudes des pièces ne peuvent point marquer exactement les vitesses des boulets, au lieu que l'expérience fait voir que, à une charge double, répond une profondeur quadruple et que, à une triple, répond une profondeur neuf fois plus grande. Benjamin Robins éprouva qu'une balle de 3/4 de pouce de diamètre contre un madrier de chêne pénétra avec différentes vitesses à différentes profondeurs, depuis 1/2 pouce jusqu'à 1/0 pouce. Ayant examiné la vitesse respective avec les profondeurs, il trouva qu'elles suivaient à peu près le lien indiqué ci-dessus et cela se trouva vrai pour un boulet d'une grosseur quelconque.

Fin du 5e Cahier.

XI[1]

[EXT]RAIT [C]ONCERNANT L'HISTOIRE DE L'ARTILLERIE

(AUXONNE, FÉVRIER 1789)

CANON. *Tiré de M. de Saint-Rémy, tome Ier*[2]. — La poudre fut découverte en 1330. Ce fut au siège de Candie fait par les Vénitiens en 1366 que l'on s'en servit pour la première fois. Quelques Allemands leur apportèrent deux petites pièces de fer et des boulets de plomb. Diego Ufano nous dit que ces pièces étaient formées par de fortes tôles de fer que l'on disposait à peu pres cylindriquement, que l'on serrait avec des cercles de fer. Les premiers canons ont donc été de fer. On leur a donné la forme conique, figure bien peu convenable par la grande consommation de poudre qui devenait inutile. Après différentes figures assez bizarres, les canons ont pris la forme cylindrique. L'on les a faits de fonte, c'est-à-dire d'un métal composé de cuivre rouge, de cuivre jaune et d'étain, et cela parce que l'on observa que le fer était trop cassant et que la rouille lui était trop nuisible. L'on en fait encore de fer pour la marine, mais c'est à cause de la cherté de ceux de fonte.

Louis XI est le premier roi qui ait eu une artillerie considérable. Il fit fondre douze canons de fonte qui furent

(1) *Inédit. Fonds Libri.* Manuscrit. In-folio de 12 pages.

(2) *Mémoires d'artillerie où il est traité des mortiers, pétards, arquebuses à croc, mousquets, fusils, etc.*, par le sieur Surirey de Saint-Rémy. Il existe plusieurs éditions de cet ouvrage. J'ai consulté l'édition de Paris 1697 et celle de la Haye 1741, en 2 vol. in-4°. (*Ed.*)

appelés des noms des douze pairs de France. Ce fut sous François Ier que l'on commença à raisonner sur les différents calibres. Dans ces premiers temps, les pièces ne chassaient que de très petits boulets et étaient peu fortes en métal.

Histoire de Bretagne.

Par un compte rendu en 1461 par un trésorier de la guerre, l'on voit qu'une coulevrine appelée *la Grande* ne pesait que 115 livres de cuivre, que des pièces de canon ne pesaient ensemble que 95 livres.

Louis XI fit fondre des pièces qui chassaient des poids de 500 livres et qui portaient depuis la Bastille jusqu'à Charenton. C'était, selon le père Daniel, une espèce de mortier.

L'on a des descriptions de pièces qui chassaient des poids de 100 livres, 80 livres, 70 livres.

L'on nomme un canon pris en 1717 sur les Turcs qui chassait des boulets de 110 livres et avait 25 pieds de long.

La célèbre coulevrine de Nancy avait 22 pieds de long, mais ne chassait que des boulets de 18 livres.

Charles-Quint fit faire une fonte à Malaga pour son entreprise de Tunis, qui servit longtemps de modèle à l'Europe. C'étaient des pièces de 40 à 45 livres de balle. L'archiduc Albert fit dans la suite fondre des pièces dont les moins étaient de 10 livres et les plus de 40.

Depuis l'édit de Blois (1572), l'on ne fit en France que des pièces de six calibres différents, savoir :

1° Les pièces appelées *canons* du calibre de 33 1/3;

2° Celles appelées *couleuvrines* dont le boulet était de 16 livres 1/2 ;

3° Celles appelées *bâtardes* de 7 livres 1/2 ;

4° La *moyenne* de 2 livres 3/4 ;

5° Le *faucon* de 1 livre 1/2 ;

6° Le *fauconneau* de 3/4 de livre 1/2.

Sully fut surintendant de l'artillerie et Louis XIV lui donna une perfection qui la rendit fort utile à ses projets.

Le canon de France de 33 pesait 6,200 livres, long de 11 pieds.

Le demi-canon d'Espagne du calibre de 24 pesait 5,100, avait 10 pieds 11 pouces de long.

La couleuvrine de 16 livres... 4,100... 10 pieds 10 pouces.

Le quart de canon d'Espagne de 12 livres pesait 3,400... 9 pieds, 9 pouces.

La bâtarde de 8 livres, 1,950, — 10 pieds, 7 pouces.

La moyenne de 4 livres, pesait 1300. — 10 pieds 7 pouces.

Le faucon et le fauconneau depuis 1/2 jusqu'à 2 livres pesait 150, 200, 400, 500, 7 à 800, long de 7 pieds.

La pièce de 8 courte a de longueur 8 pieds 7 pouces.

Celle de 4 courte, 8 pieds 6 pouces.

Tel était l'état des calibres dont on se servait sous Louis XIV.

L'ordonnance de 1732 ordonne qu'il ne sera dorénavant fabriqué que des pièces de 24, 16, 12, 8, 4, selon les dimensions des balles (voyez 1er cahier sur l'artillerie).

L'ordonnance de 1774 distingue l'artillerie en artillerie de siège et de campagne. 24, 16 longues sont dites artillerie de siège et celles de 12, 8, 4 courtes servent pour les campagnes.

Il se fondait encore du temps de M. de Saint-Rémy des pièces

De 24 livres	pesant	3.000;	longues de	6 p.	7 p.
De 16	—	2.020	—	6 p.	2 p.
De 12	—	2.000	—	5 p.	1 p.
De 8	—	1.000	—	4 p.	11 p.
De 4	—	600	—	4 p.	9 p.

Ces pièces différaient encore des autres par la figure de la chambre, qui était en forme de poire, beaucoup plus large que l'âme de la pièce, mais ces pièces avaient l'inconvénient de trop tourmenter les affûts, d'endommager les embrasures, de ne pouvoir être écouvillonnées sûrement. Elles ont été abandonnées.

Corps royal de l'artillerie 1671.

CORPS ROYAL DE L'ARTILLERIE. — Le régiment Royal-Artillerie fut créé en 1671. Il fut composé de quatre compagnies de 100 hommes. Les officiers furent pris dans le régiment du Roi. En 1672, il fut porté à 26 compagnies et appelé le régiment des Fusiliers. En 1677, il fut augmenté de 4 bataillons. En 1689, il y eut 12 compagnies de canonniers qui n'étaient pas en bataillon. En 1693, le régiment prit le nom de Royal-Artillerie et les 12 compagnies y furent incorporées.

Le régiment des bombardiers fut créé en 1684. Il fut composé de 13 compagnies. Il fut augmenté d'un autre bataillon en 1706.

La première compagnie des mineurs a été formée après la paix de Nimègue en 1679; en 1692, l'on en créa une seconde ; la troisième fut formée en 1707.

Les compagnies (de) canonniers gardes-côtes furent créées en 1702.

Ce fut en 1720 que les différents corps furent incorporés en un seul et l'on forma le régiment Royal-Artillerie qui fut composé de 5 bataillons, chacun de huit compagnies, et chaque compagnie de 100 hommes, 2 capitaines, 2 lieutenants, 2 sous-lieutenants par compagnie et 2 cadets. 1720.

Il y avait trois escouades dans chaque compagnie. La première composée de 24 canonniers et de 24 soldats apprentis; la deuxième de 12 mineurs ou sapeurs et 12 apprentis ; la troisième de 12 ouvriers en fer ou en bois et 12 soldats apprentis.

Il y avait un lieutenant-colonel et un major par bataillon.

C'était le même uniforme qu'aujourd'hui à l'exception que la veste était rouge.

Il n'y avait que 5 écoles.

L'ordonnance de 1729 changea quelque chose. Elle établit que, dans un bataillon, il y aurait 5 compagnies de canonniers, 2 de bombardiers, 1 de sapeurs et ne seraient composées que de 70 hommes. 1729.

Elle établit 5 compagnies de mineurs et 5 d'ouvriers pour servir séparément ou adjointes audit bataillon.

Cette constitution a été changée en 177... par M. de Gribauval.

Poudres. En 1706, il fut fait, pour neuf années, les marchés suivants pour la fourniture des poudres :

1 000 000 livres à 7 sols	2 400 000 livres par année.
500 000 livres à 10 sols	
900 000 livres à 12 sols	

Il était arrêté de plus que ce qu'il fournirait au delà serait payé 12 sols.

La poudre qui se gâterait dans les magasins sera radoubée à raison de 5 livres par 100 et celle qui n'aura besoin que d'être resséchée se paiera 3 livres.

Deux livres de poudre fine ou de chasse lui seront passées pour 3 livres de poudre de guerre.

L'entrepreneur pourra vendre de la poudre aux marchands à raison de 24 sols la livre et les revendeurs (au public) à raison de 28 sols.

Lors des réjouissances l'on ne mettait que le quart du poids du boulet de poudre.

PRIX DES PIÈCES POUR LA FAÇON

Il y avait cinq fonderies, savoir à

Une pièce coûtait à	Paris.	Douai.	Strasbourg.	Lyon.	Perpignan.
	Livres	Livres	Livres	Livres	Livres
Pièce de 24.	800	750	1000	900	800
16.	700	712,10ˢ.	950	850	750
12.	600	500	650	600	550
8.	450	400	510	500	450
4.	350	300	400	350	300
Pièce de 4 de [ ] et à dos de mulet.					220

	PARIS.	DOUAI.	STRASBOURG.	LYON.	PERPIGNAN
	Livres	Livres	Livres	Livres	Livres
Pièces de 2 longues pesant 600 à 700.		220			300
et pièces de 2 courtes.					200
Mortiers de 12 pouces. .	450	250	440	370	300
8 — . .	350	100	320	285	250
6 — . .	200	»	»	»	»
Pièces de 12 et 15 pouces	350	250	270	235	200
Éprouvette de métal.		15	18	»	10
Pour les réparer.		3 s par livre	3 s 6 d .	»	»
		Livres	Livres	Livres	Livres
Globe pour les éprouvettes		15	18	18	15
Moule pour faire une livre de balles.		25	23	25	25
Prix des lumières.		100	100	100	100

Le Roi fournit les métaux et accorde 10 pour 100 de déchet pour tout ouvrage neuf.

Le Roi fournit les outils, et les commissaires des fontes les entretiennent.

Pour tous les petits ouvrages tels que poulies, etc., le Roi paye 3 sols ou 3 sols 6 deniers.

Les pièces rebutées sont rapportées aux frais du commissaire.

Dans les cas pressants, lorsqu'il est ordonné de les livrer brutes, alors il est rabattu 50 livres pour pièce de 24, de 16 et de 12 et 21 livres pour chaque pièce de calibre inférieur.

Il y avait en 1694, 30 salpêtriers à Paris et 516 dans le reste du royaume.

Par charge d'une pièce, du temps de M. de Saint-Rémy, l'on mettait les $\frac{2}{3}$ du poids du boulet. L'on a reconnu 2739.
depuis qu'il suffisait d'en mettre le $\frac{1}{3}$ du poids du boulet et au plus la moitié.

Avec une livre de poudre, l'on peut tirer 36 coups de

mousquet ordinaire, 27 de mousquet de rempart, 10 d'arquebuse à croc, sans les amorces.

L'on dit qu'une pièce est tirée à toute volée lorsqu'elle est pointée sur l'angle de 45 degrés.

L'on dit qu'elle est tirée de but en blanc, lorsque l'objet se trouve placé dans la direction de l'âme de la pièce. Le but en blanc a été reconnu à 300 toises.

L'on fond aussi des pièces de fer, mais elles sont dangereuses à cause de la mauvaise qualité de ce métal et des ravages qu'y occasionne la rouille.

L'on en fond cependant à Saint-Gervais pour les places maritimes et la marine.

Ce métal revient à 12 livres le quintal.

La pièce de	24	de fer pèse.	5.550	livres
— —	16	—	4.500	—
— —	8	—	2.250	—
— —	4	—	1.300	—

L'on a en projet de composer des pièces de fer forgé, mais on leur a trouvé les mêmes inconvénients qu'aux pièces de fer fondues. L'on proposa aussi d'essayer des pièces de sept morceaux que l'on unissait par des [châssis] où passaient les tourillons.

Les pièces fondues en conséquence de l'édit de Blois (1572) portaient :

	But en blanc	Toute volée
33	600	6.000
24	800	6.000
16	800	8.000
12	450	5.000
8	400	4.500
4	300	3.000
2	150	1.500

Les pièces de France chargées des $\frac{2}{3}$ de la pesanteur de leur boulet, en conséquence des expériences faites par M. du Metz portaient

24	2.250 toises.	pointées à toute volée.
16	2.020 —	
12	1.870 —	
8	1.660 —	
4	1.520 —	

un mortier de douze pouces portant 18 livres de poudre, pointé à 45° poussa sa bombe à 1500 toises.

Un fronteau de mire était une pièce de bois faite selon la courbure de la volée et d'une épaisseur donnée par le surplus de la culasse sur la volée. Aujourd'hui, l'on y supplée par le bouton placé à l'extrémité de la volée.

Il a été aussi fondu des pièces à deux bouches.

M. Emery, fondeur à Lyon, imagina deux canons qui se tenaient ensemble depuis les tourillons jusqu'aux culasses.

Un religieux italien fit adopter les pièces à trois bouches dites triples canons : on les a abandonnées.

Le canon du chevalier Folard n'a que 2 pieds 4 pouces, ne pèse que 1700 livres.

Un gros levier d'orme de sept pieds pèse 16 à 20 livres. Un petit de 6 pèse de 10 à 14 livres.

Le boulet creux était une espèce de boîte de fer longue de deux calibres et demi. On le remplissait de poudre, de plomb, de mitraille. Une fusée correspondait à la lumière de la pièce et y communiquait le feu. Un boulet creux, du calibre de 24, pesait 60 livres et, chargé de plomb, 79. Il contenait 6 livres de poudre. Mais l'on a abandonné ces boulets pour raison de la difficulté pour les faire réussir.

Les boulets messagers sont des boulets dont l'on se servait pour porter des nouvelles dans une place de guerre.

L'on ne tire le boulet rouge qu'avec les pièces de 4 et de 8 parce qu'il devient trop difficile à servir lorsque l'on se sert d'un plus haut calibre.

Le millier de fer pesant, pris dedans la forge et coulé en bombe, coûtait au Roi 40 livres, coulé en affût coûtait 45 livres, pour la façon des bombes pesant un millier 9 livres, tout boulet, 3 fr. Quand le fourneau pour la forge du fer a été chauffé trois jours, l'on coule ordinairement trois milliers par vingt-quatre heures.

Dimension d'une pièce à la suédoise du calibre de 4 : longueur depuis la plate-bande à la bouche 4 p. 6 p. Poids de la pièce 600 livres.

Il y avait du temps de M. de Saint-Rémy des mortiers de 6, 7, 8, 9, 10, 11, 12, 18 pouces contenant 2, 3, 4, 5, 6, 12 de livres de poudre.

La bombe de 17 p. 10 p. pesait 490 livres. Elle contient 48 livres de poudre.

Noms des armes de guerre

Mousquets de rempart.
Mousquets ordinaires.
Fusils.
Carabines.
Mousquetons.
Pistolets.
Hallebarde.
Pertuisanes.
Fourches ferrées.
Haches d'armes.
Serpes d armes.
Piques.
Demi-piques.
Espontons.
Brins d'estoc.
Bâtons à deux bouts.
Fléaux armés.
Faux armées.
Bandouillères.
Fourniments.
Fourchettes à mousquet.
Coussinets à mousquetaire.
Baguettes de mousquet.
Sabres.
Épées.
Baïonnettes.
Cuirassesd'armescomplètes.
Cuirasses légères.
Corselets.
Brassards.
Cuissadrs.
Gantelets.
Rondaches.
Chemises de mailles
Casques.
Bourguignottes.

La machine infernale des Anglais. — Le fond de cale était plein de sable. Le premier pont était rempli par vingt milliers [de poudre] couverts par un pied de maçonnerie ; le second pont était garni de 600 bombes à feu et chargé de 2 p. de maçonnerie au-dessus ; le troisième pont chargé de 50 barils à cercles de fer, remplis d'artifice. Par le milieu un canal pour communiquer le feu. Sur le tillac de la vieille artillerie.

La bombe de Toulon destinée pour Alger contenait sept milliers de poudre. Elle ne tira point.

Réchauds de remparts ou lampions à parapets.

Pour faire le pont, l'on posera un ponton à 5 à 5 pieds avec six poutrelles et deux madriers, l'on mettra neuf pieds d'un ponton à un autre. Chaque ponton doit couvrir 10 pieds de rivière.

Le ponton pèse	1.569 livres
Les douze madriers	900
Les six poutrelles	414
Le chariot ou haquet	1300
	4.183 livres

Il faut huit à neuf chevaux pour le traîner. Il en faut quatre pour un pont de 45 pieds.

XII[1]

MÉMOIRE SUR LA MANIÈRE DE DISPOSER LES CANONS POUR LE JET DES BOMBES

Tout ce qui tend à perfectionner les pièces d'artillerie ou à en étendre l'usage mérite également l'attention du militaire.

Depuis la nouvelle réforme, il semble qu'il ne reste rien à désirer du côté de la perfection. L'idée due à M. Le Duc de se servir des pièces de canon pour le jet de la bombe parait en avoir étendu l'usage aussi loin qu'il est possible.

Les côtes sont garnies de canons pour en défendre l'approche. Quel avantage que de pouvoir dans l'occasion s'en servir à inquiéter les vaisseaux d'une manière aussi alarmante que le fait la bombe ?

Dans combien de circonstances ne manque-t-on pas de mortiers? Dans combien d'autres ne gêneraient-ils pas pour le transport ou n'embarrasseraient-ils pas dans la retraite ?

Si l'on joint à ces considérations la justesse du tir que les expériences faites par ordre de M. le baron du Teil ont constaté être de beaucoup plus exact que celui du mortier; si l'on fait attention que l'on peut se servir de toute sorte de pièces même des plus endommagées et tirer indistinctement toutes sortes de bombes, l'on concevra que cette idée peut être très utile et mérite un accueil favorable.

(1) *Inédit. Fonds Libri.* Manuscrit de 9 pages. In-folio.

Il s'agit de disposer les pièces d'une manière avantageuse.

L'on a imaginé d'appuyer la volée sur un chantier de poutrelles et d'enfoncer le bouton en terre jusqu'à la plate bande de la culasse en l'appuyant contre une lambourde de deux pieds.

Le recul agissant dans le sens de la pièce, la lambourde sur laquelle s'appuie le bouton doit y être perpendiculaire. Il faut la soutenir par deux grands piquets.

Lorsqu'on creuse la place de la lambourde, il faut avoir soin de ne pas remuer la terre à laquelle elle doit transmettre la force de recul...

[Lorsque l'on creuse la place de la lambourde], il faut excaver en suivant le talon qu'elle doit faire... La pièce doit être placée au milieu de la largeur de la lambourde qui doit appuyer de tous les côtés sur terre, faute de quoi, aux premiers coups, la pièce se dérangerait.

Ces précautions très essentielles exigent beaucoup de temps lors même que l'on travaille sur une terre médiocrement dure. Que serait-ce si elle était argileuse, difficile à remuer? Si elle était sablonneuse et trop facile, elle n'opposerait plus assez de résistance à la lambourde qui se déplacerait.

Ces raisons me font penser qu'il faudrait mieux enfoncer de sa largeur une lambourde ordinaire, placer sur l'arête extérieure une autre lambourde soutenue par un bon nombre de piquets et y appuyer le bouton de la culasse. L'on aurait l'avantage de voir le côté que le recul fait faiblir et d'y remédier aussitôt par un renfort de piquets.

Au lieu de la lambourde inférieure, l'on pourrait y suppléer par deux bombes enfoncées presque de leur diamètre. Elles appuieraient contre la lambourde supérieure. Au défaut total de bois, l'on pourrait y suppléer par trois bombes enfoncées comme ci-dessus, la troisième enfoncée seulement de quelques pouces serait soutenue par deux ou trois grands piquets.

Je crois ces trois manières de disposer la culasse préférables pour la promptitude de l'exécution. L'on pourrait placer deux pièces pendant qu'en suivant la première façon l'on n'en disposerait qu'une.

Quant à la volée, il faut qu'elle rencontre le chantier qui doit la supporter un peu au-dessus des tourillons afin d'avoir le centre de gravité en sa faveur... L'on soutiendra le chantier par un bon nombre de piquets de cinq à six pieds; l'on remarquera qu'il en faut d'autant plus au chantier qu'il est composé de plus de pièces de bois. L'on pourrait, à la place du chantier, élever un épaulement de terre bien dansée.

Ainsi, avec quelques instruments pour remuer la terre, quelques piquets, l'on peut à l'occasion placer ces pièces en batterie en beaucoup moins de temps et, comme on voit, avec beaucoup moins de matériaux qu'il n'en faut pour établir une plate-forme de mortier.

Étant déterminé sur les moyens à prendre pour soutenir la volée et appuyer la culasse, il faut connaitre la hauteur qu'il faut donner à l'épaulement ou chantier et le point où l'on doit placer les lambourdes ou bombes pour servir d'appui à la culasse. Ces dimensions sont relatives à l'angle sur lequel l'on veut tirer, ne s'agissant que de calculer la hauteur ou la base d'un triangle rectangle dont les trois angles sont connus et dont l'hypoténuse est égale à la longueur de la pièce prise depuis un peu au-dessus des tourillons jusqu'à la plate-bande de culasse, si l'on enfonce en terre le bouton, ou jusqu'à l'extrémité du bouton si on ne l'enfonce pas.

L'on ne dira pas que ces calculs sont inutiles, qu'il n'y a qu'à placer la pièce, ensuite tâtonnant avec un quart de cercle, élever ou baisser l'épaulement jusqu'à ce que l'on se rencontre à l'angle sous lequel l'on veut tirer. Ce ne serait pas connaître les difficultés que l'on a pour maintenir les grosses pièces dans cette position... Il faudrait donc se résoudre à perdre un temps précieux en vains tâtonnements?... Il faudrait se résoudre à recommencer plusieurs fois l'ouvrage que l'on avait fait pour servir d'appui à la culasse. Il faudrait faire des travaux inutiles et travailler au milieu des pièces en suspens.

Il est vrai que ces calculs de triangles, quoique très simples, sont infaisables au moment du besoin, mais l'on peut simplifier assez ces formules pour que l'on puisse les retenir facilement et les mettre en exécution sans de longs calculs.

L'on n'a qu'à diviser le nombre qui exprime la longueur de la pièce depuis un peu au-dessus des tourillons jusqu'au bouton, si on ne l'enfonce pas en terre, jusqu'à la plate-bande de la culasse si on l'enfonce, par sept pouces, et l'on aura pour tous les calibres, pour toute espèce de tronçon, la hauteur de l'épaulement sous l'angle de 45 degrés [1].

Si l'on avait de la répugnance à se servir d'une formule dont on ignorerait le degré de précision, l'on pourrait faire attention que, dans un carré, la diagonale est à un des côtés $\sqrt{2} : \sqrt{1}$ ou, lorsque l'angle de projection est de 45, la hauteur est un côté du carré, donc l'hypoténuse ou la longueur de la première. J'appelle H la hauteur, L la longueur, on aura :

$$H : L :: \sqrt{1} : \sqrt{2} \text{ ou } H = L + \frac{\sqrt{1}}{\sqrt{2}}.$$

En prenant les logarithmes :

$$L\,H = L\,L + L\,\frac{1}{2} - L\,\frac{2}{2}.$$

Logarithme de division :

$$L\,H = L\,L + L\,\frac{2}{2}$$

$$H = \frac{1}{0{,}150515}\,2 = 0 \text{ ou } 0{,}150{,}515 = 1 \text{ pied } 4 \text{ pouces } 11 \text{ lignes } 8 \text{ points}$$

ou 17 pouces moins 3 à 4 points.

Il est rare que l'on ait besoin de tirer de cette manière sur d'autres angles que sur celui de 45°. Cependant, si l'on

(1) Ce calcul n'est qu'approché, mais il ne peut produire aucune erreur sensible dans la pratique (*Ken*).

voulait tirer sur un angle plus ou moins grand, l'on n'aurait qu'à multiplier par 80 lignes le nombre de degrés dont on aurait augmenté ou diminué l'angle au-dessus de 45°, et l'on ajouterait ce produit au quotient ci-dessus trouvé si l'angle est plus grand, l'on le retrancherait si l'angle est plus petit et l'on aurait pour résultat la hauteur de l'épaulement ou chantier. Ces calculs sont des plus simples et ne peuvent [être] ignorés de personne. L'on peut les faire de mémoire ou sur la terre tant ils sont faciles.

Quant à la distance qu'on doit mettre entre le pied de l'épaulement et l'endroit où la culasse doit rencontrer la terre, l'on remarquera que, pour l'angle de 45°, elle est la même que la hauteur de l'épaulement... Pour les autres angles, il sera plus expédient de la déterminer topographiquement en prenant, avec un levier ou tout autre morceau de bois, la longueur de la pièce depuis au-dessus des tourillons jusqu'au bouton et la portant depuis le point de l'arête intérieure du chantier ou côté de l'épaulement qui est perpendiculaire à la ligne de tir jusqu'en l'endroit où elle rencontrera cette ligne de tir qui sera le point où le bouton de la culasse devra appuyer sur terre.

L'on remarquera que, sous l'angle de 45°, la bouche des pièces de 24, 16, 12, 8 de siège se trouverait élevée de 7 pieds 8 pouces, 7 pieds 3 pouces, 6 pieds 10 pouces, 6 pieds 2 pouces et, par conséquent, il faudra pratiquer une banquette afin que les servants y puissent monter. Elle devra être de 3 pieds, de 2 pieds 1/2, de 2 pieds, de 1 pied 1/2 de hauteur pour ces différents calibres... Si l'on enfonçait le bouton en terre, alors on gagnerait une diminution de 6 pouces à la hauteur de la bouche de 24, ce qui n'est pas un objet.

Quant aux pièces de campagne, il n'y aura besoin de rien, vu que les bouches de 12, de 8, de 4 ne s'élèvent qu'à 5 pieds 2 pouces, 4 pieds, 3 pieds 3 pouces, 1 pied 5 pouces.

Pour adapter les bombes aux bouches des pièces, l'on a

reconnu qu'il suffirait de la soutenir par deux attaches ou filets ordinaires que l'on passe entre les anses de la bombe et que porte une ceinture qui elle-même est retenue par l'astragale du culot. L'on a soin d'engager le culot dans la bouche de manière qu'il n'y ait aucun vide, faute de quoi la poudre la plus active, éprouvant la résistance [d'inertie] de la bombe, s'enfuirait par là, juste au moment où la bombe est chassée, ce qui peut produire la plus grande déviation dans le tir.

Quant aux charges que l'on doit mettre, il est facile d'apercevoir qu'elles doivent être considérables dans les pièces de grand calibre et beaucoup moins dans celles de 8 et de 4, surtout lorsqu'elles sont courtes. Alors le fluide fait son effort dans un plus petit espace, a un effort plus considérable et va frapper contre une surface beaucoup plus petite.

Mais, à ces calibres de 4 et de 8, l'on doit éprouver une grande difficulté pour y placer la bombe, vu que la bombe de 8 pouces n'engage que 6 points dans la pièce de 8, et 3 lignes 11 points dans la pièce de 4; la bombe de 10 pouces, 4 lignes dans la pièce de 8, et 2 lignes 10 points dans la pièce de 4; la bombe de 12 pouces, 3 lignes 11 points dans la pièce de 8, 2 lignes 5 points dans la pièce de 4. Cependant je ne sache pas que l'on en ait fait l'expérience qui pourrait suggérer d'autres moyens pour remédier à cet inconvénient. L'on aurait une grande augmentation de portée en se servant de ces pièces de campagne. Il serait peut-être essentiel de la déterminer par des expériences suivies et méthodiques. L'on déterminerait en même temps d'une manière précise les charges dont on doit se servir pour les différents calibres pour ne pas trop endommager le vif de la bouche. L'on ne pourrait pas dire de combien. L'on sait combien la théorie est fautive. Il serait toutefois digne de l'attention de M. le baron du Teil de faire faire des expériences suivies et raisonnées sur la portée que l'on peut obtenir, la charge que l'on doit mettre pour les différents calibres, etc., etc.

Ces expériences n'ont pas encore été faites d'une manière satisfaisante. L'on a bien fait quelques essais, mais insuffisants et incomplets.

B. P.[1].

Auxonne, le 30 mars 1789.

(1) Cette signature B. P. explique pourquoi, jusqu'en l'an IV, on écrit en général *Buona-Parte*. (*Ed.*)

XIII[1]

Mon Général,

Vous avez donné des ordres pour que les officiers attachés à la direction de Provence prissent toutes leurs précautions pour emmagasiner les effets nécessaires à l'armement des places et côtes de leur département. En conséquence, l'on a envoyé de l'arsenal d'Auxonne tous les affûts et autres bois ferrés qui étaient nécessaires... Il ne manque plus que les bois pour l'établissement des batteries, tels que les madriers, les gîtes, les heurtoirs et les lambourdes. Il n'était pas possible que l'arsenal d'Auxonne fournît ces matériaux, vu que, par le marché passé avec la compagnie des charriages, il en coûte 9 L. pour le transport d'un quintal jusqu'à Arles et qu'un madrier pesant 106 Lb., ce qui ferait que le transport coûterait trois fois plus que la valeur intrinsèque du bois... Vous avez en conséquence, mon Général, donné ordre au directeur de Provence de s'en procurer où il pourra en trouver au meilleur compte. C'est après ces [commissions], je prendrais la liberté, dans la seule vue d'être utile, de vous offrir que l'on en fît venir de Corse. Le transport est peu de chose, le prix du bois est moindre et la qualité excellente, soit que l'on veuille se servir de chêne, soit de châtaignier qui ne lui cède en rien. Si cette idée est agréée, elle pourra tirer d'embarras les directeurs de Provence, être un objet d'économie et d'avantage, vu la bonne qualité des bois de Corse qui sont presque tous des bois de montagne. Étant du pays et très au fait de cette

(1) *Inédit. Fonds Libri.* Manuscrit de 2 pages, in-folio. Je ne saurais donner une place formelle à cette pièce. Elle peut être aussi bien de 1792 que de 1789; mais en la réunissant ainsi aux études sur l'artillerie, j'ai pensé qu'elle ne perdrait point de son intérêt. Elle est évidemment adressée à M. du Teil. (*Id.*)

branche d'exportation, je m'offre à donner tous les renseignements aux officiers de la direction de Provence et même à me transporter en Corse, si cela est jugé nécessaire, pour faciliter les marchés, l'embarquement et la bonne qualité du bois.

XIV[1]

NOTES DIVERSES. — RÉPUBLIQUE DE PLATON[2]

1. Socrate. — 2. Céphale. — 3. Polémarque fils de [Céphale]. — 4. Glaucon. — 5. Adimante, tous les deux fils d'Ariston et frères de Platon. — 6. Clitophon. — 7. Thrasimaque.

Céphale est un sage vieillard et riche. Il définit la justice : *dire la vérité, ne tromper personne et rendre à chacun ce que l'on en a reçu*... Il avance que le principal avantage des richesses est de mettre dans le cas de ne rien devoir et de ne tromper personne.

Polémarque, son fils, soutient le sentiment de son père.

Socrate lui observe que si un homme confiait ses armes à un ami, ce serait un mauvais service de les lui rendre s'il devenait furieux. L'on ne peut donc définir la justice rendre à chacun ce que l'on en a reçu.

Simonide a dit que la justice était : *rendre à chacun ce qu'on lui doit*. Si on ne doit pas rendre un dépôt lorsqu'on le demande contre toute raison, ce serait alors faire du mal à ses amis. Simonide a donc voulu dire qu'elle

(1) *Inédit. Fonds Libri*. Manuscrit de 5 pages in-folio.

(2) Il est indispensable de suivre l'analyse de Bonaparte sur le texte de Platon. Bonaparte a eu vraisemblablement en mains la traduction de l'abbé Grou. Paris, Humblot, 1762, ou Amsterdam, Rey, 1763, 2 vol. in-12, — réimprimée par Lefebvre en 1841, par Garnier en 1875, en un volume in-12. Il existe encore de la même traduction diverses rééditions fragmentaires. Il est à remarquer que Napoléon parlait beaucoup de Platon. Mme de Rémusat écrit à son mari (*Lettres*, I, 352) qu'elle va lire Platon : « Oui, Platon, dont j'étais comme vous savez si tentée, depuis que j'en entendais tant parler à l'Empereur. » *(Ed.)*

consistait à rendre à chacun ce qui lui convient. Voilà l'état de la question. Tous les interlocuteurs en sont d'accord. Mais la médecine donne la santé, la cuisine le goût, que donne donc la justice? A qui donne-t-elle ce qui convient?... Elle fait du bien aux amis et du mal aux ennemis. Définition adoptée. Le médecin et le pilote peuvent faire le plus de bien et de mal à leurs amis et ennemis, selon qu'ils sont malades ou sur mer. Quant au juste, en quelle occasion peut-il faire le plus de mal et de bien? — A la guerre. — L'on n'a donc [pas] besoin du juste en temps de paix? — Si fait, pour garder un dépôt, mais non pour en faire usage. La justice me sera utile quand je ne me servirai pas d'une chose et inutile quand j'en voudrais faire usage.

Qui sait faire plus de mal? — Celui qui sait mieux se défendre. — Mieux garder? — Celui qui sait mieux dérober. — Le juste est donc un filou selon les définitions adoptées. La justice n'est donc autre chose que l'art de dérober pour le bien de ses amis et pour le mal de ses ennemis.

Nos amis sont ceux qui nous paraissent gens de bien. Ils peuvent le paraître sans l'être à leur égard. La justice consiste à faire du mal aux bons et du bien aux méchants... Les bons sont incapables de faire du mal. Il est donc juste de rendre le mal pour le bien.

Si l'on définit les amis les bons et les ennemis les méchants... plus on fait du mal aux hommes et plus ils deviennent injustes. Mais, de même qu'un musicien ne peut rendre personne plus ignorant en vertu de son art, un homme juste, en vertu de sa justice, n'en peut rendre un injuste. En général, les bons ne peuvent par leurs vertus rendre les autres méchants.

Si quelqu'un dit que la justice consiste à rendre à chacun ce qu'on lui doit, et s'il entend par là que l'homme juste doit le bien à ses amis et le mal à ses ennemis, nous serons persuadés que ce langage n'est pas d'un sage parce qu'il n'est jamais juste de nuire à personne.

Polémarque réduit au silence, paraît le sophiste Thrasymaque qui définit la justice *ce qui est avantageux au plus fort.* Le système de Thrasymaque est le même que celui de Hobbes. L'athlète Polydamas est plus fort que nous. Il lui convient de manger du bœuf. Est-il donc pour cela avantageux que nous en mangions ? lui répond Socrate. Expliquez-vous donc.

Les différents États sont ou monarchiques ou aristocratiques, ou démocratiques. Celui qui gouverne est le plus fort. Le peuple fait des lois populaires, le monarque monarchiques, etc. Ces lois faites, ils déclarent que la justice consiste à les observer et [à] punir ceux qui les transgressent. Dans chaque État, la justice est l'intérêt de celui qui a la force en main, ou qui gouverne, qui est le plus fort.

SOCRATE : La justice consiste donc à obéir à celui qui gouverne. Mais ceux qui gouvernent peuvent se tromper. Ils institueront des lois avantageuses et nuisibles. Cependant la justice consiste à leur obéir. Il est donc juste non seulement de faire ce qui est avantageux, mais encore nuisible au plus fort.

THRASYMAQUE. — Socrate, vous êtes un sycophante[1]. Appelez-vous médecin, calculateur ou grammairien, celui qui se trompe en médecine, calcul ou grammaire, en tant qu'il se trompe ? Il en est de même du magistrat. Croyez-vous qu'il puisse se tromper en tant que magistrat? Ce qu'il ordonne est toujours ce qui lui est le plus avantageux. Il est donc vrai que la justice consiste à faire ce qui est avantageux au plus fort.

SOCRATE. — La médecine ne pense pas à son intérêt, mais à celui du corps malade qu'elle doit guérir ; le pilotage à l'intérêt de la navigation. Or, les arts commandent à leurs sujets. Aucun art n'a donc pour but l'intérêt du plus fort, mais au contraire de leur sujet, ou du plus faible. Le méde-

(1) En marge : *Calomniateur.*

cin, en tant que médecin, ne se propose ni n'ordonne ce qui est à son avantage, mais ce qui est à l'avantage du malade. Le vrai pilote n'est pas matelot, mais chef, et n'ordonnera donc que l'avantage de ses sujets, les matelots. Tout homme qui gouverne ne se propose pas, en ce qu'il ordonne, son intérêt, mais celui des sujets...

XV (1)

1788 — QUELQUES NOTIONS SUR LE GOUVERNEMENT DES ANCIENS PERSES (2)

Les Perses, divisés en douze tribus, étaient alors renfermés dans une seule province de cette vaste région qui depuis a porté leur nom et ne faisaient tous ensemble que 120,000 hommes.

Le bien public et l'utilité commune étaient le principe et le but de toutes les lois. L'éducation des enfants était regardée comme l'affaire la plus importante. Ils étaient élevés en commun, d'une manière uniforme. Leur principale nourriture était du pain, du cresson et de l'eau. Ils étaient dans la classe des enfants jusqu'à l'âge de seize à dix-sept ans, dans celle des jeunes gens jusqu'à vingt-six ou vingt-sept ans. Ceux de cette classe passaient une partie de leurs nuits dans le corps de garde, accompagnaient le Roi lorsqu'il allait à la chasse, etc. XÉNOPHON Cyropédie.

La troisième classe était composée des hommes faits. Ils y demeuraient vingt-cinq ans; c'est de là qu'on tirait tous les officiers. Quand un homme avait passé cinquante ans, il n'était plus obligé de porter les armes en dehors du pays. C'est dans la dernière classe que l'on choisissait les plus sages et les plus expérimentés pour former le

(1) Inédit. *Fonds Libri.* Manuscrit de 21 pages, in-folio.

(2) Extraits de Rollin. *Histoire ancienne.* J'ai suivi pour le collationnement l'édition de Paris, 1817, in-8°. Ces extraits sont pris, le premier du tome Ier, p. 394 et suiv.; le second du même tome, p. 510. (*Ed.*)

conseil public. Ces classes étaient ouvertes à tous, mais il n'y avait que ceux qui avaient assez de fortune pour vivre sans travailler qui y entrassent.

Cyrus, dit-on, marcha à la tête de 30,000 hommes, au secours de son oncle et de 30,000 hommes d'élite; 40,000 Perses vinrent recruter les premiers. A la bataille de Tymbrée, il y avait 70,000 Perses naturels. Quelle contradiction! Comment un pays qui ne contient que 120,000 habitants pouvait-il produire 70,000 combattants?

Gouvernement de l'empire de Perse. — Le Gouvernement de l'empire de Perse était-il despotique ou monarchique? Le Prince avait un conseil composé de sept sujets qui le suivaient partout et qu'il consultait en toute occasion. La justice était rendue par des hommes que le Roi nommait. Il paraît, par quelques endroits des historiens, que ces charges de juges royaux étaient héréditaires. Il paraît même qu'ils avaient un code criminel et des lois fondamentales, des registres publics où tous les arrêts, toutes les ordonnances du Prince, tous les privilèges accordés au peuple étaient inscrits. Un particulier ne pouvait pas faire mourir un esclave, ni le Prince un homme pour une première faute.

Les Perses avaient coutume, en jugeant un homme, de considérer le mérite et le bien qu'il avait fait, et il n'était pas juste, disaient-ils, qu'un crime effaçât les bonnes actions d'une vie entière.

Perse. Gouvernement. — L'empire était divisé en 127 provinces dont ceux qui en étaient chargés se nommaient Satrapes, qui rendaient compte à trois surintendants ou principaux ministres de tout ce qui se passait dans leur province.

Ces Satrapes avaient une cour sur le ton de celle du Roi. Ils exerçaient dans leur province à peu près la même autorité. Ils rendaient la justice, ils étaient chargés de la police et de l'embellissement des villes, du commerce, des finances, etc. Ils avaient à peu près les mêmes fonctions que les vizirs en Turquie. Les gouverneurs des places fortes, les commandants des troupes recevaient leurs ordres directement du Roi. Quelquefois le Roi faisait des voyages dans leurs provinces ou y envoyait des grands que l'on appelait les *yeux du Roi*.

Les Rois percevaient deux espèces de tribut sur les peuples : l'un, en argent, que chaque Satrape payait au Roi, et l'autre en nature. Les Satrapes, qui étaient des rois dans leurs départements, levaient un impôt, gardaient pour eux ce qui était nécessaire à leur entretien, payaient les frais d'administration de leur département et envoyaient au trésor le surplus. Hérodote évalue à 44 millions de livres l'or ou argent qui entrait tous les ans dans les coffres du Roi. Le second tribut se percevait en nature. Chaque Satrapie fournissait : les unes à l'entretien du Roi, tant sa table que son écurie, etc., chacune à leur tour et selon leur faculté. Celle de Babylone fournissait à son entretien pendant quatre mois de l'année. Les autres fournissaient, soit à l'entretien de la toilette de la Reine, soit à l'entretien des personnes que le Roi avait gratifiées ou qui étaient en charge. Les Satrapes ensuite avaient un certain nombre de villes pour fournir à leur entretien. Il y avait des cantons assignés pour la ceinture, pour le voile, etc., de la Reine. Ces cantons étaient fort considérables puisqu'un était aussi grand que l'espace que pouvait traverser un homme (en un jour). Quand Thémistocle passa en Perse, on lui assigna quatre villes. L'une devait lui fournir le pain, la deuxième le vin, la troisième aux mets de sa table, la quatrième ses vêtements et meubles.

Les *Immortels* étaient composés de dix mille soldats d'élite destinés à la garde du Prince.

Les Babyloniens exposaient leurs malades à la vue des passants pour s'informer d'eux s'ils n'avaient pas été attaqués d'un mal pareil. HÉROD. STRAB.

L'astronomie était en honneur chez les Babyloniens. Ce

sont les premiers qui ont observé. Ils avaient une suite d'observations de 720 ans et Callisthène, disciple d'Aristote, rend compte à son maître d'une suite d'observations de 1,903 ans qu'il a trouvée chez ces peuples.

1144 av. J.-C. *Perse. Religion.* — Zoroastre fut le prophète ou le chef de la religion des Assyriens, Perses, etc. L'on prétend qu'il vivait en 1144 avant J.-C. Il y a eu un autre Zoroastre qui a réformé qui vivait environ en 544.

Les Perses adoraient le soleil levant. Ils lui consacraient un char magnifique avec des chevaux. Ils lui donnaient le nom de Mithra. Ils adoraient aussi l'étincelle ou le symbole du feu, l'invoquaient toujours le premier dans les sacrifices, le portaient par respect devant le Prince, et les mages étaient chargés de veiller nuit et jour afin que le feu sacré, qu'ils croyaient être descendu du ciel, ne s'éteignît point. Ils sacrifiaient des enfants dans le feu. Ils avaient encore deux divinités, savoir Oromasde et Arimanius. Le premier était regardé comme l'auteur du bien qui leur arrivait et l'autre comme l'auteur du mal. Ils n'érigeaient ni statues ni temples, mais (faisaient) leurs sacrifices en pleine campagne, élevés sur des montagnes.

Les mages, dépositaires des cérémonies, jouissaient du plus grand crédit. Ils formaient une tribu qui se succédait et nul autre qu'un fils de prêtre ne pouvait prétendre au sacerdoce. Les mages étaient les sages, les savants de la Perse.

Après avoir dit que les Perses n'avaient pas de temples, Hérodote nous dit que, tous les ans, on célébrait la fête de Vénus sous le nom de Mylitta, et que, dans son temple, toutes les femmes se prostituaient.

La polygamie était établie en Perse. Ils se mariaient avec leur sœur. Un père épousait sa fille.

Les Perses enterraient leurs morts sans autre cérémonie, c'est-à-dire sans les brûler ni les embaumer.

Tout Perse qui paraissait devant son roi était obligé de se prosterner.

Supplices. — Le supplice des auges consistait à mettre un criminel dans une fosse jusqu'au cou. Les [ ] le servaient à manger, jusqu'à ce qu'il fût mangé par les vers. Il vivait quelquefois jusqu'à 17 jours, souffrant les plus grands supplices.

Le supplice des cendres consistait à remplir une tour de cendre et y jeter le criminel la tête la première jusqu'à ce qu'il fût étouffé.

Quand un roi ou une princesse croyait avoir reçu un affront et se croyait obligé de venger son injure, elle demandait que le malheureux lui fût livré, et alors elle le faisait souffrir dans les plus grands tourments, tels que de lui introduire du plomb fondu dans les oreilles, etc.

(401). Cyrus écrivant aux Lacédémoniens pour les engager à prendre son parti contre son père leur dit qu'il est plus exercé à la magie et supporte mieux le vin que lui.

GRÈCE

GÉOGRAPHIE[1]

Grèce. — La Grèce ancienne était bornée au nord par l'Illyrie et la Thrace, au midi par la mer de Crète et de Candie, au levant par la mer Égée, au couchant par la mer d'Ionie.

1° L'Épire; 2° le Péloponèse; 3° la Grèce proprement dite; 4° la Thessalie; 5° la Macédoine sont les principales parties.

L'Épire. — L'Épire, située au couchant, séparée de la Thessalie par les monts Acrocérauniens. Les peuples les plus connus qui l'habitaient sont :

1° Les Molosses. Capitale : Dodone, célèbre par l'oracle de Jupiter;

2° Les Chaoniens. Capitale : Orique;

(1) Rollin, t. II. (*Ed.*)

3° Les Thesprotiens. — Buthrote ; dans cette ville, était le palais de Pyrrhus ;

4° Les Acarnaniens. Capitale : Ambracie, qui donne son nom au golfe. Là se trouve Actium.

Le Cocyte et l'Achéron étaient deux petites rivières d'Épire.

Le Péloponèse. — Le Péloponèse était la presqu'île que l'on nomme aujourd'hui Morée qui ne tient au continent que par l'isthme de Corinthe.

1° Achaïe : les principales villes sont Corinthe, Sicyone, Patras, etc. ;

2° L'Élide : Olympia ou Pisa, située sur l'Alphée où se célébraient les jeux. ;

3° La Messénie : Messène, Pyle, la ville de Nestor, Corone ;

4° L'Arcadie : Cyllène, Tégée, Stymphale, Mantinée, Mégalopolis, patrie de Polybe.

5° La Laconie : Sparte, Amyclée, le mont Taygète, Sparte sur l'Eurotas.

6° L'Argolide : Argos, célèbre par le temple de Junon ; Némée, Mycènes, Trézen, Épidaure où était le temple d'Esculape.

Grèce propre. — Les parties principales de la Grèce proprement dite sont :

1^r L'Etolie : Chalcis, Calydon, Olénus ;

2° La Doride : Naupacte, maintenant Lépante ;

3° La Phocide : Anticyre, Delphes, le mont Parnasse et l'Hélicon ;

4° La Béotie : Cithéron, Orchomène, Thespies, Chéronée. Platée, Thèbes, Aulide, Leuctre ;

5° L'Attique : Mégare, Éleusis, Décélie, Marathon, Athènes, le mont Hymette connu par l'excellent miel ;

6° La Locride.

Thessalie. — La Thessalie : les villes principales sont : Gomphi..., les Thermopyles, Tempé, les agréables vallons sur les bords du Pénée, Pharsale (bataille de), Phtie, Magnésie, Méthone, Thèbes, Larisse, Démétriade, Olympe, Pélion, Ossa, trois montagnes célèbres par le combat des Géants.

La Macédoine. — Épidame, Apollonie, Pella capitale, Égée, Édesse, Pallène, Olynthe, Torone, Acanthe, Thessalonique; Stagire, patrie d'Aristote, Amphipolis, Philippes.

Mer Ionienne. — Les îles adjacentes à la Grèce sont, dans la mer Ionienne :

1° Corcyre, maintenant Corfou; 2° Céphalène, maintenant Céphalonie; 3° Zacynthe, maintenant Zante; 4° Ithaque; 5° Cythère; 6° Égine et Salamine; 7° les Sporades; 8° Cyclades, dont les plus connues sont Andros, Délos, Paros.

Dans la mer Égée :

1° L'Eubée, Négrepont, séparée de la terre par l'Euripe; 2° Scyros; 3° Lemnos; 4° Lesbos; 5° Chios; 6° Samos.

L'île de Crète ou de Candie. Ses principales villes : Gortyne, Cydon, Gnossus. Ses montagnes : Dictée, Ida, Corycus, — le [Labyrinthe].

Les Grecs avaient des établissements en Asie, dans la Doride et l'Éolie : Cume, Phocée, Élée étaient les principales villes de l'Éolie. Smyrne, Clazomène, Téos, Lébédus, Colophon, Éphèse dans l'Ionie et, pour la Doride, Halicarnasse et Cnidus.

HISTOIRE

Les quatre âges de l'histoire grecque comprennent l'espace de 2,154 années.

Le premier va jusqu'au siège de Troie et comprend 1000 ans (1820 du monde à 2820).

Le second va jusqu'au règne de Darius, fils d'Hystaspe, et comprend 663 ans (2820 à 3483).

Le troisième va jusqu'à la mort d'Alexandre et comprend 198 années (3483 à 3681)

Le quatrième va jusqu'à la destruction des Républiques grecques par les Romains et comprend à peu près 293 ans (3681 à 3974).

PAUSANIAS. Selon leurs propres historiens, les premiers Grecs vivaient absolument en sauvages, broutaient l'herbe et n'avaient d'autre loi que la force. Celui qui leur apprit à se nourrir de glands, ils lui décernèrent les honneurs divins.

Les Phéniciens apprirent aux Grecs la navigation. Les Égyptiens leur donnèrent leur religion, leurs lois, arts, sciences, etc.

Royaume de Sicyone (2089) il dura 1000 ans.

Argos, 1856 av. J.-C., Inachus premier roi; Phoronée, Apis, Argus, Danaus, Lyncée 1474 (av. J.-C.)[1], Persée Ce prince transféra sa demeure à Mycènes ; Amphitryon ; Euristée, frère d'Hercule ; Atrée, fils de Pélops Ier ; Agamemnon.

Cécrops fut le premier roi d'Athènes. Ce fut lui qui établit l'Aréopage.

Sous le règne d'Amphictyon, douze peuples se confédérèrent et ils s'assemblaient deux fois l'an aux Thermopyles. Elle fut nommée assemblée des Amphictyons.

Égée régna en 1284. Les travaux d'Hercule, la guerre de Minos sont de son règne.

Le dialecte attique a été suivi par Thucydide, Aristophane, Platon, Socrate, Xénophon et Démosthène.

L'ionien a été suivi par Hippocrate et Hérodote.

Le dorique : Archimède, Théocrite et Pindare.

L'éolien : Sapho, Alcée. On le trouve aussi mêlé dans Homère.

(1) 1556 avant J.-C. Déluge de Deucalion. Déluge d'Ogygès, 1796. (*Bon.*)

ATHÈNES

NOTIONS SUR SON GOUVERNEMENT[1]

Le premier roi est toujours le premier homme de son peuple. La cause qui l'éleva au-dessus de ses semblables doit l'y maintenir, et son autorité a toujours été plus absolue que celle de ses successeurs, jusqu'à ce que la corruption introduisant dans le gouvernement la religion prêchée par des hommes vendus, ait enfin fait oublier aux hommes leur dignité et les causes premières de l'institution de tout gouvernement[2]. Alors le despotisme élève sa tête hideuse et l'homme dégradé, perdant sa liberté et son énergie, ne sent plus en lui que des goûts dépravés. Rien n'arrête plus ce torrent débordé et l'on voit coexister des hommes sans pain et d'autres qui consument la subsistance de mille familles. Un Caligula, un Claude, un Néron peuvent gouverner alors parce que la classe qui a intérêt au maintien du gouvernement a su ôter aux malheureux qui y vivent victimes jusqu'à la volonté d'en sortir. Comment le Créateur a-t-il pu permettre que son ouvrage fût ainsi défiguré ?

Cécrops régna à Athènes et en fut le premier roi (1556). Pourrait-on donc en conclure que le gouvernement monarchique soit le plus naturel et le primordial ? Non, sans doute. Quelle différence totale entre le premier pas fait par le peuple qui confie à un magistrat la conduite de l'État avec les principes introduits dans les gouvernements modernes ? Mais l'on ne tarda pas cependant à sentir les inconvénients de cette magistrature unique et l'on créa l'Aréopage. Le premier gouvernement d'Athènes fut aris-

(1) Il est inutile de faire remarquer que ce morceau est uniquement de Bonaparte et n'a rien à voir avec Rollin. Cf. Rollin, II, 18. (*Ed.*)

(2) *En marge :* jusqu'à ce que les préjugés des instituteurs aient dégradé les facultés naturelles. (*Bon.*)

tocratique et le nom de Roi ne doit pas nous faire prendre le change. La confédération des douze peuples qui s'assemblaient aux Thermopyles n'en laisse pas de doute.

Après Codrus (1070), l'administration avait besoin de plus de ressort pour conduire l'État. Les arts, le commerce avaient disproportionné les fortunes. La population était incomparablement plus nombreuse. Le magistrat unique devenait dangereux. Le peuple n'avait plus un seul intérêt, mais bien autant de différents qu'il y avait de différentes classes. Il fallut donc changer non seulement la forme de l'administration, mais même le nom du premier magistrat et on l'appela Archonte, que l'on élut d'abord pour la vie, depuis pour dix ans et, enfin, pour un an seulement.

Gouvernement. — Le gouvernement, ainsi établi peu à peu, ne devait pas produire de bons effets. Les particuliers ne savaient pas jusqu'à quel point ils devaient obéir aux magistrats. Les magistrats entre eux ne connaissaient pas les limites de leur autorité. Il fallut refondre la constitution ou se résigner à toujours vivre dans les dissensions civiles. Le peuple fit choix de Dracon pour cet effet. Mais les lois de celui-ci, marquées en lettres de sang, ne furent pas longtemps en honneur. Solon fut donc élu législateur d'Athènes. Ses lois furent longtemps respectées.

Lois de Solon, 604. — La puissance législative fut confiée au peuple ainsi qu'une partie de l'exécution. Il fut partagé en quatre classes[1]. Ceux qui avaient 500 mesures de blé ou vin, huile, etc., de revenu annuel composèrent la première classe. Ceux qui en avaient 300 composèrent la deuxième et ceux qui n'en possédaient que 200 formèrent la troisième. Tous les autres citoyens furent classés dans la quatrième. Cent de chaque classe, choisis par le peuple, formèrent un Sénat qui avait le droit de préparer les

(1) Depuis, le peuple fut partagé en dix classes. (*Bon.*)

matières qui doivent être présentées au peuple et probablement celui de veiller au maintien de ses intérêts et de ses délibérations.

Le premier magistrat de la République se nommait l'archonte : il était chef du conseil de neuf personnes toutes nommées par le peuple. Leur autorité était annuelle. L'Aréopage était composé par les archontes sortant de charge. Ce corps était chargé du dépôt des lois, de veiller à leur maintien, de rendre la justice et de surveiller les bonnes mœurs. Telle était la constitution du gouvernement que Solon donna à Athènes.

Il permit à tout le monde d'épouser la querelle de quiconque aurait été outragé ; il déclara infâme et condamna à l'exil et à la perte de ses biens celui qui ne se mêlerait pas des dissensions, des querelles de l'État. Il abolit la dot des mariages par rapport aux filles. Il autorisa l'Aréopage à demander compte de ses moyens de vivre à tout homme oisif. Il dispensa le fils de nourrir son père si celui-ci ne lui avait fait apprendre aucun métier.

Après quelques changements dans la forme du gouvernement, il paraît qu'une partie de la puissance exécutive était confiée à neuf magistrats annuels. Le premier s'appelait archonte, un autre roi, le troisième polémarque, et les six autres s'appelaient thesmothètes. Les sacrifices, la police, le commandement des armées ou plutôt leur formation étaient de leur ressort.

LACÉDÉMONE

Gouvernement. — Xuthus, contraint d'abandonner la Thessalie, se retira à Athènes où il eut deux fils : Achæus et Ion. Achæus se retira dans le Péloponèse qui était nommé pour lors Égialée et donna son nom à une partie. Ion régna à Athènes et l'Attique se nomma Ionie. Une colonie ayant été s'établir en Péloponèse donna son nom à la contrée qu'elle occupa. Les Héraclides, quatre-vingts ans après la guerre de Troie, rentrèrent dans leur ancienne patrie. Les Ioniens alors, après avoir débarqué à Athènes, passèrent en Asie.

Lelex (1516) fut, dit-on, le premier roi de Laconie. Castor, Pollux, Hélène, Clytemnestre étaient lacédémoniens.

1184 fut le siège de Troie. Quatre-vingts ans après, les Héraclides vinrent et s'emparèrent du Péloponèse.

Eurysthène et Proclès furent les deux princes qui régnèrent ensemble et d'eux descendirent les deux races qui partagèrent toujours le trône de Sparte.

Lacédémone. — Le luxe qui, privant une partie des citoyens de leur subsistance, donne à l'autre des richesses immenses, cette fantaisie, avant-coureur de la destruction des États, qui fait imaginer tant d'arts et qui emploie sans cesse le travail d'un corps nombreux d'artisans pour se satisfaire, n'était pas sans doute encore introduit à Sparte lorsque Lycurgue y donna ses lois. Il y avait des magistrats, mais le peuple ne les croyait pas despotes et ne regardait PLUTARQUE pas leur personne comme sacrée. Tantôt, dit l'historien, le gouvernement devenait despotique par l'empire que l'habileté des rois savait se donner, tantôt le peuple s'emparait de toute l'autorité et la démocratie régnait. Il n'y avait point de législation positive, point de corps intermédiaire, point de religion avilissante. Les Lacédémoniens usaient du ressort de l'énergie et les rois de l'ambition, et ceux qui avaient l'habileté gouvernaient seulement l'État.

Lois de Lycurgue. — Lycurgue parut et sentit que les choses ne pouvaient durer longtemps dans cet état. Le peuple se corrompait par la civilisation. Les rois s'éclairaient par l'exemple de leurs prédécesseurs. Les ressorts de l'administration se multipliant, les rois avaient plus de bras attachés à leurs intérêts. Il fallut donc des digues à l'autorité royale ou se résoudre à voir le despotisme régner. Il fallait entretenir l'énergie du peuple et la modérer pour qu'il ne fût ni esclave, ni se jetât dans l'anarchie.

Les deux rois, héréditaires par les lois du sang, continuèrent à gouverner la République. Un Sénat composé de vingt-huit personnes participait à la puissance exécutive. Ces vingt-huit sénateurs étaient élus par le peuple qui se conserva la puissance législative.

Le Sénat agitait les affaires, proposait les lois, mais le peuple seul les constituait.

Cent cinquante ans après Lycurgue, l'on trouva que le Sénat était encore trop puissant et que l'entier exercice de la puissance exécutive le rendait trop redoutable au peuple.

L'on créa donc cinq éphores. Éphore veut dire inspecteur, contrôleur. Ils étaient tirés du peuple et étaient un an en charge. C'était la commission intermédiaire qui travaillait toujours au maintien des privilèges du peuple, à l'exécution des lois et au maintien de l'égalité.

Mais la partie la plus brillante des lois de Lycurgue fut dans les moyens qu'il prit pour inspirer les sentiments de patriotisme au peuple, lui donner de l'énergie et le contenir dans de justes bornes. Point d'égalité, point de démocratie. Il le sentit et les terres furent partagées également. L'on fit 30,000 parts des terres de la Laconie, qui furent distribuées aux habitants des campagnes, et 9,000 du territoire de Sparte furent données à autant de citoyens. Craignant cependant avec raison que l'inégalité ne s'introduisît par d'autres voies, il anéantit les monnaies d'or et d'argent et sa monnaie de fer était si pesante qu'il fallait deux bœufs pour porter 500 livres.

Des repas publics furent institués et il était défendu de manger chez soi en particulier. Les tables étaient composées de 15 personnes et l'on n'était reçu qu'au gré de la compagnie. Chacun portait par mois un boisseau de farine,

(1) *En marge :* Ce talent était aussi une mesure de poids et pesait 60 mines ou 40 livres.

huit mesures de vin, cinq livres de fromage, deux livres et demie de figues et quelque peu de monnaie.

Sitôt qu'un enfant était né, les anciens de chaque tribu le visitaient. S'ils le trouvaient bien fait, annonçant une bonne corporence, il était aussitôt nourri par l'État et on lui assignait une des neuf mille parts pour sa subsistance. Si, au contraire, il paraissait annoncer une mauvaise santé, on le laissait mourir en l'exposant sans secours. A l'âge de sept ans, ils étaient distribués dans les classes où ils étaient élevés tous ensemble. Le but du législateur était d'en faire des guerriers. Aussi, les accoutumait-on à l'adresse, [ ], à la course, etc. On leur faisait supporter les tourments les plus affreux et il fallait qu'il les supportassent avec courage. « Les lois sont plus fortes à Sparte que les rois, disait Démarate : Les lois seules commandent. » Comme l'on demandait à Pausanias pourquoi il n'était pas permis à Sparte de changer quelque chose[1]. « C'est qu'à Sparte, répondit-il, les lois commandent aux hommes et non les hommes aux lois. »

THRACE

HÉRODOTE. Mœurs.

Coutumes. — Dans certains cantons de la Thrace, quand un enfant venait au monde, tous les proches s'abandonnaient à la douleur et répandaient des larmes dans la vue des maux auxquels il allait être exposé. Ce n'était que joie au contraire à la mort de leurs proches, parce que ce n'était que de ce moment qu'ils les croyaient heureux, les voyant délivrés pour toujours des misères de la vie.

La polygamie établie dans de certains cantons produisait une coutume non moins étrange. Quand un homme était mort, ses femmes se disputaient à celle qui avait été la plus aimée. Celle à qui cet honneur était [offert] avait l'avantage d'être immolée, par le plus proche parent, sur le tombeau du défunt.

(1) Mot rayé. (*Ed.*)

SCYTHES

Des Scythes, qui habitaient sur les bords du Pont-Euxin, égorgeaient les hommes qui arrivaient chez eux, se nourrissaient de leur chair et, après avoir fait dessécher leurs crânes, s'en servaient comme de vases pour boire. Ils immolaient des victimes humaines au dieu Mars... Leur manière de contracter des alliances n'était pas moins barbare. Ils versaient du vin dans une coupe, après quoi se découpaient le bras et l'emplissaient du mélange du sang des parties contractantes qui était avalé par les assistants après en avoir teint leurs armes et fait des imprécations contre les contrevenants. STRABON.

Leur roi mort, ils l'embaument, l'enduisent de cire et le promènent sur un char, de ville en ville, dans toute l'étendue de l'empire. La course finie, ils font une large fosse où ils enterrent le roi, une de ses femmes, son grand échanson, son maître d'hôtel, son grand écuyer, le chancelier, le secrétaire d'état, après les avoir tous égorgés. Le jour de l'anniversaire arrivé, ils égorgent encore cinquante officiers de la maison de l'ancien roi, autant de chevaux, leur emplissent le ventre de paille et les mettent de garde autour de la fosse. Voilà les Scythes tels que Strabon, Hérodote nous les peignent. Justin, Horace, etc., nous les peignent tout différemment. Il faut sans doute que ce soient des cantons différents.

Les arts, l'agriculture même était inconnue à ces peuples. Quelques-uns cependant cultivent la terre, mais la propriété ne dure qu'un an. Ils n'ont ni maison, ni demeure fixe, errant avec leur famille dans des chariots couverts de peau. Ils habitent les terres qui offrent le plus de nourriture à leurs immenses troupeaux, couverts de peaux de

(1) Cf. Rollin, II, 127. (*Ed.*)

bêtes, nourris du lait de leurs bêtes et du miel de leurs abeilles.

SUPPLÉMENT AU GOUVERNEMENT D'ATHÈNES[1]

Le peuple fut partagé en quatre classes, comme nous l'avons dit. La première s'appelait *Pentacosiomédimnes*, la seconde *Chevaliers*, la troisième *Zeugites* et la quatrième *Thêtes*. Les trois premières classes seules étaient admises aux magistratures jusqu'au temps d'Aristide où ils changèrent et le peuple voulut être admis à tous les emplois. Cette division ne doit s'entendre que des citoyens; car il y avait, à Athènes, trois sortes d'habitants : les citoyens, les étrangers et les serviteurs. Du temps de Cécrops, les premiers étaient au nombre de vingt et un mille. Du temps de Périclès, ils n'étaient plus que quatorze mille et du temps de Démétrius de Phalère ils étaient également vingt et un mille. Pour être citoyen d'Athènes, il fallait être né de père et de mère libres et athéniens. Quelquefois le peuple naturalisait les étrangers. Il fallait au moins avoir 6,000 voix. Dès l'âge de vingt ans, l'on prêtait le serment et l'on était inscrit dans le catalogue des citoyens. Voici la formule de ce serment : « Je ne déshonorerai « point la profession des armes et ne sauverai jamais ma « vie par une fuite honteuse. Je combattrai jusqu'au der« nier soupir pour les intérêts de la religion et de l'État « de concert avec les autres citoyens, et seul, s'il le faut. « Je ne mettrai jamais ma patrie dans un état pire que celui « où je l'ai trouvée, mais je ferai tous mes efforts pour la « rendre encore plus florissante. Je serai soumis aux « magistrats et aux lois et à tout ce qui sera réglé par le « commun consentement du peuple. Si quelqu'un viole ou « tâche d'anéantir les lois, je ne dissimulerai point un tel « attentat, mais je m'y opposerai, ou seul, ou conjointe-

(1) Cf. Rollin, III, 84. (*Ed.*)

« ment avec mes concitoyens. Enfin je demeurerai cons-
« tamment attaché à la religion de mes pères. Je prends
« sur tout ceci à témoin Agraule, Enyalius, Mars, Jupi-
« ter. »

Une tribu était divisée en *pagi*.

Les étrangers se mettaient sous la protection de quelque citoyen. Ils étaient sous la protection des lois et payaient un tribut de six livres par an. Du temps de Démétrius, les étrangers étaient au nombre de 10,000 et les serviteurs montaient à celui de 40,000. Ils étaient traités avec les plus grands égards. C'était le lieu de la terre où l'esclavage était le plus doux. La douceur naturelle des Athéniens est connue. Ils ordonnèrent par un décret qu'une bête de somme qui, après avoir été employée au travail du temple *Hécatonpédon*, avait été lâchée dans de bons pâturages, vint cependant se mettre à la tête des autres bêtes qui charriaient des matériaux à la citadelle comme pour les encourager, ils ordonnèrent, dis-je, qu'elle serait nourrie aux dépens du public toute sa vie.

Le peuple avait deux assemblées. Les unes ordinaires et les autres extraordinaires. Les jours des premières étaient fixes. Ceux des secondes étaient fixés par les prytanes. Quelques jours avant l'assemblée, l'on affichait des placards où était contenu le sujet que l'on devait traiter. Il y avait une peine contre ceux qui se rendaient trop tard et l'on donnait d'abord une obole, puis trois oboles [1] à ceux qui assistaient. L'assemblée commençait par des prières. Ensuite, le président proposait l'affaire et lisait ce qui avait été arrêté par le Sénat. Les orateurs alors montaient à la tribune pour haranguer le peuple. Ceux qui voulaient parler y allaient par rang d'âge. Le suffrage se donnait en levant les mains [2].

(1) L'obole valait le sixième d'une dragme. Trois oboles = 5 sols. (*Bon.*)

(2) Il y avait à Athènes une loi qui ordonnait que ceux qui avaient été estropiés à la guerre seraient nourris aux dépens du public. (*Bon.*)

Chaque tribu nommait cent sujets qui formaient le Sénat. Depuis qu'il y eut dix tribus, elles n'en nommèrent plus que cinquante. Ainsi le Sénat était composé de 500 sujets. Il fallait avoir trente ans pour y être admis et avoir de bonnes mœurs. Ils faisaient serment ensuite de ne donner que de bons conseils et de suivre les lois.

Chaque tribu présidait à son tour. Le sort décidait de ceux qui devaient commencer. Quand il était arrêté que telle tribu devait présider, on tirait au sort dans les cinquante et on en faisait sortir sept lesquels présidaient chacun son jour : opération qui se répétait tous les sept jours. Les clefs du trésor de la citadelle et le droit de convoquer le peuple appartenaient au président de semaine. Toute loi qui passait au Sénat n'avait force que pour un an à moins qu'elle ne fût confirmée par le peuple. Ce Sénat était par conséquent chargé de tous les détails de la puissance législative. Ce n'était qu'un conseil préparatoire : finances, guerre, paix, marine, lois, alliances, rendements de comptes, création des généraux, jugement de ses chefs, tout était du ressort du peuple.

Il y avait aussi une magistrature composée de neuf officiers annuels. L'archonte, qui était à la tête, donnait le nom à l'année. Le roi, qui était le second, présidait aux sacrifices. Le polémarque avait eu le droit de commander les armées, mais il paraît que, depuis, il n'eut plus que celui d'assister au conseil de guerre des dix généraux. Je crois aussi qu'il était chargé des armes de la ville et que, s'il avait fallu se défendre d'une surprise, il eût commandé l'armée. Ce n'est qu'une de mes conjectures. Ces magistrats étaient une espèce de conseil municipal. Je le crois chargé principalement de la police.

L'Aréopage était le tribunal qui rendait la justice criminelle et recevait l'appel des civils. Tout ce qui concernait les mœurs, la religion était de son ressort.

Rollin toujours superficiel n'explique pas le ressort des jugements ordinaires. Il y avait, dit-il, six mille juges.

Tous les citoyens étaient admis pourvu qu'ils eussent trente ans. Ils avaient trois oboles par jour.

Le revenu d'Athènes montait à six millions provenant du revenu des terres, mines et bois publics, les droits d'entrée et de sortie, les contributions que les alliés fournissaient pour les frais communs de la guerre qui étaient de 400 talents sous Aristide, de 600 sous Périclès, et finalement ils furent portés jusqu'à 1.300 talents, les taxes par tête dans les besoins de l'État, les taxes provenant des jugements, etc. XÉNOPHON

SUPPLÉMENT AU GOUVERNEMENT DE SPARTE

Les Éphores présidaient à l'élection des magistrats et leur faisaient rendre compte de leur administration. Leur pouvoir s'étendait jusque sur les personnes des rois et des princes qu'ils avaient droit de faire mettre en prison comme ils firent à l'égard de Pausanias. Ils ne se levaient jamais à l'arrivée des Rois.

Les décrets du Sénat n'avaient point de force s'ils n'étaient ratifiés par le peuple.

« Les Lacédémoniens, disait Démocrate, sont libres et indépendants de tout homme. Mais ils ont au-dessus d'eux la loi. Les lois sont plus fortes que les Rois. »

Les rois, à Sparte, n'étaient autre chose que des généraux absolument subordonnés

AMPHICTYONS

Les Amphictyons étaient l'assemblée confédérative de la Grèce. Amphictyon, roi d'Athènes, en était, dit-on, l'instituteur. Du temps de Thémistocle, il paraît qu'il n'y avait que trente et une villes qui y envoyassent des députés. Chaque ville envoyait deux députés sans distinction. Ils s'assemblaient deux fois par an à Delphes ou aux Thermopyles.

Les Amphictyons avaient le pouvoir de discuter et de juger les différends qui naissent entre les différentes villes et de les condamner à de grosses amendes. Les trois Guerres sacrées furent entreprises par leurs ordres. Avant d'être installés dans la compagnie, ils prêtaient un serment qui est remarquable : « Je jure de ne jamais renverser aucune des « villes honorées du droit d'amphictyonie, et de ne jamais « détourner les eaux courantes ni en temps de paix, ni en « temps de guerre : que, si quelque peuple venait à faire « une pareille entreprise, je m'engage à porter la guerre « en son pays, à raser ses villes, ses bourgs et ses villages « et à les traiter en toutes choses comme mon plus cruel « ennemi. De plus, s'il se trouvait un homme assez impie « pour oser dérober quelques-unes des riches offrandes « conservées à Delphes, dans le temple d'Apollon, ou pour « faciliter à quelque autre les moyens de commettre ce « crime, soit en lui prêtant aide pour cela, soit même en ne « faisant que le lui conseiller, j'emploierai mes pieds, mes « mains, ma voix, en un mot toutes mes forces pour tirer « vengeance de ce sacrilège. »

L'autorité des Amphictyons déchut du moment que Philippe y fut admis. Il y présidait par ses esclaves, comme dit énergiquement Démosthène.

NOTIONS MILITAIRES SUR LES GRECS[1]

Les armées à Sparte et à Athènes étaient composées de quatre sortes de troupes : citoyens, alliés, mercenaires, esclaves. Les citoyens de Lacédémone étaient de deux sortes : Spartiates, ou habitants de la ville et habitants de la campagne. Du temps de Démarate, il n'y avait que 8,000 Spartiates. Les alliés faisaient le grand nombre des troupes des deux républiques. Les mercenaires étaient des troupes étrangères soudoyées. Les Spartiates ne marchaient jamais

(1) Cf. Rollin, III, 217. (*Ed.*)

sans quelques Ilotes, autant apparemment pour les empêcher d'être en trop grand nombre pendant leur absence que pour en retirer quelques services. Un régiment était composé de quatre compagnies ; chaque compagnie était composée de 128 hommes et se divisait en quatre escouades. Ils étaient rangés sur quatre hommes de front. La cavalerie était rare, surtout chez les Athéniens, qui, du temps de la guerre des Perses, n'en eurent jamais que 300 et depuis jusqu'à 1,200. Les anciens n'avaient point d'étriers. Les Lacédémoniens avaient une meilleure cavalerie. THUCYDIDE.

Les vaisseaux ordinaires étaient avec trois, quatre, cinq rangs de rame Il y en avait jusqu'à quarante rangées de rames.

Marine des Grecs. — Les vaisseaux au siège de Troie étaient plats et sans pont. Les Corinthiens furent, à ce qu'on dit, les premiers qui construisirent des vaisseaux à trois rangs de rames.

Il n'y avait dans leurs vaisseaux que des gens libres, point d'esclaves. Le pilote était le second officier du navire. Il y avait environ 200 hommes par vaisseau. La paye des matelots n'était que de cinq sols ; quelquefois elle montait jusqu'à dix sols. La paye ordinaire des gens de pied était de trois oboles.

GRANDE GRÈCE[1]

Gouvernement. — Gélon, de la ville de Géla, s'empara de Syracuse[2] par le moyen de quelques bannis qui engagèrent la populace à leur en ouvrir les portes. Il battit les Carthaginois à Himère (479). Après la bataille, il remit à l'assemblée du peuple la liberté de lui conférer l'autorité souveraine ou de

(1) Cf. Rollin, II, 334 et suivants. (*Ed.*)

(2) Syracuse fut fondée par Archias le Corinthien (709). (*Bon.*)

le châtier. Il se rendit pour cela sur la place sans armes. Il régna avec beaucoup de sagesse pendant sept ans.

Hiéron, son frère, lui succéda et Thrasybule, son troisième frère, succéda à celui-ci (460), qui fut chassé par le peuple et se retira à Locres[1].

Crotone, bâtie par Myscellus, était fameuse par la longue vie de ses habitants et leur force. Sept Crotoniates furent couronnés aux mêmes jeux olympiques[2].

Sybaris, à dix lieues de la première, avait des mœurs très différentes[3]. Cette ville avait quatre peuples sous sa domination et plus de vingt-cinq villes. Elle pouvait mettre 300,000 hommes sur pied. Ils s'adonnèrent bientôt au luxe et à la volupté. Il y avait des récompenses publiques pour ceux qui donnaient les plus magnifiques repas et même pour les cuisiniers. Les métiers qui font du bruit furent prohibés dans la ville et les coqs chassés pour même cause.

En 520 à peu près, elle fut détruite par les Crotoniates qui rendirent la ville déserte.

Thursium, colonie d'Athènes (444), fut par la suite peuplée par les esclaves des habitants de Sybaris.

Lois de Charondas. — Charondas, disciple de Pythagore, fut élu pour donner des lois à la ville. Les citoyens furent divisés en dix classes à l'imitation d'Athènes, métropole.

Leur constitution politique m'est inconnue. Voilà quelques fragments de leurs lois.

Charondas donna exclusion du Sénat et de toute dignité

(1) La fontaine d'Aréthuse. Les prêtres disaient que le fleuve Alphée, d'Eulide, conduisait ses eaux à travers les flots de la mer jusqu'à Aréthuse. Le miel d'Hybla en Sicile était renommé.

Dénombrement des peuples qui habitent la Sicile : les Lestrygons, les Cyclopes ; les Sicaniens, venus d'Espagne, lui donnèrent le nom de Sicile, auparavant appelée Trinacrie. (*Bon.*)

(2) Le statère attique était une monnaie d'or du poids de deux dragmes.
Le mine attique valait 100 dragmes, et le dragme 10 sols de notre monnaie. (*Bon.*)

(3) Naxe fut fondée par les Chalcidiens. Une année après, Archias fonda Syracuse ; Bronte et Catane furent bâties par les habitants de Naxe. Agrigente et Zanclé ou Messine furent fondées par Anaxilas, tyran de Rhége. (*Bon.*)

publique à quiconque passerait à des secondes noces ayant des enfants du premier lit.

Les calomniateurs furent condamnés à être promenés couverts de bruyère par la ville.

Il confia les orphelins aux parents du côté de la mère et leurs biens à ceux du côté du père.

Les déserteurs et ceux qui fuyaient à l'armée étaient condamnés à paraître pendant trois jours dans la ville revêtus d'un habit de femme.

Tout citoyen qui voulait proposer des changements aux lois devait se présenter dans l'assemblée, une corde au cou, et, si le changement proposé ne passait pas, il devait être étranglé sur-le-champ. Dans la suite, il n'arriva que trois fois de proposer des changements qui furent acceptés.

Charondas s'immola de lui-même pour sceller ses lois par son sang. Comme il venait un jour de la chasse des voleurs, il trouva la ville en tumulte, il entra tout armé dans l'assemblée contre ses lois, et, comme on le lui reprocha, il se tua sur-le-champ.

Zeleucus, législateur des Locriens, disciple de Pythagore, a joui d'une grande réputation. Il ne nous reste d'autre trace de ses lois que son préambule. C'est lui qui, pour empêcher le luxe de corrompre les mœurs de ses habitants, défendit aux femmes de porter ni habits brodés, étoffes riches, pierreries, pendants d'oreilles, colliers, etc., et n'exceptant de cette loi que les femmes prostituées.

Lois de Minos (1284). — Minos, roi de Crète, régnait en 1284. La fable nous le représente comme fils de Jupiter.

Le gouvernement était républicain. Le peuple avait donc l'autorité législative. Un Sénat composé de trente membres était le premier corps intermédiaire. Les sénateurs étaient choisis dans certaines familles seulement. Cela n'est qu'une conjecture. Les Cosmes, au nombre de dix, étaient à Crète ce que les Rois étaient à Sparte. Ils étaient, ainsi que les

(1) Cf. Rollin, III, 74. (*Ed.*)

Rois, choisis dans certaines familles. Ils commandaient les armées, et leur magistrature était à vie, et ne rendaient compte à personne de leur administration.

Aucune résolution prise dans le Sénat n'avait force de loi sans le consentement du peuple.

Les enfants étaient nourris et élevés ensemble par bandes. Leur vie était dure et sobre. C'était une éducation militaire. Le public fournissait à la table des citoyens qui mangeaient tous ensemble, image de l'égalité et de la guerre. Une partie des revenus publics était destinée aux frais des repas. L'on inspirait aux jeunes gens un grand respect pour les maximes d'État.

Les Crétois faisaient cultiver leurs terres par des esclaves ou des mercenaires qui étaient tenus de leur payer tous les ans une certaine somme. On les appelait Porioia. Les fêtes de Mercure où des maîtres servaient les esclaves étaient en usage.

M. l'abbé Banier prouve dans une dissertation insérée dans les *Mémoires de l'Académie des Inscriptions* que le tribut de sept jeunes hommes et de sept jeunes filles que les Athéniens étaient obligés de payer à Crète, ne fut pas imposé par le grand Minos, mais par un second Minos qui régna après le premier.

TRAITS DIVERS DE L'HISTOIRE GRECQUE

Homère, 844. Hésiode. Archiloque. — (Paros, 7 4) Hipponax d'Éphèse poète satirique. Alcée. Simonide. Sapho. Anacréon. Thespis. Les sages de la Grèce sont : Thalès.

Thalès (547) est le premier qui ait fixé la durée de l'année solaire. Il remerciait les Dieux de trois choses : de ce qu'il était né créature raisonnable, homme et grec.

Chilon dit en mourant qu'il n'avait commis aucune faute pendant sa vie, que celle d'avoir usé de détours dans un jugement pour favoriser un ami, ce en quoi il ne savait s'il avait bien ou mal fait.

Périandre, tyran de Corinthe, demanda à Thrasybule, tyran de Milet, comment il devait se conduire. Il lui fit la même réponse qu'on attribue à Tarquin le superbe.

Hipponax, poète satirique, en fit une contre Bupalus, sculpteur, pour se venger, que celui-ci se pendit de désespoir. L'on dit que sa plume atrabilaire n'épargna même pas ceux auxquels il devait la vie.

Solon. Chilon. Pittacus. Bias. Cléobule. Périandre. Anacharsis. Esope.

Lors de la guerre des Argiens contre les Lacédémoniens, il y eut un combat de trois cents contre trois cents de chaque parti qui devait décider du sort des deux armées. Ils se firent tous tuer.

Hérodote historien. 484. Harmodius Miltiade. Aristide. Thémistocle. Léonide. Pausanias. Cimon. Périclès.

Il y eut deux grandes guerres de Messénie (743). La première dura vingt ans, et les Lacédémoniens en restèrent vainqueurs. Ils assiégèrent huit ans la petite ville d'Ithomé et comme ils avaient fait serment de ne pas retourner à Sparte que vainqueurs, ils craignirent que la ville ne dépérît dans leur absence. Aussi envoyèrent-ils tous les soldats qui étaient venus au camp depuis le serment et leur prostituèrent leurs femmes.

Marathon, 490. Thermopyles, 480. Artémise, 480. Salamine, 480. Platée, 479. Mycale, 479. Tanagre, 456.

La seconde guerre de Messénie dura quatorze ans. Aristomène, second du nom, commandait les Messéniens. Ils battirent souvent les Lacédémoniens, mais ils finirent par être vaincus. Ils se sauvèrent en partie en Sicile et fondèrent Messine.

Les Athéniens contre les Lacédémoniens Les premiers gagnèrent.

Pausanias occupait le trône de Sparte lorsqu'il fut condamné à mort par les Éphores pour avoir trahi la patrie et le vainqueur de Platée mourut accablé par les pierres que ses parents mêmes envers lui jetèrent.

Bataille de Eurymédon [ ] 450, 449. Cette année se fit la paix avec le Grand roi, après 51 ans de guerre.

Le temple de Minerve, appelé le Parthénon, coûta 3 millions de livres. Périclès qui le fit bâtir, ainsi que bien d'autres monuments également beaux et chers, prenait pour cela le fonds que les alliés avaient déposé à Delos, pour soutenir la guerre. Ces contributions montèrent à dix mille millions et à 1,400,000 livres par an. La statue de Pallas, si estimée, que fit Phidias, était d'ivoire et d'or, haute de vingt-six coudées, 39 pieds.

En s'emparant de la mer, les Athéniens prirent un [avantage] marqué sur toutes les villes de la Grèce. Soixante vaisseaux, du temps de Périclès, étaient équipés tous les ans pour exercer le peuple et former des matelots. L'imprudence des alliés qui préférèrent donner de l'argent plutôt que des hommes pour faire la guerre aux barbares acheva de mettre le comble à la grandeur d'Athènes. Elle établit des colonies dans la Chersonèse, à Naxe, à Andros, dans le pays des Bisaltes, en Thrace, en Italie... Les expéditions de Cimon, les courses de Périclès parcourant les mers de Grèce, en accordant des privilèges partout où il passait, en défendant et protégeant les Grecs contre les barbares, ses courses autour du Péloponèse, le respect dont il remplit les nations barbares pour une nation aussi puissante...

Les peuples ont deux voies de parvenir à une grande puissance : une grande égalité, frugalité, sagesse, un grand courage, des institutions constantes et des principes suivis avec vigueur et, par-dessus tout, un grand mépris pour les richesses : Rome, Sparte, Crotone, les Perses sont parvenus par cette voie.

Un commerce florissant soutenu avec intelligence, encouragé par une grande liberté, forme une bonne marine, accroît la population, enrichit les habitants, remplit le trésor public et offre des ressources intarissables. Alors, il faut que le but principal soit d'entretenir une grande activité dans la circulation. Les arts, les sciences, les monuments paraissent être plus particulièrement le ressort de ces gouvernements sans cependant qu'ils soient entrés dans les premiers : Tyr, Carthage, Athènes, Sybaris, Syracuse, etc., etc., etc.

L'expérience prouve assez constamment que lorsque les peuples de cette seconde classe ont eu affaire à ceux de la première, ils ont presque toujours été vaincus parce que la guerre ruine le commerce de ceux-ci, les consume insensiblement, au lieu que les autres s'aguerrissent, se fortifient et sont pour ainsi dire dans leur élément pourvu toutefois que la guerre ne soit pas sur leur territoire parce qu'il faut vivre et qu'ils n'ont d'autre ressource.

Lors de la guerre du Péloponèse il se trouva dans le trésor public que l'on avait transporté de l'or à Athènes 28 millions. L'or que l'on pouvait ôter de la statue de Minerve montait à 1.500,000 francs. Guerre du Péloponèse 431.

30.000 hommes de terre, 300 galères formaient les forces d'Athènes à cette époque.

Millon ceignait sa tête d'une corde et, en retenant son haleine fortement, il la rompait par l'accroissement que prenaient ses veines. Un jour qu'il écoutait Pythagore, la colonne qui soutenait le plafond vint à manquer. Millon vint à le soutenir tout seul, donna le temps aux disciples de se sauver. STRABON. ATHÉN.

Millon mangea un bœuf de quatre ans après l'avoir porté la longueur du stade. Vingt livres de viande, autant de pain, quinze pintes de vin étaient sa nourriture. PAUSANIAS.

431. — La guerre du Péloponèse dura vingt-sept ans, et commença par les hostilités des Thébains. La jalousie de tous les Grecs contre les Athéniens en était la véritable cause. La guerre de Corcyre contre Corinthe, le décret de Mégare, l'affaire de Platée en furent le prétexte.

Les Lacédémoniens et tout le Péloponèse, excepté Argos qui était neutre, les Achéens, les Mégariens, les Locriens, les Béotiens, les Phocéens, les Ambraciotes, les Leucadiens, les Anachoriens étaient ligués contre Athènes; Chio, Lesbos, Platée, les Messéniens, les Acarnaniens, les Corcyréens, les Céphaléniens, les Zacynthiens, et tous les peuples tributaires qui étaient très nombreux, mais ces alliés étaient la plupart impatients de la domination athénienne et n'étaient tenus en respect que par la flotte d'Athènes.

Plistonax, roi de Lacédémone, fut exilé. Démorate, roi de Lacédémone, fut chassé. C'est que les rois n'avaient point la faculté de faire la loi le moins [ ] et nous ne pouvons pas concevoir comment ils étaient, avec ce titre, si subordonnés. HIPPOCRATE

Cléon. Alcibiade. Nicias. Siège de Platée. Prise de Mitylène dans l'île de Lemnos. Démosthènes. Brasias. Archidamus. Prise de Pyle. Prise de Lacédémoniens enfermés dans la petite île de Sphactérie. Gylippe. Prise de Cythère. Combat d'Amphipolis et de Délie gagné par les Lacédémoniens. Expédition de Syracuse. Prise de l'Eubée. Combat d'Abyde et de Cyzique. Combat d'Ephèse. Lysandre. Combat des Arginuses (406). Callicratidas. Combat d'Ægos-Potamos. Conon.

Alcibiade avait un chien qui lui coûtait 3,500 livres.

Les Athéniens condamnèrent à mort Diagore l'Émilien qui enseignait l'athéisme. Protagore s'attira une pareille affaire pour avoir traité la chose de problématique.

Alcibiade, frugal à Sparte, joyeux et voluptueux en Ionie, actif en Thrace, passant la vie à cheval et à boire, magnifique avec Tissapherne, c'était un véritable caméléon.

Syracuse était perdue. Gylippe, lacédémonien, avec très peu de monde se jette dans la ville et fait changer de face aux affaires. Xantippe, général spartiate, eut le même succès à Carthage contre Régulus. Sa venue seule rendit la victoire aux Carthaginois.

L'expédition de Syracuse fut fatale à Athènes et est l'époque de sa ruine. Nicias, étant naturellement lent et tourmenté par une maladie, commit sans doute de grandes fautes. Peut-être, si Alcibiade eût commandé, que l'événement eût été différent.

L'escadre partant d'Athènes était de 136 galères. Eurymédon amena un secours de 10 galères ; Démosthènes amena 73 galères, ce qui fait en tout 219 galères qui périrent toutes ou furent prises par l'ennemi. 5,000 hommes pesamment armés parmi lesquels il y avait 2,500 citoyens d'Athènes étaient embarqués sur la première escadre. 5,000 étaient sur celle de Démosthènes. Quand Nicias prit le parti de se réfugier par terre, il avait 40,000 hommes, qui cependant n'étaient que les débris de son armée. Tous périrent ou furent faits prisonniers et ne retournèrent plus à Athènes. Cette expédition commença en 415 au combat des îles Arginuses. Les Lacédémoniens ne fournirent que dix galères sur 120 dont leur flotte était composée. Sur ces dix galères, neuf périrent dans l'action. Après ce combat, huit des dix généraux furent condamnés à mort pour avoir laissé les morts sans sépulture. Diomédon était de ce nombre.

A la bataille d'Ægos-Potamos, Lysandre prit trois mille Athéniens et les fit tous mourir par représailles.

La guerre du Péloponèse finit par la capitulation d'Athènes assiégée par Lysandre. Cette guerre avait duré vingt-sept ans.

Les Lacédémoniens alors avaient toute la principale prépondérance dans la Grèce. Ils déclarèrent la guerre au Grand Roi pour soutenir les villes d'Ionie. Agésilas battit en plusieurs rencontres les satrapes du Roi et porta la terreur jusqu'au cœur de l'empire, mais une conjuration des alliés, soutenus par les Athéniens et encouragés par les Perses, fit diversion à cette guerre.

Thrasybule, libérateur de la patrie.

Socrate.

Xénophon.

Cléarque.

Agésilas.

Les Éphores condamnèrent le père d'Agésilas, Archidamus, à une amende pour avoir épousé une petite femme, car, disaient-ils, elle ne nous donnera pas des rois, mais des roitelets.

Bataille d'Haliaste. Lysandre y est tué.

La dîme du butin qu'Agésilas avait fait en Asie montait à 100,000 écus.

Bataille de Cnidos.

Bataille de Coronée.

Paix d'Antalcide avec le Grand Roi, 887.

Socrate.

Les Grecs se firent sans doute plusieurs guerres entre eux : les Lacédémoniens contre les Messéniens, les Athéniens contre les habitants de Mégare, etc. Cependant la première guerre qui les distingua des autres peuples — je ne compte pas la guerre de Troie ni les événements des temps fabuleux — fut la guerre des Mèdes et, en général, celle contre le Grand Roi qui commença en 490 et finit en 449; la guerre du Péloponèse où la Grèce entière fut en guerre, les uns contre les autres, qui commença en 431 et finit en 404; la guerre des Lacédémoniens contre le Grand Roi qui commença en 399 et finit en 387 par la paix d'Antalcide; la guerre des Athéniens, Thébains, etc., contre les Lacédémoniens qui commença en 394 et finit en [ ].

Les Lacédémoniens avaient la principale prépondérance avant la guerre de Médie. Les Athéniens leur enlevèrent alors et la perdirent au temps de la guerre du Péloponèse. Les Lacédémoniens la perdirent à leur tour. Thèbes brilla un moment depuis.

Les Grecs qui suivirent Cyrus dans son expédition avaient une darique, 10 livres, par jour. Cyrus les augmenta en chemin et leur donna deux dariques. Les capitaines en avaient deux et les colonels quatre.

COUTUMES. — MŒURS GRECQUES

Religion. Fêtes Panathénées. — L'on célébrait à Athènes en honneur de Minerve une fête appelée Panathénée. Les grandes Panathénées se célébraient tous les quatre ans ; les petites tous les ans. L'on représentait dans ces fêtes trois sortes de combats : la course, les gymniques, ceux de musique. L'on comprend dans ces derniers les combats de poésie. Dix commissaires choisis des dix tribus présidaient à ces combats. La fête durait plusieurs jours. Le premier prix était pour celui qui arrivait sans laisser éteindre le cierge.

Le sujet du prix de la musique était l'éloge d'Harmodius et d'Aristogiton. Dans la suite l'on y joignit celui de Thrasybule. Eschyle mourut de regret d'avoir vu la palme adjugée à Sophocle. Plusieurs vierges portaient des choses sacrées et étaient suivies par les vierges étrangères qui portaient des sièges et des parasols.

Fêtes de Bacchus. — Il y avait deux fêtes, les grandes et les petites : les petites se célébraient au printemps, le grandes à l'automne.

Les initiés se couvraient de peaux de bêtes, de lierre, de vignes, couraient la ville avec des cors, des tymbales, poussant des hurlements... C'était à ces fêtes que l'on jouait des tragédies, que l'on jugeait de leur mérite.

Fête d'Eleusis.....

XVI[1]

OBSERVATIONS DIVERSES

Mesure de la célèbre pyramide d'Égypte. CHAPELLES.

Côté de la base qui est carrée	110 toises
Surface	12.400 —
Hauteur perpendiculaire	77 ½ —
Solidité	313.590 t.t.t.

L'on voit encore aujourd'hui au milieu de la plus grande un sépulcre vide de trois pieds sur six. STRABON.

Cent mille hommes travaillaient à cet ouvrage et étaient relevés de trois mois en trois mois... Dix années furent employées à couper les pierres et les transporter et vingt ans à la construire. L'on ignore les noms des rois qui l'ont fait bâtir; ils n'ont pu jouir de leur sépulture. La haine publique que l'on leur portait les obligea de se faire inhumer dans des lieux inconnus afin de dérober leur corps à la vengeance publique. Quel cas doit-on faire d'un peuple qui souffrait une tyrannie pareille? DIODORE DE SICILE.

Le Labyrinthe. — 1,500 chambres s'arrangeaient autour de 12 salles et autant sous terre. Cet immense édifice était destiné à la nourriture des crocodiles. HÉRODOTE.

(1) *Inédit. Fonds Libri.* Manuscrit de 18 pages in-folio. Ces observations sont tirées de Rollin, tomes I et II, *passim*. Nous suivons l'édition de 1817, en 18 volumes in-8°. Les références en marge sont de Bonaparte. (*Ed.*)

Hérodote. Diodore de Sicile. Pline. Pomponius Méla.

Lac de Mœris. — 180 lieues de tour, 300 pieds de profondeur, selon les auteurs mentionnés à la marge formaient les dimensions du lac : sept à huit lieues, dimension confirmée par les relations modernes. Un canal de quatre lieues et de cinquante pieds de large le joignait au Nil.

1 Coudée = 1 pied 1/2.

Le débordement du Nil s'élève à 24 pieds. Plus, il y a danger; moins de 18, il y a famine.

Hérodote. Strabon. Pline. Diodore.

Le canal qui joignait les deux mers fut commencé, selon les uns par Sésostris, et, selon d'autres, par Psamméticus. L'on dit que plus de 120,000 Egyptiens périrent dans cette entreprise. Continué par Néchao qui l'abandonna ainsi que Darius Ier, il fut terminé par Ptolémée. Ce canal avait 25 toises de large et plus de 50 lieues de longueur. Il commençait près du Delta et il n'en reste plus que des vestiges très légers.

Egypte. *Leurs rois.* Menès, 2188 av. J.-C. Busiris bâtit Thèbes. Osymandias. Achoreus bâtit Memphis. Mœris, 2084. Thethmosis. Ramessès-Miamun. Aménophis, 1491. Sésostris, 1491. Phéron, 1457. Protée, 1204. Rhampsinit. Chéops. Chéphren. Mycerinus. Asychis. Pharaon, 1013. Sésac. Zara, 941. Anysis. Sabacus. Séthon, 719.

GOUVERNEMENT. — Il est difficile de pouvoir concevoir une idée nette de la distribution des pouvoirs par les notions qui nous restent de la législation égyptienne.

Il y avait un roi qui héréditait par la loi du sang. De quelle autorité jouissait-il? L'on n'entend parler d'aucun corps intermédiaire. Il fallait donc qu'il unît les trois pouvoirs. Trente sujets dont il faisait choix étaient chargés de la justice civile et criminelle.

Le mobile, le principe du gouvernement paraît avoir été la religion. Le législateur avait, dans des codes sacrés, réglé toutes les différentes classes de citoyens. Tout était prévu jusqu'au régime de vie que devait mener le souverain, la frugalité de sa table, la distribution des heures de sa journée, les officiers qui devaient l'environner, etc. Les laboureurs, les pasteurs, les militaires formaient autant d'ordres différents et chacun héréditait du métier de son père, voyait sa carrière bornée à l'ambition. Toutes ces classes se regardaient égales entre elles. Quelle distance immense n'y avait-il pas entre le souverain et ses sujets? Quel corps pouvait donc le reprocher? Et quelle puissance ne doit pas avoir ce corps? Les prêtres conduisaient la machine et l'on n'en était pas mieux gouverné. Ce peuple paraît avoir eu en général plus de sentiment que de raison. Les inondations du Nil frappaient son esprit de terreur et de joie. Les inondations du Nil produisant à la terre une grande fertilité les mettaient dans le cas de travailler peu pour obtenir leur nourriture. C'est la raison, je crois, de tous les grands travaux que leurs rois leur faisaient faire. Un peuple spirituel, contemplatif et oisif, ne devait pas être longtemps dans les chaînes de la superstition et de l'esclavage. Leur grand respect pour les vieillards était une suite de l'estime qu'ils faisaient de la loi de mort. Aussi inhumaient-ils magnifiquement les défunts et les monuments d'Égypte sont encore célèbres. Il n'y avait point de noblesse et les principes d'honneur qui semblent être le soutien de la monarchie et être sa barrière contre le despotisme n'existaient [pas], mais un corps nombreux, instruit et, à bien des égards respectable, de prêtres se regardant comme vicaires de dieux dont il enseignait les dogmes, avait été choisi par le législateur pour tenir le dépôt des lois.

Tharaca. Les 12 Rois, 685. Psammétique, 670. Néchao, 616. Psammis. Apriès, 594. Amasis, 563. Psamménit, 525.

Les Egyptiens soumis par les Athéniens se révoltèrent contre Artaxerce, 459. Leur révolte dura six ans au bout duquel temps ils se soumirent. La première révolte des Egyptiens ne fut jamais bien étouffée et les principaux fauteurs ou leurs descendants étaient toujours restés cachés dans les marais; en 414, Amyrtée Saïte parvint à chasser les Perses, fut couronné roi. Son règne fut de six ans.

Je ne vois dans les historiens aucun détail sur l'espèce d'impôt que percevait le souverain, sur la manière de le lever et de le répandre sur l'État. Ils n'entrent dans aucun détail sur la manière dont le souverain se servait pour faire connaître sa volonté à ses sujets.

Les obstacles que ces peuples avaient eus à vaincre, les précautions continuelles qu'il fallait qu'ils prissent contre les eaux, la sérénité du ciel, les rendirent sociables et leur firent mettre en grande vénération la reconnaissance.

Leur oisiveté et leur ciel fit naître l'astronomie, la nécessité fit inventer la géométrie.

Le mariage de la sœur et du frère était permis et la polygamie en usage.

Leurs lois criminelles étaient de sang. Le parjure, la calomnie, la poltronnerie, les fausses dépositions étaient tous également punis de mort. Cela ne cadre pas avec la

Pausiris son fils lui succéda, mais il se reconnut vassal des Perses et par ce moyen obtint la confirmation de sa couronne.

douceur de leurs mœurs, mais bien avec leurs mœurs religieuses et leurs idées de superstition.

L'on ne pouvait emprunter qu'en engageant le corps de son père et qui mourait insolvable était privé des honneurs de la sépulture. Il y avait un tribunal assez original pour juger les hommes après leur mort. Si on les jugeait bons, on leur accordait la sépulture, sans quoi l'on notait leur mémoire d'infamie.

RELIGION.

Ils avaient aussi deux divinités principales : Isis et Osiris que l'on croit être le soleil et la lune.

La métempsycose était le système religieux cru en Egypte. Les crocodiles, les chiens, chats, mais surtout le bœuf Apis étaient les symboles sous lesquels ils célébraient leur reconnaissance pour la nature. Il faut croire que, dans l'origine, ce n'était pas autre chose, mais, depuis, l'ambition des prêtres, l'amour du merveilleux du peuple leur a fait adorer comme Dieu même ce qui n'était que son symbole.

Quatre cent mille soldats à qui l'on fournissait 5 livres de pain, 2 livres de viande, une pinte de vin par jour et un demi-arpent de terre étaient la défense de l'État.

Les anciens ont écrit d'abord sur des feuilles de palmier, depuis sur des écorces d'arbres, et finalement sur des tablettes enduites de cire. L'usage du papier, plante qui croissait en Égypte, a été introduit fort tard. Cette plante pousse des tiges triangulaires de 9 à 10 pieds.

C'est à Alexandrie, bâtie par Alexandre sur le Nil, que se faisait le commerce de l'Orient. L'on déchargeait les marchandises à Portus-Muris, sur la côte occidentale de la mer Rouge. On les conduisait jusqu'à Copht sur des chameaux où on les embarquait sur le Nil jusqu'à Alexandrie.

Salomon faisait ce commerce par la voie des ports qu'il avait sur la mer Rouge. David, subjuguant l'Idumée, se trouvant maître d'Elath et d'Asiongaber, envoyait des flottes sur Ophir et Tarsis qui retournaient chargées de marchandises précieuses.

Ce commerce passa dans les mains des Rois de Syrie qui reconquirent l'Idumée et, depuis, dans les mains des

Tyriens. Ils faisaient venir par Rhinocolure leurs marchandises à Tyr.

C'est sous les Ptolémées que ce commerce vint enrichir l'Égypte. Ils firent bâtir Bérénice sur la mer Rouge. Ainsi, le commerce de la Perse, de l'Inde, de l'Arabie s'est fait pendant plusieurs siècles par la voie de la mer Rouge et du Nil. Le passage par le cap de Bonne-Espérance que les Portugais ont découvert a fait négliger absolument l'ancienne voie. Les Égyptiens avaient des manufactures de toiles très célèbres qui, jointes aux exportations de leurs grains, devaient leur faire un commerce fort avantageux.

L'on peut diviser l'histoire égyptienne en trois époques principales :

La première commence à l'établissement de la monarchie fondée par Menès en 1816 du monde jusqu'à sa destruction par Cambyse, en 3479 et comprend 1,663 années. La seconde s'étend jusqu'à la mort d'Alexandre en 368 et comprend 202 ans. La troisième date depuis le nouveau royaume fondé par les Lagides jusqu'à la mort de Cléopâtre en 3974 et comprend l'espace de 293 ans.

Sous le nom de Jupiter Ammon, les Égyptiens adoraient Cham, fils de Noé.

Diodore remarque qu'il y avait une ancienne tradition, transmise de père en fils, que la mer Rouge, par un reflux, se fût séchée au point que l'on en voyait le fond, mais que bientôt après les eaux avaient repris leur ancienne place.

Sésostris soumit l'Asie entière et arriva aux Indes par terre et par mer. 1491 av. J.-C.

Un débordement du Nil monta jusqu'à 29 pieds. Phéron, roi, indigné lança un javelot contre le fleuve et en fut puni par la perte de la vue. Hérod. Diodore.

Chéops et Chéphren, princes cruels, régnèrent longtemps, Mycerinus, fils du premier prince, juste, ne régna que sept ans. Séthon, roi et prêtre de Vulcain, par la protection de son Dieu fit détruire l'armée de Sennachérib, roi, Hérod.

accablée par une multitude effroyable de rats. Il fit élever une statue à Vulcain avec un rat et cette inscription : Qu'en me voyant, l'on apprenne à respecter les Dieux.

616. Sous Néchao, d'habiles mariniers phéniciens doublèrent le cap de Bonne-Espérance après trois ans de navigation.

Virginité de J... sic)[1]. Les prêtres à Cochin, à Calicut, jouissent du droit de posséder les premiers les vierges. Ces peuples croient en faire le sacrifice à leurs idoles. Les habitants des îles Canaries, du royaume du Congo, font les mêmes sacrifices à leurs seigneurs. Dans plusieurs parties de la Perse, de la Turquie, de l'Asie, de l'Afrique, les grands seigneurs se trouvent trop honorés de [recevoir] de la main de leur maître les femmes dont il s'est dégoûté.

Au royaume [d'Aracan] et aux îles Philippines, un homme se croirait déshonoré s'il épousait une fille qui n'eût pas été déflorée par un autre et ce n'est qu'à prix d'argent que l'on peut engager quelqu'un à prévenir l'époux. Dans la province de Thibet, les mères prient les étrangers de mettre leurs filles en effet d'être mariées.

A Madagascar, les filles les plus débauchées et les plus libertines sont plus tôt mariées.

Les Lapons estiment celles qui ont eu commerce avec les étrangers et les préfèrent.

CARTHAGE

Didon bâtit Carthage, 846 av. J.-C.

Expédition de Gélon, 319.

Première guerre punique 280 jusqu'à 241

Guerre de Libye.

Gouvernement. — Le mépris que les Carthaginois ont toujours affecté pour les lettres fait que nous n'avons d'autre notion de leur gouvernement que ce qu'en dit Aristote très succinctement et ce qu'on peut interpréter de différents passages des auteurs romains. Leurs guerres, les différentes branches de leur commerce sont connues et les détails

(1) J'ignore d'où ces notes sont tirées. Bien que se trouvant en suite des *Observations diverses* elles doivent vraisemblablement faire suite aux observations contenues dans le Manuscrit XXVI. (*Ed.*)

de leur administration, c'est-à-dire la partie la plus intéressante et la plus instructive, est presque ignorée.

Y avait-il des patriciens ou une noblesse héréditaire ? Composaient-ils le Sénat par loi du sang ? par le choix seul du peuple rendu sénat même ? Voilà ce qu'il nous est impossible de pénétrer. Il y avait un Sénat et il était très nombreux. Il y avait une magistrature annuelle composée de deux sujets, nommés Suffètes, présidents nés du Sénat et des assemblées du peuple. A leur sortie de magistrature, on les nommait prêteurs, charge qui, entre plusieurs droits, leur donnait celui de faire rendre compte aux financiers de leurs manœuvres.

Seconde guerre punique, 217 jusqu'à 200.

Troisième guerre punique, 149 av. J.-C.

145, destruction de Carthage par Scipion, l'an du monde 3859, 701 après sa fondation.

Le peuple, occupé de son commerce, se reposa sur le Sénat des soins du gouvernement, se réservant probablement le pouvoir législatif. Quand il n'y avait pas d'unanimité dans les sénateurs, le peuple alors était assemblé. Sur les derniers temps cependant, il paraît qu'il passa à l'excès contraire et voulait tout faire par lui-même.

Alarmés de l'autorité excessive dont jouissaient les généraux, les Carthaginois créèrent cent quatre sénateurs pour leur faire rendre compte de leur conduite au retour de leurs expéditions. Sur ces cent quatre, il y en avait cinq qui réunissaient une autorité supérieure. L'on dit que ceux-ci avaient le droit de nommer aux charges vacantes, ce qui n'a probablement pas duré longtemps.

Religion. — La religion carthaginoise était sanguinaire. Ils sacrifiaient à leurs idoles des créatures humaines. Ils adoraient la lune sous le nom de Uranie, et Saturne sous celui de Moloch. C'est à cette dernière qu'ils immolaient les enfants des principaux de la ville, soit en les jetant dans des brasiers, soit en les enfermant dans une statue d'airain enflammée. Il fallait que les mères assistassent à ces sacrifices sans donner aucune marque de faiblesse, sans quoi le sacrifice était moins agréable aux Dieux.

Polybe.

Durant le combat qu'Amilcar soutint en Sicile, il ne se

contenta pas d'immoler des hommes jusqu'à la fin du combat, où il se jeta lui-même dans le brasier qu'il avait fait allumer.

Lors de l'expédition d'Agathocle, ils immolèrent 200 enfants des meilleures maisons et plus de 300 [citoyens] qui se sentirent la force de se présenter volontairement. Les Carthaginois ont donc poussé la superstition jusqu'à l'extrême. Les peuples marins et commerçants sont disposés au merveilleux, sentent à chaque moment leur dépendance et sont toujours sur le point d'être engloutis sous les flots, ce qui leur donne une grande vénération pour des chimères qu'ils croient pouvoir les soutenir. L'homme aime à espérer, à avoir un appui où il sent sa faiblesse.

Commerce. — Le commerce que faisaient les Carthaginois était un commerce d'économie. Ils étaient les facteurs universels, prenaient en Egypte les lins, le blé, le papier, les cordages, les épiceries, l'encens, les aromates, les parfums des côtes de la mer Rouge ; la pourpre, l'écarlate, les riches étoffes et les ouvrages de main de Tyr ; le fer, Strabon. l'étain, le plomb, le cuivre des côtes occidentales ; les mines d'or et d'argent qu'ils exploitaient en Espagne leur fournissaient abondamment de ces métaux. Ainsi ils s'enrichissaient aux dépens du monde entier. Les mines situées près de Carthagène occupaient 40.000 hommes et produisaient aux Romains douze mille cinq cents livres par jour (12.500 livres), ce qui fait 4.562.500 livres par an du temps de Strabon.

Administration. — La République de Carthage n'avait qu'un très petit corps de troupes nationales où se prenaient les généraux et autres officiers. Leurs armées étaient composées de mercenaires : la Numidie leur fournissait une cavalerie légère et hardie, les îles Baléares les plus adroits frondeurs de l'univers, l'Espagne une infanterie ferme, la Gaule et la Ligurie des troupes d'une valeur reconnue et la

Grèce même lui fournissait des soldats exercés dans toute sorte de guerre.

Sa puissance ne se bornait pas au seul territoire de Carthage : presque toute l'Afrique, c'est-à-dire depuis l'Egypte jusqu'à l'Océan lui était soumise, soit à titre d'alliée, de tributaire ou de colonie : une grande partie de la Sicile, la Corse, la Sardaigne, une grande partie de l'Espagne étaient immédiatement sous sa puissance. Leur gouvernement était dûr, tyrannique. C'était [ ] des négociants qui ne gouvernaient que pour s'enrichir ; c'est à peu près le même régime de gouvernement que la Compagnie des Indes d'Angleterre exerce sur le Bengale.

Notice sur Annibal. — La seule raison qui fit succomber Annibal et mit fin à ses brillants succès en Italie fut le défaut de recrues. Il partit de Carthagène avec 100.000 hommes et 40 éléphants. Arrivé aux Pyrénées, il laissa Hannon avec 15.000 hommes et en renvoya autant chez eux de sorte que, passé les monts, il n'avait que 50.000 hommes et 9.000 chevaux. Il avait 400 lieues de pays à traverser pour arriver en Italie. Il avait plusieurs nations ennemies en Espagne à subjuguer, les Pyrénées à passer, le Rhône à traverser, les Alpes à franchir. Il fit tout cela dans l'espace de cinq mois et demi. Il fut quinze jours à passer les Alpes et arriva sur les rives du Pô dans le mois de septembre. Son armée était réduite à cette époque à 20.000 fantassins et 6.000 chevaux. A la bataille de Cannes, Annibal avait 40.000 hommes et 10.000 chevaux, parmi lesquels une partie était gauloise ; il eut 4.000 de ceux-ci de tués, 1.500 de ses anciennes troupes et 200 chevaux, tandis que les Romains qui avaient 86.000 hommes en perdirent plus 70.000 et plus de 10.000 prisonniers. Comment donc, avec 26.000 [hommes] qu'il pouvait rester à Annibal en état de marcher, pouvait-il espérer de prendre Rome ? Cependant, avec une armée si inférieure, il se soutint quatorze ans contre toutes les forces romaines et il avait toujours en tête deux armées qui

L'on dit Annibal avoir saccagé 400 villes, fait périr trois cent mille (hommes).

Vingt stades font une lieue, c'est-à-dire 120 toises. Et selon d'autres seulement 104 toises.

se succédaient tous les ans. Il ne reçut jamais rien : ni argent, ni éléphans, ni hommes, de Carthage. Il mourut exilé de sa patrie, trahi par le roi Prusias auquel il avait rendu les plus grands services en lui faisant remporter des victoires contre ses ennemis. Ce Prusias, roi de Bithynie, le voulant livrer à Flaminius, personnage consulaire, que les Romains avaient député, Annibal, âgé de soixante-dix ans, périt du poison dans l'an 182 avant J.-C.

Remarques diverses. — La seule ville de Leptis, du territoire de Syrte, payait aux Carthaginois 3.000 livres tous les jours de tribut, ce qui faisait 1.095.000 livres tournois.

Les députés carthaginois représentaient à Rome que Massinissa, outre les terres qu'il avait usurpées les années précédentes, s'était emparé de plus de 70 places ou châteaux forts.

Pour connaître l'état des choses lorsqu'elles étaient éloignées de Rome, le Sénat ne se contentait pas d'en demander des nouvelles au chef qui en était chargé, mais y envoyait des députés s'en informer par leurs yeux. Ainsi pour connaître l'état du siège de Carthage, il y envoya des commissaires.

Le médecin de Pyrrhus proposa de l'empoisonner. Pyrrhus faisait la guerre presque aux portes de Rome et avait déjà emporté plusieurs avantages. Annibal était âgé de soixante-dix ans. Les mêmes Romains qui avertirent Pyrrhus de la trahison de son médecin, le poursuivirent partout, le firent proscrire de Carthage, enfin obligèrent Prusias de trahir les lois de l'hospitalité et de la reconnaissance et de leur livrer Annibal.

Que de bassesses ne découvre-t-on pas dans la conduite des Romains lors de la troisième guerre punique ? Ils se plaignent. Le Sénat de Carthage exile les généraux qui avaient donné lieu aux plaintes de Rome. Ils envoient demander ce qu'il faut faire pour les apaiser. Ils font plus :

ils se jettent dans les bras du Sénat et se déclarent prêts à exécuter leur volonté : on leur promet de vivre selon leurs lois, de leur conserver enfin le droit de citoyens et de cité. L'on demande des otages : Les Carthaginois les envoient. Ils demandent toutes les armes : elles sont envoyées dans le camp romain et, après leur dépôt, il (Censorinus) déclare que le peuple romain a promis de leur conserver leur droit de souveraineté, mais non pas leur ville et leur ordonne de l'évacuer, ou qu'elle est destinée à être brûlée. Le désespoir de ces pauvres habitants est facile à se peindre.

Carthage, lors de sa destruction, contenait 700.000 habitants.

Gracque, tribu du peuple, établit une colonie à Carthage de 6.000 hommes. Jules César la rebâtit et en fit la capitale de l'Afrique. Elle dura dans cet état encore sept cents ans, à laquelle époque les Sarrasins la détruisirent entièrement.

ASSYRIE

Notes diverses. — Nemrod fut un grand chasseur. Par ce moyen, il s'attirait l'affection des peuples en les délivrant de la crainte et de l'attaque des bêtes féroces. Il s'attacha aussi par cette voie beaucoup de jeunes gens, les endurcit au travail et les accoutuma à lui obéir. Tel fut le ressort dont se servit le premier homme pour subjuguer ses semblables. Les conquêtes de ce Nemrod paraissent incroyables. Il se trouva maître de la Mésopotamie, de l'Assyrie et du pays d'Assur. Il fit bâtir Babylone et Ninive qu'il appela ainsi à cause du nom de son fils Ninus. Après sa mort, soit par reconnaissance, soit par politique, ce Ninus, son fils, le fit reconnaître comme dieu et lui dressa des autels et des temples.

Nemrod fonde cet empire 2204 av. J.-C. Genèse, ch. iv. Ninus. Sémiramis. Ninyas. Trente générations se suivirent sans que nous ayons aucune notion de leur histoire. Phul, 771. Sardanapale, 747. Destruction du premier empire d'Assyrie.

Ninus conquit tous les pays depuis l'Egypte jusqu'à l'Indus. Au temps de Ninus, Ninive avait vingt-quatre lieues de tour, sept de long, quatre et demi de large, les murs cent pieds de haut et d'une largeur incroyable.

HÉROD. DIOD. Q. CURT.

Du temps de Sémiramis, Babylone avait également vingt-quatre lieues de circuit, 6 sur 6, des murailles de douze toises sur cinquante de haut, cent portes d'airain massif. Les quais, les ponts, le lac qui avait vingt et une lieues de long sur autant de large et vingt et un pieds de profondeur, le palais qui avait trois lieues de tour, les jardins suspendus, le temple de Bel, ses richesses immenses, cette statue qui pesait trois à quatre millions et qui avait quarante pieds de haut; les autres richesses qui équivalaient à 220.000.000 livres, c'est-à-dire 6.300 talents d'or babyloniens et qui pour la plupart étaient faits du temps de Sémiramis, me paraissent sinon absolument fabuleux, du moins extrêmement exagérés.

Le talent babylonien vaut 7000 dragmes attiques. Le talent attique n'en vaut que 6000. Le myriade vaut 10.000. Le talent d'or vaut dix talents d'argent. Le talent d'argent attique valait 1000 dragmes grecs. Le darique valait 10 l.

Le temple de Jupiter Ammon était donc bien ancien, puisque Sémiramis le consulta.

Deux millions d'hommes travaillèrent à la construction de Babylone. L'année de la guerre de Ninus contre les Bactriens, ce prince avait 1.700.000 hommes, 200.000 chevaux, 60.000 chariots. Les Arabes avaient un roi très puissant. Les Indiens en avaient un qui battit Sémiramis. Les Bactriens devaient avoir des troupes nombreuses. Sémiramis avait une armée de 3.000.000 (d'hommes). Les Assyriens adorèrent Sémiramis sous la figure d'une colombe.

Athénée dit que le trésor de Sardanapale consistait en mille myriades de talents d'or, ce qui fait 300.000.000.000 livres et en 300.000.000.000 de livres en argent.

Nous sommes si ignorants sur le gouvernement des empereurs d'Assyrie que nous ne connaissons pas s'il y avait ou non un corps intermédiaire.

Des débris de ce vaste empire se formèrent trois grands royaumes : celui des Mèdes qu'Arbace, le principal chef de la conjuration, rétablit dans leur liberté ; celui des Assyriens de Babylone qui fut donné à Bélésis qui en était gouverneur, et celui des Assyriens de Ninive, dont le premier roi se fit appeler Ninus le jeune.

C'est sous Salmanazar, roi des Assyriens de Ninive, que commença la première captivité des Juifs de Samarie. Tobie vécut à cette époque.

L'Ange exterminateur fit périr 180,000 hommes dans une nuit à Sennachérib.

Nabopolassar, babylonien, général des armées de Saracus, s'étant révolté, s'allia avec le roi de Médie et détruisit la fameuse ville de Ninive.

Première captivité des Juifs à Babylone sous le règne de Nabuchodonosor II. Daniel était du nombre.

Le royaume d'Assyrie comprenait, à l'époque de Nabuchodonosor II, la Chaldée, l'Assyrie, l'Arabie, la Syrie, la Palestine.

Ananias, Misaël, Azarias, noms de trois jeunes Israélites qui résistèrent à la fournaise ardente. C'est Nabuchodonosor II qui fut changé en bœuf.

La Médie, après la mort d'Arsace, tomba dans l'anarchie. — Composés de villages épars sans liaison entre eux, ils sentirent bientôt le besoin d'un gouvernement.

Déjocle, fils de Phaorte, assez ambitieux pour désirer l'autorité suprême, mais non assez généreux pour contribuer plutôt au rétablissement de la République, devint bientôt, par sa justice et son intégrité, le médiateur des querelles qui naissaient dans son village et bientôt après de presque tout l'empire. Son activité avait un peu remédié aux maux qui affligeaient pour lors cette infortunée contrée, lorsque, prétextant ses affaires domestiques, il refusa de se mêler des différends qu'il était accoutumé à décider. Le trouble augmenta alors et les Mèdes assemblés reconnurent pour roi celui qui s'en était déjà montré si digne. Il fit bâtir Ecbatane, et obligea les Mèdes à y demeurer, s'entoura de gardes, se rendit invisible.

Sous le règne de Cyaxare, les Scythes firent une irruption

EMPIRE DES ASSYRIENS DE BABYLONE.
Bélésis 747.
Mérodach Baladan.
Ses successeurs sont inconnus.
Asarhaddon, 692.
A cette époque, ce royaume se confond avec celui de Ninive.

EMPIRE DES ASSYRIENS DE NINIVE.
Téglathphalasar qui se fit appeler Ninus le jeune, 747.
Salmanasar, 728.
Sennachérib, 717.
Asarhaddon, 710.
Nabuchodonosor Ier, 679.
Saracus, 648.
Nabopolassar, 626.
Nabuchodonosor II.
Evilmerodac, 565.
Nériglissor, 560.
Laborosoarchod.
Labynit ou Baltasar 538.
Destruction de l'empire d'Assyrie.

ROYAUME DES MÈDES.
Déjoce, 710.
Phaorte, 657.
Cyaxare I, 635.

Astyage, 595, Cyaxare II.

dans l'Asie et tinrent pendant vingt-huit ans l'empire des Mèdes, la Cappadoce, le Pont, la Colchide, l'Ibérie. Les Mèdes s'en défirent en les massacrant dans un festin.

L'empire des Mèdes fut enrichi sous le règne du même prince des dépouilles de Ninive et augmenté d'une partie des provinces qui formaient l'empire des Assyriens de Ninive.

Royaume de Lydie. Atyades fondateur Argon fut le 3e des Héraclides. 1223. Candaule fut le dernier. Gygès. Aridys, 680. Sadyatte, 633. Alyatte, 619. Crésus, 562.

Candaule, roi de Lydie, fut détrôné par Gygès. C'est le même qui est le sujet de la fable si connue de la bague racontée par Platon.

Le roi d'Arménie, que Cyrus vainquit, avait 9 000 000 de livres en trésor, dont une partie il avait hérédité de son père. C'était l'usage des princes d'avoir toujours des trésors bien fournis.

Le roi des Indes envoya des ambassadeurs pour s'informer du sujet de la guerre qui divisait les Babyloniens et les Mèdes, afin qu'il pût se déclarer pour ceux qui auraient la justice de leur côté.

Astyage avait les yeux peints, le visage fardé. Les anciens, pour relever la beauté du visage, formaient les sourcils en arcs parfaits et les teignaient en noir ainsi que les paupières. Ils y mettaient une drogue qui, en retroussant les paupières, faisait paraître les yeux plus grands. Les Hébreux se servaient également de cet artifice.

Gobryas vint demander vengeance à Cyrus. Le roi de Babylone, qui en connaissait tout le mérite, avait résolu de marier sa fille avec son fils. Dans une partie de chasse où ce jeune seigneur avait été invité, ayant percé de son dard une bête sauvage que le fils du Roi avait manquée, celui-ci, de dépit, le perça lui-même et le jeta mort d'un coup de lance.

A Thymbrée, Cyrus avait 180.000 [hommes]. Il avait un très grand nombre de chameaux montés chacun par deux Arabes adossés, en sorte que l'un regardait la tête et l'autre la croupe. L'armée de Crésus montait à 420.000 (hommes).

Empire des Perses.

Le grand empire de Perse commença en 536 et Cyrus en

fut le premier empereur. Ce vaste empire était borné à l'orient par l'Inde, au nord par la mer Caspienne et le Pont-Euxin, au couchant par la mer Egée, au midi par l'Ethiopie et la mer d'Arabie. C'est à peu près les mêmes bornes qu'avait l'entier empire d'Assyrie. Ainsi, cette contrée, après avoir été 1457 ans sous la domination des descendants de Nemrod, fut divisée, après Sardanapale, en trois royaumes et, après 212 ans de durée, ces trois royaumes furent unis en un seul empire.

Cyrus, 536. Cambyse, 540. Smerdis le Mage, 512, assassiné par les conjurés.

Cambyse, ayant échoué dans son entreprise contre les Ethiopiens, de retour en Egypte, fut outré de trouver tout le monde en fête, et ayant su que c'était parce qu'ils avaient trouvé leur dieu Apis, il le fit venir et le blessa d'un coup de poignard. Depuis ce temps-là, dit-on, il devint frénétique.

Cambyse transporté de jalousie contre son frère qui avait bandé l'arc des Ethiopiens, le fit mourir. Sa sœur, Méroé, le pleurant, il la tua d'un coup de pied, ainsi que l'enfant qu'elle portait.

Le même prince ordonna au fils de Prexaspe, un de ses courtisans, de se placer à l'extrémité de la salle où il mangeait, et puis, prenant son arc, il le perça au cœur, lui fit ouvrir le côté et appelant son père : « Ai-je la main bien sûre ? — Apollon lui-même ne tirerait pas plus juste, » répondit le père.

C'est dans ce temps que vécut le tyran Polycrate qui, après une vie constamment heureuse, mourut impotent.

Darius tomba de cheval. Ses médecins égyptiens furent consultés et ne purent rendre la santé au Roi. Démocède de Crotone la lui rendit. Ce prince fit aussitôt mettre en prison les Egyptiens et les condamna à être pendus.

Darius, 521.

Zopyre. Siège de Babylone.

Le gouvernement des Indes était le vingtième de l'empire de Perse. Il rendait à peu près onze millions de notre monnaie aux Rois.

Darius, sur le point de partir pour l'expédition de Scy-

Le parasange valait 30 stades. Le stade mesure grecque est composé selon la plus commune opinion de 120 pas géométriques. Xerxès, 485, assassiné par Artabanuls.

thie, Œbazus, vieillard respectable qui avait trois enfants, lui demanda de lui en laisser un pour consoler sa vieillesse. « Ce n'est pas assez d'un, répondit le Roi, je vais vous les laisser tous les trois, » et sur-le-champ, il les fit mourir.

Pythius, roi de Lydie, offrit à Xerxès ses trésors, montant à six millions en argent et à quatre d'or, et l'on appelait cela un trésor considérable. Quelque temps après, ce même Pythius ayant demandé à Xerxès que, de cinq fils qui servaient dans ses armées de lui laisser l'aîné, le Roi fit égorger ce même fils à ses yeux.

L'armée de Xerxès sortant d'Asie était forte de 1.700.000 hommes et de 80.000 chevaux. Quand il eut passé l'Hellespont, les alliés fortifièrent son armée de 300.000 hommes, plus 20.000 pour conduire les bagages : cela faisait 2.100.000 hommes.

Sa flotte était composée de 1.200 vaisseaux de combat, portant chacun 200 hommes, faisant 277.600. Les peuples d'Europe augmentèrent sa flotte de 100 vaisseaux, faisant 24.000 hommes. Les petits vaisseaux étaient au nombre de 3.000 portant 240.000 hommes. Les deux armées réunies faisaient 2.640.000 hommes. Les valets eunuques, femmes, eunuques, etc., etc., montaient à un nombre égal, ce qui faisait 5.200.000 personnes. Pour nourrir toutes ces personnes il fallait (par jour) 110.340 médimnes de blé.

Le médimne vaut six boisseaux.

Le roi des Bisaltes en Thrace refusa de se soumettre à Xerxès et se sauva dans les montagnes. Six de ses enfants, par curiosité, servirent dans l'armée perse, malgré la défense de leur père, qui leur fit crever les yeux.

Les troupes grecques ne faisaient que 11.000 hommes.

Artaxerce-Longue-main. 473.

Mégabyse avait défait les Egyptiens révoltés et fait rentrer cette province sous la domination persane, le roi livra Inarus, chef de la révolte, à sa mère qui le fit mourir par le supplice de la croix pour se venger de ce qu'il avait défait son fils. Cependant Mégabyse, qui lui avait promis la vie, en fut outré ; il se révolta contre le Roi et battit par deux fois deux armées de 200.000 hommes et, à la sollicitation de ses parents, il fit la paix et rentra dans les bonnes grâces du monarque ; lorsque, un jour, un lion était sur le point de déchirer le Roi, Mégabyse, par zèle, lui lance une flèche, tue le lion. Ce qu'ayant vu, le Roi le condamne à être mis à mort, comme (lui) ayant manqué de respect. La peine fut cependant mitigée.

Xerxès II tué par Sogdien. Ce prince règne 45 jours. Sogdien lui succède. Il règne six mois et est tué par son frère qui lui succède. Nothus veut dire bâtard. Darius Nothus 424.

Sogdien, fils d'Artaxerxès du côté d'une concubine, périt par le supplice des cendres. L'on remplissait une tour de cendres et l'on y jetait le coupable la tête la première. Avec une roue, l'on remuait la cendre jusqu'à ce que le criminel fût mort.

Ochus, après avoir fait tuer son frère, prit le nom de Darius Nothus et lui succéda.

Le satrape de Lydie se révolta, l'Egypte se révolta, les Mèdes se révoltèrent sous le règne de Darius.

Parysatis, femme de Darius, était très cruelle. C'est une observation assez constante que dans cet empire, les femmes de la Cour se montrèrent toujours plus avides des supplices des malheureux ou criminels. L'eunuque Artoxare conjura contre l'Empereur. L'on le livra entre les mains de la Reine. Artyphius, son frère, se révolta : le Roi lui voulait faire grâce, mais la Reine le força de le faire mourir. Amestris, femme de Xerxès, jalouse d'Artaïnte, femme de Masiste, son frère, la demanda au Roi le jour de la grande fête et l'ayant fait saisir lui fit couper les mamelles, les oreilles, les lèvres, etc., etc.

Ce jour-là, la femme du Roi avait le droit d'exiger une grâce du monarque.

Inarus, célèbre patriote égyptien, battu par Mégabyse, se rendit à condition qu'on lui sauverait la vie. Il est conduit en Perse, il y reste cinq ans et Artaxerxès refuse toujours de le livrer à sa mère qui voulait venger la mort de son fils Achéménide, battu et tué dans un combat contre les Egyptiens. Cette vindicative princesse conserve le ressentiment aussi longtemps, profite de la faiblesse du Roi, fait saisir Inarus et le fait mourir après avoir fait trancher la tête aux autres Egyptiens, ses compatriotes.

Parysatis, femme de Darius Nothus, fit prendre la belle

Roxane et toute la famille d'Hidarne et les fit scier pour se venger du traitement qu'on avait fait ou voulu faire à sa fille.

Artaxerce. Memnon, 404. Statira, femme d'Artaxercès, qui était de la famille d'Hidarne et sœur de Roxane, fit souffrir les plus grands supplices à Udiaste. Cet Udiaste à la sollicitation de Parysatis avait tué son père. Parysatis, à son tour, fit mettre en prison le frère de Statira.

Cyrus le jeune, frère d'Artaxercès, après la mort de son père Darius, disputa le trône à son frère et le voulut assassiner. Depuis, ayant manqué son coup, il fut créé satrape des provinces méridionales et conçut le projet de détrôner de vive force Artaxerxès. Il partit de Sarde avec 100.000 hommes d'infanterie barbares et 10.000 Grecs et quelques cavaliers. Il fit 535 lieues en quatre-vingt-treize jours de marche. Arrivé à Cunaxa, il rencontra son frère qui avait 1.200.000 hommes. Il fut tué dant le combat. Les Grecs, qui étaient à une aile, remportèrent la victoire et, malgré les efforts des Perses et les trahisons de Tissapherne, ils retraversèrent l'Empire depuis Babylone, firent 625 lieues en cent vingt-deux jours au milieu d'un pays ennemi et des neiges. Ces Grecs étaient 10.000 et ils furent réduits à 8.000, arrivés en Grèce.

Cyrus le jeune était, ainsi qu'Artaxercès, fils de Parysatis, mais avait la principale part dans l'affection de sa mère qui fut désespérée de sa mort. Le Roi disait l'avoir tué de sa propre main et, pour conserver cette gloire sans partage, avait donné de l'argent à un soldat carien qui se vantait de l'avoir tué, à la condition qu'il garderait le silence. L'imprudent soldat parla et le Roi, outré, le livra entre les mains de Parysatis qui lui fit souffrir les plus grands supplices. Mithridate qui s'était vanté du même honneur, périt par les mêmes ordres par le supplice des auges. L'eunuque Mesabate qui avait coupé (à Cyrus) sa tête et son bras droit, selon l'usage, fut en but à la vengeance de cette cruelle princesse. Elle joua d'adresse et l'ayant en sa disposition, le fit périr dans les plus affreux tourments. Elle finit enfin par immoler à sa haine la reine Statira. Pour cela, elle se réconcilia avec son fils qu'elle flatta et se lia avec la Reine et, un jour que celle-ci mangeait avec elle, elle fut empoisonnée par un couteau dont un des côtés était garni de venin, de sorte que les deux reines mangèrent la même volaille et Statira seule mourut. Son crime fut prouvé et demeura impuni. Elle fut seulement exilée à Babylone.

Mania, veuve de Zénis le dardanien, se distingua dans l'armée du satrape Pharnabaze.

Tissapherne, battu par Agésilas, accuse par ses ennemis et surtout par la reine Parysatis qui lui en voulait comme à l'ennemi particulier et la cause de la mort de Cyrus, fut mis à mort sans autre forme de procès par le satrape Tithrauste qui en avait reçu la commission de la Cour.

Datame, [ayant vaincu] Thyus, le fit prisonnier, le mena au Roi lié comme une bête, lui tenant la corde comme un chasseur armé d'une massue... La même chose il fit d'Aspis. Une intrigue de Cour sembla menacer un si grand homme. Il se révolta et le prince le fit assassiner après qu'il eût fait sa paix. Dathame le carien.

Les pierreries qui brillaient sur la personne du Roi dans une guerre, montaient à 36 millions.

XVII[1]

NOTES DIVERSES TIRÉES DE L'HISTOIRE PHILOSOPHIQUE ET POLITIQUE DES ÉTABLISSEMENTS ET DU COMMERCE DES EUROPÉENS DANS LES DEUX INDES. ABBÉ RAYNAL.

TOME PREMIER, LIVRE PREMIER[2]

Henri, roi de Portugal, établit un observatoire à Sagres, ville des Algarves. Les pilotes se formèrent à cette époque.

En 1418, ils découvrirent Madère, 1420, les Canaries. Le cap Sierra-Leone fut doublé et l'on pénétra dans le Congo. Sous Jean II, l'on doubla le cap des Tempêtes nommé le cap de Bonne-Espérance.

Emmanuel fit partir Vasco de Gama, en 1497, qui aborda dans l'Indostan après treize mois de navigation.

Les Indes étaient déjà connues et le commerce s'en faisait de plusieurs manières.

Sous les Ptolémées, l'Egypte fit le commerce par la mer Rouge, mais les uns passaient par le golfe Persique et les îles de Madagascar, les autres s'arrêtaient à l'île de Ceylan ; quelques-uns allaient au Coromandel pour remonter le Gange. Leurs voyages duraient six ans, tandis que nous le faisons en six mois.

(1) *Inédit. Fonds Libri.* Manuscrit de 9 pages in-quarto.

(2) Nous avons suivi, pour le collationnement, l'édition de Genève 1782 en vol. in-8°. (*Ed.*)

Les Egyptiens portaient du fer, du plomb, des étoffes de laine, des verreries, de l'argent, du cuivre. Ils recevaient de l'ivoire, de l'ébène, de l'écaille, des toiles blanchies et peintes, des soieries, des perles, des pierres précieuses, de la cannelle, des aromates et surtout de l'encens. Toutes les nations commerçantes allaient dans les ports d'Egypte prendre les marchandises des Indes.

La naissance de l'Empire mahométan affaiblit le commerce d'Égypte, et le commerce des Indes prit deux autres routes : la première par Constantinople, la mer Noire par l'Euphrate jusqu'à Serapana ; de là, par le moyen de quatre ou cinq jours de voiture, ils arrivaient au fleuve Cyrus, puis à la mer Caspienne, où l'on remontait l'Oxus ; ensuite, par l'Indus. L'on revenait par le même chemin.

L'autre moyen était moins compliqué : le golfe Persique, l'Euphrate, de là à Palmyre par terre où des caravanes allaient jusqu'aux bords de Syrie. Lorsque Palmyre fut détruite, les caravanes prirent la route d'Alep et du port d'Alexandrette.

Dans les derniers temps, les Vénitiens avaient persuadé aux Mamelucs, souverains d'Égypte, moyennant une rétribution, à leur laisser tenter le commerce de l'Inde. Les Gênois, les Pisans, les Florentins, les Catalans en profitèrent. Tel était l'état du commerce lorsque les Portugais découvrirent le passage du cap de Bonne-Espérance.

L'Indostan est le pays enfermé entre l'Indus et le Gange. Il a quatre cents lieues de large ; l'Inde, toute cette région à l'orient de la Perse et des mers d'Arabie. L'Indien est doux, humain, timide, il a les vices de la faiblesse. Brama est le législateur, le prophète, l'interprète de la divinité de l'Indostan. Peu de religions ont été aussi propres au climat et au peuple de ces régions. Il a consacré le respect pour les trois grands fleuves : l'Indus, le Krisna, le Gange, pour le bœuf, la vache dont le lait est si salutaire dans les pays chauds. Il a divisé la nation en castes.

Les bramines, les gens de guerre, les laboureurs, les artisans sont les quatre classes. Il y en a plusieurs de bramines. Les uns restent dans le monde et sont corrompus. Les autres, solitaires, ce sont d'imbéciles enthousiastes. L'on trouve dans leurs disputes les mêmes absurdités métaphysiques — la substance, l'accident, la priorité, la postériorité, l'immuabilité, l'indivisibilité, l'âme vitale et sensitive. Elles sont très anciennes aux Indes et il n'y a que peu de temps que Pierre Lombard, saint Thomas, Malebranche en faisaient parade.

La classe des hommes de guerre est formée par les Rajahs au Coromandel, par les Naïrs au Malabar; les Canariens et les Marattes se permettent tous cette profession.

Parias.

Il y a une cinquième tribu qui s'appelle Parias. C'est celle qui est chargée de tous les autres travaux. Ils sont dans une telle horreur que si l'un d'eux touchait un d'une autre classe, il a le droit de le tuer. Au Malabar, il y a aussi les Poulichis, ceux-ci sont obligés de se construire des nids sur les arbres. Ils hurlent lorsqu'ils ont faim et quelque charitable leur porte un peu de riz... L'on se croit souillé par leur présence.

Toutes ces classes se confondent lorsqu'ils vont au Temple de Jaggernaut.

Le Védam est leur évangile; le Shalfer en est un commentaire.

La classe des guerriers peut manger de la viande. Les brames ne mangent rien de ce qui a eu vie.

Les femmes des brames se brûlent lors de la mort de leurs maris.

La religion de Brama est divisée en 83 sectes.

Le Mahométanisme avait fait de grands progrès, surtout dans les îles. Les Arabes, négociants, pour accroître le nombre de leurs sectataires, achetaient des esclaves et les faisaient circoncire en leur restituant la liberté. Ces esclaves forment un peuple particulier : on les appelle Mapoulès au Malabar, Choulias au Coromandel.

Lorsque les Portugais arrivèrent aux Indes, l'Indostan était divisé en cinq royaumes, celui de Cambaie, de Delhy, de Bisnagar, de Narzingue et de Calicut. Le roi de ce dernier s'appelait le Zamorin ou Empereur.

Gama arriva jusqu'à Calicut et s'en retourna. Alvarès Cabral avec quinze vaisseaux y retourna, foudroya la ville, brûla la flotte du Zamorin et alla à Cochin et à Cananor. Tous les rois, soit crainte, soit malcontentement du Zamorin, le reçurent ; il fit bâtir des citadelles et établit un traité de commerce.

Alphonse Albuquerque, vice-roi, successeur de Cabral, sentit la nécessité de s'emparer de Goa ; il le fortifia, en fit la capitale.

Les Vénitiens, les Egyptiens, alarmés pour leur commerce, résolurent de combattre les Portugais. Une flotte est armée à Suez en 1508 : quatre vaisseaux, un galion, deux galères, trois galiotes. Cette flotte se joignit à celle de Cambaye et chagrina les Portugais, mais elle fut battue sans ressource.

Ormuz, situé au débouché du détroit de Moçandon, était la capitale d'un grand royaume et par sa position commandait la navigation du golfe Persique. Albuquerque s'en empara.

Les Bédas et les Chingulais étaient les deux peuples de Ceylan. Les premiers, simples, n'avaient point de culte.

Les Malais, habitant la presqu'île de Malacca, le plus beau climat du monde, étaient féroces, cruels. Ils avaient conquis un archipel immense. De la Chine, du Japon, des Philippines, des Moluques, du Bengale, de Coromandel, de Malabar, de Perse, d'Arabie, d'Afrique, l'on venait commercer dans le port de Malacca. Les Portugais y furent maltraités. Albuquerque s'en empara en 1511.

Il y trouva des trésors immenses, etc., etc. Les Malais les plus obstinés abandonnèrent leur pays pour pirater armés d'un poignard appelé kris : rien de si redoutable qu'un Malais.

De Malacca, les Portugais s'emparèrent des Moluques .. Les Moluques, au nombre de dix, dont la plus grande n'a pas douze lieues, étaient habitées par des espèces de sauvages, vivant de pêche, chasse et du cocotier qui y abonde ainsi que le Sagou, mais ce qui les rend si célèbres est la girofle et la muscade qui y croît.

Albuquerque mourut à Goa en 1515, disgracié d'Emmanuel.

Chine. Le Vénitien Marc-Paul (en) avait donné une relation qui avait passé comme fabuleuse. En 1518, une escadre partit de Lisbonne pour y porter un ambassadeur qui débarqua à Canton. La Chine a 1800 lieues de circuit. Confucius est le législateur et prophète de la Chine. Son code est la loi naturelle. La Raison, dit Confucius, est une émanation de la Divinité. L'accord de la Nature et de la Raison est la Loi suprême.

Les Chinois, indisposés par les mauvaises manières de Simon d'Andreade, exclurent les Portugais de leur commerce, mais, depuis, ils s'adoucirent. Il leur fut permis de commercer dans le port de Sanciam. Depuis, l'Empereur leur fit présent de Macao qui tient Canton comme bloqué.

Une tempête fit découvrir le Japon. Les souverains nommés Dairis étaient à la fois rois et pontifes, mais ils se démirent de la puissance royale pour conserver la sacerdotale. Leurs vassaux s'en emparèrent et devinrent indépendants.

La religion des Sintos est celle du pays. Elle reconnaît un Dieu et un grand nombre de saints ou camis. Celle de Buds est une autre secte. Les Budsoïstes sont austères autant que les autres sont gais.

Les mines d'or, d'argent, de cuivre fournissaient aux

Portugais 14 ou 16 millions. A cette époque, les Portugais étaient maîtres de la Guinée, de l'Arabie, de la Perse, des presqu'îles de l'Inde, des Moluques, de Ceylan, de la Sonde et de Macao, mais décadèrent et aujourd'hui ils n'ont plus que Macao, Diu, Goa.

XVIII

NOTES SUR L'HISTOIRE D'ANGLETERRE DEPUIS LES TEMPS LES PLUS RECULÉS JUSQU'A LA PAIX DE 1763

1er CAHIER FINISSANT EN 1673

HISTOIRE D'ANGLETERRE J. BARROW.

Coutumes, religion, etc., jusqu'à l'établissement du gouvernement Romain.

Commencé juillet 1788. AUXONNE.

Il est probable que les Iles Britanniques furent peuplées par des colonies gauloises. Les conformités des coutumes, de religion, etc., que les peuples méridionaux de l'Ile avaient avec les Gaulois n'en laissent aucun doute ; mais l'orient, vers le nord de la rivière de Tine, paraît avoir été habité par des Scythes ou des Scandinaves. Les Écossais vinrent d'Irlande avant même l'invasion de Jules César. Leurs cabanes étaient petites et construites de branches d'arbres couvertes avec de la boue ; leurs villages étaient situés au milieu des bois. Les habitants du comté de Kent connaissaient l'agriculture, tandis que les autres peuples de l'intérieur vivaient de laitage, des fruits de leur chasse. L'usage des habits était peu connu. Les habitants du midi, commerçant avec les Phéniciens, se couvraient le corps de peaux de bêtes. Diodore de Sicile nous fait l'éloge de leur probité et de leur frugalité. Les femmes chez eux étaient communes.

[1] *Inédit. Fonds Libri.* Manuscrit de 59 pages in-folio. Nous avons suivi : *Histoire nouvelle et impartiale d'Angleterre depuis l'invasion de Jules César jusqu'aux préliminaires de la paix de 1763*, traduit de l'anglais de John Barrow. Paris, J. P. Costard, 1771-73, 10 vol. in-12 avec figures. La traduction s'arrête à l'année 1689. (*Ed.*)

Gouvernement. — Le pays était divisé en différents petits Etats. Chacun avait son chef auquel les auteurs ont donné le nom de roi. On ignore les détails de leur administration et de la constitution. Ils formaient tous ensemble une confédération et, au premier danger, l'on élisait un chef commun. Leur commerce avec les Phéniciens consistait en étain que ces habiles navigateurs revendaient aux Grecs.

Religion. — Ils adoraient l'Être Suprême sous le nom d'Esus ou Hésus dont le chêne était le symbole. Les bois étaient leurs temples. Le chêne était regardé comme la résidence du Tout-puissant. Des fleurs arrosées d'eau salée étaient la seule offrande qu'ils vouaient à leurs Dieux, mais, bientôt après adorant tous les dieux des Phéniciens, ils finirent par immoler des hommes même.

Leurs prêtres s'appelaient druides, du terme celtique *Deru* qui veut dire chêne. La puissance annexée au sacerdoce ne fut pas capable de contenter les druides et ils étendirent bientôt leur autorité sur tous les actes publics. Eux (seuls) élisaient les magistrats qui ne pouvaient s'assembler, lever des troupes, percevoir des impôts sans leur consentement. Quiconque refusait de se soumettre à leur décision judiciaire était exclu des sacrifices publics. Leur chef, l'archi-druide, était élu à la pluralité des voix. Il avait le droit de déposer les rois ou de les élire à son choix. Les femmes étaient regardées comme douées de l'esprit de prophétie et comme telles elles assistaient les druides dans leurs fonctions. Les Bardes ou poètes jouissaient du plus grand crédit.

Boadicée ayant réclamé l'héritage de son mari Prasutagus, Catus Décianus, prêteur romain, la fit fouetter en public et livra les princesses ses filles à ses soldats. Furieuse, elle fit bien payer aux Romains leur indignité. On compte qu'elle en fit massacrer 80,000 dans un seul saccage de ville à... Finalement elle fut défaite dans une bataille et se donna du poison. Après la naissance de J.-C. 61.

Les Romains quittèrent l'Ile en 446.

452. Vortigern. Vortigern, chef des Silures, fut élu général et roi des Bretons. Il assembla un concile et se fit autoriser à appeler les Saxons pour les opposer aux Pictes.

Saint Germain, député de l'église gallicane, prononça anathème contre Vortigern. Vortimer, son fils, s'oppose aux Saxons.

457. Ambroise Aurèle. 465. La paix qui se fait cette année assure à Hengist le domaine de Kent. Ambroise Aurèle, prince de Galles, fut élu chef ou roi pour remplacer (Vortigern). Dans l'espace de 460 à 500, les Saxons vinrent de tous côtés dans l'Ile. Il en aborda sur les côtes d'Essex; Kerdic vint s'établir dans le Norfolk. Ida aborda à Porstmouth. Esca, fils de
Natham. 500. Hengist régnait à Kent et à Northumberland.

Arthur. 508. Arthur, neveu d'Ambroise, fut élu général, battit l'ennemi en douze actions, mais, battu à son tour, il vit les succès de Kerdic et, après sa mort, les Bretons se réfugièrent dans les montagnes de Galles.

542. 1° Le royaume Saxon à l'orient était gouverné dans ce temps par Echerwin; 2° celui de Kent par Emoric, petit-fils d'Esca; 3° d'East-Angle était composé par les comtés de Norfolk, Suffolk et Cambridge; 4° Ida forma le royaume de Northumberland; il comprenait une partie de la province d'York, Lancastre, Durham, Cumberland, Westmoreland, Northumberland et une partie de l'Écosse; 5° celui de Wessex, gouverné par Cynric, fils de Kerdic; les plus courageux des Bretons occupaient la province de Galles, les Écossais qui occupaient tout le nord de l'Ile et les Pictes, telle était la division de la Grande-Bretagne à cette époque.

534. Crida fonda le royaume saxon nommé le royaume de Mercie.

Leur gouvernement était aristocratique; ils avaient des jours fixes d'assemblée publique. Ils s'y rendaient armés. Un préfet y présidait. Des chefs étaient nommés pour l'inspection des provinces, etc. Cent membres les secondaient.

Les enfants héritaient de leurs pères sans aucun testament, les liaisons des pères et leurs querelles étaient laissées pour héritage à leurs enfants qui les embrassaient toujours.

Il y avait un coût du prix du sang répandu, depuis celui du paysan jusqu'à celui du roi dont la vie était portée au plus haut prix.

Les maris au lieu de recevoir de dot de leurs femmes leur assuraient un douaire. Si elles étaient convaincues d'adultère, ils leurs coupaient les cheveux et les renvoyaient en présence de leurs parents, les faisant fustiger tout le long des rues.

Religion. — Le soleil, la lune, le dieu de la guerre, Vodin, son fils Thor, sa femme Frigga, Tuisco, Teutatès, Hésus étaient les objets de leur culte. Thor était le Dieu de l'air, présidait aux tempêtes, aux vents, à la pluie, etc. Tuisco, femme de Thor, présidait à la justice. Herthus ou la Terre était selon eux la mère de tout, celle qui dirigeait les choses humaines. Son temple était un char couvert d'un vêtement sacré. Il était placé dans un bois révéré dans une île de l'Océan, traîné par des vaches. Quand il plaisait à la déesse d'honorer quelque lieu de sa présence, la joie y régnait aussitôt.

Tels étaient les Saxons qui, appelés en Angleterre en 460, s'en trouvèrent les maîtres en 580. Leurs établissements étaient divisés en sept royaumes.

Ethelbert, roi de Kent, épouse Berthe, fille de Childebert, roi de Paris. Devant jouir de la liberté de professer sa religion catholique, on lui donna Luidbard, prélat gaulois, pour l'accompagner. Elle persuada son mari qui se fit catholique. Le moine Augustin, envoyé par Grégoire le Grand, acheva la conversion et fut fait archevêque de Canterbury. Religion. 597.

(627). Edwin, roi des Northumberland, épousa Ethelburge sœur de Eadbald, roi de Kent et fut accompagnée par Paulin, et Edwin se convertit au christianisme.

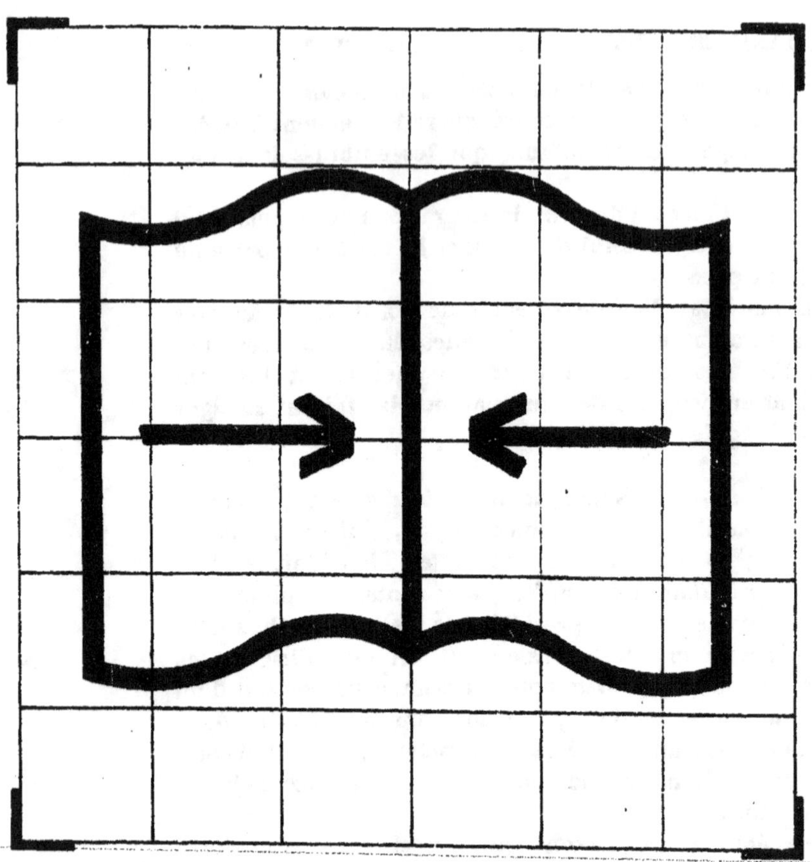

WESSEX

Cerdic, 465.

Cynric.

Ceawlin, 597.

Ceobric.

Ceolwulf.

Cinegils.

Cenwald, 643.

Sexburga, femme, 672.

Escwine, 673.

Centwine.

Coeadwalla, 685.

Ina, 689.

Ethelard, 727.

Cuthred.

Sigebert, 754.

Kenwult.

Bertric, 784.

Egbert, 799.

Bornes.

Le royaume de Wessex était borné à l'occident par le r. de Sussex ; à l'orient par la rivière de Thames ; au midi par le canal de Bretagne et encore par la Tamise. Winchester capitale, Southampton, Portsmouth, Salisbury, Dorchester, Sherborn, etc.

ESSEX
ou Saxons de l'Orient.

Erchewin, 527.

Hedda, 587.

Sebert, 597.
Ce roi se fait catholique.

Les trois frères Sigbert, 623.

Swithelm, 661.

Sigher.
Sebba.

Offa, 704.

Selved, 709.

Swithead.

Ce prince fut le dernier roi d'Essex. Egbert soumit le royaume et le réunit à ses États.

Bornes de ce royaume.

A l'orient par la mer Germanique, au midi par la Tamise, à l'ouest par le royaume de Mercie et au nord par celui d'East-Anglie. Il comprenait Essex, Middlesex et une partie du comté d'Herford. Londres en était la capitale.

SUSSEX
ou Saxons du Midi.

Ella, 514.

Cissa.

Ils furent pendant l'espace de 50 ans sous la domination des rois de Wessex qu'ils secouèrent en élisant :

Adelwach, 648.

Ils retombèrent encore sous le même joug.

Authum, 722.

En 780, ce royaume devint un apanage du royaume de Wessex.

Le royaume de Sussex était d'une petite étendue. Il comprenait les comtés de Sussex et de Surrey et une grande partie était couverte d'une grande forêt appelée Andredes Wahld.

NORT[illegible]AN[illegible]

Ida, [illegible]

Adda, [illegible]

[illegible]

MERCIE

Crida

Ethelbert, roi de Kent.

Wibba, 616.

Penda.
Peada.
Wulfhere, 660.
Ethelred, 673.

Kenred, 704.

Ceolred, 709.

Ethelbald, 716.

Offa.

Egfrid, 796.

Kenulf.

Ceolwulf, 819.

Ralvulf.

Withlafe, 825.

A cette époque, le roi Egbert, déjà maître des royaumes d'Essex et de Sussex, de Northumberland s'empara du royaume de Mercie qui alors comprenait les royaumes de Kent et d'East-Anglie.

A l'époque de 825, les 7 royaumes saxons furent unis en un seul. Ainsi fut finie l'heptarchie saxonne.

Bornes.

Au midi par le Kent, le royaume de Sussex et celui de Wessex dont il était séparé par la Tamise. L'Humber le bornait au nord, à l'orient par l'Essex et l'East-Anglie. Lincoln, Nottingham, Warwick, Leicester, Coventry, Worcester, Darby, Oxford.

EAST-ANGLIE

Uffa.

Titel.

Redwald, 601.

Erpwald se fit chrétien.
Sigebert, 633.
Egric, 634.
Annas.
Ethelric, 654.
Ethelwald.
Ardulf.
Alphald.

Beorn Ethelbert.

Ethelbert, assassiné par Offa. Son royaume fut réuni à celui de Mercie en 792.

Bornes de ce royaume.

Au nord et à l'est par l'Humber et l'océan Germanique. Au midi, le royaume d'Essex et à l'occident par celui de Mercie. Norwich, Ely, Cambridge, Hetford.

KENT

Hengist, 457.

Esca, 484.

Emeric, 542.

Ethelbert, 560, épouse Berthe, fille de Childebert, roi de Paris, 597.

Eadbald, 610.
Erombert, 660.
Egbert, 664.
Lothair, 673.
Edric. 685.
Withred, 694.
Edbert, 725.
Edelbert, 748.
Aldaric, 760.
Edelbert, 794.

A cette époque il devint tributaire du royaume de Mercie dont il fit partie.

(600). Sebert, roi d'Essex, ayant été converti par les persuasions de son oncle et l'éloquence de Mellitus, il fit bâtir l'église cathédrale de Saint-Paul et l'en fit évêque.

Persécutions pour cause de Religion. (685). Cœadwalla, roi de Wessex, ravagea l'île de Wight et par la raison que les habitants étaient idolâtres, il les extermina tous à l'exception de deux cents familles. Wilfred, évêque de Selley, était son premier ministre. Ce prince, quelques années après, se rendit à Rome pour se faire baptiser par le pape Sergius II et il y mourut.

(664). Sebba, roi d'Essex. Sur ses vieux jours, il quitta le trône et prit l'habit de moine dans le monastère de Saint-Paul.

(613). Les évêques bretons rejetèrent la juridiction d'Augustin de Calabre, apôtre envoyé pour convertir la Grande-Bretagne. (Il) aigrit l'esprit d'Ethelfrith, roi de Northumberland, qui ravagea les terres bretonnes. Douze cents moines sortirent alors du monastère de Bangor et vinrent devant l'armée ennemie prier pour leurs compatriotes : ce qu'ayant pris Ethelfrith, il les fit tous passer au fil de l'épée.

655. Oswy, roi de Northumberland, devant engager une bataille contre les Merciens, fit vœu de bâtir douze monastères et d'obliger ses deux filles à prendre le voile; il obtint la victoire et accomplit son vœu.

716. Osred, roi de la même contrée, avait une aversion invincible pour les moines ; aussi, ils ne cessèrent de fomenter sa destruction et il fut tué dans une conspiration.

723. Ceolwuff descendit du trône pour embrasser la vie monastique.

740. Kinewulf, évêque de Lindisfarm, éleva une guerre civile. Le Roi assiégea le prélat dans sa propre église et l'envoya au château de Raibury. Ce roi était Egbert le plus grand prince qui ait occupé ce trône.

705. Wilfrid, évêque, était dans ce temps le chef de faction dans ce même royaume.

745. Egbert, prince bon, pour rendre ses sujets heureux, se retira dans un monastère.

Sigebert, roi d'East-Anglie, fonda des écoles pour l'ins- 633.
truction de la jeunesse à Cambridge et il se retira dans un couvent et lorsque l'incapacité de son cousin fit que ses sujets le prièrent de remonter sur le trône pour défendre la patrie attaquée par Penda, il refusa et n'accepta que lorsqu'il vit que l'on l'obligerait. Il ne voulut aller à la bataille qu'armé d'une baguette et se contenta de prier, croyant que Dieu rendrait vaine l'activité des ennemis. Il se trompa et fut tué.

Kenred, roi de Mercie, et la princesse Ciniswertha et le 704.
roi Offa d'Essex se retirèrent à Rome et prirent l'habit religieux.

Les moines noircissent la réputation de tous les grands princes.

Le moine Céolred. 709.

Offa fit tuer Ethelbert, roi d'East-Anglie. Il l'avait attiré 757.
à sa cour sous prétexte de lui faire épouser sa fille. Dans
la suite, sentant des remords, alla à Rome pour obtenir Religion.
l'absolution du Pape. Ce fut l'époque de l'imposition du Romescot ou sol de Saint-Pierre qui s'est constamment
perçu jusqu'au règne de Henri VIII. Traits divers de la Monarchie Saxonne

Le *vertueux Sigebert*, roi d'Essex, fut assassiné dans le sein de la paix et adoré de ses peuples !

Eadbert, roi de Kent, fit assassiner ses deux cousins Race de Cerdic
qui avaient plus de droit que lui à la couronne.

Egbert assembla un concile à Winchester. Cette assem- Egbert. 829.
blée était composée de clergé et de laïcs. Il y fut couronné C'est le
roi et ordonna que désormais toute distinction de nom n'eût premier roi de
plus lieu et appela le nouveau royaume *Angleterre*. la Monarchie. 831.

Les Danois avaient des vaisseaux qui contenaient cinq cents hommes et qui marchaient à voile et à rames. Ils
commencèrent cette année leurs courses en Angleterre. 2. Ethelwulf. 838.
Osbert, profitant de l'occupation que les Danois donnaient 3. Ethelbald
au roi de Wessex, se fit roi de Northumberland. Retour- et Ethelbert. 857.
nant un jour de la chasse, il vit la femme d'un gentilhomme, 4. Ethelred I.
Bryen Brocard, et la viola. Brocard, non seulement le 866.

détrôna, mais encore alla en Danemark et amena les Danois dans le royaume.

Les Danois, rendus maîtres du Northumberland, pillèrent tous les monastères. Une abbesse, Ebba, de la province d'York, assembla ses religieuses et, avec un rasoir, se coupa le visage pour se mettre à l'abri des tentations des barbares. Les autres religieuses en firent autant, ce qu'ayant vu les Danois, ils mirent le feu au couvent.

5. Alfred dit le Grand. 870-892. Alfred désigne la ville de Londres pour métropole de l'Angleterre et la désigne pour l'assemblée des États et fonde l'Université d'Oxford (882). Le code des lois qui porte son nom, il le rédigea alors. Il institua les jurés, il introduisit l'usage de donner caution, il abolit la juridiction civile des nobles et des aldermen. Il divisa son peuple en comtés, les comtés en centaines et les centaines en dizaines. Il créa une marine qui en imposa aux Danois et mit son royaume à l'abri de leurs incursions. Les Anglais le regardent comme le restaurateur de leur monarchie et l'instituteur de leur liberté.

Ethelfleda, sœur d'Arthur, princesse de Mercie, gouvernait son royaume avec la plus grande intrépidité. Elle fut le modèle de son frère.

Edouard érige l'Université de Cambridge (912).

6. Edouard l'aîné 900. Edouard Ier fut assassiné par un seigneur qu'il voulut chasser de sa présence. Les gardes n'étant pas assez forts, il courut lui-même et le prit par les cheveux, ce que ayant vu, l'autre lui donna un coup de poignard dans le cœur.

7. Athelstan 925. Edred fut le premier qui porta le titre de roi de Grande-Bretagne.

8. Edmond Ier assassiné 941. Ethelwulf était gouverné par deux évêques : l'un lui prêchait la gloire et l'autre l'humilité chrétienne. Il envoya à Rome son fils pour recevoir la confirmation de la main

Religion. 853. du Pape. Il alla à Rome et à son retour établit dans tout son royaume la taxe du sol de Saint-Pierre et s'obligea de payer un tribut de 300 marcs pour défrayer de cire les églises Saint-Pierre et Saint-Paul de Rome et le reste pour l'entretien du Pape.

L'évêque Dalstan se mit à la tête d'un parti puissant contre le Roi. Tandis qu'Alfred combattait avec sa division, son père, roi, s'amusait à prier dans sa tente, sans s'embarrasser du danger imminent que courait une partie de l'armée non secourue.

Buthred, roi de Mercie, laissa son royaume à la merci des 870.
Danois et se sauva à Rome.

Alfred avait conjuré contre le roi Athelstan. Il protesta de son innocence et en appela à Rome. On l'y envoya aussitôt et le Vatican, pour s'en débarrasser, le fit probablement empoisonner.

Athelstan soupçonna son frère Edwin d'avoir conjuré contre lui et le fit mettre avec un esclave dans un bateau et l'abandonna à la merci des flots. Pour expier son fraternicide, il accabla les églises de biens.

Wolstan, archevêque d'York, conspira contre Edred. 9. Edred. 946.

Edwy, jeune et malheureux prince, conçut contre les 10. Edwy. 955.
moines une aversion méritée. Comme il parlait un jour avec Ethelgive, jeune dame dont il était amoureux, Dunstan, abbé de Glastonbury, l'aperçut et entrant en fureur se déchaîna contre son prétendu crime. Ce Dunstan, si délicat, était le même qui s'était approprié les trésors d'Edred. Le conseil de la nation se déclara donc contre lui. Comme il méditait le projet d'agrandir les monastères, le monarque s'y opposa. Quelques moines levèrent l'étendard de la révolte, mais le Roi les chassa et Dunstan fut obligé de se sauver en Flandre où les moines le citèrent comme un apôtre et Edwy comme un apostat. Mais bientôt tous les ordres religieux se liguèrent. L'archevêque de Cantorbéry excommunia Ethelgive. Le Roi fut obligé de s'en séparer. Les moines, d'un autre côté, cabalèrent, soulevèrent le peuple et placèrent la couronne sur la tête d'Edgar, frère du roi actuel. Ils poussèrent l'hypocrisie plus loin encore et publièrent qu'Edgar, placé par Dieu

même, était un miracle fait en leur faveur. L'infortuné Edwy, détrôné, mourut de chagrin de voir triompher la fourberie, la méchanceté monacale.

11. Edgar 959. Edgar qui lui succéda, (fut) idolé des moines auxquels il fut toujours favorable. Dunstan fut rappelé et fait évêque de Worcester, et depuis, archevêque de Canterbury. Edgar fit bâtir quarante monastères, en répara autant et les enrichit aux dépens même des biens de la couronne. Dans le [illegible] monastère de Croyland on déposa une somme de 10 000 livres pour la vaisselle d'or, d'argent, etc. Dans le concile qu'Edgar assembla, il tint un long discours pour procurer de réformer le clergé qu'il représenta comme négligent dans le service divin : « Leurs jours se passent dans les plaisirs les plus licencieux ; leurs maisons sont autant de lieux infâmes et de réceptacles publics de libertins. Ce n'est parmi eux que danses, jeux, chansons obscènes. Leurs revenus sont consumés à servir la gourmandise et l'ivresse. Tel est l'usage que l'on fait des bontés de mes prédécesseurs envers l'Eglise, des fruits de leurs charités pour le soutien des malheureux... Un de mes ancêtres, vous le savez, légua à l'Eglise le dixième des revenus du royaume ; le généreux Alfred, mon grand-père, dépensa les siens pour la religion. Les autels sont encore décorés des bienfaits de mon père et de mon oncle... Quel empire [n'avez-vous] pas sur moi ? (Il apostrophait Dunstan) Vous parliez et mes trésors vous étaient ouverts. Les besoins étaient aussitôt remplis qu'exposés. Vous plaigniez-vous que les religieux n'avaient pas tout ce qui

Religion 969. était nécessaire ? Quel empressement ne vous ai-je pas fait voir pour les satisfaire ? Vous me disiez que ces largesses produiraient des fruits immortels et seraient d'autant plus méritoires aux yeux de Dieu qu'elles étaient répandues sur ses serviteurs et pour le soulagement des pauvres. N'est-il pas honteux qu'elles servent aujourd'hui à la parure d'une foule de viles créatures ? Sont-ce là les fruits de mes bienfaits et l'effet de vos glorieuses promesses ? » Ce discours contient sans doute des assertions vraies. Il n'était d'ailleurs fait que pour achever de détruire le clergé séculier. En conséquence, Dunstan et deux autres évêques de ses parents commencèrent la réforme, toute en faveur des moines. Quel moyen après cela qu'Edgar ne soit pas regardé comme un saint par les historiens, qui sont presque tous moines ?

Ce saint, cependant, enleva par force une religieuse et en eut une fille que l'on a aussi sanctifiée. Ce saint tua de sa propre main Ethelwold, son confident, qui l'avait trahi dans une affaire galante. Il le tua à la chasse et épousa sa femme. Aussi, tel historien impartial peint-il ce prince comme ouvertement méchant quoique l'on ait donné à son corps le pouvoir de faire des miracles.

Edgar, voyant que les loups faisaient beaucoup de ravages, convertit le tribut des Gallois en trois cents têtes de loups.

Édouard fut assassiné par les ordres d'Elfrida, femme d'Edgar, qui voulait faire régner son fils à sa place. Ce prince qui avait régné quatre ans était dans sa plus grande jeunesse lors de son avènement au trône. Il avait douze ans. Son règne fut celui de Dunstan et des moines qui le firent préférer à son frère Ethelred dans l'assemblée de la nation et comme il y avait cependant [divergence] parmi les peuples, les moines eurent recours aux miracles. Un crucifix parla, etc. 12. Edouard II surnommé le Martyr 975, assassiné.

Sous le règne d'Ethelred, les Danois commencèrent leurs invasions. Ils furent, dit-on, appelés par Dunstan pour faire accomplir la prédiction qu'il avait faite, lors du couronnement d'Ethelred que son règne serait une suite de calamités. Le peuple, dit l'historien, commença à revenir de son enthousiasme pour les moines, car quoiqu'ils lui prêchassent des miracles que Dieu opérait en leur faveur, ils ne pouvaient cependant pas se garantir des fureurs des Danois qui pillaient leurs monastères et les massacraient, etc. 13. Ethelred II. 979.

Le jour de la fête de Saint-Brice, le 13 novembre, tous 1002.

les Danois qui étaient en Angleterre furent assassinés par ordre du roi et du conseil de la nation. Edric, breton, créé duc de Mercie par Ethelred, trahit sa nation et son roi et, après avoir changé plusieurs fois de parti, il finit par être pendu par les ordres de Canut.

14. Edmond II 1016, assassiné. Bataille de Sceorstan contre les Danois gagnée.

Au commencement du règne, le clergé au lieu de donner l'exemple d'obéissance et d'exhorter les peuples à la défense de la patrie passa du côté des Danois. Il fut assassiné par le traître Edric son beau-frère.

Ce prince était en même temps roi de Danemark, de Norwège et d'Angleterre.

RACE DANOISE. 1. Canut le Grand 1016. 2. Harold I 1035. 3. Hardi Canut 1040.

Edouard, du sang de Cerdic, ayant succédé à son frère maternel, Canut II, prêta l'oreille aux calomnies des moines, persécuta sa mère Emma aux soins de laquelle il devait la couronne et la fit passer par l'épreuve du feu.

Robert archevêque de Cantorbéry, fut banni par une sentence des Etats comme la cause principale de la guerre civile.

15. Edouard III surnommé le Confesseur. 1041.

Edouard fit un code de lois pour tout son royaume. Il fut sanctifié après sa mort. On lui donna la vertu de guérir les écrouelles. C'était un prince indolent, faible, irrésolu. Elevé par une mère sainte, cependant il fut cruel envers elle à un point inouï. Il laissa sa femme vierge. Il fit mépriser son gouvernement qui fut celui des moines.

RACE DE GODWIN Harold II. 1066.

Harold fut élu par l'assemblée des États roi d'Angleterre. Guillaume, duc de Normandie, s'y opposa en vertu d'un testament d'Edouard et de la bulle du Pape qui excommunia tous ceux qui s'opposeraient à sa conquête. Il est vrai que pour obtenir cette bulle, Guillaume avait promis au pape de faire de l'Angleterre un fief du Saint-Siège.

Bataille de Hastings 1066.

Après la bataille d'Hastings, Stigand, archevêque de Canterbury, se rendit à Guillaume à condition qu'il n'enfreindrait pas ses privilèges. Dans cette révolution le clergé fut le premier à se soumettre.

L'abbé de Saint-Alban, zélé patriote, fut à la tête d'une conspiration contre le tyran Guillaume.

RACE NORMANDE.
Guillaume le Conquérant est le seul roi qui ait régné sur toute l'Angleterre.

L'intrépide Hereward de Wake s'était fortifié dans l'île d'Ely et avait bravé la fortune de Guillaume ; ce qu'ayant vu celui-ci, il confisqua les terres que les moines de cette île avaient en Angleterre et, pour lors, les moines livrèrent un poste par lequel les Normands s'emparèrent de l'île. Ainsi pour ravoir leurs biens temporels, les moines trahirent le reste des patriotes anglais. (Cette île d'Ely, dans le canton de Cambridge a servi souvent de refuge aux patriotes. [.......]

Religion.

Les vexations de Walcher, évêque de Durham, sont connues dans l'histoire par leur tragique fin. Les peuples ultimement irrités de ce qu'il voulait justifier le meurtre que ses gens avaient fait d'un gentilhomme, s'émeutèrent et le massacrèrent ainsi que sa suite.

L'évêque de Bayeux, frère de Guillaume, commit tant de rapines qu'il amassa des richesses immenses et conçut le projet de se faire élire pape, mais Guillaume le fit arrêter.

Gilbert, évêque de Lisieux, et l'abbé de Jumièges étaient médecins de Guillaume.

Guillaume mourant donna une partie de tous ses immenses trésors, fruit des vexations d'un règne de vingt-neuf ans, aux moines et aux églises.

Si l'avarice de Guillaume était la ruine de son peuple et s'il percevait 1.200 mille livres sterling de ce temps qui font 12 millions sterling d'aujourd'hui, en Angleterre seulement, sa passion pour la chasse n'était pas moins ruineuse et il dévasta dans le Hampshire un canton de près de
30 milles d'étendue, en détruisit les habitants et en rasa les 1082.
maisons et les plantations pour en faire le séjour des bêtes
fauves. Il institua la Cour de l'Echiquier pour examiner et 1071.
contrôler les comptes de tous les officiers employés à lever les revenus de la couronne et pour juger les délais et le défaut de paiement des redevables. Guillaume fit commencer et achever le cadastre comme sous le nom de Grand terrier d'Angleterre qui dura six ans à finir. Ce cadastre fut déposé dans le bureau de l'Echiquier.

2. Guillaume II dit le Roux. 1087.
Il mourut à la chasse d'une flèche destinée à un cerf.

5. Henri Ier dit Beauclerc 1100. Ce prince mourut sans enfant mâle, laissa que Mathilde mariée d'abord à l'Empereur et depuis à un Plantagenet. Henri II est son fils.

Depuis la mort de Guillaume, ses fils, Guillaume et Robert se disputèrent le royaume. Le premier, pour obtenir la prépondérance, fit distribuer de l'argent aux monastères et, en gagnant les moines, obtint la couronne.

Othon, évêque de Bayeux, et l'évêque de Durham étaient tous les deux à la tête des factions.

C'est du règne de Henri que datent les chartes des privilèges de la nation anglaise.

En vertu des décrets du concile de Lambeth, Mathilde, sœur d'Edgar l'Atheling et seul rejeton du sang de Cerdic, fut dispensée de ses vœux et placée sur le trône. Elle épousa Henri Ier.

1102. C'est alors que naquit la dispute sur l'investiture des évêchés et abbayes que les rois avaient toujours donnée. Anselme, archevêque de Cantorbéry, refusa de sacrer des évêques nommés par le Roi à moins qu'ils ne le fussent par le Pape. Enfin, Pascal occupant la chaire pontificale, l'on accommoda tout, et le Roi, en se désistant de l'investiture, et les évêques en accordant l'hommage. Ce fut aussi dans ce temps-là que l'on obligea le clergé à ne plus se marier, à l'exemple des moines.

1114 Les moines de Cantorbéry élisaient leur archevêque, les évêques le confirmaient et les Rois le mettaient en possession, témoin l'élection de Raoul.

1124. Cette année, le Pape envoya en Angleterre le cardinal Crema en qualité de légat. Dans un concile tenu à Londres, il établit un statut contre le mariage du clergé qu'il assura être un crime énorme et, la nuit venue, lui fut surpris dans le lit d'une concubine.

Etienne 1135. Bataille de l'Etendard gagnée sur les Ecossais 1138. — Bataille de Lincoln, gagnée par Mathilde à Etienne.

L'évêque de Winchester, frère du roi Étienne et légat, se laissa corrompre par l'impératrice Mathilde, sur ce que celle-ci lui promit de laisser à sa disposition les abbayes et les évêchés vacants et il prit les armes contre son frère. Quelque temps après, il retrahit de nouveau l'Impératrice.

Milon, comte de Hertford, ayant été excommunié fut tué d'un coup de flèche par un de ses vassaux.

L'archevêque de Cantorbéry ayant mis les États d'Étienne en interdit [condamna] tout le peuple et, quoiqu'il fût du parti ennemi, son interdit eut lieu et les services divins cessèrent. 1148.

Étienne signa une charte par laquelle il reconnut avoir été élu du consentement du clergé et du peuple. RACE DES PLANTAGENETS

Adrien IV pape, anglais de naissance, accorda une bulle à Henri II pour réduire l'Irlande sous son obéissance. Henri II, 1154. Henri II était fils d'une fille de Henri Ier et du duc d'Anjou.

Un clerc, ayant débauché la fille d'un gentilhomme du comté de Worcester, tua le père dans le moment que celui-ci venait pour saisir le séducteur. Il fut arrêté dans les prisons royales, mais Becket, archevêque de Cantorbéry, le fit enfermer dans ses prisons. Religion.

Quelques ecclésiastiques avaient en très peu de temps assassiné plus de cent personnes et avaient été soustraits au châtiment prescrit par les lois. Le roi Henri se plaignit de la corruption des juges ecclésiastiques qui, à force d'argent, palliaient les délits les plus énormes. Ce fut alors que l'archevêque soutint qu'ils ne devaient jamais exposer à une punition de mort aucun ecclésiastique quelque coupable qu'il fût. Les constitutions de Clarendon furent alors arrêtées par les évêques, mais désavouées par le Pape et 1163. l'archevêque Thomas Becket. Le pape Alexandre alors occupait la chaire de Saint-Pierre. Il désapprouva dix articles de seize, comme contraires aux canons de l'Église. Thomas Becket, archevêque de Cantorbéry et légat du pape, ayant irrité le Roi contre lui par toutes sortes de voies, fut condamné à voir confisqués tous ses biens temporels. On l'accusa de s'être approprié 300 livres. On lui demanda compte de 500 marcs qui lui avaient été prêtés lorsque l'armée était à Toulouse. On l'accusa d'avoir détourné les revenus de l'archevêché d'York et de plusieurs autres évêchés ou abbayes lorsqu'il était chancelier. Comme la première sentence était comme contumace, l'archevêque passe, la croix devant lui ; il ne parut que pour en appeler au Pape et comme on lui envoyait le comte de Leicester ordonner de se présenter devant la cour du Roi, il se retira et, à la vue de la croix, les gardes n'osèrent pas lui refuser la porte. Becket retiré auprès du Pape à Sens, tâchait de soulever tous les esprits. Il disait que sa cause était celle de Dieu, que le Christ était jugé en sa personne par un tribunal laïc et crucifié une seconde fois. Il écrivit au Roi une lettre dans laquelle il lui disait que le Roi tenait toute sa puissance de l'Église, que les prêtres étaient exemptés des lois humaines et que les séculiers étaient assujettis à la puissance ecclésiastique. Henri devait renoncer aux anciennes coutumes et prérogatives de la Couronne.

Les armes redoutables de l'excommunication étaient encore redoutées dans ce siècle. L'usage que l'on commençait à en faire cependant affaiblit bientôt la crainte qu'elles avaient inspirée et l'on se (moqua) que l'archevêque de Cantorbéry excommuniât deux gentilshommes pour avoir coupé la queue à leurs chevaux.

1174. L'évêque de Lincoln et celui de Pusey et de Durham étaient à la tête de factions différentes et commandaient les troupes en personne.

Henri se soumit à recevoir la discipline par la main des moines de Canterbury après avoir traversé la ville pieds nus.

1180. L'on voit dans le traité qui fut fait cette année entre les deux Rois, que la reine de France, sœur du roi d'Angleterre, retournerait à Paris et qu'on lui donnerait 7 livres par jour.

1182. Henri, fils du Roi, fit sa paix, à la condition qu'on lui donnerait 110 livres par jour pour sa subsistance.

Irlande. Ce fut sous le règne de Henri II, que l'Irlande fut unie à la couronne d'Angleterre. L'Irlande était divisée alors en cinq royaumes : Connaught, Leinster, Limerick, Meath et Ulster. Outre ces rois il y avait un grand nombre de princes indépendants. Le roi de Connaught était le chef de la confédération.

Les Celtes furent ceux qui peuplèrent l'Irlande et l'Angleterre. Vers le ve siècle, le christianisme s'introduisit. Les Danois et les Norvégiens s'étaient établis sur les côtes et habitaient Dublin, Limerick, Waterford, Wexford, Cork, etc. Les naturels du pays vivaient dans des cabanes couvertes de joncs et faites de claies.

Dermot-Mac-Morrough, roi de Leinster, enleva Dervorgil, fille de Melachtin prince de Meath et femme du seigneur de Breffny. Le roi de Connaught, Roderic, ayant uni ses forces au seigneur de Breffny parvint à le chasser. Dermot 1171.
se réfugia en Angleterre et demanda du secours à Henri qui lui permit de traiter avec ses barons. Richard, comte de Pembroke, surnommé Strongbow, s'engagea à secourir Dermot à condition que ce prince lui donnerait sa fille et le nommerait héritier de ses États. Il fit aussi des traités particuliers avec quelques autres puissants Anglais et partit pour l'Irlande où il se cacha l'hiver dans un monastère, parvint à chasser les ennemis de ses terres. Il donna à Hervé Montmorency deux districts près de la mer, par qui ils sont passés dans la maison d'Ormond. Dermot étant mort, le comte de Pembroke, époux de sa fille, lui succéda au royaume de Leinster. Cependant, les Irlandais se confédérèrent et auraient probablement écrasé les Anglais établis si Henri, à la tête d'une puissante armée, n'eût pris le parti de débarquer en Irlande. Tous les rois du pays lui jurèrent hom- 1171.
mage et, après avoir eu le serment du clergé, il repassa en Angleterre. Depuis les rois d'Angleterre y régnèrent toujours : ils y envoyaient un grand justicier.

La seconde année du règne de Richard, on prêcha de 2. Richard Ier Cœur de Lion. 1189.
tous côtés la Croisade. Dans cet enthousiasme les juifs n'étaient pas à l'abri des persécutions, la défaite avait été horrible. L'on se [souvint] de ceux d'York qui, obligés de se sauver dans la citadelle, sur ce que le gouverneur menaçait lui-même de les livrer à la fureur populaire, ils s'emparèrent de la garnison et résistèrent longtemps aux forces réunies du shérif de la province et finalement mirent le feu au château et périrent tous dans les flammes. 1190.

Richard, de retour de sa captivité, se fit recouronner et reprit toutes les terres de la Couronne qui étaient entre les mains des engagistes. Sous le règne de Richard, il exigea par quatre fois que les chartes fussent scellées avec autant de nouveaux sceaux, pour en retirer le produit : abus étonnant de l'autorité arbitraire.

Richard voulant élever un château aux Andelys demanda à l'archevêque de Rouen de lui en céder le terrain moyennant l'équivalent. Ce château était nécessaire pour empêcher le passage [de la rivière]. Mais le prélat opiniâtre mit en interdit le duché.

L'évêque de Beauvais ayant été fait prisonnier, le Pape sollicita sa sortie. Richard (lui envoya) la cuirasse que portait le prêtre le jour du combat avec cette inscription : « Reconnaissez-vous la tunique de votre fils? »

Le Pape mit la France et la Normandie en interdit parce que son ancien précepteur, l'évêque de Cambray, avait
1199. été fait prisonnier les armes à la main par le roi de France.

3. Jean sans Terre. 1199. Jean obtint une sentence de divorce sous prétexte d'impuissance. L'archevêque de Bordeaux la lui accorda.

1206. Une intrigue des moines de Cantorbéry contribua plus aux malheurs de Jean sans Terre que son despotisme et sa tyrannie. L'archevêque de Cantorbéry étant mort, les moines du couvent de Christ s'assemblèrent de nuit pour élire Réginald et craignant l'opposition des évêques suffragants, l'envoyèrent à Rome pour obtenir la confirmation. Mécontents ensuite de leur choix, ils élurent l'évêque de Norwich à la recommandation du Roi. Innocent, qui voulait placer sa créature, fit élire Langton par les moines qui étaient à Rome. Jean, furieux, chassa d'Angleterre les moines de Christ. Innocent alors fit jeter l'interdit par l'évêque de Londres et trois ou quatre autres qui, immédiatement après, se sauvèrent en France. Leur temporel
1209. fut saisi, l'on excommunia le Roi.

1212. Cette année, les choses étaient si empirées que le Pape donna une bulle par laquelle l'on dispensait les Anglais du serment de fidélité et l'on excommuniait quiconque hanterait le Roi.

Cependant les Barons exilés par les moines et par le despotisme de Jean se liguèrent et résolurent de le détrôner. Pandolfe, légat du Pape, vint dans ces circonstances lui offrir la paix de l'Église. Philippe, roi de France, avec 60,000 hommes et une flotte considérable attendait le moment de passer les mers et se joindre aux ligués lorsque le vil monarque fit la paix avec Rome, mit son royaume sous la protection du Vatican et prêta hommage au Pape le 15 mai à Douvres et s'obligea à payer un tribut annuel de 700 marcs pour l'Angleterre et de 300 pour l'Irlande. Cette démarche ignominieuse fit mépriser le Roi au delà de l'imaginable. Un ermite, à cette époque, lui prédit la perte de la couronne avant la fin de l'année. Il le fit pendre. Les Barons et généralement la nation demanda à être réintégrée dans les libertés accordées par Etienne et Henri Ier. Ils prirent les armes, s'emparèrent de Londres et le Roi fugitif leur accorda leur demande et la charte, nommée Magna Charta ou la Grande Charte, fondement de la liberté anglaise.

1213.

Dès cette époque, la Marine anglaise était formidable. Celle de Philippe-Auguste fut détruite en plusieurs combats.

Le comte de Pembroke était à la tête des Patriotes.

1215.

Magna Charta confirme la liberté des élections pour le clergé ; dit que les ecclésiastiques ne seront pas mis à l'amende proportionnellement à leurs bénéfices, mais dans le rapport de leurs biens patrimoniaux ; fixe la redevance des comtés et baronnies et autres fiefs ; ordonne que les barons rentreront dans les terres de leurs vassaux confisquées pour félonie un an et un jour après qu'elles auront été entre les mains du Roi ; que les veuves ne pourront être contraintes à se marier sans leur inclination ni à payer aucun droit pour leur douaire ; qu'il ne sera levé aucun scutage ou droit d'aide sans le consentement du conseil d'État, excepté le cas de paiement de rançon du roi, ou s'il s'agissait de faire son fils chevalier ou de marier sa fille aînée ; qu'aucun homme libre ne pourra être arrêté, emprisonné et dépouillé de ses francs-fiefs, libertés ou coutumes libres que par un jugement légal de ses pairs ;

Grande Charte. 1215.

que les shérifs ne tiendront leur cour qu'une fois par mois et que, ainsi que les châtelains, les officiers enquêteurs et les baillis du roi, ils ne pourront tenir les plaids de la Couronne; que les shérifs chargés de l'administration des revenus de la Couronne dans les différents districts, ne pourront augmenter à leur gré le prix des fermes dans les comtés, centaines et dizaines, excepté dans les manoirs des domaines du Roi; que le peuple ne pourra être malicieusement poursuivi ni inquiété sans une preuve légale pour ce qui regarde la fourniture des vivres et autres services; que les amendes pécuniaires seront proportionnelles à l'offense et aux moyens du coupable, en sorte qu'elles ne puissent être prises sur les biens fonds ni sur ce qui pourrait l'empêcher de suivre sa vocation, mais qu'elles seront imposées sur le rapport de douze notables du voisinage.

La *Charta foresta*, outre plusieurs règlements sur les forêts, convertit les peines de ceux qui avaient tué une bête féroce en une amende ou, en cas d'insolvabilité, en un an de prison. Le Pape anathématisa la Grande Charte et ordonna aux Barons par une lettre impérieuse et ridicule de se soumettre à leur souverain. Un corps de 40,000 hommes qui passait de France en Angleterre fut englouti
1216. dans les flots.

1217. Les confédérés offrirent la couronne à Louis, fils de Philippe roi de France, qui, malgré les défenses du Pape, débarqua à Sandwich le 21 mai.

4. Henri III dit de Winchester 1216. Ce prince avait épousé une Française.

Le Roi avait accordé au Pape le dixième de ses biens meubles, mais la nation assemblée à Winchester refusa d'y acquiescer et lui donna seulement un don gratuit.

Le Roi demanda de nouveaux subsides à la nation. C'est depuis le règne de ce prince que l'on voit que la nation eut la faculté de refuser les impôts.

Parlement. 1232. *Les Barons assemblées* envoyèrent dire au Roi d'éloigner de ses conseils et états Pierre, évêque de Winchester, sans quoi ils seraient obligés de le chasser lui-même du trône. Le parlement de Westminster jugea l'évêque de Winchester quoique premier ministre et le grand trésorier 1234. [Lovel] que, par la crainte du Pape, l'on craignit de condamner, mais on les expulsa du royaume. L'évêque de Chichester remplaça l'évêque de Winchester et comme le Roi lui fit redemander les sceaux, il refusa de les donner 1236. sans un ordre du conseil. Le Parlement refusa d'accorder les subsides au Roi sous prétexte du mauvais usage qu'il avait fait de ceux qui lui avaient été accordés précédemment, mais, sur ses promesses réitérées d'un changement de conduite, sur ce qu'il jura de nouveau d'être fidèle à la Grande Charte, sur ce qu'il désavoua une bulle du Pape qui lui était favorable, on lui accorda sa demande. L'évêque de Valence gouvernait alors le royaume comme oncle de la Reine, mais les seigneurs outrés de ses vexations l'obligèrent à se sauver en France.

Au parlement tenu cette année, Henri demanda encore 1241. des subsides qui lui furent refusés en lui demandant compte de ceux qui lui avaient été accordés précédemment.

Le Parlement, outré de la mauvaise conduite du Roi et 1244. du mauvais usage qu'il faisait des subsides que l'on lui avait accordés, demanda de nommer à l'avenir aux dignités de chancelier et de justicier, proposa d'établir les seigneurs du conseil du Roi en qualité de conservateurs des libertés du royaume avec pouvoir d'employer les deniers publics. Il proposa encore de nommer deux barons pour la cour de l'Echiquier, etc.

Les Barons députèrent de leur propre autorité vers le 1245. nonce du Pape pour lui enjoindre de sortir du royaume. Ils envoyèrent aussi des députés au concile de Lyon.

Pour avoir des subsides du Parlement, Henri fit mine 1248. de vouloir intimider le Parlement, mais il ne réussit pas et on lui refusa tout secours, ce qui le força à vendre ses joyaux et sa vaisselle que les habitants de Londres achetèrent.

La ville de Londres acheta 5.000 marcs le privilège de faire 1251.

prêter à son maire serment devant les barons de l'Echiquier et non devant le Roi.

1253. Au parlement tenu cette année à Westminster, l'on accorda au Roi un subside pour rétablir les affaires de Gascogne et, en conséquence, il jura de maintenir les deux fameuses chartes. Il appela tous les Seigneurs tant spirituels que temporels. Chacun d'eux parut dans la salle de Westminster, un cierge allumé à la main, pendant que le Roi tenait sa main droite sur son cœur pour marquer sa sincérité. Alors, l'archevêque de Cantorbéry prononça à haute voix le plus terrible anathème contre tous ceux qui s'opposeraient directement ou indirectement à l'exécution des deux chartes ou qui altéreraient la constitution du Royaume. Après quoi, tous les assistants jetèrent leur cierge en s'écriant : « Que tous les infracteurs des deux chartes puissent être ainsi consumés par le feu des enfers. »

1255. Il demanda des subsides à son Parlement qui les lui refusa et promit de les lui accorder s'il voulait leur abandonner désormais le lord grand trésorier, sans qu'il dépendît désormais de l'autorité royale.

1258. Statuts d'Oxford. C'est cette année que furent arrêtés les célèbres Statuts d'Oxford. Ils contenaient que la place de grand justicier serait donnée à un homme dont on connaîtrait les talents et l'équité, que le Conseil des 24, moitié élu par le Parlement et moitié par le Roi, nommerait aux places de trésoriers et de juges et que le Parlement s'assemblerait trois fois par an et d'autres clauses de cette nature.

Simon de Montfort comte de Leicester. Cependant le parti de la Cour résolut de s'opposer aux entreprises des Barons. Simon de Montfort, comte de Leicester, était à la tête des patriotes. Après différentes révolutions, la guerre enfin se déclara entre les Barons et le Roi,
263. mais la paix se fit en chassant tous les étrangers du Royaume et moyennant la promesse que fit le Roi d'observer les Statuts d'Oxford, etc., etc.

Bataille de Lewes gagnée. Le Roi fut fait prisonnier à cette bataille et, depuis, Montfort gouverna sous son nom. Cependant, le plus bel acte de son administration fut la participation qu'il donna au peuple en l'admettant au Parlement. C'est l'époque où les communes furent admises au pouvoir législatif. Les Barons et le Clergé [gardaient] seulement le droit d'y siéger.

par les patriotes sur Royalistes. 1264

Le peuple admis au parlement.

Ce parlement établit une nouvelle espèce de gouvernement. Il partagea la puissance exécutive entre le Roi et un conseil composé de trois commissaires et de neuf seigneurs à leur choix. Ceux-ci avaient le droit de nommer aux charges. Le Roi, du consentement du Parlement, aurait pu changer les commissaires. Les délibérations des conseillers devaient passer avec six voix et, dans le cas qu'elles n'y fussent pas, les affaires étaient adjugées aux trois commissaires. En conséquence le comte de Leicester, le comte de Glocester avec l'évêque de Chichester commencèrent à choisir neuf conseillers et gouvernèrent l'état.

Le C. de Pembroke obtint la grande Charte. 1258.

Le C. Leicester les Statuts d'Oxford. 1258.

Au parlement que le comte de Leicester convoqua l'année suivante, chaque comté y eut deux chevaliers pour représentants, chaque ville et bourg y députa deux bourgeois.

Mais le Roi ayant été vainqueur par la défection du comte de Glocester à la cause commune rentra dans tous ses droits primitifs.

Bataille d'Évesham. Le comte de Leicester y est tué. Ainsi périt un des plus grands hommes d'Angleterre et avec lui l'espoir qu'avait eu sa nation de voir l'autorité royale diminuée.

Les histoires sont pleines des vexations du clergé italien qui possédait les plus beaux bénéfices du Royaume. Cette année, le peuple se révolta et les Italiens furent vexés de tous côtés.

Le Pape Grégoire fit un marché avec le peuple de Rome pour qu'il lui prêtât des secours contre l'Empereur, et il leur promettait que leurs parents seraient pourvus des bénéfices anglais et, en conséquence, envoya ordre aux évêques de Londres de réserver pour le clergé romain trois cents des premiers bénéfices sous peine d'être suspendus. Il n'y eut pas de voie que le légat Othon ne prît pour faire de l'argent jusqu'à forcer ceux qui avaient pris la croix à s'en désister moyennant de l'argent.

1240.

Comte de Glocester.

1244. Le légat Martin avait des pouvoirs qui l'autorisaient à excommunier tous ceux qu'il trouverait rebelles à ses ordres. Il avait entre autres commissions celle de faire pourvoir les partisans de la cour de Rome de 30 marcs de pension.

1245. « Je vois bien, dit le pape Innocent, qu'il faut faire ma paix avec l'Empereur pour humilier ces petits princes : car, lorsque le grand dragon sera apaisé, nous n'aurons pas de peine à dévorer ces petits serpents. »

1246. Le Pape réclamait comme son bien les biens personnels des ecclésiastiques qui mouraient *ab intestat* : toutes les richesses acquises par fraude, tous les effets accumulés par usure, tous les legs faits pour restitution ou pour œuvres pies et, comme l'on hésitait d'acquiescer à ces demandes exorbitantes, il excommunia le Roi qui céda aussitôt.

260. Lorsque le Roi se crut en force pour manquer impunément aux Statuts d'Oxford, il s'adressa au Pape et lui demanda d'être relevé du serment qu'il avait fait d'observer ces Statuts. Urbain IV lui accorda une bulle en conséquence.

1266. Clément IV excommuniait les patriotes morts ou vivants et mettait leurs terres en interdit.

1267. Lorsque le comte de Glocester vit que le Roi ne voulait pas observer les Statuts d'Oxford, il se repentit d'avoir été opposé aux Patriotes et leva l'étendard de la liberté ; le Légat l'excommunia aussitôt.

Edouard Ier Longues jambes. Le système municipal des lois anglaises est dû à Édouard. Elles furent arrêtées au parlement de Glocester sous le nom de Statuts de Winchester (1278).

1286. A celui de Westminster, on établit un nouveau code de lois contre les vols et les coupes des bois, etc. Statuts de Westminster et de Winchester.

1288. Le Parlement refusa d'accorder des subsides si le Roi ne les [demandait] en personne. Edouard qui était depuis longtemps en Gascogne, fut obligé de retourner dans l'Ile.

La mort de Lewellyn et le supplice de David soumirent 1284.
le pays de Galles au roi d'Angleterre ; depuis cette époque, ce pays a toujours été une province du Royaume. Les habitants de Galles descendaient des anciens Bretons qui, obligés d'abandonner leur pays après les victoires de Cerdic et des autres Saxons, se retirèrent dans cette province.

L'on conclut un traité de mariage entre Édouard et la fille 1294.
de Philippe le Hardi, roi de France, et les clauses étaient que le fils qui proviendrait de ce mariage aurait pour lui et ses descendants la Guienne. En conséquence, il fallut que le roi d'Angleterre rendit la Guienne au roi de France qui devait la garder quarante jours, après cela la rendre, en mettant dans l'acte la clause ci-dessus mentionnée. Le roi de France la garda et ne voulut plus rendre la Guienne, ce qui fut la cause de la guerre qui s'alluma entre les deux nations.

L'équipage d'un vaisseau anglais fut pendu à la grande 1293.
vergue sans excepter aucun matelot.

Dès ce temps-là, la marine anglaise était supérieure à la française ; les flottes qu'équipèrent les cinq ports interceptèrent absolument le commerce de cette nation et celle que le Roi fit équiper ravagea toute la côte de France.

Le Parlement, assemblé à Westminster, était composé Grand
des députés des villes et bourgs, ce qui était en pratique Parlement.
depuis bien des années, mais, disent les historiens, ce fut à 1295.
celui-ci où cela fut exécuté très parfaitement.

Après la mort d'Alexandre III, roi d'Écosse, il y eut 1291.
douze prétendants qui ayant remis leurs causes entre les mains d'Édouard, celui-ci choisit Baliol et le couronna roi. Baliol lui jura hommage et quelque temps après se ligua avec le Roi de France, mais, battu par Édouard, il fut obligé de renoncer à la couronne et de céder ses droits au Roi d'Angleterre dans le château de Kincardin. Après quoi le Roi convoqua un parlement à Berwick, lequel renonça à l'alliance de la France et prêta serment de fidélité au Roi. L'Écosse fut unie à la couronne anglaise.

1298. Comme le Roi avait commis quelque chose contre les privilèges de la Nation, les Barons refusèrent de marcher contre le Roi de France.

Wallace. Cette année, parut en Écosse le célèbre patriote Wallace, homme rare, comparable à tout ce que le monde a jamais produit de plus grand. Il déploya parmi ses compatriotes le drapeau de la liberté. Il battit les Anglais à la bataille de Stirling, leur tua cinq mille hommes, fut
A Falkirk, les Ecossais perdirent 13 000 hommes et les Anglais 100. déclaré régent du Royaume, fut battu à Falkirk par la trahison des Comyns et des Stuarts et se démit de la régence pour ne pas donner de jalousie aux Seigneurs. Comyn fut déclaré régent, fut d'abord battu par le Roi en personne et ensuite par trois armées anglaises à Roslin
1304. (1302).

La paix se fit cette année. Les Écossais rentrèrent sous le joug et tout fut pardonné. Wallace seul fut excepté. L'année suivante, le célèbre Wallace fut pris par Monteith et mourut par le supplice des criminels.

1299. Edouard, pour encourager la nation contre les Ecossais et engager le Parlement à lui accorder un subside, fit publier la Grande Charte et les statuts constitutifs de la liberté nationale.

Robert Bruce. Bruce avait été un des prétendants à la couronne d'Ecosse. Voyant Baliol mort, Wallace prisonnier, il conçut le projet de rendre la liberté à sa patrie, communiqua son plan à Comyn qui le trahit et l'envoya au roi. Tandis que Bruce était à Londres, il parvint à se sauver et arrivé en Ecosse prit les armes, tua de sa propre main le traître
306. Comyn et fortifia son parti. Les évêques se déclarèrent pour lui. Les troupes qui avaient servi sous Wallace le joignirent et il se fit couronner par la comtesse de Buchan, sœur du comte de Fife, d'après une maxime sacrée que ce serait une personne de cette famille qui placerait la couronne sur la tête d'un de leurs rois; est battu
1307. par le comte de Pembroke; il revient encore, rallie son parti, bat Pembroke, bat le comte de Glocester; battu à

son tour, il était perdu sans ressource si à cette époque ne fût mort le roi Edouard.

Les juifs furent chassés du royaume et plusieurs milliers périrent par les fureurs de la populace. Le clergé fut si satisfait de cette expulsion qu'il accorda un dixième de ses revenus au Roi et engagea la noblesse à lui accorder le quinzième en forme de dédommagement. Religion. 1290.

Baliol, roi d'Ecosse, avait juré fidélité à Edouard. Il obtint la dispense de son serment de la cour de Rome. 1296.

Le Pape défendit à l'archevêque de Cantorbéry d'accorder des subsides au Roi. Celui-ci indigné sut si bien employer son pouvoir qu'il l'obligea de payer de fortes amendes après les soumissions les plus humiliantes. 1297.

Les Ecossais battus envoyèrent des ambassadeurs à Rome pour implorer la protection du Pape et lui offrir la souveraineté de leur royaume, ce qui fut accepté, et aussitôt on expédia une bulle en Angleterre pour défendre de passer outre, mais le Parlement écrivit au Pape et lui fit passer l'envie de se mêler de cette affaire. 1300.

Comme l'évêque de Winchelsea refusait de contribuer au subside, Edouard s'adressa au Pape qui lui accorda le dixième des biens temporels moyennant qu'ils partageraient. 1301.

Le trésor gardé dans l'abbaye de Westminster fut volé et l'Echiquier perdit plus de 100.000 livres sterling. L'abbé, cinquante moines et trente frères furent mis en prison. 1303.

Gaveston, favori du monarque, fut chargé d'honneurs et devint bientôt le sujet de la haine des barons et du peuple. Son ignorance de la constitution, — il était gascon — son orgueil lui attira bientôt la haine du Parlement. Le Roi fut forcé de confier à douze personnes élues par le Parlement le pouvoir de régler le royaume. Edouard II surnommé de Caernarvon 1307. épousa une française. 1310. Gaveston.

Ce comité montra bientôt sa haine pour Gaveston. Il fut déclaré ennemi du Roi et banni à perpétuité. D'autres mauvais conseillers furent éloignés du Roi. Le Roi eut défense de sortir du royaume, qu'il ne pourrait déclarer la 1311.

guerre. S'il passait dans le continent, le Parlement aurait la liberté de nommer un régent; que le Parlement nommerait aux grandes charges de la Couronne, etc., etc., etc.; qu'il serait choisi dans chaque Parlement un évêque, deux comtes et autant de barons pour recevoir des plaintes contre les ministres du Roi.

1312. Le favori du Roi ayant eu l'imprudence de retourner, les patriotes sous les ordres de Lancastre le prirent et le firent mourir et la paix se fit.

1310. Robert Bruce, plein de ressources, se releva bientôt de sa défaite et conclut une trêve où il acheva de raffermir son autorité, battit à Inverary ses rivaux, les Comyns, bat le roi Edouard à Stirling, lui tue 20.000 hommes et rem-
1314. porte avec 30.000 hommes une victoire complète sur 100.000. En 1321 il battit encore une fois l'armée royale près de l'abbaye de Bycland.

1312. La célèbre affaire des Templiers est de cette année. Philippe le Bel les fit arrêter dans tout son royaume. On les accusa au Concile de Vienne d'hérésie. Ils possédaient alors 16.000 seigneuries dans les différents États chrétiens. On leur chercha en vain des crimes. L'archevêque de Winchelsey à la tête du synode, les déclara innocents, ce qui n'empêcha pas d'exécuter la bulle du pape Clément IV. Leurs biens furent donnés aux chevaliers de Malte par le Pape.

1315. Le Roi confirma les Grandes Chartes et nomma des commissaires pour la vente des forêts, ressource ordinaire des monarques anglais pour exciter le patriotisme. Aussi le Parlement lui donna-t-il un subside.

1316. La description que les historiens nous ont laissée de la famine que l'on éprouva cette année fait frémir.

1318. Huit évêques, quatre comtes et quatre barons furent choisis pour régler les affaires de la nation dans la distance d'un Parlement à l'autre.

Les barons irrités de l'orgueil du favori Despencer s'unirent pour le perdre. Hugues d'Andeley, Roger d'Amory,

Roger Mortimer, Jean Mowbray, le comte d'Hereford, Roger Clifford, etc., etc., etc., etc., demandèrent à main 1321. armée le favori pour l'immoler à la haine publique. Le prince refusa et fut aussitôt assiégé dans Londres. Le comte de Lancaster s'unit aux confédérés, le Parlement de Westminster condamna les favoris à l'exil et leurs biens à être confisqués. Mais les favoris revinrent : on recourut aux armes. Hereford fut pris ; Lancaster pris fut condamné, 1322. par une espèce de conseil militaire, à mort avec neuf pairs de son parti. Ainsi périt l'élite des patriotes.

La reine Isabelle, sœur du roi de France, Charles le Bel, 1326. ennemie jurée de son mari et des favoris, de concert avec Mortimer avec qui elle vivait intimement, passa en Angleterre et au nom du roi, le jeune Edouard, fils du roi régnant, elle leva une armée et marcha contre son mari, prit le vieux Despencer alors âgé de quatre-vingt-dix ans et le fit mourir, prit le Roi lui-même, ainsi que Hugues Despencer le favori, objet de la haine publique qui subit le même châtiment que son père.

Le Parlement de Westminster déposa Edouard II, le 1327. déclara déchu de la couronne. On fit alors le procès du roi. L'évêque de Winchester dressa les six chefs d'accusation portant : 1° qu'il manquait de capacité puisqu'il s'était laissé gouverner par des favoris sans honneur ni probité ; 2° qu'il n'avait pas voulu prêter les oreilles aux sages avis des hommes les plus éclairés ; 3° qu'il avait employé son temps d'une manière indigne d'un monarque ; 4° que par sa mauvaise conduite il avait perdu le royaume d'Ecosse ; 5° qu'il avait opprimé la sainte Eglise ; 6° qu'il avait ruiné ses peuples et les avait abandonnés, et, d'autant plus qu'il n'y avait pas à espérer qu'il se corrigeât, il fallait le déposer. Le jeune Edouard fut donc couronné et son père ne s'appela plus que Edouard de Caernavon, père du roi.

L'histoire accuse l'évêque d'Hereford d'avoir imaginé de faire périr Edouard par le supplice le plus horrible. On

327. lui introduisit un fer rouge par le fondement afin qu'il ne restât aucune trace.

Édouard III surnommé de Windsor. Édouard II déposé, son fils Édouard III fut couronné. Comme il n'avait que quatorze ans, on lui nomma un conseil de régence.

1328. La paix avec Bruce, roi d'Écosse, fut conclue et lui fut reconnu roi indépendant et la couronne rétablie dans ses anciens privilèges. Mortimer, le courtisan de la reine Isabelle, voulut faire violence au parlement de Salisbury, ce qui acheva de le perdre dans l'esprit de la nation. Sa hauteur, sa prodigalité. — Le comte de Lancastre, secondé de l'archevêque de Cantorbéry, de l'évêque de Londres, etc., rallie les patriotes et la guerre s'allume. — Cependant Mortimer triomphait. Le comte de Kent, son ennemi particulier, est accusé et condamné par le Parlement à perdre la tête, mais la nation fut si indignée que l'on ne trouva pas un seul homme pour l'exécuter et, après être resté une journée entière sur l'échafaud, un criminel lui servit de bourreau. Le comte de Kent était oncle du Roi. Mais bientôt lui-
1330. même arrêté par les ordres du Roi à Nottingham est condamné par le parlement de Westminster. Il périt sur l'échafaud.

1333. Dans les plaines de Halidon-Hill, Édouard battit les Écossais, leur tua vingt mille hommes et n'eut que quatorze hommes de tués. Cette victoire rétablit Baliol sur le trône et valut à Édouard le renouvellement d'hommage.

1340. Les Flamands ne suivaient Édouard qu'avec répugnance lorsque celui-ci s'avisa de prendre le titre de roi de France, ce qui détruisit leurs scrupules.

Cette année, Édouard en personne remporta la bataille navale de Blackemberg où vingt mille Français et deux amiraux furent tués et deux cent trente de leurs vaisseaux pris.

1341. Jean Stratford, archevêque de Cantorbéry, fut accusé et refusa de répondre qu'au Parlement.

1343. Le Parlement de cette année fut le premier où l'on aperçoit des distinctions de chambres. Les comtes, barons, prélats délibèrent dans la Chambre Blanche pendant que les chevaliers des comtés et les députés des villes et bourgs les examinèrent dans la Chambre peinte du palais.

Bataille de Crécy où deux rois, plusieurs autres seigneurs indépendants et seigneurs bannerets, 1.200 chevaliers, 150 gentilshommes, 4.000 hommes d'armes et 3.000 hommes d'infanterie restèrent du côté des Français sur le champ de bataille. Trois chevaliers et un petit nombre de soldats furent toute la perte des Anglais. 1346. 23000 hommes d'armes 1200 chevaliers 1600 fantassins L'armée française forte de 100000.

Bataille de Bear-Park remportée par la reine, femme d'Édouard, sur les Écossais. 13.000 de ces derniers restèrent sur le champ de bataille et le Roi fut fait prisonnier. C'était David.

Institution de l'ordre de la Jarretière, en l'honneur de saint Georges, patron d'Angleterre. 1350.

Combat naval de Winchesley. Édouard en personne, avec quarante-trois vaisseaux, détruisit quarante-quatre vaisseaux espagnols et en prit vingt-quatre.

Bataille de Poitiers où Jean, roi de France, à la tête de 60.000 cavaliers et d'un plus grand nombre de fantassins, fut battu par le Prince Noir, fut fait prisonnier : 2 ducs, 19 comtes, 5.000 hommes d'armes, 8.000 fantassins, (furent tués), 2.000 furent faits prisonniers, entre autres l'archevêque de Sens. 1356.

Édouard Baliol résigna la couronne à Édouard, roi d'Angleterre, qui lui fit une pension de 2.000 livres sterling. 1355.

Une flotte flamande fut battue par les Anglais. 1371.

Le grand Édouard, tombé en enfance, se faisait gouverner par une femme nommée Alice Perrers, mais le Parlement de cette année remédia aux abus affreux qui s'introduisaient dans l'administration [des finances]. La favorite fut exilée et ses biens confisqués. Plusieurs favoris furent condamnés à des amendes considérables et Richard Lyons fut accusé également pour avoir affermé les droits du Roi. 1375.

Mort du Prince Noir, l'espérance de la Nation, vainqueur 1376.

à Crécy, à Poitiers. — La Guienne et l'Espagne furent le
1377. théâtre de ses exploits.

1381. Mort du Roi, abandonné de tout le monde. Alice Perrers le dépouilla de ses bijoux et de ses joyaux et le quitta.

Richard II surnommé de Bordeaux. Il avait épousé une Française. Il était fils du célèbre Prince Noir.

Les tenanciers en nature qui s'étaient enrichis par le commerce, avaient déjà fait plusieurs tentatives pour recouvrer leur liberté. L'impôt que le Parlement accorda pour payer les 160.000 livres sterling que le Roi devait, tombait principalement sur eux. Les collecteurs l'ayant perçu, commettant des vexations, les mirent au désespoir et animés par un nommé Walter, tuilier, ou Wat-Tyler qui, ayant refusé de payer pour sa fille comme n'ayant pas l'âge, le collecteur voulut voir si elle était nubile ; le père indigné le tua. Les peuples d'Essex, de Kent, de Sussex, Surrey, Herford, Suffolk, se joignirent à lui, et bientôt au nombre de 100.000 hommes vinrent aux portes de Londres. Ils présentèrent au Roi une liste de leurs demandes consistant en une exemption générale d'esclavage et de servitude, une entière liberté de vendre et d'acheter dans les villes, bourgs, etc., la réduction à quatre sols par acre de la rente des terres tenues en roture et une amnistie du passé. Une partie des peuples reçurent ces conditions et se retirèrent, mais Tyler était inflexible. Dans la conférence qu'il eut avec le Roi à Smith-Field, il traita le Roi en inférieur ; il voulut, dit-on, assassiner le Roi et fut prévenu par Walworth. Alors le peuple qui était sous ses ordres accepta la paix. Une autre foule pilla l'abbaye de Saint-Alban et en brûla les chartes.

L'évêque de Norwich, célèbre guerrier, les dispersa. Les évêques portaient les armes. Dans toutes les batailles on en voit un grand nombre : l'évêque de Durham, l'archevêque d'York, l'évêque de Carlisle, l'évêque de Lincoln, l'archevêque de Cantorbéry commandaient à la bataille de Bear-Park.

Jean Ball, prêtre, était un chef du parti du peuple. Bientôt après, le Roi révoqua leur charte. Ils prirent les armes, mais battus à Billemay et à Sudbury, ils furent détruits.

Ce même évêque de Norwich remporta cette année une 1383.
grande victoire à Gravelines et fit d'immenses ravages en France.

Le Roi environné de l'archevêque d'York, du duc Comte de
d'Irlande, du comte de Suffolk, se livrait à toute la crapule Suffolk.
de la débauche.

Le Parlement de Winchester, loin d'accorder au Roi les 1386.
subsides qu'il demanda, commença par faire le procès au favori, comte de Suffolk, lui ôta les sceaux. On ôta la charge de trésorier à l'Évêque de Durham. Suffolk fut mis en prison. Onze seigneurs furent élus pour réformer les abus et prendre connaissance de l'état du trésor depuis l'avènement du Roi à la couronne. Le Roi jura de se soumettre à la commission. Il établit un conseil composé de onze personnes pour réformer la maison du Roi et réformer tout ce qui lui paraîtrait vicieux. Il établit encore une autre commission. Enfin tous ces établissements tendaient à affaiblir l'autorité du Roi. Des subsides furent accordés et déposés entre les mains du comte d'Arundel, grand amiral. Richard, le dernier jour de la session, osa protester.

Le comte d'Arundel battit une flotte composée de Fran- 1387.
çais, Flamands, Espagnols, prit l'amiral flamand et 56 vaisseaux et 126 (vaisseaux) marchands.

Cependant le Roi rappela les favoris : alors, le Comte de Glocester et le Duc d'York, oncles du Roi, les Comtes
d'Arundel, de Warwick, de Nottingham, de Derby, etc., 1388.
se liguèrent, coururent aux armes et arrivèrent triomphants à Londres.

Le Parlement *inexorable* qui s'assembla cette année dépouilla l'évêque d'York de son temporel et cet archevêque alla vivre en Flandre servant une cure de paroisse. Les Favoris, ci-dessus nommés, furent condamnés à être pendus et écartelés. Trésilian, chef de la justice, fut exécuté sur-le-champ, ainsi que sir Bramber, sir Burley qui avait élevé le Roi depuis son enfance, Beauchamp, Salisbury, Berners, etc., etc., etc. Le Roi, comme ayant manqué à son serment, fut déclaré déchu de la couronne et fut de nouveau couronné. Le comte d'Arundel déclaré grand amiral malgré le Roi qui lui avait ôté sa charge.

1389. Le Roi écrivit à tous les shérifs qu'il avait jugé à propos de reprendre l'administration de son royaume et de supprimer les commissions : en conséquence, toutes les mesures prises par le Parlement furent culbutées et toutes les personnes qu'il avait mises en place déposées.

Un noble, monnaie qui valait 6 shellings et 8 sols.

1397. Tous les patriotes abandonnent la cour du Roi qui, tremblant, fait saisir le Duc de Glocester son oncle et le fait étouffer à Calais. Thomas, archevêque de Cantorbéry, fut condamné par le Parlement et exilé. Le Comte d'Arundel fut pendu. Le Roi voulut être spectateur de cette terrible scène. Il mourut martyr de la liberté de son pays.

Henri, comte de Lancastre, ci-devant comte de Derby, passe en Angleterre pour venger sa nation : il était cousin germain du Roi.

399. Les vexations du Roi étaient à leur comble. Entouré de lâches corrupteurs, livré à la débauche, il fut abandonné de tous les siens et livré au Parlement qui révoqua son serment d'obéissance, le déposa et élut Henri, comte de Lancastre à sa place.

Le principal avantage de la constitution anglaise est sans doute en ce que l'esprit national est toujours en haleine et a les yeux sur la conduite du roi qui, sans doute, peut bien, pendant bien des années, s'arroger plus d'autorité qu'il n'en a, commettre même des injustices, vu son grand pouvoir, mais les cris de la nation se changent bientôt en foudre et le roi succombe tôt ou tard. Il faut beaucoup d'énergie pour que ce gouvernement se maintienne. Il y faut de temps en temps de grands remèdes, violents même, aussi cette nation est celle de l'Europe qui a, je crois, été sujette aux plus grandes révolutions.

Henri de Lancastre, cousin germain du Roi, fut nommé par le Parlement au trône au détriment du duc d'York. L'archevêque de Cantorbéry commença le parlement par un discours sur son autorité comme lors de la déposition d'Édouard II : l'archevêque d'alors commença par le texte : La voix du peuple est la voix de Dieu. Henri IV surnommé de Bolingbroke 1399.

L'abbé de Westminster était à la tête de la conspiration qui se trama cette année contre le Roi. 1400.

Les Lollards [sectateurs] de Wiclef, secte religieuse, commencèrent à être puissants. Le parlement de cette année leur ordonna de se rétracter sous peine d'être brûlés et, en conséquence, l'on commença à dresser des bûchers. 1401.

Le comte de Northumberland, plusieurs autres seigneurs anglais et les Écossais se liguent et font la guerre à Henri qui les battit à la journée de Shrewsbury. L'archevêque d'York périt sur un échafaud par une sentence séculière. 1403.

Un tailleur nommé Bodby déclama contre la présence réelle dans le Saint-Sacrement. Arrêté par la sollicitation du clergé, on le condamna à être brûlé. Le Roi, témoin de l'exécution, voulut lui faire grâce au moment où les flammes gagnaient, si lui voulait se rétracter. Il refusa et mourut. 1410.

Un astrologue avait prédit à Henri qu'il mourrait dans Jérusalem. Étant tombé malade, il fut transporté dans une chambre du palais nommé Jérusalem où il mourut. 1412.

Une des premières opérations de ce règne fut de poursuivre les sectateurs de Wiclef. Sir Jean Eldeaster, baron de Cobham, fut condamné à être brûlé. L'enthousiasme de ses frères le sauva. Henri V dit de Monmouth. 1410.

On se souvient de l'arrêt du parlement de cette année qui condamna les Lollards, déclara qu'il n'y avait point d'asile privilégié pour eux et défendit de lire l'Écriture sainte en anglais sous peine de perdre sa vie et ses biens. 1414.

Cette année, recommença la guerre contre la France et se donna la célèbre bataille d'Azincourt où quatorze mille Anglais battirent cent mille Français qui perdirent dix mille 1415.

hommes. L'on fit plus de six cents personnes de distinction prisonnières. Les Anglais ne perdirent que quatre cents hommes.

1416. L'Empereur Sigismond, abordant en Angleterre, reçut une députation qui lui dit, que s'il venait comme ami et allié, il était le maître de prendre terre, mais que s'il prétendait à la supériorité qu'il avait obtenue en France, on l'engageait à s'en retourner, la couronne d'Angleterre étant libre et indépendante.

Combat naval à l'embouchure de la Seine entre les Français et Génois et la flotte anglaise. Sept vaisseaux français furent pris, quatre coulés à bas et deux mille (hommes) furent tués. Ainsi le duc de Bedford remporta une victoire complète.

1417. L'amiral français, le bâtard de Bourbon fut pris dans un combat naval.

1419. Le duc de Bourgogne, Philippe, est assassiné.

1420. Traité de Troyes. Le roi Henri fut reconnu roi de France après la mort de Charles VI. En attendant, il gouvernerait le royaume comme régent. La princesse Catherine fille de France, fut mariée avec Henri. La reine Isabelle, quoique mère du dauphin, depuis Charles VII, était l'âme de ce traité. Philippe, duc de Bourgogne, plein de ressentiment de la mort de son père, ne respirait que vengeance.

Les États du royaume se tinrent à Paris au mois de décembre. Charles VI y présidait et les États déclarèrent que le traité de Troyes serait considéré comme une loi publique.

1422. Henri VI surnommé de Windsor. Le duc de Bedford protecteur.

Mort de Henri V. Le parlement déclara le duc de Bedford protecteur et premier conseiller du Roi. On lui élut un conseil. Le duc de Bedford passa en France, fit déclarer Henri, âgé de deux ans, roi de France. La Normandie, la Guienne, la Picardie, la Champagne, la Brie, l'Ile-de-France, la ville de Paris, la Bourgogne, la Flandre, l'Artois reconnaissaient Henri : les provinces au delà de la Loire obéissaient au Dauphin.

Bataille de Verneuil, 5.000 Ecossais ou Français restèrent sur le champ de bataille. 1424.

Siège d'Orléans. 1428.

Mort du duc de Bedford. — Le duc de Bourgogne change de parti. 1432.

Les Anglais abandonnent Paris. 1436.

Les dissensions du cardinal de Winchester et du duc de Glocester, celles du duc d'York et de Somerset firent choir les affaires des Anglais en France. Les divisions des maisons de Lancastre et d'York achevèrent d'y porter le coup mortel.

La duchesse de Glocester entretenait correspondance avec le nommé Roger Bolingbrooke qui prétendait s'entendre à la nécromancie. Cela fut cause de sa perte. Le cardinal de Winchester la fit condamner comme coupable de sorcellerie à une pénitence publique et elle fut enfermée le reste de ses jours. 1441.

Trêve de Tours. Mariage d'Henri avec Marguerite d'Anjou. La Reine, le duc de Suffolk, le cardinal de Winchester, l'archevêque d'York s'unirent pour perdre le brave duc de Glocester, ils le firent arrêter et l'étouffèrent sans autre forme de procès. 1449.

« Sire, prenez garde à votre empire, vous êtes environné de traîtres qui vous égarent et je suis convaincu que si j'avais débarqué en Normandie avec vos troupes, nous aurions été vendus à l'ennemi, » dit le duc de Buckingham au Roi, en présence de Suffolk. 1450.

Talbot fameux capitaine.

Le duc de Suffolk, grand favori de la Reine, fut accusé devant le Parlement. Il dit qu'il ne répondrait aux accusations qui lui étaient intentées que par l'ordre du Roi, ce qui rendit furieux le Parlement. Il procura de se sauver, mais il fut pris sur mer et pendu aussitôt. La nation était alors en fermentation contre la Reine et les courtisans. L'évêque de Salisbury fut tué par le peuple. Dans ces circonstances le duc d'York commença à manifester ses prétentions à la couronne. Richard, duc d'York, descendait

Duc de Suffolk.

d'un troisième fils d'Edouard III tandis que Henri VI descendait du quatrième. Quand, donc, la nation déposa Richard II, le trône aurait dû être occupé selon le droit du sang par le duc d'York et non pas par Henri de Lancastre. Cette querelle enfanta bien des dissensions connues sous le nom de guerres des maisons de Lancastre et d'York.

1454. Le Roi tomba en démence et le duc d'York fut proclamé protecteur par le Parlement. En conséquence, le procès du favori, duc de Somerset, fut commencé.

1455. Le duc d'York, [les comtes] de Warwick, de Salisbury prennent les armes contre le Roi qui avait recouvré sa raison, le battent à Saint-Alban, tuent le duc de Somerset et font le Roi prisonnier.

1460. Bataille de Northampton gagnée par Edouard, fils du duc d'York, contre le Roi. Le Roi fut fait prisonnier.

Au Parlement tenu cette année, le duc d'York fut désigné pour succéder à Henri VI. Le Parlement déclara que l'on lui laisserait la couronne qu'il portait jusqu'à sa mort.

1461. Bataille de Sandal, la Reine bat et tue le duc d'York. Cette princesse marcha vers Londres après cet exploit battit le comte de Warwick à Saint-Alban. Henri, qui avait été dans l'armée de Warwick se joignit alors à la Reine. Le conseil déclara pour lors que le Roi ayant manqué à sa parole que le Parlement avait confirmée, était déchu de tous les droits qu'il avait à la couronne. Il fut déposé et Edouard, fils du duc d'York, déclaré roi.

Edouard IV. Branche d'York. 1461. Edouard fut à peine sur le trône qu'il marcha contre Marguerite, reine du feu Roi et victorieuse de son père et du comte de Warwick, la joignit sur les bords du Vars, lui tua 39.000 hommes.

1464. Henri VI ayant tenté cette année de rentrer dans son royaume fut pris. La Reine et son fils se sauvèrent en Flandre par la protection d'un bandit.

1467. Le Roi épouse la veuve de Sir Jean Gray dont il s'était amouraché. Il irrita la noblesse anglaise et surtout le comte de Warwick.

Le comte de Warwick uni au duc de Clarence, frère du Roi et à la reine Marguerite, font une révolution, placent la couronne sur la tête d'un Lancastre, Henri VI.

Les partisans du comte de Warwick furent d'abord battus 1470.
à Stainford où il perdit dix mille hommes, mais bientôt il retourna et opéra une révolution sans répandre de sang et Henri VI remonta sur le trône.

Edouard retourna de Bourgogne avec des secours. Le 1471.
duc de Clarence se joignit à lui et secondé par son frère Richard, duc de Glocester. Le lord Hastings était alors le plus considérable des partisans d'Edouard. Warwick, le comte d'Oxford, le duc de Somerset, le duc d'Exeter étaient du côté des Lancastriens. Ceux-ci furent battus sur les bruyères de Barnet, où Warwick fut tué. Henri VI avait de nouveau été fait prisonnier. Les Lancastriens furent de nouveau battus sur les rives de la Severn. Le prince de Galles, seul rejeton de la maison de Lancastre, fut pris ainsi que les principaux partisans de la Maison qui furent tous décollés. Cette bataille fut nommée la bataille de Tewkesbury. Cette année, le pauvre Henri fut trouvé mort dans la Tour.

Le duc de Clarence, frère du Roi, fut condamné à 1478.
mourir et il choisit, dit-on, de terminer ses jours noyé dans un tonneau de vin de Malvoisie.

Mort du Roi, âgé de quarante-deux ans. 1483.

Le jeune Édouard n'était âgé que de douze ans. Le parti Edouard V.
de la Reine et celui de l'ancienne noblesse divisaient alors 1483.
le royaume. Le duc de Buckingham, le lord Hastings et le lord Stanley étaient à la tête de ce second parti.

Richard et la Reine sous le prétexte de prétendre à la régence levèrent des troupes. Richard, plus fin, s'empara de la personne du Roi et, sous différents prétextes, s'assura Richard III.
des partisans de la Reine, laquelle se retira dans le refuge de Westminster avec son second fils. Richard fut déclaré

alors protecteur et, à force de ruses, par le moyen de l'archevêque d'York, il fit sortir la Reine mère de son refuge et, ayant alors ses deux neveux en sa puissance, il résolut de les faire mourir. Il s'assura du duc de Buckingham, mais ne put jamais gagner Hastings. Il résolut donc de le perdre, le fit arrêter avec Stanley, l'archevêque d'York, qu'il fit mourir, et le 20 juin, il usurpa la couronne sous prétexte que ses deux neveux étaient bâtards. Il les fit étouffer par un nommé Tyrrel et sous le règne de Charles II, l'on trouva deux petits squelettes que l'on crut être ceux de ces princes infortunés.

Mais les partisans de la maison de Lancastre appelèrent le duc de Richmond qui était en Bretagne et qui descendait du côté de sa mère de Henri IV. Les partisans de celle d'York ne pouvaient pardonner à Richard d'avoir fait assassiner les deux fils d'Édouard IV. Tout le monde se réunit indigné par les crimes de l'usurpateur.

Henri VII dit le Salomon. 1485. Le duc de Richmond, vainqueur à Bosworth, assura la couronne sur sa tête par la mort de Richard qui fut tué. Il était le dernier de la race angevine qui régna pendant trois cent trente ans.

Henri Tudor, comte de Richmond, fut couronné et établit cinquante archers qu'on nomma Yeomans pour sa garde. Le Parlement confirma le sceptre entre ses mains.

1486. Il épousa Élisabeth, fille aînée d'Édouard IV. Ainsi le droit des (deux) maisons fut réuni.

1494. Henri se déshonora par toutes sortes de rapines et de violences. Avare à l'excès, il persécuta tous ceux qui jouissaient d'une grande fortune. Le comte de Derby périt victime de son avidité et laissa 40.000 marcs d'argent, outre la valeur des meubles et 3.000 livres sterling de revenus que le Roi confisqua à son profit.

1509. Henri mourut cette année, âgé de cinquante-trois ans : il laissa à son fils 1.600.000 livres en argent, sans compter les bijoux, la vaisselle, etc. Henri VII encouragea le commerce, fit de bonnes lois et affaiblit le gouvernement féodal. Il aima la paix et son avarice fit souvent tort à sa politique : témoin l'affaire de Bretagne. On lui a élevé à Westminster un des plus beaux monuments qui soient aujourd'hui en Europe.

Henri avait dix-huit ans lors de la mort de son père ; il avait été destiné à occuper le siège de Cantorbéry, son frère Arthur vivant ; c'est pourquoi il était si savant dans la théologie et la philosophie d'Aristote. Henri VIII surnommé Tudor. 1509.

Bataille de Floddenfield. Les Écossais sont battus. Leur roi Jacques y est tué avec dix mille de leurs meilleures troupes. 1513.

Wolsey, d'abord aumônier du Roi, s'éleva bientôt aux plus hautes places. Fait évêque de Lincoln, admis au conseil particulier du Roi, premier ministre, cardinal légat du pape, chancelier, il était le plus puissant particulier de l'Europe.

L'Empereur et le roi de France lui payaient des pensions annuelles. Le Pape, l'Empereur, le roi de France, la République de Venise recherchaient son amitié. Évêque de Palencia en Castille, administrateur du siège de Badajoz, et Léon (X) lui accorda presque tous les droits papaux. Il tenta trois fois à la papauté, mais il échoua toujours. Il était archevêque d'York, administrateur des sièges de Bath et de Wells.

Par une lettre de cette année Luther offrit de mettre sa doctrine et sa vie aux pieds de Léon X. 1517.

Le cardinal Wolsey sacrifia le duc de Buckingham à son ressentiment. Le duc était héritier du Roi s'il fût mort sans enfants et détestait Wolsey qui le fit juger par un conseil privé, comme coupable du crime de lèse-majesté. Il fut condamné à être décollé. Le duc de Norfolk fut nommé sénéchal dans cette affaire. Dans un libelle qui parut alors, l'on accusa Wolsey d'être fils d'un boucher et, comme tel, d'être altéré de sang. 1521.

Cette année, Wolsey voulut trouver de l'argent pour satisfaire à l'humeur libérale du monarque et des projets 1525.

de vengeance contre l'Empereur, sentit qu'il fallait de l'argent.

Il essuya le refus du Parlement, par conséquence, il voulut essayer l'effet qu'aurait la puissance arbitraire et publia un décret au nom du Roi qui ordonnait la levée d'un sixième des biens des laïques et le quatrième sur celui du clergé, ce qui irrita la nation. Il fut donc obligé de déclarer que chacun donnerait ce qui lui plairait, mais le peuple courut aux armes et l'on donna ordre par tout le royaume de se désister de lever l'impôt, sans quoi le Roi aurait couru risque.

1527. Henri notifia à Clément l'intention où il était de se séparer de sa femme, Catherine, tante de l'empereur Charles-Quint et sollicita la bulle de divorce. Catherine avait déjà été mariée à son frère Arthur, et après sa mort, l'avare Henri VII pour ne pas être obligé de rendre la dot de 200.000 écus, la remaria avec Henri. L'amour que Henri avait conçu pour Anne de Boleyn était la vraie cause de son divorce. Le Pape le fit languir quatre ans au bout desquels Henri, impatienté, épousa secrètement sa maîtresse.

1531. Le clergé de Cantorbéry reconnut la primatie du Roi et le Pape fut déclaré n'être plus que évêque de Rome. L'archevêque Warham et Thomas Cromwell, contribuèrent plus qu'aucun autre à la réussite de cette grande affaire.

1530. Wolsey mourut cette année dans la disgrâce de son maître aussi vil dans l'adversité, que superbe dans la prospérité.

1531. Les Anglais, imbus des réformes de Luther et depuis longtemps accoutumés aux nouveautés des Lollards, marchaient à grands pas vers le Luthérianisme. Henri qui était superstitieux et qui avait écrit jadis un ouvrage contre Luther en fut irrité et résolut de faire voir à ses sujets qu'en secouant le joug du Pape, il n'avait pas prétendu abandonner la religion romaine et l'on vit périr par les flammes deux ecclésiastiques et un praticien.

1532. Un décret du Parlement de cette année dispense le clergé de payer les annates au Pape.

Le Parlement de cette année ôta au clergé la connais- 1534.
sance des délits comme hérétiques. Il lui fut fait défense
de s'assembler sans l'ordre du Roi.

Elisabeth Barton, soutenue par plusieurs prêtres romains, occasionna des troubles et fut condamnée par le même Parlement. Elle prédisait entre autres que, si Henri persistait dans son divorce, il mourrait avant un mois. Plusieurs moines donnèrent essor à leur génie entreprenant et à leur fanatisme. La Pucelle de Kent fut exécutée et sept évêques furent condamnés et emprisonnés. Cranmer était archevêque de Cantorbery et partisan de la Réforme. Cromwell était ministre et jouissait d'un grand crédit. Thomas Morus et Fisher furent emprisonnés à la tour. Fisher créé cardinal par le Pape fut exécuté comme traitre. Le pape Paul III lança les anathèmes de l'Église contre le roi
d'Angleterre, délia les Anglais du serment de fidélité, etc. 1535.
Thomas Cromwell, nommé visiteur des couvents, mit au
jour les irrégularités les plus criantes : la débauche, l'imposture, etc., etc. Les couvents furent pour la plupart supprimés. Tous ceux qui n'avaient pas plus de 200 livres de
revenu furent supprimés par arrêt du Parlement et la cou- 1536.
ronne acquit 32.000 livres de rente et plus de 100.000 livres provenant des meubles. La Bible fut traduite en anglais. Aux sollicitations du clergé le Parlement fut congédié. Il avait duré six ans.

Cependant l'amour du Roi pour Anne Boleyn diminuait tous les jours tandis que Jeanne Seymour faisait tous les jours de nouvelles impressions. L'accident qui arriva à la Reine d'accoucher d'un enfant mort, aigrit le Roi. Lady Rochefort, le duc de Norfolk accusèrent Anne d'inceste. Tous les courtisans abandonnèrent la reine. Cranmer seul entreprit de la défendre, mais le duc de Norfolk étant sénéchal dans cette affaire, son mariage fut déclaré nul, et (elle fut) condamnée à être brûlée avec son frère et subit sa sentence publiquement. Le lendemain, Henri épousa lady Jeanne Seymour.

Fox, évêque de Hereford, était partisan de la Réforme. Le Parlement déclara que l'on ne croirait plus au purgatoire, ni au pape, mais bien à la présence réelle dans l'Eucharistie et à la confession auriculaire. Cependant, la suppression de plusieurs monastères excita le plus grand trouble dans le peuple.

1537. La Reine accoucha d'un prince nommé Edouard et mourut deux jours après. Edouard fut prince de Galles et son oncle comte d'Hertford.

1538. Tous les monastères furent abolis, la chaire de saint Thomas de Cantorbéry détruite, et les trésors enlevés, et l'office de sa fête fut ôté du bréviaire. Au milieu de tout cela, un nommé Jean Nicholson fut brûlé comme protestant.

1539. La loi des six articles, appelée le statut du sang, est du Parlement de cette année. Il condamnait à mort tout homme qui permettrait aux prêtres de se marier, qui ne croirait pas à la présence réelle, etc., etc., etc. Cranmer s'opposa au bill pendant trois jours, mais il passa malgré lui. Le nombre des monastères abolis en Angleterre et en Irlande monta à 645; 2374 chanteries, chapelles; 110 hôpitaux, etc., etc. Les revenus étaient de 161.100 livres sterl.

1540. Cette année, le Roi épousa Anne de Clèves.

Cromwell fut créé comte d'Essex. L'ordre de Saint-Jean de Jérusalem fut supprimé. Leurs biens furent confisqués au profit du Roi. Cromwell, accusé, est arrêté. Le Roi était mécontent de lui à cause de son mariage dont il avait été le principal agent. Il fut condamné sans avoir été entendu. Il mourut victime de l'autorité arbitraire qu'il avait toujours soutenue. Il était d'une naissance obscure. Il avait été domestique de Wolsey.

Le Roi était devenu amoureux de Catherine Howard et par conséquent désirait la cassation de son mariage, (ce) qui fut approuvé par les deux Chambres. Catherine Howard fut déclarée reine.

Plusieurs personnes furent exécutées, les unes pour avoir déclamé contre la souveraineté du Roi, les autres pour avoir soutenu le Luthérianisme.

La Reine ne jouit pas longtemps de son bonheur. Accusée 1542.
d'inceste, elle fut condamnée par les deux Chambres et perdit la tête sur l'échafaud.

L'Irlande érigée en royaume. 1543.

Le Roi, pour la sixième fois, épouse Catherine Parr, veuve de Lord Latimer. Elle était attachée à la Réforme.

L'acte du Parlement de cette année nomma l'ordre de 1544.
succession. Le prince Édouard était le premier, Marie et sa postérité, Élisabeth et sa postérité.

Un acte singulier de ce Parlement déchargeait le Roi des sommes qu'il devait aux particuliers et ordonnait que ceux qui auraient reçu des acomptes seraient obligés à la restitution.

Anne Askew fut brûlée pour cause de religion. La Reine 1546.
manqua être enveloppée dans le même malheur. Le forcené Gardiner après avoir tenté de perdre Cranmer, voulut perdre la Reine et se perdit. Il fut exilé.

Le Roi mourut enfin cette année. 1547.

Édouard, âgé de dix ans, lui succéda. Le comte de Hert- Édouard V
ford, oncle du Roi, fut déclaré protecteur. Il fut créé duc 1547.
de Somerset.

Bataille de Preston-Pans; 8.000 Écossais restèrent sur le champ de bataille. Bataille de Pinkencleugh ou de Musslebourg. Les Écossais perdirent 14.000 hommes et les Anglais ne perdirent que 50 hommes; 3.000 ecclésiastiques furent massacrés sans miséricorde. Ils formaient un corps particulier dans l'armée écossaise.

Un arrêt du Parlement de cette année accorda à toute 1547.
proclamation émanée du Roi la même force qu'à un acte du Parlement. Le statut des six articles fut aboli et la Réforme autorisée. Le Roi en était partisan.

Le statut du Parlement de cette année permettait aux 1548.
prêtres de se marier. La Liturgie fut confirmée.

1549. Le Parlement condamna l'amiral, frère du Régent, qui fut décollé. Le conseil de Régence, mécontent du Protecteur, les seigneurs outrés de sa trop grande justice envers le peuple, les papistes de son zèle et de sa ferveur pour la Réforme résolurent de le perdre et, par ordre du Conseil, il fut envoyé à la Tour. Le comte de Warwick, depuis duc de Northumberland, fut créé protecteur en sa place.

1552. Le duc de Hertford, duc de Somerset, régent du Royaume au commencement du règne, fut condamné et perdit sa tête sur l'échafaud. Ainsi finit cet homme juste.

1553. Le Roi mourut âgé de seize ans. Il était très savant. Le grec, le latin, le français, l'italien, l'espagnol étaient les langues qu'il parlait. Il était musicien, philosophe, logicien, théologien. Le Roi mort, le Protecteur voulut faire monter lady Jane Gray sur le trône. Elle fut même couronnée, mais ses mesures manquèrent et Marie l'emporta.

Marie. 1553. C'est la première femme qui ait régné en Angleterre.

Le duc de Northumberland fut la première victime sacrifiée. Tous ses partisans périrent également sur l'échafaud. Marie était superstitieuse à l'excès et voulait rétablir la religion de Rome. L'évêque Gardiner et le chapelain Bonner jouèrent le principal rôle dans ces persécutions.

Marie était fille de Catherine d'Aragon. Le Parlement tout composé de catholiques, abolit toutes les lois d'Édouard et la religion catholique fut rétablie.

1554. Philippe, roi d'Espagne, se maria avec Marie avec des clauses très nombreuses.

Lady Jane Gray périt avec son mari. Elle mourut avec beaucoup de fermeté.

La conspiration de Wyat fournit un double prétexte à Marie de satisfaire son humeur sanguinaire.

De seize mille ecclésiastiques, les deux tiers perdirent leurs bénéfices comme mariés.

L'Angleterre fut réunie au Pape par le légat Polus. Roger, Hooper périrent martyrs de leur foi. Le vieux Latimer,

Ridley, Cranmer, le vertueux Cranmer, archevêque de Cantorbéry. Une mère qui accoucha par la chaleur du feu mit au monde un enfant que le juge fit jeter dans les flammes. Quatre-vingt-cinq personnes périrent cette année pour cause de religion. La Reine voulait rétablir les maisons religieuses, mais le Parlement s'y opposa.

Cette année mourut Gardiner.

Cette année, Marie s'occupa d'établir l'inquisition en 1557.
Angleterre. Une Commission composée de vingt et un juges eut ordre de juger les hérétiques, commença à entrer en exercice. Ils condamnèrent soixante-dix-neuf hérétiques.

Calais est enlevé aux Anglais par Guise. 1558.

L'on compte deux cent quatre-vingt-quatre victimes que Marie fit brûler.

Cette année, mourut la Reine, âgée de quarante-trois Elisabeth.
ans et après cinq ans de règne, Élisabeth, parvenue au trône, songea à rétablir la Réforme. Elle y réussit en peu de temps et sans faire couler de sang. Le Parlement passa un arrêt qui rétablit la religion comme sous Édouard. De neuf mille quatre cents ecclésiastiques, il n'y eut que quatorze évêques, douze archidiacres, quinze chefs de collège, cinquante chanoines, quatre-vingts prêtres qui abandonnèrent leurs bénéfices plutôt que de changer.

Le Parlement prononça les peines de *præmunire* contre tous les partis selon l'inclination du roi ou de la reine régnante.

La compagnie de Turquie fut rétablie en vertu d'un 1579.
traité fait avec Amurat.

Le cardinal Allen publia un traité soutenant que non 1580.
seulement il était permis de tuer un hérétique, mais même que c'était une chose méritoire. Cette maxime enfanta tous Walsingham,
les complots qui se formèrent contre les jours de la secrétaire d'État.
Reine.

Marie Stuart, veuve de François II, reine d'Écosse, héri- 1587.
tière d'Angleterre, perdit sa tête sur un échafaud. Elle était partisante de la religion chrétienne. Ce fut la princi-

pale raison de sa mort. Le prétexte fut d'avoir trempé dans la conjuration de Babington. Elle était prisonnière d'Élisabeth depuis dix-huit ans.

Philippe envoya la flotte dite l'*Invincible* pour tenter une expédition en Angleterre. Elle était composée de cent cinquante vaisseaux. Cent furent pris par les Anglais. Deux mille cinq cents (hommes) périrent et Philippe perdit plus de 36.000.000 de livres. Le duc de Medina Sidonia commandait les Espagnols. Drake, vice-amiral anglais, eut le principal honneur de la défaite.

1596. Le comte d'Essex et Howard prirent Cadix après avoir battu les Espagnols et avoir brûlé leur vaisseau amiral. La ville paya 500 000 ducats de rançon.

1602. Le comte d'Essex, favori de la Reine, périt sur un échafaud.

1603. Mort de la Reine, âgée de soixante-dix ans.

MAISON DE STUART Jacques Ier — Jacques était fils de Marie et, depuis la détention de sa mère, régnait en Écosse, lorsque la mort de la reine Élisabeth l'appela au trône d'Angleterre.

1603. Le Conseil le proclama aussitôt. Ce Prince avait conçu une idée extravagante des prérogatives de la couronne : il le prouva en faisant pendre un voleur sans aucune forme de procès. Jacques était prodigue d'honneurs comme d'argent. Sur son chemin pour arriver à Londres, il conféra la chevalerie à deux cents hommes et à un pareil nombre peu de jours après son arrivée. Il n'y avait alors à Londres que deux cent mille hommes.

1605. A l'ouverture du Parlement de cette année, les Papistes conjurèrent et arrêtèrent de faire sauter la Chambre des Pairs lorsque la Famille royale y serait.

1608. L'archevêque de Cantorbéry, Bancroft, poursuivit les Puritains avec tant de rigueur qu'ils commencèrent à s'ensauver à la Virginie.

1609. L'ecclésiastique Cowell publia un traité où il soutenait que le Roi n'était pas lié par les lois du pays, non plus que par le serment qu'il faisait à son couronnement. Le docteur Blackwood, auteur du second (traité), posait pour principe que la conquête de l'Angleterre par Guillaume avait fait perdre toute liberté au peuple.

Ce Prince avait une passion étonnante pour la chasse. Il 1610.
appelait l'art de gouverner l'art des rois et, dans un discours il pria les communes de ne pas s'en mêler.

Cette année, le Parlement fut dissous. Il avait duré sept ans.

Un jeune page captiva par sa beauté le cœur du Roi qui le créa vicomte de Rochester, grand trésorier d'Écosse, lui conféra l'ordre de la Jarretière.

Chester vante l'impartialité du monarque parce qu'il fit mourir le lord Sanguar, seigneur écossais, pour avoir tué un maître d'armes.

Henri, prince de Galles, mourut cette année. L'Angleterre 1612.
avait conçu les plus grandes espérances de ce jeune prince. Cependant son père ne voulut pas qu'on en portât le deuil.

Cecil, comte Salisbury, mourut cette année. Il était 1613.
grand trésorier.

Rochester fut créé comte de Somerset et épousa la comtesse d'Essex après avoir fait rompre son mariage avec son mari.

Le Parlement de cette année représenta au Roi les abus 1614.
qui s'étaient introduits dans son gouvernement et fut sur-le-champ dissous.

Les guerres des maisons de Lancastre et d'York mirent les armes à la main à toute la nation pendant l'espace de vingt-quatre ans. Le sang qui inonda cette belle contrée, la férocité qui accompagne toujours les guerres civiles parurent suspendre le patriotisme anglais. L'on ne se battit que pour le choix d'un maître. Ce maître devait être tout-puissant. Cependant le Parlement se maintint toujours, mais ne fut que le ministre des volontés des rois. Vinrent ensuite les disputes théologiques : Henri VIII, Édouard, Marie, Élisabeth, tour à tour favorisèrent la religion anglicane ou le Papisme. Les grâces étaient donc accordées à ceux qui professaient la religion du prince et la nation flottante, divisée en une infinité de sectes, n'avait pas d'opinion publique qui pût maintenir les patriotes qui tous, rangés dans quelque secte particulière, avaient pour ennemis les autres. Il ne dut donc pas y avoir de patriotisme. Ainsi voyons-nous que le Parlement, sous ces Princes, ne fut que le ministre de l'autorité royale, flottant toujours (selon les caprices) des princes. Il se maintint cependant dans ses privilèges et ne cessa jamais d'être le corps législatif de l'État où la cour avait la principale prépondérance. Dans ces dispositions vint le règne de Jacques Ier qui, ayant des idées inouïes de son autorité, voulut mépriser celle du Parlement. La bonne opinion que ce Prince avait de son mérite et principalement le grand besoin qu'il avait d'argent le rendirent ridicule. Le Parlement, pour lors, reprit son ascendant et l'autorité royale recommença à perdre une partie de sa force.

1614. Le Roi haïssait les lois anglaises et aurait souhaité que l'on établit les lois romaines. Lorsqu'il passa à Cambridge les étudiants donnèrent une comédie intitulée *Ignoramus* où l'on tournait en ridicule les légistes anglais.

1616. Le comte de Somerset avait amassé en cinq ans 200.000 livres sterling en argent et avait 18,000 livres sterling de rentes. Il tomba dans la disgrâce cette année et fut supplanté par le favori Villiers, (qui,) depuis duc de Buckingham, fut fait connétable de Windsor, grand amiral d'Angleterre, grand maître de Westminster, gouverneur des cinq ports, commandant de la cavalerie, grand maître des eaux et forêts, gouverneur des Cinq ports.

1617. Sir Gautier Raleigh, célèbre historien, habile marin, grand voyageur.

1621. Bacon, célèbre par ses écrits, était chancelier d'Angleterre. Se trouvant coupable de quelque malversation, il fut déclaré indigne de siéger à la Chambre haute, condamné à 40,000 livres sterling d'amende et à demeurer prisonnier à la Tour. Le Roi lui fit grâce.

Ce fut au parlement de cette année que l'on vit bien distinctement se former deux partis, celui de la nation et celui de la cour. Ils commencèrent à suivre un plan réglé d'opposition. Ce parlement eut de très grandes discussions avec le Roi sur le mariage, projeté par Jacques, du Prince de Galles avec l'Espagne. Au contraire, les communes demandèrent la guerre avec cette nation et la poursuite des Papistes. Le Roi fut irrité de ces remontrances et leur enjoignit de ne pas se mêler des affaires du gouvernement, mais bien de lui accorder un subside. Le Parlement y répondit par une pétition très forte à laquelle le Roi répondit que les matières de gouvernement étaient au dessus de leur portée et que s'ils entreprenaient de vouloir le chicaner sur les droits de la couronne, il les dépouillerait de leurs privilèges qu'ils ne tenaient que de ses ancêtres. Le Parlement répondit que leurs privilèges étaient de temps immémorial et protestèrent. Le Roi se fit apporter les registres de la chambre et déclara le Parlement dissous.

Le Parlement accorda trois subsides au Roi qui promit 1624.
qu'ils seraient gérés par des commissaires du Parlement.

Le comte de Middlesex, lord trésorier, fut condamné par le Parlement à 50.000 livres sterling.

Cette année mourut Jacques Ier dans la cinquante-neu- 1625.
vième année de son âge. Le prince affecta d'être auteur : il composa le *Basilicon Doron*, ouvrage sur les sorciers, et un commentaire pour prouver que le Pape est l'Ante-Christ.

Charles, après avoir traité un mariage avec l'infante Charles Ier.
d'Espagne, se maria avec Henriette de France. 1625.

Un chapelain du Roi fut cité à la barre pour avoir composé un ouvrage favorable au catholicisme intitulé *Appel à César*. Le Parlement fut dissous parce qu'il paraissait vouloir s'occuper des griefs de la nation et le Roi, n'ayant pas pu obtenir des subsides, leva de l'argent par forme d'emprunt.

Un parlement fut convoqué cette année. Aussitôt assem- 1626.

blé, il établit trois comités : l'un pour prendre en considération les affaires secrètes, l'autre pour chercher les remèdes à ces griefs, et un troisième enfin pour examiner les affaires de religion. Le célèbre Pym présidait ce dernier.

L'on commença l'accusation contre le duc de Buckingham, favori de Jacques et, aujourd'hui, premier ministre de Charles. Le Roi envoya des messagers pour arrêter les informations, mais on n'y eut pas égard.

Le Roi appela les Communes à la barre de la chambre des Pairs et leur exprima son mécontentement. Il leur dit entre autres qu'il croyait plus honorable à un prince d'être ruiné par une puissance étrangère que d'avoir à supporter les mépris de ses sujets. Il traita aussi d'irrégularité et de présomption leur délibération, sur quoi les Communes lui représentèrent que c'était le droit du Parlement de prendre connaissance des griefs de la nation.

Le comte de Bristol était confiné dans sa maison. Il sortit par les sollicitations des Pairs. Le Roi lui écrivit de ne pas paraître à la barre de la Chambre, mais il envoya la lettre aux Pairs, ce qui irrita le Roi au point qu'il le fit accuser de mauvaise conduite dans son ambassade d'Espagne, mais le comte se justifia d'une manière à ne pas faire grand honneur au Roi qui était l'accusateur. Le comte se porta contre le duc de Buckingham, et les Communes l'accusèrent, et il fut envoyé à la Tour. Le Roi dit qu'il serait témoin de l'innocence du duc.

Cependant, le Roi, ayant besoin d'argent, établit une commission pour composer avec les papistes contre les lois positives du royaume, les lois pénales. Il demanda un emprunt de 100.000 livres sterling à la ville de Londres qui le refusa. Il imposa une taxe sur les ports de mer. Il exigea le droit de tonnage et de sol pour livre sur les marchandises exportées et importées sans aucune autorisation du Parlement, violation manifeste des droits de la nation. Il ouvrit un emprunt et, comme il n'était pas couvert, il ordonna à toutes les personnes comme il faut de rester aux arrêts chez elles jusqu'à ce qu'elles eussent souscrit : violation aux lois constitutives et aux libertés des citoyens. Le lord Crew, haut justicier, fut dépouillé de ses charges pour avoir désapprouvé la conduite du monarque. L'on plaça des soldats dans les maisons de ceux qui tardaient à payer le contingent de l'imposition arbitraire.

Abbot, archevêque de Cantorbéry, fut interdit et confiné 1627
dans sa maison de campagne pour avoir refusé d'approuver un sermon d'un prêtre où il disait que les sujets méritaient punition lorsqu'ils refusaient d'obéir aux ordres de leur souverain quand même ces ordres seraient contraires aux lois de Dieu, de la nature ou de la nation. Max Waring affirma que le roi n'était pas obligé à observer les lois du royaume mais que les sujets devaient en conscience lui obéir sans restriction sous peine de damnation éternelle. Il fut condamné par le Parlement à 1000 livres d'amende, à être emprisonné, etc. Cependant le Roi, peu de temps après, le créa évêque.

Le Roi fut obligé de reconvoquer un nouveau parlement, 1628
ayant besoin d'argent, mais sa harangue ne fit pas d'effet. L'on prit en considération les griefs nationaux. Sir François Seymour, sir Thomas Wentworth, depuis comte de Strafford, sir Edouard Coke furent ceux qui se distinguèrent le plus par la liberté de leurs discours. L'on passa tout d'abord en lois ou plutôt l'on renouvela les défenses d'arrêter un citoyen sans lui faire jouir de la loi d'*habeas corpus;* l'on déclara contre les lois fondamentales les prêts, tailles, dons gratuits, etc., etc. Le *bill de la liberté* par lequel le Roi s'engageait à ne plus agir comme ci-avant fut passé en confirmation des privilèges du peuple.

Les Communes découvrirent dans ce temps un ordre du Roi de lever un corps de cavalerie en Allemagne pour être transporté en Angleterre, ce qui acheva de les exciter contre Buckingham. Ils établirent une enquête contre lui, l'accusèrent d'avoir porté le roi à lever l'impôt de tounage, de poids et de mesure sans le consentement du Parlement, mais le Parlement fut prorogé au mois d'octobre.

Weston, catholique, fut nommé lord-grand-trésorier. Laud passa à l'évêché de Londres. Montague, auteur de l'*Appel à César*, fut pourvu du siège de Chichester.

Le duc de Buckingham fut assassiné après avoir eu une conversation avec le prince de Soubise.

Le Parlement intenta un procès à la cour de l'Échiquier pour avoir exécuté l'ordre du Roi relatif à la perception du droit de tonnage, protesta que tous ceux qui tenteraient de mettre à exécution le droit de tonnage étaient ennemis de l'État et traîtres à la liberté anglaise. Le Roi profita de ces moments de chaleur pour le dissoudre. Les principaux membres des Communes furent poursuivis comme coupables. Neuf furent cités à la cour du roi : quatre y comparurent et furent envoyés à la Tour pour avoir refusé de dire ce qui s'était passé à la Chambre. L'alderman Chambers fut poursuivi pour avoir dit que les marchands étaient plus opprimés en Angleterre qu'en Turquie. Les membres emprisonnés réclamèrent en vain le privilège de la loi d'habeas corpus. Ils furent détenus sept mois. Le Roi ordonna que l'on perçût avec la plus grande rigueur les droits de tonnage et de poundage. Les commis eurent ordre d'entrer dans les maisons, de forcer les magasins, les caisses. Ainsi ils exercèrent tous les actes possibles d'oppression.

1631. Charles, pour avoir de l'argent, conféra la chevalerie à tout homme qui possédait 40 livres sterling et ceux qui refusèrent cet honneur furent condamnés à de très fortes amendes. Charles opprima ses sujets par tous les [moyens].

1632. Les institutions que le Roi donna à la Cour du Nord étaient contraires aux lois fondamentales du royaume. Sur 58 articles d'institution secrète, le lord Clarendon dit qu'il n'y en avait pas un qui ne contredît la constitution.

Depuis quatre ans, Charles gouvernait la nation sans parlement et illégitimement. C'en était fait de la constitution et de la liberté anglaise, si heureusement, dans ce siècle, la Religion réformée n'avait ouvert les esprits et inspiré (la haine) du despotisme. Le Roi n'agissait que par les conseils de la Reine, princesse attachée à sa religion et violente.

L'on présenta au Roi un nommé Part qui jouissait d'une 1633. bonne santé quoique âgé de cent cinquante-deux ans.

Un puritain ayant publié un ouvrage contre les bals fut traité par le Roi avec la plus grande barbarie.

Jean Hambden refusa de payer la taxe des vaisseaux : il fut cité à la cour de l'Échiquier et y fut condamné.

Le Roi voulut établir la liturgie anglicane en Écosse. 1637. Cela occasionna des séditions, et le Roi finit par succomber, et l'assemblée de Glasgow déploya l'étendard de l'insubordination et les presbytériens ayant pris les armes pour soutenir leur religion, la guerre civile fut allumée.

Charles ayant épuisé tous les petits moyens pour se pro- 1640. curer de l'argent, se vit contraint d'assembler le Parlement. Le célèbre Pym fit un discours éloquent sur les vexations du Roi, mais Charles voyant que les choses prenaient une mauvaise tournure, le dissout. Dans ce temps l'agent du Pape fut reçu avec caractère public.

La ville de Londres présenta une pétition sur les œuvres du Papisme et le monopole de la Cour.

Le premier act de ce parlement fut de casser les sentences Pym. contre plusieurs auteurs puritains que la Cour du Roi avait condamnés.

Le comte de Strafford fut envoyé à la Tour ainsi que Laud, archevêque de Cantorbéry. Le Garde des sceaux se sauva en Hollande. Tous les courtisans épouvantés de la rigueur du Parlement se sauvèrent et le Roi se trouva abandonné. Il fut ordonné que le procès d'Hambden serait biffé.

Deux factions l'emportaient par leur nombre : Les Puritains et les Républicains. Les deux partis également ennemis des évêques résolurent de les exclure dans leur droit de voter dans la chambre des Pairs. L'on nomma des comités pour examiner la juridiction et la conduite des deux Cours de haute commission. L'on présenta requête contre Wren, évêque de Norwich, qui, par ses innovations, avait forcé plusieurs familles à se retirer dans la Nouvelle-Angleterre.

Le bill pour exclure les ecclésiastiques de tout emploi séculier passa à la Chambre des Communes. Un autre bill pour supprimer les évêques, archidiacres, etc., etc., passa également. Le comte de Rothes et le lord Loudon, députés écossais, influaient par beaucoup dans toutes ces délibérations.

1641. Le C. Strafford. Le comte de Strafford avait été le principal conseiller du Roi dans toute sa conduite. Le Roi sollicita en vain sa grâce. La Chambre voyant que la procédure serait trop longue, dressa un bill de proscription qui fut approuvé par les Pairs. Un autre bill passa également : il portait que le Parlement ne pourrait être prorogé sans le consentement des deux Chambres. Le Roi, craignant la fureur du peuple, signa le bill et le comte fut exécuté sur l'esplanade de la Tour. Pym fut élu président du Comité nommé pour siéger en l'absence du Parlement.

1642. Le comte d'Essex, les lords Say et Kimbolton, Pym, Hambden, Saint-Jean, Haslerig, Vane et Holles étaient les membres qui gouvernaient les deux Chambres.

Les catholiques d'Irlande, sollicités par leurs prêtres et par le cardinal de Richelieu, prirent les armes, massacrèrent les Anglais protestants et en firent périr plus de quarante mille. L'armée irlandaise commandée par le lord Gormanstown ; elle prenait le nom d'armée de la Reine. Mac-Guire et Moore avaient été les chefs de cette conjuration.

Le Parlement, craignant le ressentiment du Roi si jamais il se trouvait à la tête d'une armée, nomma lui-même les officiers.

La chambre des Communes publia un appel au peuple contre l'administration du Roi. Le Parlement resta assemblé jusqu'à trois heures du matin. Le peuple de Londres furieux criait Point d'évêques! Point d'évêques! Tout était dans le plus grand trouble dans Londres. M. Pym, sollicité d'apaiser le tumulte, dit : Dieu défend de s'opposer aux justes demandes du peuple. Les deux partis prirent les armes. Les apprentis et en général le peuple, n'écoutaient que les pasteurs ; les étudiants avaient paru en corps pour défendre les évêques et le Roi. Deux évêques furent envoyés à la Tour.

Le Roi eut l'imprudence d'accuser Kimbolton, Danzil Holles, Arthur Haslerig, Jean Pym, Jean Hambden et Stroud de haute trahison et, le jour suivant, le Roi se rendit à la Chambre des Communes avec des hommes armés. Les cinq membres s'échappèrent aussitôt. Le Roi demanda à l'orateur où ils étaient. Celui-ci lui répondit que, dans la place qu'il occupait, il n'avait des yeux pour voir et des oreilles pour entendre que par l'impulsion de la Chambre. Lorsqu'il se retira, les membres crièrent : Privilèges! Privilèges! Le Roi, le lendemain, envoya un messager faire des excuses de sa conduite et offrir un pardon général. Sir Édouard Herbert, procureur général, fut condamné pour avoir violé les privilèges des Communes en présentant des chefs d'accusation. Sa sentence le déclarait incapable de remplir aucune fonction et le condamnait à garder la prison. Pym.

Le lord Digby, conseiller du Roi, ayant reçu l'ordre de retourner à Londres, quitta le royaume.

Le lieutenant de la Tour reçut ordre de se rendre à la barre pour justifier sa conduite. Il s'excusa sur ce qu'il avait reçu ordre du Roi de ne pas quitter sa garnison.

Les Communes se firent accompagner de deux compagnies bourgeoises de Londres pour se mettre en sûreté contre les entreprises du Roi. Ils ordonnèrent aux commandants des portes de différentes places de ne livrer leurs villes que sur une commission émanée du Roi et des Chambres. Ils défendirent également au commandant de la Tour de disposer d'aucun canon, ni d'aucune munition. Ils ordonnèrent aux shérifs de Londres de poser des corps de garde pour bloquer la Tour. Le Roi s'était réfugié à Windsor. Le Roi, ayant mandé le comte d'Essex et Holland, les Pairs leur défendirent de s'absenter du Parlement.

La municipalité de Londres se plaignit de la mauvaise tournure que prenaient les affaires du royaume.

Charles, dépouillé de son autorité, privé de l'amour de ses sujets, était déchu de toute sa puissance. Les Chambres protestèrent que si le Roi levait des troupes sans leur consentement, elles interpréteraient sa conduite comme contraire aux intérêts du peuple.

Le Roi se présenta devant Hull avec trois cents chevaux, mais le gouverneur, ayant refusé de lui accorder l'entrée de tant de gens de guerre, fut déclaré traître.

Le comte de Warwick fut déclaré par le Parlement amiral de la flotte.

La nation était partagée entre le Roi et les deux Chambres. Les anciens nobles et les partisans de la hiérarchie, l'université d'Oxford et de Cambridge, etc., furent du parti du Roi. Les républicains et les protestants non conformistes formaient l'autre parti. Les comtes de Newcastle, d'Hertford, de Lindsey, Jacob Astley, le prince Rupert, J. Byron, Wilmot.

Le Roi s'empara de plusieurs places, afficha une déclaration qui taxait les deux Chambres d'être coupables de haute trahison.

Bataille de Keynton. Le comte d'Essex est plutôt vainqueur.

Tandis que l'on vint à pourparler d'un accommodement, le Roi surprit plusieurs places, ce qui rompit entièrement toute négociation.

1643. Le comte d'Essex, le lord Fairfax, le comte de Bedford, le comte de Stamford, le comte de Manchester.

Les patriotes d'Écosse et d'Angleterre s'unirent contre les royalistes, les papistes et les évêques.

Le Roi assembla un parlement à Oxford, mais il ne réussit pas à éviter l'ancien qui avait fait une combustion nationale.

Cette année, célèbre par la continuation de la guerre, le fut par la mort du célèbre Guillaume Pym, qui était l'âme de toutes les délibérations parlementaires.

Bataille de Marston-Moor. Le comte de Manchester, le lord Fairfax, Olivier Cromwell, le comte Leven commandaient les Parlementaires. Les Royalistes furent battus par la valeur et la conduite d'Olivier Cromwell. Bataille d'Atesford. Waller battit les Royalistes. Le Roi en personne battu à Naseby.

Laud, archevêque de Cantorbéry, fut exécuté en conséquence du bill de proscription.

Les Indépendants ne voulaient aucune forme de gouvernement dans l'Église. Ils voulaient que tout homme pût enseigner, expliquer l'Évangile suivant les inspirations qu'il recevrait de Dieu. Ils voulaient de plus établir la démocratie. Vane, Cromwell, Tott et Hastering étaient les chefs de ceux-ci.

Encore un peu et, sur l'accusation de Manchester, Cromwell allait être arrêté. Cependant, les Indépendants proposèrent de faire des changements dans la milice. Ils vinrent à bout d'engager les membres des Communes à résigner la place, mais les Pairs n'y voulurent pas consentir. Le nouveau plan de milice fut voté et l'on en donna le commandement à sir Thomas Fairfax et il fut donné liberté à celui-ci de se choisir les officiers qu'il voudrait. Il en exclut tous les membres du Parlement. Essex, Manchester, Denbigh donnèrent leur démission. Fairfax était gouverné par Cromwell. L'armée fut remplie d'Indépendants qui étaient à la fois ministres et officiers.

Bataille de Naseby. Le Roi fut battu par Cromwell qui 1646.
fit plus de cinq mille prisonniers. L'on trouva dans les bagages du Roi, ses lettres. Charles, fugitif voulut gagner l'Écosse, puis retourner à Oxford. Enfin, ses armées taillées

en pièces, sans ressources, il se mit entre les mains des Écossais et se découvrit au général Leven. Le Roi restitua toutes les places que tenaient ses partisans. Montrose abandonna l'Écosse et se retira dans le continent. D'Ormond évacua l'Irlande.

1647. Les Écossais le livrèrent aux parlementaires. Cependant l'armée devenait inutile. Ce n'était pas le compte de Cromwell. Il excita en conséquence des [malicieux] et l'armée nomma des députés pour traiter de ses intérêts. Ce conseil de guerre était composé de soldats, officiers, etc. L'armée forma une espèce de république où le moindre soldat avait autant de [pouvoir] que le colonel. Cromwell, Skippon, Ireton, Fletwood étaient l'âme de toutes ces menées. Ils s'emparèrent de la personne du Roi et signèrent une convention qu'ils nommèrent l'*engagement*. Après quoi ils s'avancèrent jusqu'à Saint-Albans.

L'armée demanda alors que l'on purgeât le Parlement de tous les membres qui en avaient été illégitimement élus, que l'on rendît compte des deniers. L'on prétendait qu'ils avaient levé plus de 30 millions sterling d'impositions depuis cinq ans. Elle intenta une accusation contre onze membres qui étaient les chefs du parti presbytérien. Le Parlement fut obligé de consentir à tout. Cependant les Indépendants faisaient accroire au Roi qu'ils voulaient le rétablir.

Cependant le conseil communal de Londres avec un grand nombre de Parlementaires se confédérèrent pour s'opposer à l'armée. Tous les Indépendants se sauvèrent du Parlement et les Presbytériens levèrent des troupes. Waller, Massey et Poyntz, les [commandèrent]. A cette nouvelle, l'armée se mit en marche pour arriver à Londres. Le 6 août, Fairfax accompagné de tous les Parlementaires indépendants et escorté, se rendit à Westminster. Fairfax fut déclaré gouverneur de la Tour. Les Indépendants, après avoir ainsi triomphé, changèrent de procédés avec le Roi. Celui-ci alarmé procura de se sauver, mais n'ayant pas trouvé de vaisseau, se retira dans l'île de Wight où Hammond, qui était ami de Cromwell, l'arrêta. Cependant, les Presbytériens des deux royaumes tramaient leur accommodement avec le Roi au détriment des Indépendants; mais n'ayant pu s'accorder, le Parlement arrêta que, dorénavant, il ne serait plus envoyé d'adresse ou de message au Roi. Cependant, tout tramait la perte de Cromwell et de son parti. Les Écossais ordonnèrent de lever quarante mille hommes; l'Irlande promit des troupes au duc d'Ormond; les Cavaliers étaient encore nombreux; trois colonels se déclarèrent pour le Roi; une partie de la populace de Londres se révolta pour le Roi, une partie de la flotte se révolta pour le Roi. Le prince de Galles s'embarqua sur la flotte, le comte de Holland se déclara publiquement pour le Roi, ainsi que le duc de Buckingham, le lord Villiers et Peterborough.

Cromwell marcha contre les Gallois et les trois régiments révoltés et les défit, marcha aussitôt vers l'Écosse. Une partie des troupes d'Hamilton fut défaite à Preston; il fut ensuite battu complètement et Cromwell entra dans Édimbourg. [illegible] retourna aussitôt en Angleterre laissant Lambert en Écosse.

Cependant le Parlement déclara qu'il fallait rétablir le Roi, et l'on dressa trois bills : pour la milice, pour le culte presbytérien et sur la révocation des écrits contre le Parlement, mais les intrigues des Indépendants retardèrent la conclusion et, pendant ce temps, les Écossais furent battus.

Cependant l'on lui envoya un comité pour conclure, mais il ne voulut jamais consentir à signer le bill de proscription contre ses plus chers amis. Cependant l'armée présenta requête pour que le Roi fût livré à la justice comme auteur de tout le sang versé et que les princes de Galles et d'York fussent déclarés traîtres à la patrie et bannis à perpétuité, que l'on ne reconnût plus de roi à moins de l'élire.

Le Roi, par les ordres du général, fut transporté de l'île de Wight à Hull. L'on plaça des gardes aux portes du palais et l'on exclut de la Chambre quatre-vingt-dix Presbytériens. Lorsque Cromwell vint prendre séance, il fut remercié des services qu'il avait rendus.

28 décembre. Pour lors, le Roi fut conduit à Windsor. Le colonel Barrison l'escortait. Le Parlement établit un comité pour rédiger les articles d'accusation contre le Roi. Les Communes érigèrent une haute cour de justice à laquelle elles attribuèrent le pouvoir de juger Charles Stuart pour avoir formé le détestable projet de renverser les lois fondamentales et les libertés de la Nation, pour avoir fait une guerre furieuse et cruelle contre son Parlement, qui avait ruiné le commerce, ravagé le royaume.

Thomas lord Fairfax, Olivier Cromwell, Henri Neton, sir Harden Walter, Philippe Skippon, en nombre de cent quarante-cinq, furent nommés commissaires et juges du procès. La chambre des Pairs refusa de signer l'ordonnance pour accuser le Roi. Bradshaw fut nommé président de la Haute cour de justice.

L'on vota que la puissance souveraine résidait originairement dans le peuple, que l'autorité de la nation était entre les mains des Communes d'Angleterre assemblées en parlement comme représentants du peuple, que tout ce qui était déclaré loi par les Communes n'avait pas besoin du consentement ni du Roi, ni des Pairs. Coke fut choisi pour procureur général. Le 27 du mois, la Haute cour siégea dans la salle de Westminster, et la populace cria : Justice ! Justice ! Exécution ! Il fut condamné à cette séance comme un tyran, traître, monstre et ennemi public à avoir la tête tranchée.

1648. Ce monarque fut exécuté le 30 janvier dans le parc de Whitehall.

Après la mort du Roi, l'on déclara que l'État serait gouverné en forme de République par les représentants du peuple, assemblés en Communes. Le sceau représentait la Chambre avec cette inscription : *Grand sceau d'Angleterre dans la première année de la liberté rétablie par la bénédiction de Dieu, 1648*... Un certain nombre de personnes furent dépositaires du sceau avec le titre de Conservateurs de la Liberté.

Cromwell défit Ormond en Irlande. 1649.

Il défit l'armée écossaise, prit plus de huit mille 1650.
homme prisonniers.

Il défit le roi Charles II près de Worcester, lui fit plus 1651.
de huit mille prisonniers.

Monk trouva à Stirling les archives d'Écosse et les envoya à Londres où elles sont toujours restées depuis.

Le Parlement anglais reçut des Écossais et l'on abolit la 1651.
royauté en Écosse. La justice fut rendue avec impartialité. Les habitants se donnèrent aux arts et ils furent plus heureux que n'avaient été leurs ancêtres. L'amiral Blake poursuivit le prince Rupert. Ireton acheva la soumission de l'Irlande. Ireton mourut. La République devenait respectable et toutes les puissances de l'Europe cherchaient son alliance.

Les Hollandais qui avaient donné refuge au Prince et qui avaient commis plusieurs actes hostiles furent les premiers à qui fut déclaré la guerre.

Tromp, avec quarante vaisseaux, livra le combat à Blake 1652.
qui n'en avait que vingt-six plus huit. Il fut battu Blake. livra un autre combat à Ruyter et remporta la victoire. Il prit le vaisseau amiral. Tromp, avec soixante-dix vaisseaux, battit Blake près de Godwind. Blake et Monk livrèrent le combat à Ruyter. Les premiers avaient quatre-vingts vaisseaux et le second soixante. Le combat se maintint pendant trois jours. Les Hollandais furent battus, mais firent une retraite honorable ; mais l'étrange révolution que Cromwell opéra alors suspendit les triomphes. Il chassa le Parlement de la salle. Cromwell se servit de l'armée pour détruire le gouvernement national.

Les Indépendants étaient composés de deux sectes : celle

des millénaires qui prétendaient que l'on devait abolir toutes les distinctions de magistrature, qu'il fallait gouverner par la grâce. Ils attendaient le second avènement de Jésus-Christ et espéraient qu'alors les Saints gouverneraient la terre. Celle des déistes voulait liberté entière, soit du côté de la religion ou du côté de l'administration. Cromwell était partisan des millénaires.

Il nomma cent quarante personnes pour gouverner sous le titre de Parlement.

Tromp, avec cent vaisseaux, attaque Monk, Dean, Penn et Lawson. La victoire fut disputée longtemps. Les Hollandais se retirèrent. Quelque temps après, les Hollandais vinrent livrer près du Texel deux autres combats dont le succès fut douteux. Tromp avait résolu de vaincre ou de mourir. Quelques jours après, il engagea un nouveau combat, mais il fut tué d'un coup de mousquet ; le vice-amiral Witt donna le signal de la retraite après avoir perdu trente vaisseaux.

La politique de Cromwell avait été d'établir un parlement méprisable. Il y réussit et celui qu'il avait créé était devenu l'objet de la risée de la nation. Un jour enfin, ce Parlement remit l'autorité à Cromwell s'en reconnaissant indigne.

Cromwell. 1653. Le conseil des officiers, en vertu des pouvoirs que le Parlement avait résignés dans leurs mains, déclara que les rênes seraient confiées à Cromwell avec le titre de Protecteur et qu'il serait assisté de vingt et un membres. L'article du gouvernement fut également arrêté par eux. Il portait que le Protecteur convoquerait un Parlement tous les trois ans qui ne pourrait être dissous qu'après cinq mois de séance; que, dans l'espace de vingt jours, le Protecteur approuverait tous les bills, sans quoi ils passeraient sans son consentement. A sa mort, le conseil composé de vingt et un membres devait en élire un autre : celui-ci ne pourrait être ni général de l'armée, ni amiral de la flotte.

1654. La paix se fit avec la Hollande à l'avantage de l'Angleterre. La justice fut administrée avec sévérité, dont Pantaléon Sa, frère de l'ambassadeur de Portugal, fut exécuté pour avoir tué un homme.

Le roi de France envoya l'archevêque de Bordeaux ambassadeur à Londres.

Penn s'empara de la Jamaïque. 1655.

Blake s'empara des galions d'Espagne. Blake mourut 1656.
cette année.

Cromwell conclut avec la France une ligue offensive et 1657.
défensive. Dunkerque qui fut pris fut donné aux Anglais.

Le Protecteur mourut cette année, le 3 septembre, âgé de cinquante-neuf ans. Le jour de sa mort fut remarquable par une furieuse tempête.

Cromwell sortait d'une famille honnête du comté d'Huntington.

Cromwell fut d'abord libertin. L'esprit de religion le prit et il devint prophète.

Courageux, habile, fourbe, dissimulé, ses premiers principes, d'une exaltation républicaine, cédèrent au feu dévorant de son ambition et, après avoir goûté les douceurs de commander, il aspira au plaisir de régner seul. Il était d'une constitution robuste. Il avait l'air mâle quoique grossier. Des exercices de la religion les plus austères, il passait aux amusements les plus frivoles et se couvrait du ridicule de la bouffonnerie. Il fut juste et tempérant par inclination.

Richard succéda à son père. Il assembla un parlement 1658.
qui confirma son élection, mais l'armée qui avait été l'instrument dont s'était servi son père pour élever son autorité donna le signal de l'insubordination et Fleetwood, Lambert, Ludlow s'emparèrent de la principale prépondérance. L'ancien Parlement fut rétabli par les intrigues
de Lambert. Le rétablissement de ce Parlement, surnommé 1659.
le long, acheva de culbuter Richard, et Fleetwood fut nommé commandant en chef de l'armée. Celui-ci et Lambert entrèrent les armes à la main dans Londres, chassèrent

le Parlement et établirent un comité d'officiers. Ainsi le gouvernement devint militaire. Le Parlement retriompha et Lambert fut arrêté prisonnier.

1660. Monk, de concert avec le parti presbytérien, partit d'Ecosse où il commandait et s'avança vers Londres sous prétexte de rétablir les anciens membres du Parlement que le parti Indépendant avait chassé. Monk fut créé général en chef des troupes. Lambert, l'âme des Indépendants, eût été le seul capable de s'opposer aux projets de Monk qui tendaient visiblement au rétablissement de la monarchie, mais Lambert était à la Tour.

La secte des Quakers avait été fondée par Georges Fox, tisserand. Une femme de cette secte parut nue à l'Église ; plusieurs suivirent leur exemple disant que le renouvellement de toutes choses était arrivé. Jacques Naylor se mit dans la tête qu'il était le sauveur du monde. Il fit son entrée à Bristol avec ses disciples qui s'écriaient Hosana ! Il fut pris, arrêté, enfermé à Bridwell, réduit au pain et à l'eau ; ses illusions se dissipèrent.

Le Parlement assemblé reconnut le Roi le 8 mai et le 29, il fit son entrée à Londres. Mazarin fut fort étonné ainsi que le roi d'Espagne de cette révolution.

Charles II. 1660. Monk reçut le prix de son habileté. Il fut créé chevalier de la Jarretière, eut le duché d'Albemarle, Manchester fut créé chambellan, Ashley, Holles furent créés barons, etc., etc. Sir François Hyde, comte de Clarendon, fut créé premier ministre et grand chancelier.

Lambert et Vane furent exceptés de l'acte d'amnistie. Les biens de Cromwell furent confisqués. Harrison, Scot, Carew, Scroop, Jones, Clément, Coke, Axtel, Hacker furent condamnés. Ils subirent leur sort avec le courage et la constance des martyrs.

1663. Le Roi épousa Catherine, infante de Portugal, qui lui porta 300.000 livres sterling en dot avec les forteresses de Tanger et Bombay. Il vendit Dunkerque moyennant 400.000 livres sterling.

Henri Vane, innocente victime, périt. L'on battit du tambour pour empêcher sa harangue d'être entendue.

Le duc d'York enleva 130 bâtiments marchands hollan- 1664.
dais quoique l'on ne fût pas encore en guerre. L'on déclara
la guerre à la République. Le célèbre Jean Witt était
alors pensionnaire. Opdam et van Tromp, fils de Martin
van Tromp, commandaient la flotte. Le duc d'York et le 1665.
prince Rupert commandaient l'armée anglaise. Ils se
rencontrèrent près de Colchester. Les Anglais avaient
140 vaisseaux et les Hollandais 120. Le vaisseau d'Opdam
sauta en l'air par l'effet d'une bombe. Les Hollandais perdirent 90 vaisseaux et 6.000 hommes.

Le prince Rupert et Monk attaquèrent la flotte hollan- 1666.
daise commandée par Ruyter et Tromp. Elle était composée de 76 vaisseaux. Une escadre française, venue au
secours de la première, obligea les Anglais de se retirer. La
flotte anglaise composée de plus de 100 vaisseaux fut attaquée par les flottes combinées qui ne montaient qu'à 88.
Le combat eut lieu à l'embouchure de la Tamise. Les
Anglais furent victorieux. Un incendie terrible brûla
13.200 maisons, 89 églises. Les ruines contenaient 436 acres
de terre. Il dura trois jours.

Le traité de Bréda fit crier toute la nation. 1667.

Le chancelier Clarendon, trop sévère pour être respecté 1667.
de la cour licencieuse de Charles, accusé par le Parlement, se retira en France où il composa son histoire de la
grande rébellion.

La bourse de Londres fut posée cette année.

Le Roi demanda des subsides, mais le Parlement ne lui ré- 1669.
pondit qu'en examinant les comptes publics. Le Roi se laissait
gouverner par Clifford, Buckingham, Ashley : des hommes
de la cabale. Il commençait à se rendre indépendant. Les
dépenses de la marine montaient à 500 mille livres sterling.

Le lord Lucas invectiva derechef l'administration devant 1671.
le Roi. Il dit que le peuple était plus foulé que s'il avait
été soumis par un ennemi victorieux.

Le célèbre Blood avait servi dans l'armée de Cromwell. Il avait assassiné le duc d'Ormond et procuré de voler les joyaux de la couronne. Par son adresse il se fit pardonner et devint confident du Roi.

1672. La France, l'Angleterre, l'électeur de Cologne et l'évêque de Munster attaquèrent de concert la Hollande. Thomas Clifford fut fait trésorier. C'est lui qui imagina de suspendre les paiements de l'Échiquier et d'en appliquer les fonds aux [plaisirs] du Roi, ce qui détruisit le crédit.

Le comte de Sandwich préféra faire sauter son vaisseau à la honte de se rendre.

Les deux flottes de France et d'Angleterre attaquèrent la Hollandaise. Le combat fut douteux. Cependant les Hollandais parurent avoir l'avantage. Le maréchal d'Estrées ne fit aucun mouvement pendant l'action.

1673. Charles tolérait le Papisme : ce fut le premier objet qui excita les réclamations du Parlement de cette année. Ils passèrent le fameux bill du Test.

FINI DIMANCHE 30 NOVEMBRE 1788, AUXONNE.

Il y eut un combat naval entre les Anglais et les Hollandais. Les premiers remportèrent la victoire. Louis XIV faisait une pension de 100.000 livres sterling à Charles.

Le Parlement donnait bien de l'inquiétude au Roi. Les ducs de Danby et de Lauderdale furent accusés par les Communes et l'on manqua (de peu) que le parti indépendant ne vînt à prédominer.

La Cour d'équité, c'est la cour de chancellerie dans laquelle on modère la sévérité de la loi.

1675. Les Communes accordèrent 300.000 livres sterling pour la construction de 30 vaisseaux.

1678. Titus Oates, célèbre délateur, fut l'agent dont on se servit pour ruiner les catholiques romains ainsi que de Bedloë de Newbury. Les communes ordonnèrent que l'on fît jurer à tous les catholiques le serment du Test. Le duc d'York qui était catholique sollicita les larmes aux yeux une exception. Il ne l'obtint qu'à une majorité de deux voix.

Le comte de Shaftesbury avait la principale prépondérance dans le Parlement. C'était le chef de l'opposition.

Sir Guillaume Temple, célèbre négociateur, renommé pour son intriguité.

Le bill qui déclare le duc d'York incapable de parvenir au trône est de cette année. 1679.

L'on découvrit dix-huit membres des Communes qui étaient soldés par la Cour.

Le bill Habeas Corpus fut passé comme un *act*.

Charles dissout le Parlement.

Les partisans de l'opposition comparèrent les courtisans de la Cour aux bandits d'Irlande et les appelèrent *Torys*. Les courtisans à leur tour appelèrent *Whigs* les membres de l'opposition, terme de reproche donné anciennement aux rigides presbytériens qui ne vivaient que d'une espèce de lait nommé whig. Ceux-ci avaient pour chef le comte de Shaftesbury. Le lord Russell, rigide républicain, proposa de dresser un bill pour exclure le duc d'York de la couronne. 1680. Whig et Tory

Sir Guillaume Jones, Sir Francis Winnington, Sir Henry Capel, Sir Guillaume Pulteney, le colonel [Legge,] Hampden et Montague appuyèrent la motion. Ils soutinrent que le Parlement avait le droit de changer quelque partie que ce soit dans la constitution.

Le bill passa à la Chambre des communes, mais fut rejeté par les Pairs moyennant une éloquente harangue de Halifax.

Les Communes se plaignirent amèrement du Roi. Elles remarquèrent que, de plus d'un million sterling qui lui avait été accordé pour la marine, il n'avait fait construire aucun vaisseau, que deux millions accordés pour soutenir la triple alliance avaient été employés à la détruire. Les Communes donnèrent à entendre que le Roi lui-même était entré dans une conspiration contre la religion. L'on avait cru découvrir une conspiration contre la religion. L'on fit couler beaucoup de sang, entre autres celui de lord Stafford.

Le Parlement voulait à toute force faire passer le bill 1681.

d'exclusion. Le parti de l'opposition dominant entièrement, le Roi le dissout et en convoqua un autre à Oxford. Les membres de ce nouveau Parlement y parurent armés comme si la rupture avait été infaillible.

Déjà les chefs de l'opposition avaient dressé plusieurs bills contre le Roi lorsque celui-ci le dissout.

Le grand juré est un tribunal composé de 24 membres gentilshommes ou roturiers choisis indifféremment dans tout le comté par le shérif pour connaître les bills d'accusation présentés à la Cour. Le comte de Shaftesbury fut arrêté et le bill d'accusation présenté au juré fut rejeté à la grande satisfaction du peuple.

1683. Charles triomphait. Son administration cruelle et arbitraire fit naître beaucoup de conjurations. Le duc de Monmouth, le comte d'Essex, les lords Russell, Howard, Algernon Sidney et Jean Hambden en furent les chefs et plusieurs autres subalternes tels que les colonels Rumsey et Walcot, etc., etc. Cette conspiration fut appelée la conspiration de la maison de Rye. Ils furent découverts. Le lord Russell, le Brutus d'Angleterre, adoré de tout le monde, le lord Cavendish lui proposa de le faire sauver, mais il le refusa. Il périt avec le sang-froid de l'héroïsme et de la vertu.

Le lord Sidney en qui l'on voyait revivre le patriotisme des anciens républicains périt également. Le lord Sidney avait fait un écrit pour développer la nature du contrat original sur lequel le gouvernement est établi. L'on trouva ce mémoire dans ses papiers. L'on trouva le comte d'Essex mort à la Tour. Il s'était coupé le cou avec un rasoir. Le Roi y avait été le matin avec son frère. Des enfants vinrent jeter un rasoir ensanglanté par les fenêtres. [Bailie Sewiswood] connu par ses talents et son intégrité conduisit la négociation entre Argyle et le duc de Monmouth. Il fut arrêté et périt avec une fermeté digne d'un ancien romain.

1684. Charles se rendit maître de toutes les chartes qui constituent les communautés du royaume et voulait, dit-on, les vendre lorsqu'il mourut âgé de cinquante-quatre ans.

L'on trouva, à la mort de Charles, deux papiers écrits de 1685
sa main pour la défense de la religion catholique romaine.

Le moyen que Charles employa pour soutenir son autorité fut de suivre ses inclinations. Il était libertin, négligent, prodigue, livré au plaisir des sens, voluptueux.

Le Roi assembla le conseil et déclara qu'il voulait main- Jacques :
tenir la religion. 1685.

Le 23 avril, il fut couronné, mais l'on remarqua que la couronne était trop longue pour sa tête.

Les communautés d'Angleterre privées de leurs chartes se trouvaient être à la merci du Roi.

Ayloffe, parent du vieux comte de Clarendon, fut pris avec le comte d'Argyle et accusé d'avoir trempé dans la conjuration de Rye. Jacques l'interrogea lui-même. « Vous savez qu'il est en mon pouvoir de vous pardonner, lui dit le Roi. — Il est vrai, sire, répondit Ayloffe, mais non pas dans votre caractère. »

Jacques, duc de Monmouth, tenta une révolution, mais il fut pris et eut la tête tranchée. Feversham et le colonel Kirke qui avaient défait la petite armée de Monmouth commirent les plus atroces vexations, à l'aide des soldats de son régiment que pour cette raison il appelait les agneaux de Kirke. Il est encore en horreur dans ces comtés ainsi que Jefferies.

Ce cruel Jefferies condamna 29 personnes à Winchester; dans sa propre patrie, il en fit exécuter 292 et 250 autres furent sacrifiées à Exeter.

Le Parlement ne tarda pas à prendre connaissance de la 1686.
protection que le Roi accordait au Papisme. Cook, membre de Derby, parla le premier pour la bonne cause. Le Parlement fut dissous.

Les prêtres débarquèrent de tous les côtés de l'Europe. Les papistes furent admis au conseil, etc., etc., et dans les armées. Il envoya une ambassade au Pape.

1687. Les universités furent remplies de catholiques romains et les anciens professeurs chassés. Tout réussissait à Jacques. Un Parlement composé de Tories le flattait ; ses sujets étaient courbés sous le joug de son autorité. Ses favoris possédaient toutes les charges du royaume ; les catholiques étaient déjà puissants.

1688. Il tenta cependant en vain d'abolir les lois pénales et la loi du Test. [ ] Cependant les bons Anglais voyaient avec horreur les mesures que prenait le Roi pour bouleverser la constitution. Ils s'unirent et résolurent de mettre obstacle à ces projets ambitieux. Jacques abolit de sa pleine autorité les lois pénales et accorda la liberté de conscience.

Cependant, l'évêque (de Londres) et l'archevêque de Cantorbéry, Sancroft, refusèrent de publier cette loi du Roi. Ils furent envoyés à la Tour comme ayant publié des libelles licencieux contre le Roi.

La Reine accoucha dans le mois de juin. Les prôneurs de l'opposition répandirent que ce n'était qu'une supposition de la Cour.

Cependant la cause des évêques fut plaidée et le tribunal déclara qu'ils n'étaient pas coupables. Halloway et Powell furent les premiers qui se déclarèrent en faveur des évêques.

Le Roi voulut sonder son armée. Il se présenta à un régiment et fit demander par le major que ceux qui ne voulaient pas contribuer à l'abolition des lois pénales retinssent les armes bas. Tout le régiment porta les armes.

Les lords Herbert, l'amiral Russel, Henry Sidney, les lords Dunblaine, Lovelace, de la Mère, Paulet, Eland, l'évêque de Londres, le duc de Norfolk, le marquis d'Halifax, les comtes d'Essex, de Devonshire. — Le comte de Shrewsbury engagea ses biens pour 40.000 livres sterling et les offrit au prince d'Orange.

Jacques, alarmé pour lors, rabattit bien de son premier ton. Il demanda conseil à ces mêmes évêques qu'il avait fait emprisonner il n'y avait guère; il rétablit dans toute leur rigueur les lois qu'il avait violées et la religion ancienne, et les prêtres catholiques disparurent et prévinrent l'orage par la fuite.

Le 19 octobre, le prince d'Orange, qui avait épousé la princesse Anne, sœur de Jacques, passa en Angleterre à la tête d'une flotte de 50 vaisseaux, 20 frégates et 400 bâtiments de transport sur lesquels on avait embarqué 12 ou 13.000 hommes. Une foule d'Anglais marchèrent sous ses ordres. Il débarqua à Torbay, dans la province d'Exeter. Le 10 novembre, Seymour vint le joindre et proposa une association pour la défense des lois et des libertés du royaume.

Les officiers de l'armée de Jacques lui firent dire qu'ils ne pouvaient en conscience se battre contre le prince d'Orange qui était à la tête de l'association nationale. Le 23 décembre, le Roi s'enfuit d'Angleterre avec son fils, le duc de Berwick.

Une assemblée extraordinaire, composée de tous ceux qui avaient été membres des parlements sous le règne de Charles II, accorda au prince d'Orange le droit de disposer de tout comme si le Roi était présent.

Le Parlement, assemblé sous le titre de la Convention, s'étant assemblé le 22 janvier, chaque chambre se choisit un orateur. M. Dolbek entreprit de prouver dans la Chambre basse que le trône était vacant par la désertion du Roi. Le Parlement déclara que Jacques II ayant cherché à traverser la constitution du royaume en rompant le contrat original entre le souverain et ses sujets, qu'ayant violé les lois fondamentales et abandonné le royaume, le trône était vacant.

Les comtes de Rochester et de Nottingham proposèrent d'élire un protecteur comme si le Roi était en démence. Ces seigneurs étaient chefs du parti tory. L'on préféra un nouveau souverain à la pluralité de deux voix. L'on décida qu'il existait un contrat original entre les sujets et le Roi à la pluralité de sept voix.

L'on agita ensuite si, en supposant que Jacques eût violé le contrat original entre lui et son peuple, qu'il eût abandonné le gouvernement, le trône était vacant. Les Torys soutinrent que le trône ne pouvait être jamais vacant. La négative l'emporta par une majorité de 11 voix.

Guillaume, Prince d'Orange, Roi. 1689.

L'on offrit enfin la couronne au prince d'Orange et à la princesse Marie à condition que le prince seul gèrerait les affaires.

XIX

LE COMTE D'ESSEX[1].

(NOUVELLE ANGLAISE.)

Le gouvernement arbitraire de Charles II, les vexations de son frère, le duc d'York qui, imbu des principes catholiques, persécutait à l'excès les Presbytériens et les chefs du parti de l'opposition firent naître de toutes parts des conspirations et des associations pour le maintien de la constitution nationale. Le duc de Monmouth, fils bâtard de Charles, encourageait un mécontentement qu'il prévoyait devoir lui mettre la couronne sur la tête.

Déjà depuis quatre ans, Charles gouvernait sans parlement, il craignait les entreprises des républicains qui avaient conduit son père sur l'échafaud; il craignait la sévère justice des lords Sidney, Russel, Essex, etc. L'Anglais voyait dans le lord Sidney...... [2]..........................

Le comte d'Essex, les lords Russel et Sidney, animés par l'amour commun de la patrie, conspirèrent contre Charles II et son frère le duc d'York. Depuis quatre ans, ce prince gouvernait sans parlement et la nation gémissait sous le joug arbitraire d'une administration illégale.

La constitution nationale, la religion dominante étaient

(1) *Inédit. Fonds Libri.* Manuscrit de six pages in-folio; sur une feuille servant de couverture, un plan de redoute au crayon.

(2) Napoléon interrompt ici son récit, et sans rature, ce qui précède, recommence. (*Ed.*)

en danger et l'autorité royale avait tout englouti. Il n'y avait plus de salut pour la liberté que dans la mort de l'usurpateur et l'on résolut de la lui donner. Tout était déjà calculé. Le jour était pris, les mesures convenues et le même événement aurait vengé et sauvé l'Anglais opprimé.

Tout manqua cependant, et les lords chefs de la conspiration furent arrêtés et envoyés à la Tour. Le moment où cette nouvelle se répandit dans le public fut un de ces moments de crise qui alarment et découragent les gens vertueux. Le comte d'Essex était connu par la sévérité de sa morale, l'austérité de sa vie et sa stricte justice. Il eût pu dire, comme Caton, que ne s'ayant jamais rien pardonné à lui-même, il [ne] pardonnait à personne. Le lord Russel était l'idole du peuple qui l'adorait. Sa douce éloquence, sa bonté, l'équité qui régnait dans toutes ses actions avaient accru une réputation que sa fermeté seule à s'opposer à l'autorité royale avait rendue chère à tout bon Anglais L'on disait de lui : si la justice venait sur la terre elle aurait agi comme le lord Russell.

Sidney était un de ces patriotes inflexibles qu'anime le génie des Brutus, des Thraséas. Il avait un des premiers déployé l'étendard de l'indépendance sous le règne de Charles Ier. Lui seul s'opposa à Cromwell. Lui seul espérait encore l'établissement de la république. Ennemi des monarchies, des princes, des grands, Sidney avait, par une étude profonde, pénétré jusqu'au contrat original qui est la base de toutes les Constitutions.

Tels furent les trois hommes que le tyran tenait en son pouvoir. Russel ne cela jamais la vérité et son procès ne fut pas difficile à faire. L'on lui proposa en vain de s'échapper ; rien ne put... Il mourut comme il avait vécu.

Le lord Sidney vit son sang couler pour la bonne cause et ne regretta que sa patrie qu'il laissait livrée aux fureurs de deux tyrans.

Essex encore restait. Le peuple qui avait versé des

larmes à la mort des deux lords, demandait avec fureur la grâce du comte. Les juges, épouvantés par tant de crimes, n'osaient le condamner. En vain le Roi leur ordonnait, le duc les en suppliait : ils en frémissaient à la seule pensée et, reconnaissant l'abîme qui s'ouvrait sous leurs pas, ils résolurent de sauver le comte.

Qui pourrait peindre la rage forcenée qui transporta alors le duc d'York. Il voyait sa proie lui échapper. Le sang de Russel et de Sidney ne suffisait pas à sa rage et, ne pouvant détruire une nation qu'il haïssait, il voulait au moins se venger de ceux qu'elle idolâtrait et qui avaient fait passer le bill d'exclusion. Religion, politique, antipathie, haine, sentiment de vengeance, tout se réunissait dans l'esprit du duc pour désirer la mort du comte.

Cependant tout était inutile et le comte allait être déclaré innocent lorsqu'un accident terrible le tira d'embarras.

Cette anecdote assez intéressante mérite que l'on entre dans les détails que l'on a pu recueillir.

Le lundi 13 septembre, le temps était extrêmement froid. Une brume assez ordinaire dans le climat de Londres enveloppait la ville. La comtesse d'Essex voulut aller voir son mari. La voiture se brisa contre une autre et après quelques heures de retard, elle arriva. Elle trouva son mari s'occupant aux préparatifs de sortie, car sa sentence était déjà connue.

Après avoir passé une partie de la journée, ils se donnèrent rendez-vous pour le lendemain mardi.

Dix heures n'avaient pas encore sonné et le Roi accompagné du duc d'York s'était rendu à la Tour, contre leur usage ; car, depuis deux ans, ils n'y avaient mis les pieds, et ils en sortirent à onze heures et demie.

Cependant, la comtesse qui aimait tendrement son époux, brûlait d'impatience de le revoir et ayant passé une partie de la nuit à donner ses ordres pour préparer son logement, se laissa gagner au sommeil. Elle n'avait pas encore fait le premier somme qu'elle fut réveillée en sursaut par du bruit qu'elle crut entendre dans sa chambre. Ce n'était qu'un songe. Cependant, elle se réveilla par trois fois, toujours troublée par un bruit lugubre qu'elle crut entendre et qui cessait à son réveil. Impatientée, elle appela ses gens, mais le sommeil la gagna de nouveau et ses gens ne venaient pas. Le bruit redoubla. Alors, la comtesse, naturellement hardie, se lève, ouvre, traverse les ténèbres de son appartement, arrive à la porte. Peignez-vous une femme troublée par des songes sinistres, prévenue par des bruits effrayants, au milieu de la nuit, égarée dans les ténèbres d'un vaste appartement. Elle arrive à la porte, elle cherche la serrure. Son corps frissonne, elle ne touche qu'un couteau tranchant. Le sang qui en découle n'est pas capable de l'effrayer. « Qui que tu sois, arrête, reconnais l'infortunée épouse du comte d'Essex ; » s'écria-t-elle, et, loin de perdre ses sens, elle repasse la main, trouve la clef, ouvre la porte. Elle croit entrevoir, dans l'éloignement de l'antichambre, quelque chose qui marchait, mais elle s'accuse de faiblesse, et après avoir refermé la porte, se recouche. Il était onze heures du matin et la comtesse, agitée, pâle, oppressée, se débattait contre un songe qui l'inquiétait. « Jeane Betzie, Jeane Betzie, chère Jeane. » Elle leva les yeux, car ce bruit l'avait réveillée, elle vit, ô Dieu ! elle vit un fantôme qui s'approcha de son lit, en tira les quatre rideaux, la prit par la main et lui dit : « Jeane, tu m'as oublié, tu dors, mais touche. » Il lui porta la main à son cou. O frayeur ! Les doigts de la comtesse s'enfoncent dans les larges plaies, ses doigts en sont ensanglantés, elle pousse un cri, se cache, mais en regardant de nouveau ne vit plus rien. Effrayée, tremblante, consternée, le cœur navré par ces terribles pressentiments, la comtesse monte en carrosse, arrive à la Tour. Comme elle était au milieu du Pall-Mall, elle entendit un homme du peuple qui disait : « Le comte d'Essex est mort. » Elle arrive enfin, on lui ouvre la porte, ô spectacle horrible ! Elle voit le comte nageant dans son sang, étendu par terre. Trois larges coups de rasoir avaient privé de vie le comte. Sa main était sur son cœur. Ses yeux élevés au ciel, il semblait solliciter la vengeance éternelle.

Vous croyez peut-être que confondue, évanouie, Jeane va déshonorer par de lâches larmes la mémoire du plus estimé des hommes ? Non. Elle fait nettoyer son corps, le fait prendre et le fait exposer à la vue du public.

La rumeur que ce spectacle excita dans Londres serait difficile à concevoir. L'on voulait, alors même, aller faire subir le même sort à ses lâches assassins. La populace accusait le Roi et son frère.

Le docteur Burnet fut chargé de faire des perquisitions pour découvrir les auteurs de ce meurtre. Deux enfants déposèrent qu'ils avaient vu jeter par les fenêtres un rasoir ensanglanté. Les domestiques de l'infortuné lord dirent qu'il avait passé toute la matinée tranquillement, que, sur les onze heures, ils avaient été éloignés par le gouverneur de la Tour. L'on ne douta plus des auteurs.

Cependant, dans sa douleur mortelle, la comtesse fit tendre son appartement en noir. Elle en condamna les fenêtres et passait les journées à déplorer l'affreuse destinée de son époux. Ce ne fut que trois ans après, lorsque, après la mort du Roi, le duc d'York fut détrôné, que satisfaite de la vengeance que le ciel avait prise, elle reparut dans le monde.

XX[1]

NOTES TIRÉES DE L'HISTOIRE DU ROI FRÉDÉRIC II

1788, DÉCEMBRE

Frédéric Guillaume, surnommé le Grand-électeur, se vit enlever la Silésie qui lui appartenait par le décret des Piastes, souverains de ces pays, avec qui Joachim II, un de ses ancêtres, avait passé un pacte de succession. L'empereur Léopold la lui enleva.

Le duché de Prusse fut érigé en royaume en 1657 en
Frédéric Ier 1657. faveur de Frédéric, fils du premier. Il céda, en faveur de
cette grâce, le cercle de Schwiebus que son père avait acquis pour indemnité de la Silésie.

Le roi Frédéric-Guillaume monta sur le trône en 1712.

Son gouvernement était tout militaire. La canne était son principal agent. C'est lui qui a établi l'état militaire sur le pied respectable. A la mort du Grand-électeur, arrivée
1740. en 1688, il n'y avait que 40 bataillons de 4 compagnies
et 40 escadrons. A sa mort, il laissa à son fils 85 bataillons et 111 escadrons. Il avait un régiment de sept pieds.

1712. Frédéric II naquit le 24 juin 1712. Il était fils du roi

(1) *Inédit. Fonds Libri*, fait partie du *Premier cahier de Notes diverses*, manuscrit de 16 pages in-folio. Je n'ai point retrouvé de quel ouvrage Napoléon avait pris ces notes. Pour la seconde partie, celle qui est relative à la guerre de Sept ans, comparer ces notes au *Précis des guerres de Frédéric II* dicté par l'Empereur à Sainte-Hélène. (Correspondance, t. XXXII.)

précédent. Ses inclinations séparées à celles de son père firent qu'il se retira à Rheinsberg.

Il monta cette année sur le trône. Frédéric-Guillaume, son père, lui avait laissé une population de 2.240.000 hommes, un revenu de 48.000.000 livres, un trésor de 80.000.000 l., une armée de 80.000 hommes. 1740. Frédéric II.

Le royaume de Prusse, le duché de Poméranie, la marche électorale de Brandebourg, le duché de Crossen, le duché de Magdelbourg, la principauté de Halberstadt, celle de Minden, de Mœurs, le duché de Clèves, de Gueldre, le comté de la Mark et de Ravensberg ceux de Teklembourg, Lingen, la seigneurie de Monfort, les terres dans le Brabant, les seigneuries d'Orange, des polders d'Haarldingen, etc., etc.

En octobre 1740, l'empereur Charles mourut. En décembre, le roi de Prusse à la tête de trente bataillons était entré dans la Silésie avec un tel secret que l'on ignorait encore qu'il marchât. Le prince de Beauvau croyait que c'était contre la France. Marie-Thérèse était héritière de Charles VI. Le duc de Bavière, le roi d'Espagne et différents princes de l'Empire lui disputaient cet héritage, quoique cependant ils eussent, par la Pragmatique sanction, reconnu Marie pour héritière.

Le roi de Prusse n'avait des prétentions que sur trois duchés, mais il s'empara de toute la Silésie après deux batailles gagnées sur les Autrichiens, l'une à Brieg où les Prussiens étaient 60.000 contre 29.000 Autrichiens, la seconde près de Chotusitz. Le prince Charles fut battu. La paix fut conclue immédiatement après à Breslau, le 28 juillet 1741. Par ce traité, l'Impératrice céda la Silésie au roi de Prusse à l'exception d'une petite partie de la haute. de Breslau

Charles-Albert fut élu Empereur en 1742. Il fut soutenu par la France, la Savoie, etc. 1741. Cette paix de Breslau fut cause de la perte de l'armée Française.

En 1742, le prince Guillaume, son frère, se maria avec une princesse de Brunswick. C'est le père du roi actuel.

Le général Schwérin, élève de Marlborough et d'Eugène, contribua beaucoup au succès du roi de Prusse.

Le prince de Dessau, qui avait été le principal homme de confiance du roi Guillaume ci-dessus, contribua aussi au succès du Roi.

L'électeur de Bavière avait été élu empereur sous le nom de Charles VII. La France lui avait fourni une armée que les maréchaux de Broglie et de Bellisle commandèrent, mais ayant été abandonnée par le roi de Prusse lors du traité de Breslau, l'armée française essuya une série inouïe de malheurs et retourna en France réduite à 6.000 hommes. Chassé de son électorat même, l'infortuné Empereur était sans pain.

1744. La France déclara la guerre à l'Angleterre et à Marie-Thérèse.

L'on attendait le parti que prendrait le roi de Prusse qui, au grand étonnement de l'Angleterre et en violant le traité de Westminster, se lia avec le malheureux empereur Charles VII par le traité de Francfort. Ainsi, la France, la Prusse, l'Espagne, le roi des Deux-Siciles, l'Électeur palatin et l'Empereur s'étaient ligués contre la Maison d'Autriche, l'Angleterre, le roi de Pologne comme électeur de Saxe, la Hollande et le roi de Sardaigne. Le roi de Prusse prit une partie de la Bohême mais en fut chassé
1745. ainsi que de la haute Silésie. La bataille de Friedberg où le prince Charles eut 4.000 hommes de tués et 9.000 de faits prisonniers rétablit les affaires du Roi.

Bataille de Soor. Le roi tua 6.000 hommes à ses ennemis. Soor est dans la Bohême.

Traité de la Quadruple alliance entre l'Angleterre, la Hollande, la maison d'Autriche, la Saxe.

1745. Le 20 janvier, l'empereur Charles VII mourut. Le Roi, piqué de ce que la cour de Saxe avait pris parti contre lui, fit marcher son armée vers Dresde.

Le prince d'Anhalt attaqua, près de Kesseldorf, les Saxons et les battit, en ayant tué 3.000 et 5.000 prisonniers.

Le Grand-duc de Toscane, mari de la reine de Hongrie, fut fait empereur. Le prince de Conti à la tête d'une armée avait passé le Rhin, mais il fut obligé de le repasser. Traité de Dresde. 1745.

Le traité de Dresde termina cette guerre. La Silésie resta au roi de Prusse. Les états de Saxe furent rendus et l'Empereur reconnu. Le traité d'Aix-la-Chapelle est de 1748.

Le Roi fut en paix jusqu'en 1756, à laquelle époque commença la fameuse guerre de Sept ans. L'Autriche, la France, la Russie, la Saxe, la plus grande partie de l'Empire, la Suède, mirent des armées sur pied contre Frédéric et l'Angleterre. Il prévint ses ennemis et entra en Saxe, la prit sans coup férir et l'Électeur se réfugia en Pologne. Il battit le maréchal Brown à Lowositz et força le camp des Saxons à Pirna de se rendre. 1756. Bataille de Lowositz.

Les ennemis de Frédéric avaient sept cent mille hommes et lui n'en avait que deux cent soixante mille à leur opposer. Toujours vigilant, il entre en Bohême avec quatre-vingt mille hommes et bat sous les murs de Prague le prince Charles, lui fait dix mille prisonniers, et lui tue cinq mille hommes, prend deux cent quarante pièces de canon, mais perd le général Schwérin. 1757. Prague.

Quelques jours après se donna la bataille de Kollin, où le général Daun battit Frédéric, lui tua six mille cinq cents hommes et lui en prit douze mille. Pendant ce temps-là, cent mille Russes attaquent la Poméranie. Le maréchal Lehwald avec trois mille hommes les battit et rendit leurs efforts vains. Les Suédois passèrent avec dix-sept mille. Lehwald rendit leurs incursions inutiles. Une armée française commandée par le maréchal d'Estrées battit le duc de Cumberland à Hastembeck et conclut à Closter-Sewen une convention de neutralité. Le maréchal de Richelieu avait conclu cette convention. Haddick, hongrois, se glissa avec quatre mille hommes par la basse Lusace et s'empara de Berlin et leva 200.000 écus de contribution. Frédéric était perdu. Le tribunal de l'Empire l'avait déclaré déchu de toutes ses dignités. Il fallait un coup de vigueur. Il partit Kollin. Mois de novembre

Rosbach. à la tête de trente mille hommes et battit à Rosbach le maréchal de Soubise qui avait cent mille hommes, tue deux mille Français, en prend six mille. Le vainqueur s'empara de soixante-douze pièces de canon.

Lohe. Daun pendant ce temps battit à Lohe le général prince de Bevern, lui tua dix mille hommes après en avoir perdu vingt mille. Breslau fut prise.

Le Roi arrivé en Silésie battit Daun qui avait près de Leuthen. quatre-vingt mille hommes à Leuthen. Les Autrichiens perdirent six mille hommes et encore plus de vingt mille prisonniers. Quatre cent cinquante mille hommes avaient péri dans cette guerre. Les rois, ennemis de Frédéric, commandaient à cinquante millions d'hommes. Frédéric n'avait que cinq millions de sujets. L'Angleterre lui paya quatre millions d'écus de subsides. Il fit battre avec ces écus une monnaie qui ne valait que le tiers.

1758. Le maréchal de Richelieu, à la tête d'une armée française, vint ravager le Brandebourg. Le général Voyer d'Argenson n'avait qu'une réponse : argent, blé ou le feu. Le prince Ferdinand de Brunswick fit plier les Français qui repassèrent le Rhin en mars, n'ayant plus que trente mille hommes. Le Roi s'empara de Schweidnitz où il y avait cinq mille hommes et, par une marche forcée, vint se présenter devant Olmutz. Il avait déjà jeté cent vingt-huit mille boulets et bombes dans cette place, mais Daun et Laudon firent lever le siège.

Les Russes s'étaient, pendant ce temps-là, emparés de la Prusse et bombardaient Custrin. Le sort du Roi dépendait alors d'une bataille. Les Français s'avançaient dans la Franconie, Daun dans la Saxe, les Russes dans son électorat; les Suédois n'étaient qu'à quelques lieues de Berlin. Frédéric avec cinquante mille hommes, bat quatre-Zorndorff. vingt mille Russes à Zorndorff, leur tue vingt mille hommes. Les Russes se défendirent avec intrépidité.

Le prince Henri avait pendant ce temps-là tenu tête en Saxe à Daun. Il acquit la réputation d'un grand général.

Les Prussiens, campant à Hohenkirchen, furent surpris par Daun ; ils perdirent dix mille hommes, cent pièces de canon, etc. Cette bataille eut lieu le jour de la Sainte-Thérèse. Le maréchal Keith périt dans cette affaire. Dans cette campagne, l'armée prussienne fit près de cinq cent quarante lieues. Il perdit trente mille hommes dans cette campagne. Les ennemis en perdirent cent mille. Hohenkirchen.

Wedel, général du roi de Prusse, fut battu par les Russes à Kunersdorff, perdit six mille hommes. Laudon s'était joint aux Russes lorsque le Roi les attaqua près de Kunersdorff. Les Prussiens furent battus et perdirent au moins huit à dix mille hommes. 1759. Kunersdorff.

Le prince Ferdinand battit les Français près de Minden. Les Russes trouvèrent qu'ils avaient assez fait pour la cause commune et se retirèrent. Ceci joint à la célérité du Roi sauva les affaires. Le prince Henri s'opposait à Daun avec succès. Daun investit douze mille Prussiens qui mirent bas les armes. Le général Beck enleva quinze cents hommes aux Prussiens. Kaunitz, Choiseul et Brühl voulaient la destruction du Roi. Laudon avec trente mille hommes s'empare du camp de Landshut où Fouqué commandait treize mille Prussiens et les fait prisonniers. Il assiégea Glatz. Gribeauval dirigeait les batteries. La place fut prise. Le prince Henri déconcerta les mesures des Alliés avec trente mille hommes et fit tête à soixante-dix mille Russes et trente mille Autrichiens. Minden. 1760.

Laudon attaqua le Roi à Liegnietz. Daun et Lasey devaient l'attaquer de leur côté, mais ils n'en firent rien et Laudon perdit neuf mille hommes. Le Roi d'Angleterre Georges II mourut en 1762.

Les Russes s'emparèrent de Berlin. Totleben les commandait. Daun fut battu à Torgau en Saxe par le Roi et perdit quatorze mille hommes et cinquante pièces de canon

Laudon avait rejoint l'armée russe et il entra alors à la tête de cent trente bataillons et deux cent quarante escadrons. Le Roi n'avait que cinquante bataillons et quatre- 1761.

vingts escadrons. Laudon prit Schweidnitz à la vue de l'armée prussienne. Le prince Henri, pendant ce temps-là, se battait en Saxe. Les Russes abandonnèrent la partie de l'Autriche. Pierre III était ami de Frédéric. Bien plus, vingt bataillons augmentèrent l'armée prussienne. Le Roi de Prusse assiégea Schweidnitz. Le général Gribeauval le défendait. Le prince Henri battit à Friedberg en Saxe le prince de Stolberg et lui tua sept mille hommes.

1762. Elisabeth Petrowna, impératrice des Russies, mourut cette année. Pierre III lui succéda. Catherine Alexiewna, épouse de Pierre III, le détrôna et se fit déclarer impératrice.

La paix fut enfin conclue entre les Alliés et le Roi de Prusse et les choses furent remises sur le même pied qu'auparavant (le 15 février 1763).

Les Anglais étaient maîtres du Canada, de Terre-Neuve, de la Martinique, de la Guadeloupe en Amérique, du Sénégal et de Gorée en Afrique, de Pondichéry, Chandernagor en Asie, avaient ruiné le commerce des Français sur le Gange et s'étaient emparés de Belle-Ile sur les côtes de Bretagne. La France avait perdu quatre-vingts vaisseaux.

L'Espagne, en 1762, déclara la guerre à l'Angleterre. Pitt fit aussitôt le projet de s'emparer du Mexique, du Chili et il se rendit maître de la Havane.

Les Anglais avaient fait une dépense de trois cents millions d'écus.

Les intrigues du cabinet culbutèrent Pitt. Bute, favori de la princesse douairière de Galles, eut le maniement des affaires et fit la paix. On restitua Belle-Isle, Pondichéry, les Philippines, la Martinique, la Guadeloupe, Sainte-Lucie, Cuba, la Havane, Honduras, Goré. Bute risqua d'être lapidé par les Londonniens.

L'on comptait un million cent cinquante mille âmes en Silésie en 1763 et, en 1776, l'on en comptait un million trois cent soixante-douze mille sept cent cinquante-quatre.

Le Roi y entretient quarante mille hommes. Les régiments recrutent de force. Les hommes naissent soldats.

L'impôt territorial pour les campagnes, l'accise pour les villes sont les seuls impôts que le Roi perçoit en Silésie.

Les simples paysans payent 34,50 p. 100. Les nobles, etc., 28,50 p. 100. Le clergé, évêques, chapitres, 50 p. 100.

Impôt territorial.	1.704.932 d'écus.
L'accise.	1.000.000
Les domaines royaux[1].	1.000.000
L'industrie à la campagne. . . .	150.000
	3.854.932

Cocceji a rédigé le code Frédéric.

En 1772, Frédéric, l'empereur Joseph II et l'impératrice de Russie se liguèrent et, en conséquence de prétendus droits qu'ils disaient avoir sur une partie de la Pologne, firent entrer leurs armées. La Prusse prit 900 lieues carrées, l'Autriche 2.700, la Russie 3.440.

En 1774, la diète de Varsovie confirma le partage. La Confédération s'y opposa et le Grand régimentaire de Pologne refusa de sortir. Il y eut une petite escarmouche avec les troupes prussiennes.

Le 30 décembre, Maximilien-Joseph, électeur et duc de Bavière, était mort et avec lui s'éteignit la Ligue masculine de sa maison. La Maison palatine prétendait avoir des droits sur la succession. D'un autre côté, la maison d'Autriche disait avoir des prétentions sur une partie de l'hérédité et voulait disposer de l'autre comme empereur. La guerre s'alluma. Laudon commanda cent mille hommes contre le prince Henri. Lascy et Haddick en commandaient une pareille contre le Roi. Deux campagnes se passèrent sans aucun événement et, moyennant la médiation de la Russie et de la France, la paix se fit à Teschen le 15 mai 1779. Par ce traité, la maison d'Autriche garda quelques comtés dans la Bavière. La Reine mère mourut cette année...

(1) L'impôt sur les cartes, le papier timbré, les amendes fiscales, les produits des postes. (*Bon.*)

XXI[1]

NOTES DIVERSES TIRÉES DES MÉMOIRES DE L'ABBÉ TERRAY[2]

1788, AUXONNE

L'abbé Terray est né à Boen en Forez en 1715 et est fils d'un tabellion. Un de ses oncles, médecin de M. le Régent, est la première origine de sa fortune. Il fut reçu au Parlement en 1736.

1764. Le sieur Laverdy était contrôleur général; M. Maynon lui succéda.

1769. En novembre de cette année, il fut fait contrôleur général moyennant la protection de M. Maupeou, chancelier. Sa première opération fut de mettre la main sur les caisses d'amortissement et de suspendre les remboursements qui devaient avoir lieu suivant l'ordre de la libération des dettes de l'État.

Il réduisit les tontines à rentes purement viagères. Il réduisit les arrérages de quantité d'effets royaux.

(1) *Inédit. Fonds Libri*, fait partie du premier cahier ci-dessus désigné.

(2) *Mémoires de l'abbé Terray, contrôleur général, contenant sa vie, son administration, ses intrigues et sa chute.* Londres, 1776, in-12. Des exemplaires portent pour titre : *Mémoires contenant l'administration des finances sous le ministère de M. l'abbé Terray*. Londres, John Adamson. In-12. Ce pamphlet est généralement attribué à un sieur J. B. L. Coquereau, avocat. Il est inutile de relever un certain nombre d'erreurs qui se sont glissées dans ces notes. On sait que Louis XV est mort en 1774 et non en 1775, que ce n'est point Montmorin mais Miromesnil qui a eu les Sceaux à la place de Maupeou. Cela importe peu. Ce qui importe ce sont les définitions financières et la précision en matière de chiffres. (*Ed.*).

1770. Les billets des fermes générales ne furent pas payés. Le paiement des rescriptions sur les recettes générales des finances et des assignations sur les fermes générales était suspendu.

Les rescriptions et les billets des fermes tenaient lieu de banques publiques. Chacun y portait l'argent qu'il avait chez lui et le croyait aussi sûr que dans ses coffres. Il motiva cette criante injustice sur la nécessité de payer les troupes.

1771. Il prit les sommes déposées à la caisse des consignations. C'est le dépôt judiciaire où sont portées les sommes en contestation entre différents cohéritiers ou créanciers. La marquise de la Palue étant allée pour en retirer 80.000 livres ne put obtenir qu'un papier qu'elle ne put vendre que 20.000 livres. Ce fut cette année que les Parlements furent supprimés et remplacés par les Conseils.

Les croupiers sont, en langage de ferme, ceux qui, sans avoir voix dans les assemblées, font une partie des fonds et participent au gain en proportion.

M. de Choiseul avait eu pour successeur M. de Monteynard qui eut à son tour M. d'Aiguillon pour successeur en janvier 1774. Celui-ci était avant ministre des Affaires étrangères.

A M. de Praslin était succédé M. de Boynes dans le ministère de la Marine.

L'abbé Terray avait 1.200.000 livres d'abbayes, biens, fonds, dignités, etc.

L'hôtel de Condé fut vendu 3.000.000 livres. L'on y construisit la Comédie française qui devait coûter 7.600.000 livres

C'est Mme du Barry qui fit venir Piccini d'Italie.

L'emprunt de Hollande était fort couru en France.

Louis XV mourut en 1775.

Le droit de joyeux avènement, cette espèce de droit qui se perçoit la première année de l'avènement des princes au trône, n'a pas besoin d'enregistrement. Il fut affermé en 1723, vingt-trois millions. La compagnie en retira quarante et un. Cet impôt tomba principalement sur les gens riches. L'on voyait que, vu l'habileté de l'abbé Terray, il serait monté à quatre-vingts millions en 1777.

1775. Le 28 août, l'abbé et le chancelier Maupeou furent disgraciés.

M. Turgot remplaça le premier. M. de Montmorin remplaça le second pour les Sceaux.

M. Turgot établit la liberté des grains dans le commerce.

Le duc d'Aiguillon et le sieur de Boynes furent les premiers sacrifiés à l'avènement du Roi.

Le comte de Maurepas avait la confiance du Roi. L'émeute du 3 mai 1775 est remarquable par sa singularité.

XXII[1]

COMPAGNIE DES INDES

En 1759, le dividende de 80 livres fut réduit à 40. En 1764, la compagnie reprit son commerce. Le dividende fut réduit à 20 livres.

Après différentes vicissitudes, ils se trouvèrent réduits, en 1769, à être obligés de faire un emprunt de 27 à 30 millions. L'on jugea que le commerce n'était plus tenable vu la mauvaise administration et le privilège leur fut ôté. Le 7 avril 1770, ils s'assemblèrent pour la dernière fois. M. Necker se fit beaucoup d'honneur en répondant au mémoire que le ministère avait fait publier par M. l'abbé Morellet. L'état actif de la Compagnie se montait à 230.633.050 livres et le passif était de 188.418.518 livres. Distraction faite des actions, il restait à la Compagnie 42.214.548 livres. En 1769, l'actif était de 287.618.771 et le passif de 233.914.503 livres, il restait 53.704.208. La Compagnie a donc bénéficié de 11.489.720 livres. Par l'assemblée du 8 avril 1770, la Compagnie cède au Roi tous ses effets à charge qu'il paiera ses dettes et lui conservera un fonds de 60 millions sur le contrat de 180 millions pour hypothèque. Toutes les actions furent augmentées de

(1) Dans certains exemplaires de l'édition de 1776 des « *Mémoires concernant l'administration des finances sous le ministère de l'abbé Terray* » se trouvent en fin les *Lettres d'un actionnaire à un autre actionnaire contenant la relation de ce qui s'est passé dans les dernières Assemblées de la Compagnie des Indes*. C'est de là que sont pris ces extraits qui, dans le manuscrit, font suite aux précédentes notes. (*Ed.*)

500 livres qui, jointes aux 1.600, remontent à 2.100 et, moyennant 400 livres que les actionnaires paieraient encore, leurs actions se trouveraient monter à 2.500. Le dividende fut fixé à 120 livres. Sa Majesté se chargea de plus de faire 200.000 livres de rente viagère aux gens employés à la Compagnie.

XXIII[1]

MÉMOIRES DU BARON DE TOTT[2]

(1789. JANVIER)

Les pays compris sous le nom de Petite-Tartarie sont : la presqu'île de Crimée, le Couban, une partie de la Circassie et toutes les terres qui séparent l'empire de Russie de la mer Noire. Cette zone, depuis la Moldavie jusqu'auprès de Taganrog, située entre le 46e et le 44e degré de latitude, a dans la largeur 30 à 40 lieues sur plus de 200 de longueur. Elle contient le Yetitchékoulé, le Dziamboylouk, le Yedesan, et la Bessarabie. Cette dernière qu'on appelle aujourd'hui Boudjak a des villages ainsi que la Crimée. Toutes les autres provinces ne sont habitées que par des Tartares errants qui demeurent dans des tentes de feutre.

Ils sont divisés en différentes tribus qui ont leurs kams. Gengis-Kam fut choisi pour être grand kam ou roi des rois. Il s'est fait le plus vaste empire qui ait jamais existé. Ses descendants forment encore la famille suzeraine. Les Beys qui sont les principaux vassaux sont toujours repré-

(1) *Inédit. Fonds Libri.* Ces extraits complètent le 1er cahier et font la plus abondante matière du 2e cahier de 16 pages in-fol.

(2) *Mémoires du baron de Tott sur les Turcs et les Tartares.* Amsterdam, 1784, 4 vol. in-8°. Les extraits prennent à la page 149 du t. II, reviennent au t. I et passent au t. IV. Nous avons suivi pour l'orthographe des noms propres le texte du baron de Tott. (*Ed.*)

(3) Chirine, Mansour, Sedjoud, Arguin et Baroun sont les cinq familles. Celle de Koudalak est la sixième. (*Bon.*)

sentés par les plus vieux de la famille. Ces beys sont au nombre de cinq. Un sixième qui représente toutes les familles anoblies ou les Mirza Capikouly. Ces six beys forment le sénat de la nation. Les Génois qui s'emparèrent de Constantinople firent prisonnier le Kam Mingli-Gueray.

Mahomet II le délivra et le rétablit sur son trône à condition qu'il se soumettrait ainsi que ses successeurs à être nommé par la Porte, mais le Grand-seigneur s'attribuait en vain les droits suzerains. La république de Tartarie ne pouvait pas être liée par le traité de son sultan.

Les biens nobles, les fiefs se sont introduits jusqu'en ce climat dans les deux provinces où les habitants sont établis. Pour les Noguais, les Mirza perçoivent des tributs en bestiaux.

Les Séraskiers sont les gouverneurs du Kam. Le Calga équivaut à la place de principal Bey. Sa résidence est à Acmet-Chid, à quatre lieues de Bactché-seraï. Son commandement s'étend jusqu'à Cafa.

Ainsi la Tartarie était vassale du Grand-seigneur, mais le traité de [ ][1] entre la Russie et le Turc l'aura déclarée indépendante.

Les Mirzas ou possesseurs de fiefs sont redevables du service militaire, mais seulement envers les États assemblés.

Tous les Mirzas qui meurent sans héritiers jusqu'au septième degré, le Kam s'empare de leurs biens.

Le Nouradin acquiert toute l'autorité souveraine, mais seulement quand il commande l'armée. Le Calga et le Nouradin sont toujours des sultans.

La charge d'Alabey que le Kam confère toujours à sa mère ou à une de ses femmes lui donne une juridiction dans quelques villages, ainsi que celle de Ouloukani qu'il confère à sa sœur aînée.

(1) Mots omis. (*Ed.*)

Notes diverses[1]. Suite des mémoires du Baron de Tott.

TARTARIE. — Les revenus du Kam montent à 600,000 livres ; cette somme est absolument destinée à son entretien.

Krim-Guéray régnait en 1769.

Huit ou dix livres de farine de millet rôti, pilée et pressée dans un petit sac de cuir pendu à la selle de chaque Noguais assurait à l'armée cinquante jours de vivres.

Les Druses, les Mutualis maîtres du Liban et de l'Anti-Liban ont résisté à toutes les forces ottomanes. Les macédoniens chantent encore la victoire d'Alexandre. Réfugiés sur les hautes montagnes, ils bravent les fureurs du despotisme.

TURCS. — *Harem* veut dire appartement des femmes. *Sérail* veut dire palais. Le Grand-seigneur seul a un sérail et un harem.

Le Coran qui est le seul code, soit en lois civiles, criminelles, morale, etc., restreint les Turcs à quatre femmes.

Le mariage n'est qu'un acte civil. La dot, le trousseau, etc., est prévu dans le Coran. Le contrat appelé *Kapin* n'est qu'un marché fait entre deux parties pour vivre ensemble, à tel prix, pendant tel temps. La loi que l'on nomme *Namekrem* défend aux filles et aux femmes de laisser voir leur visage à découvert à aucun autre homme que leur mari.

Les rues sont remplies de femmes qui vont et viennent librement.

Le Bostangy Bachi fait l'office de lieutenant de police.

Les Turcs ont suppléé à la pauvreté de leur langue par l'adoption totale de l'Arabe et du Persan, et ont composé cinq alphabets de sorte que la vie d'un homme suffit à peine pour apprendre à bien lire et écrire.

Les Ulèmas est le fameux corps des gens de loi présidés par le Mufti. Ils ont le droit d'interpréter le Coran. Ils ne peuvent être condamnés à mourir qu'en les faisant piler dans un mortier.

(1) 2e cahier Mss. in-fol. de 16 pages. (*Ed.*)

Le titre *Sultan* n'est qu'un titre de naissance réservé aux Princes ottomans nés sur le trône et à ceux de la famille Ginguisienne, mais il n'entraîne aucune idée d'autorité.

Le plus âgé de la famille est appelé à succéder à l'empire.

Les filles et sœurs du Grand-seigneur, mariées aux vizirs et aux grands, habitent chacune séparément dans leur palais.

L'enfant mâle qui y naît doit y être étouffé dans le même instant et par les mains qui délivrent la mère. C'est la loi la plus publique et la moins enfreinte. Les filles qui viennent de ces mariages portent le nom de *Sultane-Hanum*. Leurs enfants sont confondus dans la foule.

Sultane-Validé veut dire Sultane mère. Ce titre n'est pris par l'esclave qui donne un sultan que lorsque son fils monte sur le trône. Le titre de *Sultane favorite* est absurde et a été imaginé.

Le titre de *Bache-Kadun* veut dire femme en chef, c'est la première dignité du Harem.

Les bains d'étuves dont les Turques font grand usage accélère le dépérissement de leur beauté. Ceci joint au charlatanisme des Chiotes.

A la naissance des Sultans, on fait des réjouissances publiques et est incroyable la licence qui y règne, pire que les saturnales à Rome, que les bacchanales.

Des farceurs jouent tous les grands de l'Empire, vêtus de même. Un faux lieutenant de police (Stambol Effendissy) exerça tranquillement une justice distributive assez sévère. Il se rencontra avec le vrai et ils se saluèrent sans rien dire. Un autre prit le rôle du Janissaire-aga et fut s'emparer de l'hôtel du généralissime. Il fut traité avec respect par les gens de l'Aga. Les prétendus officiers des ponts et chaussés dépavaient la porte des particuliers qui ne se rachetaient pas. En un mot, l'on vexait de toutes parts et cela pour s'amuser... Les sept jours passés, le bâton reparut et tout rentra dans l'ordre.

Lorsque la Porte est mécontente de quelque pacha, elle lui envoie un émissaire sous quelque prétexte. L'émissaire cache de son mieux son ordre, choisit s'il le peut le moment du Divan et enfonce son poignard dans le cœur du pacha. Après quoi, il montre son ordre, mais très souvent il est prévenu par le pacha qui ne lui fait point de grâce. L'on se sert aussi du poison. On appelle cela une justice éclatante.

Le Grand-seigneur est en même temps le successeur du Califat. Sa souveraineté est fondée sur le Coran et l'interprétation de ce livre est exclusivement attribuée aux Ulémas. Les Ulémas peuvent faire parler la Loi à leur fantaisie. Le souverain peut de son côté faire mourir le Mufti, le changer à sa fantaisie.

Les pachas sont dépositaires de toute l'autorité du Grand-seigneur. Ils vexent, ils pillent et ce n'est que lorsqu'ils se sont bien engraissés que le souverain les [rançonne] à leur tour.

Les Français ne paient aux douanes que 3 pour 100.

Tout doit être jugé sur la déposition des témoins. C'est la première loi du législateur arabe, de sorte qu'il n'y a pas de procès sans témoins, l'on a toujours de faux témoins; mais le juge vous fait gagner à sa fantaisie parce qu'il est le maître du droit d'affirmer.

Aucune loi n'y est suivie.

Un homme assassiné est vengé par ses parents qui poursuivent en justice le meurtrier, qui, après avoir été condamné, reçoit sa grâce. On fait son marché avec les parents du coupable. C'est la loi.

Les Dardanelles qui séparent l'Europe de l'Asie est un détroit qui a 7 lieues de long sur 1.500 toises et 400 en certains endroits.

L'Égypte est divisée en vingt-quatre provinces gouvernées par un bey. Le bey du Caire s'appelle Chek-Elbelet, prince du pays. L'assemblée de ces vingt-quatre beys forme le divan qu'un pacha à trois queues préside. Ce pacha a peu de prépondérance.

Les mamelucs gouvernaient le pays souverainement lorsque Sélim vint en Égypte. Ses forces ne furent pas suffisantes ou sa [volonté][1], il manqua d'habileté, mais il laissa subsister les vingt-quatre beys tirés du corps des mamelucs, anciens géorgiens, et ne mit que le pacha pour les contrebalancer, qu'il établit gouverneur et président du conseil. Tant que les affaires de la Porte furent en bon état, alors le pacha fut puissant, mais, pour l'ordinaire, les beys gouvernent et le pacha n'est qu'une idole qu'ils encensent.

L'Égypte comprend l'espace qui est entre le 31 et le 23° en latitude. « On a fait un canal de communication qui va du golfe Pelusiaque dans la mer Rouge. Nécos, fils de Psamméticus, l'a commencé. Darius, roi de Perse, en continua le travail, mais il l'interrompit ensuite sur l'avis de quelques ingénieurs qui lui dirent qu'en ouvrant les terres, il inonderait l'Égypte qu'ils avaient trouvée plus basse que la mer Rouge. Ptolomée second ne laissa pas d'achever l'entreprise, mais il fit mettre, dans l'endroit le plus favorable du canal, des barrières ou des écluses très ingénieusement construites qu'on ouvre quand on veut passer et qu'on referme ensuite très promptement. C'est pour cela que le fleuve prend le nom de Ptolomée dans ce canal qui se décharge dans la mer à l'endroit où est bâtie la ville d'Arsinoé. »

Ces paroles sont de Diodore de Sicile.

On retrouve aujourd'hui le radier sur lequel elles[2] étaient bâties. Ce monument a été trouvé près de Suez, à l'entrée du canal qui existe encore et qu'un léger travail rendrait navigable.

Il y a en Égypte plus de neuf mille villages et mille deux cents villes ou bourgs.

(1) Rayé.

(2) Les écluses. (*Ed.*)

Caire est un entrepôt de Marseille et Madras. L'on y compte sept cent mille âmes.

L'Égypte échange les blés contre les cafés de l'Yémen, le riz, le lin, le sel de natrom, le sel ammoniac pour l'étamage, le kenna, la gomme, etc.

Les enfants vont nus. Les filles même de dix-huit ans y vont quelquefoie nues.

Les Druses et les Mutualis habitent, les premiers le Liban et les seconds, l'Anti-Liban. Ils doivent payer un tribut au pacha de Syrie qui demeure à Seïd, l'ancienne Sidon. Les Mutualis doivent payer deux cents bourses (une bourse est de 1.500 livres), mais s'en acquittent fort mal. Entre Seïd et Acre est Tyr qui obéit aux Mutualis. Le centre du commerce de l'Univers est bien déchu. Quelques chargements de tabac ou de blé, quelques filatures dont l'achat est exclusivement réservé aux Français, forment le seul commerce de Sion ou Tyr.

Tripoli de Syrie : le vin d'or, le cèdre du Liban, se trouvent dans le voisinage de cette ville. L'on y fabrique de la soie. Il en passe annuellement en France sept à huit cents quintaux.

Les Druses ont une loi qui leur défend de manger chez aucune personne ayant autorité dans la crainte de participer à un bien mal acquis. Ces peuples adorent le soleil. Leur territoire est mieux cultivé que les provinces voisines.

Alep, dans le désert, compte 150.000 habitants. L'on ne vit, à Martavan, nulle indication d'une religion quelconque. Les hommes ne semblent occupés que de la culture et les femmes qui sont généralement jolies ne semblent destinées qu'à accueillir les voyageurs. Le Pesoving-Bachi, chef de la communauté, perçoit un salaire sur les étrangers. Il en est comptable envers ses compatriotes. Le droit de percevoir cela seul est [taxé] jusqu'à quinze bourses.

Les Turcsmen sont crus nomades et ne le sont pas. Ces

peuples habitent le centre de l'Asie et viennent dans l'été jusqu'en Syrie pour faire paître leurs troupeaux.

Les Curdes habitent sur des montagnes voisines du Liban.

L'île de Chypre est un apanage de sultane.

Le mot : Échelles du Levant vient du mot turc *Iskelé*, qui est le nom que l'on donne à une espèce de jetée sur pilotis qui sert à débarquer les marchandises. Il y a deux marches.

XXIV[1]

SUR LES LETTRES DE CACHET PAR LE COMTE DE MIRABEAU

JANVIER.

Louis XIV disait qu'il ne savait pas à quoi servait de lire. De tous les gouvernements du monde, celui de Turquie ou de Perse lui paraissait le plus beau.

[Le] pacte de la loi salique dit que « les Français seront juges les uns des autres avec leurs princes et qu'ils décerneront ensemble les lois ».

L'on se servit jadis de témoins à brevet, c'est-à-dire de faux témoins payés par le gouvernement pour déposer à sa volonté, tels que l'on en employa sous la minorité de Louis XIV. Aujourd'hui l'on n'en a plus besoin. Les lettres de cachet y suppléent.

L'on voit, dans les palais qu'habitaient les princes de la maison de Valois, des cachots. On trouve dans la vieille enceinte du château de Vincennes commencée par Philippe-Auguste, aux tours dites de la Reine et petite tour de la Reine, bâties par Philippe de Valois, quatre cachots de cinq à six pieds où les lits et les traversins sont en pierre et un grand caveau où l'on ne peut descendre que par un trou pratiqué dans la voûte.

Monteblin. Maximes du droit public français. Anciennes lois des Français de M. Houard. Histoire critique de l'établissement de la Monarchie française dans les Gaules, par l'abbé Dubos. Lettres sur les anciens parlements de France, de M. de Boulainvilliers. Traité des Monnaies de M. Le Blanc. Mémoire pour servir à l'histoire générale des Finances. Histoire du Bas-Empire, par M. Le Beau. Blackstone.

(1) *Inédit, Fonds Libri.* Ces extraits sont consignés dans le 2e cahier, et partie du 3e, manuscrit de 20 pages in-folio.

Pour le collationnement des extraits je me suis servi de l'édition Mérilhou. Paris, 1827, in-8°, t. 1er. (*Ed.*)

Louis XI fit construire deux cages de fer : ce prince fit mourir plus de quatre mille personnes par différents supplices.

Jacques d'Armagnac, duc de Nemours, eut la tête coupée. Ses enfants assistèrent au supplice dessous l'échafaud. Ces jeunes princes furent enterrés dans des cachots pointus par le fond.

Le seul édit qui autorise les emprisonnements par lettres de cachet est de 1705, de Louis XIV.

Dans six prisons ou châteaux forts l'auteur compte trois cents prisonniers.

Il y a plusieurs milliers de prisonniers détenus par lettres de cachet.

L'on assure que l'affaire des Jansénistes a fait exiler ou emprisonner 60.000 personnes. Le cardinal de Fleury s'est vanté d'avoir délivré 40.000 lettres de cachet.

M. de Malesherbes fut pourvu de la place de ministre de ce département, il fit conduire dans des maisons bien soignées les fous qui étaient détenus. En peu de temps un grand nombre furent restitués à leur patrie.

Un régime doux et sain, de l'exercice et quelque société remettraient infailliblement ces imaginations exaltées. A Manosque, en Provence, un religieux, chargé tout seul de la direction d'une maison de fous, en a guéri plusieurs par cette voie.

Il y a un édit du roi de 1757 qui porte condamnation à mort pour tout auteur, imprimeur, colporteur de livres tendant à attaquer la religion et à émouvoir les esprits, etc. Si l'on avait laissé agir Rousseau qui, en conséquence du décret absurde lancé contre lui, voulait se présenter au Parlement, il aurait été jugé en conséquence de cet édit ainsi que Raynal.

Charles V a fait commencer la Bastille en 1369. Ce prince, à sa mort, laissa vingt-sept millions en barres d'argent. Cela fait 300 millions d'aujourd'hui.

Jean de la Grange, cardinal évêque d'Amiens, principal ministre de Charles V, fut un impitoyable exacteur[1].

Philippe-Auguste n'avait de revenu que 3.600 marcs d'argent à 50 sous le marc. Philippe le Bel fit monter le sien à plus de 80.000 marcs à 100 sous le marc. Philippe le Bel a le premier vendu les lettres de noblesse, de [2] créer des pairs, d'altérer les fabrications des monnaies. C'est sous son règne que se passe la catastrophe des Templiers... Il mit un impôt du cinquantième denier sur les marchandises, et un autre, du cinquième denier sur les biens meubles et immeubles, tant ecclésiastiques que laïques. Il porta la valeur du marc jusqu'à 8 livres. Les provinces du royaume s'accordèrent contre lui. Il existe encore des chartes de ces associations.

Louis le Hutin força les paysans à acheter des lettres d'affranchissement.

Sous le règne de Philippe de Valois, les États firent faire le procès à Pierre Remy, sieur de Montigny. Ses biens furent confisqués. Il avait 1.200.000 livres de ce temps-là.

Douze gentilshommes qui étaient venus sur la foi du Roi au tournoi furent arrêtés et décapités.

Sous le règne de Jean, le marc d'argent monta à 14 livres 12 sous le 14 février 1351 et le 27 suivant, il fut réduit à 5 livres 6 sous. Il remonta peu après, en 1353, à 13 livres et le 7 septembre 1354, il était de 12 livres. Le 29 novembre il fut réduit à 4 livres 4 sous. Ensuite il haussa jusqu'à 18 livres.

C'est en 1413, sous la faction de Bourgogne, qu'on commença à faire usage des lits de justice.

Scaurus disait à [ ] : La loi me permet de faire entendre 124 témoins. Si vous pouvez produire un pareil nombre d'habitants de l'île de Sardaigne auxquels vous n'ayez rien enlevé, je consens que vous soyez absous. (*Valère Maxime*, 8).

(1) Ces deux paragraphes extraits de la note 1 de la page 278. (*Ed.*)

(2) Il y a dans le texte page 279 note 1. « S'est arrogé le droit de... ». (*Ed.*)

Charles VII, étant dauphin, augmenta le prix de l'or et de l'argent jusqu'aux sommes de 90 livres et de 73 livres 10 sous et, en les convertissant en monnaie, il les porta à une si grande valeur qu'il prenait 270 livres de profit sur le marc d'argent et 2.547 sur le marc d'or. Il était payé pour la maison de Charles VI 7.000 marcs d'or. Celle de Charles V, sa femme et ses enfants était fixée à 1.500 marcs et cependant Charles VI manquait du nécessaire.

Charles VII commença, dit Commines, à imposer des tailles à son plaisir et sans le consentement des États de son royaume.

François Ier en mourant laissa 400.000 écus d'or.

Le Pape alla jusqu'à offrir (à Catherine de Médicis [1]) la permission d'aliéner pour 100.000 écus de biens d'Église si elle voulait faire arrêter Montluc et Lhopital.

La guerre qui résulta de la révocation de l'édit de Nantes coûta au royaume près de 100.000 hommes. 10.000 furent pendus sous l'administration de l'intendant Bâville, le Torquemada de la France.

Les revenus des biens-fonds qui étaient de 700 millions avaient diminué de moitié depuis 1660 à 1699. C'est Boisguilbert qui nous donne ce calcul. Il écrivait en 1699. 700 millions font 1.400 d'aujourd'hui. L'imposition qui montait à 750 millions n'en rendait pas 250 au roi.

Colbert fit dresser un état de tous les officiers du Royaume. On en trouva quarante-cinq mille sept cent quatre-vingts.

Louis XIV laissa 2.600 millions de dettes.

Au Mont-Saint-Michel, il y a une cage où le gazetier hollandais mourut. Cette cage a dix pieds sur huit.

[2] Le Bourg de Goodmans-Chester en Angleterre depuis 1748 jusqu'en 1750 a exporté du froment, du seigle, de l'orge, de la drèche et des gruaux pour une somme de 7.405.876

(1) Omis. (*Ed.*)

(2) Retour à la page 232. (*Ed.*)

livres sterling. Depuis 1697 jusqu'à 1773, la balance du commerce [de la Grande-Bretagne] a rapporté de bénéfice 268 millions sterling, c'est-à-dire 90 millions de notre monnaie par an.

Buffon croit que Londres contient 677.970 habitants et Paris 658.000.

[1] Le Roi passe au commandant de Vincennes 6 livres par jour pour chaque personne. Les appointements sont de 3.000 livres. Il a quatre jardins, l'un desquels lui rend plus de 6.000 livres. Il a trois places mortes, etc.

M. de Rougemont.

(1237) La structure du donjon de Vincennes fut commencée par Philippe de Valois, finie par Charles V.

[2] Les Francs seront juges les uns des autres avec le prince et décerneront ensemble les lois de l'avenir selon les occasions qui se présenteront, dit la Loi salique.

Les ducs étaient, chez les Romains du Bas-empire, les commandants des troupes des frontières. Pour les intéresser plus à vigiler leur emploi on leur avait donné des terres en propre les plus limitrophes des barbares.

Les comtes étaient supérieurs aux ducs du temps d'Auguste. L'on voit des sénateurs nommés pour accompagner Auguste et lui servir de conseils appelés *comes*. Ils étaient devenus successivement comtes du palais, généraux d'armée et gouverneurs de provinces. Par la suite les ducs prirent la prééminence.

Les comtés avaient leurs comtes, les provinces leurs ducs et les villages leurs centenaires. On obligeait les juges inférieurs de jurer qu'ils ne voleraient, ni ne protégeraient les voleurs. Lorsque le prince s'attribua le pouvoir de disposer de ces places sans consulter le Champ de Mars, les places devinrent vénales, et la justice mal administrée.

(1) Tome II, p. 10 et suiv. (*Ed.*)

(2) *Preuves et éclaircissements* depuis la page 155 du t. II. (*Ed.*)

L'hérédité des fiefs fut irrévocablement décidée dans l'assemblée de Paris (615).

Louis le Gros fut le premier roi qui érigea les communes et établit le gouvernement municipal.

(1216) Au Parlement tenu par Philippe-Auguste, l'on eut les premiers titres où la Pairie de France fut distinguée du baronage[1].

L'on jugea au Parlement qu'un noble [ne] pouvait être jugé par un autre que ses pairs.

Sous saint Louis, les barons réclamèrent la liberté des comtes de Flandre, etc., détenus au mépris des lois du Royaume.

(1301) Philippe le Bel rendit le Parlement sédentaire à Paris. Les premiers registres civils du Parlement ne commencent qu'en 1319.

Les Évêques en furent exclus en 1319. Les Rois d'alors avaient coutume d'envoyer tous les ans une liste des présidents et conseillers qui devaient composer le Parlement. Philippe de Valois fit un rôle de ceux qui pouvaient prétendre à des appointements.

Dans l'origine, le Parlement n'était composé que des pairs de France, du haut clergé, des nobles les plus distingués. L'on y ajouta les lettrés ou clercs et bientôt il ne fut plus composé que de ceux-ci.

Notes diverses.

Cahier 3e

Suite des LETTRES DE CACHET. 2e volume.

Un docteur qui avait enseigné dix ans la loi était chevalier.

Les seigneurs abandonnèrent par dégoût leurs juridictions. Ils n'assistèrent plus à leur cour, ni, à plus forte raison, à la cour du Roi. Ils en conservèrent cependant toujours le droit.

(1) Voici la phrase de Mirabeau : « Au parlement de 1216, sous Philippe-Auguste, parlement qui fournit le premier titre de la pairie de France fort distinguée du baronage... » II, 158. (*Ed.*)

Ils élurent des baillis pour les remplacer et cela sans aucune ordonnance, mais par la suite naturelle des choses.

Les seigneurs s'opposèrent cependant le plus qu'ils purent à l'extension de la nouvelle cour. Ils allèrent jusqu'à faire mourir ceux qui en appelaient au Parlement. Les ecclésiastiques furent les plus acharnés.

Les juges, en Angleterre, envoient ordre au shériff de faire venir à certain jour, du comté soumis à sa juridiction douze hommes libres et légaux qui s'appellent jurés pour s'informer d'une cause.

S'il est question d'un étranger, l'assemblée doit être composée moitié d'Anglais et moitié étrangers.

Il y a deux sortes de jurés : les jurés ordinaires et les jurés spéciaux.

L'on dit que les shériffs rapportent, lorsqu'ils nomment les jurés dans les affaires ordinaires, une seule liste contenant au moins quarante-huit et au plus soixante-douze noms. C'est pour toutes les affaires. L'on en tire au sort douze pour chaque procès particulier.

Il y a deux sortes de récusation : la récusation quant à la liste : c'est lorsque le shériff est parent, ami, ou suspect ; alors les Coroners ou les *Elisors* le remplacent[1]. La récusation particulière est lorsque le juré est illégal, ce qui peut arriver par manque de cent choses, la parenté, fût-ce au 9e degré, etc., etc., etc. Voilà pour ce qui est des procédures civiles.

Lorsqu'il s'agit d'une procédure criminelle, l'accusé a la faculté de récuser trente-cinq jurés sans alléguer aucune raison. L'on n'accorde un avocat à l'accusé que dans le cas qu'il s'élève une question de droit.

(1) Voir *Loc. cit.*, II, 175. (*Ed.*)

XXV[1]

NOTES [illegible] DE L'ESPION ANGLAIS

Notes diverses. Espion Anglais Février 1789. Tome Ier

[2] Louis XV se releva jusqu'à trois fois la nuit qui précéda la disgrâce du duc de Choiseul.

Le Roi demandait au comte de Lauraguais ce qu'il avait été faire à Londres. « Apprendre à penser — Des chevaux ! » reprit le monarque.

Le Dauphin eut trois fils : Le duc de Berry aujourd'hui roi, le comte de Provence et le comte d'Artois.

[3] Le Roi a plusieurs conseils : conseil d'État, conseil des dépêches, conseil royal des finances, du commerce, des parties casuelles, etc., etc., etc.

Dans le premier conseil, il n'entre que des ministres. Un ministre est un personnage que le Roi envoie inviter par l'huissier de venir y prendre place. Il n'y a pas d'autre installation. Dès ce moment, on a le droit d'y assister continuellement.

Les secrétaires d'État ne sont pas toujours ministres. Chaque secrétaire d'État a un département où il gouverne en despote, quoique au nom du Roi. Il en a la griffe. Le

(1) *Inédit. Fond* [illegible]*i*. Cette analyse remplit presque en entier le cahier 3e, Mss. de 20 pages, in-fol., le 4e de 12 pages in-fol. et le 5e de 4 pages in-fol. On a collationné sur *L'espion Anglais ou correspondance secrète entre milord All'Eye et milord All'Ear*. Londres, John Adamson, 1784, in-12. Il a été nécessaire ici d'indiquer exactement les références pour montrer de quelle façon et selon quel esprit Napoléon a pris ses notes. (*Ed.*)

(2) Lettre I. (*Ed.*)

(3) Lettre II. (*Ed.*)

secrétaire d'État ayant le département des Affaires étrangères[1] (M. de Choiseul, M. le duc d'Aiguillon); le secrétaire d'État ayant le département de la Guerre (Choiseul, Monteynard, Aiguillon); celui ayant le département de la Marine (le duc de Praslin, M. de Boynes); le secrétaire d'État ayant le département de Paris (M. d'Argenson, M. de Saint Florentin); le chancelier (M. de Maupeou); le contrôleur des finances (l'abbé Terrai).

M. de Maupeou, premier président, était sur le point d'être mis aux mercuriales, dès 1765, lorsque M. de Choiseul le fit chancelier.

Le duc d'Aiguillon gagna la bataille de Saint-Cast en Bretagne contre les Anglais.

M. de Boynes fut intendant en Franche-Comté.

Le duc de la Vrillière, comte de Saint-Florentin, a été cinquante ans dans le ministère.

États de Bretagne

Les États de Bretagne[2] sont composés de neuf évêques, des députés des neuf cathédrales, et de tous les abbés de la province au nombre de trente-sept pour le Clergé. — (Évêques de Rennes, Nantes, Quimper-Corentin, Cornouailles, Vannes, Saint-Pol-de-Léon, Tréguier, Saint-Malo, Dol); des maires des villes ou les députés qu'elles choisissent au nombre de 48. Il n'y a que 43 villes qui aient le droit de siéger aux États et 5 qui aient le droit d'envoyer deux députés, qui sont Rennes, Nantes, Saint-Malo, Vannes, Morlaix; ce qui fait 80 ou 90 têtes pour représenter les deux ordres du Clergé et du Tiers. Il y a outre cela les agrégés qui sont à la nomination du commandant. Ils n'ont que voix consultative. Ce sont des espèces d'espions que l'autorité a introduits. Chaque gentilhomme a le droit d'assister aux États. Ils sont quelquefois au nombre de 6 à 700.

(1) Les secrétaires d'État du ministère Choiseul et leurs successeurs du ministère d'Aiguillon. (*Ed.*)

(2) Lettre PJ. (*Ed.*)

Dans les cas essentiels, le texte de la loi exige l'unanimité des trois ordres. Le Roi ne peut faire aucune levée d'impôts sans leur consentement.

Anciennement, la durée des États n'était que de six semaines. Les États de 65 ont duré six mois.

Les commissaires du Roi dont les fonctions étaient de pure étiquette, ou simplement de police, ont acquis aujourd'hui une grande prépondérance.

Le commandant en chef, les deux lieutenants généraux, les trois lieutenants du roi de la province, le premier président et les trois plus anciens présidents du Parlement sont les commissaires du Roi conjointement au premier président et les deux plus anciens de la Chambre des comptes; l'intendant qui a la qualité de premier commissaire du conseil, les procureurs et avocats généraux du Parlement et de la Chambre des comptes, les receveurs généraux des finances, le grand maître des eaux et forêts et les contrôleurs des finances et des domaines.

C'est proprement le commandant qui fait tout; ses collègues, pour la plupart, n'assistent pas aux États.

PARLEMENT. Les États de Blois en 1577 disent dans leur procès-verbal que les parlements étaient une sorte d'État[1] en raccourci au petit pied avec pouvoir de suspendre, modifier et refuser les édits.

L'ancienne fonction de la Chambre des comptes était de vérifier les comptes de la maison du Roi; aujourd'hui elle vérifie toute la comptabilité des finances. Les auditeurs, les correcteurs, les maîtres et présidents (40 maîtres, 80 correcteurs, 80 auditeurs) examinent tour à tour, les uns après les autres, la comptabilité. Les charges de la Chambre des comptes rendent plus que les autres de magistrature. L'on dit qu'elles rapportent 10 p. 100.

La Cour des aides doit son institution aux États Généraux. Elle doit s'opposer au génie fiscal, défendre la

(1) Le texte de l'*Espion Anglais* (I, 123) dit aussi *Etat*; ne doit-on pas lire *Etats*? (*Ed.*)

nation contre les attaques des traitants. Elle était bien déchue, lorsque M. de Malesherbes lui a rendu toute sa vigueur.

Le Grand conseil date son établissement de 1497. Il était principalement destiné à s'occuper des affaires des moines, du clergé. Le Parlement appelait ses décrets *actes*. Il appelle encore une chambre criminelle, une commission perpétuelle. Les États d'Orléans et de Blois ont demandé la suppression du grand conseil. Il a toujours été en très petite vénération. Il raisonne comme un arrêt du Conseil, dit-on du mauvais logicien. Ce Grand conseil proprement appelé le Conseil des dépêches est présidé par le chancelier en l'absence du Roi. Les conseillers d'État. Les maîtres des requêtes.

Les Cours n'enregistrent les arrêts du Conseil que revêtus de lettres patentes. Le seul objet sur lequel les Parlements reconnaissent la suprématie du Conseil c'est à l'égard de leurs arrêts rendus entre particuliers. Encore ne peut-il connaître que de la forme.

[1] Le duc d'Orléans, le Prince de Condé sont fils du duc de Bourbon.

Le Prince de Conti fort instruit. Louis XV l'appelait « *mon cousin l'avocat* ».

Le comte de la Marche son fils a épousé une princesse de Modène. Il était le seul prince qui fût du côté de Maupeou.

Le comte de Toulouse, fils bâtard de Louis XIV, eut pour fils le prince de Penthièvre qui n'a eu que le prince de Lamballe qui est mort de vérole. Ses biens passeront à Mme la duchesse de Chartres.

Les Princes étrangers sont ceux de la maison de Lorraine, de celles de Bouillon et de Rohan. Le prince de Lambesc est de la première.

Le comte de Puységur a fait une brochure intitulée :

(1) Lettre IV, p. 166. (*Ed.*)

Réflexions intéressantes sur les prétentions du clergé d'être le premier corps de l'État.

Du Clergé[1]. Le cardinal de Bernis est entré à l'épiscopat par la faveur de Mme de Pompadour. Il a été ministre des Affaires étrangères.

Montazet, archevêque de Lyon, prélat très savant. L'archevêque Brienne était partisan de M. de Choiseul.

Les cardinaux, les archevêques, les évêques composent le Haut clergé. Tout le reste est dénoncé sous le nom de Bas clergé.

Un cardinal ne peut officier que sous le dais.

Les six (premières) pairies sont ecclésiastiques. (Ducs : Reims, Laon, Langres. Comtes : Beauvais, Châlons, Noyon.)

L'archevêque de Paris siège en la Cour des pairs, mais comme laïc.

Le Clergé a conservé la prétention de ne pouvoir être grevé d'aucun impôt. Il s'assemble tous les cinq ans pour le don gratuit. Quelquefois on l'assemble extraordinairement pour le pressurer de nouveau. Les décimes est le nom que l'on donne à l'impôt que le Clergé s'impose sur lui-même.

Le contrôleur Machault ayant voulu augmenter la taxe du Clergé, il fut la victime de ses cabales.

L'on distingue deux sortes d'assemblées du Clergé, les grandes et les petites. Les premières ont lieu tous les dix ans ; elles sont composées de 32 prélats et de 32 députés du second ordre. Les petites assemblées ne sont que de moitié en nombre. Quoique le Clergé ne s'assemble que pour les intérêts de son temporel, il dogmatise assez ordinairement. Les prélats prétendent que, dans ces sortes d'affaires, les députés du petit clergé ne doivent avoir que voix consultative.

Les Actes du Clergé de 1765 condamnent l'Encyclopédie et ses etc., etc. L'arrêt du Parlement de 1765 proscrit les

(1) Lettre V, p. 222. (*Ed.*)

Actes du Clergé comme composés par une assemblée qui n'était point compétente sur ces matières.

En 1756, il n'y avait plus que 16.000 hommes dans les monastères. (Cela me paraît étonnant.)

TIERS ÉTAT[1].

Les officiers municipaux sont à la tête de cet ordre.

Le Châtelet est proprement un tribunal de police.

La Chambre consulaire n'est composée que de 5 membres qui changent tous les ans. Ils sont élus par le corps des marchands et choisis entre eux. La justice s'y rend gratuitement sans code ni digeste, etc. Une fois en place, les consuls ne descendent point de leur siège qu'ils n'aient expédié toutes les causes qui se présentent.

En 1756, il y a eu un édit de rendu qui permet aux nobles de négocier en grand. L'on accorde chaque année deux lettres de noblesse à deux négociants.

Le comte de Lauraguais a fait de la porcelaine, le comte de Hérouville a entrepris des desséchements de marais; le comte de Maillebois a entrepris des exploitations de forêts; un duc de Praslin, le commerce de l'Inde; le duc de Choiseul des manufactures de baudriers, etc., etc.

Roux, corse, négociant de Marseille en 1756, couvrit la mer de ses vaisseaux et déclara la guerre en son nom au roi d'Angleterre.

M. Necker, défenseur de la compagnie des Indes, ministre de la République de Genève, couronné par l'Académie comme l'auteur de l'*Éloge de Colbert*, directeur général des finances. Bouret, fils d'un laquais de l'Ambassadeur à la Porte, fermier général.

L'on appela les receveurs généraux une cinquième roue à un carrosse.

Il y a quatre facultés à l'Université de Paris : la faculté de Théologie, celle de Droit, de Médecine et celle des Arts.

Le docteur Guilbert de Préval prétend avoir trouvé un spécifique contre les maux vénériens. L'on prétend qu'il

(1) Lettre VI, p. 278. (*Ed.*)

en a fait l'essai devant le comte de La Marche et M. le duc de Chartres.

La place de Premier médecin du roi rapporte 100.000 l. de rente. Il a exclusivement le droit d'accorder aux charlatans des brevets pour les autoriser à débiter leurs secrets dans le royaume, etc., etc.

En 1768, il y a eu une assemblée des notables.

* ÉCONOMISTES ET DE M. TURGOT.

Étaient une sorte de philosophes qui s'occupaient des matières agraires et [de] l'administration intérieure. Ils commencèrent à faire secte et choisirent M. de Quesnay, premier médecin de Mme la marquise de Pompadour, pour leur chef. Le marquis de Mirabeau, l'auteur de la *Théorie de l'Impôt* et de l'*Ami des Hommes*, en était un des principaux coryphées. M. Mercier de la Rivière, Dupont, l'abbé Beaudeau, l'abbé Morellet, etc., etc. Ils imprimaient un journal intitulé les *Éphémérides du citoyen*. Saint-Lambert, Favart, Le Blanc, etc., etc., avaient écrit en vers pour la gloire de leurs opinions.

L'État le plus agricole devient nécessairement le plus peuplé et le plus riche.

Liberté entière de commerce, surtout de celui des grains, arts, métiers, manufactures, étalon[2], liberté entière. Un artisan ignorant sera obligé de s'instruire pour gagner son pain, etc.

M. de Maurepas fut choisi par Louis XVI pour le guider au commencement de son règne. Madame gouvernait monsieur, qui était gouvernée par l'abbé de Veri, auditeur de Rote à Rome. L'abbé de Veri était économiste et ami de M. Turgot, et il le fit choisir pour occuper une place au ministère. Comme alors celle du département de la Marine était seule vacante, on la lui confia. Il est entré au Conseil le même jour.

(1) Lettre I de l'*Espion anglais* (t. I, p. 331). (*Ed.*)

(2) Le texte dit : « point d'inspecteurs dans les manufactures, de poids, d'étalon » (p. 347). (*Ed.*)

M. Turgot, d'abord abbé, fut depuis conseiller au Parlement, depuis maître des requêtes et intendant de Limoges. Économiste dans l'âme, il s'occupa à Limoges de faire des essais de sa théorie. Il s'y fit fortement. Quelques mois après il fut fait contrôleur général. Ennemi du clergé, du parlement, intègre, plein de patriotisme et de dévouement, il commença à vouloir établir le système de sa secte. TURGOT CONTROLEUR GÉNÉRAL 1775.

Voici quelques maximes fondamentales des économistes[1].

Que l'autorité royale soit unique et supérieure à tous les individus de la société et toutes les entreprises injustes des intérêts des particuliers.

Que l'on ne perde jamais de vue la cultivation de la terre.

Que l'impôt soit établi sur le produit des revenus nets, etc.

Sur le chemin de Paris à Versailles, il y a eu continuellement vingt mille chevaux en course. SACRE [2] DU ROI LOUIS XVI.

Entre autres cérémonies du sacre, on remarque celle-ci. Le clergé se rend à la porte de la chambre où le Roi est couché en simple particulier. On frappe... On répond : « Que demandez-vous ? — Le Roi — Le Roi dort. » Après avoir répété trois fois la question et la réponse, on lève tout obstacle en disant : « Nous demandons Louis XVI que Dieu nous a donné pour roi. » L'on demande ensuite (au peuple[3]) s'il agrée un tel pour roi. On lui fait prêter serment. On lui confère l'épée et le sceptre, la main de justice, la couronne.

L'ami des Lois ou éléments du droit public français par demandes et réponses.

[4] Mme de Sabattin, marquise de Langeac, maitresse du duc de [la] Vrillière.

(1) *Maximes générales du Gouvernement agricole le plus avantageux au genre humain par M. Quesnay de l'Académie des Sciences.* (*Bon.*)

(2) Lettre II, t. Ier, p. 384. (*Ed.*)

(3) Omis. (*Ed.*)

(4) Lettre III. Sur la retraite de M. le duc de La Vrillière, sur la marquise de Langeac et sur l'élevation de M. de Malesherbes au ministère. (*I*, 433.) (*Ed.*)

M. de Malesherbes, président de la Cour des aides, fut choisi pour remplacer M. de Saint-Florentin le même jour, et fut fait ministre. Cet homme intègre, austère, vertueux, avait été choisi par MM. de Maurepas et de Turgot.

[1] M. Blanchet, curé de Cours, près la Réole en Guyenne.

Mme Geoffrin.

Espion anglais. Tome second.

[2] Le procès criminel entre M. le maréchal de Richelieu et Mme la présidente de Saint-Vincent, tenait exclusivement à des effets pour cent mille écus que le Duc avait donnés à madame et qu'il prétendait être faux, et par conséquence non payables. Cette affaire durait encore en 75.

[3] La dame Gourdan, célèbre entremetteuse.

[4] Mlle Germance, courtisane surnommée la Philosophe, parce qu'elle s'était empoisonnée avec de l'opium dans un beau désespoir amoureux où l'avait mis l'abandon d'un officier aux Gardes.

[5] Le maréchal de Muy.

M. de Muy doit principalement sa fortune au Grand dauphin dont il était le menin. Il a été nommé secrétaire d'État au département de la Guerre en 1774, lors de l'avènement du Roi au trône. C'est sous son ministère qu'a passé l'ordonnance de l'artillerie. Il a mis la légion corse sur le pied des autres légions royaume sous le nom de la légion de Dauphiné. Cette aventure de l'insubordination est arrivée à M. de Montausier, colonel du régiment de Chartres. Il est mort en octobre 1775, de la pierre.

[6] M. de Saint-Germain. Octobre 1775.

M. de Saint-Germain est de Salins en Franche-Comté. Homme de condition, il a été jésuite dans sa jeunesse et a même professé. Il passa ensuite au service. Il quitta bientôt celui de France pour prendre celui du Palatin. Il entra à

(1) Lettre IV. Relation d'une maladie singulière arrivée à M. Blanchet, curé de Cours près la Réole. I, p. 450. (*Ed.*)

(2) L'*Espion Anglais*, t. II. Lettre II, p. 1 à 61. (*Ed.*)

(3) Lettre VIII, pp. 60 à 79. (*Ed.*)

(4) Lettre IX. Courtisane singulière admirée chez Torré, etc., p. 79 à 127. (*Ed.*)

(5) Lettre XI, pp. 135 à 154. (*Ed.*)

(6) Lettre XIII, pp. 168 à 194. (*Ed.*)

celui de Charles VI ; de là, il alla chez l'Électeur de Bavière.

En 1745, il retourna au service de France. Il fut fait lieutenant général et cordon rouge (1748). Ayant eu des différends (1760) avec le maréchal de Broglie, il se retira du service de France et passa en Danemark. En 1774, il est retourné dans sa patrie, où il essuya une banqueroute de 100.000 écus qui le réduisit à la mendicité... Ce fut dans ces circonstances que le Roi le choisit pour ministre de la Guerre.

[1] L'abbé Jacobi, chanoine de Dusseldorff en Allemagne, est l'auteur du journal de l'*Iris*.

Ce fut par le traité conclu en 1774 entre la Russie et le Turc que l'indépendance de la Crimée fut reconnue.

[2] L'abbé Maury qui prêcha devant l'assemblée du Clergé de 1775, prêcha le tolérantisme, leur prescrivit les fonctions d'évêques, s'éleva contre le luxe et le faste de plusieurs d'entre eux.

[3] Maîtresses de Louis XV : mesdames de Mailly, de Châteauroux, de Pompadour, etc.

M. de Guibert, le père, naquit à Montauban d'extraction très commune, fut fait maréchal de camp et cordon rouge. M. de Guibert le fils est âgé de quarante-quatre à quarante-cinq ans. Il acquit la croix de Saint-Louis en Corse. Il fut colonel en second de la légion Corse. En 72, il fit paraître son *Traité de Tactique* qui causa le plus grand bruit à cause de sa préface qui était fort hardie, ce qui l'obligea à voyager. Il est aussi l'auteur du *Connétable de Bourbon*, tragédie qui fut jouée à la Cour lors du mariage de la comtesse d'Artois. GUIBERT [4].

M. de Saint-Germain réforme les mousquetaires, les SAINT-GERMAIN [5].

(1) Lettre XIV, p. 196. (*Ed.*)

(2) Lettre XVII, p. 299. (*Ed.*)

(3) Lettre XVIII, p. 301. (*Ed.*)

(4) Lettre XIX, p. 331. (*Ed.*)

(5) Lettre XX, p. 349. (*Ed.*)

cent cinquante grenadiers à cheval. Les gendarmes ont été créés par Henri IV.

COMTESSE DU BARRY [1] Madame la comtesse du Barry après avoir payé ses dettes se trouva avoir encore 200.000 livres de rente. Elle se retira à sa terre de Saint-Vrain et tous les soirs avait un couvert de vingt-cinq personnes. Le duc d'Aiguillon lui faisait la cour.

[2] M. de Saint-Germain aurait réformé la Gendarmerie, mais M. de Castries para le coup.

Il réforma les régiments provinciaux et rétablit la milice suivant l'ancienne forme (1775).

L'ordonnance qui prescrit l'établissement des milices est du 25 février 1726. M. de Choiseul les fit licencier. Le marquis de Monteynard abrogea le nom de milices et le changea en celui de régiments provinciaux. Il en forma 47 ce qui faisait en tout 49.680 hommes. Ceci fut ordonné par l'Édit de 1771, mars. Deux ans après, il forma 116 bataillons, 720 hommes chacun, faisant 79.920 hommes.

On a calculé que la maison de Noailles a pour 1.790.000 livres de bienfaits du Roi, le marquis de Castries pour 350.000 livres.

[3] La *piscine*, l'*eau de pucelle*, l'*essence à l'usage des monstres*, les genêts parfumés; les pastilles à la Richelieu donnent de l'ardeur, *Pommes d'amour*, des *bagues d'aide*, les *filets de Fronsac*.

Justine Paris, coadjutrice de la Gourdan.

Tome 3e. [4] Le lord North conduisait le cabinet de Saint-James en 1775.

Provinces unies d'Amérique. Les colonies anglaises n'ont environ que 150 milles de moyenne profondeur sur 800 d'étendue depuis le 31e jusqu'au 46e degré de latitude. 120.000 carrés de surface. L'Angle-

(1) Lettre XXI, p. 369. (*Ed.*)

(2) Lettre XXII, p. 386. (*Ed.*)

(3) Lettre XXIV. Sur la maison de Mme Gourdan, p. 424. (*Ed.*)

(4) Lettre XXV, p. 1. (*Ed.*)

terre contient en ses trois royaumes 205.624 milles carrés. En 1760, la population était de 2.500.000 blancs et de 430.000 noirs. La population double tous les vingt ans, ce qui peut faire croire qu'il y a aujourd'hui 4 millions d'habitants.

Il faut quatre acres en France pour vivre ; il en faut quarante en Amérique.

Il y a plus de dix degrés du froid qu'il fait à Londres à celui qu'il fait à Boston.

L'Amérique septentrionale est obligée de s'adonner à la pêche pour vivre. Il y a des bois pour la construction, mais l'éloignement en rend l'exportation impossible ou du moins coûteuse. Le commerce des pelleteries tombe ; il ne produit aujourd'hui que 35.000 livres sterling. Ils font un commerce avec les Antilles qui leur est défavorable. Ils ont des manufactures : celle de Darmouth entre autres. Le mûrier y croît très bien. Le coton y est gros et la soie très forte. La partie centrale de l'Amérique cultive le tabac, mais cette plante dévorante a épuisé la terre.

Dans les deux Carolines, la Georgie et la Floride sont des terres à riz. Ils faisaient jadis le commerce du coton.

Les brouillards et les pluies empêchent la culture de la vigne.

Ce résumé des productions de l'Amérique est tiré d'une lettre de M. Kerguelen et paraît très peu exact.

[1] Madame Necker apprenait la langue française aux jeunes demoiselles de Genève. Madame Tourton, femme d'un banquier, la trouva à son gré et la mena à Paris. M. Necker la vit et l'épousa.

[2] L'édit portant suppression des corvées attira des remontrances de la part du Parlement et M. Turgot fut obligé d'avoir recours à un lit de justice.

[3] Le jubilé vient des juifs. C'était un temps d'affranchis-

(1) Lettre XXVII. Réception faite par M. de Boisgelin à l'Académie p. 60. (*Ed.*)

(2) Lettre XXVIII, p. 90. (*Ed.*)

(3) Lettre XXIX. Sur le Jubilé, p. 125. (*Ed.*)

sement pour les esclaves, de restitution de tous les biens aliénés, l'abolition des dettes, etc. Le jubilé avait lieu tous les cinquante ans. Son effet était de rendre une nation puissante. Boniface VIII renouvela cette fête, mais seulement comme pratique religieuse. Clément VII en réduisit les intervalles à cinquante ans; Grégoire XI à trente-trois ; Paul V à vingt-cinq.

Pour participer aux grâces qui y étaient attachées, il fallait au commencement aller à Rome.

Le Saint Père, dans sa bulle pour annoncer le jubilé de 1776, dit en reprochant aux philosophes : « Ils publient que l'homme est né libre et répètent sans cesse qu'il n'est soumis à l'empire de qui que ce soit, que la société n'est qu'une multitude d'hommes ignorants dont la stupidité se prosterne devant des prêtres qui les trompent, devant des rois qui les oppriment. »

[1] M. Fréron était natif de Quimper en Bretagne, et né en 1719. M. Fréron jouissait de 40.000 livres de rente que lui rapportait son journal, mourut à la Comédie en 1776.

Ile de Noirmoutier.

[2] L'île de Noirmoutier, située en Poitou, n'était dans l'origine qu'un grand rocher entouré de dunes de sables que le vent et la mer ont minées. Des Français ont exécuté le projet d'en chasser l'Océan.

Le niveau des eaux est de douze pieds au-dessus de la terre; des digues de 12.000 toises arrêtent l'océan. En 1763, plus de dix maisons furent englouties sous les sables mouvants dont une partie de cette île est composée. L'invasion des sables dénature la meilleure terre.

L'on ne peut aborder dans cette île qu'une fois par jour, le courant étant très rapide.

Noirmoutier a sept lieues de tour. Elle a une lieue dans sa plus grande largeur. Elle contient sept à huit mille âmes. Le tiers de l'île appartient au Roi comme marquis, l'autre

(1) Lettre XXX. Sur M. Fréron, p. 139. (*Ed.*)

(2) Lettre XXXI, p. 276. (*Ed.*)

tiers aux ecclésiastiques et le dernier tiers aux habitants dont les neuf dixièmes sont des marins. Il n'y a, dans cette île, ni bois, ni vignes, ni bœufs, ni moutons, ni bêtes, ni chaux, ni pierre. L'Arabie n'offre point désert plus isolé... Il n'y a qu'un bouquet de chênes verts sur le sommet d'une montagne qui sert de guide au matelot... Elle fournit onze cents matelots. Ils sont chargés d'impôts.

[1] M. Turgot fut disgracié le 16 mai 1776 ainsi que M. de Malesherbes. Ç'a été par une intrigue de M. d'Oigny, surintendant des Postes et du Département secret.

Cahier 4

Notes diverses. Espion anglais. Tome 3e. 1776.

[2] M. de Turgot fut remplacé par M. de Clugny, intendant à Bordeaux et M. de Malesherbes par M. Amelot, ci-devant intendant de Bourgogne.

[3] Le poème de Parapilla est traduit ou plutôt imité du poème italien *Cazzo.*

[4] M. Dean a été le premier député des Provinces unies à Versailles. Amérique.

[5] En 1771, le duc de Choiseul laissa 64 vaisseaux de ligne en état d'être armés. L'on voyait à Cronstadt, à cette époque, plus de 100 vaisseaux anglais et à peine 4 ou 5 français.

Le maréchal de Conflans fit de grandes fautes dans les campagnes de la guerre de 1756. L'on lui refusa le cordon bleu, mais on continua à lui donner le commandement des armées.

D'Aché a été récompensé et ne le méritait pas. D'Estaing. — M. de Beaufremont, ignorant... Comte d'Aubigny... Le comte de Roquefeuil, bons. La Rochefoucauld, Montbazon, vicomte de Morogues, Maurville... Du Chaf-

(1) Lettre XXXVI, p. 301. (*Ed.*)
(2) Lettre XXXII, p. 300. (*Ed.*)
(3) Lettre XXXIX, p. 391. (*Ed.*)
(4) Lettre XLI, p. 452. (*Ed.*)
(5) Lettre XLI, p. 462. (*Ed.*)

faut de Besné, bon marin... De la Touche, très mauvais. Dabon, excellent. Guichen... La Touche Tréville, le chevalier de Ternay... Hector, mauvais. Bougainville, intrus. A la fin de 76, la France avait 35 vaisseaux depuis 100 et 50 canons et 16 frégates bons à être armés.

4e Tome. *Le monarque accompli ou prodiges de bonté, etc., etc., par M. Lanjuinais.*

[1] M. de Turgot est l'instituteur de la caisse d'escompte, M. de Clugny, son successeur, l'approuva. Les fonds de cette caisse étaient dans l'origine de 15 millions.

[2] Le prince de Conti surnommé l'avocat mourut en 1776.

[3] Beaumarchais, fils d'un très médiocre horloger.

[4] Ce fut au voyage de Fontainebleau (1776) que M. Taboureau fut fait contrôleur général, M. Necker, directeur du Trésor royal ; M. le prince de Montbarrey fut adjoint au ministère de la Guerre avec la signature.

[5] M. de Biragues, capitaine d'artillerie, eut une affaire pour la chasse et se fit tuer lors du voyage de la Cour à Fontainebleau.

[6] M. Necker était d'abord commis à 1.200 livres d'appointements chez un banquier. Il a depuis tenu une maison de commerce pour son compte et il s'est enrichi au point d'avoir aujourd'hui 300.000 livres de rente. Il a fait cette fortune brillante en vingt ans. Il tint alors maison ouverte. Les beaux esprits, les savants y étaient reçus. Il se lia avec le marquis de Pezay, intrigant, favori de M. de Maurepas. Il a fait élire M. Taboureau pour se placer. Il a fini par chasser celui-ci.

M. Dufresne fut premier commis de M. Necker.

1776. M. de Boulainvilliers, prévôt de Paris, faisait de l'eau-de-vie dans ses caves, la Ferme le sut et fit une descente éclatante.

(1) Lettre XLII, p. 1. (*Ed.*)
(2) Lettre XLV, p. 80. (*Ed.*)
(3) Lettre LI, p. 193. (*Ed.*)
(4) Lettre LVIII, p. 360. (*Ed.*)
(5) Lettre LIX, p. 380. (*Ed.*)
(6) Lettre LXIII, p. 464. (*Ed.*

[1] M. Franklin était député pour les États-Unis à Versailles.

[2] Un nommé Dupré, Dauphinois, avait découvert un feu si violent qu'il brûlait les bois dans l'eau. On en fit l'expérience à Versailles et le Roi récompensa Dupré pour qu'il se tût. Cet homme est mort et a emporté son secret avec lui.

[3] Les pays imposés se distinguent en trois espèces. 1° les Pays d'élection, 2° les Pays conquis et (3°) les Pays d'États. Les Pays d'élection sont ainsi nommés parce que jadis le peuple élisait des tribunaux pour présider à la répartition des impôts. Aujourd'hui ce sont des places de finances et absolument dépendantes de l'intendant. Il y a vingt généralités ou intendances dans les Pays d'élection.

L'on y divise les impôts en ordinaires et extraordinaires. Les impositions ordinaires ont deux dénominations et se subdivisent en une infinité d'autres. Elles s'appellent taille et capitation... La taille fut créé par Charles VII pour subvenir à la solde des troupes réglées. Les nobles en furent exemps à cause du service qu'ils étaient obligés de faire en personne. Les fermiers payent aujourd'hui pour eux. Ceux qui cultivent eux-mêmes leurs biens ont le privilège de ne pas payer de taille pour quatre charrues.

L'on lève la taille de trois manières : sur les biens-fonds, et alors la taille est réelle ; sur les bénéfices des marchands et artisans, et alors c'est la taille de commerce; sur l'individu des veuves[4] ne pouvant rien gagner, c'est la taille personnelle du sujet ou vilain.

La quotité de la taille est d'un dixième, de trois vingtièmes et quelquefois d'un cinquième du revenu des biens-fonds selon la nature du fonds de chaque province... cela s'appelle le principal de la taille. On dit que depuis longtemps il ne s'est jamais accru, mais bien il s'accroît

(1) Lettre I. (*Ed.*)
(2) Lettre II, p. 55. (*Ed.*)
(3) Lettre IV, p. 102. (*Ed.*)
(4) *Sic* dans le texte, p. 109. (*Ed.*)

lorsque l'on projette quelques travaux utiles à la province o· au royaume. L'on augmente la quotité de la taille sans aucun enregistrement, seulement par une lettre que le Contrôleur écrit à l'intendant. Depuis M. Necker, il faut l'enregistrement à la Cour des aides. C'est au Conseil des finances, sur le raport de M. le Contrôleur que l'on fixe le brevet de la taille pour chaque généralité. Outre le brevet, le Contrôleur envoyait une commission. La commission est la somme particulière que l'on veut percevoir sur une ou plusieurs élections. La troisième opération est le département : c'est celle par laquelle on répartit, entre les paroisses ou les communautés, la somme qui doit être perçue sur une élection. Si l'on veut grever une paroisse d'une charge extraordinaire, c'est dans cette opération qu'on le fait. Depuis M. de Laverdy l'on faisait deux brevets de taille : le premier était le constant et était communiqué aux élus, etc. ; le second qui variait restait secret dans les cartons de l'intendant. Ce brevet s'appelait le brevet militaire.

La capitation fut imposée en 1695 : elle devrait se percevoir au marc la livre de la taille.

Les dixièmes furent établis en 1710. Ils reprirent en 1733. En 1746, l'on créa le vingtième ; en 1756, l'on créa le second vingtième ; en 1760, l'on créa le troisième vingtième. En 1771, l'abbé Terrai fit paraître un édit qui déclarait le premier vingtième perpétuel, le second pour devoir le percevoir jusqu'en 1781.

En 1781, les sommes imposées montent à 194 millions, plus 162 millions montant du bail et des deux vingtièmes, plus 40 millions de petites affaires, telles que la poste, etc., plus 15 millions pour les lotéries, les monnaies, etc., etc., etc., égale 420 millions. Suivant le compte de l'abbé Terrai, en 1772, la recette excédait la dépense de 5 millions. A la retraite de ce ministre, le déficit montait à 28.800.000 livres. A la retraite de M. Turgot, en 1776, il était de 24 millions.

[1]L'emprunt de loterie de M. Necker est de 1777. Il était de 24 millions et est partagé en 200.000 obligations de 1200 livres dont les chances s'effectueront en deux tirages. Elles consistent en 5.000 lots de rentes viagères montant ensemble à 1.090.000 livres. Le moindre sort pour les 15.000 (autres obligations) sera d'avoir une rente perpétuelle de 96 livres.

Le comte d'Estaing, à la tête de douze vaisseaux de ligne, de cinq frégates et de deux mille hommes de débarquement, a mis à la voile à Toulon en avril 1778. [2] LE COMTE D'ESTAING.

Le comte est né le 24 novembre 1729; il fut fait prisonnier en 1759, il était brigadier et était de l'armée qui assiégeait Madras. Il fut libre sur sa parole, ce qui ne l'empêcha pas de détruire un comptoir anglais dans le Golfe persique. Il vint de là piller sur les côtes de Ceylan et de Sumatra. Il fut fait prisonnier une seconde fois. Son défaut de vue en fut la cause. Le Dauphin dont il avait été menin interposa sa protection et le sauva. En 1763, il fut nommé lieutenant général des armées navales.

Le bassin de pierre de Toulon a été en 1774 construit par le sieur Groignard.

M. Douet, mort en 1778, a laissé 20.000.000 de biens.

[3]Le marquis de Noailles se retira de Londres. Dès ce moment, l'on regarda la guerre comme commencée. Le combat de la frégate *la Belle Poule* et de *l'Aréthuse* fut le signal des hostilités.

[4] Voltaire est mort en mai 1778. Voici l'épitaphe que lui a faite Rousseau :

> Plus bel esprit que grand génie
> Sans loi, sans mœurs et sans vertu,
> Il est mort comme il a vécu.
> Couvert de gloire et d'infamie.

(1) Lettre IX, p. 274, note 1. (*Ed.*)
(2) *Espion anglais*, IX, 26. (*Ed.*)
(3) P. 155. (*Ed.*)
(4) P. 197. (*Ed.*)

[1] Les juifs portugais forment un corps de nation qui ne s'allie point par des alliances avec le reste du peuple juif. Ils prétendent descendre des familles qui tenaient le premier rang en Judée du temps de la captivité de Babylone.

Tandis que les maures et les chrétiens se disputaient l'Espagne, les juifs jouissaient d'un sort paisible et cultivaient avec succès le commerce et les arts. L'Inquisition les fit fuir en France et ils obtinrent, sous le titre de nouveaux chrétiens des lettres patentes datées de 1550.

Les juifs ne peuvent entrer dans Paris sans passeport et sans être sujets à une police particulière. Les portugais sont exempts de ces gênes, etc., etc., etc. Ils ont essuyé quelques échecs, mais encore sous Louis XV, ils ont obtenu des lettres patentes portant *qu'ils auraient le droit de vivre suivant leurs usages*. Il y a, à Bordeaux, un tribunal d'anciens dont les décrets sont toujours autorisés par le Conseil.

Selon l'école de Chammai, un juif ne peut répudier sa femme que dans le cas où elle serait souillée par quelque vice honteux.

Le rabbin Hillel soutient qu'un mari ne peut répudier sans cause, mais que la plus petite suffit, par exemple, si elle a trop fait cuire son dîner.

Le rabbin Aquiba va plus loin et croit qu'il suffit de trouver une occasion d'en épouser une autre plus jolie ou bien qui plaise davantage.

ROUSSEAU. [2] Sur la fin de mai, Rousseau se retira à Ermenonville. et y mourut le 3 juillet 1778.

MARINE. [3] Combat d'Ouessant. L'amiral Keppel avait trente vaisseaux ; le comte d'Orvilliers en avait vingt-sept. Les Français perdirent cent soixante-trois hommes et les Anglais cent trente-trois. Onze navires de la compagnie anglaise

(1) Affaire du Juif Peixotto, p. 199. (*Éd.*)
(2) Lettre X, t. IX, p. 222. (*Éd.*)
(3) Lettre XI, p. 240. (*Éd.*)

sont arrivés à Portsmouth portant 60 millions et plus, cent cinquante vaisseaux des Indes Occidentales portant 5 à 6 millions et outre cela, les Anglais prirent une quantité infinie de vaisseaux français. L'amiral Keppel se mit en mer quelques jours après.

[1] Le marquis de Pezay était fils d'un commis et petit-fils d'un épicier. Lié de bonne heure avec Dorat, il avait dans son commerce puisé l'amour des Muses. Il avait une sœur, Mme de Cassini, très belle, qui était liée avec M. de Maillebois, qui fit choisir M. de Pezay pour enseigner la tactique au Roi. Il s'était insinué près de la comtesse de Maurepas, il était des amis du prince de Montbarrey, et elle fit créer pour lui une place d'inspecteur général des gardes côtes qui lui rendait 40.000 livres. Il voulut se mêler de morigéner les intendants qui se liguèrent et le perdirent. Il en mourut. C'est lui qui a établi M. Necker. C'est en conséquence des mémoires qu'il fit parvenir par la voie du marquis, en juillet 1776, que M. Necker parvint au ministère.

Par l'arrêt du conseil de 1777, M. Necker pourvut à l'extinction de la mendicité. Necker.

Il supprima les receveurs des domaines et des bois.

Il résilia le bail de la Ferme des postes qui était au-dessous de sa valeur et le changea en régie intéressée; le bail des messageries a été augmenté de 800.000 livres par an.

Les emprunts faits par M. Necker sont, en 1777 :

Première loterie	24.000.000
Celle de décembre	25.000.000
Emprunt de la ville.	12.000.000
— de l'ordre du Saint-Esprit . .	12.000.000
Billets de la Ferme générale.	18.000.000
Avances de la Ferme.	10.000.000
Cautionnements.	18.000.000
Total. . .	119.000.000

(1) Lettre XIII, p. 306. (*Ed.*)

En 1778 :

Premières rentes	48.300.000
Emprunt du Languedoc.	27.000.000
— de Bourgogne	16.000.000
Total 1778. . .	97.300.000
Total 1777. . .	119.000.000
Total :	216.300.000

VOLUME 10e Théâtres. Août 1789.

L'Ambigu-comique ou Audinot et les Grands danseurs du Roi ou Nicolet, sont ce qu'on appelle des spectacles forains.

Il y avait des comédies italiennes qui furent supprimées en 1697. Les joueurs de gobelets, les sauteurs, etc., s'emparèrent de leur répertoire et jouèrent aux foires. Les Comédiens français qui avaient chassé leurs prédécesseurs les réduisirent à fermer la bouche. Ceux-ci se retournèrent du côté des chefs de l'Académie de musique et jouèrent des opéras-comiques. L'on imagina aussi de suppléer à la parole et même à la pantomime par des écriteaux que l'acteur tirait de sa poche droite pour mettre dans la gauche. La Comédie italienne a été rétablie en 1716 et en 1762. L'Opéra comique y a été réuni et depuis n'a plus joué aux foires.

[1] La secte des Anandrynes ou tribades. Clitoris.

Le comte d'Aranda, ministre d'Espagne, fut culbuté par les intrigues des moines ; l'intendant de Séville, le directeur de la colonie de Sierra-Morena, le comte d'Olavidès fut déclaré hérétique, ses biens furent confisqués, condamné à huit ans de clôture.

Les Français prirent la Martinique en 1778. Les Anglais prirent les îles de Saint-Pierre et de Miquelon et détruisirent la pêche de Terre-Neuve.

L'on avait enlevé pendant la campagne aux Anglais trois frégates, trois cutters, quinze corsaires, trente-deux navires marchands en corsaires et quarante-neuf navires par les corsaires, ce qui donne cent trois bâtiments.

(1) T. X, p. 179. Confession d'une jeune fille. (*Ed.*)

Les Anglais de leur côté, enlevèrent quatre vaisseaux de la compagnie des Indes, dont un seul portait pour quatre millions. Les pertes du port de Bordeaux étaient estimées à sept ou huit millions : quinze navires estimés 400.000 livres l'un dans l'autre. Pour le total de la marine, cent quinze vaisseaux à 400.000, l'un dans l'autre, faisant au moins 50 à 60 millions.

Les campagnes de Bretagne et de Flandre coûtèrent 25 à 30 millions.

Les Américains n'ont point d'estime pour la France qu'ils regardent comme asservie sous le double despotisme du gouvernement et des prêtres, comme de vils esclaves livrés aux préjugés. Les premiers Français qui y vinrent étaient des hommes perdus de dettes...

M. Delisle de Sales sur son livre de la Philosophie de la nature.

M. de Saint-Foix qui était premier commis des Affaires étrangères lors de la paix dernière, dit que d'après les renseignements qu'il lui donnait, M. Necker en jouant aux actions avait gagné à Londres une somme de 1.800.000 livres, cela à coup sûr, moyennant les renseignements qu'il lui donnait.

Tome 8e. Juillet 1789. Auxonne.

Sur le chevalier d'Eon.

Charlotte-Geneviève-Louise-Auguste-Andrée-Timothée d'Éon de Beaumont, descend de l'ancienne maison Sénéchal en Bretagne, mais sa branche s'était dégénérée en Bourgogne.

Elle naquit à Tonnerre, en 1728. Son père, malgré sa médiocrité, était travaillé de l'ambition de relever sa maison, menaçait sa femme qui ne lui donnait que des filles. Celle-ci, pour se mettre à l'abri de sa brutalité, feignit d'avoir accouché d'un garçon et Charlotte fut baptisée. Elle alla au collège Mazarin par la protection du prince de Conti. Elle fut employée en 1756 en Russie, fut ensuite capitaine de dragons, fut chargée d'affaires en Angleterre. Elle y demeura et fit imprimer treize volumes de lettres, mémoires, négociations, sous le titre de *Loisirs du chevalier d'Eon.*

L'on lui avait accordé 12.000 livres. Elle avait été en correspondance secrète avec Louis XV. Après la mort du

Roi, l'on voulut avoir cette correspondance. L'on envoya Beaumarchais pour négocier cette affaire.

Enfin l'on exigea qu'elle vînt en France où elle reprit ses habits de femme.

1778. États de Bretagne. [1] La commission intermédiaire de Bretagne ne date que de 1734. Elle est composée de 90 membres, 30 par chaque ordre. Ils forment neuf bureaux, un par évêché. Celui de Rennes est composé de six membres de chaque ordre et les autres seulement de trois.

Au commencement, l'on lit, d'une part, le contrat de mariage de Anne de Bretagne avec Louis XII, les stipulations des traités de réunion avec la France et les contraventions multipliées qu'ils ont souffertes. Il y a aussi un bureau des contraventions.

La salle des États se nomme le théâtre. C'est depuis 1774 que l'on supprima tout à fait les fonds destinés aux tables. *La ferme des devoirs* est une espèce d'imposition équivalant aux aides.

M. le comte Desgrée du Lou. Il y a dix barons qui président la Noblesse : d'eux, elle choisit un président.

Il y a plusieurs factions : les *Ignaciens*, les *Chalotistes*, les *Quatre-vingt-trois*, les *Bastionnaires*, les *Ifs*, les *Exilés*. Les premiers désignent les Jésuites : les deuxièmes, ce sont les partisans de M. de la Chalotais. Ce nombre 83 désigne ceux qui, en 1766, protestèrent avec le duc de la Trémoille. Les patriotes furent désignés par la quatrième dénomination.

[2] L'on se souvient de l'histoire d'un nommé Rambaut, depuis vicomte de Jarnac, petit marchand de mercerie. Il arrive à Lorient, prend un superbe logement. Négocie les épices de la Compagnie, gagne des sommes immenses.

MARINE. [3] La marine en 1777 montait à 60 à 67 vaisseaux, savoir

(1) Lettre II, p. 32. (*Ed.*)

(2) Cf. *Espion anglais*, VIII, 67. Le texte ne dit pas cela. (*Ed.*)

(3) T. VIII, p. 147, note. (*Ed.*)

19 à Toulon, 43 à Brest, 2 à Rochefort, ce qui fait qui fait 64 outre 9 en construction et 37 frégates, 13 corvettes. En 1756, temps où l'on travaillait avec la plus grande activité, il y avait 7.000 hommes; en 1778, il y en avait 10.000 à Brest.

Il y avait environ 5.000 matelots des classes, 8 à 9.000 en Provence et en Languedoc.

Ce n'est que depuis 1777 que l'on porte des dragones

C'est le 4 janvier 1778 que le Mont de piété établi par les lettres patentes de 1777 a été installé.

[1] Le règlement enregistré au Parlement le 7 septembre 1761 met que la part d'un auteur sera d'un neuvième pour les pièces en cinq actes, d'un douzième pour celles en trois actes, d'un dix-huitième pour les pièces en un acte.

Il y avait pour 200.000 livres de loges aux Français en 1778.

Le Kain, fils d'un orfèvre, commença à jouer en 1750. Voltaire l'encouragea et le forma. En 1751, il débuta aux Français, et en 1753, il fut reçu. Il ne jouait que douze fois par an.

Le duel du comte d'Artois et du duc de Bourbon était à cause de la duchesse. Madame de la...

Voltaire, après vingt-sept ans d'absence retourna à Paris en 1778. Il y reçut les honneurs du triomphe. Il était âgé de quatre-vingt-quatre ans.

Après trois ans de guerre, l'Amérique fut reconnue par la France le 16 décembre 1777.

Les trois frères Queyssac, capitaines de dragons et dans la légion lorraine, et le négociant Damade-Bélair ont en cette célèbre affaire plaidé à trois parlements. C'est M. Target qui défendit Damade.

(1) P. 248, note. Règlement du Théâtre français. (*Ed.*)

XXVI[1]

ÉTUDES DE LA NATURE. — HISTOIRE NATURELLE.

Flux et reflux de la mer.

Etudes de la nature de Jacques Bernardin de Saint-Pierre. — N'ayant pas eu cet ouvrage assez longtemps dans les mains je n'en ai pu faire aucune note.

Sa théorie du flux et reflux m'a paru assez bizarre.

BUFFON. *Histoire Naturelle.* TOME Ier. Paris 1744. *Auxonne* mars 1789.

Les botanistes ont classé leurs plantes sous des rapports différents. L'on a cherché les divisions de la nature, mais la nature qui n'agit que par gradations n'a point de divisions.

Les uns ont classé (les végétaux) relativement à leur grandeur, les autres, aux feuilles, les autres, aux parties de la génération. Tournefort qui avait formé ses classes en suivant ce principe et en comptant les étamines, avait cependant procuré de ne pas confondre les choses trop différentes, le mûrier avec l'ortie, l'orme et la carotte, la rose et la fraise, etc., etc., comme l'a fait son successeur et le chef de la nouvelle méthode.

Aldrovande, naturaliste célèbre, a travaillé soixante ans et a fait des volumes immenses. Linnaeus. Aristote. Théophraste. Pline.

Animal, végétal et minéral, terre, air, eaux, animaux quadrupèdes, oiseaux, poissons, pour classer les espèces entre elles, on aura égard au degré de rapport qu'elles ont avec nous, ce qui vaut mieux que de distinguer par solipèdes, pieds fourchus, fissipèdes, etc.

(1) *Inédit. Fonds Libri.* Ces notes sont contenues : 1° dans un cahier Mss. de 18 pages in-folio ; 2° dans un cahier de 10 pages in-folio. J'ai collationné les extraits de Buffon sur l'*Edition de l'encyclopédie du* XIXe *siècle.* (Ed.)

Le mot vérité ne fait naître qu'une idée vague. Les vérités mathématiques sont des vérités de supposition; les vérités physiques, de fait.

Théorie de la terre.

Toutes les matières terrestres n'ont acquis de la solidité que par l'action continue de la gravité et des autres forces qui rapprochent les parties. Les eaux de la mer ont séjourné quelque temps sur la terre. L'on trouve des bancs de coquilles si étendus qu'il n'est pas possible que tant d'animaux eussent vécu en même temps.

L'on trouve des productions de la mer à 1.200 pieds de profondeur. L'on en trouve encastrées avec les marbres pétrifiés et avec les roches des plus hautes montagnes. Les couches qui composent la terre sont horizontalement placées, à l'exception des montagnes où elles en suivent la pente... Ni les tremblements de terre, ni les volcans n'ont formé les montagnes, le flux et le reflux, l'influence des vents, voilà les agents, causes premières des inégalités de la surface de notre globe.

Les plongeurs disent qu'à la plus grande profondeur où ils puissent descendre qui est de 20 brasses la mer est si remuée qu'elle en est troublée... En faisant la mer agent de tous les changements qui se sont opérés sur le globe, il est clair que les montagnes formées de couches doivent être fondées sur des terres moins pesantes et que les matières les plus graves doivent être placées au sommet... Sous l'équateur, les vents sont plus constants, les marées plus fortes. Donc les plus grandes inégalités doivent être sous l'équateur... L'Océan a un mouvement constant d'orient en occident... La mer Pacifique fait un effort constant contre les côtes de la Tartarie, de la Chine et de l'Inde; l'océan Indien contre les côtes d'Afrique, l'Atlantique contre les côtes d'Amérique, etc., etc.

Diodore de Sicile et Strabon disent que la Méditerranée n'existait pas jadis. Lorsque les grands fleuves qui se jettent dans la mer Noire auront charrié assez de terres le Bosphore se bouchera... Les tremblements, ou les affaissements, ou les dessèchements ont produit les fentes.

Formation des Planètes.

La terre a environ 3.000 lieues de diamètre, est située à 30 millions de lieues du soleil autour duquel elle fait sa révolution en 365 jours. Ce mouvement est le résultat de deux forces : l'une agissant de haut en bas, appelée attraction, l'autre de gauche à droite... La révolution se fait autour d'un petit axe qui a 1/175 de moins que l'axe de l'équateur. M. de Buffon imagine que quelque comète, rencontrant le soleil, en aura détaché quelques parcelles qui sont aujourd'hui ses satellites. Ces parcelles se seront détachées en fluide en fusion comme des torrents de matière... Toutes les planètes ensemble ne font qu'une masse qui [est] la 1/650 de celle du soleil. La comète rencontra le soleil obliquement ce qui donna aux planètes cette force d'impulsion. La comète de 1680 approcha de si près du soleil qu'elle n'en était pas éloigné de la sixième partie du diamètre solaire. Les torrents de matière une fois détachés du soleil, ils se sont placés à une distance relative à leur densité.

Système de M. Whiston sur la création des Planètes. 1708. Londres.

Les matières qui ont composé la terre étaient selon lui l'atmosphère d'une grande comète et quant au déluge il dit que le 18 novembre 2365 de la période julienne ou 2349 avant l'ère chrétienne, une comète descendant dans le plan de l'écliptique, vers son périhélie, a passé tout auprès du globe. Lorsque la terre n'était que comète, elle était traversée par un noyau de 2.500 lieues de diamètre qui fut échauffé par le soleil qui lui communiqua une chaleur 2000 fois plus forte que celle d'un fer rouge. Autour de ce noyau solide existe un fluide pesant sur lequel la terre nage. Les montagnes sont les parties les plus légères. Toutes les inégalités que nous apercevons viennent de la plus ou moins grande pesanteur spécifique des parties. L'air fut composé des molécules les moins denses. La terre était mille fois plus peuplée. La vie des hommes était dix fois plus longue parce que la chaleur du noyau central était alors dans sa force. Enfin tout devint (criminel) et mérita la mort qui arriva au monde le 28 décembre. La queue d'une comète qui n'est qu'un brouillard épais est quelquefois une colonne d'une longueur immense. Cette colonne rencontra pendant deux heures seulement l'orbe de la terre et fournit assez d'eau pour qu'il pût pleuvoir quarante jours. Le fluide du grand abîme, renfermé autour du noyau, aura rompu la croûte de la terre à cause du mouvement de flux et de reflux occasionné par la comète, et se sera répandu. Après l'éloignement de la comète, toutes les eaux sont rentrées dans l'abîme et y ont trouvé abondance de place par l'effort que l'eau avait fait pour se dégager en tous les sens, etc...

Au-dessus des parties qui s'étaient dégagées pour former l'air et l'eau, se dégagea de l'huile qui forma bientôt la croûte de la terre, sans mer, sans montagnes, sans inégalités. La surface de la terre était facile à cultiver. Système de Burnet. 1681. Londres.

Après avoir été seize siècles dans cet état, le soleil fit fendre cette croûte limoneuse qui en peu de temps s'engloutit dans les eaux. C'est là l'explication qu'il donne du déluge. La terre, l'air, l'eau ainsi mélangés donnent cette figure irrégulière que nous habitons.

L'océan communique avec le grand abîme. Les écueils, les îles etc., sont des petits fragments de l'ancienne croûte. Les continents en sont les grands fragments. Au centre de la terre est renfermée une grande quantité d'eau. Lors du déluge, elle sortit, inonda la terre. La terre devint en fusion. Toutes les matières, suivirent leur gravité, se rangèrent par couches en suivant surtout cette loi. Système de Woodvard.

Selon cet auteur, la terre après bien des siècles se trouva dans un état de fluidité dissolutive. Après, la terre a pris la forme que nous lui voyons et le feu s'y est mis qui la brûle peu à peu et finira par la détruire en occasionnant une explosion terrible. Bourguet 1729.

Selon Leibniz, la terre commença par le feu et devint corps opaque faute de matières combustibles. Le verre, dont le sable n'est qu'un élément, est le fond des matières qui composent le globe terrestre. Le mélange de sable, de sels fixes et d'eau a produit toutes les autres espèces de terres. Quand la croûte fut refroidie, les parties humides qui s'étaient élevées en forme de vapeurs retombèrent et formèrent les mers ; elles enveloppèrent la surface du globe et surmontèrent les endroits les plus élevés qui forment le continent et les îles d'aujourd'hui.

Stenon attribue la cause des inégalités de la surface de la terre à des inondations particulières, à des tremblements de terre, à des secousses, à des éboulements, causes secondaires, mais subordonnées au flux et reflux et au mouvement de la terre d'orient en occident.

Géographie de la Terre.

Depuis le nord de la Tartarie la plus orientale jusqu'au cap de Bonne-Espérance, il y a 3,600 lieues. C'est la plus grande ligne que l'on puisse tirer dans l'Ancien continent. Depuis Trefana, en Afrique, jusqu'à Ningpo en Chine, il y a 2.800 lieues. Depuis Brest jusqu'à la côte de la Tartarie chinoise, il y a 2.300 lieues.

La ligne qui partant du cap de Tartarie va au Cap de Bonne-Espérance divise la terre en deux parties égales. La partie qui est à gauche a 2.471.092 3/4 lieues carrées ; celle qui est à droite 2.469.687 lieues carrées : l'Ancien continent a donc 4.940.780 lieues carrées, ce qui ne fait pas un cinquième de la surface du globe.

1069286 5/6
1070 206
2139906.

Le nouveau continent depuis l'embouchure de la rivière de la Plata jusqu'à cette contrée marécageuse au delà du lac des Assiniboïls a environ 2.500 lieues de longueur, partage le continent en deux parties égales : à gauche 1.069.286 5/6 lieues carrées ; à droite, 1.070.206 1/12. Toutes ces terres réunies contiennent 7.080.993 lieues carrées, ce qui ne fait pas le tiers de la surface du globe qui en contient 25.000.000.

Magellan, en 1522, est le premier qui ait fait le tour du monde en 1.124 jours. L'on dit qu'un capitaine anglais nommé Monson a été jusqu'au pôle arctique, à deux degrés près.

L'on dit que la mer Noire du temps de l'empereur Copronyme gela de trente coudées d'épaisseur, sans compter vingt coudées de neige.

Lorsque deux montagnes ou collines sont séparées par une vallée d'une demi-lieue ou d'un quart, il est assez général que les angles rentrants correspondent aux angles saillants et qu'elles soient de même hauteur.

Un potier de terre, nommé Palissy, vers la fin du XVIe siècle (fut le premier qui osa dire) que les coquilles fossiles que l'on trouvait au fond de la terre étaient vraiment des dépôts de la mer.

M. Réaumur a observé en Touraine une masse de 130.680.000 toises cubiques enfouie sous terre, de coquilles ou de fragments d'icelles.

Le porphyre n'est autre chose qu'un rapprochement de pointes d'oursins pétrifiées.

2e VOLUME. M. de Buffon après avoir exposé son système l'appuie par des preuves qui forment le 2e volume et contiennent dix-neuf articles.

Les détroits sont les endroits de la mer les moins profonds. La profondeur ordinaire est de 6 à 15 brasses. L'on prétend qu'il y a des endroits qui ont jusqu'à une lieue de profondeur et beaucoup qu'on ne peut sonder. L'on sonde avec un plomb de 30 à 40 livres. La corde déplace un volume plus pesant (que celui) qu'elle devait égaler ; alors le poids doit dériver. Il faudrait une chaîne de fer... La profondeur est ordinairement relative à la hauteur de la côte.

Les montagnes du Pérou ont trois mille toises de haut. Sur un globe de deux pieds et demi de diamètre, ce ne serait pas une demi-ligne.

On a sondé dans le duché de Stafford une espèce de gouffre qui a 2.600 pieds.

Les Alpes forment une chaîne qui traverse le continent entier depuis l'Espagne jusqu'à la Chine. Depuis la Galice aux Pyrénées, le Vivarais, l'Auvergne, l'Italie, s'étendant en Dalmatie, se joignant avec les montagnes d'Arménie, le Taurus, l'Imaüs, etc.

La presqu'île d'en deçà du Gange est divisée en deux par le *Gâte*, montagne fort élevée : d'un des côtés, est la côte de Malabar, de l'autre est la côte de Coromandel. Lorsque, d'un côté, l'on éprouve les chaleurs de l'été, de l'autre il fait froid. La Jamaïque ressent la même singularité.

Granit Roscorf] Iles. *Lanos*, *sierras* et *andes* sont les trois divisions des terres du Pérou : plaines, collines, cordillières.

Fleuves. Les plus grands fleuves vont d'orient en occident. Les rivières occupent la partie la plus basse du terrain compris entre les deux collines ou montagnes opposées. Elles coulent toujours du côté de la montagne la plus rapide. A mesure que les rivières approchent de leur embouchure, les sinuosités de leur cours se multiplient.

Les eaux d'une rivière ne sont pas de niveau, même dans leur largeur. Lorsqu'elle grossit subitement, le milieu du courant s'élève sensiblement, de 2 à 3 pieds quelquefois... La vitesse avec laquelle elle est emportée diminue l'action de la pesanteur... Lorsque les fleuves approchent de leurs embouchures, les bords sont plus élevés que le milieu, la marée en est la cause... Lorsque l'on passe le Pont-Saint-Esprit les conducteurs font attention de ne pas quitter le fil de l'eau même longtemps après avoir passé le pont.

Si l'on suppose la profondeur de la mer être de 230 toises, 21.372.626 milles cubiques d'eau (y sont contenues)... Le Pô court un pays de 380 milles de longueur, et sa largeur, avant qu'il ne se divise en plusieurs branches, est de 100 perches de Bologne ou mille pieds, sa profondeur 10 pieds. Sa vitesse est telle qu'il parcourt 4 milles dans une heure, ce qui fait un mille cubique en 26 jours. Or, le Pô occupe 45.600 milles carrés. L'on met 30 lieues de droite et de gauche. La surface de la terre sèche est de 85.490.506 milles carrés. Par conséquent la quantité que le Pô fournit n'est que 1/1874 de tout ce que reçoit la mer. Il faudrait donc 812 ans à toutes les rivières pour fournir la quantité d'eau qui est dans la mer. Il suit de là que l'évaporation enlève un point à la mer.

Le mont Saint-Gothard est le point le plus élevé de

l'Europe : les pays situés entre les provinces de Belozera et de Vologda en Moscovie, le pays des Turcs Mogols, le pays de Quito en Amérique.

Il y a dans l' (Ancien) continent environ 430 fleuves qui tombent directement dans la mer. Il n'y en a, dans le Nouveau, que 186. Dans ce nombre ne sont compris que des rivières grandes au moins comme la Somme. Toutes ces rivières charrient des parties minérales et des sels.

La rivière de Pégu est appelée le Nil des Indes. Le Niger déborde comme le Nil. La Plata en Brésil, le Gange, l'Indus, l'Euphrate débordent annuellement. Il y a des cataractes de 150 pieds. L'Oby bouche le détroit de Waigats par les glaces qu'il charrie.

Le pays du monde le plus froid est le Spitzberg : c'est une terre qui est au 78e degré de latitude, toute formée de petites montagnes aiguës... Il ne fait jamais aussi froid sur les côtes de la mer que dans l'intérieur des terres... Il y a des glaces flottantes très élevées qui ont des cinq à sxi cents pieds de haut et des deux à trois lieues en contour.

Mers et Lacs

La mer Baltique a, du midi au nord, 300 lieues, en y comprenant le golfe de Bothnie. L'on n'y ressent aucun mouvement de flux ni de reflux. Elle est fort peu salée... La mer Blanche est fort peu salée... L· détroit de Waigats n'a pas 8 à 10 lieues de longueur. Il communique à une mer que l'on a appelée mer Tranquille. L'on doute qu'elle communique avec la mer de Tartarie. L'on croit la méditerranée. Pour arriver au détroit nord, il faudrait donc mieux doubler le cap Désiré. Depuis l'embouchure du Chotanga qui est au 73e deg é, l'on côtoie des côtes pendant 200 lieues. Les Moscovites qui ont voyagé par terre disent seulement qu'elles ne sont pas interrompues et leurs cartes y marquent des fleuves et des peuples qu'ils appellent *populi patati*.

Lettres édifiantes. Connaissance de l'ancien monde imprimée en 1707. Histoire générale des voyages.

Au 66e degré, l'Océan fait un golfe à l'embouchure du Len qui est un fleuve très considérable. Ce golfe s'appelle Linchidolin. De là, l'on suit la côte pendant l'espace de

500 lieues vers l'orient jusqu'à une péninsule où habitent les peuples Schelates. Cette pointe est à l'extrémité la plus septentrionale de la Tartarie ; elle est située au 72e degré... Depuis le cap Nord, jusqu'à l'embouchure du fleuve Korvinea, il y a 1.700 lieues. Depuis le cap Nord jusqu'aux Schelates, il y en a 1.100, en naviguant sur le même parallèle... En suivant la côte orientale de l'ancien continent, en commençant à cette pointe de la terre des peuples Schelates, en descendant vers l'équateur, l'Océan fait deux petits golfes : après quoi, l'Océan entre dans les terres et forme la mer méditerranée du Kamtchatka où est l'île Amuor. Cette mer communique par un large détroit avec la mer de Corée qui a plus de 600 lieues de longueur. Cette mer n'a d'autre communication avec l'océan que le détroit qu'il y a entre Kamtchatka et Yéço. L'on n'est pas assuré si celui que quelques cartes ont marqué entre le Japon et la terre d'Yéço existe réellement. Le détroit qui est entre le Japon et la Corée communique à la mer de Chine qui elle-même est une espèce de mer Méditerranée.

Le golfe de Cambaie n'a guère que 50 à 60 lieues [et de l'Inde]. Celui-ci reçoit l'Indus et l'Euphrate. C'est l'endroit du monde où la marée se fait le plus sentir. Elle monte jusqu'à 30 pieds. Le golfe Persique a plus de 250 lieues de profondeur. La mer Rouge en a plus de 680. Ces deux mers sont sujettes au flux et reflux.

La Méditerranée a plus de 900 lieues : elle communique par le détroit de Gibraltar à l'océan qui y entre avec une grande rapidité.

Le cap Hold-With-Hope, situé au 73e degré, c'est la terre la plus septentrionale que l'on connaisse dans le nouveau Groenland. Elle n'est éloignée du cap (nord) de Laponie que de 160 à 180 lieues. Au cercle polaire, il y a un large détroit entre l'Islande et le Groenland. Le Groenland est une presqu'île qui s'étend jusqu'au 60e degré. L'île de Frisland et le détroit de Forbisher terminent la presqu'île.

Le détroit de Davis communique à plusieurs mers méditerranées. Il y a beaucoup de flux et de reflux dans ces mers. Le golfe du Mexique est une méditerranée, l'on n'y ressent aucun mouvement du flux. Il a plus de 500 lieues du nord au sud. La mer Vermeille a plus de 200 lieues de profondeur. Dès le 51e degré, l'on ne connait plus rien. Ainsi, pendant l'espace de près de 1.000 lieues, les côtes nous sont inconnues.

Voyage du Levant de Tournefort.

Voyage hardin, de Pietro della Valle.

Voyage de Shaw.

La mer Noire a environ 250 lieues de longueur sur 100 de largeur. Le Palus Méotide a 100 lieues sur 20. C'est une espèce de marais. La mer de Marmara n'a que 50 lieues sur 8 à 9 de largeur. Le Bosphore a 800 pas de largeur et coule dans la Méditerranée. Le détroit de Gibraltar a souvent un mouvement contraire à celui du Bosphore.

Flux et reflux.

La mer Caspienne a 300 lieues sur 50. Le flux se fait sentir six heures et demie et le reflux de même. Le mouvement de la mer d'orient en occident est constant. L'Océan, dans le flux, se meut selon cette direction. Le reflux est moins fort que le flux. L'un est une intumescence et l'autre est comme une détumescence. Au détroit de Magellan, le flux s'élève à 20 pieds.

Inégalités du fond de la mer.

L'on peut distinguer trois sortes de côtes : 1° les côtes élevées qui sont des rochers et des pierres dures, coupés ordinairement à plomb, qui s'élèvent jusqu'à 7 et 800 toises ; 2° les côtes basses, dont les unes sont unies et presque de niveau avec la surface de la mer, et dont les autres ont une élévation médiocre et sont souvent bordées de rochers à fleur d'eau qui forment les brisants et rendent l'approche très difficile ; 3° les dunes, qui sont des côtes formées par les sables que la mer accumule ou que les fleuves déposent. Ces dunes forment des collines plus ou moins élevées.

La profondeur de l'eau assez ordinairement est d'autant plus grande que ses côtes sont plus élevées.

Les inégalités du fond de la mer produisent les courants particuliers. Le flux et reflux mettent en mouvement la masse d'eau; les inégalités particulières la dirigent, quelquefois servent.

Les principaux courants de l'Océan sont ceux qu'on a observés dans l'Atlantique depuis le cap Vert jusqu'à la baie de Fernando-Pô. Les vaisseaux font 150 lieues en deux jours. Les côtes même forment une espèce de courant : leurs angles soulèvent l'eau; s'il se trouve des golfes ou si la côte est en certaine position, les courants peuvent être très violents.

Vents réglés.

Sur la mer, dans la zone torride, il souffle un vent qui va d'orient en occident. L'on va d'Acapulco aux Philippines, — il y a plus de 2.700 lieues, — toujours guidé par ce vent. Il règne également de l'Afrique au Brésil.

Dans la Méditerranée, les vents soufflent de la terre vers la mer au coucher du soleil, et de la mer vers la terre au lever; le matin, un vent de levant, le soir un vent de couchant.

Le passage du chaud au froid et du froid au chaud ne se peut faire sans produire des très grands vents, soit à cause de l'augmentation du volume d'air, soit à cause du flux et reflux d'air, soit à cause de la fonte des neiges ou des pluies violentes.

Les moussons soufflent alternativement. Il y en a qui soufflent des côtes d'Afrique aux Indes, en janvier jusqu'en mars et de l'Inde en Afrique, depuis septembre jusqu'à janvier.

A la Jamaïque, les vents soufflent de tous les côtés à la fois, pendant la nuit. En hiver, le port de Cochin est inabordable.

Ouragans, trombes, etc.

La mer du Japon, la Magellanique, celle des côtes d'Afrique, au delà des Canaries, la mer Rouge, la mer Vermeille, sont très sujettes aux tempêtes.

Dans le royaume de Cachemire qui est environné du Caucase, l'on éprouve des changements de saisons subits. En moins de deux heures, l'on passe du chaud au froid. Des deux côtés du cap Ragaigate en Arabie, l'on éprouve le chaud d'un côté et le froid de l'autre. A Céram, île, l'on éprouve la même singularité. Les vents du midi qui règnent pendant l'été en Egypte sont si chauds qu'ils sont étouffants. En Perse, il y a le *Samyel* qui n'est pas moins insupportable. Au cap de Bonne-Espérance, l'on éprouve des tempêtes appelées l'*œil de bœuf*. Il se forme un petit nuage sur le sommet de la montagne de la Table, d'où il sort un vent violent qui, donnant sur des montagnes, forme un conflit affreux, capable de submerger le plus grand navire si l'on n'a eu la précaution de carguer les voiles.

Les ouragans sont des vents d'une violence extrême, qui soufflent de tous les côtés, forment des *tornados*. Il y en a de constants à la côte de Guinée qui règnent sur un espace de 200 mille lieues carrés.

L'Euripe absorbe et rejette alternativement les eaux sept fois en vingt-quatre heures. Le Charybde les rejette et absorbe trois fois.

Il y a sur les côtes de Norwège un gouffre qui a près de 20 lieues de circuit. Il absorbe tout ce qui lui est présenté pendant six heures pour le restituer pendant les six autres.

Il y a deux espèces de trombes : la première n'est qu'une nuée épaisse, comprimée par des vents contraires qui, soufflant à la fois de plusieurs côtés, donnent à la nuée la forme cylindrique et [l'obligent] à descendre. Si elle tombait sur un vaisseau, elle le submergerait infailliblement. L'autre espèce de trombe s'appelle typhons : ils s'élèvent de la mer avec une grande violence. Ils n'ont pas d'autre cause que les feux souterrains. L'air est alors rempli d'exhalaisons sulfureuses. Le ciel paraît caché d'une croûte de cuivre. [On a vu des] typhons de trois ou quatre pouces de diamètre ; on en a vu d'un pied.

Volcans, tremblements de terre.

Le volcan est une montagne remplie de soufre, de bitume et de matières qui servent d'aliments à un feu souterrain. L'ouverture a souvent plus d'une demi-lieue de diamètre.

Il y a en Europe trois volcans : l'Hecla en Islande, le

Vésuve près de Naples et l'Etna en Sicile. Toutes les fois qu'il se forme des nouvelles bouches, l'on éprouve des tremblements horribles. En 1669-1670, l'on vit les flammes depuis Malte qui est à 60 lieues de l'Etna. Ce volcan fume toujours, mais il ne jette des flammes que pendant ses éruptions.

1683. Une éruption fut si violente que le tremblement de terre qu'elle produisit renversa la ville de Catane et avec elle 50.000 habitants.

L'Hécla jette quelquefois de l'eau bouillante.

Le mont Vésuve n'a commencé à brûler que du temps de Vespasien. Il jeta des laves si loin qu'il en arriva jusqu'en Égypte, à Rome; Héraclée fut couverte lors de ce premier incendie.

M. Ray croit que le feu des volcans vient d'une très grande profondeur et a formé les montagnes.

1737. Le Vésuve vomissait des torrents de matières métalliques fondues et ardentes qui se répandaient dans la campagne et s'en allaient à la mer. Ce serait un fleuve de 6 à 7 milles et de 25 à 30 pas[1] de profondeur sur 50 ou 60 pas de largeur.

Le tremblement de terre de Lima a englouti toute la ville, excepté quatre maisons. Callao a subi le même sort. La mer a noyé tous les habitants. Pisco, au Pérou, fut noyé également en 1682. Pline rapporte qu'il arriva, sous Tibère, un tremblement qui renversa douze villes... Saint Augustin rapporte que cent villes de Lybie eurent le même sort. Antioche fut engloutie du temps de Trajan. En 528, sous Justinien, elle fut de nouveau engloutie avec 40.000 habitants et, six ans après, 60.000 habitants furent de nouveau engloutis.

En 1182, la Judée fut presque détruite par une cause pareille... Du temps de Pie II pape, 30.000 personnes furent écrasées à Naples et tous les habitants furent obligés de rebâtir leur ville.

1629. Sept mille personnes périrent dans la Pouille. A Smyrne, 20.000 habitants y périrent (1688).

(1) Palmes (en surcharge).

Sous Valentinien Ier, il y eut un tremblement qui se fit sentir dans toute la terre connue.

Le feu et l'eau produisent également des îles. Pline rapporte qu'autrefois il y eut treize îles qui sortirent à la fois de la Méditerranée. Rhodes et Délos en étaient. En 1707, on vit, de l'île de Santorin, se former à une demi-lieue une île. Cette éruption fut accompagnée d'un tremblement de terre affreux. Iles nouvelles.

En 1720, il s'en forma une auprès de Tercère, entre les Açores. En 1722, la nouvelle île diminua.

Les cavernes sont produites par les eaux et par le feu. Il y en a une dans l'Archipel, appelée Antiparos, qui est à 300 brasses de profondeur depuis la surface de la terre. La grotte a 50 pas sur 40 de hauteur. Cavernes.

Cinquante mille personnes pourraient se réfugier dans les carrières de Maëstricht.

1714. Une partie de la montagne de Diableret en Valais tomba subitement et tout à la fois, entre 2 et 3 heures après midi. Elle renversa cinquante-cinq cabanes du pays sous les amas de terre. Amassés en bas, [ils] sont de plus de 300 pieds.

La ville de Pleurs en Valteline fut enterrée sous les rochers au pied desquels elle était située.

Le tuf, les pierres molles, les graviers ne sont pas des couches de première formation, mais sont portés par les eaux des pluies et sont le résultat des changements journaliers qui arrivent.

Une inondation, qui arriva en 1446 en Flandre, fit périr plus de 100.000 hommes. Les inondations ont été fréquentes dans cette contrée et les résultats en ont toujours été funestes.

Les systèmes principaux qui ont divisé les naturalistes anciens sur la génération, eurent pour chefs Aristote et Hippocrate. Le premier prétendait que la femme n'a point Histoire Naturelle. Buffon. Génération 3e et 4e volumes.

Système d'Aristote.

de fluide prolifique et ne contribue à la génération que par le sang menstruel qui sert à la formation, au développement et à la nutrition du fœtus. Selon ce philosophe, la liqueur séminale du mâle est un excrément du dernier aliment, c'est-à-dire du sang, et les menstrues sont dans les femelles un excrément sanguin, le seul qui serve à la génération. Il prétend le prouver parce qu'il y a des femmes qui conçoivent sans plaisir. La liqueur séminale du mâle n'y contribue pas comme matière, mais comme forme. C'est la cause efficiente, c'est le principe du mouvement. Elle est à la génération ce que le sculpteur est au bloc de marbre. La liqueur du mâle est le sculpteur, le sang menstruel est le bloc, et le fœtus est la figure. Les menstrues reçoivent donc, de la semence du mâle, une espèce d'âme qui donne la vie. Cette âme n'est ni matérielle, ni immatérielle. Agissant sur la matière et n'entrant pas comme matière dans la génération, c'est un esprit dont la substance est semblable à celle des éléments, des étoiles. Le cœur est le premier ouvrage de cette âme, etc.

Système d'Hippocrate.

Hippocrate croyait que le mâle et la femelle avaient chacun une liqueur prolifique. Il voulait même de plus que, dans chaque sexe, il y eut deux liqueurs séminales, l'une plus forte et plus active, l'autre plus faible et moins active.

Les deux plus fortes liqueurs mêlées produisaient un enfant mâle, tandis que le mélange des deux faibles liqueurs produisaient la femelle. Ce grand médecin prétend que la semence du mâle est une sécrétion des parties les plus fortes et les plus essentielles de tout ce qu'il y a d'humide dans le corps humain. Selon lui, la formation du fœtus se fait par le mélange des liqueurs séminales dans la matrice. Elles s'y épaississent par la chaleur du corps de la mère. Le mélange reçoit et tire l'esprit de la chaleur et, lorsqu'il en est tout rempli, l'esprit trop chaud sort au dehors; mais, par la respiration de la mère, il arrive un esprit froid et, alternativement, il entre un esprit froid et il sort un esprit chaud dans le mélange, ce qui lui donne la vie et fait naître une pellicule à la surface du mélange. Le sang menstruel qui est supprimé fournit abondamment à la nourriture, et ce sang, fourni par la mère au fœtus, se coagule par degrés et devient chair ; cette chair s'articule à mesure qu'elle croît et c'est l'esprit qui donne cette forme à la chair. Chaque chose va prendre sa place, les parties solides vont aux parties solides. Celles qui sont humides vont aux parties humides. Chaque chose cherche ce qui lui est semblable et le fœtus est enfin entièrement formé par ces causes et ces moyens.

Jusqu'au renouvellement des sciences, ces deux grands hommes ont eu leurs sectateurs. Les philosophes scolastiques ont, en adoptant la philosophie d'Aristote, adopté son système. Les médecins, au contraire, ont suivi celui d'Hippocrate.

Système de Fabrice d'Acquapendente.

Fabrice d'Acquapendente fut le premier des modernes qui fit des expériences sur la fécondation : il distingua deux parties dans la matrice de la poule : l'une supérieure et l'autre inférieure. La première, qu'il appela l'ovaire, n'est proprement qu'un assemblage d'un très grand nombre de petits jaunes d'œuf de figure ronde, dont la grandeur varie depuis la grosseur d'un grain de moutarde jusqu'à celle d'une grosse avoine. Ces petits jaunes forment un corps qui ressemble assez bien à une grappe de raisin. Ils tiennent à un pédicule commun, comme les grains tiennent à la grappe. Les plus petits de ces œufs sont blancs. N'ayant aperçu aucune différence dans ces jaunes après la communication du coq, il s'est imaginé que les œufs et l'ovaire lui-même deviennent féconds par une évacuation spiritueuse qui sort de la semence du mâle. Lorsque l'œuf s'est détaché du pédicule commun, il descend peu à peu dans la partie inférieure de la matrice. Dans le passage, l'œuf commence à s'envelopper de cette liqueur blanche, de la membrane qui la contient, des deux cordons qui traversent le blanc et se joignent au jaune et même de la coquille qui se forme la dernière en fort peu de temps. Ces cordons sont les parties fécondées par l'esprit séminal du mâle. C'est là où le fœtus commence à se corporiser. C'est de l'œuf que dépend la génération. L'œuf la produit comme agent. Il y fournit comme matière, comme organe, comme instrument. La matière des cordons est la substance de la formation ; le blanc et le jaune sont la nourriture, et l'esprit séminal du mâle est la cause efficiente : cet esprit communique aux cordons, d'abord une faculté altératrice, ensuite une faculté formatrice, et enfin une faculté augmentatrice.

Système d'Harvey.

Harvey prétend que l'homme et tous les animaux viennent d'un œuf, que le premier produit de la conception dans les vivipares est une espèce d'œuf, et que la seule différence qu'il y ait entre les ovipares et les vivipares, c'est que les fœtus des derniers prennent leur origine, acquièrent leur accroissement et arrivent à leur développement entier dans la matrice, au lieu que les fœtus des ovipares prennent à la vérité leur première origine dans le corps de la mère où ils ne sont encore qu'œufs et que ce n'est qu'après être sortis du corps de la mère et au dehors, qu'ils deviennent réellement des fœtus. Des animaux ovipares, les uns gardent leurs œufs au dedans d'eux-mêmes jusqu'à ce qu'ils soient parfaits, comme les oiseaux, les serpents et les quadrupèdes ovipares ; les autres répandent ces œufs avant qu'ils soient parfaits comme les poissons, etc.

La poule produit des œufs sans coq, mais en plus petit nombre, et ces œufs quoique parfaits sont inféconds. Dans deux ou trois jours d'habitude avec le coq, la poule ne peut pas être fécondée pour le reste de l'année. Il (y) a cependant des œufs féconds vingt jours après la communication. La partie de l'œuf qui est fécondée n'est pas, comme le dit Fabrice, dans les deux cordons qui se trouvent également dans les œufs produits sans communication. La partie de l'œuf qui est fécondée est très petite :

c'est un petit cercle blanc qui est sous la membrane du jaune, qui forme une petite cicatrice de la grandeur d'une lentille : c'est là que doit naître et croître le poulet. Toutes les autres parties de l'œuf ne sont faites que pour cela. Cette cicatrice se trouve dans tous les œufs féconds ou inféconds et n'est pas produite par la semence du mâle.

Le premier jour après que l'œuf a été échauffé par... Le point, arrivé au troisième (jour), est déjà augmenté de façon qu'il paraît être devenu une petite vésicule remplie de sang. Le sixième jour, les trois bulles de la tête paraissent distinctement, les tuniques des yeux, les ailes, les cuisses, le foie, les poumons... Selon cet anatomiste, la génération est l'ouvrage de la matrice. Jamais il n'y entre de semence du mâle. La matrice conçoit le fœtus par une espèce de contagion que la liqueur du mâle lui communique, à peu près comme l'aimant communique au fer la vertu magnétique. Non seulement cette contagion masculine agit sur la matrice, mais elle se communique même à tout le corps féminin qui est fécondé en entier, quoique, dans toute la femelle, il n'y ait que la matrice qui ait la faculté de concevoir, comme le cerveau a seul la faculté de concevoir les idées et ces deux conceptions se font de la même façon. Les idées que conçoit le cerveau sont semblables aux images des objets qu'il reçoit par les sens. Le fœtus qui est l'idée de la matrice est semblable à celui qui le produit, et c'est par cette raison que le fils ressemble au père, etc.

Stenon, Graaf, Swammerdam, van Horn, à de très petits changements près se disputent la découverte de ce système.

Graaf, après un grand nombre d'expériences, conclut que toutes les femelles vivipares ont des œufs, que ces œufs sont contenus dans les testicules, qu'il appelle ovaires, qu'ils ne peuvent s'en détacher qu'après avoir été fécondés par la semence du mâle. Il dit que l'on se trompe lorsque l'on croit que, dans les femmes et dans les filles, il se détache très souvent des œufs de l'ovaire. Il paraît persuadé que, jamais, les œufs ne se séparent de l'ovaire que d'après leur fécondation par la liqueur séminale du mâle. Il prétend aussi que tous ceux qui ont cru avoir vu des œufs de deux ou trois jours déjà gros se sont trompés parce que les œufs, selon lui, restent plus de temps dans l'ovaire, quoique fécondés, et que, au lieu d'augmenter d'abord, ils diminuent jusqu'à devenir dix fois plus petits qu'ils n'étaient, et que ce n'est que quand ils sont descendus des ovaires dans la matrice qu'ils commencent à reprendre de l'accroissement. Les œufs, dans les ovaires des femmes, ne sont pas plus gros qu'un petit pois. Ils sont très petits dans les jeunes filles de douze à quatorze ans, mais l'usage de l'homme et les années les font grossir. On peut en compter plus de vingt dans chaque ovaire. Une fois fécondés par les parties spiritueuses de la liqueur séminale du mâle, ils se détachent et tombent dans la matrice par les trompes de Fallope, où le fœtus est formé de la substance intérieure de l'œuf et le placenta de la matière extérieure.

Système de Malpighi et de Vallisnieri 1692.

Après des observations nombreuses et les expériences les plus réitérées, Vallisnieri conclut que l'ouvrage de la génération se fait dans les testicules de la femelle, qu'il regarde toujours comme des ovaires, quoiqu'il n'y ait jamais trouvé des œufs, et qu'il ait démontré au contraire que les vésicules ne sont pas des œufs. Il dit aussi qu'il n'est pas nécessaire que la semence du mâle entre dans la matrice pour féconder l'œuf; il suppose que cet œuf sort par le mamelon du corps glanduleux, après qu'il a été fécon é dans l'ovaire; que, de là, il tombe dans la trompe où il ne s'attache pas d'abord, qu'il descend et s'augmente peu à peu et s'attache à la matrice. Il est persuadé que l'œuf est caché dans la cavité du corps glanduleux et que c'est là où se fait tout l'ouvrage de la fécondation, quoique, dit-il, ni moi, ni aucun anatomiste en qui j'aie eu pleine confiance, n'ayons jamais vu ni trouvé cet œuf.

Selon lui, l'esprit de la semence du mâle monte à l'ovaire, pénètre l'œuf et donne le mouvement au fœtus qui est préexistant dans cet œuf. Dans l'ovaire de la première femme étaient contenus des œufs qui, non seulement renfermaient en petit tous les enfants qu'elle a faits ou pouvait faire, mais encore toute la race humaine, toute sa postérité jusqu'à l'extinction de l'espèce.

La ressemblance des enfants à leur père ne vient que de l'imagination de la mère. La force de cette imagination est si grande et si puissante sur le fœtus qu'elle peut produire des taches, des monstruosités, des dérangements des parties, des accroissements extraordinaires, aussi bien que des ressemblances parfaites.

Système des animaux spermatiques ou système de Leeuwenhoek et de Hartsoëker.

Hippocrate avait déjà dit que les semences des animaux étaient remplies d'animalcules ; Démocrite parle de certains vers qui prennent la figure humaine ; Aristote dit que les premiers hommes sortirent de la terre sous la forme de vers ; Platon, dans son Timée, que les animaux spermatiques deviennent des hommes. Dalenpatius, dans ces derniers temps, dit qu'il vit un de ces animaux se développer ou plutôt quitter son enveloppe : ce n'était plus un animal, c'était un corps humain dont il distingua très bien les deux jambes, les deux bras, la poitrine, la tête à laquelle l'enveloppe servait de capuchon.

Mais passons au système de Leeuwenhœck, où la semence séminale du mâle est composée de petits animaux si nombreux qu'une goutte de liqueur, grosse comme un grain de sable, en contient plusieurs milliers. Plus le fluide est délayé, plus le nombre de ces animaux paraît s'augmenter. Lorsqu'une trop grande sécheresse ou chaleur est sur le point de faire (cesser) leur mouvement, ils paraissent se rassembler de plus près et ils ont un mouvement comme de tourbillon dans le centre de la petite goutte que l'on observe et ils semblent périr tous au même temps, au lieu que, dans un plus grand volume de liqueur, on les voit périr successivement. Ces animaux sont de différentes figures selon l'espèce d'animal d'où provient la semence ; ils sont tous longs, menus, et sans membres. Ils se meuvent avec rapidité et en tous sens. La matière qui contient ces animaux est plus pesante que le sang. Une quantité de liqueur égale à la grosseur d'un grain de sable contient plus de 50.000 de ces animaux dans la semence du coq.

Lorsque l'on observe la liqueur séminale des animaux quelque temps avant qu'ils ne soient en chaleur, l'on y voit les mêmes animalcules mais sans mouvement.

Dans la semence de l'homme, l'on y voit deux espèces de ces animalcules, comme des mâles et des femelles.

Andry dit que l'on ne trouve de ces animalcules que dans l'âge propre à la génération, que les enfants et les vieillards n'en ont pas; que (chez) les sujets incommodés de maladies vénériennes on n'en trouve que peu et qu'ils y sont languissants; que, dans les parties de la génération des impuissants, on n'en voit aucun qui soit en vie.

Si l'on veut, disent-ils, que, dans les femelles des vivipares, il y ait des œufs comme dans les ovipares, ces œufs ne sont que la matière nécessaire à l'accroissement du ver spermatique. Il entrera dans l'œuf par le pédicule qui l'attachait à l'ovaire; il y trouvera une nourriture préparée pour lui. Tous les vers qui n'auront pas été assez heureux pour rencontrer cette ouverture du pédicule périront. Celui seul qui en aura enfilé le chemin arrivera à sa transformation. Le ver spermatique est le vrai fœtus; la substance de l'œuf le nourrit, les membranes de cet œuf lui servent d'enveloppe et, lorsque la nourriture contenue dans l'œuf commence à lui manquer, il s'applique à la peau intérieure de la matrice, et tire ainsi la nourriture du sang de la mère, jusqu'à ce que, par son poids et par l'augmentation de ses forces, il rompe enfin ses liens pour venir au monde. Ce n'est plus la première femme qui renfermait toutes les races passées, présentes et futures, mais c'est le premier homme qui en effet contenait toute sa postérité.

Les germes préexistants ne sont plus des embryons sans vie renfermés comme de petites statues dans des œufs contenus à l'infini les uns dans les autres; ce sont des petits animaux, des petits homuncules organisés et actuellement vivants, tous renfermés les uns dans les autres, auxquels il ne manque rien et qui deviennent des animaux parfaits et des hommes par un simple développement, aidé par une transformation semblable à celle que subissent les insectes avant que d'arriver à leur état de perfection.

Remarques sur ces systèmes.

Un ver spermatique est plus de mille millions plus petit qu'un homme. Si la grandeur de l'homme est prise pour l'unité, la grandeur du ver spermatique sera exprimée par $\frac{1}{1000\,000\,000}$ et comme l'homme est au ver spermatique de la première génération en même raison que ce ver est au ver spermatique de la seconde génération, la grandeur du ver spermatique de la seconde génération ne pourra être exprimée que par un nombre composé de 19 chiffres; celui de la troisième par un autre de 28; la grandeur du ver spermatique de la quatrième sera exprimé par 37 chiffres, celui de la cinquième par 46, celui de la sixième par 55 chiffres, etc. Et, en prenant la distance du soleil à Saturne, nous trouverons qu'il ne faut que 45 chiffres pour exprimer le nombre des lignes cubiques contenues dans cette sphère et, en réduisant chaque ligne cubique en mille millions d'atomes, il ne faut que 54 chiffres pour en exprimer le nombre : par conséquence, l'homme serait plus grand que le ver spermatique de la sixième génération autant que l'espace de l'univers ne l'est par rapport au plus petit atome de matière qu'il soit possible d'apercevoir au microscope.

Système de Buffon.

Tous les animaux se nourrissent de végétaux ou d'autres animaux qui se nourrissent eux-mêmes de végétaux. Cette nourriture ne peut opérer la nutrition qu'en s'assimilant à chaque partie du corps et en pénétrant activement la forme de ces parties que le naturaliste a appelées le moule intérieur. Lorsque cette matière est plus abondante qu'il ne faut pour nourrir et développer le corps animal ou végétal, elle est renvoyée de toutes les parties du corps dans un ou plusieurs réservoirs sous la forme d'une liqueur. Cette liqueur contient toutes les molécules analogues au corps de l'animal et, par conséquent, tout ce qui est nécessaire à la reproduction d'un petit être extrêmement semblable au premier. Ordinairement, cette matière ne devient surabondante, dans le plus grand nombre des espèces d'animaux, que quand le corps a pris la plus grande partie de son accroissement, et c'est par cette raison que les animaux ne sont en état d'engendrer que dans ce temps. Lorsque cette matière nutritive et productive, qui est universellement répandue, a passé par le moule intérieur de l'animal ou du végétal et qu'elle trouve une matrice convenable, elle produit un animal ou un végétal de même espèce, mais lorsqu'elle ne se trouve pas dans une matrice convenable, elle produit des êtres organisés différents des animaux et des végétaux, comme les corps mouvants que l'on voit dans les liqueurs séminales des animaux et dans les infusions des germes des plantes. Cette matière productive est composée de particules organiques toujours actives dont le mouvement et l'action sont fixés par les parties brutes et particulièrement par les particules huileuses et salines. Mais, dès qu'on les dégage de cette matière étrangère, elles reprennent leur action et produisent différentes espèces de végétations et d'autres êtres animés qui se meuvent progressivement. Les femelles comme les mâles ont également une semence prolifique.

Lorsque cette matière organique et productive se trouve rassemblée en grande quantité dans quelque partie de l'animal où elle est obligée de séjourner, elle y forme des êtres vivants que nous avons toujours regardés comme des animaux : le tænia, les ascarides, tous les vers qu'on trouve dans les veines, dans le foie, etc., tous ceux que l'on tire des plaies, la plupart de ceux qui se forment dans les chairs corrompues n'ont pas d'autre origine ; les anguilles de la colle de farine, celles du vinaigre, tous les prétendus animaux microscopiques ne sont que des formes différentes que prend, d'elle-même et suivant les circonstances, cette matière toujours active et qui ne tend qu'à l'organisation.

Chaque partie du corps de l'un ou de l'autre (de l'animal ou du végétal), renvoie les molécules organiques qu'elle ne peut plus admettre. Ces molécules sont absolument analogues à chacune des parties dont elles sont renvoyées, puisqu'elles étaient destinées à nourrir cette partie. Dès lors, quand toutes les molécules renvoyées de tous les corps viennent à se rassembler, elles doivent former un petit corps semblable au premier. C'est ainsi que se fait la reproduction dans toutes les espèces comme les arbres, plantes, pucerons, etc., où l'individu seul produit son semblable. Les liqueurs séminales des deux sexes contiennent toutes les molécules nécessaires à la reproduction, mais il faut quelque chose de plus pour que cette reproduction se fasse en effet : c'est le mélange de ces deux liqueurs dans un lieu convenable au développement de ce qui doit en résulter, et ce lieu est la matrice de la femelle. Il n'y a donc pas de germes préexistants, point de germes contenus à l'infini les uns dans les autres, mais il y a une matière organique toujours active, toujours prête à se mouler, à s'assimiler et à produire des êtres semblables à ceux qui la reçoivent. Les espèces d'animaux ou de végétaux ne peuvent donc jamais s'épuiser d'elles-mêmes.

Accroissement du fœtus.

Trois ou quatre jours après le mélange des deux liqueurs séminales, tout l'ouvrage de la génération est dans la matrice sous la forme d'une bulle ovale, de six lignes sur son grand diamètre et de quatre lignes sur son petit. Cette bulle est formée par une membrane extrêmement fine qui renferme une liqueur limpide.

Quinze jours après la conception, l'on commence à distinguer la tête, à reconnaître les traits les plus apparents du visage[1]. Le nez n'est encore qu'un petit filet proéminent

(1) Hippocrate prétend que le fœtus mâle se développe plus promptement que le fœtus femelle. Au bout de trente jours toutes les parties du fœtus mâle sont apparentes et les femelles qu'au bout de quarante-deux jours. (Buff.)

et perpendiculaire à une ligne qui indique la séparation des lèvres : deux petits points noirs à la place des yeux, les premières ébauches des bras et des jambes. La longueur du corps entier est alors à peu près de cinq lignes.

Trois semaines après, le corps n'a augmenté que d'une ligne, mais les bras, jambes, mains, pieds sont apparents. L'accroissement des mains et de leurs doigts est plus prompt que celui des pieds.

A quatre semaines, le fœtus a un pouce de longueur, et la masse, toujours de forme ovoïde, a un pouce et demi sur un pouce et un quart sur le petit diamètre. Les parties sont toutes dessinées à cette époques : les hanches, le ventre, les membres sont formés et la peau est mince et transparente. Les vaisseaux sont comme des fils, etc.

A six semaines. A six semaines, le fœtus a près de deux pouces de longueur. La figure humaine commence à se perfectionner. La tête est seulement beaucoup plus grosse, à proportion, que les autres parties du corps. On aperçoit le mouvement du cœur dans ce temps-là. On l'a vu battre dans un fœtus de cinquante jours et continuer de battre assez longtemps après que le fœtus fut tiré du sein de la mère.

A trois mois. A trois mois, le fœtus a près de trois pouces. Il pèse 3 onces. Hippocrate dit que c'est dans ce temps-là que la mère commence à sentir le mouvement lorsqu'il est mâle et que les fœtus femelles ne se font sentir qu'après le quatrième mois.

A quatre mois et demi. A cette époque, la longueur du fœtus est de six à sept pouces. Toutes les parties de son corps sont si augmentées qu'on les distingue parfaitement. Les ongles même paraissent à cette époque. Le fœtus se courbe, les genoux en l'air, la tête basse. Harvey dit qu'il le fait parce que cette position est la plus favorable au sommeil.

La matrice prend un assez prompt accroissement dans les premiers temps. Elle continue aussi à augmenter à mesure que le fœtus augmente, mais l'accroissement du fœtus devenant ensuite plus grand que celui de la matrice, surtout dans les derniers temps, l'on pourrait croire qu'il s'y trouve trop resserré. Il fait alors successivement et à diverses reprises des efforts violents et la mère en ressent vivement l'impression. Le fœtus emploie alors la force pour dilater la matrice. Sa tête portant sur l'orifice de la matrice, il la grandit peu à peu et, dans le mouvement de l'accouchement, le fœtus réunissant sa force à celle de la mère, ouvre enfin cet orifice et se fait un passage.

La durée de la grossesse est de 9 mois ou 274 jours, 275. Le temps naturel s'étend depuis 8 mois et 14 jours, jusqu'à 9 et 4 jours. Les enfants qui naissent à 8 mois ne peuvent pas vivre, c'est-à-dire qu'il en meurt beaucoup plus que de ceux de 7 mois : paradoxe autorisé par Aristote : un enfant depuis le septième mois peut vivre et les limites de l'accouchement sont de trois mois, depuis le septième jusqu'au dixième.

Les avortements sont le plus souvent occasionnés par le sang menstruel de la mère dont les canaux ont été rétrécis et bouchés par l'enflement de la matrice. Lorsque les conceptions se forment dans les derniers jours qui précèdent les règles, elles risquent de s'avorter. Aussi voit-on qu'il en réussit fort peu. Le sang menstruel alors détruit sans peine les faibles racines d'un germe si tendre.

Pourquoi le fœtus cherche-t-il à sortir de la matrice? Est-ce poids qui force la matrice? Non, puisque deux jumeaux de sept à huit mois sont plus pesants qu'un de neuf mois. C'est par le besoin de respirer? de se débarrasser des aliments qu'il a dans le corps? Non. Buffon prétend que c'est le sang menstruel de la mère qui favorise la sortie.

L'enfant crie et gémit en venant au monde. Il ne verse des larmes et ne rit qu'au bout de quarante jours. Il a 21 pouces et il y en a qui n'ont que 14 pouces. Le fœtus pèse 12 livres à neuf mois[1].

(1) Si l'enfant qui vient au monde a 18 pouces, il en aura 24 à la fin de la première année, 28 à 2 ans, 32 à 3 ans et ensuite il ne grandira guère que d'un pouce et demi ou deux pouces par an jusqu'à l'âge de la puberté. (*Bon.*)

L'on fait téter les enfants les trois premiers mois ; en Hollande et en Italie on les fait téter un an entier.

4 dents incisives.
2 canines
8 mâchelières
14 — 28
2 dents de sagesse,
16 — 32

Les dents incisives commencent à se développer à l'âge de sept mois ; ces dents sont au nombre de huit, quatre au-devant de chaque mâchoire.

Les dents canines sont à côté des incisives au nombre de quatre. Elles sortent dans la gencive au dixième mois.

Dans le courant de la deuxième année, l'on voit paraître seize autres dents que l'on appelle molaires ou machelières.

Les dents incisives, les canines et les deux premières machelières tombent dans la cinquième, la sixième et la septième année, mais sont remplacées par d'autres. Six autres machelières ne tombent que par accident et se remplacent difficilement [1].

A douze ou quinze mois, l'enfant bégaie. La voyelle A est celle qu'il articule le plus facilement. E suppose au moins un petit mouvement de plus, I, O, U, B, M, P, C, D, G, L, N, Q, R, S, T. Les enfants ne parlent qu'à deux ans et demi et souvent beaucoup plus tard.

L'infibulation.

L'infibulation se fait en tirant le prépuce en avant ; on le perce et on le traverse par un gros fil que l'on y laisse jusqu'à ce que les cicatrices des trous soient faites. Alors on substitue au fil un anneau assez grand qui doit rester en place aussi longtemps qu'il plaît à celui qui a ordonné l'opération, quelquefois toute la vie.

Il se trouve des hommes qui n'ont qu'un testicule ; il y en a qui en ont trois : ceux-ci sont plus forts et plus vigoureux. Il est étonnant combien cette partie contribue à la force et au courage. Quelle différence il y a entre un taureau et un bœuf, un bélier et un mouton, un coq et un chapon !

Castration.

Il y a plusieurs espèces de castration. Ceux qui n'ont d'autre but que la perfection de la voix se contentent de

(1) M. de Buffon croit qu'il serait possible d'élever des enfants de manière qu'ils pussent vivre dans l'eau comme dans l'air en empêchant le trou ovale de se fermer. (Bo[illegible]

couper les testicules. Ceux qu'inspire la jalousie veulent que l'on retranche toutes les parties extérieures. L'amputation totale est le plus souvent mortelle. L'on choisit l'âge depuis sept ans à dix, mais il en meurt. Souvent il en échappe à peine un quart. Les eunuques de cette dernière espèce coûtent en Turquie six à sept fois plus que les autres.

L'amputation n'est pas le seul moyen dont on se serve pour empêcher l'accroissement des testicules et on les détruit en baignant les enfants dans l'eau chaude et des décoctions de plantes où l'on presse les testicules assez longtemps pour en détruire l'organisation. D'autres étaient dans l'usage de les comprimer avec un instrument.

Dans les provinces du nord et dans les campagnes, les filles sont nubiles à quatorze ans et les garçons à seize. Dans les villes et les pays du midi ils le sont à douze et quatorze.

La quantité de sang menstruel d'une évacuation est évaluée en Angleterre à trois onces. Hippocrate l'évalue à neuf onces. Les règles durent quatre à cinq jours et viennent tous les vingt-sept jours. Il y en a qui les ont tous les quinze jours et d'autres toutes les six semaines.

Usages de divers peuples[1]

Quand l'enfant est né, il est couvert d'une humeur visqueuse blanchâtre. C'est pourquoi on le lave avec une aigue douce et tiède.

Les Lapones laissent leurs enfants dans la neige jusqu'à ce que le froid les ait saisis au point d'arrêter la respiration. Alors elles les plongent dans l'eau chaude : opération qu'elles réitèrent trois fois par jour dans la première année de leur naissance. Dans les suivantes, on les baigne trois fois par jour dans l'eau froide.

Les Indiens de l'isthme de l'Amérique se plongent Bains froids.

(1) Buffon, IV, 61. (*Ed.*)

impunément dans l'eau froide pour se rafraîchir lorsqu'ils sont en sueur. Leurs femmes les y jettent quand ils sont ivres, pour faire passer leur ivresse plus promptement. Les mères se baignent avec leurs enfants dans l'eau froide un instant après leurs accouchements. Avec cet usage, ces femmes périssent très rarement par les suites des couches.

Les Siamois, les Japonais, les Indiens, les nègres, les sauvages du Canada, ceux de Virginie, du Brésil et la plupart des peuples de la partie méridionale de l'Amérique, couchent leurs enfants nus sur des lits de coton suspendus ou les mettent dans des espèces de berceaux couverts et garnis de pelleterie au lieu de mettre les enfants au maillot. Les anciens Péruviens laissaient les bras libres aux enfants dans un maillot fort large ; lorsqu'ils les en tiraient ils les mettaient en liberté dans un trou fait en terre et garni de linges dans lequel ils les descendaient jusqu'à la moitié du corps. Dès qu'ils pouvaient faire un pas, on leur

Enfants. présentait la mamelle d'un peu loin. Les petits nègres embrassent l'une des hanches de la mère avec leurs genoux et leurs pieds, et ils la serrent si bien qu'ils peuvent s'y soutenir sans le secours des bras de la mère. Ils s'attachent à la mamelle avec leurs mains et ils la sucent constamment sans se déranger et sans tomber, malgré les différents mouvements de la mère, qui, pendant ce temps-là, travaille à son ordinaire. Ces enfants commencent à marcher dès le second mois ou plutôt à se traîner sur les genoux et sur les mains, ce qui leur donne l'habitude de courir très vite dans cette situation. Dans la partie septentrionale de l'Amérique, l'on met au fond du berceau où l'on couche les enfants une bonne quantité de cette poudre vermoulue que l'on tire du bois qui est rongé par les vers. Cette poudre pompe l'humidité. Ils la changent souvent. Par ce moyen ils obvient au manque de linge. L'on dit que le vermoulu est plus mou que la plume.

En Virginie, l'on attache les enfants nus sur une planche garnie de coton qui est percée pour l'écoulement des excréments. Dans l'Orient et en Turquie le même usage a lieu.

Chez les Hébreux, la circoncision était un usage extrêmement ancien. L'on l'opérait huit jours après la naissance de l'enfant. Circoncision.

En Turquie, on ne la fait pas avant l'âge de sept à huit ans et même l'on attend souvent jusqu'à onze ou douze ans.

Les Perses la font à l'âge de cinq à six ans. Ils garnissent la plaie avec du papier brûlé. Cette opération fait beaucoup de mal aux personnes âgées.

Aux îles Maldives, on circoncit les enfants à l'âge de sept ans et on les baigne dans la mer pendant six à sept heures avant l'opération pour rendre la peau plus tendre et plus molle.

Les Israëlites se servaient d'un couteau de pierre. Les Juifs conservent encore aujourd'hui cet usage dans leurs synagogues. Les Mahométans se servent d'un couteau de fer ou d'un rasoir.

L'on croit que les Turcs auraient le prépuce trop long sans la circoncision. L'on croit que les habitants de la Mésopotamie et les Arabes seraient inhabiles à génération.

Les habitants de la rivière de Bénin et en général beaucoup de peuples d'Afrique, circoncisent les filles à huit ou quinze jours après leur naissance, tant les nymphes sont grandes dans ces climats.

Les Hottentots se coupent un testicule pour être plus légers à la course. L'usage de la castration des hommes est fort ancien. C'était la peine des adultères en Egypte. Dans l'Asie et l'Afrique, on se sert de ces hommes mutilés pour garder les femmes. En Italie, cette opération n'a pour objet que la perfection du chant. Dans d'autres pays, les pères châtrent leurs enfants pour éteindre leur postérité et afin que leur postérité ne se trouve (pas) un jour dans la misère et dans l'affliction où ils se trouvent lorsqu'ils n'ont pas de pain. Castration.

Outre les eunuques nègres, l'on en voit en Turquie et en Perse, etc., qui viennent la plupart des royaumes de

Golconde, de la presqu'île en deçà du Gange, des royaumes d'Aracan, de Pégu, et de Malabar où le teint est gris, du Bengale où ils sont de couleur olivâtre. En 1657, Tavernier dit avoir vu faire 22.000 eunuques au Royaume de Golconde. Ceux d'Ethiopie sont plus chers parce qu'ils sont plus hideux.

Virginité. Les habitants du Pégu, de l'Arabie Pétrée et quelques nations d'Asie et d'Afrique rapprochent par une sorte de couture les parties que la nature a séparées aussitôt que leurs filles sont nées et ne laissent libre que l'espace qui est nécessaire pour les écoulements naturels. Les chairs adhèrent peu à peu à mesure que l'enfant prend son accroissement, de sorte que l'on est obligé de les séparer par une incision lorsque le temps du mariage est arrivé. L'on dit qu'ils emploient pour cette infibulation des femmes un fil d'amiante parce que cette matière n'est pas sujette à la corruption. Il y a certains peuples qui passent seulement un anneau. Les femmes sont soumises comme les filles à cet usage outrageant pour la vertu. L'on les force de même à porter un anneau. La seule différence est que celui des filles ne peut s'ôter et que celui des femmes a une serrure dont le mari a la clef.

Fallope, Vesale, etc., etc., prétendent que l'hymen est une partie réellement existante qui doit être mise au nombre des parties de la génération des femmes. Ils disent que cette membrane est charnue, fort mince dans les enfants, plus épaisse dans les filles adultes, qu'elle est située au-dessous de l'orifice de l'urètre, qu'elle ferme en partie l'entrée du vagin, que cette membrane est percée si peu d'une ouverture ronde quelquefois large que l'on pourrait à peine y faire passer un pois dans l'enfance et une grosse fève dans l'âge de puberté.

Graaf, Pinaeus, etc., etc., disent que la membrane de l'hymen n'est qu'une chimère.

Quand les filles n'ont pas atteint l'âge de puberté, si elles ont commerce avec les hommes, il n'y a pas évacuation de sang à moins de trop grande disproportion dans les parties.

L'effusion de sang n'est pas une preuve de virginité. Elle peut se répéter pourvu qu'il y ait une interruption de commerce assez longue pour donner le temps aux parties de se réunir. Cela n'arrive cependant que dans l'âge de l'accroissement du corps.

Impuissance. Stérilité.

La stérilité est causée, dans l'un ou l'autre sexe, ou par un défaut de conformation, ou par un vice accidentel dans les organes. Le défaut de conformation le plus ordinaire dans l'homme arrive aux testicules ou aux muscles érecteurs. La fausse direction du canal de l'urètre qui, quelquefois, est déformé, à côté ou mal percé, est un défaut, mais il faudrait que ce canal fut supprimé en entier pour la rendre impossible. Les organes des femmes peuvent aussi être mal conformés ; la matrice, toujours fermée ou toujours ouverte, serait un défaut également contraire, mais la cause de stérilité la plus ordinaire aux hommes et aux femmes, c'est l'altération de la liqueur séminale dans les testicules.

Il y a beaucoup de femmes qui sont devenues mères avant d'avoir eu aucune marque d'écoulement. Il y en a qui n'y sont jamais sujettes. Dans le Brésil, des nations entières se perpétuent sans qu'aucune (femme) ait d'écoulement périodique. Il y a des femmes qui l'ont à soixante-dix ans. Une femme de Charlestown, dans la Caroline, accoucha, en 1714, de deux jumeaux, un nègre et l'autre blanc.

Les différentes couleurs des yeux sont : l'orange foncé, le jaune, le bleu, le gris et le gris mêlé de blanc.

Les trois tableaux qui suivent ont besoin de quelque explication : Napoléon a dépouillé et refait à sa mode les tableaux statistiques donnés par Buffon, mais il a omis d'indiquer de quels éléments ils sont composés.

Le premier comprend 10.805 observations recueillies par M. Dupré de Saint-Maur dans douze paroisses de campagne : il se divise en deux parties : nombre de personnes mortes à telle année de leur vie ; nombre de personnes vivantes à telle année de leur vie.

Le second comprend 13.189 observations faites dans trois paroisses de Paris, ce que Bonaparte omet d'indiquer. Il est divisé de la même façon que le premier.

Le troisième, intitulé par Napoléon *Conclusion des deux tables. Probabilités de la vie dans les différents âges* indique que la personne arrivée à tel âge donné peut raisonnablement espérer vivre tant d'années et de mois. (*Ed.*)

TABLEAU DES PROBABILITÉS DE LA VIE DES HOMMES, PRÉCÉDÉ DU SUR LA MORTALITÉ EXÉCUTÉ SUR DOUZE

A l'âge de. . . .	1	2	3	4	5	6	7	8	9	10	11	12	13
Sur 10.805 enfants nés dans la campagne, il en meurt	3.738	963	350	256	178	154	107	99	62	59	35	44	36

A l'âge de. . . .	30	31	32	33	34	35	36	37	38	39	40	41	42
Nombre des morts	146	42	101	62	50	146	77	71	76	27	245	35	82

A l'âge de. . . .	60	61	62	63	64	65	66	67	68	69	70	71	72
Nombre des morts	269	21	51	50	48	82	75	42	69	25	133	25	100

A l'âge de. . . .	90	91	92	93	94	95	96	97	98	99	100	Sur 10.805
Nombre des morts	9	1	3	0	0	3	1	0	3	0	1	parvenu
												Dans la

Année de la vie. .	1	2	3	4	5	6	7	8	9	10	11	12	13
Nombre de personnes entrées dans la 1re, 2e, 3e année sur 10.805.	10805	7067	6104	5754	5498	5320	5166	5059	4960	4898	4839	4804	4760
	30	31	32	33	34	35	36	37	38	39	40	41	42
	3745	3599	3557	3456	3394	3344	3198	3121	3050	2974	2947	2702	2667
	60	61	62	63	64	65	66	67	68	69	70	71	72
	1500	1231	1210	1159	1109	1061	979	906	862	793	668	635	610
	90	91	92	93	94	95	96	97	98	99	100	Sur 10.805	
	21	12	11	8	8	8	5	4	4	1	1	parvenus	

RÉSULTAT DES RECHERCHES DE M. DUPRÉ DE SAINT-MAUR
PAROISSES DE CAMPAGNE ET TROIS DE PARIS

14	15	16	17	18	19	20	21	22	23	24	25	26	27	28	29	
38	41	42	47	67	44	78	51	80	68	62	121	66	55	77	42	
43	44	45	46	47	48	49	50	51	52	53	54	55	56	57	58	59
44	52	139	51	43	62	22	216	22	56	38	44	111	54	51	61	19
73	74	75	76	77	78	79	80	81	82	83	84	85	86	87	88	89
37	44	88	26	33	38	15	89	16	30	11	21	12	9	8	2	

enfants nés, il en est mort 3.738 la première année, 963 la seconde, etc., et un seul est jusqu'à 100 ans.
table suivante l'on verra le nombre de ceux qui sont parvenus à 2, 3, 4, 5 ans, etc.

14	15	16	17	18	19	20	21	22	23	24	25	26	27	28	29	
4724	4686	4645	4603	4556	4489	4445	4367	4316	4236	4168	4106	3985	3919	3864	3787	
43	44	45	46	47	48	49	50	51	52	53	54	55	56	57	58	59
2585	2541	2489	2350	2299	2256	2194	2172	1956	1934	1878	1860	1796	1685	1631	1580	1519
73	74	75	76	77	78	79	80	81	82	83	84	85	86	87	88	89
510	473	479	441	317	284	246	231	142	126	96	85	64	52	43	35	26

enfants qui ont vu le jour, 7.067 seulement sont parvenus à leur seconde année. 6.104 sont jusqu'à leur troisième. Un peu plus de la moitié sont parvenus à la cinquième.

Dans la campagne la moitié des enfants nés meurent à peu près avant de finir leur quatrième année. Dans les villes au contraire, il faut seize ans pour que la moitié des enfants se trouvent morts et la table des probabilités étant

A l'âge de.	1	2	3	4	5	6	7	8	9	10
Sur 13.189 enfants il en meurt	2716	1415	635	444	531	252	200	141	92	55

A l'âge de.	26	27	28	29	30	31	32	33	34	35
	69	80	74	54	91	40	79	71	82	119

A l'âge de.	51	52	53	54	55	56	57	58	59	60
	57	96	63	66	169	76	78	121	71	265

A l'âge de.	76	77	78	79	80	81	82	83	84	85
	90	87	109	46	156	40	56	61	36	48

Année de la vie	1	2	3	4	5	6	7	8	9	10
Nombre des personnes qui entrent dans leur 1re, 2e, 3e année sur 13.189.	13189	10473	9058	8423	7979	7648	7396	7196	7055	6963

Année de la vie	26	27	28	29	30	31	32	33	34	35
	6075	6007	5917	5853	5799	5708	5668	5588	5518	5436

Année de la vie	51	52	53	54	55	56	57	58	59	60
	3851	3884	3708	3645	3579	3410	3334	3256	3135	3004

Année de la vie	76	77	78	79	80	81	82	83	84	85
	909	818	731	622	576	420	380	324	263	277

calculée sur le terme moyen de ceux qui vivent après huit ans il y a 1 contre 1 à parier qu'un enfant qui vient au monde ne passera pas huit ans.

11	12	13	14	15	16	17	18	19	20	21	22	23	24	25
46	56	37	35	49	55	57	48	61	63	42	81	66	59	78

36	37	38	39	40	41	42	43	44	45	46	47	48	49	50
110	81	84	60	159	46	100	84	64	168	89	69	96	72	164

61	62	63	64	65	66	67	68	69	70	71	72	73	74	75
[illegible]	126	111	113	140	141	100	160	72	248	83	171	72	124	170

86	87	88	89	90	91	92	93	94	95	96	97	98	99	100
30	25	34	8	23	7	13	7	7	7	4	2	5	1	4

11	12	13	14	15	16	17	18	19	20	21	22	23	24	25
6908	6862	6806	6769	6934	6685	6630	6573	6525	6404	6401	6359	6278	6212	6153

36	37	38	39	40	41	42	43	44	45	46	47	48	49	50
5317	5207	5126	5042	4982	4823	4777	4667	4585	4519	4351	4262	4193	4097	4025

61	62	63	64	65	66	67	68	69	70	71	72	73	74	75
2799	2739	2613	2502	2389	2249	2108	2008	1868	1776	1528	1445	1274	1202	1078

86	87	88	89	90	91	92	93	94	95	96	97	98	99	100
179	149	124	90	82	59	52	39	32	52	18	14	12	7	6

CONCLUSION DES DEUX TABLES. PROBABILITÉS

Age	1	2	3	4	5	6	7	8	9	10	11	12	13	14
Durée de la vie (ans et mois.)	33	38	40	41	41.6	42	42.3	41.6	40.10	40.2	39.6	38.9	38.1	37.5

Age	31	32	33	34	35	36	37	38	39	40	41	42	43
Durée de la vie	27.5	26.11	26.3	25.7	25	24.5	23.10	23.3	22.8	22.1	21.6	20.11	20.4

Age	61	62	63	64	65	66	67	68	69	70	71	72	72
Durée de la vie	10.6	10.9	9.6	9	8.6	8	7.6	7	6.7	6.2	5.8	5.4	5

Ainsi un homme qui vient au monde, il y a à parier qu'il vivra
à la septième il vivra quarante-deux ans trois mois, etc.

DE LA VIE DANS LES DIFFÉRENTS AGES

15	16	17	18	19	20	21	22	23	24	25	26	27	28	29	30
36.9	36	35.4	34.8	34	33.5	32.1	32.4	31.10	30.3	30.9	30.2	29.7	29.1	28.6	28

44	45	46	47	48	49	50	51	52	53	54	55	56	57	58	59	60
19.9	10 3	18.9	18.2	17.8	17.2	16.7	16	15.6	15	14.6	14	13.5	12.10	12.3	11.8	11.1

74	75	76	77	78	79	80	81	82	83	84	85
4.9	4.6	4.3	4.1	3.11	3.9	3.7	3.5	3.3	3.2	3.1	3

huit ans. A la fin de la première année, il vivra trente-trois ans,

XXVII

NOTES DIVERSES
HISTOIRE DES ARABES PAR L'ABBÉ MARIGNY

TOME PREMIER[1]

6e Cahier.

L'année des Arabes est composée comme la nôtre de douze mois : Moharram, Sefer, Rebiah premier, Rebiah second, Giômada premier, Giômada second, Régeb, Schaban, Ramadan, Schaval, Doulkâdah et Doulhégiah. Ces mois sont alternativement de 30 et de 29 jours, ce qui fait, pour l'année, une différence de 11 jours, c'est-à-dire d'une année sur 33.

Hégire veut dire retraite, fuite. Elle (l'ère de l'Hégire) commence en 621.

L'Arabie se divise en trois : Hiêmen ou Arabie heureuse; Arabie déserte qui se subdivise en trois cantons : Thahamah, Jemamath et Hégiaz — la Mecque et Médine sont situées dans cette dernière; — l'Arabie Pétrée, nommée Hagiar, renferme les montagnes de Sinaï et d'Oreb.

(1) *Inédit. Fonds Libri.* Ces notes remplissent le 6e cahier, Mss. in-folio de 16 pages et le 7e cahier, manuscrit in-folio de 6 pages. J'ai collationné sur l'*Histoire des Arabes sous le gouvernement des Califes*, par l'abbé de Marigny. Paris, 1750, 4 vol. in-12. (*Ed.*)

Les rois Hiemarites régnèrent pendant plus de 2000 ans et furent détrônés par les Ethiopiens. Les autres contrées eurent différents souverains. Ils furent subjugués par Alexandre. Les Romains les soumirent, mais ils se resoulevaient sans cesse jusqu'au VIIe siècle que Mahomet parut.

Mahomet ou Mahomed mourut de la suite d'un empoisonnement.

Mahomet naquit à la Mecque. Son père était païen, sa mère juive, de la tribu des Coréischites : c'était cette tribu qui avait la garde du temple appelé la Caabah, c'est-à-dire la maison carrée.

Il fut placé, à l'âge de vingt ans, auprès d'une veuve fort riche qui, après lui avoir donné l'intendance de ses chameaux, l'épousa. Mahomet continua le négoce pendant quelques années et augmenta considérablement ses richesses. Ses affaires le conduisirent en Judée et en Syrie : il y connut des docteurs manichéens, nestoriens, etc., etc. Il se dit d'abord inspiré, en persuada sa femme et son domestique et leur fit part de ses entretiens avec l'ange Gabriel. Ses disciples s'accrurent au point que le magistrat de la Mecque se crut obligé d'en informer. Sur le point d'être arrêté, il prend la fuite. Il marchait la nuit et le jour se cachait dans des cavernes. Il arriva enfin à Médine. Cette année-là, 621 de l'ère chrétienne, commence l'Hégire qui est l'époque des Mahométans.

A la tête d'un nombre considérable de disciples, il médita de se venger de la Mecque, s'en empara et y établit sa religion; remporte une victoire à Bèdre sur les ennemis. Battu à Ohod par ceux de sa tribu, il trouve de nouvelles ressources dans son éloquence, soumet plusieurs pays, les Juifs; établit le pèlerinage de la Mecque; est empoisonné par Zaïnab, fille; déclara la guerre aux Grecs, élut général Khaled qu'il appela l'épée de Dieu. A la tête de trois mille hommes, ce général en défait vingt mille. Les Mecquois s'étant révoltés, il saccage leur ville et se fit reconnaître souverain de toute l'Arabie. Étant dans le temple de la Mecque, le poète Caab vint présenter des vers à sa louange, Mahomet ôta son manteau et l'en revêtit. Les Califes, six cents ans après, s'en revêtissaient encore les jours de cérémonie. Un calife l'acheta vingt mille dragmes après la mort de Caab.

Il mourut enfin âgé de soixante-trois ans. Sa mort fut une suite du poison qu'il avait avalé.

Mahomet ne savait ni lire, ni écrire, ce qui ne me paraît pas probable. Il eut dix-sept femmes.

Alcoran veut dire livre par excellence.

Aboubekre (qui veut dire père de la pucelle) fut élu pour succéder à Mahomet. C'était son gendre, étant père de Aiesha. Plusieurs mécontents se révoltèrent, mais battus par Khaled, leur chef Malek fut fait prisonnier et Mosseilamah fut tué.

Aboubekre, 1er calife An XI de l'Hégire. Calife veut dire successeur.

Héraclius, empereur d'Orient, régnait alors. Le Calife résolut de lui faire la guerre et envoya une armée en Syrie qui battit [..........] l'armée grecque. Khaled, ayant peu après été nommé général, assiégea Bostra, remporta plusieurs victoires particulières sur les généraux grecs et s'empara de la ville par la trahison d'un nommé Romain qui en était gouverneur.

Guerre sainte.

Khaled se présente devant Damas. L'Empereur envoie une armée pour en faire lever le siège. Ces cent mille chrétiens furent battus par une poignée d'Arabes. Une seconde armée de soixante-dix mille Grecs sous les ordres de Verdan. Khaled lève le siège et va à leur rencontre. Les Damasciens le poursuivent et enlèvent tout le butin, les femmes arabes. Tandis qu'ils en faisaient le partage, ces femmes, nouvelles amazones, se réunirent excitées par les harangues de Caulah, s'armèrent des pieux et se défendirent jusqu'à l'arrivée des Arabes. Dérar tient tête à trente-sept cavaliers, en tue dix-sept. La bataille s'étant enfin engagée, les Grecs sont défaits, Verdan est tué et Khaled se rend maître de Damas.

Khaled.

Dérar.

Caulah, sa sœur.

Aboubekre mourut l'année 13e de l'Hégire. Ce calife vécut toujours avec son patrimoine. Pendant les trois

13e année.

années de son règne, il ne prit que 3 dragmes dans le trésor.

Omar, 2e Calife, assassiné 13 de l'Hégire 634 ap. J.-C.

Omar fut choisi par Aboubekre. Il fut le premier qui fut appelé émir, qui veut dire commandant.

Monté sur le trône, Omar ôta le commandement à Khaled et en revêtit Obeidah. Khaled, le valeureux Khâled reçoit avec soumission l'ordre de sa dégradation et se résout à obéir dans l'armée où il avait commandé. Il attaque un monastère où se tenait une foire et s'en empare.

Obeidah s'empara de plusieurs villes dans la Syrie.

14e-15e année. Yermouk, bataille.

L'Empereur envoie une armée considérable. Elle est battue en partie par Khaled. Arrivé dans les plaines de Yermouk, Obeidah cède le commandement à Khaled, qui après un combat qui dura trois jours, tua cent cinquante mille chrétiens, fit quarante mille prisonniers du nombre desquels était mahan, le général. Les musulmans ne perdirent que quatre mille trois cents hommes. Sur les derrières de l'armée arabe étaient placées les femmes avec ordre de tuer quiconque reculerait.

Les Arabes se transportèrent aussitôt devant Jérusalem qui se soumit à condition que le Calife en personne viendrait en prendre possession. Après quoi l'on prit Alep.

Alvakedi historien arabe. 17e année.

Léon, fils du gouverneur d'Aazaz, assassina son père pour délivrer un musulman, père de son amante.

Antioche tombe au pouvoir des Arabes. Youkinna, renégat, s'empara de Tripoli et de Tyr. Césarée se rend et paye une contribution de 200.000 pièces d'argent. Les Arabes s'emparent de toute la Palestine, avec Joppé, Gaza, Laodicée, etc., etc., etc. La peste enlève Obeidah, Amrou lui succède dans le commandement. Il entre en Égypte, est fait prisonnier au siège d'Alexandrie et, délivré, il s'empare de cette place. L'Égypte tombe sous la domination des mahométans qui y perçoivent de grands impôts. Chaque habitant, soit riche, ou pauvre, fut taxé à deux ducats par année.

Dans Alexandrie était la célèbre bibliothèque fondée

par Ptolémée Soter. L'on y comptait 700.000 volumes. Les Arabes n'y faisaient aucune attention lorsqu'un grammairien nommé Jean l'ayant demandée à Amrou, celui-ci écrivit à Omar qui lui répondit : « Ou ce que contiennent les livres dont vous parlez s'accorde avec ce qui est écrit dans le livre de Dieu ou il ne s'y accorde pas. Dans l'un et l'autre cas, il faut les détruire. » On les distribua dans les différents bains pour échauffer l'eau. Ces bains étaient au nombre de 4000 et l'on fut six mois entiers à les consumer. 20e-23e année.

Comme l'Arabie éprouva une grande famine, Amrou y envoya des grains d'Egypte[1] et conçut le projet d'un canal depuis Mesrah jusqu'à la mer Rouge. Amrou porta la guerre en Afrique tandis que d'autres généraux passèrent en Asie.

Omar, étant à la prière du matin dans le temple, fut assassiné par un esclave persan qui, après avoir tué sept Arabes, se tua lui-même. Le Calife mourut trois jours après, âgé de soixante-trois ans.

Omar ne voulut jamais élire un successeur : « Si Salem vivait je le choisirais. » Il exclut son fils : « C'est bien assez qu'il y en ait eu un dans une famille. » Il nomma seulement six électeurs qui avaient été des compagnons du Prophète. 23e.

Ce prince donnait indistinctement aux vertueux comme aux vicieux. Il disait que la vertu serait suffisamment récompensée dans l'autre monde.

Ce fut dans ce temps-ci que l'on donna aux Arabes le nom de Sarrasins, qui veut dire : désert-pauvreté-voleur. Othman, 3e calife, assassiné.

Abdarrahman, fils d'Aboubekre et l'un des électeurs, proposa de renoncer au droit qu'il pouvait avoir du côté de son père, si l'on voulait s'en rapporter à son élection, ce qui fut accepté. Il pensa d'abord à Ali, gendre de Mahomet. Il lui proposa de ne gouverner que par le conseil des anciens ; mais (Ali) celui-ci refusa d'acquiescer à 23-27.

(1) Il y a cent lieues d'Alexandrie à Médine. (*Bon.*)

cette condition, ce qui fit qu'il (Abderrahman) nomma Othman.

Les Perses furent absolument subjugués. Omar s'était déjà emparé de la capitale. L'armée qu'envoya Othman s'empara du reste et tua le roi Izdegerd.

Amrou. Amrou qui faisait des progrès en Afrique fut rappelé et Saïd lui succéda. Le peuple d'Egypte qui aimait Amrou en fut désespéré et livra Alexandrie à l'Empereur grec, mais le retour d'Amrou rétablit les affaires et occasionna
28-35. la destruction d'Alexandrie dont elle ne s'est plus relevée.

Moavias, gouverneur de Syrie, créa une marine, s'empara de l'île de Chypre, Rhodes : il renversa le fameux colosse du Soleil.

Ebn-Athir, historien arabe. Cependant l'on était mécontent de l'administration d'Othman, il prodiguait les trésors et les emplois à ses parents, il n'écoutait pas le conseil des anciens comme il s'y était engagé. Le peuple se révolta. Il fut obligé de demander excuse en pleine mosquée. Mais Aiésha, la femme chérie de Mahomet ayant conspiré sa perte, elle gagna Mervan, son secrétaire ; par différents subterfuges l'on parvint à irriter le peuple qui força sa garde et le tua
2e Volume. Avril (18) Seurre âgé de quatre-vingts ans ; il s'était en vain mis sous la protection de l'Alcoran en le mettant sur son cœur.

35-38 Ali, 4e calife, sassiné. Après la mort d'Othman, Ali fut élu par acclamation du peuple de Médine, mais il demanda d'être de nouveau ballotté par les électeurs et il fut de même élu.

Aiésha, cette prétendue mère des fidèles, était ennemie particulière d'Ali par raison d'intrigues de femmes. Elle avait contribué à la mort du dernier calife et elle eut la perfidie d'en vouloir faire tomber le châtiment sur Ali. Moavias, gouverneur de Syrie, celui d'Egypte se refusèrent de reconnaître Ali. Ici date un schisme et une division dans l'Etat qui est une suite de la mauvaise constitu-
Mirkoud, historien persan. tion que l'empire avait. Les différentes parties n'étaient pas liées avec le corps. C'est ce qui arrivera toujours dans un gouvernement despotique où l'on ne connaît aucun lien,

où l'on n'a aucun art, etc., etc. Aiesha, Tellah, Zobéir à la tête de leur parti s'emparèrent de Basrah. Ali marcha à la rencontre des rebelles, les battit, fit Aiesha prisonnière et tua Zobéir et Tellah. Moavias se fait élire calife par le peuple de Damas et par le célèbre Amrou, conquérant de l'Egypte. Ali marche contre eux, remporte plusieurs victoires, mais sans rien décider. C'est ici l'époque où date la naissance de la secte Alide et de l'Omniade.

Ali avait établi sa demeure à Couffah, grande ville.

Les Kharégites abandonnent le parti d'Ali et publient dans toute l'Arabie une doctrine différente du musulmanisme, mais ils furent entièrement défaits par Ali à Naharvan.

Barac, Amrou-ebn-Béker, Abdalrahman, trois karégites, se trouvant un jour à la Mecque résolurent de délivrer l'Arabie des trois chefs qui divisaient les fidèles. Barac porta un coup d'épée à Moavias sans le tuer. Amrou tua un iman dans la mosquée, croyant tuer Amrou. Abdalrahman tua Ali.

40°.

L'on a d'Ali un *Centiloque*, un recueil de maximes; l'on a aussi de lui un ouvrage intitulé *Gefr* ou *Giamé* qui est une prédiction de ce qui doit arriver aux musulmans.

Les Persans d'aujourd'hui, une partie des peuples des Usbecks au delà du fleuve Gihon, et plusieurs monarques des Indes sont de la secte d'Ali et portent un turban différemment arrangé.

Ali avait épousé Fatime, fille de Mahomet.

Hassan, 5e calife, empoisonné. 40°.

Hassan, fils d'Ali, succéda par acclamation du peuple à son père. Il marcha contre Moavias, mais dans une sédition qui arriva dans son armée, il fut obligé de se retirer dans Madaïn où il prit la résolution d'abdiquer le califat, moyennant trois millions de pension que Moavias lui fit. Il vécut huit ans, au bout desquels il fut empoisonné par sa femme séduite par Moavias. Il laissa plusieurs enfants et Hossein, son frère.

Dynastie des Omniades.

Jusqu'ici la dignité de calife a été élective, mais désormais elle devient héréditaire.

Moavias, 6e calife

Omniades vient de Omniah, bisaïeul de Moavias. Son père Abou-Sofian était un des chefs des Coreischites qui se battirent longtemps contre Mahomet. Ils se raccommodè-
41-60. rent enfin et Moavias fut secrétaire du Prophète. Les Kharégites, toujours turbulents, se soulevèrent et battirent les troupes de Syrie, mais furent détruits par les Couffiens et les Irakiens.

Ziad, frère légitime de Maovias.

Amrou-ben-Al-As mourut en Egypte.

Les Musulmans arment une flotte considérable et vont faire le siège de Constantinople. Devant cette place, mourut Abou-Ayoub compagnon de Mahomet.

Yésid, fils du Calife, s'empara de l'Arménie et de l'Anatolie, vint mettre le siège devant Constantinople, sema et cueillit tranquillement et puis s'en retourna.

Okbad fait bâtir la ville de Kaïroan en Afrique, centre des arts et capitale de cette partie.

Le Calife établit le siège de l'empire à Damas.

Obeïdallah va chercher les Turcs et les bat.

60-64. Moavias fait reconnaître son fils Yésid pour son successeur.

60. Ce prince mourut cette année. Il était élégant dans ses habits, magnifique [ ], il buvait du vin.

Yésid, 7e calife. Ce prince fils de Moavias âgé de trente ans.

Hossein, frère de Hassan, chef des Alides, prétend au Califat. Après différentes manœuvres, il est pris et a la tête tranchée près de Couffah.

Abdallah, fils de Zobéir, se fait reconnaître calife à Médine et à la Mecque.

Médine est saccagée.

Yésid meurt. Ce prince était odieux par son luxe, sa mollesse et son irréligion. Non seulement il était indifférent sur les sectes, mais encore sur le mahométanisme même. Le seul mérite qu'on lui accorde, c'est d'avoir excellé dans la poésie.

64-65. Moavias II, fils de Yésid, 8e calife.

Ce prince, d'une santé très faible, était très religieux et de la secte des Kadariens. Après avoir accepté le califat, il l'abdiqua. En conséquence, les Damasciens élurent un régent. Déhac fut nommé. Moavias mourut. Les Arabes l'ont appelé *le père de la nuit*.

Mervan commença son règne par battre et tuer Déhac qui s'était déclaré pour Abdallah. Les Arabes et particulièrement les habitants de Couffah armèrent pour venger la mort du petit-fils du Prophète. Soliman se mit à la tête et fut défait et tué. Mervan meurt empoisonné, selon d'autres étouffé par sa femme. Mervan-Ebn-Hakem, parent de Moavias, 9e calife.

Le fils de Mervan lui succéda. Ce prince établit à la place du pèlerinage à la Mecque celui de Jérusalem. Abdalmelek, 10e calife.

Mokthar succède à l'infortuné Soliman. Il marche contre Abdallah, calife de la Mecque, le bat, le fait prisonnier et le relâche ; bat l'armée de Abdalmelek, prend Obéïdallah prisonnier et lui fait trancher la tête. Mossab, frère d'Abdallah, marche contre lui, le défait, l'assiège dans le château de Couffah et le tue. 65. Mokthar.

Amrou-ebn-Saïd se révolte à Damas contre le Calife et se raccommode. Il est assassiné dans le palais du Calife par sa propre main. 69.

Abdalmélek marche contre les troupes de Abdallah, défait et tue Mossab. 71.

Hégiage, à la tête des troupes du Calife, assiège la Mecque, s'en empare, tue Abdallah. La mère d'Abdallah, petite-fille d'Aboubekre, âgée de quatre-vingt-dix ans, soutint toujours son fils et lui fit prendre la résolution de vaincre ou mourir. Hégiage. 73.

Après sa mort, toute l'Arabie reconnut le calife de Syrie et l'on recommença le pèlerinage de la Mecque.

Saleh et Schebid se révoltent dans la Mésopotamie. Ils sont battus et le premier tué. Investi dans un château, Schébid taille en pièces l'armée du Calife, s'empare de Couffah ; avec 600 hommes, présente la bataille à Hégiage qui en avait 16.000 hommes est battu et se noie dans le Tigre. 75.

Abdarrahman se révolte et s'allie avec le Turc, bat deux fois Hégiage, s'empare de Couffah, lève 100.000 hommes 77.

et est battu à Daïrkorrah par Hégiage. Abdarrahman se tue.

Abdalmelek meurt âgé de soixante ans. C'est le premier qui fit battre monnaie. Il avait une haleine si empestée que les mouches qui se reposaient sur ses lèvres tombaient mortes.

Valid, 11e calife. 86. Valid, fils d'Abdalmélek, lui succéda au Califat. L'Empire des Arabes, déchiré depuis bien des années par des guerres sanglantes, ne pouvait s'étendre au dehors. L'Arabie, l'Egypte, quelques pays d'Afrique, la Palestine, la Syrie. Valid avait épousé 63 femmes. la Mésopotamie étaient les pays qui le composaient. Ce fut sous Valid que les bornes se reculèrent. Ils s'emparèrent sous son règne d'une partie de l'Espagne, d'une grande partie des Indes, etc.

Catibah. 88. Catibah s'empara du Khouaresm, de la Transoxane, du Turkestan, etc.

Macine, historien arabe. Valid fit construire des mosquées superbes, savamment architectées à Damas, à Médine, à la Mecque, etc.

96. Ce prince mourut regretté par les Syriens et détesté par les Arabes.

Valid fut surnommé le conquérant.

Soliman, 12e calife. 97. Soliman, son frère, eut pour surnom *le chef du bien ;* il réforma le gouvernement des provinces. Il fit assiéger Constantinople par deux cent mille hommes et quinze cents vaisseaux par deux fois ; mais il échoua, les brûlots remplis de feu grégeois détruisirent sa flotte.

Yésid s'empara du Giorgian.

99. Soliman meurt d'une indigestion. L'on dit que ce prince mangeait 100 livres de viande par jour.

Un seigneur persan, nommé Giafar, se retira en Arabie, à Damas et prit le nom de Barmeki qui veut dire *suceur :* d'où est venue la famille des Barmécides.

En mourant, Soliman désigna Omar pour lui succéder.

Omar II, 13e calife. 99 Omar était aussi simple que les premiers califes. Il supprima les malédictions que l'on prononçait contre les Alides. Il leur restitua une partie de leurs biens. Il entreprit de s'emparer de Constantinople et il n'y put réussir. Mervan est obligé d'en lever le siège. 100.

Omar est empoisonné par les Omniades. Il refuse de prendre aucun remède et meurt. 102.

Sous le califat de ce prince, les Sarrasins portèrent leurs armes en France, mais furent battu par Eudes, comte d'Aquitaine. Yésid II, 14e calife, 102.

Yésid aimait grandement une de ses femmes nommée Hababah. Comme il se promenait un jour sur les rives du Jourdain et qu'il s'amusait à jeter des grains de raisin dans la bouche de la belle Hababah, elle étouffa. Yésid garda son corps huit jours et finit par mourir de douleur.

NOTES DIVERSES HISTOIRE DES ARABES de l'abbé Marigny. TOME SECOND Seurre, 1789 1er mai.

7e Cahier.

Hescham, frère d'Yésid, lui succéda. Ce prince, monté sur le trône, vit naître la faction des Abassides, descendants d'Abbas, oncle de Mahomet. Les Alides levèrent la tête, mais Zéid, leur chef, fut tué. Les Sarrasins entrèrent en France, s'emparèrent du Languedoc; parvenus à la Loire, furent battus à Tours et à Arles par Charles Martel. Hescham, 15e calife. 104. 114.

Hescham avait 10.000 chemises, 2.000 ceintures, 4.000 chevaux, 700 terres dont deux rapportaient 10.000 dragmes et un grand trésor. Hescham mourut, ses officiers pillèrent sa maison au point que l'on ne trouva rien pour l'ensevelir. 125.

Valid, neveu d'Hescham, lui succéda. Ce prince livré à la plus vile débauche, fit un voyage à la Mecque où il but du vin en public, mena beaucoup de chiens et fit faire la prière par une de ses concubines déguisée en homme. Les Arabes s'impatientèrent. Yésid, fils de Valid Ier, se mit à la tête de la conjuration et on le tua. Valid II, 16e calife. 125. 126.

(Ce Prince) ne vécut que cinq mois. Il eut l'adresse

Yésid, 17e calife. 126. d'effacer dès sa naissance la faction de Mervan. Ce prince fut surnommé Al-Nakès, le mauvais payeur, pour avoir diminué la solde de ses troupes.

Ibrahim., 18e calife. 127. Ibrahim, frère de Yésid, ne régna que deux mois : Mervan, gouverneur de la Mésopotamie, marcha contre lui. Ibrahim le reçut à la tête de quatre-vingt mille hommes ; mais il fut battu et déposé du califat. Il mourut cinq ans après.

Mervan II, 19e calife. 127. Mervan II, de la maison des Ommiades et petit-fils de Mervan Ier, fut reconnu calife, remporta plusieurs victoires sur différents rivaux, s'empara de Ibrahim, iman de la Mecque, qui, à la tête des Abassides et des Alides, se dis-
130. posait à lui faire la guerre : il le fit mourir. Ibrahim, du fond de son cachot, trouva le moyen de nommer Aboul-Abbas pour successeur : c'était son frère. Comme Ibrahim était iman, Mervan le fit noyer.

Aboul-Abbas se fit reconnaître pour calife de Coufah.

Zulcimin. Zulcimin excita une grande révolution en Perse : ce nouveau prophète prêcha que l'homme était né libre et (que) tous (étaient) égaux. Il eut bientôt une nombreuse armée. Il en donna le commandement au fameux Cathibad qui battit deux fois Iblin (général de Mervan), quoique à
132. la tête d'une armée plus nombreuse, mais il fut tué dans la seconde bataille. Mervan marcha alors lui-même contre Zulcimin et fut défait.

Pendant ce temps-là, Aboul-Abbas ravageait la Mésopotamie : Abou-Mosem, un de ses lieutenants, poursuivit Mervan jusqu'à Damas, d'où l'infortuné Calife fut obligé de se retirer et de se réfugier en Égypte. Attaqué par Saleh, il fut tué. Ainsi périt le brave Mervan, le dernier des Ommiades.

Ses deux fils : l'on dit que l'un fonda la monarchie des Ommiades d'Espagne.

DYNASTIE DES ABASSIDES. Aboul Abbas Saffah, 20e calife. Dès qu'Abdallah eut reçu la nouvelle certaine de la défaite de Mervan, il fit couronner son neveu Aboul-Abbas-Saffah. Il s'occupa ensuite des mesures à prendre pour détruire les Ommiades. L'on raconte que, les ayant amadoués, il les fit tous tuer et fit couvrir leurs cadavres par des planches dessus lesquelles il dîna.

134 (Histoire des Arabes 3e volume.)

Abou-Giasar-Almanzor, 21e calife. 136.

Ce prince fut surnommé Almanzor, c'est-à-dire le victorieux. Il succéda à son frère. Abdallah prétendit lui-même au califat, lève des troupes, mais est battu par Abou-Moslem. Le Calife attira à sa cour à force de caresses Abdallah et le fit mourir en faisant tailler la poutre qui soutenait le plancher de la chambre.

Almanzor fit, peu après, assassiner Abou-Moslem ; mais toujours heureux, il battit Giamhour, il battit les Ravendiens.

Depuis longtemps, le Calife habitait à Haschemia ; il résolut de bâtir une ville sur les bords du Tigre : Bagdad fut, depuis ce temps-là, la demeure des Princes. Ce prince mourut en craignant la mort. Il vit [dans des vers écrits sur un mur] sa condamnation. Pendant plusieurs années, il devint sombre, farouche et périt enfin. Il laissa 600.000.000 de dragmes et 24 millions d'or.

Mahadi, 22e calife. 158.

Son fils lui succéda. Opposé à son père, il était aussi grand, aussi généreux, aussi magnanime que l'autre était avare, petit et trembleur.

Il obligea les Grecs à lui demander la paix et à lui payer 60.000 écus d'or.

165.

Un prophète, nommé Hakem, et surnommé Burkai, c'est-à-dire masque, parce qu'il en portait un d'argent, se fit des partisans au point de faire dire qu'il mettait son masque pour empêcher les hommes de se trop éblouir de la lumière qui en sortait. Il s'empara de plusieurs places dans le Khorassan et fut assiégé dans une. Il fit ensuite creuser de vastes fosses qu'il fit remplir de chaux vive; il fit remplir une cruche d'eau-de-vie, il empoisonna ensuite le vin qu'il leur destinait (à ses partisans). Ils en burent et périrent tous. Il les traîna ensuite dans la fosse et les cadavres de ces malheureux y furent consumés. Il mit ensuite le feu aux liqueurs et s'y précipita. Ses prosélytes ont toujours soutenu qu'il s'était enlevé au ciel et qu'un jour il en retournerait [1].

Mahadi fit un voyage à la Mecque et acheta dix mille
dragmes une pantoufle du prophète Mahomet. Il mourut
169. adoré du peuple et de tout l'empire, juste et grand. Il fut
enterré au pied d'un arbre. L'an 164, il y eut un phénomène des plus incompréhensibles : le soleil, à son lever, sans qu'il y eût aucun nuage, ni aucune éclipse, il fit une affreuse nuit jusqu'à midi.

Hadi, 23e calife. 169. Hadi succéda à son père. Houssain, arrière-petit-fils
d'Ali, se fit reconnaître à la Mecque, mais il termina son empire avec sa vie. Les Zendiens méritèrent ensuite l'attention du Calife. Ces sectaires prétendaient qu'il n'était pas permis de posséder des terres en propre, ni de manger la chair des animaux. Ils se répandirent en Europe et furent connus en France sous le nom d'Albigeois.

Hadi ayant indisposé sa mère contre lui, cette fière
Haroun-Al-Raschid, 24e calife. 170. princesse lui envoya une oie empoisonnée [2].

Haroun a été le restaurateur des lettres. Il appela les savants dans ses États, les y reçut avec distinction et leur assigna des pensions et des récompenses. Il fit traduire
Al Raschid veut dire le Justicier. en arabe la plupart des auteurs latins et grecs.

Jahia, descendant d'Ali, se fit déclarer calife, mais
Fadhel, général des armées arabes, vint à bout de persua-
172. der à Jahia de se réfugier dans les bras de Haroun. Il y
fut très bien reçu et, quelque temps après, il fut assassiné.

L'on se souvient de l'élévation des Barmécides sous les Ommiades, Jahia le vizir en était et Haroun le privilégia d'une manière éclatante. Fadhel (son fils) commanda les armées et Giaffar (son autre fils), distingué par son amour pour les sciences, fut le favori du calife. Fadhel succéda dans la place de vizir à son père Jahia. Un événement des

(1) Voir plus loin *le Masque prophète*, une sorte d'épisode dont Napoléon a rédigé le récit d'après ce sommaire. (*Ed.*)

(2) Cf. III, 73. (*Ed.*)

plus extraordinaires perdit toute la famille. Jahia fut 186.
enfermé dans les cachots et périt par le supplice. Tous
les Barmécides sont détruits et périssent.

Quand Haroun mourut, l'Empire musulman comprenait
la Chaldée, les trois Arabies, l'Assyrie, la Mésopotamie,
la Médie, la Syrie, la Palestine, l'Egypte, toute l'Afrique
jusqu'à l'Océan, la Perse, les Indes, le Khorassan, le
Tabarestan, le Zabul, le Chabul, le Mauvaralnahar, l'Arménie, la Natolie, la Géorgie, la Circassie et tous les pays
au-dessus et aux environs du Pont-Euxin. Haroun mourut 193.
après avoir remporté plusieurs victoires sur les Grecs, sur
les Perses rebelles et sur les Samarkandois.

Ce prince fut en liaison avec Charlemagne.

Avant de mourir, ce prince partagea son empire en trois
lots qu'il donna à ses trois fils. Amin,
Amin, arrivé sur le trône, refusa d'acquiescer au testa- 25e calife.
ment de son père et s'empara de tout l'empire et fit 193.
reconnaitre son fils pour son successeur; mais Mamon,
son frère aîné, mit à la tête d'une petite armée de
4.000 hommes Thater qui battit et défit l'armée du Calife
composée de 60.000 [hommes]. Après cette victoire, il se fit
reconnaître calife. Après cette victoire, Mamon suivit ses
conquêtes. Comme l'on vint dire à Amin que les troupes
ennemies se faisaient voir près de la ville, il demanda
en grâce qu'on ne le troublât pas dans son jeu d'échecs.
Enfin, déposé par ses propres sujets, couvert de honte, le
lâche Amin trouva la mort. 198.

Mamon sur le trône prit de l'attachement pour les Alides Mamon,
et les associa à l'Empire. Les Abbassides qui étaient prin- 26e calife.
cipalement dans Bagdet — l'on dit que leurs familles 198.
étaient jusqu'à 30.000 — se révoltèrent et déposèrent Mamon,
mais tout s'arrangea : Rizzalapid, son favori, mourut
et Mamon recouvra sa gloire. Il s'appliqua à faire fleurir
les sciences : il établit des collèges, créa des académies.
C'est sous son règne qu'ont vécu Abbas de Méru, Ahmed-
ebn-Cothaïr, célèbres astronomes. 207.

Mamon déclara la guerre aux Grecs, et envoya Thomas assiéger Constantinople, mais le roi des Bulgares battit les Sarrasins.

Ce prince fit traduire Euclide en arabe. Il fit la guerre, mais son règne est principalement celèbre par les sciences et les arts qu'il fit fleurir.

Motassem, 27e calife. 218. Ce prince, frère de Mamon, lui succéda. Il bâtit une nouvelle ville qu'il nomma Samarath. L'on prétend qu'il avait dans ses écuries 130.000 chevaux.......

XXVIII[1]

LE MASQUE PROPHÈTE

Dans l'an 160 de l'hégire, Mahadi régnait à Bagdad ; ce prince, grand, généreux, éclairé, magnanime, voyait prospérer l'Empire arabe dans le sein de la paix. Craint et respecté de ses voisins, il s'occupait à faire fleurir les sciences et en accélérait les progrès lorsque la tranquillité fut troublée par Hakem qui, du fond du Korassan, commençait à se faire des sectateurs dans toutes les parties de l'Empire. Hakem, d'une haute stature, d'une éloquence mâle et emportée, se disait l'Envoyé de Dieu ; il prêchait une morale pure qui plaisait à la multitude : l'égalité des rangs, des fortunes était le texte ordinaire de ses sermons. Le peuple se rangeant sous ses enseignes, Hakem eut une armée.

Le Calife et les grands sentirent la nécessité d'étouffer dans sa naissance une insurrection si dangereuse, mais leurs troupes furent plusieurs fois battues et Hakem acquérait tous les jours une nouvelle prépondérance.

Cependant, une maladie cruelle, suite des fatigues de la guerre, vint défigurer le visage du prophète. Ce ne fut plus le plus beau des Arabes ; ces traits nobles et fiers, ces yeux grands et pleins de feu étaient défigurés. Hakem devint aveugle. Ce changement eût pu ralentir l'enthou-

(1) Publiée par Libri, *loc. cit.*, page 20, republié par Iung sans indication de source I, 175. *Fonds Libri. Mss. in-folio de 4 pages.*

siasme de ses partisans : Il imagina de porter un masque d'argent.

Il parut au milieu de ses sectateurs. Hakem n'avait rien perdu de son éloquence. Son discours avait la même force. Il leur parla et les convainquit qu'il ne portait le masque que pour empêcher les hommes d'être éblouis par la lumière qui sortait de sa figure.

Il espérait plus que jamais dans le délire des peuples qu'il avait exaltés, lorsque la perte d'une bataille vint ruiner ses affaires, diminuer ses partisans et affaiblir leur croyance. Il est assiégé, la garnison est peu nombreuse. Hakem, il faut périr ou tes ennemis vont s'emparer de ta personne ! Il assemble ses sectateurs et leur dit : « Fidèles, vous que Dieu et Mahomet ont choisis pour restaurer l'Empire et regrader notre nation, pourquoi le nombre de nos ennemis vous décourage-t-il ? Ecoutez : La nuit dernière, comme vous étiez tous plongés dans le sommeil, je me suis prosterné et ai dit à Dieu : « Mon père, tu m'as « protégé pendant tant d'années. Moi ou les miens t'au- « rions-nous offensé puisque tu nous abandonnes? » Un moment après j'ai entendu une voix qui me disait : « Hakem ! ceux seuls qui ne t'ont pas abandonné sont tes « vrais amis et seuls sont élus. Ils partageront avec toi les « richesses de tes superbes ennemis. Attends la nouvelle « lune, fait creuser de larges fossés et tes ennemis vien- « dront s'y précipiter comme des mouches étourdies par la « fumée. »

Les fossés sont bientôt creusés, l'on en remplit un de chaux. L'on pose des cuves pleines de vins spiritueux sur le bord.

Tout cela fait, l'on sert un repas en commun, l'on boit du même vin et tous meurent avec les mêmes symptômes.

Hakem traîne leurs corps dans la chaux qui les consume, met le feu aux liqueurs et s'y précipite. Le lendemain, les troupes du Calife veulent avancer, mais s'arrêtent en voyant les portes ouvertes. L'on entre avec précaution et l'on ne trouve qu'une femme, maîtresse d'Hakem, qui lui a survécu.

Telle fut la fin d'Hakem surnommé Burkaï que ses sectateurs croient avoir été enlevé au ciel avec les siens

Cet exemple est incroyable. Jusqu'où peut porter la fureur de l'illustration ?

XXIX[1]

NOTES DIVERSES. — GOUVERNEMENT DE VENISE PAR AMELOT DE LA HOUSSAIE

1695. TOME 1er

Venise est une aristocratie qui a varié souvent, tantôt s'approchant de la monarchie, tantôt de la démocratie. Il y a trois corps principaux qui gouvernent l'État : le Grand conseil, où tout noble vénitien a voix ; en lui réside la puissance législative. Le Sénat qui, composé de l'élite du Grand conseil, partage avec lui le soin de la législation et le Collège en qui réside la puissance exécutrice.

Le Grand conseil est composé de tous les Nobles qui ont plus de vingt-cinq ans ; il s'assemble les dimanches et jours de fête depuis huit heures jusqu'à midi et depuis midi jusqu'au coucher du soleil en hiver. Ce Conseil a le droit d'élire tous les magistrats, de casser les élections du Sénat, de faire les lois. Il y a aujourd'hui deux mille nobles qui y assistent.

Pour les élections, le Grand chancelier lit le mémoire des charges vacantes : les Avogadors, les chefs du Conseil des dix et les Censeurs prêtent serment de faire observer les statuts du Conseil. Après quoi l'on tire au sort pour

(1) *Inédit. Fonds Libri.* Ces notes font partie du 8e cahier, Mss. in-f° de 16 pages qu'elles remplissent et forment la tête du 9e cahier, Mss. in-f° de 16 pp. Collationné sur l'*Histoire du Gouvernement de Venise avec des notes historiques et politiques*, par le sieur Amelot de la Houssaie. Edition de Lyon 1740 en 3 vol. in-12. (*Ed.*)

nommer les Électeurs qui sont toujours au nombre de trente-six. Pour cela faire, l'on a placé trois urnes de la hauteur d'homme, une devant le Doge et les deux autres devant les Conseillers du collège. Dans les urnes, de droite et de gauche, l'on met autant de boules (blanches) qu'il y a de nobles, à l'exception de trente par urne qui sont dorées. Les nobles sortent de leur place deux à deux et tirent dans les urnes. S'ils tirent une boule blanche, ils la jettent dans une boîte au-dessous ; s'ils en tirent une dorée, ils la montrent aux conseillers de l'urne et vont tirer à l'urne du milieu où il y a trente-six boules dorées et vingt-quatre blanches. Ainsi sont nommés les 36 Électeurs.

Les Électeurs vont se placer sur un banc, la face tournée du côté du Doge. Ils sont divisés en quatre Mains de neuf (Électeurs) chacune. Il ne peut y en avoir qu'un de chaque famille : s'il en sortait deux, le second serait pour une autre Main, et il ne peut y avoir plus de deux Électeurs d'une même famille.

Après cela, ils vont tous dans une chambre voisine ; un secrétaire présente au plus jeune de chaque Main la liste des charges et les fait tirer tous les neuf. Ils tirent des boules numérotées 1, 2, 3, 4, 5, 6, 7, 8, 9, et, selon leur numéro, nomment la première, la deuxième, la troisième charge vacante. Après cela, (le candidat) est ballotté par les neuf, et, s'il a les deux tiers des voix, il passe. Sans quoi, l'Électeur recommence son élection. Comme chaque Main fait la même opération, il s'ensuit qu'il y a quatre nommés pour chaque place.

Les Électeurs sortent alors de l'assemblée, à moins d'être Juge grand, Avogadors, etc. ; et le Chancelier nomme les quatre concurrents pour voir s'il n'y en a pas qui soient *in divicto* c'est-à-dire exclus par la loi. Il exhorte les citoyens à quitter les animosités personnelles et à se souvenir des intérêts de la patrie. Les concurrents de la première charge sortent de l'assemblée avec leurs parents. Cela fait, des enfants, appelés *Ballottins*, vont recueillir les balles avec des boîtes doubles. Les boîtes sont portées aux Conseillers qui comptent les suffrages. Celui qui en a le plus est nommé. Après le soleil couché, l'on ne peut plus rien faire. Il faut au moins avoir la moitié des voix pour être élu, faute de quoi l'élection est remise et la place reste vacante.

Election du Doge.

Pour l'élection du Doge, la forme est différente. Tous les nobles qui ont trente ans étant assemblés au palais Saint-Marc, l'on ne met dans une urne que 30 boules dorées. Ceux à qui le sort les donne, retirent dans une urne où il n'y en a que 9 dorées. Ces 9 en élisent 40 de familles différentes. Ces 40 sont réduits à 12 par le sort. Ces 12 en élisent 25. Ces 25 se réduisent à 9 qui en nomment 45, qui se réduisent par le sort à 11. Ceux-ci en élisent enfin 41 qui sont les électeurs du Duc. Il faut qu'il soit confirmé par le Grand conseil, sans quoi l'on forme un autre 41.

Tous les ans, l'on admet au conseil un certain nombre — ordinairement 31 — de jeunes gens de vingt à vingt et un ans que l'on nomme *Barberins*. Le sort en décide. Tous les ecclésiastiques sont exclus du gouvernement, aussi bien que les neveux, frères, etc., des cardinaux ou postulants une dignité quelconque dépendant de Rome.

Les Nobles ne peuvent pas faire le commerce, ni avoir plusieurs magistratures à la fois, si petites qu'elles soient. Ceux qui refusent les charges payent une amende de 2.000 ducats et sont obligés de s'absenter pour deux ans du Broglio. L'on ne félicite que le Doge et les Procureurs de Saint-Marc. Il est défendu de le faire aux autres Nobles. Les chevaliers de Malte n'ont aucune part au gouvernement. Un Noble ne peut ni recevoir des pensions, ni acheter des terres en pays étranger sous peine de dégradation et de confiscation. Les Nobles ne peuvent ni marier leurs filles, ni se marier en pays étranger. Quand un Noble épouse une citadine, il faut qu'il fasse approuver son contrat par le Grand conseil. Le corps des citadins comprend:

les secrétaires, les notaires, les médecins, les marchands en drap et en soie et les verriers de Murano. Si quelque Noble prenait sa femme hors de cette catégorie, ses enfants ne seraient point nobles, mais seulement citoyens. Dans la Noblesse, il n'y pas de droit d'aînesse. Tout le monde, le Doge même, sont soumis aux charges publiques. Les magistrats qui jugent des causes civiles ne peuvent recevoir aucune sollicitation, mais bien ceux qui jugent les criminelles. Les Nobles peuvent être avocats. Toute sorte de correspondance avec les ministres étrangers est défendue aux Nobles sous peine de la vie. Les enfants des Ducs ne peuvent être ambassadeurs de leur vivant (du vivant de leur père). Toutes les charges sont ou annuelles ou de seize mois.

Le Sénat est l'âme de la république. C'est là où se puisent tous les conseils de paix ou de guerre. L'on l'appelle Pregadi. Il y a eu une grande variation dans le nombre des sénateurs. Aujourd'hui, il est de trois cents. Cent vingt Sénateurs ayant voix : le reste ce sont des magistrats, tels que Dix, les Procurateurs, les Juges de la quarantie criminelle, etc., etc., etc., des Sous-Pregadi qui sont pour s'instruire. Le Sénat change tous les ans. Sénat.

Le Collège est composé de vingt-six membres, savoir : du Doge, de six conseillers, de trois députés appelés *Capi di quaranta* qui se changent tous les mois, de six Sages Grands, de cinq Sages de Terre ferme et de cinq Sages des Ordres. Le Collège.

Le Collège préside aux Conseils, au Sénat, reçoit les ambassadeurs, reçoit les requêtes, mémoires, plaintes qui doivent être portés au Sénat et en rend les réponses nommées *parte*. Tout avis, toute discussion avant d'être présenté au Sénat est éclairci par le Collège, au point même que les avis qui le divise sont ballottés et qu'il n'y a qu'eux qui puissent en ouvrir. C'est le Collège qui convoque le Sénat et lui est cependant soumis, étant obligé d'exécuter ses résolutions

Le duché de Venise rend tous les ans trois millions de Revenus.

Le Ducat de Venise vaut 50 sols.

ducats et un million pour le sel. Les autres États rendent autant : ce qui fait 20.000.000 livres tournois. Il ne se fait pas de paiement qui n'ait été ballotté aux Pregadi.

Le Doge.

Le Doge est à vie. Il préside à tous les conseils et sa juridiction hors de Venise est nulle. Les dépêches des ambassadeurs sont expédiées à son nom, mais scellées du sceau de la République et signées par un secrétaire du Sénat. Le Doge n'a d'autre revenu que cent sequins par semaine, c'est-à-dire 12.000 écus par an.

Les bénéfices de Saint-Marc sont à sa nomination, savoir vingt-six chanoines.

Lorsque le Doge est trop vieux, on le dépose pour en nommer un autre, ce qui fait que les Doges, si mal qu'ils soient, assistent toujours aux conseils et que l'on apprend souvent la nouvelle de leur mort avant celle de leur maladie. Ainsi, de même qu'un général d'armée doit mourir sur le champ d'honneur, le Doge, selon les préjugés du pays, doit mourir sur son siège ducal.

Le Doge est sous l'inspection des Dix. Après sa mort, son administration est recherchée par trois Inquisiteurs et cinq Correcteurs que l'on élit tout exprès, lesquels trouvent toujours ou que le défunt a abusé de son autorité, ou qu'il a négligé la chose publique ou qu'il n'a pas vécu d'une manière conforme à son rang et en conséquence, ses héritiers sont condamnés à une amende pécuniaire.

Des six Conseillers.

Les Conseillers de la Seigneurie la constituent. Ils sont six, députés chacun de son quartier. Ils partagent avec le Doge la puissance exécutive. Ils ne peuvent assister à aucune noce, ni fiançailles, excepté à celles de leurs fils, neveux, frères, etc. Dans leur élection, il n'y a que deux sortes de compétiteurs. Les premiers nommés par le Sénat, les seconds par la première Main des électeurs.

Sages. Grands.

Ce sont les députés du Sénat qui sont au Collège. Ils peuvent s'assembler entre eux pour délibérer sur les affaires qui doivent être portées au Sénat. Il y a *il Savio di Setti mana* qui reçoit les mémoires, requêtes que l'on présente au Conseil pour le Sénat. Ces Sages sont au Sénat ce que sont les Conseillers de la Seigneurie au Collège. Les Sages ne sont en charge que six mois. Ils ne sont élus que par les Pregadi. Il leur appartient de convoquer le Sénat. Ils sont habillés de drap violet à manches ducales.

Sages de Terre Ferme.

Il y en a cinq : un porte le titre de Sage à écriture, qui a les revues des gens de guerre dans son département. Il est juge par appel des délits commis par les soldats, etc. Un autre s'appelle *Savio Cassiere*, c'est le trésorier de l'armée.

Sages des Ordres.

Ils sont cinq. Ce sont de jeunes nobles qui n'ont un titre que pour pouvoir assister au Conseil pour écouter. Les affaires de mer les regardent, mais ils cèdent en tout aux autres Sages. Le Sénat les nomme.

Ces trois sortes de Sages qui composent le Collège, aussi bien que les Conseillers, forment autant de comités qui ont leur département et qui, par leur réunion, constituent la puissance exécutrice.

Procurateurs de Saint Marc.

Ces officiers suivent immédiatement le Doge. L'intendance du palais de Saint-Marc, la police, tandis que les Conseillers sont assemblés, sont de leur ressort ; les archives, les papiers, les bureaux, tout est sous leur sauvegarde. La veste de Procurateur s'est vendue en 1570 jusqu'à 100.000 ducats. Conformément à la *parte* de 1572, il n'y a que neuf Procurateurs par mérite ; l'éducation, la religion sont sous leurs auspices. Le bien des pupilles, des mineurs, des veuves est sous leur protection. Ils dirigent les maisons publiques, sans en rendre compte. Ce sont les pères de tous les malheureux : l'habit violet, l'étole noire, les manches ducales.

Conseil des Dix.

Lors de la conjuration de Bajamont Tiepolo, l'on établit une chambre de justice, mais comme, toutes les fois que l'on renouvelait cette chambre, la populace murmurait, l'on prit le parti de la rendre perpétuelle. Tout ce qui est crime d'État, sédition, malversation de magistrats, assassinat des nobles, etc., est aujourd'hui de son ressort. Le Conseil des Dix a cassé des décrets du Grand conseil; il a conclu des ligues offensives et défensives. Ces usurpations furent longtemps tolérées à cause de la sagesse du Conseil. En 1628, l'on a cependant mitigé son autorité. Il n'y a pas au monde de tribunal criminel plus rigoureux, ni de procédure plus extraordinaire. Les trois chefs reçoivent les plaintes, font saisir les criminels, les interrogent, assoient leur jugement et se portent accusateurs à leur conseil où, sans entendre le malheureux, il est condamné. Ce tribunal exerce sa rigueur surtout sur les Nobles. Tous, jusqu'au Doge, lui sont soumis. Tout officier de la République employé chez l'étranger est sujet à leur inspection. L'on a des exemples de fils condamnés à mort par leurs pères, entre autres le doge Antoine Venier.

Inquisiteurs d'État.

Les trois Inquisiteurs ne sont proprement qu'une commission des Dix dont ils sont tous. Ils peuvent, étant d'accord, faire périr le Doge, même sans la participation de personne. A défaut d'unanimité, il faut qu'ils assemblent les Dix. Ils font noyer souvent des personnes au canal Orfano.

Ils font des visites dans le palais de Saint-Marc de nuit. Il est si dangereux de les voir qu'ils iraient jusqu'au lit du Doge sans être vus de personne.

La Comédie, les réduits, l'Opéra, les [ ] de la ville sont des endroits d'asile. Les criminels peuvent y aller en toute sûreté. Les Dix y ont inspection.

Ce sont les Dix qui donnent les ordonnances pour les moines et les églises. Cela fait qu'ils n'osent pas désobéir comme partout ailleurs. Les Dix sont annuels et ne sauraient être continués. Ils doivent être de familles absolument différentes.

Des quaranties.

Le Conseil le Sénat, le Collège, le Conseil des Dix forment le gouvernement politique de la République.

Les Quaranties sont chargées de la justice distributive. La Quarantie civile nouvelle reçoit les appels des sentences rendues dehors de la ville. La Quarantie civile vieille reçoit les appels des sentences données par les magistrats de la ville.

La Quarantie criminelle juge de tous les crimes qui ne sont pas du ressort du Conseil des Dix.

Les Avogadors, dans ces Quaranties, font les fonctions de la partie publique. Il y a outre cela des contradicteurs qui défendent les accusés contre les Avogadors.

L'on ne peut appeler des sentences aux Quaranties sans le consentement des trois auditeurs *vecchi* ou *novi*. Si les Auditeurs confirment la sentence, l'on ne peut plus en appeler qu'en donnant des épices et en consignant une somme.

L'on reste huit mois dans chaque Quarantie, ce qui fait deux ans.

Les trois Avogadors ont le droit de s'opposer aux décrets du Conseil même en les *intermettant*. Il faut qu'il y en ait au moins un aux délibérations du Sénat. Ils portent les causes où il leur plaît. Les Avogadors sont habillés en violet à manches ducales. Leur gestion dure seize mois.

Les deux Censeurs, les trois Syndics, les six Seigneurs criminels de jour, les six Seigneurs civils de nuit, les Provéditeurs du commun, les provéditeurs *alle ragioni vecchie*, les Provéditeurs *alla giustitia vecchia*, les Surintendants *alle Biave*, ceux du sel, ceux de la santé, les Réformateurs des pompes, les directeurs des revenus, les dix Sages, les quatre Juges *della messetaria*, les trois Juges *al Forestier*, les trois Juges *Cattaveri*, les trois Seigneurs *alli branchi*, sont des magistrats inférieurs qui ont dans leur ressort la police et la justice municipales. Ils sont tous nobles et annuels.

Du Chancelier.

Le Chancelier est le doge de la bourgeoisie. Il assiste à tous les conseils, il est le confident de tous les secrets. L'on n'écrit et l'on ne reçoit aucune lettre qu'il ne l'ait vue. Il est maître du sceau. Il passe avant tous les Sénateurs ; il va immédiatement après les Conseillers de la Seigneurie. Il a le titre d'excellence. Cette charge est à vie. Le Chancelier a 12.000 ducats d'appointements, mais il n'a aucune voix délibérative dans les conseils; il reçoit dans toutes les occasions des honneurs infinis : le Grand conseil l'élit; c'est le but de l'ambition des citadins.

Les secrétaires. Les Secrétaires sont à vie et élus par le Conseil des dix. Ceux du Conseil des Dix ne sont que quatre. Le Séna en emploie vingt-quatre. Cinq à six sont employés dans les résidences de Naples, Florence, Milan, Zurich avec 2.000 ducats. Les autres qui servent aux Pregadi ont 400 ducats. Ils sont vêtus de drap violet avec le caperon de velours. Les Secrétaires de la troisième classe font nos fonctions de greffiers, notaires, etc. Tous ces Secrétaires, de la classe des citadins, sont comptables de leur conduite au redoutable tribunal des Dix.

Du Patriarche. Le Patriarche de Venise en gouverne le spirituel. Il est élu par le Sénat et est toujours noble. Il met dans ses mandements : *Par la grâce de Dieu*, simplement.

Les paroissiens, tant citadins que nobles, élisent leurs curés. Le prélat n'a presque aucune autorité, le Sénat ne lui en laissant aucune. Les Nobles ne peuvent être curés, ni chefs de bénéfices. Le Pape nomme aux évêchés et aux abbayes de Terre-ferme, mais il ne peut y nommer que des natifs de Venise. Les prêtres n'ont aucune prépondérance dans le gouvernement et l'on voit fort peu de cardinaux vénitiens.

Les Podestats. Sont des nobles envoyés en terre ferme pour gouverner : c'est à peu près les préteurs des Romains. L'État de Terre Ferme comprend sept principaux gouvernements qui sont : Trévise, Padoue, Vicence, Vérone, Bresse, Bergame et Crème, qui sont gouvernés par sept Podestats qui restent seize mois en charge. Ils ont sous leurs ordres de petits podestats, des gouverneurs de châteaux, etc.

Le Capitaine d'armes est (chargé) de commander le militaire dans les provinces. Il juge les différends qui naissent entre les soldats, etc., sans que le Podestat en puisse prendre connaissance. Il est chargé aussi de ce qui concerne la recette des finances, etc., etc. Les Camerlingues lui en rendent compte.

L'on appelle aussi les capitaines d'armes Recteurs.

Le Frioul, l'Istrie, la Dalmatie sont gouvernés de manières différentes. Le Frioul a un Provéditeur général, appelé de Palmanova, qui est rempli par un sénateur du premier rang. Le Lieutenant d'Udine peut, à son retour, être proposé pour le Conseil des Dix.

Un Podestat et trois Conseillers, qui sont de pauvres nobles, gouvernent l'Istrie. Quatorze villes de cette province ont chacune leur Podestat.

Le Provéditeur général tient le premier rang dans la Dalmatie. Il a sous lui un général étranger, mais qui ne peut rien faire sans ses ordres. Il y a dans cette province des villes qui sont commandées par des Camerlingues.

Iles de la Méditerranée.

Un Provéditeur et deux Conseillers à Corfou, qu'elle possède depuis 1382. L'île fournit 200.000 minots de sel aux Vénitiens. Les îles de Céphalomie, de Zante, de Cerigo, sont gouvernées à peu près de même ; mais tous les Provéditeurs obéissent au Capitaine général de mer qui est seize mois en charge.

9° *Cahier.*

•

NOTES DIVERSES. VENISE PAR AMELOT DE LA HOUSSAYE, 1695. Seurre, le 18 mai.

Le Généralissime ou Capitaine général de mer est toujours un noble vénitien. Le Sénat le nomme pour commander les flottes de la République. Son pouvoir est aussi absolu que celui du dictateur romain. Son autorité s'étend sur la flotte, sur les ports, les îles et les forteresses où l'on reçoit ses ordres. Quand il va quelque part, le clergé va au-devant de lui et on lui fait les mêmes honneurs que l'on rendrait au Sénat. C'est un crime de lèse-majesté de lui désobéir. Son autorité dure trois ans. Il ne touche cependant aucun argent. C'est l'affaire du Provéditeur. A son retour, le Conseil des Dix ou les Inquisiteurs jugent sa conduite. Malheur à ceux qui ont été malheureux en perdant une

Gracchus disait qu'il avait été (riche) en Sardaigne et qu'il en revenait pauvre.

bataille. L'habillement du Général de mer est rouge. Il n'y a de Capitaine général qu'en temps de guerre.

Le Provéditeur général de mer.

Le Provéditeur est toujours existant. Il se change tous les deux ans. Il commande dans l'absence du Capitaine. Il rend compte des finances au Sénat à son retour. Il a d'ordinaire deux nobles vénitiens qui lui servent d'aides. Lorsque le Capitaine ou le Provéditeur ont été battus, ils doivent se rendre prisonniers et le Provéditeur, avant de rendre son compte, se constitue toujours. La résidence ordinaire du Provéditeur est à Corfou.

Le Gouverneur du Golfe.

La République prétend que le golfe lui appartient; par conséquence elle entretient six galères, tant pour en assurer la navigation, que pour percevoir les tributs que l'on est obligé de lui payer : cette place change tous les trois ans.

Le Général des Galéasses.

Il y a d'ordinaire mille hommes par galéasse et cent pièces de canon. Les capitaines sont tous nobles vénitiens et n'obéissent qu'au Général qui, lui-même, prend les ordres du Généralissime.

Il y a encore un Général de débarquement qui commande les soldats détachés de la flotte.

Toutes les galères sont commandées par de jeunes nobles qu'ils appellent *Sopra Comiti*.

Nobles Vénitiens.

Il y a cinq sortes de Nobles vénitiens. Les premiers s'appellent *Nobili di casa vichia* ou *di casa tribunicia* parce qu'ils descendent des anciens tribuns qui gouvernèrent les îles vénitiennes avant la création du premier doge. L'on prétend qu'il n'y en a que douze : l'on en compte cependant dix-huit : les Sanutes qui ont fourni cinq princes ou ducs souverains à Venise. Il y avait un patriarche de Grade en 969.

Les Sanutes, les Tiepolo, etc.

Les Nobles de la seconde classe sont plus nombreux : il y a soixante-dix-huit familles de nommées.

Belegno compte un doge en 1060.

Les Nobles de la troisième classe sont ceux qui l'ont acheté lors de la guerre de Gênes. Elles sont plus nombreuses. Bono, Cicogna, Condolmiero qui a eu un pape, Garzoni, Vendramin, etc., etc.

Barbarigo, Belegno, Corraro, Donato, Erizzo, Lioni, Lorédan, Malipiero, Marcello, Mocenigo,

Les Nobles de la quatrième classe ou de la guerre de Candie. Il y a quatre-vingts familles de nommées : Cornaro, Fini, qui acheta la veste de procurateur 100.000 ducats, Giovanelli, Manini, Ottoboni.

Nani, Pesari, Pisani, Ponte, Rossi, Venier, etc.

Les Nobles de la cinquième classe sont les nobles par honneur. Ce sont le roi de France, les Bourbons, le duc de Savoie, la maison de Lorraine, Lusignan, Luxembourg, Brunswick, Medici, Farnèse, etc., etc.

Il y a encore dans cette classe les nobles par mérite qui sont les descendants de ceux qui ont servi la République : les Martinenghi, Richelieu, les Mazarins, etc., etc.[1].

(1) Il est à remarquer que Amelot de la Houssaye (II, 717) cite parmi ces nobles par mérite : « Les Collalti, comtes de San Salvador et de Collalto dans la Marche trévisane », de qui descendait Mme Bonaparte et que Napoléon ne relève point l'indication. (*Ed.*)

XXX

NOTES DIVERSES TIRÉES DES OBSERVATIONS SUR L'HISTOIRE DE FRANCE DE L'ABBÉ MABLY

(AUXONNE, AOUT 1789.)

Soit que les Francs viennent de Pannonie, du Nord ou des provinces voisines des Palus-Méotides, il est certain qu'ils habitèrent longtemps la Germanie. La guerre et la chasse étaient leurs occupations. Leurs troupeaux et les esclaves qui en avaient soin faisaient toute leur richesse.

Leur gouvernement était une démocratie tempérée par le pouvoir du Roi et des grands.

Clodion s'empare de Tournay et y place le siège de la république.

Clovis étendit l'empire français et le transporta à Soissons.

Clovis, en se convertissant, eut le bonheur d'être instruit par un évêque orthodoxe et, par ce moyen, devint redoutable aux Visigoths et Bourguignons qui, infectés de l'Arianisme n'étaient aimés ni du clergé, ni des Gaulois — première cause de la grandeur française.

L'esclavage de la glèbe était établi dans la Gaule avant l'entrée des Francs. Les Francs eux-mêmes avaient des nobles, des ingénus et des serfs.

(1) *Inédit. Fonds Libri.* Ces notes forment partie du 9e cahier ci-dessus et remplissent le 13e cahier, manuscrit in-folio de 9 pages. Collationné sur *Observations sur l'histoire de France* par l'abbé de Mably, Genève, 1765, 2 vol. in-12. Il est remarquable que la plupart des extraits ou des notes prises par Napoléon le sont, non du texte même de l'abbé de Mably, mais des notes et des preuves. (*Ed.*)

Lors de la conquête, il paraît que les Francs se répandirent sans ordre dans les provinces, s'emparèrent sans règle d'une partie des possessions des Gaulois, terres, maisons, esclaves, troupeaux, chacun prit ce qui lui convenait.

Les Bourguignons et les Visigoths, en s'établissant dans les Gaules, s'emparèrent des deux tiers des terres et du tiers des esclaves.

Lorsque après la première chaleur de la révolution, l'on sentit la nécessité de faire des lois, ils établirent une différence humiliante entre eux et les vaincus. L'on voit que la *composition* d'un Gaulois était la moitié de celle d'un barbare. Cependant les Francs, dans cette nouvelle position, conservèrent leur même gouvernement. Le prince et le conseil des grands partagèrent la puissance avec l'assemblée du champ de mars. Les cités des Gaules furent gouvernées comme les bourgades de Germanie par les ducs ou comtes, à la fois juges et capitaines de canton.

Le prince eut, pour subsister, ses domaines, les présents qu'on lui apportait à l'assemblée du champ de mars, les amendes, confiscations, etc.

Les Gaulois comme les Francs ne payaient d'autre sorte d'impôt que la fourniture des officiers publics qui voyageaient par ordre du prince.

Les ducs, les comtes, les centeniers ne pouvaient juger sans être assistés de sept assesseurs pris dans la nation de celui contre qui le procès s'instruisait.

Les prêtres idolâtres avaient un grand crédit sur les Francs. Les prêtres chrétiens en profitèrent. Les évêques travaillèrent de concert pour corriger sous Clovis la loi salique et ripuaire. Ils jouirent de la plus grande considération. Ils étaient tous Romains; aussi, en peu de temps, les Gaulois eurent-ils la permission de s'incorporer à la nation gouvernante en adoptant ses lois. Cependant le gros de la nation n'en profita point.

Arrivés dans les Gaules, les Francs durent changer une

partie de leurs lois civiles. Ils bouleversèrent leur code criminel qui devint très féroce.

Dispersés, ils perdirent un esprit que l'union, les forêts de la Germanie et la pauvreté avaient formé. Ils n'allèrent plus aux champs de mars et bientôt furent esclaves. La puissance des rois s'accrut; les leudes ne furent plus que leurs courtisans; le conseil de la nation ne fut plus composé que de gens qui tenaient tout du prince et les bénéfices ou fiefs qu'ils donnèrent et reprirent à leur fantaisie achevèrent de river la chaine royale.

Bénéfices ou fiefs, partie des domaines.

Les évêques prêchèrent le despotisme. Les leudes gaulois y étaient accoutumés. Les leudes avaient intérêt à voir le souverain riche afin qu'il pût être libérale et la république s'écroula.

Seigneuries patrimoniales du temps des enfants de Clovis.

Quelques Francs, grands seigneurs, ne courbèrent point la tête sous le joug; mais, profitant de l'anarchie et de l'indifférence avec laquelle le peuple voyait la perte de ses prérogatives, ils étendirent leurs droits sur les terres voisines qu'ils imposèrent. Ainsi naquirent les seigneuries patrimoniales. La puissance des leudes et l'abus de leur crédit et force firent naitre les corvées, les péages, les redevances, les justices seigneuriales. D'autres cependant furent le prix de la protection accordée par le puissant au faible contre les armées des ennemis, surtout des enfants de Clovis qui se battaient perpétuellement.

Justices seigneuriales.

Les ducs, les comtes, les centeniers, d'abord nommés par le champ de mars, depuis achetèrent leurs places, mais ce ne fut que pour les vendre. La justice le fut aussi et le peuple se soumit avec plaisir à l'arbitrage de ceux qui les avaient protégés contre les armées.............. Les ducs, les comtes voulurent en vain s'opposer à ces nouvelles juridictions. L'assemblée des leudes finit par leur faire défense d'exercer aucun acte de juridiction sur les terres des seigneurs.

Ordonnance de l'Assemblée de Paris. 615.

Féroces et lâches, les Français joignirent aux vices des Germains ceux des Gaulois et furent le peuple le plus hideux qui puisse exister. Le meurtre, etc., fut commis par les rois mêmes. Les rois, les leudes, chacun usurpa de nouveaux droits.

En trois lignes, voici l'histoire du gouvernement des Francs à leur entrée.

Par leur constitution politique, eux seuls avaient part au gouvernement. Depuis, cependant, les Gaulois y furent admis mais en adoptant la loi salique ou ripuaire. Par leur loi criminelle, les *compositions* étaient différentes : pour un Français libre 200 sols, pour un leude 600, pour un évêque 900, pour un Gaulois ou Romain tributaire 45, pour un Gaulois libre 100, pour un Gaulois leude ou austrasien 300 sols. Cette composition était donnée par le meurtrier aux parents du mort. Le tiers en appartenait au roi en conséquence du Freda.

Les lois civiles étaient la salique et la ripuaire, mais chacun, en France, avait le droit de vivre dans celle qui lui plaisait : romaine, bourguignone, vandale, etc., etc., etc. Le duc, comte ou centenier était obligé, pour juger une affaire, de prendre sept assesseurs de la loi du plaideur et il prononçait en conséquence.

Sous les petits-fils de Clovis, l'on ne convoqua plus l'assemblée du champ de mars, et lorsque, après le supplice de Brunehaut, il fut question de réformer le gouvernement, l'assemblée, qui se tint à Paris en 615 n'était composée que d'évêques et de leudes.

Les bénéfices que les Rois donnèrent à leurs leudes étaient des [terres] de leurs domaines, si bien qu'au commencement du VIIe siècle, ces domaines étaient réduits à rien. Cela est si vrai que, dans le traité d'Andély, les bénéfices sont appelés des *dons de la munificence des Rois*. L'on a prétendu à tort que les bénéfices des Mérovingiens étaient des récompenses politiques dont les rois étaient les dispensateurs. Les filles et les femmes des rois les imitèrent et donnèrent aussi leurs douaires en bénéfice à leurs courtisans, etc.

Bénéfices.

Dom Bouquet. *Recueil de chartes ou diplômes.*

Formules de Marculfe écrites en 660.

Tous ces bénéfices des Mérovingiens étaient amovibles.

Les lois salique et ripuaire ne parlent pas de justices seigneuriales.

Senior voulait dire un leude âgé, comme le dit Grégoire de Tours.

C'est de 595 à 615 que se sont établies les seigneuries. La charte la plus ancienne où l'on trouve une concession de justice est de Dagobert, en 630.

Du moment que les leudes eurent des bénéfices et des charges, qu'il ne fallut qu'être courtisan pour être leude, tout le monde voulut l'être. Les domaines ne suffirent plus ; les princes commirent toutes sortes d'injustices : les monastères furent pillés et les riches proscrits. Cela réussit pendant un certain temps ; mais sentant bien que leurs intérêts étaient communs, les grands s'assemblèrent à Andely pour traiter de la paix entre Gontran et Childebert et ils donnèrent la loi à l'un et à l'autre.

Andély. 585.

Les rois ne purent plus retirer à leur gré les bénéfices qui même furent héréditaires.

Brunehaut, mère de Thierry, régna en Austrasie et en Bourgogne ; mais, fière et avare, cette princesse viola le traité d'Andely. Les évêques et les leudes bénéficiers se réunirent. Clothaire II fut roi et Brunehaut périt. Clotaire II fut l'esclave des leudes. L'assemblée de Paris en 615 décida à jamais la grande question de l'hérédité des bénéfices et légitima les droits que les seigneurs avaient acquis dans leurs terres. L'avarice des grands et non l'amour du bien public décida les lois portées dans cette assemblée.

Paris. 615.

Clotaire conserva cependant la faculté de nommer aux emplois ; mais il perdit bientôt tout et il ne fut plus maître de nommer un maire du palais sans le consentement des grands.

Assemblée de Clichy la 44e année de son règne.

Les bénéfices héréditaires établirent un corps de citoyens distinct et c'est l'origine de la noblesse telle que nous la concevons. Les familles puissantes, mais qui n'avaient pas de bénéfices au moment de la révolution, voulurent en avoir et elles dénaturèrent leurs propres alleux pour les convertir en bénéfices. Bientôt après, l'on s'accoutuma à classer dans la même classe tous les seigneurs possédant justice et leurs seigneuries communiquèrent à leurs possesseurs les privilèges des bénéfices. Sur la fin de la première race, l'on négligea la conservation des titres primordiaux de ces possessions. Étaient-elles dans leur origine un bénéfice ou un alleu? Cette question devint inutile et chacun voulut faire croire que c'était un alleu.

Comme juges, les seigneurs étaient redoutables aux peuples. Comme capitaines des milices de leurs terres, ils l'étaient aussi. Les abbés et les évêques même commandaient leurs milices.

Les seigneuries se multiplièrent. Chaque seigneur jouissait de son usurpation. Les ducs, les comtes qui voyaient diminuer leur autorité n'en étaient pas fort jaloux. Ils s'en dédommageaient en formant eux-mêmes des terres étendues et héréditaires. Les seigneurs élisaient les maires du palais qui étaient leurs créatures et auxquels ils accordèrent une autorité sans bornes. Finances, armée, justice, tout leur était soumis. A la mort de Sigebert II, roi d'Austrasie, Grimoald, son maire, couronna son propre fils. Les Austrasiens se soulevèrent. Childéric fut couronné et Pépin d'Héristal fut maire.

Celui-ci, quelque temps après, marcha au secours des Neustriens et des Bourguignons, battit Bertaire, leur maire, qui les tyrannisait, et fut fait maire des trois royaumes. A sa mort, il revêtit de ses dignités Théodebald encore enfant, de sorte que Dagobert III, enfant, eut pour maire un autre enfant.

Charles Martel, fils aîné de Pépin, prit les armes en Austrasie et fut reconnu maire des trois royaumes. Charles se fit aimer du militaire et craindre du reste de la nation. Il enrichit ses soldats des dépouilles du clergé.

Les bénéfices firent la grandeur et la décadence des Mérovingiens. Charles Martel le comprit et en créa de nouveaux qui, depuis, ont porté le nom de fiefs. Fiefs.

Les bénéfices des Mérovingiens n'imposaient aucune obligation particulière. Comme leudes, ils devaient servir et être attachés au prince. Les fiefs d'institution de Charles Martel imposaient le service militaire et du palais. C'est pourquoi l'on appelle les possédants de ceux-ci vassaux, c'est-à-dire officiers domestiques.

Pépin succéda à Charles. Pépin pour apaiser la nation élut roi Childéric III. Voyant qu'il n'avait pas les vices du père, les Français s'attachèrent à Pépin et lui crurent des vertus imaginaires.

Le clergé voulait exiger la restitution des biens que Charles lui avait enlevés ; mais, voyant l'inutilité de ses démarches, se mit sous la protection immédiate de Pépin.

Enfin, Pépin se fit couronner du consentement de Zacharie, alors pape. Les Bourguignons, les Visigoths, aussi braves que les Francs, périrent, et eux seuls de tous les Germains existèrent. Les Visigoths se confondirent avec les Gaulois, leurs mœurs en furent amollies. Ainsi que les Bourguignons, ils étaient imbus des maximes de l'Arianisme et le clergé les détestait. Tout servit aux Francs. Leurs guerres civiles, le partage du royaume, tout entretint cet esprit militaire et l'arrogance qui les a mis à même de résister à leurs pareils.

Seconde race. L'inauguration des rois de France n'avait été qu'une cérémonie purement civile. Le prince élevé sur un bouclier recevait l'hommage de son armée. Pépin, pour rendre son couronnement plus respectable, y intéressa la religion. Sacré par Boniface, évêque de Mayence, il le fut encore par le pape Etienne III qui l'appela l'oint du Seigneur et déclara qu'il ne tenait la couronne que de Dieu, par l'intercession de saint Pierre et de saint Paul.

Durant la première race, la couronne avait été patrimoniale. L'on partageait en autant de parts qu'il y avait d'enfants. Sous la seconde, la couronne resta dans la maison de Pépin et le peuple choisissait. Elle était élective, par Pépin, aux princes de sa maison.

Assemblées du Champ de mai.

Pépin institua ces Assemblées. Les évêques, les abbés, les chefs de la nation y étaient appelés une fois l'an ; Charlemagne y appela le peuple et les tint deux fois l'an.

Cahier 13e faisant suite au 9e. Notes diverses tirées des observations sur l'histoire de France de l'abbé Mably. Suite du tome 1er. Auxonne, 1er aout 1789.

Il y avait deux assemblées sous Charlemagne. La première se tenait au mois d'octobre. Elle n'était composée que des seigneurs les plus expérimentés. L'on y traitait des affaires politiques du Royaume, des expéditions que l'on faisait, etc., etc. Leurs délibérations étaient très secrètes. La seconde assemblée se tenait au mois de mai suivant, composée d'évêques, d'abbés, de comtes, de seigneurs, des députés du peuple. Ces députés se divisaient en trois chambres qui quelquefois se réunissaient. Les Capitulaires sont les fruits du travail de ces assemblées. Le prince y parle. « Nous voulons », « Nous ordonnons », « Nous commandons », dit Charlemagne, mais il n'avait pas pour cela la puissance législative, surtout comme l'empereur d'aujourd'hui qui se sert des mêmes expressions. Si Charlemagne veut accorder la vie à Tassillon, duc de Bavière, il la demande. S'il veut que l'évêque Hildebold reste avec lui, il demande que l'on l'exempte de la loi commune qui oblige les évêques au séjour de leurs diocèses. Les députés du peuple étaient les avoués des Églises, les rachimbourgs ou assesseurs.

Hincmar.

Il divisa ses États en un certain nombre de légations qui renfermaient chacune plusieurs comtes et, au lieu de mettre un duc à la tête de cette administration, il la composa de quatre ou cinq membres, pris dans l'ordre des prélats et de la noblesse. On les nomma envoyés royaux.

Tous les ans, ces censeurs ou envoyés royaux tenaient des assemblées provinciales. Les évêques, les abbés, les comtes, les seigneurs, les avoués des églises, les vicaires des comtes, les centeniers et les rachimbourgs étaient obligés de se trouver en personne L'on discutait dans ces assemblées les affaires de la province, etc., etc.

Outre ces assemblées, les envoyés royaux tenaient quatre

assises par an. Ces assises réprimaient les tribunaux de justice d'où l'on en appelait.

Il fallut trois manoirs de terre pour être obligé de faire la guerre à ses frais.

Dime des *Précaires*. Charles Martel avait ôté au clergé la plus grande partie de ses biens pour les donner à ses soldats. Sous Charlemagne, les seigneurs qui possédaient des terres du clergé, consentirent à entretenir les églises et à leur donner la dime : c'est ce qu'on appela les *Précaires*. Le clergé avait l'espoir de rentrer en possession de ses biens à la mort des possédants. Dans ce temps-là aussi, beaucoup de

Dime. fidèles payaient la dime. C'était un acte de piété fait à l'exemple des Juifs et extorqué par les fables que les moines fabriquaient : une lettre de J.-C. par exemple qui menaçait les payens, les sorciers et les non payant la dime de frapper leurs champs de stérilité, etc., etc.

Le roi, par l'assemblée de Paris en 615, avait eu le droit de nommer aux évêchés vacants. Charles y renonça.

Louis le Débonnaire succéda à Charles. Voulant le bien, mais faible, superstitieux, livré aux puérilités monacales, Louis le Débonnaire fut indigne de régner. Les levains de division, que Pépin et Charles avaient apaisés avec tant de peine, recommencèrent. Le clergé et les moines d'un côté, la noblesse et les seigneurs s'entre-déchiraient et tous ensemble ruinaient les peuples. Joignez à cela les guerres civiles et étrangères, et vous serez étonné de voir encore exister une monarchie qui eut une pareille crise à surmonter. Au milieu de cette anarchie, le champ de mai fut oublié, l'autorité royale s'accrut ainsi que la puissance seigneuriale.

Charles le Chauve fut despote [1] parce que personne ne lui obéissait. Il voulut enfin caresser les seigneurs et leur céda l'impossible. Les bénéfices établis par Charlemagne furent rendus héréditaires, les comtés furent héréditaires,

(1) Voir Mably, I, 204 pour le sens un peu elliptique de cette phrase. (*Ed.*)

les traces de l'ancien gouvernement furent anéanties ; la loi salique, ripuaire, les capitulaires, tout fut oublié. Les comtes n'étaient plus ; les seigneurs visèrent à l'indépendance et ne permettaient plus que leurs sentences fussent portées à la cour du roi.

L'on assembla la nation ; mais ceux seuls qui étaient vexés s'y rendirent. L'on déplorait les abus, mais inutilement. L'on se récriait sur les courses des Normands, des Sarrasins qui n'en continuaient pas moins.

Le Franc réclama ses lois ; le Bourguignon et le Romain les siennes. Sans succès. Il fallut reconnaître l'autorité despotique du maître et les caprices du seigneur furent les lois respectées.

Les comtes furent les souverains des villes, bourgs, villages de leur ressort où il n'y avait point de seigneurie. Sous Louis le Bègue, Louis III, Carloman, Charles le Gros, etc., etc., l'anarchie empira et le système féodal acheva de se former. Le comte recevait l'hommage des seigneurs et lui-même le prêtait au roi : vaines formules.

Il y eut des seigneurs assez puissants pour ne reconnaître aucune supériorité et ne relever, comme ils s'exprimaient, que de Dieu et de leur épée. L'on appela leurs terres des allodiales et eux-mêmes des alleux. Des Allodiales.

Sous la première race, l'on ne connaissait que deux sortes de biens : les bénéfices et les alleux que l'on distinguait en propres et en acquêts. Sous les successeurs de Charles le Chauve[1], toutes les possessions furent distinguées en terres seigneuriales et en biens roturiers. Les terres seigneuriales furent appelées fiefs quand le propriétaire, en vertu de sa possession, était obligé de prêter hommage à un autre seigneur. Les terres seigneuriales étaient des alleux quand l'on ne prêtait hommage à personne[1].

La race de Charlemagne, si indigne de ce grand homme,

(1) L'on appelle Ordonnances du Louvre les ordonnances des Rois commencées par M. de Laurière et continuées par M. Secousse. (*Ben.*)

touchait à la fin de son règne. Sans crédit, sans puissance, ils furent détrônés par Hugues Capet, duc de France, comte de Paris, d'Orléans. Son frère était duc de Bourgogne. Il avait une sœur mariée à Rollon, duc de Normandie. Avec autant de crédit et de force, il eut peu de peine à se faire couronner, mais ce fut l'ouvrage de la force. Il gagna et battit ceux qui tenaient pour les descendants des Carlovingiens. D'ailleurs, il était peu important pour les seigneurs qu'il y eût ou non un roi et quel qu'il fût, il avait peu d'autorité. L'on distinguait l'homme libre du serf : distinction illusoire. Tout pliait sous le joug pesant du seigneur qui considérait les terres roturières comme ses propriétés ou comme l'étant originairement. De là, point de bornes aux voleries et aux vexations. Ici, l'on ne pouvait tester. Là, l'on ne pouvait disposer que du mobilier, ou l'on ne pouvait se marier sans avoir acheté la permission du seigneur.

Lorsque les comtés devinrent des principautés héréditaires, les bourgeois furent aussi chargés que les vilains.

L'on distinguait plusieurs classes de citoyens en France, les seigneurs, les simples gentilshommes, les clercs, les vilains, les bourgeois, les serfs. L'on connaît les privilèges des premiers. L'on ignore quel était l'état des seconds. L'on sait seulement que, sous saint Louis, ils ne payaient point de tailles et avaient d'autres privilèges. Les clercs en avaient de plus amples. Les bourgeois avaient acheté de leurs comtes plusieurs privilèges ; les vilains n'étaient distingués des serfs que par la considération, le pouvoir de se faire clercs, de pouvoir devenir nobles, le pouvoir de s'allier avec les autres classes sans que les enfants fussent serfs. Tel était l'état du peuple lors de l'avènement d'Hugues au trône.

Les devoirs et les droits des peuples envers leurs seigneurs et de ceux-ci avec les peuples furent bientôt arrangés. C'était la force qui dictait et commandait, mais il n'en fut pas de même des seigneurs entre eux, il n'y avait rien d'arrêté. Des protestations [s'élevèrent] de tous côtés que firent encore accroître les guerres que nécessitèrent les entreprises de Hugues[1].

Il y avait des possédant fi f si faibles qu'ils reconnurent un suzerain qui avait la haute justice, battait monnaie et jugeait les différends de ses vassaux ne possédant qu'un château. Un seul échec les enchaînait. Le droit de guerre était plus dangereux qu'utile à ces petits seigneurs. La pauvreté des Carlovingiens avait fait oublier et avait anéanti les prérogatives de la couronne. La richesse patrimoniale des Capétiens lui rendit une partie de son lustre. Cette cour suprême où les rois jugeaient en dernier ressort les grands de l'État renaissait. Déjà les grands vassaux avouaient qu'ils étaient obligés de suivre le roi à là guerre.

L'on n'estimait une terre que par le nombre des fiefs. L'on avait besoin de défenseurs ; les grands seigneurs furent prodigues de fiefs, de privilèges, de pensions, de différentes grâces qui obligeaient à des devoirs dont la contravention entraînait la félonie.

Une fois que le système féodal fut établi, que les vassaux reconnurent des suzerains, et ceux-ci le roi, cela ne fit que s'accroître. L'on regarda comme un devoir, et les seigneurs eurent du respect pour leur suzerain afin que leurs inférieurs leur en portassent ; à l'exception des arrière-fiefs, tous les seigneurs étaient à la fois suzerains et vassaux.

Les détails des cérémonies des hommages, les circonstances des différents droits se multiplièrent. L'on appela être félon refuser de prêter hommage à son suzerain après trois sommations. Fausser sa foi fut frapper son seigneur, ne pas le défendre, lui faire la guerre, à moins que ce ne fût pour déni de justice, et dans ce cas même, l'on ne devait armer que ses vassaux. L'on respectait les mœurs. Un commerce avec la femme ou fille de son seigneur entraînait perte du fief...

(1) Phrase d'une lecture douteuse. Cf. Mably, II, 24. (*Ed.*)

11e Cahier.

XXXI[1]

NOTES DIVERSES. — GÉOGRAPHIE DE LACROIX

L'on divise le globe par climats et par zones relativement aux durées des jours et à la chaleur.

Il y a cinq zones :

Une torride qui est comprise entre les deux tropiques, c'est-à-dire depuis le 23 $\frac{1}{2}$ de latitude septentrionale au 23 $\frac{1}{2}$, méridionale ; deux tempérées, comprises entre les deux tropiques et les cercles polaires, faisant chacune 43 degrés ; deux glaciales, comprises depuis les cercles polaires jusqu'aux pôles, c'est-à-dire 23 $\frac{1}{2}$ degrés chacun.

Sur l'équateur, les plus grands jours sont de 12 heures ; sur les cercles polaires, sont de 24 et, aux pôles, de six mois.

L'on évalue les climats par la différence des jours d'une demi-heure. Il y a donc 24 climats depuis l'équateur jusqu'au cercle polaire. Les climats, depuis le cercle polaire, s'évaluent par la différence d'un mois. Il y a donc en tout 30 climats.

L'on divise le globe en terre et en mer. La terre en ancien et nouveau continent ; l'ancien en Europe, Afrique, Asie ; le nouveau en Amérique.

(1) Inédit sauf le passage sur les possessions des Anglais en Amérique, Asie et Afrique (page 49). *Fonds Libri :* 1° Manuscrit in-folio de 9 pages formant le 11e cahier ; 2° pour les possessions des Anglais en Asie, Mss. in-folio de 5 pages. Ces notes sont prises d'une des éditions de la *Géographie moderne* de l'abbé de Lacroix, ouvrage classique, réimprimé constamment depuis son apparition en 1747. (*Ed.*)

L'Europe qui se subdivise en empires est la plus belle et la plus petite partie du monde.

L'ancien continent contient en totalité 4.940.780 lieues carrées.

Le nouveau n'en a que 2.139.492. La terre a donc 8.080.272 lieues carrées, tandis que le globe en a 25.000.000. Ce n'est donc pas le tiers.

Les points de la terre sont calculés par les longitudes et les latitudes, c'est-à-dire par leur éloignement à deux grands cercles. La latitude d'un lieu est la distance de ce lieu à l'équateur comptée sur le méridien; la longitude est la distance au méridien comptée sur l'équateur. L'entremêlage des terres et des mers ont nécessité des termes particuliers pour en distinguer les différents rapports.

Un continent est une très grande étendue de terre entourée de mer. Le continent est donc relatif à île qui est également une étendue entourée d'eaux.

L'on connaît les définitions du cap, de la presqu'île, du promontoire, du golfe, de la baie, de l'isthme, du détroit, etc., etc.

Il n'a pas suffi pour connaître la position d'un lieu d'en connaître la longitude, il a encore fallu connaître si elle était septentrionale, méridionale, occidentale, orientale. L'on a donc distingué quatre points cardinaux : nord, sud, est, ouest, chacun éloigné de 90 degrés. Cet espace étant très considérable, l'on a encore distingué : le nord-est, le nord-ouest, le sud-est, le sud-ouest ; chacun de ces points se trouve éloigné de 45 degrés des cardinaux, et, pour faciliter encore le langage des vents, l'on a encore distingué quatre autres : est-nord-est, nord-nord-est, ouest-nord-ouest, nord-nord-ouest, est-sud-est, sud-sud-est, ouest-sud-ouest, sud-sud-ouest. Chacun de ces points s'est trouvé éloigné de 22 degrés et demi des autres.

Terres. Les terres se distinguent principalement en continents et îles.

L'Europe se divise en quinze États : 1° le Danemark, la Suède, la Moscovie ; 2° la France, les Pays-Bas, la Suisse, l'Allemagne, la Hongrie, la Bohême, la Pologne, la Prusse ; 3° le Portugal, l'Espagne, l'Italie, la Turquie.

L'Asie se divise en six : la Turquie, l'Arabie, la Perse, l'Inde, la Chine, la Grande Tartarie.

L'Afrique se divise en dix : 1° l'Égypte, la Barbarie, le Sahara ; 2° la Guinée, la Nigritie, la Nubie, l'Abyssinie : 3° le Congo, la Cafrerie pure et la Mélangrie.

Les principales îles de l'ancien continent sont : en Europe, les îles Britanniques, l'Islande, les îles de la mer Baltique, Majorque, Minorque, Corse, Sardaigne, Sicile, Malte, Corfou, Candie et l'Archipel.

En Asie, Chypre, Rhodes, les Maldives, Ceylan, Sumatra, Java, Bornéo, les Moluques, les Philippines, Formose, le Japon, les Mariannes.

En Afrique, Madère, les Canaries, le Cap Vert, Saint-Thomas, Sainte-Hélène, Madagascar, l'île Bourbon.

Le Nouveau continent se divise en Amérique septentrionale et méridionale.

La septentrionale se divise en sept : la Nouvelle-France, les États-Unis, la Floride, le Mexique, le Nouveau-Mexique, la Californie, les nouvelles découvertes.

La méridionale se divise en sept : la Terre Ferme, le Pérou, le Chili, le pays des Amazones, le Brésil, le Paraguay, la terre Magellanique.

Les îles sont : les Açores, Terre-Neuve, les Lucayes, les Antilles.

Vers le pôle arctique et l'antarctique sont des terres peu connues, savoir : le Spitzberg, la Nouvelle-Zemble, la Nouvelle-Guinée, la Carpentarie, la Nouvelle-Hollande, la Terre de Feu, etc., etc., etc.

Mers. Après avoir parlé des terres, il faut décrire les mers. On les divise en mers environnantes et en mers intérieures. La mer environnante ou extérieure de notre continent a quatre noms différents suivant les quatre points cardinaux du monde : Océan glacial ou septentrional, Océan oriental ou indien, Océan méridional ou éthiopien, Océan occidental ou atlantique.

La mer extérieure du nouveau continent prend deux noms : Océan du nord, Mer du sud ou pacifique.

Les mers intérieures sont : la Baltique, la Blanche, la Méditerranée, la mer de Marmara, la mer Noire, la mer de Zabach, la mer Caspienne, le golfe Persique, la mer Rouge.

Celles du nouveau continent : la mer Vermeille, la mer Christiane, le golfe de Saint-Laurent, le golfe du Mexique.

Isthmes principaux. L'isthme de Corinthe, de Pérécop qui joint la Tartarie avec la Crimée ; celui de Ténassérim qui joint la presqu'île de Malacca avec le royaume de Siam; l'isthme de Suez qui n'a que trente lieues et qui joint l'Asie à l'Afrique. L'isthme de Panama joint les deux Amériques.

Golfes. Le golfe de Bengale, le Persique, l'Arabique.

Les détroits. Les détroits ou autrement nommés manche, canal, pas, pertuis, bras de mer, phare, bosphore : le détroit du nord ou de Behring en Asie, celui de Magellan, celui d'Hudson, Gibraltar, du Sund, celui de Bab-el-Mandeb.

Rivières. La Tamise, la Torne en Suède, le Volga, le Don ou Tanaïs, le Danube, le Borysthène ou Dnieper, le Rhin, la Loire, le Tage, le Po.

Le Tigre, l'Euphrate, le Gange, l'Indus, le Kiang et le Hoang dans la Chine, le Ienisséi et l'Obi.

Le Nil, le Niger, le Zaïre, le Cuanca, la rivière du Canada ou Saint-Laurent, le Mississipi, l'Amazone, le Paraguay.

Religions. Il y a dans le monde quatre religions principales : le Paganisme, le Judaïsme, le Christianisme et le Mahométanisme.

Les principales sectes du Paganisme sont : les brahmanes et les lettrés de la Chine. La Chine, les Indes, une partie du Mogol, le Japon, l'Afrique en partie, les sauvages d'Amérique sont païens.

Le Judaïsme a deux branches, la juive et la samaritaine. Il y a beaucoup de juifs en Asie, en Afrique, peu en Europe. Pour les Samaritains, elle subsiste encore à Naplouse.

Le Christianisme a trois branches : la religion romaine, la grecque, la protestante. Les grecs sont divisés en trois sectes : les melchites, les jacobites, et les nestoriens. La Russie, la Syrie, une partie de la Turquie d'Europe, la Perse, le Diarbékir, etc., renferment beaucoup de Grecs. Les protestants forment un grand nombre de sectes : le luthérianisme et le calvinisme. La Pologne, la Hongrie, etc., sont luthériens. L'Angleterre, la Hollande, une partie de l'Allemagne sont calvinistes. Les anabaptistes, les quakers, les sociniens sont calvinistes.

Le Mahométanisme se partage en deux sectes : celle d'Omar et celle d'Ali.

Langues. Il y a dix-huit langues générales : la latine, la teutonique, l'esclavone, la grecque, l'arabe, la tartare, la chinoise, l'africaine, la nègre, l'éthiopienne, la mexicaine, la péruvienne, la tapuye, la guyarane et la calybine.

La langue latine a trois idiomes : l'italien, le français et l'espagnol.

L'allemand, le flamand, l'anglais, le suédois et le danois sont des idiomes de la teutonique.

La tapuye est la langue générale des Tapayes. La guyarane est en usage dans le Paraguay ; la calybine est en usage parmi les peuples de la Guyane et de la Terre Ferme.

Couleurs. Les blancs se divisent en quatre branches : blancs, bruns, jaunâtres et olivâtres. Les Européens, une partie des Asiatiques sont blancs.

septentrionale de l'asie endeça du
Gange ont a peu près un hon [?] visage
les Chinois, les grans et petits tartares 175
les habitans de la presqu'isle ~~de l'inde~~
~~endeça du gange~~ orientale du japon
des moluques &c. ont le visage
plat le nez écrasé et les yeux ovales
les lapons, les samoyedes, les habitans
des terres arctiques ont le visage très
enlong, afreux semble tenir de l'ours
les plus grands n'ont pas 4 p. [?]

les africains ont le nez plat de
grosses levres le dedans de la bouche
les levres et la langue rouge comme le
l'orail [?]

possessions des Anglois en amerique asie et afriq- ue [?]

en afrique...
Cabo Corso en guinée Chateau assé
fort. achete [?] les anglois et defendu par
16 pieces de Canons.
St helene petite isle

Les Africains d'Égypte, de Barbarie, du Sahara, du Zanguebar ; les Asiatiques de Syrie, du Diarbekir, de l'Arabie, de la Chine méridionale, de Ceylan, des Moluques, Philippines, etc., sont bruns.

Les Indiens sont jaunâtres.

Les Américains sont olivâtres.

Les Africains en général sont noirs.

L'on peut remarquer également quatre sortes de figures humaines.

Les Européens, excepté les Tartares et les Lapons, les habitants de l'Afrique septentrionale, de l'Asie en deçà du Gange, ont à peu près notre visage.

Les Chinois, les grands et petits Tartares, les habitants de la Presqu'île orientale, du Japon, des Moluques, etc., ont le visage plat, le nez écrasé et les yeux ovales. Les Lapons, les Samoyèdes, les habitants des terres arctiques ont le visage tiré en long, affreux, semble tenir de l'ours. Les plus grands n'ont pas quatre pieds et demi.

Les Africains ont le nez plat, de grosses lèvres, le dedans de la bouche, les lèvres et la langue rouges comme le corail.

POSSESSIONS DES ANGLAIS EN AMÉRIQUE, ASIE ET AFRIQUE. — En Afrique, Cabo Corso en Guinée, château assez fort, à côté est le Fort royal défendu par 16 pièces de canon.

Sainte-Hélène, petite île.....[1].

POSSESSIONS DES ANGLAIS EN ASIE. — La compagnie ne possède que trois comptoirs à la COTE DU MALABAR savoir : *celui du Tellichery* qui comprend une population de 15 à 16.000 âmes ; cette colonie a 300 blancs et 500 noirs

(1) Le 11e cahier s'interrompt ici. Le cahier où sont consignées les notes sur les *Possessions des Anglais en Asie* n'est point fait d'un papier semblable — blanc tandis que l'autre est bleuté. — Néanmoins, il est à penser que ces notes font suite aux précédentes, qu'elles ont été prises dans Lacroix et complétées par des renseignements statistiques dont on ne sait pas la source. Pour l'orthographe des noms on s'est servi de la carte des voyages de Makintosh. (*Ed.*)

pour défenseurs. L'Angleterre en retire avec peu de frais 1.500.000 livres pesant de poivre, du bois de santal, du cardamone, du gingembre. Cet établissement est à deux lieues de Mahé.

Celui de Salsett. Les Anglais possèdent l'île de Salsett depuis 1774 qu'ils l'ont enlevée aux Portugais : un territoire de 20 milles sur 15, mais des plus fertiles et des plus peuplés de l'Inde.

Celui de Bombay. Cette île a 20 milles à 25 de circonférence. Cet établissement est remarquable par le port qui avec celui de Goa est seul capable de recevoir des vaisseaux de ligne... cent mille habitants dont huit mille sont matelots. Le port de Bombay, où abordent les flottes anglaises, est le centre du commerce de cette partie. De bonnes fortifications et quinze cents Européens le défendent. En 1773, le revenu de toutes les dépendances de Bombay, montait à 13.607.000 livres et la dépense à 12.711.150 livres. Aujourd'hui, le revenu monte à 18 millions.

COTE DE COROMANDEL. — *Divicottey* dans le royaume de Tanjaour fit naitre de grandes espérances, mais qui ne se sont nullement réalisées. La Compagnie afferme 50.000 livres tout ce qu'elle possède en cet endroit.

Gondelour. Huit milles le long des côtes, quatre milles de profondeur, soixante mille habitants et 150.000 livres de revenu, voilà l'établissement de Gondelour.

Mazulipatam, c'était jadis le marché le plus actif de l'Indoustan.

Les provinces de Condavir, de Monta-Fanega, d'Ellore, de Rajamundry, de Cicacole, qui s'étendent 600 milles sur la côte et qui s'enfoncent 30 à 40 milles, donnent 9 millions de revenu, dont on rend 2.500.000 au prince indien. Ces exportations sont actuellement cinq fois plus considérables.

Madras, chef-lieu des établissements de la côte de

Coromandel. Cette ville est à vingt-cinq lieues de Pondichéry. La ville est grande et peuplée. Son territoire s'étend à 50 milles de rayon. Plus de 100.000 âmes travaillent aux manufactures.

La cour du nabab d'Arcate est fixée depuis 1769 à Chepauk à un mille de Madras. En 1773, les Anglais en retiraient 24 millions et les dépenses montaient à 26 millions.

Bengale. Avec cinq cents hommes, l'amiral Watson et le colonel Clive en 1756, défirent le jouba du Bengale, le détrônèrent pour le remplacer par Jaffer-Ali-Khan chef de la conspiration, qui fut succédé par Kossin-Ali-Khan. Celui-ci concevait des projets ambitieux. L'on rétablit de nouveau Jaffer-Ali-Khan. Alors Kossin-Ali-Khan se réfugia chez le nabab de Bénarès et tout le Mogol se conjura contre les Anglais et vint se détruire devant Clive. Pendant ce temps-là, l'Empereur du Mogol, chassé de Delhi, implora le secours des Anglais qui le rétablirent, en se faisant céder le Bengale. C'est sous le nom d'un jouba que les Anglais gouvernent ce pays. Ce jouba est à leur nomination et à leurs gages. Le conseil de Calcutta gouverne ce pays.

BENGALE

Revenus des terres	15.623.423 R.
Perceptions	1.029.929
	14.593.525
Autres impôts	454.814
	15.048.339
DISTRICT DE BAHAR	
Revenus de terres	7.499.398
Droits à Patna	15.000
	7.514.398
Pensions accordées	903.492
Au nabab	200.000
Autres frais de perception	300.000
Total	6.110.903
Plus	15.048.339
Total	21.159.245

D'un autre côté, revenus des pays cédés par Kossin-Ali-Khan :

Revenus chargés de droits.	2.682.700
Revenus	1.075.087
Total des revenus de la Compagnie. . .	26.827.661

La roupie siccas vaut 2 shillings 8 pences.
Cette somme faisait donc 79.874.872 livres.

Calicutta sur l'Ougly. Cette ville contient 600.000.000 d'âmes.

Ile de Sumatra...

XXXII[1]

(23 octobre 1788. Auxonne.)

Dissertation sur l'Autorité Royale. Cet ouvrage commencera par des idées générales sur l'origine et l'accroissement que prit dans l'esprit des hommes le nom de roi. Le gouvernement militaire lui est favorable ; cet ouvrage entrera ensuite dans les détails de l'autorité usurpée dont les rois jouissent dans les douze royaumes de l'Europe.

Il n'y a que fort peu de rois qui n'eussent pas mérité d'être détrônés.

(1) *Inédit. Fonds Libri.* Fait partie du Mss. indiqué dans le n° 1, et en couvre la dernière page. (*Ed.*)

XXXIII[1]

RAPPORT DE M. NECKER LE 5 MAI 1789 A L'OUVERTURE DES ÉTATS GÉNÉRAUX

1° Revenus fixes.

10e Cahier. NOTES DIVERSES.

Ferme générale		150.107.000 l.
Composée de quatre articles		
Objets affermés.	115.560.000	
Objets en régie.	28.440.000	
Droits du Clermontois.	107.000	
Supplément { sur les objets de régie. .	2.000.000	
Supplément { sur le tabac.	4.000.000	
Fermes des postes.		12.000.000
— des messageries.		1.100.000
— des droits sur les bestiaux de Poissy. . .		630.000
— des affinages.		120.000
— des droits de Port-Louis.		47.000
Abonnement des droits de Flandre.		823.000
Régie des aides et des droits réunis.		50.220.000
— des domaines et bois		50.000.000
— des loteries		14.000.000
— des revenus casuels		3.000.000
— du marc d'or.		1.500.000
— des poudres et salpêtres.		800.000
Recette des finances de Paris, des pays d'élection et des pays conquis		110.568.000
Vingtièmes, Impositions ordinaires et capitations. .		46.467.000
Il faut déduire l'intérêt des sommes versées par les receveurs	1.380.000	
		440.002.000

(1) *Inédit. Fonds Libri.* Ms. In-folio de 10 pages. Collationné sur le *Rapport*. Paris, Imp. Royale, 1789. In-4°.

Impositions des pays d'États.		
Languedoc.	9.767.250	
Bretagne.	6.611.460	
Bourgogne.	4.128.196	
Provence	2.892.463	
Pau, Bayonne et Foix	1.156.658	24.556.000
Capitation et vingtièmes abonnés		575.000
Capitation et dixièmes retenus au trésor public sur les pensions		6.290.000
Impositions particulières aux fortifications des villes.		575.000
Bénéfices sur la fabrication des monnaies		500.000
Bénéfices sur les forges royales		80.000
Revenus de la caisse du commerce		630.000
Loyers des maisons et des terrains des Quinze-Vingts.		180.000
Intérêt des sommes prêtées aux États-Unis d'Amérique		1.600.000
Intérêts annuels que doit un prince d'Allemagne. .		300.000
Total des revenus fixes. . . .		475.294.000

2° Dépenses fixes.

Dépenses de la maison du Roi et de la Reine, du Dauphin, des Enfants de France, de Madame Elisabeth et de Mesdames.	25.000.000
Maison de Monsieur, de Madame, du comte et comtesse d'Artois, du duc d'Angoulême, du duc de Berry	8.240.000
Affaires étrangères	7.400.000
Département de la guerre	99.160.000
Marine et colonies	40.500.000
Supplément pour les colonies.	400.000
Ponts et chaussées	5.680.000
Haras.	814.000
Rentes perpétuelles et viagères.	162.486.000
Intérêts d'effets publics.	44.300.000
Gages de charges représentant l'intérêt de la finance.	14.692.000
Intérêts et frais des anticipations qui portent sur 90 et 91.	4.900.000
Intérêts et frais de renouvellement des billets de ferme des autres anticipations ou des emprunts nécessaires pour balancer les besoins de l'année 1789.	10.900.000
Engagement à temps avec le clergé	2.500.000
Indemnités à différents titres.	3.233.000
Pensions	29.560.000
Gages du Conseil, traitement de M. le Garde des Sceaux, etc., etc	3.173.000
A reporter.	462.938.000

Report.	462.938.000
Intendants des provinces et leurs subdélégués. . .	1.495.000
Police de la ville de Paris	1.570.000
Guet et garde de la ville de Paris	1.138.000
Maréchaussée de l'Ile-de-France.	250.000
Pavé de Paris	627.000
Travaux des carrières de Paris	400.000
Remises de différents impôts.	7.120.000
Traitements aux receveurs, fermiers et régisseurs. .	20.094.000
Les cinq administrateurs du trésor royal, payeurs de rentes, etc.	3.753.000
Bureaux de l'administration générale	2.048.000
Fonds sur le produit de la loterie pour des actes de bienfaisance	172.000
Secours d'Hollandais réfugiés en France.	830.000
Communautés, maisons religieuses, édifices sacrés .	2.188.000
Dons, aumônes, hôpitaux, enfants trouvés	3.038.000
Travaux de charité	1.896.000
Destruction du vagabondage.	1.144.000
Primes et encouragements pour le commerce . . .	3.864.000
Dépenses du département des mines	90.000
Jardin royal, cabinet d'histoire naturelle.	130.000
Bibliothèque du roi	167.000
Universités, académies, collèges, sciences et arts. .	930.000
Passeports en exemption de droits à la marine royale.	400.000
Bâtiments publics.	1.900.000
Dépenses de plantations dans les forêts, etc. . . .	500.000
Frais de procédure criminelle.	3.180.000
Dépenses dans les provinces diverses	4.500.000
Dépenses imprévues.	5.000.000
Total des dépenses fixes. . .	531.444.000

Dépenses fixes.	531.444.000
Revenus fixes	475.294.000
Déficit annuel.	56.150.000

Selon le compte de 1788, le déficit était de 160.827.492 l., mais l'on avait compris dans cette somme tous les remboursements montant à 76.502.367 et toutes les dépenses extraordinaires et passagères payables en 1788, montant à 29.395.540 livres. Ces deux articles mis à part, le déficit se trouvait réduit à 54.929.540 livres. Si l'on joint à cette somme, une de 5 millions pour faire face aux dépenses imprévues qui reviennent toutes les années, l'emprunt de

12.900.000, livres pour venir au secours des Hollandais réfugiés, cela fera monter à 75 millions le déficit annuel, mais 1° les retenues imposées sur les pensions par l'arrêt du 13 octobre 1787 se montent à 5.000.000; 2° les économies et les dispositions nouvelles du département de la Guerre ont diminué son état de dépense de 8 à 9 millions; 3° le département de la Marine a économisé 4.500.000; 4° celui des Affaires étrangères a économisé 1.800.000.

5.000.000
8.500.000
4.500.000
1.800.000
19.800.000

Par quels moyens peut-on faire face à ce déficit de 56 millions :

1° D'ici à un ou deux ans, le bail de la ferme pourra être amélioré de 18 millions.

2° La ferme des postes, les domaines, la régie pourront fournir un accroissement de 6 millions;

Les droits d'aides, etc., ne sont pas perçus également dans le royaume, mais il y a des navires qui ont fait des abonnements qui préjudicient beaucoup au trésor. On évalue à 7 millions le tort qu'ils font.

Le clergé reçoit 2.500.000 livres; le Roi paye 5 millions aux hôpitaux : l'on pourrait faire supporter cette charge au clergé, soit par des réunions, soit par des économats.

Si la compagnie des Indes est assurée de son privilège ou si le commerce de l'Inde est rendu libre, le Roi gagnera sur le droit d'indulte 15 à 1.800 mille livres.

L'on gagnera quelque chose sur les primes accordées pour le commerce.

La ferme du tabac peut augmenter de 1.200 mille livres.

L'on peut gagner deux ou trois millions en réduisant les droits que l'on paye au Roi et aux villes et hôpitaux, en une même régie.

En cassant la prohibition de 1785 sur les mousselines et les toiles peintes, le Roi gagnera 900.000 livres.

On gagnera cette année 1.500.000 livres d'extinctions.

Monsieur a offert une réduction de 500.000 livres.

M. le comte d'Artois a réduit sa maison de 400.000 livres.

L'abolition du privilège des bourgeois pour l'entrée

franche des produits de leurs terres et de leurs chasses pourrait produire 500.000.

L'abolition des Francs-salés qui ne sont pas adjugés par des arrêts vaudrait 3 à 400.000.

L'entrepôt de Bayonne étant favorable aux étrangers au détriment du commerce national ne doit pas conserver sa franchise. Cela ferait 600.000 livres de gain.

L'on fait des offres sur les charges d'huissiers priseurs qui produiraient une augmentation de 600.000 livres.

Dans le compte qui établit le déficit, on n'a rien mis pour le Clergé : objet de 4 millions.

Les privilégiés payant (comme les deux ordres)[1] l'on obtiendrait 11 millions.

L'on doit au Roi 80 millions en vingtièmes, tailles, capitation. M. Necker propose d'en faire remise entière au peuple.

L'on entend par anticipations la partie des revenus du Roi qui se consomme à l'avance. Cette disposition s'effectue au moyen de rescriptions et d'assignations qui sont tirées communément à un an de terme sur les impositions payables à cette distance et l'on négocie ces différents papiers en accordant le bénéfice d'un intérêt et d'une commission. C'est là ce qui constitue la dépense annuelle des anticipations, dépense proportionnée à l'étendue de la somme empruntée sous cette forme. Une telle dépense subsistera tant que les anticipations seront renouvelées. Il faudrait donc, pour la faire cesser, destiner un fonds extraordinaire à l'amortissement du capital. Les anticipations qui portent sur 1790 montent à 90 millions, mais il y a 172 millions consommés à l'avance sur les revenus des huit derniers mois de cette année 1789. Il est donc nécessaire de renouveler 100 millions d'anticipations. C'est la raison qui nécessite un secours de 80 millions.

(1) La phrase est incompréhensible et semble exprimer une idée fausse, mais avec le texte sous les yeux on comprend comment dans son extrait Napoléon paraît avoir confondu : « Si les deux ordres privilégiés renonçant à leurs privilèges, concouraient, etc., » p. 39. (*Ed.*)

Les États Généraux se sont ouverts le 4 mai 1789.

Il y avait 43 évêques
54 abbés
181 curés
278

20 membres de hautes magistratures.
46 militaires non titrés.

Le reste, c'était des comtes, marquis, ducs, princes, la plupart gradés dans l'armée.

140 membres de cours inférieures
200 avocats, procureurs ou notaires
18 médecins
56 négociants
50 cultivateurs
34 bourgeois.
498

Le reste sont des financiers, des municipaux, etc., etc., formant en tout 58.

Soit 556
et 556
1112

Lors de ce recensement, la Corse, le Béarn, le Bigorre, la Montagne, la Navarre n'avaient pas encore député, ni les deux ordres bretons.

Auxonne, le 9 mai.

Le 13 août, les États ont voté un emprunt de 30 millions au 4 1/2 p. 100 d'intérêt. Cet emprunt n'a point réussi. Ils en ont décrété un de 80 millions dont la moitié remboursable en effets royaux à 5 p. 100.

XXXIV[1]

NOTES DIVERSES TIRÉES DES GAZETTES OU AUTRES PAPIERS PUBLICS

Cahier 12°. AUXONNE, 18 JUIN 1789.

Le parlement d'Angleterre a nommé un comité particulier présidé par milord Hawkesbury pour recueillir les documents nécessaires pour pouvoir se décider à prendre un parti sur le commerce des nègres. M. Wilberforce, ami de M. Pitt, a soumis à la discussion de la Chambre douze propositions :

1° Que le nombre d'esclaves exportés annuellement de la côte d'Afrique sur des vaisseaux anglais est supposé monter annuellement à 38.000;

Que le nombre (de ceux) qui sont transportés annuellement aux Iles anglaises, des Indes occidentales, s'est trouvé d'environ 22.500; que le nombre gardé dans les villes monte, à ce qu'il paraît à 17.500;

2° Que les esclaves peuvent être rangés sous quatre dénominations;

1° Les nègres faits prisonniers de guerre;

2° Les personnes vendues pour dettes ou pour crimes, surtout pour adultère et sacrilège;

3° Les esclaves vendus au profit de leurs maîtres;

4° Les personnes faites esclaves par fraude et actes d'oppression de la part des princes;

3°

4° Que le continent d'Afrique, dans son état actuel,

(1) *Inédit. Fonds Libri.* Mss. in-folio de 5 pages.

fournit différents articles d'échange particuliers au climat et d'autres que l'Angleterre tire des nations étrangères; que l'on pourrait remplacer par un commerce lucratif la traite des nègres;

5° Que la traite des nègres est reconnue très nuisible au matelot anglais et que la mortalité s'est trouvée beaucoup plus grande que sur les autres vaisseaux de Sa Majesté.

6°, 7°, 8° Qu'il périt un grand nombre d'esclaves dans la traversée, qu'il en périt 4 et demi p. 100 dans les premiers moments de leur arrivée et en général pendant les trois premières années.

9° Que l'inégale proportion d'individus de chaque espèce, le libertinage, les maladies à eux particulières attribuées aux fatigues excessives, au défaut de nourriture empêchent l'accroissement des nègres.

10° Qu'en 1768, tout le nombre d'esclaves à la Jamaïque était d'environ 167.000; qu'en 1774 il était de 193.000, qu'en décembre 1787, le vice-gouverneur Clarke le faisait monter à 256.000; qu'en sommant les nombres importés depuis 68 à 87, l'on compte une perte de $\frac{1}{22}$ périssur les vaisseaux. Il paraît que l'excédent des morts sur les naissances a été, pendant le cours de dix-neuf ans, de 7/8 par 100: que dans les 13 dernières années le nombre des morts est de 3/5 par 100 du nombre moyen des nègres existants : que, suivant les comptes réunis au comité de Commerce par M. Braitware, le nombre des nègres de la Barbade montait en 1764 à 70.706; qu'il était, en 1774, de 74.878; qu'en 1780 il était de 68.270; qu'en 1781, après l'ouragan, il était de 63.248, qu'en 1786 il était de 65.115; qu'en comparant ce nombre avec le total des importations l'excédent annuel des morts sur les naissances depuis 64 à 74 a été dans la proportion de 5 par 100; que, dans sept années, à compter depuis le commencement de 74, l'excédent des morts a été dans la proportion d'environ un et un tiers sur chaque cent de nombre moyen, que le nombre des nègres avait diminué de 5000 dans l'espace de 80 à 81, etc., etc., etc.

12° Les mémoires de la Dominique, des Iles sous le vent, de la Grenade, de Saint-Vincent ne fournissent pas des renseignements suffisants.

2 Juin. Mercure. Tout vu, M. Wilberforce finit par croire que l'on pourrait sans inconvénient considérable cesser la traite des nègres en Afrique.

Tous les intéressés au commerce des Indes se sont assemblés à la Taverne de Londres et y ont pris la résolution suivante :

1° Que l'esclavage a existé comme une condition de l'espèce humaine en Afrique ;

2° Que les esclaves vendus aux Européens sont des prisonniers de guerre que, sans l'espoir de les vendre, l'on les aurait massacrés sur le champ de bataille ;

3° Que l'Angleterre ne peut ouvrir aucune branche de commerce un peu importante avec l'Afrique ;

4° Que le capital actuellement employé dans les îles [sujettes] de l'Angleterre, en terre, nègres, bâtiments, vivres, meubles monte à 70 millions sterling ;

10° Que le nombre des naissances ne pourra jamais compenser les morts ;

13° Qu'il paraît d'après le rapport du Conseil privé de S. M. que la seule valeur des droits de douane produits par les exportations pour l'Afrique et les colonies a monté à 2.306.919 livres sterling ; que les importations ont monté à 5.389.034, celle d'Afrique à 117.817, c'est-à-dire à 5.506.871 ; que le nombre des tonneaux que portent les vaisseaux employés à ce commerce se monte pour l'année

Le 11 juin. 87 à 249.331, le nombre des matelots à 21.000 et les revenus à 1.627.142.

XXXV[1]

NOUVELLE CORSE

Je m'étais embarqué à Livourne pour me rendre en Espagne lorsque les vents contraires nous obligèrent de relâcher à la Gorgona. La Gorgona est un rocher escarpé qui peut avoir une demi-lieue de circuit. Il n'y avait aucun bon refuge, mais, dans la nécessité où nous étions, nous fîmes comme nous pûmes, vu que notre navire faisait eau de plusieurs côtés.

Il est peu de situations aussi pittoresques que la position de cette île, éloignée de toute terre par des bras de mer immenses, environnée de rochers contre lesquels les vagues se brisent avec fureur. Elle est quelquefois le refuge du pâle matelot contre les tempêtes, mais plus souvent la Gorgona n'est pour eux qu'un écueil où bien des navires ont souvent fait naufrage.

Fatigué des tempêtes que nous avions essuyées, je débarquai aussitôt avec des matelots. Ils n'avaient jamais vu cette île et ne s vaient pas si elle était habitée. Arrivés à terre, j'emploie le peu de forces qui me restaient à la parcourir et ne tardai pas à me convaincre que jamais

(1) *Fonds Libri* Manuscrit de 13 pages in-folio. Indiqué par Libri (p. 20), publié par nous, pour la première fois, traduit en langue anglaise dans *The Cosmopolitan*.

Le texte original français est inédit. Une revue qui paraît à Paris et qui s'intitule *Revue des Revues* a jugé bon de traduire de l'anglais en français le texte donné par nous au *Cosmopolitan* et de le présenter comme le texte original français. Ce texte n'était que ce qu'il pouvait être, entièrement défiguré. (*Ed.*)

créature humaine n'avait habité un si stérile séjour. Je me trompais toutefois et je revins de mon erreur lorsque j'entrevis des pans de murailles demi-ruinées par le temps. Ils paraissaient avoir été bâtis depuis quelques siècles. Le lierre et d'autres arbrisseaux de cette espèce avaient tellement cru à leur abri qu'il était difficile d'apercevoir les pierres.

Je fis dresser une tente dans cette enceinte où avaient été jadis des maisons, pour pouvoir y passer la nuit. Les matelots couchèrent à bord et je me trouvai seul dans cette région. Cette idée m'occupa assez agréablement pendant une partie de la soirée. Je me trouvais, je puis dire, dans un petit monde où bien certainement il y avait de quoi pourvoir à mon entretien, à l'abri des séductions des hommes, de leurs jeux ambitieux, de leurs passions éphémères. A quoi ne tenait-il que je n'y vécusse sinon heureux, du moins sage et tranquille ?...

Je m'endormis dans ces idées et l'on peut croire que je m'égalai plusieurs fois à Robinson Crusoé. Comme lui j'étais roi de mon île. Je n'avais pas encore achevé mon premier somme quand la clarté d'un flambeau et des cris de surprise me réveillèrent. Mon étonnement se changea en crainte quand j'entendis que l'on criait en langue italienne : « Malheureux ! Tu périras... »

Je n'avais pour toute arme que ma canne. Je l'empoigne en me jetant en bas de mon matelas. Je cherchais la porte que je trouvais embarrassée. Je réfléchissais au parti que je devais prendre lorsqu'on mit le feu à la tente en s'écriant : « Ainsi périssent tous les hommes ! » L'accent avec lequel était prononcée cette horrible imprécation me glaça d'épouvante. Je me fis courage cependant et, demi-étouffé par les tourbillons de fumée, je parvins à me débarrasser et à me mettre hors d'atteinte du feu. Je cherchai alors le lâche ennemi qui m'avait voulu sacrifier aussi inhumainement, mais ne vis personne et n'entendis aucun bruit. Que l'on se figure ma situation !

~~fetris~~ .0

Je m'étois embarqué à Livourne pour me rendre ~~en Espagne~~ lorsque les vents contraires nous obligerent de relacher à la Gorgone.

La Gorgone est un petit rocher escarpé qui peut avoir une demi lieue de circuit il n'y avoit aucun bon refuge mais dans la necessité on [illegible] une [illegible] comme nous pûmes ne quitter le navire faisoit eau de plusieurs côtés.

[illegible] peu de [illegible] aussi [illegible] que la ~~[illegible]~~ position de cet isle [illegible] ~~[illegible]~~ par des bras de mers [illegible] [illegible] [illegible] quelles lorsque il [illegible] aux [illegible] elle [illegible] quelque fois [illegible] [illegible] contre les tempêtes, mais plus souvent [illegible] [illegible] pour [illegible] [illegible] ou bien des navires ~~[illegible]~~ naufrages, les fatigues des tempêtes [illegible] [illegible] [illegible] de [illegible] [illegible] [illegible] des [illegible] [illegible] jamais vue cette isle et ne [illegible] pas si elle étoit habitée, [illegible] à terre j'employai le peu de forces qui me restoient à la [illegible] et ne tardai pas à me convaincre que jamais creature humaine n'avoit habité cet [illegible] [illegible] je me [illegible] [illegible] [illegible]

Le cœur encore saisi du danger auquel je venais d'échapper .., alarmé de ceux que je pouvais encore courir et que je ne pouvais prévoir.., nu, exposé à un vent des plus violents, les maux de ma situation étaient encore augmentés par le mugissement des vagues et l'obscurité de la nuit. Je voyais, à la lueur de la flamme qui consumait mon habitation, les ruines où j'avais assis ma demeure. Elles semblaient me dire que tout périt dans la nature et qu'il fallait que je périsse.

... Je ne restai pas un quart d'heure dans cette situation que j'entendis du bruit et, un moment après, je vis arriver deux hommes. Je l'avoue, sans armes, je me cachai derrière la demeure en attendant que je pusse comprendre pourquoi ils étaient si cruels, car je ne pouvais m'imaginer qu'ils fussent si animés contre les hommes sans quelque forte raison.

Quel fut mon étonnement quand les paroles suivantes frappèrent mes oreilles :

« Ma fille, sur le bord de sa tombe, tu as livré ton père aux cuisants remords. O Dieu ! entends les gémissements de cette déplorable victime. Il invoque l'Éternel qui, depuis tant d'années, soutint notre vie. Ma fille, qu'as-tu fait ? Peut-être as-tu immolé aux mânes de nos compatriotes un compatriote même. Peut-être est-[ce] un de ces Anglais vertueux qui protègent encore nos fugitifs citoyens... Non ! non ! mon âme ne peut y survivre. J'ai supporté les malheurs de ma patrie, ceux de ma famille, les miens, tant que l'innocence a régné dans mon cœur, mais ces cheveux blancs souillés par le crime... Adieu, ma fille... J'expie ton crime. Oui, flammes ardentes, purifiez... [ ]... ma fille, je te pardonne. Vis pour me venger et ne pardonne jamais aux tyrans de la patrie... Imputeleur jusqu'à ce nouveau crime. Impute-leur la mort de ton père. »

Ce discours me fit renaître... De pareilles situations sont difficiles à peindre... Je me précipite aux pieds du vertueux vieillard. « Oui, mon père, lui dis-je, je suis Anglais et Anglais de vos amis. Ce que je viens d'entendre me console de l'accident malheureux qui a failli me coûter la vie. » Après l'expression d'allégresse, le vieillard me conduisit dans la caverne qu'il habitait. « Sois bien venu, Anglais. Vous régnez ici. La vertu a le droit d'être vénérée en tous lieux. » Je ne finirais jamais si je voulais rapporter tous les discours que nous nous tînmes. Je lui demandai le récit des événements qui l'avaient porté à fuir la société de l'homme et il commença en ces termes :

« J'ai puisé la vie en Corse et avec elle un violent amour pour mon infortunée patrie et pour son indépendance. Nous languissions alors dans les chaînes des Gênois. Agé encore que de vingt ans, je déployai le premier l'étendard de la liberté et mon bras jeune et désespéré remporta sur les tyrans des avantages que mes [compatriotes] chantaient encore il y a dix ans... Quelques années après, nos tyrans appelèrent à leurs secours les Allemands. Qu'avions-nous fait aux Allemands pour qu'ils vinssent nous faire la guerre? Ils en furent la dupe toutefois et nous vîmes plusieurs fois l'aigle impériale fuir devant nos agiles montagnards... Les méchants dans ce monde ont des amis et les Français vinrent à leur secours. Les Français après avoir été battus nous battirent. Les plaines et les villes se soumirent. Pour moi je me réfugiai avec ceux de mes compagnons qui avaient juré de ne pas survivre à la liberté de la patrie.

« Après diverses vicissitudes, Paoli di Rostino fut fait premier magistrat et général. Nous chassâmes nos tyrans. Nous étions libres, nous étions heureux, lorsque les Français que l'on dit être ennemis des hommes libres vinrent armés du fer et du flambeau, et en deux ans, contraignirent Paoli de s'en aller et la nation à se soumettre. Quant à moi, avec mes amis et parents nous soutînmes la guerre pendant huit ans. Je vis, pendant cet intervalle, quarante de mes compagnons terminer leur vie par le supplice du criminel. Un jour que nous résolûmes de nous venger, nous descendîmes près de soixante — c'était le triste reste des défenseurs de la liberté ! — Dans les plaines nous prîmes plus de cent Français. Nous les conduisions à notre demeure lorsque nous fûmes avertis que les tyrans s'en étaient emparés. Je quittai mes gens pour voler au secours de mon infortuné père que je trouvai nageant dans son sang. Il n'eut que la force de me dire : « Mon fils, venge-moi. C'est la première loi de la nature. Meurs comme moi, n'importe, mais ne reconnais jamais les Français pour maîtres. » Je continuais mon chemin pour aller savoir des nouvelles de ma mère lorsque je trouvai son corps nu, chargé de blessures et dans la posture la plus révoltante. Ma femme, trois de mes frères avaient été pendus sur les lieux mêmes. Sept de mes fils, dont trois ne passaient pas cinq ans avaient eu le même sort. Nos cabanes étaient brûlées, le sang de nos brebis était confondu avec celui de mes parents. Je cherchais ma fille et ne la trouvai pas ; furieux, égaré, transporté par la rage, je voulais voler mourir par les coups de ces brigands qui avaient fait périr tous les miens. Retenu cependant par mes compagnons, nous enterrâmes tous les corps de nos infortunés parents et nous résolûmes... ô Dieu ! que ne résolûmes-[nous] pas !... Mais enfin nous prîmes le parti de quitter une île proscrite où des tigres régnaient. Notre bâtiment débarqua à la Gorgona. Je trouvai le paysage conforme à mon humeur et j'y restai. Je ne gardai que trois fusils et quatre barils de poudre. Mes compagnons continuèrent leur cours vers l'Italie. Je vis partir le navire qui les portait sans chagrin. J'avais des nourritures pour trois jours. Je sais qu'il est peu d'endroits sur la terre où il n'y ait de quoi nourrir l'homme. Ces bâtiments où vous étiez sont les ruines d'un ancien monastère et la citerne existe encore. Les poissons et les insectes de la mer, les glands des chênes verts que vous voyez, me servent de nourriture. Je me regarde ici comme le dictateur d'une république. Les oiseaux sont nombreux sur ces rochers, mais je n'en tue jamais. Ce sont mes sujets. Mais comment pourrais-je en tuer puisque je n'en vois jamais?... Les malheurs qui ont empoisonné mes jours m'ont rendu la clarté du soleil importune. Il ne luit jamais pour moi. Je ne respire l'air que la nuit et mes regrets ne sont pas renouvelés par l'aspect des montagnes où vécurent libres mes ancêtres. La petite forêt de pins que vous voyez ci à côté nous donne du bois plus que nous n'en avons besoin et ce bois nous éclaire.

« C'est à la lueur de ces flambeaux que nous vivons. Nos courses, nos pêches sont éclairées par cet astre qui, s'il n'est pas aussi brillant que le vôtre, n'éclaire du moins que des actions justes.

« Je passai une année sans aucun événement, lorsque environ à cette heure-ci, un jour, dans le mois [de] décembre, j'aperçus du côté de la citerne des feux qui m'annonçaient l'arrivée de quelques hommes. Je me glissai avec le moins de bruit qu'il me fut possible et je vis sept Turcs qui tenaient trois hommes enchaînés. Je les vis les délier, en tuer un, et donner la liberté aux deux autres en ne leur donnant aucune nourriture. Après cet événement, ils se rembarquèrent. Quand je me fus assuré que les deux nouveaux débarquants n'étaient pas Français, je résolus de leur donner refuge. Pour cela faire, je retournai à ma demeure et allumai un grand feu. Attirés par la lueur, ils y vinrent. Quelle fut ma surprise, je reconnus ma fille. L'autre était un jeune Français. En considération de ma fille je lui accordai la vie. « Monsieur, lui dis-je, vous saurez que je suis ennemi de votre nation et j'ai juré sur mes autels, par le Dieu qu'ils ont outragé de venger, de massacrer tous ceux qui tomberaient en ma puissance. Je vous exempte toutefois en considération de ma fille. Cherchez une demeure dans cette île qui soit éloignée de celle-ci. Ne sortez jamais que lorsque le soleil est sur l'horizon. Je vous laisse vivre. Au défaut de quoi votre mort s'ensuivrait. » Trois ans se passèrent ainsi sans que j'eusse eu la curiosité de voir s'il vivait toujours. J'y allai au bout de ce terme et ne trouvai aucun vestige de son corps. J'ignore ce qu'il peut être devenu. Je bénis toutefois le ciel qui m'a délivré de ce méchant homme.

« Il y a six ans que je fus réveillé par le bruit de plusieurs coups de canon et de mousqueterie. Le soleil s'était levé. Je ne voulus pas, quoique j'en eusse bien envie, trahir mon serment et j'attendis la nuit. Elle n'avait pas plutôt répandu ses voiles que j'allumai un grand feu et me mis à faire la tournée de mon royaume. Je vis sept hommes couchés à terre, étendus sur des couvertures et quatre autres qui les soignaient. Les quatre vinrent à moi. Insensé ! je n'eus pas l'esprit de me défendre. Ils me tirèrent ma barbe, me battirent, me bafouèrent, m'appelèrent sauvage. Ils voulurent m'obliger à dire où il y avait de l'eau. Je ne voulus jamais pour les punir de leurs mauvais traitements. C'étaient d'ailleurs des Français. Ma fille qui me suit presque toujours vint bientôt. Elle ne me vit pas plutôt dans l'état où j'étais tiré, qu'elle tua d'un coup de fusil deux de ces brigands. Les deux autres se sauvèrent. La frégate était à une certaine distance. Elle ne pouvait pas approcher à cause des rochers. Je leur criai de venir prendre leurs malades. Ils y envoyèrent trois hommes qui vinrent à la nage. Je leur permis à tous de s'embarquer. O ingratitude affreuse ! Ils ne furent pas plutôt arrivés à leur frégate qu'ils tirèrent quelques coups de canon contre les restes des ruines qu'ils prirent pour mon habitation.

« Depuis ce temps-là, j'ai juré de nouveau sur mon autel de ne plus pardonner à aucun Français. Il y a quelques années que j'ai vu périr deux bâtiments de cette nation. Quelques bons nageurs se sauvèrent dans l'île, mais nous leur donnâmes la mort. Après les avoir secourus comme hommes, nous les tuâmes comme Français.

« L'année passée, un des bateaux qui [font la] correspondance de l'île de Corse avec la France vint échouer ici. Les cris épouvantables de ces malheureux m'attendrirent.

Je me suis depuis souvent reproché cette faiblesse, mais que voulez-vous, monsieur? je suis homme et avant d'avoir le cœur d'un roi ou d'un ministre, il faut bien avoir étouffé ces sentiments qui nous lient à la nature et je n'étais roi que depuis onze ans. J'allumai donc un grand feu vers l'endroit où ils pouvaient aborder et, par ce moyen, je les sauvai. Vous vous attendez peut-être que leur reconnaissance... Eh ! non ! Ces monstres, à peine arrivés ici, tranchèrent des maîtres. Deux cavaliers escortaient un criminel qu'ils laissèrent à bord. Je demandai ce qu'il avait fait. Ils me répondirent que c'était une canaille de Corse, que ces gens méritaient tous d'être pendus. Ma colère fut grande. Mais que devins-je ! Ils me reconnurent comme Corse et prétendirent me conduire avec eux. J'étais un coquin qu'il fallait rouer. Ils firent plus : ils m'enchaînèrent. Ils prétendaient que l'on avait promis une récompense pour ceux qui me livreraient. J'étais perdu. J'allais expier par les supplices ma fâcheuse mollesse. Mes ancêtres irrités se vengeaient de ce que j'avais trahi la vengeance due à leurs mânes... Cependant, le ciel, qui connaissait mon repentir, me sauva. Le bâtiment fut retenu sept jours. Au bout de ce terme, ils manquèrent d'eau. Il fallait savoir où l'on pourrait en puiser. Il fallut me promettre la liberté. L'on me délia. Je profitai de ce moment et j'enfonçai le stylet de la vengeance dans le cœur de deux de ces perfides Je vis alors pour la première fois l'astre de la nature. Que sa splendeur me parut brillante, mais, ô Dieu ! comment pouvait-il contempler de pareilles trahisons !

« Cependant ma fille était à bord garrottée ainsi que je l'avais été. Heureusement que ces hommes brutaux ne s'étaient pas aperçus de son sexe. Il fallait aviser au moyen de la délivrer. Après y avoir longtemps rêvé, je me revêtis de l'habit d'un des soldats que j'avais tués. Armé de deux pistolets que je trouvai sur lui, de son sabre, de mes quatre stylets, j'arrivai au bâtiment. Le patron et un mousse furent les premiers qui sentirent le glaive de mon indignation. Les autres tombèrent également sous les coups de ma fureur. Je recueillis tous les meubles qui pouvaient appartenir à l'équipage. Nous traînâmes leurs corps aux pieds de notre autel et là, nous les consumâmes. Ce nouvel encens parut être favorable à la divinité... »

XXXVI[1]

LETTRE A M. GIUBEGA, GREFFIER EN CHEF DES ÉTATS

Monsieur et cher compatriote,

Cette année s'annonce par des commencements bien flatteurs pour les gens de bien... et, après tant de siècles de barbarie féodale et d'esclavage[2] politique, l'on est tout surpris de voir le mot Liberté enflammer des cœurs que le luxe, la mollesse et les arts semblaient avoir désorganisés.

Tandis que la France renaît, que deviendrons-nous, nous autres infortunés Corses? Toujours vils, continuerons-nous à baiser la main insolente qui nous opprime ? Continuerons-nous à voir tous les emplois que le droit naturel nous destinait occupés par des étrangers aussi méprisables par leurs mœurs et leur conduite que leur naissance est abjecte ?

Continuerons-nous à voir le militaire, donnant un libre essor à son humeur despotique, ne trouver aucune digue et inonder de ses débordements jusqu'au sommet le plus élevé de nos montagnes?

Continuerons-nous à avoir pour arbitre de nos propriétés et de nos vies, un tribunal supérieur, sans force, sans crédit, sans énergie, des cours inférieures mal constituées, où un seul homme décide ; un seul homme non seulement étranger à notre langue et à nos mœurs, mais encore aux lois de son pays, non seulement

(1) *Inédit. Fonds Libri.* Manuscrit in-folio de 5 pages. Napoléon écrit Iubica, mais il ne pourrait y avoir de doute ni sur la personnalité du correspondant, qui est son parrain, ni sur l'époque approximative où la lettre a été écrite. On a vu plus haut (§ 2) ce qu'était M. Giubega. (*Ed.*)

(2) *de despotisme*, en interligne, rayé. (*Ed.*)

destitué d'une certaine fortune sans laquelle point de bons juges, mais encore envieux d'un luxe qu'il a vu dans le continent et que ses appointements ne peuvent alimenter ?

Magistrats sans consistance [1], ils jugent pour avoir du pain, et, envieux de jouir d'une aisance à laquelle ils n'étaient pas accoutumés, ils se classent avec cette cohorte nombreuse de financiers qui furent toujours étrangers aux mœurs et à la probité [2].

Continuerons-nous, monsieur, à voir le chef des publicains usurper les droits de nos États et de notre commission intermédiaire, décréter sans appel les contestations de leurs perceptions, régir à volonté la caisse des États et nous opprimer tous sous le faix de son autorité ?

Les subdélégués présideront-ils toujours aux États provinciaux ? Je rougis de ce degré incroyable d'ignominie. Une assemblée d'un pays présidée par un vil agent d'un intendant : le dernier de ses commis !

Continuerons-nous enfin à courber la tête sous le triple joug du militaire, du robin, du financier, qui, si différents par leur caractère, se réunissent pour nous mépriser à l'envi ?

(Être) méprisé par ceux qui ont la force de l'administration en main, n'est-(ce) pas la plus horrible des tortures que puisse éprouver le sentiment ? N'est-ce pas la tyrannie la plus affreuse ? L'infortuné Péruvien qu'égorgeait le féroce Espagnol éprouvait une vexation moins ulcérante.

Nous sommes pauvres sans doute. Que l'on fasse peu de cas de nous à Paris, eh bien ! que s'ensuivrait-il ? Que les habitants des grandes villes, accoutumés à ne désirer que les richesses, ne voient, ne considèrent que cela ; mais que, sur nos places, dans l'enceinte de nos villes, sur le sommet de nos montagnes, dans nos églises, nous mépriser, de tous les degrés de tyrannie, de tous les genres de vexations, n'est-ce pas le dernier ?

Mais, pourquoi m'arrêter à détailler des choses que vous savez

(1) Ou *conscience*. (*Ed.*)

(2) Les lignes suivantes sont bâtonnées : « Continuerons-nous à voir les postes d'officiers publics occupés par des hommes qui au lieu de veiller même quand le citoyen dort, ont à chaque moment besoin d'indulgence et d'ailleurs ne sont en état de comprendre les impositions d'un paysan que trois ou quatre ans après qu'ils sont en place... affreuse prévarication ! »

mieux que moi ? C'est, mon cher compatriote, que nos maux sont toujours présents à mon esprit et ont si profondément frappé mon âme qu'il n'y a rien au monde que je ne sacrifiasse pour les voir finir... Nous toucherions à cette époque fortunée si un homme, rompu aux affaires, prudent et bon patriote, voulait, d'une voix (qui sût) se faire entendre, porter au pied du trône ou dans le sein des États du Royaume les gémissements de notre île... Il serait sûrement écouté. Les ministres aujourd'hui sont sages et aiment le bien : ils ont les oreilles ouvertes aux doléances des peuples... L'on sait partout en France que notre patrie est très mal gouvernée ; l'on sait que les Français qui (y) ont passé sont l'écume du Royaume ; il suffirait d'élever la voix et notre sort s'améliore... J'entends bien que, pour se défendre, les commissaires pourraient prendre des certificats que tout va bien, mais cela leur coûtera et cela ne servira de rien. Le Français est instruit par son exemple que, dans une nation, trois quarts voient mal ; l'autre quart est-il favorisé de la fortune, n'encense qu'elle. D'ailleurs la mauvaise administration est si évidente qu'il suffit de vouloir ouvrir les yeux... Dans cet espoir, monsieur, qui, mieux que vous, peut s'acquitter de ce grand devoir envers la Patrie ? sera-t-elle donc délaissée de tout le monde ? Je ne puis le croire et j'augure trop bien de votre façon de penser... Jusqu'ici la prudence a indiqué de se taire. La vérité a peu d'appas à une cour corrompue : mais, aujourd'hui, la scène a changé, il faut aussi changer de conduite. Si nous perdons cette occasion, nous sommes esclaves à jamais... et si vous n'avez pitié de vos infortunés compatriotes, l'occasion se perdra... Je n'ose rien ajouter et j'espère que vous pardonnerez cette longue lettre en faveur du motif qui m'a fait vous l'écrire et des sentiments d'estime qui m'ont fait espérer en vous.

Croyez-moi avec le plus profond respect, monsieur...

Permettez que madame trouve ici le serment de mon hommage.

Ne m'oubliez pas, je vous prie, auprès de Masselli et M. Costa s'il est à Bastia.

XXXVII

LETTRES SUR LA CORSE A MONSIEUR L'ABBÉ RAYNAL

1789-1790

Lettre Première[1]

Monsieur,

Ami des hommes libres, vous vous intéressez au sort du Corse que vous aimez : son caractère l'appelait à la liberté ; la centralité de sa position, le nombre de ses ports et la fertilité de son sol l'appelaient à un grand commerce. Pourquoi n'a-t-il été jamais ni libre ni commerçant ? — C'est qu'une fatalité inexplicable a toujours armé ses voisins contre lui : il a été la proie de leur ambition et victime à la fois de leur politique et de son opiniâtreté... Vous l'avez vu prendre le fer, secouer l'atroce gouvernement génois, recouvrer son indépendance, vivre un instant heureux, mais, poursuivi par cette fatalité irrésistible, il tombe dans le plus insupportable avilissement. Pendant vingt-quatre siècles, voilà les scènes qui se renouvellent sans interrup-

(1) *Fonds Libri.* Manuscrit de 17 pages in-folio pour la première lettre, de 40 pages pour la deuxième et de 16 pages pour la troisième. Publié par Libri. *Illustration*, 1843, vol. I, n°s 2 à 11 ; mais Libri s'est permis des corrections qui atténuent singulièrement la force du style. Ainsi dans la première phrase il corrige *du Corse* et met *de la Corse*. Cela change le sujet de toute la période, si claire, si nette et si précise autrement, et oblige à quantité de périphrases : *Le caractère de ses habitants* ici, *le peuple corse* ajouté plus bas, etc., etc. Cela n'est qu'un exemple entre mille. M. Iung a publié ces pièces d'après le texte arrangé par Libri, mais cette fois sans indication de source. (*Ed.*)

tion : mêmes vicissitudes, même infortune : mais aussi il montre le même courage, la même résolution, la même audace. Les Romains ne purent se l'attacher qu'en se l'alliant ; des essaims de barbares y débarquèrent ; ils s'emparèrent de ses champs, incendièrent ses maisons, mais il sacrifia son caractère de propriétaire à celui d'homme : il erra pour vivre libre. Il trembla devant l'hydre féodal, mais seulement autant de temps qu'il lui en fallut pour la connaître et la détruire. S'il baisa en esclave les chaînes de Rome, il ne tarda pas à les rompre par le sentiment de la nature. S'il courba enfin la tête sous l'aristocratie ligurienne, si des forces majeures le maintinrent vingt ans soumis au despotisme de Versailles, quarante ans d'une guerre opiniâtre étonnèrent l'Europe et confondirent ses ennemis : mais, vous qui aviez prédit à la Hollande sa chute, à la France sa régénération, vous aviez promis aux Corses le rétablissement de leur gouvernement, le terme de l'injuste domination française. Votre prédiction se fût accomplie lorsque cet intrépide peuple, revenu de son étourdissement, se fût ressouvenu que la mort est un des états de l'âme, que l'esclavage en est l'avilissement. Elle se fût accomplie... Inutiles recherches ! Dans un instant, tout est changé. Du sein de la nation que gouvernaient nos tyrans, est sortie l'étincelle électrique ; cette nation éclairée, puissante et généreuse s'est ressouvenue de ses droits et de sa force : elle a été libre et a voulu que nous le fussions comme elle. Elle nous a ouvert son sein, désormais nous avons les mêmes intérêts, les mêmes sollicitudes. Il n'est plus de mer qui nous sépare.

Parmi les bizarreries de la Révolution française, celle-ci n'est pas la moindre. Ceux qui nous donnaient la mort comme à des rebelles sont aujourd'hui nos protecteurs : ils sont animés par nos sentiments. — Homme ! Homme ! que tu es méprisable dans l'esclavage, grand lorsque l'amour de la liberté t'enflamme ! Les préjugés se dissipent, ton âme s'élève, la raison reprend son empire...

Régénéré, tu es vraiment le roi de la Nature!

A combien de vicissitudes, Monsieur, sont sujettes les nations! Est-ce la providence d'une intelligence supérieure ou est-ce le hasard aveugle qui dirige leur sort? Pardonne, ô Dieu! — Mais la tyrannie, l'oppression, l'injustice dévastent la terre et la terre est ton ouvrage; les souffrances, les soucis sont le partage du juste et le juste est ton image!!! Ces mêmes réflexions sont écrites sur toutes les feuilles des histoires de Corse, car l'histoire de Corse n'est qu'une lutte perpétuelle entre un petit peuple qui veut vivre libre et ses voisins qui veulent l'opprimer. L'un se défend avec cette énergie qu'inspirent la justice et l'amour de l'indépendance. Les autres attaquent avec cette perfection de tactique, fruit des sciences et de l'expérience des siècles. Le premier a ses montagnes pour dernier refuge; les seconds ont leurs navires; maîtres de la mer, ils interceptent les communications de Corse, et se retirent, reviennent ou varient leurs attaques à leur gré: ainsi, la mer qui pour tous les autres peuples fut la première source des richesses et de la puissance, la mer qui éleva Tyr, Carthage, Athènes, qui maintient encore l'Angleterre, la Hollande, la France au dernier degré de splendeur et de puissance, fut la source de l'infortune et de la misère de ma patrie. Heureuse, si la sublime faculté de perfection eût été plus bornée dans l'homme; il n'aurait pas alors, dans la soif de son inquiétude et par le véhicule de l'observation, soumis à ses caprices le feu, l'eau, l'air; il aurait alors respecté les barrières de la nature; des bras de mer immenses pour sa force physique l'auraient étonné sans lui donner l'idée de les franchir. Nous eussions donc toujours ignoré qu'il existait un continent. Oh l'heureuse, l'heureuse ignorance!!!

Quel tableau offre l'histoire moderne! Des peuples qui s'entretuent pour des querelles de famille ou qui s'entr'égorgent au nom du moteur de l'univers; des prêtres fourbes et avides qui les égarent par les grands moyens de l'imagination, de l'amour du merveilleux, de la terreur! Dans ce dédale de scènes affligeantes, quel intérêt peut prendre un lecteur éclairé : mais un Guillaume Tell vient-il à paraître? Les vœux se fixent autour de ce vengeur des nations. — Le tableau de l'Amérique dévastée par des brigands forts de leur fer, inspire le mépris de l'espèce humaine; mais l'on partage les travaux, l'on jouit des triomphes de Washington, on le suit à deux mille lieues; sa cause est celle de l'humanité. — Eh bien! l'histoire de Corse offre une série de vérités de ce genre; si ces insulaires ne manquèrent pas de fer, ils manquèrent de marine pour profiter de leur victoire et se mettre à l'abri d'une seconde attaque. Ainsi les années durent se passer en combats: un peuple fort de sa sobriété et de sa constance, et des nations puissantes, riches du commerce de l'Europe, voilà les acteurs qui se partagent l'histoire de Corse.

Pénétré de l'utilité dont elle pouvait être, de l'intérêt qu'elle inspirait et convaincu de l'ignorance ou de la vénalité des écrivains qui ont jusqu'ici travaillé sur nos annales, vous sentîtes que l'histoire de Corse manquait à notre littérature. Votre amitié voulut me croire capable de l'écrire; j'acceptai avec empressement un travail qui flattait mon amour pour mon infortunée patrie, alors avilie, malheureuse, enchaînée. Je me réjouis d'avoir à dénoncer à l'opinion qui commençait à se former les tyrans subalternes qui la dévastaient, je n'écoutais pas le cri de mon impuissance... Il s'agit moins ici de grands talents que d'un grand courage, me dis-je; il faut une âme qui ne soit pas ébranlée par la crainte des hommes puissants qu'il faudra démasquer. Eh bien! me répétais-je avec une sorte de fierté, je me sens ce courage. — Le récit des siècles passés offre un morceau d'histoire neuf, il est piquant et méritera de lui-même une place distinguée. La constance et les vertus de ma nation lui captiveront le suffrage du lecteur. J'aurai à parler de M. Paoli dont les sages institutions firent un instant notre bonheur et nous firent concevoir de si brillantes espérances ; le premier, il consacra ce principe fondamental de la prospérité des peuples ; l'on admirera ses ressources, sa fermeté, son éloquence : au milieu des guerres civiles et étrangères, il fait face à tout : d'un bras ferme il pose les bases de sa constitution et fait trembler jusque dans Gênes nos fiers tyrans... Mais sans doute le récit de nos gémissements, trente mille Français, vomis sur nos côtes, renversant le trône de la liberté, le noyant dans des flots de sang, offre le tableau d'un peuple qui dans son découragement reçoit des fers. Triste moment pour le moraliste, pareil à celui qui fit dire à Brutus : *Vertu, ne serais-tu qu'une chimère ?...*

« J'arriverai enfin à l'administration française. Accablé sous le triple joug du militaire, du robin, du maltotier, étranger dans sa patrie, en proie à des aventuriers que le Français d'outre-mer refuserait de reconnaître, les jours du Corse sont flétris par l'avidité, la fantaisie, le soupçon, l'ignorance de ceux qui, au nom du Roi, disposent des forces publiques. Hélas ! Comment cette nation éclairée ne serait-elle pas touchée de notre état ? Comment l'envie de réparer les maux qui nous sont faits en son nom ne lui viendrait-elle pas ? Et c'était là le principal fruit que je voulais tirer de mon ouvrage. »

Plein de la flatteuse idée que je pouvais être utile aux miens, je m'occupais à recueillir les matériaux qui m'étaient indispensables ; mon travail se trouvait même avancé lorsque la Révolution vint rendre au Corse sa liberté. Je cessai ; je compris que mes talents n'y étaient plus suffisants et que, pour oser empoigner le burin de l'histoire, il fallait avoir d'autres moyens. Lorsqu'il y avait du danger, il ne fallait que du courage ; lorsque mon ouvrage pouvait avoir un objet immédiat d'utilité, je crus mes forces suffisantes ; mais, aujourd'hui, je laisse le soin d'écrire notre histoire à quelqu'un qui n'aurait peut-être pas eu mon dévouement mais qui sûrement aura plus de talents... Cependant, pour ne pas perdre tout le fruit de quelques recherches et remplir en quelque sorte la promesse que je vous avais faite; convaincu d'ailleurs que je ne puis rien vous offrir qui soit plus dans vos principes que les annales d'un peuple comme celui-ci, je vais vous le faire passer d'un mouvement rapide. Entrant dans la belle saison, abrité par l'arbre de la paix et par l'oranger, chaque regard me retrace la beauté de ce climat que la nature a orné de tous ses dons, mais que les tyrans, ennemis destructeurs, ont dévasté, dépouillé

Le gouvernement républicain florissait dans les plus beaux pays du monde. Il occasionnait un accroissement de population qui obligeait à des émigrations fréquentes. Les Lacédémoniens, les Liguriens, les Phéniciens, les Troyens envoyèrent des colonies en Corse.

PHOCÉENS 600. — Six siècles avant l'ère chrétienne, les Phocéens, peuple d'Ionie, chassés de leur patrie, vinrent y bâtir la ville de Caleria. Les Phocéens étaient venus solliciter un asile; ils prétendirent cependant dominer; quoique plus instruits dans l'art militaire, ils n'y purent réussir; les naturels du pays, secourus par les Étrusques, les chassèrent.

Il est difficile de pénétrer dans des temps si éloignés. Il paraît cependant que les Corses vivaient contents, libres et abandonnés à eux-mêmes, divisés en petites républiques confédérées pour leur défense commune. — C'est cependant dans cet intervalle que les écrivains placent la domination carthaginoise. Tous se répètent sans qu'il soit possible de pénétrer l'origine de cette opinion; mais il est très certain que les Carthaginois n'ont jamais gouverné en Corse. On lit dans les historiens anciens qu'ils ont dominé la Sardaigne, que des Corses qui occupaient douze bourgs sur les plus hautes montagnes de cette île leur résistèrent, mais Pausanias et Ptolémée nous apprennent que ces Corses étaient des descendants d'anciens expatriés à qui on avait conservé le nom de la patrie de leurs pères. — Dans les traités que les Romains et les Carthaginois ont faits sur les limites de navigation et de commerce ou dans leurs traités de paix, il est toujours fait mention de la Sardaigne, mais jamais de notre île. — Après la première guerre punique, Carthage céda la Sardaigne, mais la Corse ne se ressentit aucunement de l'humiliation de Carthage et resta toujours indépendante et libre... Il y a cent autres raisons qui auraient pu empêcher tant d'écrivains de se copier si servilement, mais c'est surtout en lisant notre histoire qu'il faut être en garde jusque sur les opinions universellement adoptées.

ROMAINS. — Les Romains, maîtres de l'Italie, vainqueurs de Carthage, durent penser à l'acquisition de la Corse; mais elle ne leur fut pas aussi facile qu'ils se l'étaient promis. Les Corses se défendirent avec intrépidité; quatorze fois, ils furent vaincus et obligés à déposer les armes et quatorze fois, les reprirent et chassèrent leurs ennemis. C. Papirius réfléchissant sur la cause de cette obstination, leur offrit le titre d'alliés des Romains sur le pied des Latins. L'on accepta cette condition qui assurait en partie la liberté. Rome ne put parvenir à se concilier ces peuples qu'en les faisant participer à sa grandeur... Quelques infractions aux traités irritèrent les Corses qui devinrent irréconciliables. En vain le préteur C. Cicereus et le consul M. Juventius Thalna portèrent en Corse le ravage et la désolation. Leurs victoires furent aussi éclatantes qu'inutiles. Douze mille patriotes morts ou traînés en esclavage affaiblirent un peuple implacable dans sa haine, mais sans le décourager. On fut bien étonné à Rome d'être obligé, après de pareils événements, d'envoyer des armées consulaires contre une nation qu'on croyait non seulement découragée mais même détruite. Mais, s'il fallut enfin qu'elle se soumît aux vainqueurs du monde, elle ne le fit qu'après avoir été l'objet de cinq triomphes... (173). Le Corse, dans son exaltation, avait préféré d'abandonner des plaines trop difficiles à défendre plutôt que de se soumettre. Les Romains se les approprièrent et y établirent deux colonies qui ont servi de lien entre les deux peuples. Lorsque, depuis, les Triumvirs offrirent au monde le hideux spectacle du crime heureux, la Corse et la Sicile furent le refuge de Sextus Pompée. Je vois avec plaisir ma patrie, à la honte de l'Univers, servir d'asile au reste du bon parti, aux héritiers de Caton.

BARBARES. — Des peuplades nombreuses de Goths, de Vandales, de Lombards, après avoir ravagé l'Italie, passèrent en Corse. Plusieurs même s'y établirent et y régnèrent longtemps. Leur gouvernement, aussi sanglant que leurs incursions, semblait n'avoir pour but que de détruire. La nature frémit de s'appesantir sur de pareilles horreurs.

Lorsque les Sarrasins furent battus par Charles Martel, ils débarquèrent dans l'île. Furieux d'avoir été vaincus, ils assouvirent sur nos malheureux habitants la rage forcenée qui les transportait contre le nom chrétien. Les prêtres massacrés au moment du sacrifice, les enfants arrachés au sein maternel, pulvérisés contre des rochers, périssant victimes d'un Dieu qu'ils ne pouvaient connaître, les femmes égorgées, le pays incendié furent les offrandes que ces hommes féroces vouèrent à leur Prophète. Effets terribles du fanatisme! Ils étouffent les lois sacrées de l'humanité, rendent les peuples féroces et finissent par leur forger des fers.

Fatigués de se trouver sans cesse en proie aux incursions des barbares et d'espérer en vain des secours des princes voisins, les Corses quittèrent leurs habitations et errant dans les forêts les moins pénétrables, sur les sommets les moins accessibles, traînèrent sans espoir leur triste existence lorsque, du fond de l'Italie, un homme généreux y aborda avec mille ou douze cents de ses parents et vassaux.

UGO COLONNA. — Ugo, du sang des Colonna, fut le génie tutélaire qui, sous la protection des Papes, vint ranimer le courage des insulaires et détruire l'empire moresque. Les naturels du pays, libres, rentrèrent dans leurs habitations, ils commenceront sans doute à goûter un sage gouvernement et, désormais plus tranquilles, ils vivront heureux !!!

Ugo crut avoir le droit de s'ériger en despote en conservant à la cour de Rome la suzeraineté. Les seigneurs qui l'avaient accompagné s'approprièrent divers cantons ; le régime féodal naquit de ce partage et voici les Corses, échappés aux cruautés des Goths et des Vandales, victimes d'un système de gouvernement que ces barbares avaient imaginé, système qui a plus dévasté l'Europe que leurs armes. Ainsi, une reconnaissance exagérée pour ses libérateurs, peut-être une admiration stupide pour ces riches étrangers, dompte pour cette fois ce caractère inflexible.

Qui a médité l'histoire des nations est accoutumé, sans doute, au spectacle du fort opprimant le faible, à voir les différentes sectes se haïr et s'égorger ; il n'est de fléau qu'il n'ait vu tour à tour affliger les peuples, mais l'horrible rapine que Rome exerçait à cette époque est, je crois, le maximum de l'abus de la religion. — Les Papes, en vertu de leur suzeraineté et pour l'indemnité des secours qu'ils avaient accordés, imposèrent, sous le nom de tribut temporel, le cinquième des revenus, et, sous le nom de tribut spirituel... je crains que l'on ne me taxe d'exagération, je serais tenté de développer toute la force des preuves... oui, sous le titre de tribut spirituel, le Père commun des fidèles, le Vicaire d'un Dieu-Homme percevait le dixième des enfants que ses collecteurs prenaient, âgés de cinq ans, pour les transporter dans les galères de Rome. Briser les liens qui unissent les pères aux enfants, la patrie aux citoyens, s'appelait une chose spirituelle !... Quand les historiens ne présenteraient que ce trait, ils offriraient une matière inépuisable aux méditations de l'homme sensé. Qui veut affaiblir l'empire de la raison, qui veut substituer aux sentiments infaillibles de la conscience le cri des préjugés, est un fourbe qui veut tromper !!!

(1000) Dans ces temps de malheur et d'avilissement,

naquit *Arrigo il Bel Messere*. Arrigo, descendant de Ugo, respecté de ses peuples, craint de ses vassaux, s'occupait quelquefois de leur bonheur ; quoique soumis à la cour de Rome, plus encore par les préjugés qui dominaient alors dans toute l'Europe que par son serment, il obtint après de longues négociations[1] la suppression du tribut spirituel.

Lorsque le fer d'un Sarde coupa le fil des jours de ce prince, Arrigo, ne laissant pas de postérité, tous les seigneurs se cantonnèrent dans leurs châteaux, puis, après s'être longtemps disputé l'empire, visèrent tous à l'indépendance. Les peuples étaient également victimes des guerres qu'ils se faisaient entre eux et de leur fantasque administration ; mais ils ne tardèrent pas à s'en lasser. Le Corse, au centre de l'Europe, a dû sans doute être affligé par les mêmes tyrans que les autres peuples, mais il a toujours été le premier à leur donner l'éveil et à secouer le joug. Ainsi, dans ce siècle où toute l'Europe croupissait sous le régime féodal, lui seul se fit un gouvernement municipal depuis adopté en Italie et de là dans les autres pays du continent.

Gouvernement municipal. — La partie septentrionale fut la première à recouvrer sa liberté. Chaque village forma sa municipalité, chaque piève eut son podestat et tous réunis nommèrent une régence ou suprême magistrature composée de douze membres.

Les Papes qui n'avaient pas abandonné leurs prétentions sur la Corse y envoyèrent des seigneurs de la maison de Massa, sous prétexte de diriger les forces des Communes contre les Barons avec plus d'intelligence. Ils les accoutumaient ainsi à recevoir des chefs de leurs mains ; mais le pape Urbain II, en 1091, en donna l'investiture aux Pisans qui, maîtres de Bonifacio et très puissants dans ces mers, se faisaient estimer par leur sagesse.

Une partie de l'île était gouvernée en démocratie, avait des lois, des magistrats et des forces. La partie méridio-

(1) En interligne : *il méditait*. (*Ed.*)

nale, excepté les piêves de Celarvo et Bastelica, était soumise aux seigneurs des maisons de Cinarca, Leca, Rocca, Ornano. Quelle était donc l'autorité de la République de Pise? Elle envoyait deux de ses principaux citoyens qui percevaient une légère imposition. Leur principale fonction était de maintenir la paix parmi les différents états qui composaient le royaume ; soit qu'il s'élevât un différend entre deux barons, soit qu'il s'en élevât entre un baron et une commune, les deux magistrats qui portaient le titre de *Giudice* prononçaient. Le gouvernement des Pisans fut au gré des nationaux ; ils n'ambitionnaient pas une extension d'autorité ; la paix et la justice furent l'objet de leurs soins. Le tribut modique qu'ils percevaient, ils l'employaient tout entier à des établissements publics. Le titre de citoyen de Pise qu'ils donnèrent aux Corses avec la jouissance des prérogatives qui y étaient attachées acheva de consolider leur prépondérance.

Ainsi, Monsieur, s'écoulèrent dix-huit siècles, sans que, dans un si grand nombre de révolutions, le Corse ait jamais démenti son caractère.

Des érudits italiens ont prétendu dans ces derniers temps que la maison Colonna n'était jamais venue en Corse. Ils ont fourni des preuves qui ne m'ont point convaincu. Je m'en tiens donc à l'assertion reçue, à la tradition et à la conviction où en sont les Colonna de Rome, et à l'autorité de tant d'historiens dont plusieurs contemporains, aux restes de quelques monuments, etc... Mais contentons-nous de discuter leur principal moyen.

D'abord, disent-ils, l'on trouve qu'un Charles, roi de France, l'a délivrée des Maures. Depuis, l'on voit un comte de Bonifacio, marquis de Toscane, chargé par l'Empereur de défendre la Corse : c'est lui qui est si célèbre par la fameuse descente d'Afrique. Après sa mort, l'on voit son fils Adalberto lui succéder dans les emplois et précéder son fils Alberto second, dit le Riche, qui meurt en 916, Guido Lamberto succéder à Alberto le Riche. Je conviens de tous ces faits. Je ne vois pas ce qu'il y a d'incompatible avec ce que nous avons dit des Colonna.

Les papes envoyèrent Ugo en Corse pour la délivrer. Les Empereurs étaient, ce me semble, aussi fort intéressés à ce que les barbares ne s'y établissent pas : ils donnèrent donc commission au marquis de Toscane de veiller sur la Corse, de la secourir si les barbares l'attaquaient et, en conséquence de cette commission, les marquis de Toscane prenaient le titre de *Tutor Corsicæ*.

.. Cela est si vrai que, depuis, lorsque les communes eurent pris consistance, l'on voit une comtesse Mathilde, marquise de Toscane, s'intituler *Tutor Corsicæ*. Cependant elle n'y avait certainement aucune autorité.

L'on releva ensuite quelques erreurs de chronologie de Giovan della Grossa et l'on en conclut la fausseté du fait. Cela n'est pas conséquent. En vérité, il faut bien avoir la manie des systêmes pour ne pas sentir que c'est en bâtir sur le sable que d'en fabriquer sur de si faibles fondements.

Lettre seconde[1].

Monsieur[2],

Nous avons parcouru rapidement[3] les régions ténébreuses de notre histoire ancienne : nous voici arrivés au XIIe siècle;

(1) Il existe deux copies de cette deuxième lettre : l'une complète, jointe à celle des deux autres lettres; l'autre arrêtée peu avant la fin mais précieuse par les variantes qu'elle fournit et surtout par la date qu'elle porte. C'est cette date qui a permis d'affirmer que les *Lettres à l'abbé Raynal*, lesquelles diffèrent essentiellement comme on l'a vu des *Lettres à M. Necker*, ont été rédigées durant le séjour en Corse de septembre 1789 à novembre 1790. On indique en note les variantes que donne la seconde copie (*copie B*). De plus, sur des feuilles séparées, Napoléon a consigné un certain nombre d'additions qu'il se proposait de faire aux Lettres II et III. Ces additions sont autant que possible indiquées aux places qu'elles doivent occuper : elles sont désignées *Mss. C.*

(2) La seconde copie porte : *Le 30 mai l'an Ier de la Liberté*. Manuscrit in-folio de 20 pages fonds Libri. (*Ed.*)

(3) *Copie B.* « à pas de géants. »

nos annales commencent à s'éclaircir[1]; à cette époque, la tradition, les monuments ont pu instruire. Giovanni della Grossa qui vivait en 1470 et qui est notre premier écrivain, Pier'Antonio Monteggiani qui écrivait en 1525, Marc'Antonio Ceccaldi qui écrivait en 1559, Cirneo qui écrivait en 1506, Filippini qui écrivait en 1593[2].

Dans le temps que les Corses libres avaient trouvé un refuge dans la confédération de Pise, les Génois[3] y abordèrent. L'esprit de faction et l'intrigue abordèrent avec eux. Armer le fils contre le père, le neveu contre l'oncle, le frère contre le frère paraissait à ces avides Liguriens le chef-d'œuvre de la politique. Rendus maîtres de Bonifacio en trahissant les liens les plus sacrés de l'hospitalité, ils commencèrent à semer dans tous les cœurs le poison[4] des factions.

Les Pisans, affaiblis par leurs guerres et par les grands intérêts qu'ils avaient à soutenir dans le continent, se trouvèrent hors d'état de s'opposer aux efforts de leurs projets, de maintenir la paix entre les différentes petites puissances qui composaient le Royaume. Les seigneurs ne reconnaissant plus de frein aspirèrent à la tyrannie; le peuple dénué de protection se livra à tout l'emportement de son indignation et menaça les barons de les dépouiller d'une autorité illégitime, usurpée par les malheurs des temps et contraire à tous droits naturels[5]... l'un et l'autre[6] parti

(1) *Copie B.* « à s'éclaircir, à se circonstancier. »

(2) *Copie B.* « Mais si notre histoire se circonstancie ce n'est que pour transmettre des récits douloureux, faudra-t-il toujours nous affliger ? »

(3) *Copie B.* « Jaloux des secours que notre alliance offrait à cette République soit par la quantité de nos bois, soit par la valeur de notre jeunesse qui venait notamment de se distinguer à la prise de Majorque. »

(4) *Copie B :* « le poison de la division, de l'intrigue, des factions sur lesquelles ils avaient déjà assis le projet de leur prépondérance et qui ne tarda pas à leur offrir un prétexte plausible de s'entremêler de nos affaires. »

(5) *Copie B :* « A toute loi naturelle. »

(6) *Copie B :* « Les uns et les autres s'étayaient de la puissance des Génois qui les fomentaient mais les effets en furent différents. Les Communes s'unirent et recon-

espérait dans la protection des Génois qui les fomentait, mais les effets en furent différents. Les Barons, moyennant la promesse d'une protection efficace, se confédérèrent avec la république de Gênes et lui prêtèrent hommage. Les Communes s'unirent et reconnurent Sinucello della Rocca pour Giudice ou premier magistrat.

SINUCELLO DELLA ROCCA [1] 1248. Sinucello della Rocca, distingué dans les armées pisanes par son rare courage, ne l'était pas moins par son austère justice. Pendant soixante ans [2] qu'il fut à la tête des affaires publiques, il sut contenir Gênes, détruire dans les privilèges des seigneurs ce qui était contraire à la liberté publique. D'une humeur toujours égale, impartial dans ses jugements, calme dans ses passions, sévère par caractère et par réflexion Sinucello est au petit nombre des hommes que la nature jette sur la terre pour étonner. Au commencement de sa carrière publique on lui contrastait son autorité. Faiblement accompagné il errait dans les montagnes de Quenza. Un chef, fort accrédité dans ces piéves, après avoir tué un de ses rivaux, se présenta à lui. Sinucello sans égard à l'avantage qu'il [3] pouvait tirer d'un homme puissant, fait constater son crime et le fait mourir. La renommée [4] répand

nurent Sinucello della Rocca pour magistrat suprême. Les Barons se confédérèrent avec la République de Gênes et moyennant les promesses d'une protection immédiate, lui jurèrent hommage : premières victimes de la politique de leurs protecteurs, ils ne tardèrent pas à déplorer leur sottise. »

(1) *Copie B :* « Sinucello della Rocca autrement appelé Giudice. »

(2) *Copie B :* « Pendant soixante-sept ans, il sut confondre les pernicieux projets de Gênes, il abaissa la morgue ridicule des seigneurs et détruisit dans leurs prérogatives ce qui était contraire à la liberté publique. Peu d'hommes ont été appelés par la nature à montrer une égalité dans ses humeurs, une impartialité dans ses jugements, un calme dans ses passions à l'abri de tout événement. Sévère par réflexion, il l'était par caractère. Jamais il ne se démentit... Au principe de sa carrière publique son ascendant était contrasté... »

(3) *Copie B :* « Qui pouvait être pour sa fortune l'alliance d'un homme puissant. »

(4) *Copie B :* « La renommée de ce fait lui vaut plus qu'une victoire. On accourt de tous côtés et sa prépondérance est reconnue. »

ce fait. On accourt de tous côtés se ranger sous ses drapeaux.

Pise[1] anéantie à la journée de la Meloria ne donnait plus d'ombrages : les Génois résolurent de faire des efforts pour profiter des circonstances[2]. Voyant les difficultés de vaincre Sinucello, ils procurèrent de le gagner : envisageant d'ailleurs les Barons comme les principaux obstacles à leur domination, ils les désignèrent à être d'abord sacrifiés. Sinucello, qui[3] ne perdait pas de vue le grand objet de l'indépendance de sa patrie, en vit avec plaisir les ennemis naturels s'entre-déchirer[4]. Cependant, maîtrisant les ennemis, il sut faire tourner à l'avantage public l'animosité des deux partis. Il dut chercher à diminuer la puissance des Barons, mais il le fit avec prudence, garda assez de mesure pour pouvoir se réconcilier quand il serait temps : en effet, dès le moment que les succès multipliés des Génois les eurent affaiblis, Sinucello leur tendit la main, les incorpora au reste de la nation, obligea les ennemis communs à repasser la mer après avoir remporté sur eux un grand nombre d'avantages. Ce fut[5] dans une de ces rencontres qu'ayant fait un grand nombre de prisonniers, leurs femmes vinrent de Bonifacio porter leur rançon. Sinucello les reçut avec humanité et les confia à la garde de[6] ses guerriers. Ce jeune homme égaré par l'amour trahit les devoirs de l'hospitalité et de l'honnêteté publique, malgré les vives résistances d'une de ces infortunées. Navrée de l'affront

(1) *Copie B.* « Pise battu et sa puissance. »

(2) *Mss. C.* « Les secours que nous offrions à Pise soit par l'excellence et la quantité de nos bois, soit par la valeur de notre jeunesse, soit par l'habileté de nos matelots n'étaient pas de nature à être vus de sang-froid par une puissance ennemie. »

(3) *Copie B.* : « qui n'avait en vue que l'indépendance de sa patrie. »

(4) *Copie B.* « Mais lorsque l'affaissement du parti des Barons les concilièrent avec la nation, il l'incorpora, se tourna contre les Génois qu'il battit en plusieurs rencontres et réduisit au seul port de Bonifacio. »

(5) *Copie B.* « C'est dans une de ses rencontres où il fit un grand nombre de prisonniers que plusieurs de leurs femmes vinrent porter leur rançon. »

(6) *Copie B.* « son neveu. »

qu'elle venait d'essuyer, les cheveux éparpillés[1], ses beaux yeux égarés, et flétrie par la honte, elle se prosterne aux pieds de Sinucello et lui dit : « Si tu es un tyran sans pitié pour les faibles, achève de faire périr une malheureuse avilie ; si tu es un magistrat, si tu es commis par le peuple pour l'exécution des lois, fais-les respecter par les puissants. Je suis étrangère et ton ennemie, mais je suis venue sur ta foi, et je suis outragée par ton sang, par le dépositaire de de ta confiance. » Sinucello fait appeler le criminel, constate son délit, et le fait mourir sur-le-champ[2]. C'est par de pareils moyens qu'il soutint toujours la rigueur des lois. Ses armes prospérèrent et la nation unie vécut longtemps tranquille. De cette époque jusqu'au temps de Sambucuccio les Génois ne parurent plus en Corse : ils furent découragés par les pertes qu'ils avaient faites[3]. Ils se contentèrent de fomenter dans l'obscurité[4] la guerre civile, mais Sinucello sut rendre nulles toutes leurs trames. Il vieillit et la perte de la vue fut son premier malheur.

Guglielmo[5], suscité par les Liguriens, méprisant un vieil-

(1) *Copie B.* « sur le front. »

(2) *Copie B.* « devant son armée étonnée de cette austère vertu. C'est par de pareils moyens qu'il soutint pendant tout le temps de sa magistrature l'honneur des lois. Ses armes prospérèrent et la nation unie prenait une allure qui lui promettait une prospérité durable. »

(3) *Mst. C.* « Découragés par tant de luttes inutiles, ils suspendirent les projets machinés pour notre malheur et desquels ils avaient osé tout se promettre... Depuis lors jusqu'au temps de Sambucuccio, ils ne paraissent plus sur la scène Ce n'est pas cependant qu'ils ne fomentassent dans l'obscurité la guerre civile et ourdissent à leur ordinaire des trahisons... »

(4) *Copie B.* « la désunion, la guerre civile et à leur ordinaire des trahisons. »

(5) *Copie B.* « Guglielmo jaloux, suscité par les Liguriens, déploie l'étendard. Sinucello, quoique affaissé et aveuglé par l'âge, marche contre lui, le bat à la Mezzana et envoie Lupo Ornano son neveu à sa poursuite. Guglielmo investi ne peut plus fuir. Sans ressources, il promet à Lupo la main de sa fille en même temps son amante. Lupo perverti laisse échapper Guglielmo. L'inflexible Sinucello outré, interdit sa présence à Lupo qui, empoisonné par l'amour, se réunit aux ennemis de sa maison et de sa patrie... Salnese, propre fils de Sinucello, pour se réunir à son ami, l'abandonne. Ils conjurent contre l'importun vieillard, âgé de cent trois ans. Sinucello est livré entre les mains de Zacharia Spinola qui l'attendait avec quatre galères... Il ne tarda pas à périr dans les prisons de Gênes.

« Passons sous silence les circonstances de l'infortune de ce grand homme. La tâche

lard caduc et accablé d'infirmités déploie l'étendard de la rébellion. Lupo d'Ornano, neveu de Sinucello, mis à la tête de la force publique, marche, bat, investit près de la Mezzana, l'imprudent Guglielmo, qui, sans ressource, a recours à la commisération du jeune vainqueur de qui il obtient une suspension de quelques jours. Lupo se reproche déjà un délai qui peut rendre inutile sa victoire, flétrir son laurier, lui enlever son triomphe. Dans l'inquiétude de ses pensées, arrive le terme de la suspension. Une entrevue lui est demandée, il y court avec impatience. Il va enfin, par la captivité de son ennemi, se rendre illustre parmi les siens et mériter de succéder aux honneurs comme à la puissance de son oncle... Les deux escortes restent à trois cents pas. Les deux chefs se joignent. Une visière se lève et au lieu de Guglielmo laisse voir sa fille, l'intéressante Véronica.

« Lupo, lui dit Véronica, il n'y a pas encore un an que nous vivions en frères et il faut que la fortune te réserve une destinée bien glorieuse puisque ton coup d'essai a été la défaite de mon père... Lupo, je t'ai vu à mes genoux me promettre un amour constant. O Lupo, je viens aujourd'hui implorer de toi la vie. »

Ce jeune héros, hors de lui, conserve cependant assez de force pour fuir, mais l'intrépide Veronica le retient par

d'historien devient pénible lorsqu'il y a de tels faits à narrer... Le discours que les écrivains lui mettent dans la bouche arrivé au bord de la mer, est le dernier trait qui achève de prendre son caractère, de faire passer dans le cœur du lecteur une admiration méritée, en accroissant s'il est possible l'indignation contre les monstres qui l'ont trahi.

« Lupo! Salnese! Ne croyez pas mon cœur irrité contre vous. J'ai vu quatre générations s'écouler; j'ai connu l'homme faible, par conséquent vicieux et méchant. J'avais peu de jours à vivre. Ils ne pouvaient être plus d'aucune utilité... Ce n'est ni à mes compatriotes ni à Dieu que je demande vengeance, mais à ceux de votre sang... Que vos femmes ne soient que des harpies!... Que vos enfants révoltés vous méprisent! Que vos proches ligués contre vos injustices vous abandonnent dans la solitude, livrés à vos remords! Puisse mon image alors vous tourmenter!... En exécration aux hommes, puissiez-vous périr ne laissant parmi eux que le souvenir de votre crime, de votre affreuse fin!... Lupo, Salnese, écoutez-moi... recevez ma malédiction! Elle vous poursuivra sans cesse! Amour, passion dépravatrice, premier fléau de la vertu, voilà de tes œuvres! »

son armure. — « Je ne viens pas ici séduire votre vertu, la gloire de Lupo est plus chère à Veronica que la vie. Celle de mon père et des miens est en danger et c'est vous qui la menacez... Quelle horrible position est la mienne et, si vous refusez de m'écouter, de qui devrai-je attendre la pitié ??? Sinucello ne pardonne jamais et c'est vous qui êtes destiné à être le ministre de ses cruautés ! Lupo, tu pourrais être le bourreau des miens ? tu pourrais porter la flamme dans ce séjour où tu passas à mes côtés les plus belles années de ton enfance ? » Déchiré par les affections les plus opposées, retenu par l'amour, Lupo obéit au devoir. Il s'arrache avec violence et fait quelques pas pour s'éloigner, mais un cri qui lui perce le cœur l'oblige à s'arrêter, à détourner la tête et lui laisse voir Veronica se précipitant sur sa pique, près de se donner la mort. Il retourne brusquement, arrive à temps et prend dans ses bras, arrose de ses larmes celle qui l'a vaincu sans retour et qui, pâle, affaiblie par les efforts qu'elle vient de faire, lui dit !... « Je n'ai à te proposer rien d'indigne de toi, écoute-moi et quand j'aurai cessé de parler, si ta gloire, ton devoir y répugnent, tu pourras me laisser seule en proie à mon sort affreux... Sinucello est vieux et infirme. Il faut à la République un magistrat actif et dans la force de l'âge. Tu t'es rendu assez grand pour pouvoir y prétendre. Mon père et les siens te promettent leur appui. Sinucello même ne pourra s'y opposer. A l'âge où le commun obéit tu seras le premier de la République qui heureuse et prospérante de tes vertus et de ton courage ne laissera rien à désirer à ton cœur. La main de Veronica cimentera ta puissance. Veronica t'aura dû la vie et, s'il est possible, son amour s'en accroîtra. »

Lorsque l'homme imprudent a laissé croître dans son sein une flamme désordonnée, lorsque l'objet qui l'a allumée vient d'échapper à la mort et est embelli par la pâleur de l'angoisse, par les souffrances des sentiments, il est au-dessus des forces accordées aux faibles mortels de résister.

Lupo fléchit donc et céda à l'amour les intérêts du devoir, de la patrie et de la gloire. — Guglielmo put s'échapper. L'inflexible Sinucello fit instruire le procès de son neveu et oublia sa victoire pour ne plus voir que sa faute ; celui-ci n'ayant plus de ménagements à garder s'unit à Guglielmo, épousa la tendre Veronica. — Salnese, propre fils de Sinucello s'unit aux ennemis de son père. Tous réunis, ils dressèrent une embuscade, firent prisonnier le caduc vieillard. Ils furent longtemps indécis sur ce qu'ils en devaient faire. Les uns le voulaient mettre à mort, mais Lupo ne voulut jamais y consentir. Le garder prisonnier était le parti le moins sûr. Le peuple, ému par le souvenir de ses services, ému par son grand âge, aurait pu, dans un retour de son amour, lui restituer son autorité... Dans cet embarras les conjurés s'avisèrent de l'expédient qui réunissait tous les avantages, c'était de le livrer aux Génois... Zacharia vient le prendre avec quatre galères. — La tâche d'historien devient pénible lorsqu'il a de tels faits à narrer. Le discours que les écrivains lui mettent dans la bouche, arrivé au bord de la mer, est le dernier trait qui achève d'indigner contre les monstres qui l'ont trahi... « Lupo, dit d'un ton ferme ce malheureux vieillard, ton cœur me vengera. Je le connais bien. Il n'était pas fait pour connaître le remords. Tu as été méchant parce que tu as été faible... Quant à toi, Salnese, ton âme atroce me punit de ne pas t'avoir laissé périr sur l'échafaud, souillé du crime de la mort de mon intime ami. Je fus faible : l'amour paternel étouffa le cri de la justice. Je te sauvai du supplice que tu méritais. J'expie durement cette unique faute de ma vie, mais quatre-vingts ans de vertus n'équivalent-ils pas à une faiblesse !... Salnese, que ta femme soit une harpie, que tes enfants conjurés contre toi te ressemblent par ta méchanceté, que tu périsses, ne laissant parmi les hommes que l'exécration de ta mémoire. Salnese, je te maudis avec ta postérité. »

En finissant ces paroles, cet illustre vieillard se prosterna à genoux, couvrit sa tête de sable, médita un moment, et puis, d'un pas sûr, il monta sur un navire qui l'attendait. — Salnese était ému, mais de colère. Les dernières paroles de son père avaient excité cette âme de fiel. — Quant à Lupo, la révolution fut étonnante, le bandeau parut tomber. L'effervescence de la passion qui lui avait voilé l'énormité de son crime parut cesser; il eut horreur de lui-même, il chercha à rétrograder, mais ses efforts furent vains. Alors se roulant sur le sable, se jetant à la mer; il appelait tour à tour la mort et Sinucello! Heureux celui-ci dans sa catastrophe s'il eût pu être témoin du repentir de celui qu'il avait adopté pour son fils. Son âme en eût été raffraîchie et peut-être l'émotion du sentiment lui eût fait goûter un plaisir avant de mourir.

Arrivé à Gênes, ce grand homme périt au bout de quelques jours extrêmement âgé : il laissa quatre enfants tous indignes de lui, tous marchant sur les traces de leur frère aîné. Lupo parut se consoler. Le temps et le cœur de l'intéressante Veronica adoucirent le venin du remords. Lupo fut un grand seigneur, il eut une grande prépondérance, mais sa femme mourut et les remords revinrent se ressaisir de leur proie. Il périt enfin misérablement. Orlando le plus puissant de ses enfants périt sur l'échafaud. L'amour fit le malheur de cette race. Orlando devint épris de la femme de son frère, origine de sa catastrophe.

Quant à Salnese, il prospéra toujours et toujours faisant le mal. Après avoir trahi son père, il vendit son oncle pour 450 écus d'or, mais enfin ses deux enfants meurent sans postérité et délivrent notre pays d'une race de monstres.

LES GIOVANNALI. 1355[1]. — De grands troubles suivirent

(1) *Copie B.* « Les Barons parurent reprendre des forces, mais deux (hommes) obscurs par leur naissance, mais grands par leur courage, tentèrent la régénération de leur patrie. Des débris du barbare régime féodal combinés à des lois instituées par les préjugés, sans ensemble, sans unité, faisaient une bigarrure qui ne pouvait que perpétuer les guerres

la mort de Sinuccello. Les différents partis se choquèrent violemment. Les Génois parurent vouloir profiter de cet instant, mais leur effort fut faible. L'on a peine à suivre les différentes factions qui se partagent la scène, lorsque

et accroître les malheurs. Polo et Arrighi le sentirent. Ils se mirent à prêcher les grands principes de la communauté des biens, de l'égalité, de la puissance du peuple, de l'illégalité de toute autorité qui n'émanait de lui. Ils firent en peu de temps de nombreux partisans et aucune puissance dans l'île n'aurait pu leur résister, mais les prêtres prétendirent que cette morale était contraire à l'Evangile et le Saint-Père publia une croisade contre le Giovannali. Ils furent exterminés jusqu'au dernier... Pour justifier cette exécrable entreprise, les moines ont pratiqué leurs moyens usités. Ils ont calomnié sans ménagement Ils ont répété tout ce qu'ils ont dit depuis des protestants de Paris, qu'ils s'assemblaient, qu'ils éteignaient les lumières pour se livrer à leur lubricité : imposture digne d'eux ! Les infortunés Giovannali sur lesquels nous n'avons que peu de renseignements périrent victimes de la superstition de leur siècle, d'une religion intolérante et ambitieuse. Ainsi périrent Tiberius et Caïus. Les Giovannali peuvent à juste titre être assimilés à ces deux Gracques. »

Mss. C. « Ces deux grands hommes périrent à la fleur de leur âge. En peu de temps ils avaient changé la face de l'île. L'effet de leur [mort] est incalculable. S'ils avaient eu le temps de se fortifier, quel spectacle aurait offert à l'Europe un gouvernement sans préjugés aux portes de Rome, un gouvernement d'hommes si près des serfs de Provence, un gouvernement libre si près du foyer de la féodalité, de la finance, de l'aristocratie ! Notre île eût été à juste titre appelée l'île de la Raison. Comment des nations corrompues, abruties, avilies sous le sceptre des rois et des évêques auraient-elles pu résister dans le choc à des hommes sains, robustes, à des hommes dignes d'être ? Comment l'auraient-ils fait quand Athènes, seule, résista, battit l'Asie conjurée, comment l'auraient-ils fait ?... Oh ! Arrigo ! oh Polo ! dans votre tombe s'ensevelit la fortune de ces peuples, dans votre tombe le destin de l'Italie, peut-être celui de l'Europe. Heureux les peuples qui sauront l'en tirer, heureux lorsqu'ils ne prétendront comme vous [ne] parvenir à la puissance que par le bonheur. Ah ! si un jour cette même Rome, d'où partit l'orage qui vous [emporta] pouvait devenir plus éclairée... Le peuple de tous les pays renverse d'un bras hardi... cet hydre de préjugés qui ne se nourrit que d'injustices et qui vous tiendra toujours dans les fers. Il hâta votre ruine, détruisit sans [ressource] votre puissance et a toujours été à calomnier vos grands hommes. Où peut vous conduire la liberté ! Oh Romains, arborez l'étendard, des Emile, des Brutus, des Caton, des Gracques ; qui sait le sort qui vous attend ? Il fut toujours extraordinaire. Peut-être, qui sait ! Mais rendez-vous-en dignes. Chassez les prêtres et leur imposture, les [moines] et leur nigauderie, sans cela vous ne serez jamais qu'un peuple abruti, qu'un peuple de tartuffes...

« ... A l'aspect des projets des Giovannali, les grands, les riches, les prêtres s'étaient ligués. Secourus par Rome, ils avaient, en détruisant les Giovannali, affaibli le parti des Communes et rétabli les Barons dans toute leur force et réintégré dans tous leurs droits. Les peuples ne perdirent pas courage, ils élevèrent Sambucuccio d'Alando à la suprême magistrature. Sambucuccio, intrépide militaire, s'était distinguée par une haine innée contre les grands...

« ... Les armées de [Gênes] liguées aux riches, et les grands, les prêtres ligués avec Rome avaient détruit les Giovannali et rétabli les barons dans tous leurs droits. Les Communes étourdies du coup qui venait de faire périr leurs principaux soutiens gémissaient en silence lorsque Sambucuccio d'Alando osa le premier les arracher à leur léthargie et les fers et le feu à la main saccagea, incendia la demeure de leurs ennemis... »

tout d'un coup, l'on voit s'élever les Giovannali d'un vol hardi. Deux frères de la lie du peuple, mais d'un esprit élevé, d'un grand courage, tentent la régénération de leur pays. Ils voient que les débris du régime féodal combinés à des lois instituées par les préjugés, dictées la plupart par les circonstances, alliagées aux superstitions romaines, n'offraient qu'une bigarrure dégoûtante propre à perpétuer l'anarchie. Ils comprirent qu'un palliatif n'était pas de saison. Ils employèrent les moyens les plus forts ; ils prêchèrent les vérités les plus hardies, les grands dogmes de l'égalité, de la souveraineté du peuple, de l'imposture de toute autorité qui n'émanait pas de lui. Ils firent en peu de temps de nombreux partisans et ils n'auraient pas tardé à rallier toutes les nations à leurs principes lorsque le Vatican publia une croisade contre eux, sous prétexte que leur morale n'était pas conforme à l'Évangile. Une armée de croisés marcha contre les Giovannali qui, après une vigoureuse résistance, furent exterminés jusqu'au dernier avec une telle barbarie que le proverbe s'en conserve encore : *Il a été traité comme les Giovannali.* Pour justifier cette exécrable entreprise, l'on a eu recours aux armes ordinaires. L'on a calomnié sans ménagement. L'on a dit tout ce que l'on a entendu dire depuis des protestants de Paris, qu'ils s'assemblaient, qu'ils éteignaient les lumières pour se livrer à leur lubricité : impostures dignes de leurs auteurs. Les infortunés Giovannali périrent victimes de la superstition de leur siècle.

SAMBUCUCCIO D'ALANDO[1]. 1359. — Le vieux Sambucuccio était un des plus fermes soutiens des Giovannali. Blessé dans le dernier combat que ces infortunés per-

(1) *Copie B.* « Après leur mort, les Communes élevèrent Sambucuccio d'Alando. Sambucuccio, le flambeau à la main, incendia les châteaux des seigneurs, leur faisant partout une vigoureuse guerre ; mais, dans le temps que la discorde agitait les deux partis plus que jamais, les Génois intervinrent et ne laissant aux Communes d'autre alternative que de leur prêter le même hommage que les Barons leur avaient juré il y avait soixante-dix ans ou de voir triompher leurs ennemis : les Communes qu'égarait la haine fléchirent à leur volonté et firent à l'intérêt le sacrifice de l'orgueil. »

dirent[1], il se réfugia dans une caverne du Fiumorbo pour pouvoir mourir libre et inspirer à son fils ces sentiments qui portent à tout entreprendre et à braver tous les dangers. Ses leçons frutifièrent et le même jour que Sambucuccio son fils lui eût fermé les yeux, il fit jurer à ses compagnons de (ne) rien épargner pour rétablir la République et les Communes. Pour exiter majeurement son zèle, pour qu'il eût devant les yeux un objet toujours présent qui lui fit un devoir de ne pas perdre un instant, son père lui avait fait promettre de ne rendre les derniers honneurs à son corps qu'après le premier succès qu'il devait obtenir dans sa juste entreprise. Il laisa donc le corps du vieux Sambucuccio sans sépulture et il se tranporta rapidement dans les pièves de Rostino et d'Ampugnani, et, par ses discours et par les premiers avantages qu'il remporta sur les Barons, il rétablit la confiance, ranima le courage, a une armée, est créé

(1) *Mss. C.* « Réfugié dans une grotte du Fiumorbo, il ne vécut quelque temps que pour inspirer à son fils cet ardent désir de la vengeance, ces sentiments sublimes de la liberté qui portent à tout entreprendre, à n'estimer aucun danger. Le même jour que son père expira, il fit jurer à ses compagnons de malheur d'être fidèles au grand projet qu'ils allaient entreprendre et aussitôt se transporta dans les terres de Communes et sut si bien relever le courage de ses hommes abattus qu'il est reconnu magistrat suprême, lève une armée, et, en peu de temps, établit le parti de la liberté. Les excès auxquels il se porta ne feraient pas d'honneur à sa modération s'ils n'étaient justifiés par la nécessité, peut-être par les représailles. Cependant, craignant depuis de ne pouvoir se soutenir, il courut se liguer avec les communes de Gênes qui lui envoyèrent des secours qui le mirent à l'abri de toutes les vicissitudes. Moins juste, moins habile que Sinuccello, il se laissa depuis maitriser par les fourbes italiens sans trouver aucun remède pour se détacher de leur puissance Trop emporté contre les Barons, il avait tant versé de leur sang qu'aucun rapprochement n'était possible. Il mourut dans ces perplexités: les uns disent assassiné par les Génois qui commençaient à craindre sa vertu; les autres croient qu'il le fut par les Barons en vengeance de ceux qu'il avait immolés. D'autres sont d'avis qu'il se tua lui-même voyant que sa mort pouvait être plus utile à sa patrie que sa vie C'est ainsi que ceux qui sont de ce sentiment racontent le fait: Sambucuccio voyait que les Génois, venant comme alliés, prétendaient cependant s'ériger en souverains et fonder leur domination sur les divisions qui agitaient la patrie. Il voyait qu'il n'existait d'autre remède que de *reconcilier* les deux partis des Barons et des Communes et soit qu'il ne voulût pas venir à cette humiliation, soit que la présence d'un homme qui leur avait fait tant de mal fût un *obstacle insurmontable*, il ne trouva pas d'autre parti que de finir une vie dont tous les instants avaient été sacrifiés à la patrie. Oh! Sambucuccio, votre mémoire, ternie par les préjugés, la vénalité, par l'acharnement des tyrans, sera en vénération aux peuples qui sauront vous apprécier. Vous naquites les armes à la main contre l'aristocratie et vous pérites comme Caton pour ne rien faire d'indigne de votre cœur ou comme Codrus pour lever un obstacle à la félicité de votre pays. »

premier magistrat et, partout, il fait triompher la bonne cause. Mais, le fer d'une main, le flambeau de l'autre, il se porte aux plus horribles excès que rien ne peut justifier, pas même le droit de représailles, et que condamne essentiellement la politique. D'une stature, d'une imagination, d'un courage gigantesques, il fût extrême dans toutes ses opérations. Il crut devoir s'étayer de quelques secours étrangers : il se confédéra avec les communes de Gênes : démarche imprudente qui a coûté cher à son pays qu'il avait eu idée de servir. Plein de fougue, de force et de haine, mais sans politique, sans ménagement et sans dextérité, Sambucuccio opposait à tout sa personne. Il ne tarda pas à être dominé par les alliés qu'il s'était donnés, qui, insensiblement, à force d'adresse s'étaient rendus ses maîtres ; il s'en aperçut enfin, mais trop tard. Il ne lui restait plus qu'un parti, c'était de pardonner aux nobles, de rechercher leur amitié, d'effacer autant qu'il aurait été possible la défiance et le souvenir des maux passés, mais soit que Sambucuccio comprît qu'il était impossible que ceux-ci prissent jamais confiance dans un homme qui depuis tant d'années était leur fléau, soit que se souvenant de leur avoir juré dans les mains de son père une haine irréconciliable, il n'y voulut pas être infidèle, il ne trouva pas d'autre expédient que de finir une vie dont tous les moments avaient été sacrifiés à la patrie. Il termina ses jours dans cette exaltation de principes particulière aux sectateurs des Giovannali. Sambucuccio naquit les armes à la main contre l'aristocratie et périt comme Caton pour ne rien faire d'indigne de lui, ou comme Codrus pour lever un obstacle à la félicité de son pays.

ARRIGO DELLA ROCCA, 1378[1].—Avant de mourir Sambu-

(1) *Copie D.* - Reconnus protecteurs dans toute l'île, maîtres de Bonifacio et de Calvi, les Génois marchaient à grands pas vers la domination absolue : les Barons ne leur présentaient plus que des faibles obstacles, mais les Communes paraissaient jalouses d'une liberté qui leur avait tant coûté. Ils se flattaient néanmoins que le temps et leurs

cuccio avait désigné au peuple Arrigo della Rocca comme digne de sa confiance. Arrigo, ennemi implacable de Gênes, ami des Communes, avait l'avantage de tenir aux Barons par sa naissance et par ses alliances ; presque toute la nation marcha, se rallia autour de lui. En peu de temps, il obligea les ennemis à repasser la mer... Mais les Génois ne pouvaient si facilement abandonner une entreprise qui était l'objet [1] des intrigues fomentées, des crimes commis, du sang versé pendant deux siècles. Ils comprirent seulement qu'il fallait ou une masse de forces plus considérable ou des ressorts plus compliqués pour soumettre une nation indomptable. Ils [2] comprirent que le principal avantage qu'ils tiraient de l'île consistant dans un commerce exclusif, dans la possession des ports qui favorisait leur marine et les rend redoutables à leurs ennemis, ils pouvaient remplir le même but en tenant les places maritimes et en abandonnant l'intérieur aux factieux que l'on exciterait pour les empêcher de se rallier. D'ailleurs, le commerce avait beaucoup trop accru la puissance de certaines familles de Gênes ; il n'était pas moins intéressant pour leur liberté de les affaiblir. L'on imagina de les mettre aux prises avec les Corses, bien sûrs de leur insuffisance. Pour cela, la République déclara abandonner les affaires intérieures de l'île et ne plus vouloir s'entremêler de protéger un peuple ingrat et, sous main, elle sollicita les plus puissants patriciens d'employer leurs richesses à une conquête glorieuse pour la patrie et avantageuse pour leurs familles.

L'ambition excitée est aveugle et cinq des plus puissantes familles de Gênes firent société sous le nom de compagnie de la Maona pour conquérir la Corse. Au milieu

intrigues changeraient leurs dispositions, mais ils ne tardèrent pas à reconnaître combien leurs espérances étaient illusoires. L'on n'eut pas plutôt entrevu le but de leur politique que l'on courut aux armes et sous le généralat d'Arrigo della Rocca, l'on chassa de l'île ces perfides protecteurs, mais les Génois, etc.

(1) *Copie B.* « Des intrigues, des crimes, du sang, fomentées, commis, versé... »

(2) *Copie B.* « Ils machinèrent un projet médité avec profondeur, exécuté avec dextérité, projet hideux s'il en fut jamais ; ils comprirent... »

des troubles que ces nouveaux ennemis nous susciteraient, le gouvernement national ne pourrait se consolider; les patriotes, n'envisageant que des guerres continuelles se décourageraient en s'affaiblissant. A ce double avantage, Gênes avait le plaisir de voir se briser sur une roche inébranlable les navires des fortunes qu'elle redoutait.

Quoique puissante, la Maona fit de vains efforts pour s'emparer de vive force de l'île. Battue, chassée, elle revint à ses premiers projets et résolut de n'élever l'édifice de sa domination qu'à l'ombre des factions, mais, aussi peu avancée que lors de sa première année, elle reconnut, après trente-neuf ans de vicissitudes, la chimère dont elle s'était bercée et, quoique à regret, abandonna des projets qui lui avaient été si funestes.

La maison de Frégose était alors très puissante à Gênes. Elle fut suscitée de succéder à la Maona et, pour l'encourager, le Sénat lui céda Bonifacio et Calvi qu'il avait conservés jusque-là. Abramo di Campo Fregoso ne parut en Corse que pour être battu et fait prisonnier. Il vit en moins de quatre ans ses espérances s'évanouir avec sa faction.

VINCENTELLO D'ISTRIA. 1405. — Vincentello d'Istria. depuis la mort d'Arrigo avait été élevé[1] au premier rang. Son activité, ses talents militaires lui ont mérité une des premières places parmi les grands hommes qui ont gouverné ces peuples. Il acheva de détruire le reste de la faction de la Maona[2], culbuta le parti des Fregose, fit régner la justice. Victorieux des Turcs sur terre, il arma une flotille et battit leurs galliotes[3]. Une grande partie de nos maux devait nous être causés par les[4] Papes. Cette année, en conséquence d'une donation qu'ils avaient faite de la Corse à Alphonse, roi d'Aragon, il vint avec quatre-vingts vais-

(1) *Copie B.* « à la suprême magistrature. »
(2) *Copie B.* « confondit la sotte vanité de Lomellini. »
(3) *Copie B.* « sur mer. »
(4) *Copie B.* « Saints-Pères. »

seaux pour la réaliser... Vincentello sentit que ce ne pouvait être qu'un torrent passager ; il se joignit à lui et ils assiégèrent ensemble Calvi, dont ils se rendirent les maîtres, mais, ayant échoué devant Bonifacio, Alphonse continua son chemin pour la Sicile.

Après son départ, à l'abri de la grande réputation de Vincentello, les Corses vécurent en paix. Les ambitieux particuliers de Gênes n'osaient s'aventurer contre un homme si favorisé par la fortune[1]. L'on réussit toutefois à gagner Simone da Mare qui leva l'étendard de la rébellion. Cet ennemi, quoique redoutable, n'aurait fait qu'augmenter les triomphes de Vincentello lorsque[2], s'étant embarqué, il fut pris par deux galères génoises[3], conduit à Gênes où il périt misérablement. — Ainsi finit un homme qui, par ses rares talents, méritait l'estime des nations. Pourquoi Gênes au mépris du droit des gens et de l'hospitalité violait-elle cinquante-trois ans de paix ? C'est ce qui lui fut reproché par les puissances voisines, mais, au-dessus des reproches, ces avides marchands ne recueillirent pas moins[4] le fruit de leur crime.

Polo della Rocca. 1438. — Après la mort de Vincentello[4], le peuple choisit pour lui succéder Polo della Rocca. Sa première expédition fut de marcher contre Simone qui avait pris du crédit. Il le battit, le força à se retirer à Gênes ; là, cet infâme citoyen continua à tramer contre sa patrie ; il sollicita les Montalto, les Frégose, les Adorno qui aussi peu sages que la Maone éprouvèrent le même sort[5].

(1) *Copie B.* « Ce qu'ayant compris le Sénat il procura de semer la zizanie. Simon da Mare, à sa sollicitation, leva... »

(2) *Copie B.* « par un malheur incalculable. »

(3) *Copie B.* « l'utilité »

(4) *Copie B* « les affaires furent dans le plus grand désordre. Simon da Mare se vit un instant prospérer, mais bientôt le peuple proclama Polo della Rocca comte de Corse. Il marcha contre lui et le força à se retirer à Gênes, là il continua à tramer...

(5) *Copie B.* « Giudice d'Istria, neveu du grand Vincentello, à la tête des patriotes rendit vains leurs efforts. »

Mais, à mesure que les Corses détruisent un ennemi, il en paraît dix autres. Affaiblis par leur victoire même, ne pouvant ni prévenir l'attaque, ni profiter de leurs succès ils se trouvent dans la plus triste position. Si un élément ennemi ne les empêchait de t'atteindre, Gênes, superbe repaire !... tu n'eusses pas longtemps insulté à nos malheurs... Pouvoir, d'un bras désespéré, se venger en un moment de tant d'affronts, d'un seul coup assurer l'indépendance de sa patrie et donner aux hommes un exemple éclatant de justice [1]... Dieu ! Ton peuple ne serait-il pas le faible opprimé ?

Dans cette position désespérée, l'évêque d'Aléria ouvrit l'avis d'implorer la protection des Papes. Eugène occupait alors la chaire pontificale. Ravi de cette heureuse circonstance, il y envoya un légat. Les Adorno prétendirent mettre obstacle à ce nouvel ordre de choses, mais battu, Gregorio Adorno paya par sa captivité les vues ambitieuses de son oncle.

MARIANO DI CAGGIA. 1445. — Les peuples nommèrent pour gouverner, sous la protection des papes, Mariano di Caggia. Mariano, implacable ennemi des caporaux, leur fit une guerre opiniâtre ; il brûla, dévasta leurs biens, démolit leurs châteaux. Les caporaux, distingués par leur crédit sur le peuple, en étaient les chefs, mais, corrompus, ils ne servirent plus qu'à l'égarer et la nation était victime de leur ambition et de leur avidité : funestes effets de l'ignorance de la multitude. L'on ne peut disconvenir cependant que la Corse ne soit redevable aux caporaux. Leur histoire est à peu près celle des tribuns de Rome [2]. Après sa brillante

(1) *Copie B.* « Mais, Dieu ! pourquoi [gardes-tu] ton ange exterminateur ?... Ton peuple ne serait-il pas le faible opprimé et Sennacherib aurait-il été plus coupable ?... Pourquoi n'as-tu pas entr'ouvert le sein des flots ? Les Egyptiens auraient-ils été plus criminels et les Israélites plus persécutés ?... »

(2) *Mss. C.* « Mariano avait à peine humilié les caporaux qu'il marcha contre Mariano da Norcia qui, envoyé par le Pape avec un corps de troupes prétendait s'ériger en souverain. La fin de sa carrière publique ne répondit pas au brillant commencement. Il eut

expédition contre les caporaux, Mariano ne fit plus rien de digne de sa réputation ; il conserva sa prépondérance sur le peuple malgré le grand nombre de ses ennemis, mais il s'en servit pour prêcher la soumission à l'Offizio. L'histoire, méprisant cette indigne conduite, ne s'occupe plus de lui et le laisse mourir dans l'oubli.

Peut-être, à l'ombre de la tiare, l'on eût vécu tranquille, mais le pape Nicolas V, génois, ami de Frégose, en donna l'investiture à Lodovico, chef de cette maison. Les Corses, bien loin d'approuver cette élection, coururent aux armes avec leur intrépidité ordinaire, repoussèrent ce nouvel adversaire. Gagliazzo di Campo Frégoso, découragé, céda à la République le peu de forts qu'il tenait, mais les Génois, constants dans leur politique, engagèrent l'offizio de San-Giorgio à succéder aux Fregose, et, dans le cas d'avoir d'autres moyens, ils lui firent naître une espérance de succès qu'ils étaient bien loin de désirer.

A cette époque, l'esprit de la nation était perverti ; l'on ne respirait que factions, que divisions. L'Offizio fit des préparatifs considérables. Son premier acte dans l'île fut d'assembler ses partisans al Lago Benedetto. Là, il annonça ses dispositions bénignes. Ce n'était que pour le bonheur des Corses qu'il voulait les subjuguer. Ce jargon auquel ils eussent dû être accoutumés depuis longtemps en éblouit plusieurs. La liste de ses adhérents s'accrut. Une partie considérable de l'île envoya des députés à la diète de Lago Benedetto, où ils arrêtèrent les pactes conventionnels de la souveraineté de l'Offizio.

RAFFAELLO DA LECA, 1455. — Dans cet intervalle, les patriotes ne restèrent pas oisifs. La faction aragonaise se

l'avantage de se conserver l'amour du peuple, malgré ses ennemis, mais il ne se servit de cet ascendant que pour protéger le gouvernement de l'Officio à qui il fut constant jusqu'à sa mort. L'historien, méprisant cette indigne conduite n'a daigné nous instruire ni de l'époque, ni des circonstances de sa mort. Mariano, guerrier à l'épreuve, n'a eu par devers lui que la haine contre les caporaux qui l'a porté à ces démarches qui l'ont distingué dans nos annales. »

joignit à eux et ils coururent aux armes, indignés de l'ineptie de la diète de Lago Benedetto, qui avait cru qu'une compagnie de marchands pût être animée par d'autres mobiles que par le gain. Raffaello da Leca passe les monts, bat le général Batista Doria et le capitaine Francesco Fiorentino et restreint l'Offizio aux seules villes de Bonifacio et de Calvi, mais ayant, l'année d'après, eu le malheur de tomber dans les mains de l'Offizio, il termina par une mort ignominieuse, une vie pleine de gloire. La rage inhumaine d'Antonio Calvo, alors général des troupes de l'Offizio, ne fut pas assouvie : il fit égorger à sa vue vingt-deux des plus zélés patriotes parmi lesquels se trouvèrent plusieurs enfants. L'on craignait les rejetons d'un sang qui avait de tels pères à venger.

Les larmes que leur sort fit verser à la nation se changèrent bientôt en haine. Toutes les factions semblèrent n'être animées que par l'indignation et le désir de la vengeance et chacun s'empressa d'offrir son bras aux familles de Leca et Della Rocca. Dans ce pressant danger, l'Offizio expédia Antonio Spinola... Antonio Spinola, de tous les hommes était le plus dissimulé ; ne connaissant d'autre loi que la politique, nourri dès son enfance d'intrigues obscures, nourri des barbares maximes sénatoriales, le cœur inaccessible à la pitié, Antonio Spinola débarqua dans l'île à la tête d'un corps de troupes cent fois moins redoutable que son génie malfaisant. Sa profonde dissimulation en imposa au peuple et, par des manières étudiées, il vint à bout d'effacer les impressions sinistres des derniers événements qu'il attribua aux passions particulières des ministres ; il assura que l'Offizio voulait vivre en bonne intelligence avec les patriotes et, dans la nécessité de prendre des mesures pour consolider l'harmonie, il invita les chefs Niolnichi et des autres pièves à se transporter à Vico où il était. Dans cet état de choses, ils tinrent conseil. Giocante da Leca, vieillard respecté, le Nestor du bon parti, se leva pour parler en ces termes : « Mes infirmités, depuis bien des années, ne m'ont pas permis d'assister à vos conseils et j'ignore les maximes que vous avez adoptées pour règle de votre conduite. Vos pères en avaient une qui était gravée dans leurs cœurs en traits ineffaçables : la vengeance était, selon eux, un devoir imposé par le ciel et par la nature... Si ces fureurs sublimes règnent encore dans vos cœurs, compatriotes, courons aux armes... Mais, je le vois, cette amertume était réservée à mes vieux ans ; les méchants triompheront !... Vous délibérez, et vous avez à venger l'un un père, l'autre un frère, celui-ci un neveu et, tous ensemble, les maux qu'a soufferts la patrie... Mais, que répondrez-vous à ces martyrs de la liberté lorsqu'ils vous diront : Tu avais des bras, de la force, de la jeunesse, tu étais libre et tu ne m'as pas vengé !... En recevant la vie, ne devîntes-vous pas les garants de celle de vos auteurs ? Eh bien ! Ils l'ont tous perdue en défendant vos foyers, vos mères, vous-mêmes ; ils l'ont pour la plupart perdue dans les supplices ou par le poignard de lâches assassins et leur mémoire resterait sans vengeance. Sinucello della Rocca mourut dans les prisons de Gênes. Vicentello périt comme un criminel. Raffaello, en qui l'on voyait revivre le courage inflexible, cet amour patriotique qui animait vos pères, vous savez tous comment il mourut... O défenseurs de la patrie ! Telle fut la récompense qu'eurent vos vertus, mais que votre mort eût été cruelle pour vous, si vous eussiez prévu qu'elle n'aurait pas de vengeur !... Citoyens, si le tonnerre du ciel n'écrase pas le méchant, s'il ne venge pas l'innocence, c'est que l'homme fort et juste est destiné à remplir ce noble ministère. »

Malgré la véhémence de Giocante, l'on n'en décida pas moins que l'on irait à un accommodement, si nécessaire dans ce temps de crise et l'on arrêta de se rendre à Vico.

« Hommes sans vertu, si l'amour de la patrie, si les devoirs de la vengeance sont étouffés dans vos cœurs énervés... au moins, veillez à la conservation de vos vies, ne laissez pas tous ces peuples sans défenseurs. Ecoutez : je finis de vous importuner.

« Seul d'entre tous vos pères, je me suis garanti des embûches des méchants. Que cette considération vous fasse réfléchir sur ce que j'ai à vous dévoiler. Aveugles ! Vous croyez que l'Offizio demande sincèrement la paix... La paix est sur leurs lèvres ; votre supplice est dans leur cœur. Aucun de vous ne retournera de Vico, vous périrez par votre faute... Eh ! comment pourriez-vous en douter ? Ne sont-ce pas les maximes qui ont toujours fait agir les enfants de Gênes ? Sans religion, sans vertu, sans foi, sans pitié, n'ont-ils pas tout sacrifié à leurs projets... Tout est vain. La politique de Spinola l'emporte... Triomphe ! Tu tiendras bientôt dans tes filets tous ces hommes faibles. Ton génie encore qu'à demi illustré va surpasser de beaucoup ceux de Montalto [1], des Lomellini [2], des Frégose [3], des Grimaldi [4], des Calvo, et chargé de louanges et de lauriers par tes dignes compatriotes, tu vas offrir au monde le spectacle odieux du crime heureux. Spinola, perfide Spinola ! O Dieu, n'est-il aucun d'entre nous qui, transporté d'une noble fureur n'aille enfoncer son stylet dans le sein de ce traître avant qu'il ait consommé son crime... Mon fils, où es-tu ? Hélas, il périt en défendant son père... Raffaello, mon neveu, Raffaelo, où es-tu ? O souvenir déchirant ! Son sang arrose encore la terre qui vous porte... O vieillesse, tu ne m'as laissé qu'une prévoyance stérile et des larmes impuissantes... Jeunes gens, considérez mes cheveux, ils ont blanchi dans le malheur. Le malheur m'a appris à appré-

(1) Christoforo da Montalto, un des ministres de la Maona, appelle en 1401 les principaux Corses à un pourparler. C'était un piège qu'il leur tendait. Il en fit périr une partie et retint les autres en otage. (*Bon.*)

(2) Andrea Lomellini qui était à la tête des armées de la compagnie de la Maona en 1404 se montra digne de ses prédécesseurs par le barbare traitement qu'il fit éprouver à Attale. (*Bon.*)

(3) C'est entre autres de Galeazzo de Campo Fregosa dont voulait parler Giocante. Ayant appelé les Caporaux pour se liguer avec eux contre les seigneurs, il les fit arrêter pour profiter de la consternatron répandue parmi ceux de leur parti dont il profita, s'étant mis en campagne à la tête d'une armée. (*Bon.*)

(4) Bartolomeo Grimaldi, quelques années après, proposa une telle entrevue. Un nommé Sozzarello seul fut assez dupe pour y acquiescer. Il n'a plus reparu. (*Bon.*)

cier les hommes... Ah! si les âmes de ces infortunés qui périrent par la trahison de vos ennemis pouvaient retourner du sein de l'Eternel... Dieu! si les miracles sont indignes de ta puissance, celui-ci est digne de ta bonté!!!... »

Le spectacle touchant de cet illustre vieillard prosterné à genoux, ne fut pas capable de les détourner de leur fatale résolution. Que peut la sagesse humaine lorsque la destinée doit s'accomplir?... Giocante, consterné, abandonna l'île... Ces infortunés, arrivés à Vico, se laissèrent séduire par les manières de Spinola et, invités à un grand festin, ils furent impitoyablement assassinés au milieu du repas. Cent vingt-sept des plus beaux villages devinrent aussitôt la proie de Spinola. Les flammes les consumèrent.

Giocante et Polo della Rocca retournèrent dans l'île. Les peuples indignés coururent en foule se ranger sous leurs drapeaux. Spinola mourut alors : il mourut de rage de voir tourner si mal des affaires pour lesquelles il s'était couvert d'infamie.

TOMASINO DI CAMPO-FREGOSO, 1464. — Dans leur frénésie d'antipathie, les peuples élevèrent Tomasino di Campo-Fregoso et, par l'exaltation de ce seigneur génois, ils humilièrent plus sensiblement l'Offizio. Ainsi, Monsieur, après onze ans, l'Offizio vit toute sa puissance échouer au moment qu'il croyait avoir par un assassinat assuré à jamais sa domination.

Les Génois qui, depuis tant d'années, avaient médité notre destruction faillirent périr eux-mêmes et, déchirés par les diverses factions, ils ne trouvèrent point de meilleur expédient que de se réfugier dans le sein du duc de Milan. Ils pouvaient dire avec Thémistocle : Nous périssions si nous n'eussions péri.

L'Offizio céda les forteresses qu'il possédait aux Milanais qui firent de vains efforts pour accroître leur autorité. Giocante di Leca, Polo della Rocca, Sambucuccio d'Alando, Vinciguerra, Carlo della Rocca, Colombano, Gio. Paolo,

Carlo Casta, à différentes années et sous différents titres, furent à la tête du gouvernement; mais, après seize ans, convaincue qu'elle ne pouvait rien gagner sur un peuple comme celui-là, la duchesse de Milan céda à Tomasino les forts qu'occupaient ses troupes. A force de patience et d'heureux succès, Tomasino parvint à supplànter tous ses rivaux. Giocante et Polo étaient affaissés par l'âge; Carlo della Rocca et Colombano furent assassinés par ses plus intimes partisans. Carlo Casta, battu, fut réduit au silence. De Gio. Paolo il sut s'en faire un parent. Tomasino, fils d'une Corse, joignait à un grand nombre de parents, à une fortune considérable, les qualités qui captivent la multitude; mais, depuis, ayant oublié qu'il ne devait sa fortune qu'au peuple et voulant trancher du prince, on le chassa en criant *È Genovese !* Il comprit alors que ses affaires étaient désespérées. Il céda à l'Offizio ses prétentions et le recommanda à ses partisans.

Ghirardo, frère du seigneur de Piombino, séduisit nos insulaires par sa magnificence, mais, né dans les plaisirs, Ghirardo ne put souffrir les incertitudes de la guerre et il se retira chez son frère.

GIOVAN PAOLO (1487). — L'Offizio revint alors avec de plus fortes espérances, mais vingt ans n'avaient pas suffi pour calmer l'indignation qu'avaient inspirée ses forfaits. Gio. Paolo, mis à la tête des patriotes, courut aux armes. Gio. Paolo enfant était échappé au massacre de Vico, encore teint du sang de ses pères. Il présenta pendant seize ans un front redoutable. L'Offizio consterné, réduit aux seuls ports de Calvi et Bonifacio, fut plusieurs fois sur le point d'abandonner son entreprise; mais Gio. Paolo dut succomber lorsqu'il se trouva privé de ses principaux appuis. Son fils fut fait prisonnier en allant voir à Vico une femme qu'il aimait. Renuccio di Lecca, son compagnon d'armes, avait un fils prisonnier à Gênes. Fieschi, général des troupes de l'Offizio, passa en Corse et proposa à Renuccio une entrevue afin de renouveler leur connaissance — ils avaient été élevés ensemble à la cour de Milan — et de lui permettre d'embrasser son fils. L'expérience avait instruit Renuccio : il refusa craignant quelque piège. Alors Fieschi se présente seul à sa demeure et l'accable de mille marques d'une tendre amitié... « Tu t'es défié de moi, lui dit-il. Les années ont effacé cette étroite liaison qui confondit nos premières affections et nos jeunes années, mais dans la mienne, les impressions s'y conservent : nous étions alors à l'aurore des passions : que de beaux tableaux nos jeunes imaginations nous traçaient dans l'avenir! Quel plaisir pur nous goûtions! Nous sentions tous les délices d'une amitié réciproque. — Fieschi, vous me renouvelez des temps qui sont toujours chers à mon cœur, lui répondit Renuccio, et ne seront jamais effacés de ma mémoire, mais devant voir en vous un ennemi qui sans droit ravage cette infortunée patrie, je ne voulais point y reconnaître les traits qui pendant dix ans furent ceux de mon ami. Votre confiance, votre âme noble est au-dessus de la mienne... Pardonnez, Fieschi... Vous avez passé votre vie dans les délices de Gênes et moi, depuis le moment que je vous quittai, je fus toujours dans les factions, les guerres, les inimitiés qui nécessairement rendent l'homme farouche, revêche et ferment son cœur aux doux épanchements du sentiment. J'ai vu le fils trahir le père ; j'ai vu l'hospitalité, la sainte suspension des traités ne servir qu'à cacher les trames les plus horribles. Votre nation nous en a donné tant d'exemples que je vous fis un moment l'injustice de me souvenir moins de votre caractère que de votre patrie, mais il m'est bien doux de vous retrouver et vous me voyez glorieux de la victoire que vous remportez sur moi. Puisque l'Offizio vous envoie commander une de ses armées, il a donc changé de système ; il s'en trouvera mieux. Les trahisons ne font qu'aigrir les âmes, et s'ils préparent des triomphes, ils sont de courte durée. »

Tels étaient les discours qu'ils se tenaient. Fieschi était

dans la fleur de l'âge, grand, beau. La sérénité, la douceur étaient peintes sur sa physionomie et l'onction de son discours achevait de lui captiver tous les cœurs. Il fit une douce impression sur celui de Renuccio qui se reprochait de s'être laissé vaincre en générosité et d'avoir pu calomnier un vieil ami... Il attendit le moment avec impatience, il courut dans le camp de Fieschi. Il y était attendu. Les ordres étaient donnés pour le recevoir... et pour l'arrêter. Conduit dans une obscure prison, de là dans le château d'Evisa, il y passa quelques semaines et après que son premier mouvement dut être calmé, Fieschi se présenta à lui : « Il ne tient qu'à vous, lui dit-il, d'améliorer le sort de votre patrie et de votre famille. Vous et votre fils vivrez dans les honneurs. Vous goûterez les charmes de la la paix et les avantages que doit vous procurer votre immense fortune. L'Offizio prendra pour base de son gouvernement le pacte de Lago Benedetto : devenez son appui, livrez-lui vos châteaux et faites abandonner par vos partisans l'armée de Gio. Paolo. »

Renuccio était étouffé par l'indignation, sa voix était éteinte. Il ne répondit que par un regard terrible et un morne silence... Fieschi ne se découragea pas. Il lui tint toute espèce de discours, il finit par s'attendrir. Il lui dit qu'il ne faisait dans cette affaire qu'obéir, qu'il n'était que l'instrument, qu'il plaignait son malheur. « Fieschi, je suis près de ma mort, car je comprends bien que n'ayant pu me gagner, il faudra se défaire de moi, mais souviens-toi que je porte à l'autre monde une conscience intacte. Les miens pleureront et vengeront ma mémoire, les hommes de bien me citeront quelquefois. Tu ne sens pas combien cette idée est consolante? Fieschi, tu vivras longtemps et heureux, ta mort sera lente, mais pour te laisser voir le plaisir qu'en éprouvent tous ceux qui t'environnent et à ton convoi funèbre : *Joie à la Société*, s'écriront les spectateurs, *elle est délivrée d'un méchant homme!* »

Renuccio avait pressenti juste, il ne tarda pas à mourir de faim et de misère.

Peu de temps après, Gio. Paolo dut céder à Ambrogio et sa catastrophe mérita une statue à ce vainqueur génois.

RENUCCIO DELLA ROCCA. 1502. — Renuccio della Rocca formé à l'école de Gio. Paolo hérita de ses projets. L'on voyait revivre en lui les vertus inflexibles des anciens républicains. Il opéra six révolutions. Souvent battu, jamais découragé, il semblait avoir étouffé tous les sentiments pour les sacrifier tous à la patrie. Propriétés, douceurs de la vie, amour paternel, rien ne put arrêter en sa course cet indomptable ennemi de l'Offizio. Les malheurs qui le poursuivirent sur ses vieux jours rendent sa mémoire plus intéressante. Vaincu, proscrit, errant sur les rochers, il fut inébranlable et mourut sans jamais rien faire d'indigne de lui.

OFFIZIO DI SAN GIORGIO. — Ainsi, Monsieur, à force d'intrigues et d'assassinats, l'Offizio parvint à régner. Le sang de tant de martyrs ne servit qu'à teindre la pourpre des protecteurs de San Giorgio. Polo della Rocca, Giocante di Leca, Vinciguerra, Gio. Paolo, Renuccio n'étaient plus ; l'élite de la nation avait péri ou s'était exilé... L'Offizio, au comble de ses vœux, régna sans contradiction. Une longue expérience lui avait appris à connaître l'amour de ces peuples pour la justice et la liberté ; il donna donc pour instruction à ses ministres de rendre la première avec exactitude et leur accorda la seconde en prenant les conventions de Lago Benedetto pour pacte constitutionnel de sa souveraineté ; après tant de calamités, les Corses vécurent heureux de leur tranquillité.

Ils commencèrent à perdre de vue l'idole chérie de l'indépendance et, au lieu de l'enthousiasme qui les transportait aux noms sacrés de patrie et de liberté, des larmes étaient alors les seules expressions des sensations que ces noms chéris leur retraçaient. Toujours destinés à souffrir, la peste vint achever la dépopulation. En moins de deux ans une grande partie de ceux qui avaient survécu à la liberté descendirent dans la tombe. Dans l'état de faiblesse où l'on se trouvait, l'Offizio comprit que l'on ne pouvait plus s'opposer à ses projets et résolut de plier ces hommes indomptables sous le joug de la servitude. Les conventions de Lago Benedetto tombèrent dans l'oubli. Ensanglantées, jonchées des cadavres de leurs habitants, nos montagnes ne retentissaient alors que de gémissements. Ils voyaient l'esclavage s'avancer à grands pas, et dans leur grande faiblesse, ils n'y voyaient point de remède. Ainsi l'infortuné nautonier prévoit le flot qui va l'engloutir et le prévoit en vain. Le roi d'Alger, Lazzaro, corse de nation, qui avait conservé dans ce haut rang le même amour pour sa patrie, ne pouvant la délivrer, la vengea en détruisant le commerce de l'Offizio, mais rien ne pouvait adoucir leur sort. Ils vivaient sans espérance lorsque Sampiero de Bastelica, couvert de lauriers qu'il s'était acquis sous les drapeaux français, vint faire ressouvenir ses compatriotes que leurs oppresseurs étaient ces mêmes Génois qu'ils avaient tant de fois battu. Sa réputation, son éloquence les ébranlèrent et à l'arrivée de Thermes que le roi Henri II expédia avec dix-sept compagnies de troupes pour en chasser l'Offizio, les Corses s'armèrent du poignard de la vengeance, et, réduits à la seule ville de Calvi, les protecteurs de Saint-Georges reconnurent, mais trop tard, que, quelque accablés qu'ils fussent, ces intrépides insulaires pouvaient mourir, mais non vivre esclaves.

SAMPIERO DI BASTELICA. — Le Sénat de Gênes, fidèle au plan qu'il s'était tracé, avait sans cesse travaillé et contre l'Offizio et contre les Corses. Il voyait avec plaisir s'entr'égorger des peuples qu'il voulait soumettre et s'affaiblir une compagnie qui lui donnait de l'ombrage, mais, dans ces circonstances, il sentit qu'il fallait la secourir puissamment ou se résoudre à voir recueillir par les Français le fruit de tant de peines et d'intrigues. Il offrit donc ses galères et ses troupes et sollicita l'empereur Charles-Quint, son protecteur, qu'il lui envoyât aussitôt une armée et des vaisseaux. Vains préparatifs! Les Corses triomphèrent. Le grand Andrea Doria vit périr dix mille hommes de ses troupes sous les murs de San Fiorenzo. L'immortel Sampiero battit les Génois sur les rives du Golo, à Petreta, mais s'étant brouillé avec de Thermes, le roi de France l'appela à sa cour. Dès ce moment, nos affaires déclinèrent et ne furent rétablies que par son retour. Après diverses vicissitudes, l'Offizio allait être expulsé à jamais lorsque, par le traité de (Cateau-) Cambrésis, les Français évacuèrent l'île, les Corses firent leur paix; les pactes conventionnels de Lago Benedetto furent renouvelés de part et d'autre. L'Offizio promit de gouverner conjointement avec la nation et de gouverner avec justice : gouverner avec justice n'était pas ce qui pouvait cadrer avec la politique du Sénat, qui, voyant les Corses sur le point de s'attacher sérieusement, d'oublier leur ressentiment et de céder à la fatalité une portion de leur indépendance, voyait se renverser tous ses projets. La circonstance d'ailleurs était favorable : il obligea les protecteurs de Saint-Georges à lui céder la possession de l'île. Outré de ce changement qui s'était fait sans son consentement, le peuple soupira après l'arrivée de son libérateur Sampiero. Cet homme ardent avait juré dans son cœur la ruine des tyrans et la libération de son pays. Voyant la France trahir ses promesses, il dédaigne les emplois que ses services militaires lui ont mérités et parcourt les différents cabinets pour susciter des ennemis à ses oppresseurs et des amis aux siens... Mais les rois d'Europe ne connaissent de justice que leur intérêt, d'amis que les instruments de leur politique. Il s'embarque pour l'Afrique; il est accueilli par le roi de Tunis qui lui promet des secours ; il gagne la confiance de Soliman qui lui promet de l'assistance. Soliman avait l'âme noble et généreuse. Il devint le protecteur de Sampiero et, dès lors, de ses infortunés compatriotes. Tout se dispose en sa faveur. Bientôt le Croissant humiliera jusque dans nos mers la Croix ligurienne ! — Gênes, cependant, suit d'un œil inquiet les courses de son implacable ennemi, et, ne pouvant l'apaiser, elle cherche à lui lier les mains par l'amour de ses enfants, par l'amour de sa femme, ces douces affections qui maîtrisent l'âme par le cœur comme le sentiment par la tendresse... Sampiero aime ardemment sa femme Vanina qu'il a laissée à Marseille avec ses enfants, ses papiers et quelques amis... C'est Vanina que les Génois entreprennent et séduisent par l'espoir de lui restituer les biens immenses qu'elle a en Corse et de faire un sort si brillant à ses enfants que son mari s'en trouve satisfait. Ainsi la patrie vivra tranquille sous leur gouvernement et elle vivra tranquille au milieu de ses terres, de ses parents, contente de la considération de ses enfants et ne sera plus exposée à mener une vie errante en suivant les projets d'un époux furibond ; mais, pour cela, il faut venir à Gênes, donner aux Corses l'exemple de la soumission au nouveau gouvernement et de la confiance dans le Sénat. Vanina dépouille nuitamment sa maison, emballe tous ses effets, tous les papiers de son mari et s'embarque avec ses enfants sur un navire génois. Ils étaient déjà arrivés à hauteur d'Antibes lorsqu'ils sont atteints par un brigantin monté par les amis de Sampiero, qui s'emparent du bâtiment où est la perfide et la conduisent à Aix avec ses enfants.

La nouvelle du crime de Vanina élève dans le cœur de l'impétueux Sampiero la tempête et l'indignation. Il part comme un trait de Constantinople. Les vents secondent son impatience. Il arrive enfin en présence de sa femme. Un silence farouche résiste obstinément à ses excuses et aux caresses de ses enfants. Le sentiment aigu de l'honneur a pétrifié sans retour son âme. Quatre jours se passent dans cette immobilité, à la fin desquels ils arrivent dans leur maison de Marseille. Dans un apppartement fraîchement dépouillé sont plusieurs chaises. Vanina, accablée de fatigue et d'angoisse, se livre un moment au sommeil. A ses pieds sont ses enfants; vis-à-vis est son mari, cet homme que l'Europe estime, en qui sa patrie espère et qu'elle vient de trahir... Ce tableau remue un instant Sampiero; le feu de la compassion et de la tendresse semble se ranimer en lui. — Le sommeil est l'image de l'innocence! — Vanina se réveille. Elle croit voir de l'émotion sur la physionomie de son mari; elle se précipite à ses pieds. Elle est repoussée avec effroi... *Madame*, lui dit avec dureté Sampietro, *entre le crime et l'opprobre, il n'est de milieu que la mort...* L'infortunée et criminelle Vanina tombe sans connaissance. Les horreurs de la mort s'emparent à son réveil de son imagination. Elle prend ses enfants dans ses bras... « Soyez mes intercesseurs. Je veux la vie pour votre bien. Je ne me suis rendue criminelle que pour l'amour de vous. »

Le jeune Alphonse va alors se jeter dans les bras de son père, le prend par la main, l'entraîne dans l'appartement de sa mère et là, embrassant ses genoux, il le baigne de larmes. Il n'a que la force de montrer du geste Vanina qui, pâle, tremblante, égarée, retrouve cependant de la fierté à la vue de son mari et lui dit avec une sorte de courage : « Sampiero, le jour que je m'unis à vous, vous jurâtes de protéger ma faiblesse et de guider mes premiers ans. Pourriez-vous donc souffrir aujourd'hui que de vils esclaves souillassent votre épouse et, puisqu'il ne me reste plus que la mort pour refuge contre l'opprobre, la mort ne doit pas être plus avilissante que l'opprobre même... Oui, monsieur, je meurs avec joie. Vos enfants auront pour les élever l'exemple de votre vie et l'horrible catastrophe de leur mère, mais Vanina qui ne vous fut pas toujours si odieuse, mais votre épouse mourante ne demande de vous qu'une grâce, c'est de mourir de votre main!!! » La fermeté, l'onction que Vanina mit dans ce discours frappa les yeux de Sampiero sans aller jusqu'au cœur. La compassion et la tendresse qu'elle eût dû exciter trouvèrent une âme désor-

mais fermée à la vie du sentiment. . . . .
. . . . Vanina mourut. . . . .
Vanina mourut par les mains de Sampiero. . . . .

Peu de jours après ce terrible événement, Sampiero débarque au golfe de Valinco avec vingt-cinq hommes et a bientôt une armée. Il bat les ennemis à Vescovato, à Rostino où Antonio Negris périt avec deux mille des siens. Après avoir été obligé de se retirer devant l'armée de Stefano Doria, il la fit périr par l'habileté de ses manœuvres. Il bat à Borgo les secours que le roi d'Espagne envoyait à la République. Enfin, sous cet intrépide général, les Corses touchaient au moment d'être libres, mais, par un lâche assassinat, Gênes se délivra de cet implacable ennemi.

Dans la tombe d'Epaminondas s'ensevelit la prospérité de Thèbes ; dans celle de Sampiero s'ensevelit le patriotisme et l'espérance des Corses. Son fils, Alphonse, trop jeune pour soutenir son parti avec éclat, se retira en France après deux ans de guerre. Un grand nombre d'insulaires le suivirent et abandonnèrent une patrie qui désormais ne pouvait plus vivre libre.

Les Génois ne trouvèrent plus de contradicteurs. Leur politique leur réussit dans tous ses points. La Maona, les Adorno, les Frégose s'étaient ruinés et les Corses affaiblis même par leurs victoires se trouvèrent obligés à se soumettre. Ils perdirent pour longtemps la liberté..... Les infortunés ! Ils reconnaissent pour maîtres les meurtriers de Sinucello, de Vincentello, de Sampiero, ceux qui ordonnèrent les massacres à Montalto, à Calvo, à Spinola !!!

« [1] O Justiniani, tu ne connais pas le cœur de Sampiero

(1) Autre version de l'épisode de Vanina d'Ornano, sous forme de discours tenu par Sampiero aux parents de Vanina. *Inédit. Fonds Libri.* Manuscrit in-folio de 3 pages.

lorsque tu oses lui reprocher la mort de Vanina... A qui était-elle plus chère qu'à moi?... N'importe, je veux me justifier. Que l'esprit et le droit indépendant soit mon jugement.

« Parents de Vanina, il en est ici présents, vous poursuivez ma tête. Je ne la défendrais pas si le bien du pays ne l'exigeait, mais avant tout, écoutez-moi.

« Les Français nous abandonnèrent indignement. Nous étions réduits à nous seuls contre une ligue d'hommes. Vous jugeâtes la paix indispensable : je me retirai, quoique prévoyant ce qui est arrivé depuis.

« Je parcourus les premiers cabinets de l'Europe, mais les cours ne connaissent de justice que leurs intérêts de peuples et d'amis que les instruments de leurs projets.

« Je me [fus] découragé d'une vie si errante, lorsque j'appris vos malheurs. Vos gémissements retentirent au fond de mon cœur. Je résolus de courir en Afrique. Je vis sur la terre de Tunis votre compatriote, cet homme sensible, humain et qui, dans l'éloignement, sentit vos maux comme les siens. Il me promit des secours et m'engagea à me transporter chez Soliman. Je vis Soliman et j'espérais en lui, lorsque la nouvelle de l'infâme conduite de ma femme vint élever dans mon sein le serpent de l'indignation, de la haine et d'angoisse.

« Vous savez tous ce qu'elle avait osé se permettre. Elle avait dépouillé ma maison, enlevé mes papiers et allait tout porter à nos tyrans. Gênes aurait mis mes enfants dans les fers. Elle espérait peut-être me lier les mains, comme si l'amour du profit pouvait vaincre celui de la patrie, comme si la nature pouvait [triompher] dans mon cœur contre le devoir. Elle fut arrêtée par l'ami fidèle qui courut après elle, la saisit avec son vaisseau.

« Entre le crime et la mort, il n'y a pas de milieu. J'abandonnai Tunis. Les vents furent favorables à mon impatience. Je la vis. Elle ne se dissimula pas son sort. Elle embrassa mes genoux, elle me dit : « Sampiero, je connais ton cœur inflexible. Il ne pardonne jamais. Je m'attends à la mort; mais, Sampiero, si les jours où nous mîmes nos destinées, où tu promis de guider mes jeunes ans, de protéger ma faiblesse, sont encore présents à ta mémoire, tu ne dédaigneras pas une consolation à Vanina expirante. Sampiero, je le sais, ta Vanina n'existe déjà plus pour toi. Elle est morte dans ton cœur avec son innocence. Bientôt elle n'existera plus. Son âme immortelle du sein de l'autre vie suivra toujours tes pas. Glorieuse de ta gloire, elle ne vivra encore que dans toi. Oh! Sampiero, aie donc pitié d'une infortunée qui peut-être fut plus faible que criminelle.

— « Vanina, tu mérites la mort et tu la demandes. Entre le crime et la mort, il n'est point de milieu, mais si une grâce peut atténuer ta peine, oui, Vanina, je te la promets... »

Lettre troisième.

Les Génois, maîtres de la Corse, se comportèrent avec modération. Ils prirent les conventions de Lago Benedetto pour base de leur gouvernement; le peuple conserva une portion de l'autorité législative; une commission de douze personnes présidées par le gouverneur eut la puissance exécutive; des magistrats élus par la nation et ressortissant du syndicat eurent la justice distributive. A leur grand étonnement, les Corses se trouvèrent tranquilles. Gouvernés par leurs lois, ils crurent qu'ils devraient désormais oublier l'indépendance et vivre sous une forme de gouvernement propre à rendre à la patrie toute la splendeur dont elle est susceptible. Les Génois trouvaient dans le sol de la Corse de quoi accroître leur commerce, ils y trouvaient des matelots et des soldats intrépides pour accroître leur force... Mais il était à craindre que, situés si avantageusement, ces insulaires ne fissent un commerce nuisible à celui de la métropole, il était à craindre qu'avec l'accroissement des forces que donne un bon gouvernement, ils ne devinssent en peu de temps indépendants de la République. La jalousie politique sera toujours le tourment des petits États et l'on sait que la jalousie commerciale a toujours été la passion spéciale de Gênes.

D'ailleurs, tous les ordres de l'État accoutumés à se partager les possessions de la République murmuraient d'une administration où ils n'avaient point de part, où il n'y avait point d'emploi pour eux. « A quoi nous a servi la conquête de la Corse si l'on doit leur conserver un gouvernement presque indépendant. Il valait vraiment bien la peine que nos pères répandissent tant de sang et y dépensassent tant d'argent, » se disait-on publiquement sur le port de Gênes. La grande noblesse voyait avec dépit l'autorité du gouverneur restreinte, réduite presque à rien par le conseil des Douze et par les assemblées populaires. La petite noblesse dite du Grand conseil, que l'on peut appeler le peuple de l'aristocratie, attendait avec une impatience facile à concevoir, le moment de pouvoir se saisir de tous les emplois qu'occupaient les Corses. Les prêtres convoitaient nos bénéfices. Les négociants aspiraient au moment où ils pourraient, au moyen de sages lois, fixer seuls le prix de nos huiles et de nos denrées.

Ce n'était qu'un cri dans tous les ordres de la République; pour la première fois le même vœu les unissait; aussi l'on ne tarda pas à supprimer toute la représentation nationale. En peu de temps, le gouverneur réunit sur sa tête toutes les autorités... Il put faire mettre à mort un citoyen sans d'autre procès, sans autre enquête, sans autre formalité que : *Je le prends sur ma conscience*, — et la grande noblesse fut satisfaite.

Tous les emplois civils, militaires, furent donnés par le gouverneur ou par le Sénat et furent donnés à des nobles génois — et pour s'ôter toute importunité, pour ne laisser naître aucune espérance présomptueuse, il y eut une loi qui déclara les Corses incapables d'occuper aucun emploi, — et la petite noblesse fut contente.

Le noble du Grand conseil, excessivement pauvre, n'a pour nourrir une famille nombreuse que le droit qu'il tient de sa naissance, de gérer les emplois de la République. Il faut que chacun y passe parce qu'il faut que chacun vive. Aussi ne peut-il être que deux ans en sa place et est-il obligé de mettre un intervalle de pareil temps avant que de pouvoir être susceptible d'occuper un autre emploi. Il faut donc pendant ce temps gagner de quoi se maintenir pendant quatre ans et de quoi fournir aux différents voyages que cela occasionne... Gênes, jadis très puissante, avait un grand nombre d'emplois à donner, mais, au temps dont nous parlons, réduite à la Corse seule, la Corse était obligée de supporter presque tout cet horrible fardeau. — Tous les deux ans, l'on voyait arriver des flottilles de ces gentillatres avec leur famille ; affamés, nus, sans éducation, sans délicatesse, c'était pire que des sauterelles. Ils dévoraient les champs, vendaient la justice et emprisonnaient les plus riches pour gagner une pension. — L'on riait à Gênes de ces plaisanteries nobiliaires. Le répertoire des gens aimables, des conteurs de bons mots, de ces personnes qui tiennent toujours le haut bout dans les sociétés n'est rempli que d'aventures de ces gentilshommes en Corse où celui-ci est le battu et le moqué... Combien avez-vous gagné ? Nous avez-vous laissé quelque chose à prendre ? demandaient ceux qui allaient à ceux qui étaient de retour ! Un honnête sénateur, fort religieux, avait coutume de dire une prière toutes les fois qu'il entendait la cloche des morts annoncer le décès de quelque patricien. Il demandait cependant, avant, si le défunt avait été employé en Corse et, dans ce cas, il se dispensait de la prière disant : « A quoi cela servirait-il ? *È a casa del diavolo*. Il est au diable. »

Les bénéfices ecclésiastiques furent donnés par les évêques. Les évêques furent nommés à la sollicitation des cardinaux génois. Il est sans exemple qu'un Corse ait été évêque. — Et les prêtres génois furent contents.

Et le négociant !... Comment un Etat commerçant eût-il

oublié son intérêt !... Des lois positives lui accordèrent l'exclusion de l'approvisionnement et du trafic... L'on détruisit les marais salants qui y existaient ; l'on en fit autant des poteries et d'un principe de quelque manufacture. Cela accrut son petit cabotage et rendit le pays de plus (en plus) sujet.

Les marchandises cessèrent d'avoir leurs prix ; le peuple cessa de travailler ; les champs devinrent incultes et un pays appelé à l'abondance, au commerce, un sol qui promet à ses habitants la santé, la richesse, ne lui offrit que la misère et la malsaineté : malheureusement, à force de piller, l'on épuisa notre pauvre pays qui n'eut plus rien à offrir que des pierres. Il fallait cependant que cette illustre noblesse vécut. Elle eut recours à deux moyens. D'abord chaque commandant de petite tour, chaque petit commissaire eut une boutique à laquelle il fallut donner la préférence. Enfin, ils vendirent la permission de porter les armes.

Dépouillé des biens qui rendent la vie aimable et sûre, exclu de tous les grades, de toutes les places, de toute considération, réduit à la dernière misère, couvert d'avanie, outragé par la classe la plus méprisable de l'univers, comment le Corse le put-il souffrir si longtemps?

Comment le Corse, si hardi, si fier, si intrépide, se laissa-t-il trainer dans la fange sans s'émouvoir ?... Je m'empresse à vous développer ces causes, afin au moins qu'en plaignant ce peuple, vous ne cessiez de l'estimer.

Je vous ai, en deux pages, tracé l'histoire du gouvernement génois sous la liberté corsique, mais ces deux pages renferment cent cinquante ans. L'on marcha pas à pas, car si, tout d'un coup, le Sénat eût découvert cet horrible projet, ma nation serait si vile qu'elle ne mériterait pas d'être plainte.

Immédiatement après la mort de Sampiero, l'on sollicita de toutes les manières les émigrations qui, dès ce moment, furent très considérables. L'on souffla partout l'esprit de la division, et la République accorda des refuges ou favorisa la fuite des criminels. Les émigrations s'accrurent. — La peste affligea l'Italie; elle vint en Corse; la famine s'y joignit; la mortalité fut immense...

Le gouvernement se montra insouciant et si ces deux fléaux finirent, c'est que tout finit. — C'est ici l'endroit de faire une observation bien intéressante, c'est que toutes les fois que les Corses ont perdu leur liberté, quelques années après, ils ont été affligés d'une grande mortalité. Vous verrez dans les lettres suivantes, après la conquête de 1770, la mortalité, la famine dépeupler le pays. — Alors la République ne garda plus de mesure, elle jeta le masque, renversa le gouvernement national et établit les choses sur le pied où nous les avons décrites.

Quelle position fâcheuse! La Corse sentait la peste lui dévorer les chairs, la faim lui ronger les entrailles et l'esclavage navrait son cœur, effrayait son imagination et anéantissait les ressorts de son âme!!!

Cependant pour maintenir ce peuple dans cet assujettissement, il fallait ou une grande force ou se faire une étude de le diviser à le rendre irréconciliable. L'on adopta ce dernier parti et l'on relâcha à cet effet les ressorts de la justice criminelle. Chacun fut obligé de pourvoir de soi-même à sa sûreté. De là est né le droit de vendette.

L'homme dans l'état de nature ne connaît d'autre loi que son intérêt : pourvoir à son existence, détruire ses ennemis fut son occupation journalière, mais, lorsqu'il s'est réuni en société, ses sentiments se sont agrandis. Son âme dégagée des entraves de l'égoïsme a pris son essort; l'amour de la patrie est né, et les Curtius, les Décius, les Brutus, les Dion, les Caton, les Léonidas sont venus émerveiller le monde. Des magistrats lui assurèrent la conservation de sa propriété et de sa vie. Le but de ses actions dut être le bonheur de son association. Il ne dut plus agir par le sentiment de son intérêt individuel. Les rois régnèrent, avec eux le despotisme. L'homme méprisé n'eut plus de volonté. Avili, il fut à peine l'ombre de l'homme libre. Les rois, qui tiennent dans leurs mains la force publique, durent l'employer à assurer à chacun sa vie et sa propriété. La confédération changea, s'altéra même si l'on veut, mais exista cependant toujours, mais c'est par une raison quelconque. La force publique était devenue, dans les mains du prince, un instrument inutile s'il eût vu l'homicide sans le punir, si, par une dépravation inouïe, il eût lui-même aiguisé les poignards de l'assassin. Personne ne peut nier que la confédération ne se trouverait dissoute et les hommes seraient redescendus par l'effet dans l'anarchie du choc de l'intérêt personnel... Telle était notre situation : le Sénat voyait avec plaisir s'entr'égorger des hommes dont il craignait la réunion ; les subalternes y trouvaient leur intérêt : le meurtre ne fut plus puni, il fut encouragé, il fut récompensé. Il fallut cependant veiller à sa sûreté. Des confédérations de familles, quelquefois de villages se formèrent. Chacun jura de veiller à l'intérêt de tous et de faire guerre éternelle à celui qui offenserait un des constituants. Les liens du sang se resserrèrent. L'on chercha des parents... L'île fut divisée en autant de puissances qu'il y eut de familles qui se faisaient la paix ou la guerre selon leur caprice et leur intérêt... L'on appela vertu l'audace de s'opposer à tous les dangers pour soutenir ses parents ou les membres de sa confédération... Les citoyens ne furent que des membres d'autant de puissances étrangères, liées entre elles par leurs relations politiques et par un droit des gens : respecter les femmes et les enfants, les laisser sortir de la maison assiégée pour prendre l'eau et vacquer au ménage, etc., etc., etc. Il était aussi du droit des gens de laisser croître sa barbe lorsque l'on était en guerre. Cela était nécessaire pour faire connaître jusqu'où s'étendait le nombre de ses ennemis. C'était un acte de courage, car il n'y avait point de buisson, de rocher qui ne pût recéler un ennemi, c'était s'exposer à périr à tous les moments du jour... Celui-là passait pour un homme lâche, un homme vil, qui, à la nouvelle de la mort de son parent, ne courait jurer sur son cadavre de le venger et, depuis ce moment, ne laissait croître sa barbe. La paix se faisait cependant quelquefois : il y avait des gens sages, des vieillards respectés qui unissaient les partis. L'on était scrupuleux dans l'exécution du traité.

Tels furent, Monsieur, les effets de l'administration génoise. Accablés sous le poids des impôts arbitraires, désunis, les mains dégouttantes du sang de nos frères, nous gémîmes longtemps, mais ce ne fut qu'en 1714 que l'on commença à se ressentir qu'il se fit un mouvement général. L'on envoya un orateur à Gênes représenter l'état déplorable de la nation. Il était entre autres choses chargé de solliciter un désarmement général et priait le Sénat de faire respecter son autorité. Les patentes pour porter les armes étaient à la fois une spéculation de finance et de politique; le Sénat eut l'impudeur de se refuser à la démarche si raisonnable et d'alléguer pour prétexte la diminution que cela produirait dans le revenu public. L'orateur proposa une nouvelle imposition beaucoup plus forte. L'imposition fut acceptée, mais les patentes continuèrent toujours à se distribuer, mais la justice s'occupa tout aussi peu de se faire respecter.

L'île était déserte, inculte et dépeuplée. Depuis l'époque de Gio. Paolo, la population avait diminué des trois quarts : elle était alors de 400.000 habitants et en 1720 on n'en comptait que 120.000. Le commerce était anéanti et la férocité des Corses était à son comble. Leur existence était si misérable qu'ils n'avaient rien à perdre. Il ne fallait qu'un signal.

En 1729, le lieutenant génois, qui commandait à Corte imposa de sa propre fantaisie une nouvelle taxe qui, jointe à toutes les autres et à la misère du pays, devenait insupportable. Cardone di Bozio, vieillard estropié, ayant reçu de la nature un corps difforme mais une âme vigoureuse et une élocution très facile, assembla les habitants du village de Bozio pour leur parler dans les termes les plus forts sur l'avilissement où ils vivaient, sur la gloire de leurs ancêtres et les charmes de la liberté.

Il profite du moment où les collecteurs venaient percevoir l'imposition et les fait chasser, poursuivre, les anime (les Corses) à marcher vers Corte. Ils rencontrent un détachement de soldats envoyés pour les punir, ils le battent, le désarment, arrivent à Corte, brûlent la maison du commandant qui a le bonheur de se sauver. A cette nouvelle, on se rallie de tous côtés, l'on prend les armes, l'on court à Bastia pour punir le gouverneur général Pinelli, objet de l'exécration publique ; l'on prend une partie de la ville ; l'on surprend Algayola, et voilà le joug rompu sans retour. *Aux yeux de Dieu*, disait souvent Cardone, *le premier crime est de tyranniser les hommes, mais le second, c'est de le souffrir* . . . .

Jamais révolution ne s'opéra plus subitement. Les ennemis oublièrent leurs haines, firent partout leur paix, objet de tous les vœux. La prospérité de la patrie naissante sembla être le mobile des actions d'un chacun. Le feu du patriotisme agrandit subitement des âmes qu'avaient, pendant tant d'années, restreintes l'égoïsme et la tyrannie... Amis, nous sommes hommes ! était le cri de ralliement. Fiers tyrans de la terre, prenez-y bien garde que ce sentiment ne pénètre jamais dans le cœur de vos sujets. Préjugés, habitudes, religion, faibles barrières ! Le prestige détruit, votre trône s'écroule si vos peuples se disent jamais en se regardant : *Et nous aussi, nous sommes hommes !*

Les premières années de la guerre, les Corses n'eurent aucune forme de gouvernement. La haine des tyrans guidait tout le monde. Ce ne fut qu'à la réunion de San Pancrazio que l'on nomma Ceccaldi Giaffori commandant des armées. A l'assemblée de Corte l'on déclara les Génois déchus de leur souveraineté usurpée par le malheur des temps, l'on déclara la nation libre et indépendante. Pour rendre cette opération plus imposante, pour achever de détruire les préjugés que la multitude pouvait conserver, on assembla à Orezza un congrès des théologiens les plus célèbres des différents ordres ; l'on leur proposa trois questions : si la guerre actuelle était juste, si les Génois étaient tyrans, si l'on était délié du serment de fidélité. Ce congrès, où présida le célèbre Orticoni répondit à tout d'une manière satisfaisante. La guerre, dit-il, est non seulement juste mais même sainte... Le serment est nul dès lors que le souverain est tyran.

Mal armés, sans discipline, ils battirent partout leurs tyrans malgré leur nombre, leur expérience et leur artillerie. Assiégés dans le château de Bastia, ils étaient au bout de deux ans d'une guerre opiniâtre, réduits à abandonner notre île lorsque l'Aigle impériale, arborée au lieu dela Croix ligurienne, vint nous présager de nouveaux malheurs, mais non décourager notre constance.

Qu'avions-nous fait aux Allemands pour qu'ils voulussent notre destruction ? Que pouvait importer à l'Empereur d'Occident qu'une petite île de la Méditerranée fût libre ou esclave ? Mais les puissances se jouent des intérêts de l'humanité et les méchants ont toujours des protecteurs...

(Le général allemand) à la tête de sa petite armée s'engagea dans des défilés. Il périssait infailliblement lorsqu'il trouva dans l'humanité des Corses une commisération inattendue, dont il s'est rendu indigne par son lâche manquement de foi. On lui accorda la permission de retourner à Bastia, à condition qu'il ferait savoir à son souverain la manière dont les Corses agissaient à son égard et l'on conclut une trêve de deux mois ; mais, avant l'expiration de la trêve, les Allemands se montrèrent au delà du Golo en plus grand nombre... Au respect que nous avaient inspiré les armes d'un grand prince, succéda l'indignation pour la perfidie de ses ministres. Après avoir laissé entre deux mille morts ou prisonniers, nos ennemis regagnèrent leurs remparts avec précipitation... L'enthousiasme produisit les actions les plus dignes d'être transmises à la postérité... Vingt et un bergers de Bastelica faisaient paître leurs troupeaux dans la plaine di Campo di Loro. Deux cents hussards et six cents piétons viennent pour les enlever : ces braves gens se réunissent, tiennent ferme, repoussent cette nombreuse troupe, la font fuir. Investis enfin par quatre cents autre ennemis, ils périssent tous en prononçant le nom sacré de Patrie.

L'honneur de l'Empereur avait essuyé bien des échecs. Si l'honneur des princes consiste à protéger le juste contre le méchant, le faible contre le fort, sans doute que l'empereur Charles VI avait déshonoré ses armes; mais si l'honneur consiste à massacrer des infortunés, le cabinet de Vienne sut bien réparer ce qu'il n'avait pu faire à la campagne précédente. Il envoya le prince de Wirtemberg avec des renforts considérables, et quoique ses premiers efforts ne furent pas heureux, il était désormais impossible de résister à des forces si considérables. L'on fit des propositions de paix : les Génois reconnurent, accordèrent, promirent tout ce qu'on voulut et l'on posa les armes.

Il était tout naturel que, ne voulant tenir aucune des conditions portées par le traité, les Génois commençassent par se défaire des chefs qui avaient conduit les Corses avec tant de bonheur dans des circonstances si difficiles. [ ] furent arrêtés et conduits dans le château de Sagone. C'en était fait de leur vie si Boerio et Orticone n'eussent su intéresser le prince Eugène au sort de ces illustres prisonniers. L'Empereur éclairé exigea du Sénat leur libération. Ne pouvant les perdre, les Génois procurèrent de les attacher en leur faisant des offres qu'ils méprisèrent et l'on suivit le même plan de persécution contre les principaux citoyens : la mort ou la prison.

Le pacte de Corte garanti par l'Empereur tomba dans[1]...

(1) La troisième lettre s'arrête ici dans le manuscrit Libri. On est en droit de penser qu'elle n'a pas été terminée et que les autres lettres, dont à coup sûr Napoléon n'avait point perdu le projet, n'ont point été écrites. C'est que Napoléon ne voulait les rédiger que d'après des documents historiques d'une valeur certaine : il s'était à ce sujet adressé à Paoli lui-même et Paoli alléguant son grand âge, sa mauvaise santé, ses immenses occupations ne semblait mettre aucun empressement à fournir des pièces dont on aurait pu soit en France, soit en Corse tirer armes contre lui. On en a la preuve certaine dans la lettre inédite de Paoli à Joseph en date du 15 août 1792 qu'on trouvera plus loin. (*Ed.*)

XXXVIII

LETTRE DE M. BUONAPARTE A M. MATTEO BUTTAFUOCO, DÉPUTÉ DE LA CORSE A L'ASSEMBLÉE NATIONALE[1].

Monsieur,

Depuis Bonifacio au cap Corse, depuis Ajaccio à Bastia, ce n'est qu'un chorus d'imprécations contre vous. Vos amis se cachent, vos parents vous désavouent et le sage même qui ne se laisse jamais maîtriser par l'opinion populaire est entraîné cette fois par l'effervescence générale.

Qu'avez-vous donc fait? Quels sont donc les délits qui puissent justifier une indignation si universelle, un abandon si complet? C'est, Monsieur, ce que je me plais à rechercher en m'éclairant avec vous.

L'histoire de votre vie, depuis au moins que vous êtes lancé sur le théâtre des affaires, est connue. Ses principaux traits en sont tracés ici en lettres de sang. Cependant il est des détails plus ignorés : je pourrais alors me tromper, mais je compte sur votre indulgence et espère dans vos renseignements.

Entré au service de France, vous revîntes voir vos parents : vous trouvâtes les tyrans battus, le Gouvernement national établi et les Corses, maîtrisés par les grands sen-

(1) Réimprimé sur l'imprimé de 1821. Quérard dit que la *Lettre de M. Matteo Buttafuoco, député de la Corse à l'Assemblée Nationale*, forme une brochure de 21 pages in-8°, sans lieu ni nom d'imprimeur, mais imprimée de fait à Dôle chez Fr. X. Joly.

timents, concourir à l'envi, par des sacrifices journaliers, à la prospérité de la chose publique. Vous ne vous laissâtes pas séduire par la fermentation générale : bien loin de là, vous ne vîtes qu'avec pitié ce bavardage de patrie, de liberté, d'indépendance, de constitution dont l'on avait boursouflé jusqu'à nos derniers paysans. Une profonde méditation vous avait dès lors appris à apprécier ces sentiments factices qui ne se soutiennent qu'au détriment commun. Dans les faits, le paysan doit travailler et non pas faire le héros, si l'on veut qu'il ne meure pas de faim, qu'il élève sa famille, qu'il respecte l'autorité. Quant aux personnes appelées par leur rang et leur fortune au commandement, il n'est pas possible qu'elles soient longtemps dupes, pour sacrifier à une chimère leurs commodités, leur considération et qu'elles s'abaissent à courtoiser un savetier, pour finale de faire les Brutus. Cependant, comme il entrait dans vos projets de vous captiver M. Paoli, vous dûtes dissimuler : M. Paoli était le centre de tous les mouvements du corps politique. Nous ne lui refuserons pas du talent, même un certain génie : il avait, en peu de temps, mis les affaires de l'île dans un bon système ; il avait fondé une université où, pour la première fois peut-être depuis la création, l'on enseignait dans nos montagnes les sciences utiles au développement de notre raison ; il avait établi une fonderie, des moulins à poudre, des fortifications qui augmentaient les moyens de défense ; il avait ouvert des ports qui, encourageant le commerce, développaient l'agriculture ; il avait créé une marine qui protégeait nos communications en nuisant extrêmement aux ennemis. Tous ces établissements dans leur naissance n'étaient que le présage de ce qu'il eût fait un jour. L'union, la paix, la liberté étaient les avant-coureurs de la prospérité nationale, si toutefois un gouvernement mal organisé, fondé sur de fausses bases, n'eût été un préjugé encore plus certain des malheurs, de l'anéantissement total où tout serait tombé.

M. Paoli avait rêvé de faire le Solon ; mais il avait mal

copié son original : il avait tout mis entre les mains du peuple ou de ses représentants, de sorte qu'on ne pouvait exister qu'en lui plaisant. Etrange erreur! qui soumet à un brutal, à un mercenaire, l'homme qui, par son éducation, l'illustration de sa naissance, sa fortune, est seul fait pour gouverner. A la longue, un bouleversement de raison si palpable ne peut manquer d'entraîner la ruine et la dissolution du corps politique, après l'avoir tourmenté par tous les genres de maux.

Vous réussîtes à souhait. M. Paoli, sans cesse entouré d'enthousiastes ou de têtes exaltées, ne s'imagina pas que l'on pût avoir une autre passion que le fanatisme de la liberté et de l'indépendance. Vous trouvant de certaines connaissances de la France, il ne daigna pas observer, de plus près que vos paroles, les principes de votre morale ; il vous fit nommer pour traiter à Versailles de l'accommodement qui s'entamait sous la médiation de ce cabinet. M. de Choiseul vous vit et vous connut : les âmes d'une certaine trempe sont d'abord appréciées. Bientôt, au lieu du représentant d'un peuple libre, vous vous transformâtes en commis d'un satrape : vous lui communiquâtes les instructions, les projets, les secrets du cabinet de Corse.

Cette conduite qu'ici l'on trouve basse et atroce me paraît à moi toute simple ; mais c'est qu'en toute espèce d'affaire, il s'agit de s'entendre et de raisonner avec flegme.

La prude juge la coquette et en est persiflée ; c'est en peu de mots votre histoire.

L'homme à principes vous juge au pire ; mais vous ne croyez pas à l'homme à principes. Le vulgaire, toujours séduit par de vertueux démagogues, ne peut être apprécié par vous qui ne croyez pas à la vertu. Il n'est permis de vous condamner que par vos principes, comme un criminel par les lois ; mais ceux qui en connaissent le raffinement ne trouvent dans votre conduite rien que de très simple. Cela revient donc à ce que nous avons dit, que, dans toute espèce d'affaires, il faut d'abord s'entendre, et puis raisonner avec flegme. Vous avez d'ailleurs par devers vous une sous-défense non moins victorieuse, car vous n'aspirez pas à la réputation de Caton ou de Catinat : il vous suffit d'être comme un certain monde ; et, dans ce certain monde, il est convenu que celui qui peut avoir de l'argent sans en profiter, c'est un nigaud ; car l'argent procure tous les plaisirs des sens et les plaisirs des sens sont les seuls. Or, M. de Choiseul, qui était très libéral, ne vous permettait pas de lui résister, lorsque surtout votre ridicule patrie vous payait de vos services, selon sa plaisante coutume, de l'honneur de la servir.

Le traité de Compiègne conclu, M. de Chauvelin et vingt-quatre bataillons débarquèrent sur nos bords. M. de Choiseul à qui la célérité de l'expédition importait majeurement, avait des inquiétudes que, dans ses épanchements, il ne pouvait vous dissimuler. Vous lui suggérâtes de vous y envoyer avec quelques millions. Comme Philippe prenait des villes avec sa mule, vous lui promîtes de tout soumettre sans obstacle... Aussitôt dit, aussitôt fait, et vous voici repassant la mer, jetant le masque, l'or et le brevet à la main, entamant des négociations avec ceux que vous jugeâtes les plus faciles.

N'imaginant pas qu'un Corse pût se préférer à sa patrie, le cabinet corse vous avait chargé de ses intérêts. N'imaginant pas de votre côté qu'un homme pût ne pas préférer l'argent et soi à sa patrie, vous vous vendîtes, et espérâtes les acheter tous. Moraliste profond, vous saviez ce que le fanatisme d'un chacun valait, quelques livres d'or de plus ou de moins nuançant à vos yeux la disparité des caractères.

Vous vous trompâtes cependant : le faible fut bien ébranlé, mais fut épouvanté par l'horrible idée de déchirer le sein de la patrie. Il s'imagina voir le père, le frère, l'ami qui périt en la défendant, lever la tête de la tombe sépulcrale pour l'accabler de malédictions. Ces ridicules préjugés furent assez puissants pour vous arrêter dans votre course : vous gémîtes d'avoir affaire à un peuple enfant. Mais, Monsieur, ce raffinement de sentiment n'est pas donné à la multitude ; aussi vit-elle dans la pauvreté et la misère, tandis que l'homme bien appris, pourvu que les circonstances le favorisent, sait bien vite s'élever. C'est à peu près la morale de votre histoire.

En rendant compte des obstacles qui s'opposaient à la réalisation de vos promesses, vous proposâtes de faire venir le régiment Royal-Corse. Vous espériez que son exemple désabuserait nos trop simples et trop bons paysans, les accoutumerait à une chose où ils trouvaient tant de répugnance. Vous fûtes encore trompé dans cette espérance. Les Rossi, Marengo et quelques autres fous, ne vont-ils pas enthousiasmer ce régiment au point que les officiers unis protestent, par un acte authentique, de renvoyer leurs brevets plutôt que de violer leurs serments ou des devoirs plus sacrés encore ?

Vous vous trouvâtes réduit à votre seul exemple. Sans vous déconcerter, à la tête de quelques amis et d'un détachement français, vous vous jetâtes dans le Vescovato, mais le terrible Clemente[1] vous en dénicha, vous vous repliâtes sur Bastia avec vos compagnons d'aventures et leurs familles. Cette petite affaire vous fit peu d'honneur. Votre maison et celle de vos associés furent brûlées. En lieu de sûreté, vous vous moquâtes de ces efforts impuissants.

L'on veut ici vous imputer à défi d'avoir voulu armer

(1) Clément Paoli, aîné du général Paoli, bon guerrier, excellent citoyen, vrai philosophe. Au commencement d'une action il ne pouvait jamais se résoudre à se battre personnellement ; il donnait ses ordres avec le sang-froid qui caractérise le capitaine. Mais, dès qu'il avait vu tomber quelqu'un des siens, il saisissait ses armes, avec cette convulsion d'un homme indigné, en faisait usage en s'écriant : « Hommes injustes ! pourquoi franchissez-vous les barrières de la Nature ? pourquoi faut-il que vous soyez les ennemis de la Patrie ? »

Austère dans ses mœurs, simple dans sa vie privée, il a toujours vécu retiré. Ce n'était que dans les grands besoins qu'il venait aussi donner son avis dont on s'écartait rarement. (*Bon.*)

Royal-Corse contre ses frères. L'on veut également entacher votre courage du peu de résistance de Vescovato. Ces accusations sont très peu fondées : car la première est une conséquence immédiate, c'est un moyen d'exécution de vos projets, et, comme nous avons prouvé que votre conduite, était toute simple, il s'ensuit que cette inculpation incidente est détruite. Quant au défaut de courage, je ne vois pas que l'action de Vescovato puisse l'arrêter. Vous n'allâtes pas là pour faire sérieusement la guerre, mais pour encourager par votre exemple ceux qui vacillaient dans le parti opposé. Et puis, quel droit a-t-on d'exiger que vous eussiez risqué le fruit de deux ans de bonne conduite pour vous faire tuer comme un soldat? Mais vous deviez être ému de voir votre maison et celles de vos amis en proie aux flammes... Bon Dieu! quand sera-ce que les gens bornés cesseront de vouloir tout apprécier? Laissant brûler votre maison, vous mettiez M. de Choiseul dans la nécessité de vous indemniser. L'expérience a prouvé la justesse de vos calculs : on vous remit bien au delà de l'évalué des pertes. Il est vrai que l'on se plaint que vous gardâtes tout pour vous, ne donnant qu'une bagatelle aux misérables que vous aviez séduits. Pour justifier si vous l'avez dû faire, il ne sagit que de savoir si vous l'avez pu faire avec sûreté. Or, de pauvres gens qui avaient si besoin de votre protection, n'étaient pas dans le cas de réclamer, ni même dans celui de connaître bien clairement le tort qu'on leur faisait. Ils ne pouvaient pas faire les mécontents et se révolter contre votre autorité : en horreur à leurs compatriotes, leur retour n'eût pas été plus sincère. Il est donc bien naturel qu'ayant ainsi trouvé quelques milliers d'écus, vous ne les ayez pas laissé échapper : c'eût été une duperie.

Les Français, battus malgré leur or, leurs brevets, la discipline de leurs nombreux bataillons, la légèreté de leurs escadrons, l'adresse de leurs artilleurs; défaits à la Penta, à Vescovato à Loretto, à San Nicolao, à Borgo, à Barbaggio, à Oletta, se retranchèrent excessivement découragés. L'hiver, le moment de leur repos, fut pour vous, Monsieur, celui du plus grand travail ; et si vous ne pûtes triompher de l'obstination des préjugés profondément enracinés dans l'esprit du peuple, vous parvîntes à en séduire quelques chefs auxquels vous réussites, quoique avec peine, à inculquer les bons sentiments ; ce qui, joint aux trente bataillons qu'au printemps suivant, M. de Vaux conduisit avec lui, soumit la Corse au joug, obligea Paoli et les plus fanatiques à la retraite.

Une partie des patriotes étaient morts en défendant leur indépendance, l'autre avait fui une terre proscrite, désormais hideux nid des tyrans. Mais un grand nombre n'avait pû mourir ni fuir. Ils furent l'objet des persécutions. Des âmes que l'on n'avait pu corrompre étaient d'une autre trempe ; l'on ne pouvait asseoir l'Empire français que sur leur anéantissement absolu. Hélas ! ce plan ne fut que trop ponctuellement exécuté. Les uns périrent victimes des crimes qu'on leur supposa ; les autres, trahis par l'hospitalité, par la confiance, expièrent sur l'échafaud les soupirs, les larmes surprises à leur dissimulation ; un grand nombre, entassés par Narbonne-Fritzlar dans la tour de Toulon, empoisonnés par les aliments, tourmentés par leurs chaînes, accablés par les plus indignes traitements, ne vécurent quelque temps dans les soupirs que pour voir la mort s'avancer à pas lents... Dieu ! témoin de leur innocence, comment ne te rendis-tu pas leur vengeur !

Au milieu de ce désastre général, au sein des cris et des gémissements de cet infortuné peuple, vous, cependant commençâtes à jouir du fruit de vos peines : honneurs, dignités, pensions, tout vous fut prodigué. Vos prospérités se seraient encore plus rapidement accrues lorsque la Dubarry culbuta M. de Choiseul, vous priva d'un protecteur, d'un appréciateur de vos services. Ce coup ne vous découragea pas. Vous vous tournâtes du côté des bureaux ; vous sentîtes seulement la nécessité d'être plus assidu. Ils en furent flattés, vos services étaient si notoires ! Tout vous fut accordé. Non content de l'étang de Biguglia, vous demandâtes une partie des terres de plusieurs communautés. Pourquoi les en vouliez-vous dépouiller, dit-on ? Je demande à mon tour : Quels égards deviez-vous avoir pour une nation que vous saviez vous détester ?

Votre projet favori était de partager l'île entre dix barons. Comment ! non content d'avoir aidé à forger les chaînes où votre patrie était retenue, vous vouliez encore l'assujettir à l'absurde régime féodal ! Mais je vous loue d'avoir fait aux Corses le plus de mal que vous pouviez : vous étiez dans un état de guerre avec eux, et, dans l'état de guerre, faire du mal pour son profit est un axiome.

Mais passons sur toutes ces misères-là ; arrivons au moment actuel et finissons une lettre qui, par son épouvantable longueur, ne peut manquer de vous fatiguer.

L'état des affaires de France présageait des événements extraordinaires. Vous en craignîtes le contre-coup en Corse. Le même délire dont nous étions possédés avant la guerre, à votre grand scandale, commença à ématir cet aimable peuple. Vous en comprîtes les conséquences ; car, si les grands sentiments maîtrisaient l'opinion vous ne deveniez plus qu'un traître au lieu d'un homme de bon sens : Pis encore : si les grands sentiments revenaient à agiter le sang de nos chauds compatriotes, si jamais un gouvernement national s'ensuivait, que deveniez-vous ? Votre conscience alors commença à vous épouvanter : inquiet, affligé, vous ne vous y abandonnâtes pas ; vous résolûtes de joner le tout pour le tout, mais vous le fîtes en homme de tête. Vous vous mariâtes pour accroître le nombre de vos appuis. Un honnête homme qui avait, par votre parole, donné sa sœur à votre neveu se trouva abusé. Votre neveu, dont vous aviez englouti le patrimoine pour accroître un héritage qui devait être le sien, s'est trouvé réduit dans la misère avec une nombreuse famille.

Vos affaires domestiques arrangées, vous jetâtes un coup d'œil sur le pays ; vous le vîtes fumant du sang de ses martyrs, jonché de victimes multipliées, n'inspirer à tous pas que des idées de vengeance. Mais vous y vîtes l'atroce militaire, l'impertinent robin, l'avide publicain y régner sans contradictions et le Corse, accablé sous ses triples chaînes, n'oser ni penser à ce qu'il fut, ni réfléchir sur ce qu'il pouvait être encore. Vous vous dîtes dans la joie de votre cœur : les choses vont bien ; il ne s'agit que de les maintenir. Et aussitôt vous vous liguâtes avec le militaire, le robin et le publicain. Il ne fut plus question que de s'occuper à avoir des députés qui fussent animés par ces sentiments ; car, pour vous, vous ne pouviez pas soupçonner qu'une nation, votre ennemie, vous choisît pour la représenter, mais vous dûtes changer d'opinion lorsque les lettres de convocation, par une absurdité peut-être faite à dessein, déterminèrent que le député de la Noblesse serait nommé dans une assemblée composée seulement de vingt-deux personnes : il ne s'agissait que d'obtenir douze suffrages. Vos coassociés du Conseil supérieur travaillèrent avec activité : menaces, promesses, caresses, argent, tout fut mis en jeu : vous réussîtes. Les vôtres ne furent pas si heureux dans les Communes ; le Premier président échoua et deux hommes exaltés dans leurs idées, l'un fils, frère, neveu des plus zélés défenseurs de la cause commune ; l'autre avait vu Sionville et Narbonne, en gémissant sur son impuissance ; son esprit était plein des horreurs qu'il avait vu commettre : ces deux hommes furent proclamés et rencontrèrent le vœu de la nation dont ils devinrent l'espoir. Le dépit secret, la rage que votre nomination fit dévorer à tous, font l'éloge de vos manœuvres et du crédit de votre ligue.

Arrivé à Versailles, vous fûtes zélé royaliste : arrivé à Paris, vous dûtes voir, avec un sensible chagrin, que le gouvernement que l'on voulait organiser sur tant de débris était le même que l'on avait chez nous noyé dans tant de sang.

Les efforts des méchants furent impuissants : la nouvelle Constitution admirée de l'Europe et devenue la sollicitude de tout être pensant, il ne vous resta plus qu'une ressource, ce fut de faire croire que cette Constitution ne convenait pas à notre île quand elle était exactement la même que celle qui opéra de si bons effets et qu'il fallut tant de sang pour nous arracher.

Tous les délégués de l'ancienne administration qui entraient naturellement dans votre cabale, vous servirent avec toute la chaleur de l'intérêt personnel : l'on dressa des mémoires où l'on prétendit prouver l'avantage dont était pour nous le gouvernement actuel et où l'on établissait que tout changement contrarierait le vœu de la nation. Dans ce même temps, la ville d'Ajaccio eut indice de ce qui se tramait ; elle leva le front, forma sa garde nationale, organisa son comité. Cet incident inattendu vous alarma ; la fermentation se communiquait partout. Vous persuadâtes aux ministres sur qui vous aviez pris de l'ascendant pour les affaires de Corse, qu'il était imminent d'y envoyer votre beau-père, M. Gaffori, avec un commandement ; et voici M. Gaffori, digne précurseur de M. Narbonne, qui prétend, à la tête de ses troupes, maintenir la tyrannie que feu son père, de glorieuse mémoire, avait combattue et confondue par son génie. Des bévues sans nombre ne permirent pas de dissimuler la médiocrité des talents de votre beau-père : il n'avait que l'art de se faire des ennemis. L'on se ralliait de tous côtés contre lui. Dans ce pressant danger, vous levâtes les yeux et vous vîtes Narbonne ! Narbonne, mettant à profit un moment de faveur, avait projeté de fixer dans une île qu'il avait dévastée par des cruautés inouïes, le despotisme qui le rongeait. Vous vous concertâtes : le projet est arrêté ; cinq mille hommes ont reçu des ordres ; les brevets pour accroître d'un bataillon le régiment provincial sont expédiés ; Narbonne est parti ;

cette pauvre nation, sans armes, sans courage, est livrée, sans espoir et sans ressources, aux mains de celui qui en fut le bourreau.

O infortunés compatriotes! De quelle trame odieuse alliez-vous être victimes? Vous vous en seriez aperçus lorsqu'il n'eût plus été temps. Quel moyen de résister sans armes à dix mille hommes? Vous eussiez vous-mêmes signé l'acte de votre avilissement: l'espoir se serait enfui, l'espérance éteinte et des jours de malheur se seraient succédés sans interruption. La France libre vous eût regardés avec mépris, l'Italie affligée avec indignation; et l'Europe, étonnée de ce degré sans exemple d'avilissement, eût effacé de ses annales les traits qui font honneur à votre vertu. Mais vos députés des Communes pénétrèrent le projet et vous avertirent à temps. Un roi qui ne désira jamais que le bonheur de ses compatriotes, éclairé par M. Lafayette, ce constant ami de la liberté, put dissiper les intrigues d'un ministre perfide que la vengeance inspira toujours à vous nuire. Ajaccio montra de la résolution dans son adresse, où était peint avec tant d'énergie l'état misérable auquel vous avait réduits le plus oppressif des gouvernements. Bastia, engourdie jusqu'alors, se réveilla au bruit du danger et prit les armes avec cette résolution qui l'a toujours distinguée. Aréna vint de Paris en Balagne, plein de ces sentiments qui portent à tout entreprendre, à n'estimer aucun danger. Les armes d'une main, les décrets de l'Assemblée nationale de l'autre, il fit pâlir les ennemis publics. Achille Murati, le conquérant de Caprara, qui porta la désolation jusque dans Gênes, à qui il ne manqua pour être un Turenne que des circonstances et un théâtre plus vaste, fit ressouvenir aux compagnons de sa gloire qu'il était temps d'en acquérir encore; que la patrie en danger avait besoin, non d'intrigues où il ne s'entendit jamais, mais du fer et du feu. Au bruit d'une secousse si générale, Gaffori rentra dans le néant d'où, mal à propos, l'intrigue l'avait fait sortir: il trembla dans la forteresse de Corte. Narbonne, de Lyon, courut ensevelir dans Rome sa honte et ses projets infernaux. Peu de jours après, la Corse est intégrée à la France, Paoli rappelé, et, dans un instant, la perspective change et vous offre une carrière que vous n'eussiez jamais osé espérer.

Pardonnez, Monsieur, pardonnez : j'ai pris la plume pour vous défendre, mais mon cœur s'est violemment révolté contre un système si suivi de trahison et d'horreur. Eh quoi ! fils de cette même patrie, ne sentîtes-vous jamais rien pour elle ? Eh quoi ! votre cœur fût-il donc sans mouvement à la vue des rochers, des arbres, des maisons, des sites, théâtres des jeux de votre enfance ? Arrivé au monde, elle vous porta dans son sein, elle vous nourrit de ses fruits : arrivé à l'âge de raison, elle mit en vous son espoir ; elle vous honora de sa confiance. Elle vous dit : « Mon fils, vous voyez l'état de ma misère où m'a réduite l'injustice des hommes. Concentrée dans ma chaleur, je reprends des forces qui me promettent un prompt et infaillible rétablissement ; mais l'on me menace encore ? Volez, mon fils, volez à Versailles, éclairez le grand roi, dissipez ses soupçons, demandez-lui son amitié. »

Eh bien ! un peu d'or vous fit trahir sa confiance ; et bientôt, pour un peu d'or, l'on vous vit, le fer parricide à la main, entre-déchirer ses entrailles. Ah ! Monsieur, je suis loin de vous désirer du mal, mais craignez... il est des remords vengeurs ! Vos compatriotes à qui vous êtes en horreur, éclaireront la France. Les biens, les pensions, fruit de vos trahisons, vous seront ôtés. Dans la décrépitude de la vieillesse et de la misère, dans l'affreuse solitude du crime, vous vivrez assez longtemps pour être tourmenté par votre conscience. Le père vous montrera à son fils, le précepteur à son élève, en leur disant : « Jeunes gens, apprenez à respecter la patrie, la vertu, la foi, l'humanité. »

Et vous, de qui l'on prostitua la jeunesse, les grâces et l'innocence, votre cœur pur et chaste palpite donc sous une main criminelle, femme respectable et infortunée! Dans ces moments que la nature commande à l'amour, lorsque, arrachés aux chimères de la vie, des plaisirs sans mélange se succèdent rapidement; lorsque l'âme agrandie par le feu du sentiment, ne jouit que de faire jouir, ne sent que de faire sentir, vous pressez contre votre cœur, vous vous identifiez à l'homme froid, à l'égoïste qui ne se démentit jamais et qui, dans le cours de soixante ans, ne connut que les calculs de son intérêt, l'instinct de la destruction, l'avidité la plus infâme, les plaisirs, les vils plaisirs des sens! Bientôt la cohue des honneurs, les lambris de l'opulence vont disparaître; le mépris des hommes vous accablera. Chercherez-vous dans le sein de celui qui en est l'auteur une consolation indispensable à votre âme douce et aimante? Chercherez-vous sur ses yeux des larmes pour mélanger aux vôtres? Votre main défaillante, placée sur son sein, cherchera-t-elle à se retracer l'agitation du vôtre? Hélas! si vous lui surprenez des larmes, ce seront celles du remords; si son sein s'agite, ce sera des convulsions du méchant qui meurt en abhorrant la nature, lui et la main qui le guide!

O Lameth! O Robespierre! O Pétion! O Volney! O Mirabeau! O Barnave! O Bailly! O Lafayette! voilà l'homme qui ose s'asseoir à côté de vous! Tout dégouttant du sang de ses frères, souillé par des crimes de toute espèce, il se présente avec confiance sous une veste de général, inique récompense de ses forfaits! Il ose se dire représentant de la nation, lui qui la vendit, et vous le souffrez! Il ose lever les yeux, prêter les oreilles à vos discours et vous le souffrez! Si c'est la voix du peuple, il n'eût jamais que celle de douze nobles; si c'est la voix du peuple, Ajaccio, Bastia et la plupart des cantons ont fait à son effigie ce qu'ils eussent voulu faire à sa personne.

Mais vous que l'erreur du moment, peut-être les abus de l'instant portent à vous opposer aux nouveaux changements; pourrez-vous souffrir un traître? celui qui, sous l'extérieur d'un homme sensé, renferme, cache une avidité de valet, je ne saurais l'imaginer. Vous serez les premiers à le chasser ignominieusement dès que l'on vous aura instruits du tissu d'horreurs dont il a été l'artisan.

J'ai l'honneur, etc.

BONAPARTE.

De mon cabinet de Milleli, le 23 janvier, l'an II.

XXXIX[1]

IMPRESSIONS DE VOYAGE

Saint-Vallier, 8 février, l'an 91.

Le lierre s'embrasse au premier arbre qu'il rencontre, c'est en peu de mots l'histoire de l'amour...

L'homme est-il dans un pays étranger, sans parents hors de sa maison, ne vous y trompez pas, il lui faut une liaison, un appui, un sentiment qui lui tienne lieu du frère, du père . L'amour vient à son secours et lui offre tous ces avantages. Vous m'observez que l'amitié lui en offre autant. Oui, mais il est plus facile à l'étranger de prendre de l'amour dans les yeux d'une personne qu'il s'identifie ; oui ! mais l'état d'abandon excite l'imagination, la chaleur, dès lors l'amour. Qu'est-ce donc que l'amour ? Toutes les saisons lui sont propres, toute la nature l'inspire ; contraire en cela à l'irritation des animaux qui n'ont que des saisons ; c'est au milieu des frimas de l'Islande, de la chaleur de l'équateur, dans les marécages de l'Iroquois ; c'est au sein des bosquets de l'Italie, des forêts des Ardennes,

[1] *Inédit. Fonds Libri.* Manuscrit in-folio de 3 pages.

sous le signe du Lion ou sous celui de l'Ours. Qu'est-ce donc que l'amour ? Le sentiment de sa faiblesse dont l'homme solitaire ou isolé ne tarde pas à se pénétrer, à la fois le sentiment de son impuissance et de son immortalité : l'âme se serre, se double, se fortifie ; les larmes délicieuses de la volupté coulent, voilà l'amour !...

Observez ce jeune homme à l'âge de treize ans : il aime son ami comme son amante à vingt. L'égoïsme naît après. A quarante, l'homme aime sa fortune ; à soixante, lui seul. Mais, ne vous y trompez pas : s'il pleure, c'est de dépit ; s'il a des perplexités, elles l'affligent, l'isolement le tue. Les douces émotions de l'amour, les traits perfides de Cupidon sont, dit-on, empoisonnés, mais l'on se plaît dans la douleur ; l'on n'en veut pas guérir ; c'est qu'après avoir goûté les sensations, l'ivresse de l'amour, l'on craint l'horrible solitude du cœur, le vide du sentiment...

L'on guérit les peines de l'âge mûr par la dissipation, voulez-vous guérir celles de l'amour ? Triste médecin, arme-toi de courage, tu détruiras un innocent. Si tu as du sentiment, tu sentiras la terre s'entr'ouvrir.

XL [1]

NOTES SUR L'HISTOIRE DE LA SORBONNE [2]

Cahier 15°.

NOTES DIVERSES SUITE DE L'HISTOIRE DE LA SORBONNE 14 AVRIL 1791.

Le Parlement mis à la Bastille par les ligueurs. Un nouveau créé : Brisson mis à la tête. Le serment de l'Union fut prêté le 30 janvier. L'on en dressa le formulaire qui fut signé par plus de 400 personnes. Un prédicateur prêchant sur Valois prétendit qu'il était un Turc par la tête, une harpie par les mains, un diable en l'âme.

Lincestre tire dans une chaire un petit chandelier où était ciselé un satyre : « Voilà ses dieux ! »

Sixte V excommunie Henri III.

Clément, moine dominicain, excité par ses confrères, tue

(1) Le 14° cahier qui contient la première partie de l'analyse de l'*histoire de la Sorbonne* avait été distrait par Libri des papiers qu'il avait vendus à Lord Ashburnham. C'est un manuscrit de 16 pages qui, sous le n° 423, a passé en 1894 dans le *Catalogo degli Autografi Manzoni-Borghesi appartenenti al fu conte Giacomo Manzoni.* (Rome 1894, in-8°.)

Sans que nous ayons pu obtenir copie de ce manuscrit, une rapide inspection nous a permis de constater qu'il porte en marge les indications suivantes :

NOTES DIVERSES. 1791, *Auxonne, 28 mars.* HISTOIRE DE LA SORBONNE, t. Ier, par *l'abbé Duvernet, imprimé en 1790.*

L'analyse de Napoléon suit exactement le texte de l'abbé Duvernet et il ne convient pas, comme on l'a fait dans le Catalogue Manzoni-Borghesi d'attribuer à l'analyseur ce qui appartient à l'auteur. Or, l'abbé Duvernet, biographe de Voltaire, auteur de petits livres presque obscènes, diverses fois emprisonné à la Bastille, fait avant tout dans son *histoire de la Sorbonne dans laquelle on voit l'influence de la Théologie sur l'ordre social,* œuvre de polémiste antireligieux. (*Ed.*)

(2) *Inédit. Fonds Libri.* Tiré 1° d'un Mss. in-folio de 12 pages formant le 15° cahier et 2° pour partie : d'un Mss. in-folio de 16 pages formant le 16° cahier. (*Ed.*)

Henri III. Son nom est placé dans le Martyrologe des saints. Le jour de l'assassinat fut une fête à Paris et à Rome.

Henri IV est excommunié, déclaré incapable d'hériter du trône, même en abjurant. Le clergé signa le décret de la Sorbonne.

Henri demande des théologiens pour s'instruire. Le légat Caëtan défend aux théologiens de se rendre près de lui.

Le 9 mai, mourut en prison le Cardinal-roi nommé l'Ane rouge. La Sorbonne renouvela son décret contre Henri IV en l'appelant relaps. Ordre aux prédicateurs et confesseurs de parler et insinuer contre lui de tous côtés.

Lors de la famine de Paris les religieux étaient pourvus de tout et prêchaient la patience. L'on ordonna la visite des monastères. Tyrius, recteur des Jésuites, demanda au légat une exception pour sa maison. Le prévôt des marchands, présent à cette demande, trouve qu'elle est incivile et commence par lui. L'on trouve leur couvent pourvu de blé, biscuit, vin et de viandes salées, autant chez les capucins. Les bénédictins criaient au peuple : « Sachez mourir pour un Dieu qui est mort pour vous. » Pour animer davantage, l'on fit la grande montre de la gendarmerie de l'Église militante : plus de 1.200 religieux ou prêtres.

L'évêque de Senlis, Rose, le protecteur, intitulé le conservateur apostolique de la Sorbonne : c'était le plus séditieux ; c'est lui qui fit l'apologie de Clément, l'assassin du Roi. Il fut le premier à signer la Sainte union. Il écrivit en lettres de sang : « Plût à Dieu que celui qui signe le premier soit le premier martyr. » C'était un grand confesseur de demoiselles. Il abusa de sa pénitente, Mlle de Neuilly, jeune et belle.

Sixte V mourut. Grégoire XV lui succéda ; il envoya son neveu avec une petite armée : son neveu, Montemarciano. Le Parlement de Paris siégeant à Tours fait brûler la bulle du pape qui ordonnait aux fidèles d'abandonner Henri IV. Le courageux Harlay qui était à la tête du Parlement proposa alors de créer un patriarche. Plusieurs évêques approuvèrent cette idée.

Messieurs, je suis averti qu'il y a des traîtres dans cette compagnie, c'est trop endurer : il faut jouer du couteau. Discours littéral du docteur Pelletier.

Gondi abandonna Paris.

Brisson, président du Parlement ligueur de Paris, est pendu.

Mayenne arrive et fait pendre Louchard, Anroux, Emonot et Ameline.

L'archevêque de Lyon, l'amant public de la sœur d'Espinac, était célèbre ligueur.

Mayenne écrivit à Henri IV. Il lui disait : « Ce n'est point la nature, ni le droit des gens qui nous apprennent à connaître nos rois. C'est la loi de Dieu et de l'Église. Ayant donc tous juré à Dieu, après avoir reçu son précieux corps et la bénédiction de Mr le Légat que le but de nos conseils sera d'assurer la religion catholique, nous acceptons la conférence que vous demandez pourvu qu'elle soit entre catholiques seulement. »

Le légat fit accepter par Mayenne les disciplines du concile de Trente. Les Etats furent convoqués pour cet effet.

Barrière était né à Orléans. Il fit ses exercices de piété dans la confrérie du Petit Cordon ; il s'adresse à Lyon à un carme pour savoir s'il peut tuer le roi. Le carme loue son courage. Un capucin décide que l'œuvre est méritoire. Deux prêtres lui disent les mêmes choses. Aubri, docteur de Sorbonne et curé de Paris, le mène chez Varade, recteur des Jésuites. Celui-ci lui avoue que c'est une grande action. Commolet criait en chaire : « Il nous faut un Aod, fût-il moine, fût-il soldat, il nous faut un Aod. »

Cependant tant d'horreurs réveillent le petit nombre de gens de lettres. Ils commencent à écrire. La *Satyre Ménip-*

pée qui fit le plus grand bruit. Elle est de Pithou. Louis Leroi fit le *Catholicon d'Espagne*. Hotman publia l'*Anti-Chopin*. Guillaume du Sable répandait dans Paris des coq-à-l'âne : *la Truite au foin*, par exemple.

Pithou, Duvair, Lemaître, L'Huilier, Langlois, Brissac, gouverneur de Paris, commencèrent à se concerter pour détruire l'influence de ces harpies de docteurs. Mayenne, couvert de ridicule par les gens de lettres, sortit de Paris. Les portes de la ville furent ouvertes au bon Henri. La veille de son entrée, un prédicateur disait : « Il n'y a pas à marchander, mes frères, il faut jouer du couteau contre les amis du Béarnais relaps. » (1594.)

L'on proposa dans le conseil d'Henri IV de chasser les dominicains et raser leurs couvents et d'exiler les Jésuites.

L'Université et la Faculté de théologie pour faire la cour au Roi demandèrent la proscription des Jésuites. Un mois après, la Sorbonne décida que c'étaient des religieux vénérables.

Jean Chatel, âgé de dix-neuf ans, coupable de péchés de mollesse commis avec des animaux, fut livré dans la chambre de méditation ou chambre noire. C'était une grande et vaste salle. L'on voyait à la faveur d'un cierge des figures horribles tracées sur les murailles. Le jeune insensé prépara l'assassinat et en conféra avec son professeur de philosophie, Guéret. Dans le fait, il se rend au Louvre et poignarde Henri, mais ne le frappe qu'au dos. Chatel fut écartelé et les Jésuites chassés.

Cependant Clément VIII ne voulut pas absoudre Henri IV. Le duc de Nevers eut ordre de sortir de Rome. L'on fut ému en France du mauvais traitement que l'on avait fait essuyer à l'ambassadeur. L'on parla de démembrer la France de l'empire de la Papauté. Beaucoup d'évêques soupiraient après un patriarche. C'était le vœu de la magistrature, des gens instruits. C'était le moment ; Rome en fut alarmée. Tout s'arrangea et Dupéron et d'Ossat reçurent l'absolution avec les formalités les plus humiliantes.

Le philosophe Charron, dans son premier ouvrage, combattit pour Dieu et pour le Pape; il combattit les athées, les hérétiques. Ensuite il écrivit contre les superstitieux. Après, il écrivit son livre *De la Sagesse* encore en réputation aujourd'hui. Son livre fut dénoncé au Châtelet. Heureusement que Charron mourut et sauva la France de la tache de sa mort. La Sorbonne avait flétri le livre *de la Sagesse* comme le Parlement le déclara un livre d'Etat.

Scribanius, jésuite d'Anvers, fit un ouvrage contre les rois, les hommes de lettres et les magistrats.

Mariana, jésuite espagnol, fit l'apologie de Clément et enseigna l'art d'empoisonner les rois.

En poignardant Henri III, dit un écrivain, Clément fit une œuvre immortelle. Ce furent ces livres qui inspirèrent Ravaillac, novice chez les Feuillants. Il avait depuis été valet dans la cuisine des Jésuites et enfin maître d'école à Angoulême. Il assassina Henri IV et fut écartelé.

Les Jésuites et les moines prêchaient l'empire papal. Ils aimaient mieux dépendre d'un prince italien que d'un monarque qui avait la force pour les châtier.

Les évêques réunis chez le cardinal de Joyeuse jurèrent de ne se départir jamais des intérêts de Rome. L'on remarqua le cardinal Dupéron dans ce complot qu'ils appelèrent la Sainte union. Richer, syndic perpétuel de la Sorbonne, s'opposa seul aux efforts de Rome et ralentit sa marche assez pour sauver la liberté gallicane. Un des premiers soins de Richer fut de faire condamner la doctrine de Jean Petit et de faire flétrir le livre de Mariana et de Bellarmin. Ce Bellarmin, jésuite et cardinal, prétendait qu'il est des fois que l'on peut tuer un roi tyran.

Dans ce temps-là, les Dominicains tinrent une assemblée générale à Paris où un moine nommé Rosemback soutint l'infaillibilité du Pape et sa suprématie sur les conciles.

Richer indigné alla à ces thèses escorté de quelques bacheliers pour contredire le dominicain.

Ayant humilié les dominicains, il humilia les Jésuites. Les Jésuites voulaient enseigner. Richer fit faire opposition à leurs lettres patentes et fit intervenir un arrêt qui défendit aux Jésuites de se mêler de l'enseignement et leur enjoignit de signer : 1° que les conciles sont au-dessus du pape, 2° que le pape ne peut priver le roi de son royaume ; 3° que les ecclésiastiques sont sujets et justiciables des princes séculiers ; 4° que les confesseurs doivent révéler les conjurations formées contre les rois. Ubaldin, Dupéron, les évêques se plaignirent de Richer, mais le Parlement le soutint et le remercia de son zèle. Ce fut à sa prière qu'il fit le célèbre ouvrage : *De la puissance ecclésiastique et politique.* Le pape en fut outré. Il avait demandé à Venise Fra Paolo pour le juger ; il demanda Richer qui était son ami pour le juger. L'on fit plus : voyant que la cour ne voulait pas se résouder à le livrer, le duc d'Epernon fit aposter des satellites pour l'enlever ou l'assassiner. Les ennemis de Richer clabaudèrent tant que l'on lui enleva son syndicat. L'on l'aurait livré au Pape si Condé ne s'y fût opposé. Le duc d'Epernon fit arracher Richer de son école et le fit traîner en prison. Le Parlement l'arracha de ses griffes et lui restitua la liberté.

Suarès, jésuite, imprima que les papes peuvent détrôner les rois et les faire mourir après les avoir détrônés.

(1614.) Le cardinal Dupéron avança dans les États que l'Église avait le pouvoir de désigner les rois. Le cardinal de la Rochefoucauld était pire encore.

Dans ce temps-là le frère Dominique était un thaumaturge, c'est-à-dire faisait des miracles.

Santarel, jésuite, écrit que les papes peuvent détrôner les rois. Richer le fit condamner.

Le capucin Joseph, l'agent de Richelieu, parvint par la force à faire rétracter Richer. Deux hommes apostés dans un cabinet lui présentèrent le pistolet. Richer se rétracta et mourut peu d'années après.

Vanini, italien de Naples, écrivit des dialogues en latin ; il fut persécuté par la Sorbonne : il fut attaqué par devant le parlement de Toulouse comme athée, (ce) qui le fit brûler. Ce parlement fit brûler un millier de protestants du temps d'Henri III, fit rompre Calas, fit jeter Vanini dans un bûcher.

Mersenne, minime, écrivit que Vanini était sorti d'Italie pour prêcher l'athéisme avec douze autres apôtres. Théophile, jeune poète de bonne compagnie, fut dénoncé comme athée par les jésuites et brûlé en effigie. Et puis il fut arrêté, il a péri dans le cachot où avait été Ravaillac. Billon, Bitaut et Claves furent persécutés par la Sorbonne qui les accusa d'hérésie. C'était dans le même temps que Galilée était condamné par le Saint-Office.

Garasse, jésuite, persécuteur du jeune Théophile, fit un livre : *La Somme des vérités de la Religion*. L'abbé Duvergier de Hauranne, connu sous le nom de l'abbé de Saint-Cyran, se disposait à faire connaître les erreurs de ce livre, lorsque la Sorbonne évoqua l'affaire à son tribunal et déclara que le livre de Garasse était l'ouvrage d'un imposteur qui falsifiait l'Écriture sainte. Ce même bouffon fanatique fit l'année suivante un livre où il prétendait que le roi et le ministre devaient être excommuniés pour avoir fait un traité avec les protestants d'Allemagne. L'abbé de Saint-Cyran dénonça ce livre au Parlement. De là, haine implacable entre Saint-Cyran et les Jésuites. Celui-ci en est victime et est emprisonné dans le donjon de Vincennes où il resta cinq ans. Arnauld, le célèbre Arnauld, était l'écolier de Saint-Cyran. Il voulut essayer ses forces et il imprima *de la Fréquente Communion*. Grand fracas de la part des jésuites. Le père Pétau écrivit : « L'auteur de la *Fréquente Communion* ne nous plaît pas. Il faut tirer le nœud coulant et l'étrangler. »

Richelieu meurt. Saint-Cyran sort de prison et allume une guerre de plume. Son ami, l'évêque d'Ypres, Jansénius, fit un ouvrage contre les jésuites en honneur de saint

Augustin et de Jésus-Christ. Les jésuites le dénoncèrent à Urbain VIII, qui condamna plusieurs propositions sans parler de Jansénius. Arnaud répondit que les propositions n'étaient pas dans Jansénius.

Un vicaire, Picoté, refuse l'absolution au duc de Liancourt pour raison qu'il a chez lui un nommé Boursier, de l'Académie française et que sa petite-fille est à Port-Royal. Arnauld écrit contre Picoté. Les jésuites le défendent. Voilà la querelle qui recommence. Après cinq mois de sessions, Arnauld est déclaré hérétique par la Sorbonne.

Dans ce temps-là, Pascal écrivit les *Provinciales*. Pascal portait sur son sein une petite relique où était écrit : « Dieu d'Abraham, d'Isaac, de Jacob et non des Philosophes. »

Ce fut dans ce temps-là que l'on dressa le *Formulaire*. Les religieux de Port-Royal qui ne voulurent pas le signer furent chassés, dispersés.

Un jésuite, nommé Vernant, fit un ouvrage pour défendre l'infaillibilité et l'empire papal. La Sorbonne, composée de jansénistes depuis la mort de Mazarin, le condamna.

Maya, espagnol, fit un ouvrage plus abominable encore. Il fut condamné. Alexandre VII s'en alarma et pria Louis XIV de suspendre la sentence de la Sorbonne. Louis XIV n'y fit pas d'attention. Alexandre VII excommunia les défenseurs de l'arrêté de la Sorbonne.

L'Université proscrit les ouvrages de Descartes et défendit de s'éloigner d'Aristote.

Marie Agreda, espagnole, qui avait des visions et qui, en conséquence, imprima huit volumes sur la vie privée de la Vierge. La Sorbonne condamna cet ouvrage. C'était dans le même temps que la Guion et la Bourignon vivaient à Salamanque. Agreda passait pour sainte. A Rome, l'on s'occupait de la canoniser.

Cahier 16e. NOTES DIVERSES SUITE DE LA SORBONNE, 29 AVRIL 1791.

La bulle *Unigenitus* est de l'année 1713. Le jésuite Le Tellier la fabriqua en France pour ennuyer le cardinal de Noailles et le pape eut la sottise de l'adopter.

Le cardinal avait approuvé en 1703 des *Réflexions sur l'Ancien Testament* d'un certain Quesnel, oratorien. Louis XIV demanda au Pape la condamnation de ce livre. La bulle *Unigenitus* naquit à ce sujet. Le Tellier, son confesseur, l'avait composée à cette demande inepte qui déshonora Clément XI. (Elle fut remise au père Timothée.) *Timothée était capucin.* L'on appelait les capucins les valets de pied des jésuites. Cette bulle proscrivait cent une propositions du livre de Quesnel. Le cardinal de Noailles la proscrivit dans le diocèse de Paris. Le Pape, furieux, lança un décret contre l'archevêque. Rohan, ami de Noailles, devint dans le malheur son persécuteur. Cette bulle *Unigenitus* a troublé la France pendant bien des années.

1717. Le czar Pierre vint à Paris. La Sorbonne voulait le convertir. L'on envoya un docteur en Russie, où l'on se moqua du pape et de la Sorbonne.

Le diacre Paris, frère d'un conseiller, ne voulut pas recevoir la prêtrise. Il appela de la bulle *Unigenitus* au futur concile. Il se retira dans un coin du faubourg Saint-Marceau. Il mourut et les jansénistes en firent un dieu, un thaumaturge. Cette folie a duré plusieurs années. Montesquieu fut condamné par la Sorbonne. Buffon fut menacé ; les Encyclopédistes anathématisés. Un jeune bachelier, nommé Marlin de Prades, soutint en Sorbonne le déisme. Après sa thèse, il sortit de Paris et passa en Prusse. Cette affaire fit un bruit étonnant dans l'Europe.

Quarante ans avant, un jeune bachelier avait soutenu que l'on ne pouvait pas prouver que la religion chrétienne fût la meilleure.

Belisaire de Marmontel condamné (1768).

Jusqu'à cette heure, l'on n'a distribué aucun prix à l'Académie française sans l'approbation de la Sorbonne.

« Tout ce qui est utile aux hommes ne peut déplaire à Dieu, » répondit la Sorbonne lorsqu'on la consulta sur l'inoculation en 1765.

Buffon, Raynal, Mably, Rousseau furent persécutés, condamnés.

« L'on a distingué la Sorbonne en bourguignonne, en anglaise, en guizarde, en espagnole, en ultra-montaine, selon les époques, et toujours raisonneuse et irraisonnable. »

XLI[1]

VOYAGE DE M. WILLIAM COXE EN SUISSE

TOME Ier. *Auxonne, 20 avril 1791.* Il y a en Suisse treize cantons : huit anciens et cinq plus nouveaux.

				Année
Zurich, protestant	1.400	hommes	. . . . .	1350
Berne, id.	2.000	—	. . . . .	1352
Lucerne, catholique	1.200	—	. . . . .	1332
Uri, id.	400	—	. . . . .	1315
Schwitz, id.	600	—	. . . . .	1315
Unterwalden, id.	400	—	. . . . .	1315
Zug, id.	400	—	. . . . .	1352
Glaris, mixte	400	—	. . . . .	1351
Bâle, réformé	400	—	. . . . .	1501
Fribourg, catholique	800	—	. . . . .	1481
Soleure, id	600	—	. . . . .	1481
Schaffouse, réformé	400	—	. . . . .	1501
Appenzel, mixte	600	—	. . . . .	1513
	9.600			

Ainsi, cela fait quatre réformés, deux mixtes, sept catholiques. Ainsi l'armée fédérale serait prélevée dans la proportion indiquée. C'est en 1668 qu'a été arrêtée cette distribution.

(1) *Inédit. Fonds Libri.* Fait partie : 1° du Mss. in-folio de 16 pages intitulé 16e cahier, 2° du 17e cahier manuscrit in-folio de 16 pages.

A défaut d'indication particulière, j'ai suivi, pour collationner et retrouver les extraits, l'édition de 1790 en trois volumes in-8°. Je suis pourtant amené à penser que c'est une édition antérieure que Napoléon a vue, à cause de l'interversion de certains passages, faite seulement par Coxe dans l'édition de 1790. (*Ed.*)

Doneschingen est le lieu de la résidence du prince de Furstenberg. Le Danube sort d'une cave de son château.

Schaffouse est bâtie sur la rive septentrionale du Rhin. Elle doit son origine à la cataracte de Lauffen qui interrompt la navigation et oblige à décharger les marchandises.

SCHAFFOUSE. *aristocratique, réformé.*

Cette ville, autrefois impériale, est gouvernée par une magistrature aristocratique. Elle fut reçue dans la confédération en 1501. Son canton n'a que cinq lieues sur trois de large. Sa population monte à 25.000 âmes. La ville a 6.000 âmes.

Le nombre des citoyens, dans l'assemblée desquels réside le pouvoir suprême, monte à environ 1600. Ils sont divisés en 12 tribus dans lesquelles on élit 85 membres pour former le conseil souverain, composé d'un Grand et d'un Petit conseil. Le Sénat, ou Petit conseil, comprend 25 membres, est muni de la puissance exécutive. Les deux conseils réunis jugent les appels et dirigent tous les mouvements de la république.

Les membres de ces conseils sont élus tous les ans, le lendemain de la Pentecôte. L'on munit chaque citoyen d'une liste de tous les citoyens et il raye avec un crayon rouge ceux qu'il veut nommer. Le bourgmestre est nommé par les membres du conseil sortant de charge.

Leurs procès se discutent et se jugent sans écrits même pour soulager leur mémoire. Il n'y en a pas qui coûte plus de 7 livres sterling.

Les revenus du canton consistent en la dime qui est le treizième pour les citoyens et le dixième pour les sujets, en des cens et en des droits sur l'importation des marchandises qui viennent d'Allemagne. Les sujets entretiennent les routes publiques. Les dépenses ne sont pas fortes. Le chef de la république a 150 livres sterling d'appointement. Le clergé est modiquement payé. Les meilleures cures du royaume rapportent 100 livres sterling. Il en est qui ne rapportent que 40 livres sterling. Le gouvernement entretient à ses frais une école publique.

Les lois somptuaires sont en vigueur : les galons, soieries, dentelles et tous les autres objets de luxe sont prohibés. Les coiffures des servantes même sont réglées. Tous les jeux de hasard sont défendus et même ceux de commerce qui excédent un enjeu de 6 florins ou 15 livres sterling. Le vin que le canton exporte en Souabe lui sert à payer le blé dont il manque.

Schaffouse, quoique frontière, n'a point de gardes ni de fortifications.

Ce canton a quelques troupes en France, Sardaigne et Hollande.

Le pont de Schaffouse a 341 pieds de long. Il est curieux par la structure. C'est un nommé Ulric Grubeuman qui l'a fait. Il a coûté 200.000 livres sterling.

La ville de Saint-Gall est alliée des Suisses, son gouvernement est aristo-démocratique. Elle est luthérienne. L'abbé de Saint-Gall qui possède un grand territoire aux environs est aussi allié des Suisses.

APPENZELL, *démocratique mixte.* — Le canton d'Appenzell appartenait à l'abbaye de Saint-Gall. Les habitants secouèrent ce joug honteux en 1400 ; en 1513, ils furent incorporés dans la ligue helvétienne.

Ce canton est divisé en deux *Rhodes* que l'on distingue en extérieur et en intérieur. Les protestants habitent le premier, les catholiques le second. Ce sont, par ce moyen, deux républiques séparées qui ont des magistrats à part. Chacune envoie son député à part à la diète, mais ensemble ils n'ont qu'une voix et la perdent si leur suffrage est dissident. Tout mâle au-dessus de seize ans a voix dans l'assemblée générale qui se tient tous les ans et fait tous les actes du pouvoir législatif. Tout homme qui vote aux séances doit y venir armé. Le Landamman est le premier magistrat. Dans chaque district l'on nomme deux landammans dont le service est alternatif et qui doivent être confirmés tous les deux ans. Sous eux, est un conseil qui gère toutes les affaires. Le landamman de régence préside le conseil ; l'autre est à la tête des milices et s'appelle *Bannerct.*

Le Rhode extérieur est beaucoup plus étendu et plus peuplé. Il comprend 18 communes ou églises. Le Rhode intérieur est divisé en 4 paroisses et deux filiales. Le nombre des premiers monte à 37.000 et celui des seconds à 12.000. La surface du canton entier n'est que de 60 lieues carrées. Il n'y a point de villes dans le canton d'Appenzell : quelques petits bourgs dont les principaux sont Appenzell et Herisau, chef-lieu du canton protestant. Appenzell a des salpêtres qui dans des temps ont beaucoup rendu. Un bon paysan d'Appenzell dont toute la garde-robe ne vaut pas 20 florins, pendra au col de sa vache la plus belle une sonnette qui vaudra 150 livres.

Les bailliages de Rheinthall et de Sargaus sont deux bailliages appartenant aux huit anciens cantons. Il y a deux espèces de bailliages en Suisse. La première espèce est une division des cantons aristocratiques et auxquelles l'on envoie un officier appelé Bailli. Les bailliages de la seconde espèce sont des territoires qui appartiennent à deux ou plusieurs cantons qui alternativement y envoient des baillis. Après l'assemblée dite diète qui se tient tous les ans à Frauenfield, les députés des huit cantons se forment en syndicat pour juger et recevoir les comptes des baillis à eux soumis.

GLARIS. — Ce canton était gouverné démocratiquement sous la protection de l'abbesse de Seckingen qui nommait le chef nommé Mayor. L'empereur Rodolphe obtint l'administration exclusive dans ce pays. Ses descendants opprimèrent le pays et détruisirent la démocratie. Les habitants de Zurich, Lucerne, Schwitz, etc., en chassèrent, en 1350, les Allemands et y établirent la démocratie. Il a, depuis, été incorporé à la ligue. Il est le dernier des huit cantons anciens. Les Glarois avaient déjà quelques années goûté de la liberté lorsque 15.000 Allemands en 1388 entrèrent pour reconquérir le pays.

GLARIS, *démocratique mixte.*

Naeffels. Bataille célèbre 1388. Trois cent cinquante Glarois et trente Schwitz attendirent les ennemis près de Naeffels, les défirent et en tuèrent un grand nombre. Tous les ans, le peuple célèbre ce jour de son indépendance. Pour tout trophée, l'on a écrit sur plusieurs pierres : 1388. Les deux religions sont mêlées à Glaris, vivent en bonne union, et dans plusieurs endroits n'ont qu'une église. Le gouvernement est absolument démocratique. Qui a seize ans a voix dans le *Landsgemeind* ou assemblée générale qui se tient dans une plaine. Le Landamman ou chef de la République est élu alternativement dans les deux religions avec cette différence que les protestants restent trois ans en charge et les Romains deux. Le peuple choisit huit candidats et le sort décide entre eux. Quarante-huit protestants et quinze catholiques forment le conseil exécutif.

Ce canton a dix mille têtes de gros bétail et 4.000 de moutons. Ce canton a à peu près trente milles de long et forme une vallée qui se rétrécit rapidement.

Les assemblées du canton se tiennent dans une plaine de plusieurs arpents. Il y a trois rangées de bancs et ordinairement 4 ou 5.000 votants. Le président est au milieu, appuyé sur une épée qui a servi en 1400 pour abattre les tyrans.

Il y avait vingt ans qu'on n'avait puni personne de peine capitale dans le canton de Glaris.

L'abbaye d'Einsilden dans le canton de Schwitz. — Plus de cent mille pèlerins viennent tous les ans y porter leurs offrandes.

Le pays de Rapperschwill est sous la protection des cantons de Zurich, Berne et Glaris.

ZURICH. En 1335, il y eut une querelle qui dégénéra en guerre civile. Les magistrats furent chassés par le peuple et, en 1351, Zurich entra dans l'alliance des quatre cantons et fut placé au premier rang. C'est la première ville que Zwingle détacha de Rome. Il y a eu trois guerres de religion : la première en 1555 : Zwingle fut tué dans la bataille de Cappel. L'autre guerre en 1656 fut encore favorable aux catholiques. Celle de 1702 leur fut contraire. La paix d'Aarau a terminé celle-ci.

Le canton de Zurich a quarante milles sur trente et contient 150.000 âmes et la capitale en contient plus de 12.000. La souveraineté réside dans les citoyens qui n'excèdent pas 2.000. Ces 2.000 citoyens sont divisés en treize classes. Les citoyens seuls ont le droit de commercer et la 13ᵉ classe est composée de nobles ou gens qui ne commercent plus. Quelle inconséquence !

La puissance législative est confiée au Conseil des deux cents composé de 212 personnes. Le Sénat ou petit conseil est composé de cinquante, savoir : 2 bourgmestres, 24 tribuns et 4 conseillers pris dans la tribu noble et 20 conseillers élus par le Conseil souverain. Ce Petit conseil est partagé en deux divisions qui administrent de six en six mois et est présidé par un bourgmestre.

Un citoyen a le droit de voter à vingt ans, mais il ne peut être élu membre du Conseil avant trente et du Sénat avant trente-cinq.

La République a un trésor qu'elle grossit tous les ans. Les lois somptuaires sont dans toute leur vigueur. L'on ne peut aller en voiture dans la ville. Il y a en général très peu de luxe à Zurich et beaucoup de commerce et d'industrie. Gessner était de Zurich, Lavater, auteur d'un traité sur les physionomies, Klopstock est de Zurich.

Il y a un grenier public à Zurich, un arsenal bien approvisionné. L'on y voit l'arbalète et la flèche avec laquelle Guillaume Tell abattit la pomme placée sur la tête de son fils.

Zug resta fidèle aux Autrichiens lors de l'événement de l'insurrection. Situé entre Zurich et Schwitz, il nuisait infiniment aux Confédérés. En 1351, les six cantons l'attaquèrent. Zug se défendit et capitula. Par cette (capitulation), il fut reconnu indépendant et incorporé à la ligue. Le pouvoir suprême consiste dans les habitants de Zug, Zug.

Bar, Egeri et Mentzingen qui s'assemblent tous les ans pour porter ou abroger les lois. Le Landamman est élu a la pluralité des voix par tous les votants, mais il doit alterner entre les différents districts : lorsqu'il appartient à celui de Zug, il demeure trois ans en office au lieu de deux ans quand il est élu dans les trois autres communautés. Quarante conseillers forment la Régence.

Dans le canton de Schwitz, près de Kussnacht, l'on rencontre une petite chapelle consacrée à Guillaume Tell dans la place où il tua le gouverneur autrichien.

LUCERNE. Les Lucernois, en 1352, secouèrent le joug autrichien et s'incorporèrent aux cantons. En 1386, Léopold, duc d'Autriche, pénétra dans le canton à la tête d'une armée, fut défait à Sempach par les troupes combinées et périt lui-même dans la bataille. C'est à cette bataille que le Décius suisse s'immortalisa. Arnold de Winkelried, né dans l'Unterwald, voyant qu'une forêt de lances rendait impénétrables les bataillons autrichiens, se jeta à corps perdu, saisissant autant de lances qu'il en put embrasser. Il périt, mais la victoire fut remportée. Après la bataille, l'on trouva les cordes que Léopold avait apportées pour les Lucernois. Elles se conservent encore dans le Sénat de Lucerne.

Le Gouvernement de Lucerne est aristocratique ou plutôt oligarchique. Il n'y a que 500 citoyens parmi lesquels l'on puisse choisir le Conseil des cent, sur lesquels l'on en distrait trente-six pour composer le Conseil d'État qui fait toutes les affaires. Ce Conseil, comme celui de Zurich, est partagé en deux divisions qui alternent. Ils nomment eux-mêmes aux places vacantes. Ordinairement, le fils succède au père. Les chefs de la République sont deux avoyers élus par le Conseil des cent. Le Sénat reconnaît cependant, malgré son excessive autorité, des bornes. Il ne peut imposer un nouvel impôt, faire la guerre, ni alliance sans le Conseil général.

Le canton de Lucerne est le premier en pouvoir et en

rang parmi les catholiques. Il en est le centre. Le nonce du pape y réside. Lucerne contient à peine 3.000 âmes.

Le Waldstaetter-See ou lac des Quatre-Cantons est un bassin superbe.

Sur le Waldstaetter-See est la petite république de Gerisau qui a une lieue de long sur deux de large. Elle a mille habitants en tout et a son conseil, son landamman, ses troupes. Ce petit état est sous la protection de Lucerne, de Uri, de Schwitz et d'Unterwald.

Brunnen, petit village, où les trois cantons conclurent en 1315 un traité.

L'on voit un peu plus loin, sur les bords du lac des Quatre-Cantons, la chapelle (à l'endroit) où l'on dit que Guillaume Tell sauta lorsqu'il s'échappa du bateau.

Un homme de lettres a prétendu que l'histoire de Tell était romanesque.

Uri, Schwitz, Unterwald sont les trois premiers qui levèrent l'étendard de la liberté. Uri, Schwitz, Unterwald.

En 1270, ils étaient sous la protection de Rodolphe de Habsbourg. Albert d'Autriche ambitionna de se faire un duché de l'Helvétie et acheta beaucoup de terres et de fiefs. Ces cantons s'en alarmèrent. Depuis, Albert, étant parvenu à l'Empire, refusa de confirmer leurs privilèges et leur envoya des gouverneurs qui se rendirent odieux par tous les excès de la tyrannie. Dans cet état de crise, trois célèbres patriotes, Werner de Stauffach du canton de Schwitz, Walter Furst de celui d'Uri et Arnold Melchtal de celui d'Unterwald, formèrent le plan de la révolution qui éclata en 1308. Jean-Albert, se préparant à les attaquer, fut assassiné par son neveu. En 1315, Léopold marcha à la tête de vingt mille hommes, mais, arrivé au défilé de Morgarten, il y fut entièrement défait par treize cents Suisses. Après cette bataille, la liberté de la Suisse fut assurée mais non pas reconnue. Elle ne l'a été entièrement qu'à la paix de Westphalie. Werner de Stauffach. Walter Furst. Arnold Melchtal. Morgarten dans le canton de Schwitz.

Le gouvernement de ces trois cantons est absolument

démocratique. La souveraineté consiste dans le peuple collectivement confédéré et divisé en différentes communautés qui fournissent en nombre égal les conseillers qui composent la régence. Le Landamman et les principaux magistrats sont élus dans l'assemblée générale. Tout citoyen a voix dès l'âge de quatorze ans dans le canton d'Uri et à quinze ans dans les autres. Les conseils de régence d'Uri et de Schwitz sont composés de soixante membres. L'Unterwald est divisé en vallée supérieure et inférieure. Ceci a été la suite d'une querelle.

Les trois cantons réunis contiennent 80.000 habitants et peuvent en mettre 20.000 sous les armes.

Tous les cantons catholiques reçoivent de la France des subsides considérables. Chaque bourgeois au-dessus de quatorze ans touche 6 livres[1].

Le *pont du Diable* sur la Reuss : c'est une belle horreur.

La vallée d'Urseren contient quatre villages et nourrit 1.300 habitants. C'est une petite république sous la protection du canton d'Uri. Le chef de la république s'appelle Talaman et le conseil de régence est composé de quinze (membres).

Le Rhône, le Rhin, l'Aar, le Tessin prennent leur source dans les montagnes du Saint-Gothard.

Le pays de Hasly, dépendant du canton de Berne, contient 20.000 (habitants) et peut mettre 6.000 (hommes) sous les armes. Il est gouverné par ses lois, son landamman rend cependant ses comptes au bailli d'Interlaken qui est nommé par le conseil de Berne.

Les cabanes du pays de Hasly sont, dans les montagnes, à un seul étage et dans les plaines de deux ; faites de bois, sans aucun mélange et comme en feuilles de bois. Les appartements n'ont pas plus de cinq pieds de hauteur : cela doit s'entendre toutefois du peuple.

(1) Le voyage de M. Coxe est enrichi de notes par le traducteur qui a fait son voyage en 1776. (*Bon.*)

L'on y mange du lait, du fromage, des pommes de terre. L'on ne mange de pain que par façon de régal. L'on prend quelquefois du café, mais jamais de vin. Les habitants de ces montagnes sont très attachés à leur pays et l'on ne peut que difficilement les faire servir. Meyringen est le chef-lieu de ce pays. *Alps* est un mot indigène qui veut dire pâturage de montagne en dialecte celte.

Les bergers des Alpes ont trois maisons : maison d'hiver, c'est là leur métropole; maison de printemps, maison d'été.

Dans le Haut-Valais, les habitants ne montent pas eux-mêmes sur les montagnes. Ils envoient leurs troupeaux avec des bergers qui sont payés par toute une communauté. S'il périt quelque vache, la perte est supportée par toute la communauté; le produit d'une vache est de six à douze pots de lait. Le pot contient deux pintes. L'on garde le fromage jusqu'à six ans.

Le Mont-Blanc d'un côté, le Schreck-horn ou Pic de Terreur de l'autre, se disputent la primatie de l'élevation.

Dans la vallée de Lauterbrunnen sont les bains de Lenk.

Le Valais s'étend de l'est à l'ouest dans une largeur de cent milles et se divise en Haut et Bas-Valais. Le Valais contient environ cent mille habitants, tous catholiques.

Le Haut-Valais est divisé en sept dizaines ou républiques indépendantes : six sont démocratiques, la septième qui est celle de Sion est aristocratique. L'évêque de Sion, jadis souverain, est réduit aujourd'hui au titre de préfet du Valais et à quelques prérogatives. Il est prince de l'Empire. Toutes les affaires d'État sont traitées dans un conseil qui se tient deux fois l'an à Sion. Ce conseil s'appelle Lands-Rath. Les membres de ce conseil sont divisés en neuf voix. L'évêque de Sion en a une, le Lands-Hauptmann en chef qui en a une autre et celles des sept dizaines. L'évêque préside à l'assemblée : le Lands-Hauptmann recueille les suffrages.

Cahier 17e.

NOTES DIVERSES. VOYAGE EN SUISSE PAR WILLIAM COXE. Tome second. *Auxonne 24 avril 1791*

Le Lands-Hauptmann est nommé par cette assemblée et renouvelé tous les deux ans; laquelle nomme aussi à l'évêché sur la présentation que lui fait le clergé de Sion de quatre sujets. Quoique chaque dizaine n'ait qu'une voix, elle envoie à cette assemblée autant de députés qu'elle veut. Ordinairement, elle envoie un juge, un banneret, un capitaine et un lieutenant. Le juge et le capitaine ne sont que deux ans en charge. Le banneret et le lieutenant sont à vie. Dans leurs assemblées de dizaines, chaque homme âgé de quatorze ans y a voix.

Le Bas-Valais est soumis au Haut. C'est une suite de la guerre de 1475 où celui-là fut battu. Le Bas-Valais est divisé en six départements gouvernés par autant de baillis qui y sont envoyés par l'assemblée de Sion.

La république du Valais est alliée des Treize cantons. Outre cette alliance générale, elle en a une plus particulière avec les sept cantons catholiques. Elle a encore des alliances avec la France.

Sion est située sur les rives du Rhône au pied de deux montagnes isolées qui s'élèvent immédiatement de la plaine. La cime est chargée de différents palais. Celui que l'on nomme Mayoria est le palais de l'assemblée.

Les salins de Bex, dans le canton de Berne. La source la plus abondante rend 12 livres par quintal d'eau. La moindre ne rend que 1 p. 100. L'on évalue à 17.000 livres sterling le produit des mines de Bex et de l'Aigle qui sont les seules de Suisse.

Il y avait à Briey dans le Haut-Valais un paysan qui s'était enrichi au point de donner ombrage à ses compatriotes. Ce paysan se nommait Stokhalber. Les Valaisans le condamnèrent à payer 6 livres sterling d'amende à chaque citoyen. L'on le somme à cet effet de faire la déclaration de ses biens. Il le fit et, conseillé par un jésuite, en cette manière : il plaça sur l'autel tous ses effets précieux et tous les papiers qui décelaient sa fortune. Il prit la précaution d'en cacher une partie dans l'autel et il jura que toute sa fortune était au-dessous de sa main.

Une grande partie du pays de Vaud appartenait à la maison de Savoie. La république de Berne la lui enleva en 1536. La même année, les habitants de Lausanne secouèrent le joug de leur évêque pour se mettre sous la protection de Berne. Lausanne a ses magistrats particuliers. Les habitants de la Grande-Rue ont un privilège particulier dans les jugements des procès criminels. La population de Lausanne atteint à peine 7.000 âmes.

Vevay est le chef-lieu du bailliage de ce nom. Près de Vevay l'on trouve Clarens et Meillerie.

Dans le bailliage de Romain-Moûtier est le petit village de Pont où presque tout le monde s'appelle Rochat. Ce nom a de même envahi le village de Charbonnières et domine aussi dans le village d'Abbaye. Il y a plus de mille familles qui portent ce nom. Les clans d'Écosse ne sont pas moins nombreux. Les ancêtres de ces Rochat étaient tous originaires français.

Orbe, chef-lieu d'un bailliage qui appartient à Berne et à Fribourg. Lorsque c'est Berne qui fournit le bailli, alors l'on appelle à Fribourg et vice versa. La justice y est très bien administrée.

Yverdun, ville petite et jolie. Il y a à 500 pas de la ville des eaux estimées. Cette ville a des presses.

La principauté de Neufchâtel est alliée des Suisses. Elle a des traités particuliers avec Berne, Lucerne, Fribourg et Soleure. La ville de Neufchâtel a des relations plus particulières avec Berne en vertu desquelles les habitants sont déclarés cobourgeois avec ceux du canton. La principauté contient 40.000 âmes dont 3.000 la capitale.

La Chaux-de-Fond et le Locle contiennent 6.000 habitants. Il sort plus de 40.000 montres tous les ans de ce petit pays.

Tous les habitants sont riches. Il y en a qui gagnent jusqu'à 9, 10 livres sterling par jour ; des enfants de dix ans qui gagnent 20 sols.

L'on raconte qu'en 1679, un habitant du pays rapporta de Londres une montre qui se dérangea. Il la confia pour la faire raccommoder à un certain Daniel-Jean Richard. Richard en étudie le mécanisme et un an après en fait une. De là, il va à Genève où il achève de se perfectionner. Il mourut en 1741 laissant cinq enfants qui ne tardèrent pas à propager les talents dont ils avaient hérité.

La principauté de Neufchâtel appartenait à la duchesse de Nemours. Frédéric Ier, en 1707, hérita de cette princesse et son fils, Frédéric II, après lui. Voici donc la principauté de Neufchâtel qui appartient au roi de Prusse. Cependant, les privilèges de cette province sont si grands qu'elle se regarde plus unie aux Suisses qu'au roi de Prusse, de sorte qu'elle se croit obligée de prendre part à un acte où le Corps helvétique prendrait part.

Un officier au service de France se distingue à la bataille de Rosbach. Le roi de Prusse, curieux de le connaître, lui demande son pays. — « Je suis de Neufchâtel. — Comment, vous êtes mon sujet et vous prenez les armes contre moi ! — Je jouis de privilèges comme natif de Neufchâtel. » Le Roi écrivit à son résident pour que cette loi fût abrogée, mais les Neufchâtelois ne voulurent pas y consentir.

Le souverain — plus exactement le prince — a le droit de nommer à la plupart des places militaires. Il jouit de 100.000 livres produits soit de son domaine, soit d'une légère imposition.

Les États de Neufchâtel sont présidés par le gouverneur qui a même le droit de faire grâce, etc., etc.

Les États ne sont pas les représentants du peuple, mais seulement une espèce de parlement composé de 12 juges. En 1707, ils jugèrent que la souveraineté appartenait au roi de Prusse comme ils auraient jugé un procès. Mais s'il s'agissait de nommer un souverain, alors les députés de Neufchâtel, de Lauderon, Boudry, de Valengin, etc.

Morat, au bord d'un petit lac qui porte son nom, est un petit bailliage dépendant de Berne et Fribourg. La Réforme y fut adoptée en 1530 à la pluralité des voix. Morat est célèbre par le siège et la défaite de Charles le Hardi.

La ville de Fribourg a été bâtie en 1179 par Berthold IV, duc de Zœringen. En 1218, Ulrich de Ryburgh acquit la souveraineté de cette ville du chef de sa femme, Anne. Depuis elle passa à Eberhard et fut ensuite vendue à Rodolphe de Habsbourg. Après une rivalité soutenue avec la ville de Berne, en 1403, ils firent un traité. Jusqu'au milieu du XVe siècle, Fribourg resta unie aux Autrichiens. En 1481, elle fut admise avec Soleure à la Confédération helvétique. Le gouvernement est absolument aristocratique. La souveraineté est entre les mains d'un conseil de 200 personnes. Le Conseil secret, composé de 60 membres et le Petit conseil composé de 24, sont investis de la puissance exécutive. Ce canton est catholique et contient plus de 60.000 âmes sans comprendre la capitale qui en contient 6.000. FRIBOURG.

Les cantons de Zurich, Berne et Lucerne reçurent dans une alliance plus intime les villes de Fribourg et de Soleure qui étaient alliées des huit cantons. Cela parut aux autres cantons une infraction aux traités. L'on fut sur le point de se battre. Un homme respecté des deux partis, Nicolas de Flüe, ancien landamman d'Unterwald, s'était retiré dans un hermitage. Ayant appris que la guerre civile menaçait la patrie, il court à Stanz et parvient à réunir les deux partis. Par le traité, Fribourg et Soleure furent incorporés à la ligue.

Nicolas de Flüe mourut en 1487, après avoir vécu dix-neuf ans sans manger de viande.

L'union helvétique est fondée sur le traité de Sempach fait en 1393, sur la convention de Stanz et sur les articles de la paix d'Aarau.

Il suit de ces trois traités que l'Union helvétique est une alliance défensive perpétuelle entre treize puissances indépendantes, pour se protéger réciproquement contre les ennemis extérieurs. Du reste, chacun séparément peut faire ses alliances, fournir des auxiliaires, etc., sans le consentement de personne.

Il y a une diète générale ou assemblée des treize cantons et de leurs alliés.

Il y a des diètes particulières telles que celles des huit anciens cantons, celles des protestants, etc., etc.

Les diètes générales durent un mois. Le député de Zurich est celui qui préside et convoque, à moins qu'elle (la diète) ne soit tenue sur les terres d'un autre canton. Alors, celui-ci préside.

Bade était le siège de cette diète; mais depuis 1712 l'on a choisi Frauenfeld en Thurgovie.

Il y a des alliés et des associés. L'abbé de la ville de Saint-Gall, les villes de Bienne et de Mulhouse constituent la première classe. Les Ligues grises, la république du Valais, la ville et république de Genève, la principauté de Neufchâtel, l'évêque de Bâle composent la dernière.

BERNE. L'arsenal de Berne contient toujours 60.000 armes. Le grenier public est toujours bien rempli. Les hôpitaux sont aérés et bien bâtis. Les rues sont balayées par des coupables condamnés à cette besogne.

Berne a été bâtie par Berthold V, duc de Zœringen. En 1218, l'Empereur accorda à ses habitants de grands privilèges. Elle fut incorporée en 1352 à la confédération. Depuis l'acquisition du pays de Vaud, sa population, évaluée à 350.000 âmes, sans compter les 11.000 que contient la ville, forme presque le quart de la population de la Suisse.

La puissance souveraine réside dans un Grand conseil des 200 qui, lorsqu'il est complet, est composé de 299 (membres) choisis parmi les citoyens de la ville desquels ils sont censés tenir leur pouvoir.

Il n'est aucun corps aussi souverainement puissant que

ce conseil de Berne. Les citoyens ne s'assemblent dans aucun cas : aussi, celui-ci peut faire la guerre, la paix, contracter des alliances, etc.

La. puissance exécutive est confiée au Petit conseil ou au Sénat composé de 27 membres, à la tête duquel sont les Avoyers ou chefs de la République. Le Sénat s'assemble tous les jours, le Conseil trois fois la semaine. Les sénateurs sont choisis parmi les membres du Grand conseil et sont à vie. Quand quelqu'un vient à mourir, l'on nomme à sa place à peu près comme aux places de Venise. L'on fait une main d'électeurs qui procède au choix.

Tous les dix ans, le Conseil souverain se complète lui-même.

Les principaux magistrats de Berne sont les deux avoyers, les deux trésoriers et les quatre bannerets. Ces grands officiers sont élus à la pluralité des voix. Ils doivent être confirmés tous les ans.

L'office d'avoyer est à vie ; celui de trésorier ne dure que six ans et celui de banneret quatre ans seulement. A Pâques, l'avoyer régnant cède la place à son collègue. Les quatre bannerets et les deux trésoriers, allemand et du pays de Vaud, forment une chambre économique. Ce tribunal reçoit les comptes des baillis. Les quatre bannerets avec l'avoyer non régnant, le plus ancien des trésoriers, deux membres du Sénat composent le conseil d'État ou Conseil secret.

Le canton de Berne est divisé en un certain nombre de districts ou bailliages, dans lesquels le Conseil souverain nomme des baillis.

Les lois somptuaires sont en force dans toute l'étendue de ce canton.

L'*État extérieur* est une miniature de la constitution de la république. Ce sont des jeunes gens qui n'ont pas l'âge requis pour entrer dans le Conseil. Ils s'assemblent et suivent les différentes formes que la république (a adoptées). Cet établissement a aussi ses baillis. Ce sont des châteaux ruinés dispersés dans l'étendue du canton. Il a aussi son trésor avec la seule exception qu'il a des dettes. Il s'écarte en cela de son modèle.

A Langenau, vivait, lors du voyage de M. Coxe, un médecin connu sous le nom de médecin de la montagne, qui connaissait les maladies par le visage et sans demander aucun renseignement. Ce médecin célèbre s'appelait M. Michel Schuppach.

Genève, située vers la partie droite du Rhône, contient 14.000 âmes. C'est la ville la plus peuplée de la Suisse. Elle est alliée aux cantons de Berne et de Fribourg. Le Génevois comprend 16.000 (habitants).

Genève est la ville la plus instruite de la Suisse et où les sciences sont le plus cultivées.

L'évêque de Genève, profitant de la faiblesse des descendants de Charlemagne, se fit souverain de la ville. Les comtes de Genève leur disputèrent la prépondérance. Dans ces débats, la maison de Savoie acheta des comtes leurs droits. Il fallut succomber sous une puissance aussi formidable, et, dans le Xe siècle, Charles III avait une autorité absolue, malgré la forme républicaine. Il y avait cependant des patriotes qui s'appelaient *Eidgenossen*, *confédérés*, qui appelaient le parti opposé les *mamelucks* ou esclaves.

En 1526, Genève conclut un traité d'alliance avec Berne et Fribourg. L'on rétablit la constitution républicaine et la réforme de Calvin. Ce n'a été qu'en 1754 que les ducs de Savoie ont reconnu l'indépendance de Genève.

Il y a toujours eu choc entre le parti aristocratique et le démocratique.

Un Sénat composé de 25 (membres); l'Assemblée souveraine est composé de 1.500 personnes. Un Syndic est à la tête des affaires. Les revenus de l'État consistent en 30.000 louis.

BIENNE. Ce petit État contient 6.000 habitants. Son lac est celui où Rousseau resta deux mois. *Le* prince de cet État est l'évêque de Bâle, qui n'a pour cela que 300 louis et ne jouit presque d'aucune autorité.

La population de ce canton est évaluée à 40 ou 50.000 âmes. La ville en contient 5.000. Son gouvernement est aristocratique. Le Conseil souverain est composé de 120 membres, y compris 35 qui forment le Sénat. 2 Avoyers, 11 Alt-Rath, 22 Jung-Rath. Le corps des citoyens s'assemble tous les ans. L'on n'est éligible au Grand conseil qu'à l'âge de vingt ans et au Sénat qu'à celui de vingt-quatre. C'est à Soleure que réside l'ambassadeur de France. La France paye 30.000 livres sterling aux Suisses. SOLEURE.

Cette ville pourrait contenir 100.000 habitants et n'en contient que 11.000. Les horloges de Bâle avancent d'une heure. L'on a voulu changer cet usage, mais le peuple n'a pas voulu y consentir. Cette ville fait un grand commerce. BALE.

Érasme vivait à Bâle. Holbein, célèbre peintre, en était natif.

En 1501, le canton s'unit à la Confédération et chassa son évêque. Depuis la réformation, le gouvernement devint plus démocratique. Un conseil de 60 personnes, quatre chefs, deux bourgmestres et deux tribuns; le Grand conseil composé de 240 membres sont les deux corps qui réunissent toute l'autorité.

Les citoyens sont divisés en dix-huit tribus et ne s'assemblent qu'une fois l'an. Près de Bâle, est le lieu où Louis XI donna bataille aux Suisses.

XLII[1]

MÉMOIRES SECRETS SUR LE RÈGNE DE LOUIS XIV ET LOUIS XV PAR M. DUCLOS, HISTORIOGRAPHE DE FRANCE

Tome Ier imprimé en 1791. *Auxonne, 11 mai 1791.*

Chamillard, conseiller au Parlement, fut produit à la Cour pour faire la partie de billard de Louis XIV. Il négligea le rapport d'une cause et, par cela, se commit une injustice. Il la répara promptement et rendit les 20.000 livres dont il était question. Chamillard n'était pas riche.

Courtin, intendant de Picardie, ménagea tellement les terres de son ami le duc de Chaulnes qu'il s'aperçut qu'il avait surchargé de 40.000 L. les paroisses voisines. Il les remboursa sur ses propres fonds et abandonna ce[2] . . .

. . . .

puisqu'il ne voulait ni se ruiner, ni passer sa vie à faire du mal.

« Vous verrez, Sire, que c'est le parent de quelque ministre, » disait le comte de Grammont en parlant d'un ambassadeur idiot.

La vaisselle de Louis XIV et de sa cour ne monta qu'à 30.000.000 de livres.

Louis XIV résista à la proposition d'établir les dixièmes. Il avait des scrupules. Son confesseur Le Tellier le ras-

(1) *Inédit. Fonds Libri.* Fait partie du 17e cahier, Mss. in-folio de 16 pages. On retrouvera dans le n° XLVI un certain nombre de notes qui viennent certainement des mémoires de Duclos. On a collationné sur les Œuvres complètes. Paris, 1821, 3 vol. 8°. (*Ed.*)

(2) Cette ligne du manuscrit est couverte par une tache d'encre. (*Ed.*)

sura en lui disant que le roi était le vrai propriétaire, le seul maître de tous les biens de ses sujets.

Un magistrat disait : L'État et le Roi. Louis XIV l'interrompit : *L'État, c'est moi.*

Le Dauphin, fils unique de Louis XIV, mourut en avril 1711. Le duc de Bourgogne mourut en février 1712, trois semaines après, le duc de Bretagne suit son frère au tombeau. Le duc d'Anjou, depuis Louis XV, fut à deux doigts de sa perte. La duchesse de Ventadour le sauva, dit-on.

Le duc du Maine, le comte de Toulouse étaient fils naturels du Roi.

Mme de Maintenon.

Le Dauphin avait eu Montlausier et Bossuet pour instituteurs.

Mlle Chon fixa le cœur du Dauphin qui l'épousa en secret.

Beauvillier et Fénelon furent les instituteurs du duc de Bourgogne.

Le duc de Bourgogne dit un jour en refusant un meuble : Les sujets ne sont assurés du nécessaire que lorsque les princes s'interdisent le superflu.

A la paix d'Utrecht, les ennemis voulaient que les États généraux de France garantissent la renonciation de Philippe V à la cour de France.

Macañas, espagnol, fit par ordre du roi d'Espagne un ouvrage contre Rome. Cet ouvrage fut approuvé par le conseil, mais Mme des Ursins le fit supprimer.

XLIII [1]

HISTOIRE CRITIQUE DE LA NOBLESSE PAR M. DULAURE

IMPRIMÉ 1790

AUXONNE, LE 19 MAI 1791.

Clovis fit assassiner vingt princes, dont neuf étaient ses parents.

Clodéric tua son père, tua un de ses parents, roi de Cambrai. Ce Clodéric fit assassiner deux de ses voisins et paya les assassins en fausse monnaie.

Chilpéric envoya sa fille en Espagne avec une riche dot et, pour l'escorter, les plus honnêtes gens de sa cour et une suite de 4.000 hommes. Ces messieurs ravagent d'abord les provinces par où ils passent et puis finissent par piller la dot et se sauver.

Un seigneur breton, comte de Vannes, assassina trois de ses frères. L'évêque de Nantes l'empêcha de tuer le quatrième.

Hunaud, père de Waifre, duc d'Aquitaine, après une longue guerre avec son frère Hatton, fait la paix, lui jure amitié et puis lui fait crever les yeux.

Charlemagne fit tuer 4.500 Saxons, ses prisonniers de guerre. Dans son testament on lit les paroles suivantes : « Mes fils ! n'égorgez pas vos enfants nés ou à naître ; ne

(1) *Inédit. Fonds Libri.* Fait partie du 17e cahier Mss. fol. de 16 pages et du 18e Mss. fol. de 16 pages. Collationné sur : *Histoire critique de la noblesse depuis le commencement de la monarchie jusqu'à nos jours où l'on expose ses préjugés, ses crimes, où l'on prouve qu'elle a été le fléau de la liberté, de la raison, des connaissances humaines et constamment, l'ennemie du peuple et des Rois.* Paris, 1790, 8° de 325 pages. (*Ed.*)

les mutilez pas, ne leur crevez pas les yeux, ne les faites pas tondre. » Est-ce un cannibale qui parle ?

Les châteaux, dit Charles le Chauve dans son édit de Pistes en 884, sont des *repaires de voleurs.*

Les privilèges que les seigneurs accordèrent aux villes étaient conçus en ces termes : « Je promets de ne pas voler ni extorquer les biens et les meubles et de ne pas commettre envers eux d'exactions. »

Vol pour *rapine* vient de ce que les seigneurs se portaient avec des oiseaux sur le poing sur les grands chemins. Les voyageurs les prenaient pour des chasseurs et ne s'en méfiaient point : ils ne tardaient pas à être détroussés.

Le concile[1] de Roussillon tenu en 1041 défend aux nobles de voler un tel jour ni dans de certaines positions. C'est dans ce concile que l'on établit la *Trêve de Dieu.*

La *Pezade*, imposition établie pour maintenir la trêve de Dieu.

Un gentilhomme d'Auvergne voulut s'emparer des cochons qui appartenaient à un marchand. Celui-ci se réfugia dans la chapelle de Saint-Avantin. L'avide brigand passa outre. Il en fut puni sur-le-champ. Le saint...

Guy de Rochefort était un brigand puissant. Hugues de Puiset lui ressemblait.

Thomas de Marle : c'est de lui que Louis le Gros dit dans sa lettre de 1119 : son château est une caverne de voleurs.

Baudoin de Flandres, dit Baudoin à la Hache, était le fléau de ces brigands. Une pauvre femme vint lui dénoncer qu'un gentilhomme lui avait enlevé deux vaches. Baudoin le fit arrêter et le fit jeter dans une chaudière d'huile avec ses éperons aux pieds. Quelque temps après, Baudoin fut averti que dix gentilshommes s'étaient unis pour arrêter les marchands qui se rendaient à la foire de Thoroult ; il les fit arrêter et pendre sur-le-champ.

Suite du cahier 17. HISTOIRE DE LA NOBLESSE.

(1) De Tuluges en Roussillon. (*Dulaure.*)

Humbert II, sire de Beaujeu, vola sur les chemins comme ses nobles aïeux et fut depuis converti par Pierre le Vénérable.

Bouchard le Barbu avait une forteresse de l'île Saint-Denis d'où il faisait des incursions sur les moines voisins. Le roi Robert fit raser la forteresse. Celui-ci s'en alla à Montmorency. De lui descend cette illustre maison.

Eudes, frère de Henri Ier; Philippe, fils de Henri, étaient pillards et voleurs, selon la mode des chevaliers.

Parmi les brigands qui ravageaient le royaume en 1360, etc., se distinguaient les *compagnies;* Robert, dauphin d'Auvergne, en était. C'était un des ancêtres de Turenne.

C'est un axiome en généalogie que lorsqu'une famille prouve descendre d'un gens d'armes, elle est noble.

Les gens d'armes avaient à leur suite des *pillards*. Les familles qui descendent de ces *pillards* sont nobles.

L'on appelait *vivre aux dépens du bonhomme* vivre aux dépens du paysan en le pillant.

L'on se rappelle le mot de Bussy d'Amboise qui répondit à un ami qui lui représentait les maux qu'il faisait : « Si vous n'étiez mon ami, je vous ferais construire votre remontrance avec le poignard. Contentez-vous que je sais comme le vilain doit être traité. »

Si la noblesse était le fléau du peuple par ses rapines sans fin, elle a été continuellement l'ennemie des rois.

Sous la première et la seconde race, elle était presque indépendante.

Du temps d'Henri Ier, la conjuration des trois seigneurs, de Blois, de Champagne et de Flandre.

Louis le Gros fut surnommé le Batailleur pour raison du grand nombre d'ennemis, de seigneurs qu'il eut à combattre.

Louis le Jeune et Philippe-Auguste vous en offrent autant.

L'histoire est pleine de leurs trahisons.

Pendant les vingt premières années de la Ligue il y a

eu 765.200 personnes tuées, 12.300 femmes de violées; 9 villes brûlées, 252 villages, 128.256 maisons de brûlées. Ces calculs sont tirés de Froumenteau dans son livre *Du Secret des Finances*. Les troubles durèrent encore vingt ans après l'époque de ce calcul.

Les conjurations des comtes d'Auvergne, de Biron, menacèrent les jours d'Henri IV. La conduite du duc d'Épernon l'assure.

1398. Édouard, seigneur de Beaujeu, enleva une fille. Les parents portèrent plainte. Le Parlement envoya un huissier. Le seigneur de Beaujeu le fit jeter par la fenêtre. Le Roi envoya une armée. Édouard est fait prisonnier. Il implore la protection de Louis de Bourbon qui la lui accorde à condition que les seigneuries de Dombes et de Beaujolais lui seraient cédées par testament. Depuis ce temps-là, les Bourbons ont joui toujours de la principauté de Dombes et du Beaujolais.

Mézeray et Lobineau, historiens l'un de France et l'autre de Bretagne, parlent d'un Gilles de Laval, maréchal de France, qui se plaisait à tuer des femmes pour en jouir dans les derniers moments. Il sacrifia, dit-on, plus de cent personnes de cette manière aux châteaux de Machecoul et de Chantocé. On lui fit son procès et il fut brûlé à Nantes en 1440.

Anne de Montmorency arriva à Bordeaux. Il condamna un homme à être pendu par (chaque) dix maisons de la ville qui avait insurgé. Un conseiller au Parlement est du nombre. Mme Lestonat vient se jeter aux pieds du connétable. Elle est jolie. Le connétable couche avec elle et, le lendemain, lui fait voir son mari pendu.

Montluc : il y a tant à dire de ce monstre gascon. Il allait toujours avec quatre bourreaux qu'il appelait ses valets de chambre.

Montaré, gentilhomme du Bourbonnais et lieutenant du roi de cette province, appelait le bourreau son compère.

Henri III, son frère, et Henri IV, alors âgé de vingt ans,

vont déjeuner chez le seigneur de Nantouillet et lui volent pour 50.000 livres d'argenterie. Le Premier Président du Parlement va chez le Roi lui dire que le bruit courait dans Paris qu'il était l'auteur du vol. Le Roi jura qu'il n'en était rien.

Deux gentilshommes de la province de la Marche ayant commis un assassinat, furent condamnés, mais, moyennant la protection du duc de la Force, ils furent pardonnés par Henri IV.

XLIV[1]

NOTES DIVERSES. — ESPRIT DE GERSON

CAHIER 18e.

Auxonne, le 12 mai 1791

Il y a deux sentiments opposés sur la qualité et primauté du pape comme successeur de saint Pierre.

L'un est celui des canonistes italiens modernes, entre lesquels Bellarmin a écrit avec le plus de doctrine.

L'autre est celui de Gerson et de la Sorbonne de France.

Les sectateurs de la première opinion prétendent :

1° Que l'Église est une monarchie spirituelle, absolue et indépendante dont le pape est souverain monarque ;

2° Que le pape, comme chef de cette Église, a reçu seul l'autorité des Clefs ;

3° Que les évêques n'ont qu'un pouvoir émané et dépendant du sien ;

4° Que le pape est infaillible ;

5° Qu'il a une puissance supérieure à celle des conciles ;

6° Qu'il a seul droit de les convoquer et de les confirmer ;

7° Que sa puissance s'étend par le temporel des princes

(1) *Inédit. Fonds Libri.* Fait partie du cahier 18e, Mss. fol. de 16 pages. *L'esprit de Gerson* (par Eustache Le Noble), a eu environ quarante éditions depuis 1691. L'édition que Napoléon a eue entre les mains n'étant pas indiquée, j'ai suivi pour le collationnement celle de 1691. On sait que l'*Esprit de Gerson*, si souvent réimprimé, contient l'exposé le plus complet des doctrines par lesquelles l'Église de France a résisté durant des siècles aux doctrines ultramontaines. Napoléon n'a point procédé pour ce livre capital comme il l'a fait pour les autres. Il n'a point pris de notes et le morceau qu'il a écrit, tout en étant le résumé du livre, peut sembler aussi le résumé de sa pensée en telle matière. (*Ed.*)

chrétiens, du moins indirectement, selon la rédaction de Bellarmin.

Gerson, au contraire, avec lui toute l'Église gallicane, croient :

1° Que l'Église a été instituée de Jésus-Christ (en) une monarchie subordonnée aux lois d'un gouvernement aristocratique ;

2° Que le pape n'est que le chef ministériel de l'Église dont Jésus-Christ est le seul chef essentiel et que les Clefs ont été données à toute l'Église ;

3° Que tous les évêques ont leur pouvoir immédiatement de Jésus-Christ, n'y ayant qu'un seul épiscopat auquel ils participent tous également avec le pape ;

4° Que l'infaillibilité appartient à l'Église légitimement assemblée et non au pape ;

5° Que le Concile est au-dessus du pape lorsqu'il est œcuménique et légitime ;

6° Que les princes séculiers ont été et sont en droit de convoquer les conciles et que les conciles n'ont pas besoin pour leur validité de la confirmation du pape ;

7° Qu'il n'a aucun pouvoir indirect ou direct sur le temporel des princes séculiers.

Un Grégoire VII, un Boniface VIII, un Jules II, un Grégoire XIV, un Sixte V ont été portés par ces maximes à des abus téméraires.

Jésus-Christ avait 75 disciples et 12 apôtres. Les premiers représentent les prêtres, les seconds les apôtres.

XLV

HISTOIRE DE FLORENCE PAR NICOLAS MACHIAVEL, TRADUITE PAR M. PARRETT,

18e Cahier.

TOME Ier.
Valence,
le 24 juin.

En 931, la Lombardie était au pouvoir de Bérenger III et de son fils Albert. Un lieutenant de l'Empereur gouvernait la Toscane et la Romagne. La Pouille et la Calabre obéissaient partie à l'Empereur grec, partie aux Sarrasins. A Rome, l'on créait tous les ans deux consuls pris dans l'ordre de la noblesse qui gouvernaient selon l'ancien usage. Il y avait un préfet qui rendait compte au peuple et le conseil des Douze qui envoyait tous les ans des recteurs dans les villes du ressort. L'autorité du pape était plus ou moins grande selon qu'elle était soutenue par le peuple.

Les peuples d'Aquilée, craignant Attila, se réfugièrent dans les petites îles du pays de Vénétie et Venise prit naissance.

Les pays malsains sont assainis par l'affluence des hommes qui viennent s'y établir. Ils corrigent l'aridité du sol par la culture et la malignité de l'air par le feu. Venise, Pise sont des preuves de l'assertion ci-dessus.

(1) *Inédit. Fonds Libri.* Fait partie du 18e cahier mss. fol. de 16 pages. J'ai suivi pour le collationnement des extraits la traduction de M. de Barrett, publiée à Paris, chez Deser de Maisonneuve en 1789, 2 vol. in-12. (*Ed.*)

Florence fut peuplée de marchands.

Florence vient de Fluence, à cause du flux de l'Arno.

Ravagée par Totila et presque détruite ; deux cent cinquante ans après, rebâtie par Charlemagne ; jusqu'en 1215, Florence suit le sort de l'Italie. En 1080, celle-ci commence à être divisée par les Guelfes et les Gibelins. Ce ne fut qu'en 1215 que Florence participa aux divisions.

1215. Les Donati et les Amidei étaient les deux premières familles après les Buondelmonti et les Uberti. Il naquit un différend entre les Buondelmonti et les Amidei et un des Buondelmonti fut assassiné le jour de Pâques. Les deux familles coururent aux armes et se firent une guerre opiniâtre. Frédéric II donna secours aux Uberti et aux Amidei qui parvinrent à chasser les Buondelmonti et Florence se trouva divisée entre les Guelfes et les Gibelins. Les Buondelmonti furent Guelfes et les autres Gibelins après la mort de Frédéric, les deux partis se réconcilièrent pour le bien public et donnèrent à Florence un genre de gouvernement tout nouveau.

La ville fut divisée en six tribus et chacune dut élire deux magistrats tous les ans avec le nom d'anciens. Deux étrangers furent appelés pour exercer la justice tant civile que criminelle. L'un eut le titre de capitaine du peuple, l'autre celui de podestat. Il y eut 20 compagnies dans la ville et 76 dans le district. Toute la jeunesse fut enrôlée avec ordre de se trouver en armes, chacun sous sa bannière, au premier ordre du capitaine ou des anciens. Ces enseignes étaient différentes suivant la différence des armes : il y avait celle des arbalétriers, celle des pavésaires. Tous les ans, le jour de la Pentecôte, on les changeait de mains et l'on donnait de nouveaux capitaines à toutes ces compagnies. Il y eut un grand char traîné par deux bœufs couverts d'un caparaçon rouge, sur lequel était un étendard mi-partie blanc et mi-partie rouge. Quand l'armée devait aller en campagne, ce char était conduit au Marché-Neuf et là confié aux chefs. La *Martinello* était une cloche qui sonnait nuit et jour pendant le mois qui devait précéder la guerre.

Cette constitution dura dix ans et Florence prospéra. Ce fut non seulement le chef-lieu de la Toscane, mais encore (elle) avait un rang distingué parmi les villes d'Italie.

Les Gibelins, jaloux de la prépondérance qu'avaient les Guelfes que le peuple favorisait comme plus favorables à son indépendance, intriguèrent auprès de Mainfroy, roi de Naples ; ce qui étant venu à la connaissance des Anciens, ces magistrats citèrent les Uberti qui, loin d'obéir, prirent les armes et se fortifièrent dans leurs maisons. Le peuple indigné s'arma et les força d'abandonner Florence. Les Gibelins se réfugièrent à Sienne, implorèrent le secours de Mainfroy, qui leur envoya une armée par le moyen de laquelle ils battirent les Guelfes, s'emparèrent de Florence et détruisirent jusqu'aux traces de l'ancien gouvernement. Il n'y eut plus de liberté et la Toscane ne fut plus qu'une province de Mainfroy. Cependant les Guelfes [émigrèrent] de Bologne à Parme. Dans cette dernière ville, on leur donna les biens des Gibelins.

Le règne des Gibelins ne fut pas long. Battu, Mainfroy fut tué et la peur leur prit. Ils procurèrent alors de réformer leur gouvernement et de contenter le peuple. A cet effet, ils nommèrent trente-six bourgeois pour réformer la Constitution de concert avec deux gentilshommes qu'ils firent venir de Bologne. Le comité divisa la ville par corps de métiers avec chacun son magistrat pour lui rendre compte et sa bannière sous laquelle l'on devait se ranger lorsque le besoin le requerrait.

Il y eut d'abord douze de ces corps : sept grands et cinq petits. Dans la suite ceux-ci montèrent jusqu'à quatorze et dès lors il y eut vingt et un corps de métiers.

Guy Novello était le vicaire de Mainfroy à Florence. Il s'avisa d'imposer une taille pour entretenir les troupes. Il fut contraint de rétrograder et son autorité fut perdue. Alors, il assembla les chefs des Gibelins et se repentant d'avoir laissé prendre par le peuple autant d'autorité, ils résolurent de la lui enlever. A cet effet, ils se montrèrent en armes. Ils en furent la dupe. Les Trente-Six donnèrent l'alarme. Le peuple, rangé sous ses bannières, prit les armes et marcha contre Guy et les siens, et les obligea à la retraite. Guy se réfugia à Prato. Alors les Guelfes retournèrent dans Florence après avoir été absents six ans. Les Gibelins purent aussi rentrer, mais toujours haïs par le peuple. Cela ne fut pas long. Les Gibelins durent se sauver et les Guelfes établirent un autre gouvernement.

1280. Ils établirent douze magistrats avec le titre de prud'hommes, amovibles tous les deux mois ; ils établirent trois conseils, l'un de 80 citoyens appelés la créance, un de 180 plébéiens qui réunis avec les douze prud'hommes formèrent le conseil général. Le troisième conseil fut de 120 nobles pour sanctionner et conférer les emplois publics. Avec cet ordre de choses, le pape nomma Charles vicaire de Toscane pour la maintenir dans son parti. Grégoire X, successeur du précédent pape, excommunia Florence.

Bientôt l'on substitua aux 12 prud'hommes trois prieurs : les plébéiens purent en être. Cela dura jusqu'en 1342 que l'on fit neuf prieurs, et quelquefois depuis, l'on en fait douze. L'on changea même le nom de prieur en celui de seigneur. On leur donna un palais, des sergents et des huissiers pour les accompagner, mais tout cela ne suffit pas Les nobles outrageaient les plébéiens et trouvaient dans les forces de la parenté un refuge contre les poursuites de la justice. En conséquence, les chefs des métiers arrêtèrent de nommer un gonfalonnier de justice qui aurait mille hommes sous ses ordres. Ubaldo Ruffoli fut le premier nommé. Cela ne suffisait pas encore. L'on ordonna donc que le gonfalonnier aurait 4.000 hommes sous ses ordres et qu'il entrerait dans le conseil des prieurs ou seigneurs.

1298. Florence était puissante à cette époque. Trente mille hommes en état de porter les armes dans ses murs, soixante-dix mille sur son territoire. Florence commandait à la Toscane.

La ville devait être sans cesse en combustion. Les Donati et les Cerchi, par leurs divisions, partagèrent la République.

1308. Cette année, mourut le célèbre Corso Donati qui aspirait à la souveraineté. Il fomentait les divisions. C'était à force de troubler le gouvernement qu'il voulait obliger les différents ordres de l'État à se contenter du gouvernement d'un seul.

L'Empereur passa en Italie avec des projets hostiles contre les Florentins. Ceux-ci se soumirent pour cinq ans au roi de Naples afin d'en obtenir des secours.

L'Empereur mourut. Uguccione, maître de Lucques et de Pise, était à la tête des Gibelins. Il battit les Florentins et la ville se trouva divisée entre royalistes et antiroyalistes. Simon della Tosca était à la tête de ces derniers qui firent venir un nommé Lando qu'ils mirent à la tête des forces sous le titre de Barigelle, lui donnant puissance de vie et de mort. Son règne fut tyrannique et de courte durée. Les Florentins prorogèrent l'autorité du Napolitain encore pour cinq ans.

Uguccione perdit Pise et Castruccio Castracani se trouva à la tête des Gibelins de Toscane. Les Florentins nommèrent douze citoyens qu'ils appelèrent prud'hommes pour assister la seigneurie de leurs conseils.

XLVI [1]

Auxonne, 10 avril 1791.

NOTES DIVERSES

Cahier 19.

Alcibiade [2]. Première partie.

Danse du Dédale. Dédale inventa, en commémoration du labyrinthe, une danse particulière pour la belle Ariane à Gnossus. Une fille et un garçon ouvraient la marche se tenant par un ruban, les autres les suivaient.

Danse pyrrhique. C'était une danse militaire. Pyrrhus, fils d'Achille, en fut inventeur.

Amycle, nourrice d'Alcibiade, était spartiate.

Eurotas, fleuve qui passait sous les murs de Sparte.

Timon, misanthrope.

Ton Odeum, s'appelait ainsi le superbe théâtre que Périclès fit construire pour les chanteurs et les poètes.

Antisthène. C'est celui dont Socrate disait qu'il voyait plus d'orgueil dans les trous de son manteau.

Périclès à la tête *scillitique,* pour faire allusion à la longueur de sa tête.

Deuxième partie.

Thalestris, reine des Amazones, joue un rôle dans l'histoire d'Alexandre.

(1) *Inédit. Fonds Libri.* Mss. in-folio de 16 p. Malgré la diversité des sujets je réunis ces notes du cahier 19 sous un seul numéro. Ce ne sont point ici des notes à proprement parler. C'est le *Cahier d'expressions* de Napoléon. (*Ed.*)

(2) *Alcibiade* (imitation libre par M. Rauquil Lieutaud du roman historique du même titre composé en allemand par M. Meissner). Paris, Buisson, 1789, 4 vol. in-8°. Les extraits pris par Napoléon sont tirés des notes historiques qui se trouvent en fin de chaque partie. (*Ed.*)

Phéax. Plutarque dit de lui qu'il savait mieux se comporter dans les sociétés ordinaires que dans les affaires publiques. Le poète Eupolis dit de lui : « Habile à la vérité pour un babillard, mais non pour un orateur. »

Les *Eumolpides*, sacrificateurs de Cérès.

TROISIÈME PARTIE.

Les fables milésiennes étaient très efféminées. Elles sont regardées comme les premiers romans qui respirent la volupté.

Le vaisseau *Salaminien* ou de Délos était celui que montait Thésée en allant à Crète. On l'employait à aller chercher les criminels d'État.

Ilotes, esclaves.

Caméléons, qui changent.

Les *cavernes des Troglodytes*. Ces peuples habitaient dans des cavernes, se nourrissant de viande de serpent et se préservant des rayons du soleil. Ils habitaient l'Éthiopie, la Mauritanie.

Le *Tyran Tryzus*. Ce tyran défendit à ses sujets de parler ensemble. L'on éluda sa loi en substituant les gestes à la voix. Il défendit les gestes. Alors un citoyen s'avance au milieu de la place publique, reste immobile et puis se met à pleurer. Le peuple en fait autant. Le tyran averti, court pour prohiber aux yeux de pleurer et est mis à mort.

Esclaves Ibériennes. C'est la Géorgie.

Le *Prytanée*, monument public.

QUATRIÈME PARTIE.

La *fête d'Agraule* en l'honneur de Minerve. C'était un jour malheureux.

Timandra, célèbre courtisane qui resta toujours fidèle à Alcibiade dans ses malheurs.

Laïs, courtisane de Corinthe, prétendue fille d'Alcibiade et de Timandra.

L'*Ichthyophage*, peuple pêcheur ; le *Rhizophage*, peuple qui se nourrit de racines.

VOYAGE EN SUISSE[1].

Lavanges, des amas de neige qui tombent. Elles engloutissent quelquefois un village entier. Elles sont arrêtées par les forêts. Lavange veut premièrement dire phénomène.

Le glacier de Grundenwald en Suisse, celui de la Furca en Suisse égalent les glaciers de Lauterbrunnen.

Goitre, excroissance qui vient à la gorge des femmes valaisanes.

Pisse-vache, belle cascade d'eau du Valais.

Crétins, espèce d'imbéciles que l'on trouve dans le Valais.

Crétinage, le nom de cette imbécillité.

DE LA CHAUMIÈRE INDIENNE PAR JACQUES-HENRI BERNARDIN DE SAINT PIERRE[2]. *Auxonne le 1er mai 1791.*

Museum de Florence.

Université de Salamanque en Espagne.

Un *effendi*, prêtre turc. La *mosquée de Sainte-Sophie* où est l'alcoran et la bibliothèque turque.

Cophtes, prêtres égyptiens.

Les *Maronites du mont Liban*, espèce de moines ou hermites.

Bénarès, l'Athènes de l'Inde.

Brames, prêtres de l'Inde.

Rabins juifs, les *ministres protestants*, les *surintendants des églises luthériennes*, les *docteurs catholiques*, l'*académie de la Crusca*, celle des *arcades*, les *papas grecs*, les *molhas turcs*, les *verbiests arméniens*, les *sedres* et les *casis persans*, les *pandects indiens*.

Le Brame supérieur de la fameuse *pagede* de *Jagrenat*.

Pandect veut dire docteur.

Un *palanquin* ; *coulis* pour portofaix ; *ombelle*... *Masalchi* ou porte-flambeau ; quatre *cipayes* ou *respoutes* montés sur des chevaux persans pour l'escorter.

Des *chittes* superbes pour sa femme.

Pions ou coureurs.

Bayadères, jeunes filles. Elles avaient pour colliers des

(1) *Voyage en Suisse*, de Coxe. Voir ci-dessus nº XLI. (*Ed.*)

(2) J'ai suivi l'orthographe de l'édition de 1792 où la *Chaumière* fait, avec les *Vœux d'un solitaire*, le tome V des *Études de la nature*. (*Ed.*)

cordons de fleurs de mougris et pour ceintures des guirlandes de fleurs de frangipane.

Frangui ou impur.

Au fond du salon était une estrade entourée d'une balustrade de bois d'ébène... à travers un treillis de cannes d'Inde... du parfum de bois d'aloès... le *tympanon.*

Des *faquirs*, des *joguis*, des *santons*.

Omrahs, ou grands seigneurs.

Les *Rajahs*, souverains de l'Inde.

Nattes.

Langage indou.

Du reste du *colloque.*

Toute vérité est renfermée dans les quatre beths écrits il y a 120.000 ans dans la langue sanscrit. *5 mai.*

Le sorbet, le bétel et les parfums.

Typhon, nom que l'on donne à une espèce d'ouragan.

Paria, homme que l'on peut tuer lorsqu'il vous touche. C'est une caste particulière qui sont regardés comme sans foi et sans loi.

Il leur offre à manger des *mangues*, des *pommes de crême*, des *ignames*, des *patates* cuites, des bananes grillées.

Lait de *coco.*

Arbre de *War* ou figuier des *Banians.*

Un *collier de poix d'Angole.*

Une grande *calebasse* pleine de punch, et de l'eau, de l'*arrach.*

Montagne noire de Bember aux extrémités du royaume de Lahore.

Delhi.

De grands *caravansérails*, de vastes *bazars.*

Les *pavots* expriment la part que l'on prend à la douleur de quelqu'un.

Des *soucis.*

Foulsapatte pour l'expression d'un amour humble et malheureux.

Une *Tulipe*. La feuille en est rouge et le cœur noir, pour exprimer l'amour et le désespoir.

Mangoustans, les orangers, les cocotiers, les litchis, les durions, les manguiers, des jacquiers, des bananiers, etc., etc.

Ambre gris, ni bois d'aloès.

Bibliographie est l'art de connaître les livres, leur édition et impression. C'est la science du libraire.

Paléographie est le talent de savoir déchiffrer et reconnaître les écritures des différents âges et les variations de l'idiome français. C'est la partie de l'archiviste et du commissaire à terrier feudiste.

Cortès. États généraux d'Espagne[1].

La *Junte*, conseil d'État d'Espagne.

Particularisme. Ce mot est dans le deuxième volume des mémoires sur les règnes de Louis XIV et de Louis XV par Duclos pour : Intérêt personnel.

Assafeta veut dire première femme de chambre de la reine d'Espagne.

Pécoil parvint à la plus énorme fortune. Il fit faire un caveau qui était fermé par trois portes dont une était de fer. On le trouva après trois jours d'absence dans ce caveau, étendu sur son trésor, une lanterne éteinte à ses côtés. Cette scène se passa à Lyon... L'on peut donc se servir du mot *Pécoil* comme synonyme d'avare-fou.

La *Pezade* ou plus communément le commun de la paix était une imposition qui fut imposée sur le peuple pour solder des troupes à l'effet de punir les violateurs de la *Trêve de Dieu*.

Hobereaux, gentilshommes.

(1) Notes extraites de Duclos. Voir ci-dessus n° XLII. (*Ed.*)

[1] (Les) Vauru étaient deux gentilshommes qui commandaient à Meaux du temps de Charles VI. Ce mot peut être synonyme de scélérat subalterne. L'on raconte qu'ils prirent un jeune laboureur, le mirent en prison et puis demandèrent une somme à sa jeune femme. Celle-ci se donne tous les mouvements, ramasse ce qu'il fallait, mais hélas ! un jour trop tard. Elle arrive. (Les) Vauru prennent l'argent, introduisent la femme sur la place publique. Elle y voit son mari mort. Elle y passe la nuit. Les loups viennent et la dévorent. Quelque temps après, les Anglais prennent Meaux pour y faire supplicier les Vauru. Mars 1440.

[2] *Les cinq Kings*, le livre le plus ancien et le plus authentique de l'Empire de la Chine. VOLTAIRE.

Quadriges, chariots attelés de quatre chevaux.

Chicou, simple paysan, trouva une bourse d'or ; il alla la restituer au propriétaire. Il fut fait MANDARIN du cinquième ordre.

Lama, pape du Thibet.

Bonzes, prêtres de la secte du Lama ou de Fo, à la Chine.

Mandarins, seigneurs.

Colao, grand seigneur chinois

Confucius.

Brachmanes.

Veidam.

Ceux qui participent le plus du *rosogoun*, c'est-à-dire de l'ambition...

Ceux qui participent le plus du *tomogun*, c'est-à-dire de l'avarice...

Ceux qui participent du *comogun*, c'est-à-dire qui seront robustes et bornés...

Vitsnou est l'incarné auquel ajoutent foi plusieurs sectataires.

(1) Notes tirées de l'*Histoire de la Noblesse*, p. 167. Voir ci-dessus n° XLIII. (*Ed.*)

(2) Extrait de l'*Essai sur les mœurs*, de Voltaire. On a suivi pour l'orthographe des noms celle adoptée par l'éditeur des *Œuvres complètes*. (Hachette, 1893, in-12, t. X et suiv., p. 135 et suiv.) (*Ed.*)

Cormo-Veidam, rituel des brames.

Zoroastre.

Coran veut dire voyage.

Sura en arabe veut dire chapelier.

L'Hégire, époque des mahométans. Elle commence en 622 de notre ère. *Hégire* veut dire fuite.

Houris, femmes célestes qui habitent le paradis de Mahomet.

La *Kaaba*, le plus ancien temple du monde selon les Arabes, était principalement sanctifié par la pierre noire où était le tombeau d'Ismaël.

Islamin, nom de la religion mahométane, qui veut dire résignation à la volonté de Dieu.

Le *Palladium* des Troyens.

Le *Labarum*, un étendard que l'on aperçut dans les cieux du temps de Constantin.

L'*oriflamme* apportée à saint Denis par un ange.

Vitikind, chef saxon.

Gonfalonnier, magistrat florentin.

Les *Guelfes* tenaient pour l'Église.

Les *Gibelins* tenaient pour l'empereur.

Le *Jubilé*, institué en 1300 par Boniface VIII. Il ordonna qu'il serait célébré tous les cent ans.

INCAS[1]. *Bezerello*, célèbre chien dressé à la chasse des infortunés Indiens.

Chasca veut dire chevelure.

Villuma, grand prêtre du soleil.

Quippos, livre péruvien composé de cordons de mille couleurs.

Incas, descendants du soleil. *Maison royale.*

Illapa veut dire tonnerre, l'éclair, la foudre réunis.

Cucui-riroc, surveillants du prince.

(1) *Les Incas ou la destruction de l'empire du Pérou*, par Marmontel. J'ai suivi pour le collationnement l'édition de la *Bibliothèque nationale*. Paris, 1887, 2 vol in-16. (*Éd.*)

Huaccha-Cuyac, ami des pauvres; c'était un des titres de l'Inca.

Auqui, infants.

Caciques, princes mexicains.

Montezume, empereur du Mexique, que fit périr Cortès.

Barthélemy de Las Casas, auteur de la découverte des Indes occidentales, publiée en 1542, imprimée en français en 1687. Cet historien était prêtre. C'est l'apôtre du Nouveau-Monde.

Tlascala, républicains que vainquit Cortès et qui devinrent ses alliés.

Palais d'Axayaca était le palais de Montezume.

Guatimozin, successeur de Montezume. « Et moi, suis-je sur un lit de roses? » Ce monarque finit par être pendu.

Davila, le *Sionville* du Mexique.

Pizarre.

Tarabites, un long tissu de lianes, espèce d'osier, joint les deux rives du fleuve et l'on passe dans une corbeille.

Ataliba, inca de Quito, qui fut condamné par le conseil espagnol à être brûlé sous prétexte qu'il avait conjuré contre eux.

Mama-Cocha, mère mer.

Huaïna Capac, père des deux Incas régnants, Ataliba et Huascar.

Cancu, espèce de sacrifice.

Les vierges du Soleil étaient 1.500 à Cusco.

Pallas, nom que l'on donnait aux femmes de sang royal au Pérou.

Manco, fils du soleil, fondateur de la monarchie.

Cuci-pata, lieu de réjouissance.

Lacta-Camayu, les vieillards juges des mœurs.

Autodafé. Le premier eut lieu à Séville en 1480.

Valverde, prêtre fanatique qui suivait Pizarre.

Almagre et *Requelme* sont les principaux auteurs de la mort d'Ataliba.

Apogée, maximum.

ARIOSTE[1].

Bayard, cheval du paladin Renaud.

Le casque de *Mambrin* que possède Renaud.

Sacripant, roi de Circassie.

Palefroi, cheval de parade; c'est un vieux terme.

Les deux fontaines de la forêt des Ardennes dont burent Angélique et Renaud.

Bradamante, sœur de Renaud, amante de Roger, guerrière.

Pinabel, de la maison de Mayence. C'est un traître.

L'enchanteur *Merlin*.

Mélisse, fée qui vivait dans la caverne de Merlin.

Le *bouclier de l'enchanteur Atlant :* dès que les yeux sont frappés des rayons qui sortent de ce bouclier, tous les sens sont suspendus et l'on tombe dans un état de mort.

Le *larron Brunel*, sujet d'Agramant, qui n'a pas quatre pieds de haut, au regard louche, au teint livide, possède l'anneau de son roi Agramant, qui fut volé sur l'écrin d'une reine d'Inde. Cet anneau a le pouvoir de détruire tous les enchantements et de rendre invisibles ceux qui se le mettent dans la bouche.

L'*Hippogriffe* ou cheval ailé de l'enchanteur Atlant.

Les *chevaliers de la Table ronde : Tristan de Léonois, Lancelot du Lac, Arthus Calvanes, Gauvin.*

Lurcain accuse la belle Genèvre. Ce Lurcain est le frère d'Ariodant.

Polinesse, duc d'Albanie, calomniateur de la belle Genèvre. Renaud le sacrifia.

Astolfe, cousin de Renaud et de Roland.

Paladin.

Alcine, fée habitant une île de l'Inde. Roger y fut longtemps.

La fée *Logistille*, sœur d'Alcine, son opposée pour les mœurs.

(1) *Roland furieux.* J'ai suivi pour le collationnement la traduction du comte de Tressan. *Bibliothèque nationale.* Paris, 1891. 6 vol. in-16.

Eriphile, géante qui, montée sur un loup, défendait le pont dans l'île d'Alcine.

Rabican, cheval de Roger.

Talisman, maléfice.

Le *flacon de liqueur de l'hermite*, qui a le secret d'endormir les belles.

Orque, Phoques, Hippopotames, monstres amphibies.

Angélique.

Roland, comte d'Angers.

Bride d'or, cheval de Roland.

Durandal, épée de Roland.

Ebudé, île près de l'Islande.

Duc de Birène.

Cymosque, possesseur d'un fusil, roi de Frise.

Olympe, la fiancée de Birène.

Mandricard, fort de son courage et des armes d'Hector qu'il avait enlevées à la fée de Sorie, qui les gardait depuis plus de mille ans. Il enleva la princesse de Grenade, *Doralice*.

Rodomont, roi d'Alger.

Le livre que la fée Logistille donna à Astolphe, son ami, le merveilleux secret de détruire tous les enchantements.

Le *Cor d'Astolphe*. 1er AOUT 1791.

XLVII[1]

NOTES DIVERSES. ESSAI SUR L'HISTOIRE GÉNÉRALE ET SUR LES MŒURS ET L'ESPRIT DES NATIONS DEPUIS CHARLEMAGNE JUSQU'A NOS JOURS, PAR M. VOLTAIRE.

TOME 1er [2]

AUXONNE, LE 22 MAI 1791.

Cahier 20e.

L'Empire de la Chine subsiste depuis plus de 4.000 ans. Son histoire remonte jusqu'à une éclipse calculée 2.155 ans avant notre ère. Le père Gaubil a examiné une série de trente-six éclipses de soleil. Il n'en a trouvé que deux fausses et deux douteuses.

Deux cent trente ans avant l'éclipse dont on a parlé, leur chronologie atteint, sans interruption et par des témoignages authentiques, l'Empereur Hiao qui régna quatre-vingts ans. C'est le Titus de la Chine.

Avant Hiao régnèrent six rois. L'on peut supposer la durée de leurs règnes, d'après l'hypothèse de Newton, de 130 ans, c'est-à-dire de vingt-deux ans par règne.

Fo-hi. 2500 av. J.-C.

Fo-hi est le premier de ces rois qui régnait 2.500 ans avant l'ère chrétienne. Dès cette époque l'empire de la Chine comprenait quinze royaumes soumis à un seul

(1) *Inédit. Fonds Libri.* Manuscrit in-folio de 9 pages.

(2) L'édition que Bonaparte a eue entre les mains est l'édition de Genève, 1756, en 7 volumes in-8° ou celle de Paris en 6 volumes in-12, les seules qui portent ce titre qu'il transcrit exactement. C'est là ce qui explique les lacunes qui se trouvent dans cette analyse, ces éditions, de crainte des censures, étant beaucoup moins complètes que les éditions postérieures. (*Ed.*)

homme. Il est dit dans les cinq Kings que, sous l'empereur Yo, on observa la conjonction de Saturne, Jupiter, Mars, Mercure et Vénus.

Yo 4e successeur de Fo-Hi.

Chi-Hoangli ordonna que l'on brûlât tous les livres. Les Chinois ont un cycle de 2.602 avant le nôtre.

Dans le dernier dénombrement dont nous avons connaissance, il constate que la Chine contient 60.000.000 d'hommes d'armes, par conséquence 140.000.000 d'habitants.

La France en contient	20 000 000
L'Allemagne	22 000 000
La Hollande	4 000 000
La Hongrie	14 000 000
L'Italie	20 000 000
La Grande-Bretagne	8 000 000
L'Espagne et Portugal	8 000 000
Russie	10 000 000
Pologne	6 000 000
Suède	4 000 000
Danemark	3 000 000
Turquie européenne	7 000 000
	105 000 00

Pékin contient 3.000.000.

Une bourgade Quientzeng 1.000.000.

800.000 soldats, 570.000 chevaux font la force de l'armée chinoise.

L'Empereur fait ses chasses avec 100.000 hommes et 60.000 chevaux.

La grande muraille bâtie 137 ans avant Jésus-Christ dure encore et a 500 lieues.

L'Empereur a (de revenu) 200 millions d'onces d'argent. L'once ne vaut pas cent de nos sols. A la Chine, évalué à raison de 50 livres le marc, cela ferait 1.250 millions.

L'on connaissait le papier à la Chine. Ils fabriquent du verre depuis 2.000 ans. Ils connaissent l'imprimerie. Les cloches qui n'ont (pris) naissance chez nous qu'au VIe siècle y sont de toute antiquité. Ils avaient inventé la poudre sans en faire usage pour l'artillerie.

Ils partagèrent le cours du soleil en 365 parties. Ils partagèrent le mois en semaines de sept jours.

Sous le règne de Venti, il fut permis d'écrire ce que l'on trouvait de répréhensible dans le gouvernement, sur une table placée sur une colonne dans le palais.

Chapitre II. Confucius, appelé dans le pays Confutzée, vivait il y a 2.300 ans, c'est-à-dire avant Pythagore, fut tantôt premier ministre d'un roi tributaire de l'Empereur, tantôt exilé, fugitif et pauvre. Il eut 5.000 disciples de son vivant. Après sa mort, les empereurs, les colao ou mandarins, les lettrés et tout ce qui n'est pas bas peuple embrassent sa religion. Sans préjugés, sans dogmes, simple comme la nature, la religion de Confucius apprend à être juste.

« Celui qui se destine à gouverner les autres doit rectifier la raison qu'il a reçue du ciel comme on essuie un miroir terni ; il doit se renouveler lui-même pour renouveler le peuple par son exemple. »

La famille de cet homme vraiment sage existe encore

La religion chinoise n'admet point de peines éternelles, mais Moïse non plus n'en parle jamais et les Saducéens n'y crurent jamais.

Laokium avait introduit une secte religieuse longtemps avant Confucius, c'était celle des enchantements et des prestiges.

Dans le premier siècle de notre ère, ce pays fut inondé par la secte des Bonzes. Ils apportèrent des Indes l'idole de Fo ou Foé adorée sous différents noms par les Tartares, les Japonais, prétendu dieu à qui l'on rend le culte le plus ridicule. Les Bonzes prêchent ce dieu à la Chine, les Talapoins à Siam, les Lamas en Tartarie. Il est des Bonzes qui pour lui plaire passent leur vie enchaînés.

Ce sont eux qui reconnaissent le grand Lama pour leur idole vivante. Ce Dalai-Lama, vicaire et successeur de Foé, passe pour immortel. Les princes tartares ne lui parlent qu'à genoux. Depuis quelque temps, le Dalai-Lama est souverain du Thibet.

L'Inde en deçà du Gange fut soumise aux Persans avant Alexandre. Les Grecs y voyagèrent pour y puiser des con naissances utiles. Chapitre III.

Pilpay écrivait ses fables il y a 2.300 ans. Ses fables morales ont été traduites dans toutes les langues.

Pythagore vécut longtemps avec les Gymnosophistes. La fable de Jupiter et d'Amphitryon est indienne. Depuis, les esprits ont dégénéré aux Indes comme et par les mêmes raisons qu'en Grèce. Les Tartares valaient bien les Turcs en barbarie...

Dans le XIIIe siècle, Pachimère traduisit quelques écrits d'un ancien brame vraiment philosophiques.

Le jeu des échecs vient de l'Inde.

L'on vit aux Indes avec deux sols par jour; au Malabar, on dépense moins en un mois qu'un Européen en un jour.

Damo, selon les brames, est le premier homme.

L'on faisait le commerce de l'Inde avant le XVe siècle. Les Musulmans en étaient les courtiers et les Vénitiens en tiraient le principal profit.

Les philosophes indiens se jetaient de gaité de cœur, pour faire montre de parade, dans un bûcher. Calan se brûla devant Alexandre. La veuve du roi de Tanjaor se brûla en 1735, selon la coutume, sur le bûcher de son mari. M. Dupleix a été témoin de ce dévouement.

Après cela, l'on croirait l'Indien brave et guerrier. Bien loin de là, il a toujours été vaincu, depuis Sésac ou Bacchus, par tous ceux qui l'ont attaqué.

Les Brachmanes avaient établi une religion aux Indes aussi douce que leurs mœurs. Les Brachmanes étaient à la fois les prêtres et les magistrats des Indes. Chapitre IV.

Longtemps avant Alexandre, les Brachmanes ne régnaient plus, mais composaient toujours la première caste. C'est dans cette caste que l'on trouve les sages Gymnosophistes. Les Brachmanes, comme Confucius, comme Orphée, comme Socrate, Platon, Marc-Aurèle, Épictète, ne croyaient qu'en un seul Dieu. Sept années de noviciat et de chasteté, l'abstinence de la chair des animaux qui servent l'homme étaient exigées; se maintenaient encore du temps de Strabon.

Le Veidam, selon les Brachmanes, a été donné par Dieu aux hommes. Ce livre n'a jamais été communiqué aux Européens. Voltaire donne un extrait d'un autre ouvrage l'*Ezour-Veidam* ou Commentaire sur le Veidam.

Chapitre v. Les Babyloniens se vantaient de quatre cent mille ans d'observations astronomiques dont l'on n'a pu trouver qu'une suite de 1.900 ans du temps d'Alexandre.

Lokman ou Ésope était né à Casbin en Perse.

Zoroastre. L'on donne à ses dogmes 9.000 ans d'antiquité. Un second Zoroastre, du temps de Darius, n'a fait que perfectionner cette antique religion. C'est dans ces dogmes que l'on trouve l'immortalité de l'âme, l'enfer, le paradis. Il y avait un roi à qui il manquait un pied dans l'enfer que vit Zoroastre.

La doctrine des deux Principes est de Zoroastre.

Mahomet naquit à la Mecque en 575. Il épousa la veuve Cadige.

Le calife Almamon fit mesurer un degré du méridien.

Barmécides, princes malheureux.

Chapitre vi. Mahomet permet quatre femmes.

Le Koran nommé improprement l'Alcoran veut dire livre de lecture. « Ne contestez point avec les ignorants » est le principe du Koran.

Les Mahométans furent toujours tolérants.

Ils permettaient une autre religion moyennant un tribut.

Les Mahométans ont prétendu que les mages avaient 70 sectes, les juifs 71, les chrétiens 72, et eux comme plus parfaits 73.

Les orthodoxes sont chez eux les Sonnites, c'est-à-dire les traditionnistes ou attachés à la tradition. Ils sont divisés en quatre sectes dont l'une domine à Constantinople, l'autre en Afrique, l'autre en Arabie et la dernière en Tartarie. Ils ont leurs hérétiques.

Il y avait 8.000 juifs dans Rome lors du règne de Tibère qui en envoya 4.000 en Sardaigne. Chapitre VII.

Il n'est pas vrai que Néron ait persécuté les chrétiens. Ils ne l'ont été jamais que par des raisons d'État.

Décius les persécuta, les chrétiens, parce qu'ils tenaient le parti de Philippe; Maximin parce qu'ils soutenaient Gordien.

La légion Thébéenne qui fut martyrisée près de Saint-Maurice en Valais est une fable.

Constantin fit assassiner Licinius, son beau-frère, malgré la foi des serments; Licinien, son neveu, âgé de douze ans; Maximien, égorgé à Marseille, c'était son beau-père; son fils Crispus mis à mort après avoir remporté une bataille; Fausta, sa femme, étouffée dans le bain. Constantin fit dévorer les chefs des Francs par les bêtes féroces. Au moment que la religion triompha, elle devint persécutrice. La femme et fille de Maximien noyées, les fils et les parents morts dans les tourments... Ammien Marcelin dit que les chrétiens de son temps se déchiraient entre eux comme des bêtes féroces. Chapitre VIII.

Il y avait à Rome 700 temples qui subsistèrent jusqu'à Théodose et les peuples de la campagne persistèrent jusqu'au VIIIe siècle. C'est de là que vient le terme *pagani* et les bourgades appelées *Pagi*.

En 1478, il y eut des hommes mis à mort pour avoir nié la donation de Constantin.

Dans le sixième siècle, Théodoric régnait à Ravenne. Il y eut deux papes : il finit leurs querelles en nommant Symmaque.

Bélisaire exila le pape Sylverius. Un exarque gouvernait alors Rome. Cet exarque vivait à Ravenne.

C'était un usage de baiser les pieds. Le Pape embrassa ceux de Pépin et, depuis, les papes se sont conservé cette marque de respect. Adrien Ier fut celui qui exigea que l'on ne parût jamais devant lui sans lui baiser les pieds. Chapitre IX.

Chapitre X.

En 737, Léon l'Isaurien ordonna que l'on ôtât les images. Chapitre XI.

Les Saxons défendirent leur liberté avec opiniâtreté. Ces barbares sacrifiaient dans les grands dangers des hommes à leurs idoles. Vitikind fut le chef qui dirigea la défense des Saxons. Charlemagne en fit périr 4.500 pour les convertir. Vitikind finit par se faire chrétien et les Saxons par se soumettre.

La polygamie était établie du temps de Charles au moins pour les rois.

Le pape avait coutume de solliciter la confirmation des empereurs ou de leur vice-roi, l'exarque de Ravennes.

Le clergé ne fit ordre dans l'État qu'en 692 à l'Assemblée du Champ de Mai.

Le sou d'or valait quarante deniers d'argent; ces deniers pesaient trente grains.

Le sou d'or vaudrait 15 livres de 1740.

La livre du temps de Charlemagne valait une livre de douze onces. Cette livre se divisait en douze parties dont chacune pesait la vingtième part. Le sou valait donc à peu près 3 livres d'aujourd'hui. Il est presque réduit à rien. Il paraît qu'il y avait alors huit fois moins d'espèces. 24 livres de pain blanc valaient un denier d'argent : ce qui faisait que la livre de pain valait un liard de notre monnaie.

Chapitre XII. L'on fabriqua de *fausses décrétales*. C'est un Espagnol, Isidore Mercator, qui est coupable de ce délit. Ces fausses décrétales sont toutes à l'avantage de Rome.

L'on crut longtemps à la fin du monde.

Jusqu'au Ve siècle, il n'y eut qu'une messe par jour...

XLVIII[1]

RÉPUBLIQUE OU MONARCHIE

Il y a longtemps que je m'occupe par goût des affaires publiques. Si un publiciste sans préjugés pouvait avoir des doutes sur la préférence qui devait être accordée au républicanisme ou au monarchisme, je crois qu'aujourd'hui ses doutes doivent être levés. L'on injurie les républicains, on les calomnie, on les menace... et puis pour toute raison l'on dit que le républicanisme est impossible en France... En vérité, les orateurs monarchistes ont beaucoup fait pour la chute de la monarchie, car après s'être bien essoufflés en de vaines analyses, ils disent toujours que le gouvernement républicain est impossible parce qu'il est impossible.

J'ai lu tous les discours des orateurs monarchistes. J'y ai vu de grands efforts pour soutenir une mauvaise cause[2]. Ils divaguent dans des assertions qu'ils ne prouvent pas. En vérité, si j'avais eu des doutes, la lecture de leurs discours me les aurait dissipés.

Vingt-cinq millions d'habitants ne peuvent pas vivre en république, disent-ils.

(1) Indiqué par Libri qui en cite *deux lignes* (p. 21). Manuscrit d'une page in-folio, présumé de 1791, après la fuite du Roi : se trouvait originellement, lorsque j'ai vu à Londres les papiers encore placés dans leur ordre primitif, juste après le cahier 20e qui est en date du 22 mai 1791. (*Ed.*)

(2) 3 lignes rayées.

Sans mœurs, point de République.

Il faut à une grande nation un centre d'union.

Vingt-cinq millions d'hommes ne peuvent pas vivre en république est un adage impolitique. . . . .

XLIX

DIALOGUE SUR L'AMOUR [1]

Des Mazis. — Comment, monsieur, qu'est-ce que l'amour ? Eh quoi ! n'êtes-vous donc pas composé comme les autres hommes ?

Bonaparte. — Je ne vous demande pas la définition de l'amour. Je fus jadis amoureux et il m'en est resté assez de souvenir pour que je n'aie pas besoin de ces définitions métaphysiques qui ne font jamais qu'embrouiller les choses : je vous dis plus que de nier son existence. Je le crois nuisible à la société, au bonheur individuel des hommes, enfin je crois que l'amour fait plus de mal... et que ce serait un bienfait d'une divinité protectrice que de nous en défaire et d'en délivrer le monde.

Des Mazis. — Quoi ! L'amour nuisible à la société, lui qui vivifie la nature entière, source de toute production, de tout bonheur. Point d'amour, monsieur, autant vaudrait-il anéantir notre existence !

Bonaparte. — Vous vous échauffez. La passion vous transporte. Reconnaissez, je vous en prie, votre ami. Ne

(1) Publié par nous dans la *Revue de Paris* du 25 août 1894. *Fonds Libri*. Manuscrit in-folio de 9 p. Libri qui avait indiqué ce morceau en avait imprimé les onze premières lignes (page 25 du tirage à part). (*Ed.*)

me regardez pas avec indignation et répondez pourquoi, depuis que cette passion vous domine, ne vous vois-je plus dans vos sociétés ordinaires ? Que sont devenues vos occupations ? Pourquoi négligez-vous vos parents, vos amis ? Vos journées entières sont sacrifiées à une promenade monotone et solitaire jusqu'à ce que l'heure vous permette de voir Adélaïde.

DES MAZIS. — Eh ! que m'importe à moi, monsieur, vos occupations, vos sociétés ? A quoi aboutit une science indigeste ? Qu'ai-je à faire de ce qui s'est passé il y a mille ans ? Quelle influence puis-je avoir sur le cours des astres ? Que m'importe le minutieux détail des discussions puériles des hommes ?... Je me suis occupé de cela sans doute. Qu'avais-je de mieux à faire ? Il fallait bien par quelque moyen se soustraire à l'ennui qui me menaçait ; mais, croyez-moi, je sentais, au milieu de mon cabinet, le vide de mon cœur. Parfois, mon esprit était satisfait, mais mes sentiments ! O Dieu ! je n'ai fait que végéter tant que je n'eus pas aimé. Actuellement au contraire, quand l'aurore m'arrache au sommeil, je ne me dis plus : Pourquoi le soleil luit-il aujourd'hui pour moi ? Non ! le premier rayon de lumière me présente ma chère Adélaïde en habit du matin. Je la vois penser à moi, me sourire. Hier au soir, elle me serrait la main ; elle soupirait, nos regards se rencontraient. Comme ils exprimaient nos sentiments ! Je contemple un portrait qui me ravit l'âme. Cent fois je le remets pour le reprendre aussitôt. Cette promenade, monsieur, que vous appelez monotone, eh ! non, la vaste étendue du globe ne contient pas plus de variété. D'abord, mon esprit repasse les choses qu'elle m'a dites ; je relis le billet qu'elle m'a écrit ; je pense à celui qui doit peindre toute l'étendue de mon amour. Je le refais cent fois. Mon imagination s'élève ; je vois bientôt mes feux couronnés ; je regrette tantôt de ne pas avoir une fortune immense à lui sacrifier. Ici même, je voudrais avoir une couronne. Concevez-vous le charme de la proposer à ses parents, la joie que cela lui causerait. Tout ce qui approche d'elle est sacré à mes yeux. Une autre fois, je penserai aux préparatifs des noces qui doivent bientôt nous unir, jusqu'aux présents que je dois lui faire. Mon cœur se dilate à imaginer quelque chose qui puisse l'obliger, lui prouver mon amour. Voyez-vous le château où nous devons passer nos jours, les sombres bosquets, les riantes prairies, les délicieux parterres. Rien ne m'affecte que le plaisir d'être tous les jours à côté d'elle. Mais bientôt elle doit me donner des gages de notre amour... Mais vous riez ! en vérité, je vous déteste.

BONAPARTE. — Je ris des grandes occupations qui captivent votre âme et plus encore du feu avec lequel vous me les communiquez. Quelle maladie étrange s'est emparée de vous ? Je sens que la raison que je vais appeler à votre secours ne fera aucun effet et, dans le délire où vous êtes, vous ferez plus que de fermer l'oreille à sa voix ; vous la mépriserez. Souvenez-vous que vous n'êtes pas de sang-froid et que mon amitié fut toujours le juge qui vous rappela à vos devoirs. Souvenez-vous que je m'en suis toujours rendu digne. J'aurais besoin de répéter ici les obligations que vous me devez et les marques qui vous sont connues de mes sentiments, car, moi-même, je ne serais pas à l'abri de vos invectives dans les accès de votre délire. Car votre état est pareil à celui d'un malade [qui] ne voit que la chimère qu'il poursuit et sans connaître la maladie qui la produit, ni la santé qu'il a perdue. Je n'agiterai donc pas si vos plaisirs sont dignes de l'homme ou même si c'en sont. Je veux croire que ce sexe, roi du monde par sa force, son industrie, son esprit et toutes ses autres facultés naturelles, trouve sa suprême félicité à languir dans les chaînes d'une molle passion et sous les lois d'un être plus faible d'entendement comme de corps. Je veux croire, comme vous le dites, que le souvenir de votre Adélaïde, son image, sa conversation, puissent vous dédommager des agréments de vos occupations, de vos sociétés ; mais, n'est-il pas vrai que vous désirez toujours la fin de cet état et que votre insatiable imagination voudrait obtenir ce que la vertu d'Adélaïde ne peut vous accorder. Ma froide tranquillité, je le vois, n'est pas propre à peindre le pesant fardeau qui tourmente l'existence d'un amant dans le moindre échec qui lui survient. Qu'Adélaïde s'absente pour quinze jours seulement, que deviendrez-vous ? Si un autre s'efforce de plaire à cet objet que vous croyez vous appartenir, que d'inquiétudes ! Si une mère alarmée trouve mauvaises de trop fréquentes visites qui font parler un public méchant, enfin, monsieur, que sais-je, cent petites autres choses qui frappent fortement un amant [vous] agitent. Souvent, les nuits se passent sans sommeil, les repas sans manger. La Terre n'a point d'endroit pour contenir votre inquiétude extrême. Votre sang bouillonne, vous marchez à grands pas, le regard égaré. Pauvre chevalier, est-ce là le bonheur ? Je ne doute pas que si, aujourd'hui, dans l'extase que vous a occasionné un serrement de main, vous ne trouviez cet état la suprême félicité, je ne doute pas, dis-je, que, demain, dans une humeur contraire, vous ne trouviez votre faiblesse insupportable.

Mais, chevalier, voilà votre position. S'il fallait défendre la patrie attaquée, que feriez-vous ? S'il fallait !... Mais à quoi êtes-vous bon ? Confiera-t-on le bonheur de vos semblables à un enfant qui pleure sans cesse, qui s'alarme ou se réjouit au seul mouvement d'une autre personne ? Confiera-t-on le secret de l'État à celui qui n'a point de volonté ?

DES MAZIS. — Toujours des grands mots vides de sens ! Que fait à moi votre État, ses secrets ? En vérité vous êtes inconcevable aujourd'hui. Vous n'avez jamais raisonné si pitoyablement.

BONAPARTE. — Ah ! chevalier, que vous importent l'État, vos concitoyens, la société ! Voilà les suites d'un cœur relâché, abandonné à la volupté. Point de force, point de vertus dans votre sentier. Vous n'ambitionniez que de faire le bien et aujourd'hui ce bien même vous est indifférent. Quel est donc ce sentiment dépravé qui a pris la place de votre amour pour la vertu ? Vous ne désirez que de vivre ignoré à l'ombre de vos peupliers. Profonde philosophie ! Ah ! chevalier, que je déteste cette passion qui a produit une si grande métamorphose. Vous ne songez pas que vous tirez vers l'égoïsme et tout vous est indifférent, opinion des hommes, estime de vos amis, amour de vos parents. Tout est captivé au tyran fort de votre faiblesse. Un coup d'œil, un serrement de main, un baiser, chevalier, et que vous importe alors la peine de la patrie, la mauvaise opinion de vos amis ; un attouchement corporel... mais je ne veux pas vous irriter. Je le veux croire : l'amour a des plaisirs incomparables, des peines encore plus grandes peut-être, mais n'importe, considérons seulement l'influence qu'il a dans l'état de société. Il est vrai, chevalier [que, dans l'état des choses, notre âme, née indépendante, a besoin d'être formée, dégradée si vous voulez par les institutions, que dès la naissance, l'attention que tous les législateurs, ont donnée à l'éducation[1]...] que nous sommes nés pour être heureux, que c'est la loi suprême que la nature a gravée au fond de nous-mêmes. Il est vrai que c'est la base qui nous a été donnée pour servir de règle à notre conduite. Chacun, né juge de ce qui peut lui convenir, a donc le droit de disposer de son corps comme de ses affections, mais cet état d'indépendance est vraiment opposé à l'état de servitude où la société nous a mis.

En changeant d'état il a donc fallu changer d'humeur. Il a donc fallu substituer au cri de notre sentiment, celui des préjugés. Voilà la base de toutes les institutions sociales. Il

(1) Les mots placés ici entre crochets sont rayés dans le manuscrit, mais à défaut du sens précis de la phrase qui n'a point de suite, ils présentent un sens général. (*Éd.*)

a fallu prendre l'homme dès son origine pour en faire, s'il se peut, une autre créature. Croyez-vous, sans ce changement, que tant d'hommes souffriraient d'être avilis par un petit nombre de grands seigneurs et que des palais somptueux seraient respectés par des hommes qui manquent de pain? La force est la loi des animaux; la conviction celle des hommes. On convint, soit pour repousser les attaques des bêtes plus fortes, soit pour ne pas être exposé à se battre à chaque instant, l'on convint, dis-je, de lois des propriétés et chacun fut assuré au nom de tous de la propriété de son champ.

Cette convention n'existait qu'entre un petit nombre d'hommes. Il fallut donc des magistrats soit pour repousser les attaques des peuplades voisines, soit pour faire exécuter la convention reçue.

Ces magistrats sentirent le charme du commandement, mais les plus alertes du peuple s'y opposèrent. Ils furent gagnés et ainsi associés aux projets des ambitieux. Le peuple fut subjugué. Vous voyez l'inégalité s'introduire à grands pas; vous voyez se former la classe régnante de la classe gouvernée. La religion vint consoler les malheureux qui se trouvaient dépouillés de toute propriété. Elle vint les enchaîner pour toujours. Ce ne fut plus par les cris de la conscience que l'homme devait se conduire. Non! L'on craignit qu'un sentiment que l'on faisait tout au monde pour étouffer ne reprît le dessus.

Il y eut donc un Dieu. Ce dieu conduisait le monde. Tout se faisait par acte de sa volonté. Il avait donné des lois écrites... et l'empire des prêtres commença, empire qui probablement ne finira jamais.

Que l'homme donc soit dégradé, triste vérité! Mais que l'état de société ne soit légitime, c'est ce dont l'on ne peut disconvenir. Le silence des hommes là-dessus est une approbation tacite que rien ne peut démentir. Vous avez vingt ans, monsieur, choisissez : ou renoncez à votre rang, à votre fortune et quittez un monde que vous détestez, ou, vous inscrivant dans le nombre des citoyens, soumettez-vous à ses lois. Vous jouissez des avantages du contrat, serez-vous infidèle aux autres clauses ? Ce ne serait pas vous croire honnête homme que d'en douter. Vous devez donc être attaché à un État qui vous procure tant de bien-être et procurant à la fois de faire un digne usage des avantages qu'il vous a accordés, vous devez rendre heureux le peuple au-dessus duquel vous êtes et faire prospérer la société qui vous a distingué. Pour cela faire, mon cher chevalier, il faut que vous soyez toujours maître de votre âme et de vos occupations et il ne faut pas que l'aspect des affaires vous empêche. Pour cela faire, il faut que, guidé toujours par le flambeau de la raison, vous puissiez balancer avec équité les droits des hommes à qui vous devez. Pour cela faire, il faut que, prêt à tout entreprendre pour le service de l'État, vous soyez soldat, homme d'affaires, courtisan même si l'intérêt du peuple et de votre nation le demande. Ah ! que votre récompense sera douce ! Défiez alors les malignes vapeurs de la calomnie, de la jalousie ! Défiez hardiment le temps même ! Vos membres décrépits ne seront plus qu'une image imparfaite de ce qu'ils furent jadis et ils attireront cependant le respect de tous ceux qui vous approcheront. L'un racontera, dans sa cabane, le soulagement que vous lui avez accordé. L'autre, en faisant le récit des complots des méchants, dira : S'il ne fût venu à mon secours j'eusse péri du supplice des criminels. Chevalier, cesse de restreindre cette âme altière et ce cœur jadis si fier à une sphère aussi étroite ? Toi aux genoux d'une femme ! Fais plutôt tomber aux tiens les méchants confondus ! Toi mépriser les peines des hommes ! Sentiment d'honneur, subjugue-le plutôt ! Estimé par tes semblables, respecté, aimé par tes vassaux, la mort viendra t'enlever au milieu des pleurs de ceux qui t'entoureront, après avoir coulé une vie douce, oracle de tes proches et père de tes vassaux.

DES MAZIS. — Je ne vous entends pas. Comment, monsieur, mon amour pourrait-il m'empêcher [de] suivre le plan que vous venez de tracer? Quelle idée vous êtes-vous donc faite d'Adélaïde?

Adélaïde, s'il faut pour remplir ses devoirs, soulager les malheureux; s'il faut pour être vertueux, aimer sa patrie, les hommes, la société, qui plus qu'elle vertueuse? Croyez-vous que je faisais le bien avec la froideur de la philosophie? Quand la volonté d'Adélaïde sera le mobile qui me conduira, lui faire plaisir la récompense... Non, monsieur, vous n'avez jamais été amoureux.

BONAPARTE. — Je plains votre erreur. Quoi, chevalier, vous croyez que l'amour est le chemin de la vertu? Il vous [immétrigue][1] à chaque pas. Soyez sincère. Depuis que cette passion fatale a troublé votre repos, avez-vous envisagé d'autre jouissance que celle de l'amour? Vous ferez donc le bien ou le mal selon les symptômes de votre passion. Mais, que dis-je! Vous et la passion ne font qu'un même être. Tant qu'elle durera vous n'agirez que pour elle et, puisque vous êtes convenu que les devoirs d'un homme riche consistaient à faire du bien, à arracher de l'indigence les malheureux qui y gémissent, que les devoirs d'un homme de naissance l'obligeaient à se servir du crédit de son nom pour détruire les brigues des méchants, que les devoirs du citoyen consistaient à défendre la patrie et à concourir à sa prospérité, n'avouerez-vous pas que les devoirs d'un bon fils consistent à reconnaître en son père les obligations d'une éducation soignée, à sa mère... Non! chevalier, je me tairais si j'étais obligé de vous prouver de pareilles évidences...

(1) Présumé de l'italien : *Immastricchiare*, mastiquer, attacher avec du mastic, emplâtrer. (*Ed.*)

L[1]

NOTES SUR LE DISCOURS SUR L'ORIGINE ET LES FONDEMENTS DE L'INÉGALITÉ PARMI LES HOMMES PAR J.-J. ROUSSEAU.

... C'est dans la conscience de sa liberté morale que l'homme montre la spiritualité de son âme. *Page 76.*

Sa propre conservation fait presque son unique soin. Ses facultés les plus exercées doivent être celles qui ont pour objet principal l'attaque et la défense.

Les seuls biens qu'il connaisse dans l'univers sont la nourriture, une femelle et le repos. Les seuls maux qu'il craigne sont la douleur et la faim. *Je ne crois pas cela.*

Son imagination ne lui peint rien ; son cœur ne lui demande rien... Il n'a ni prévoyance, ni curiosité... Le spectacle de la nature lui devient indifférent à force de lui devenir familier... Son âme que rien n'agite se livre au seul sentiment de son existence, sans aucune idée de l'avenir.

Au lieu que dans l'état primitif, n'ayant ni maison, ni cabane, ni propriété d'aucune espèce, chacun se logeait au hasard et souvent pour une seule nuit ; les mâles et les femelles s'unissaient fortuitement selon la rencontre, l'occasion et le désir... Ils se quittaient avec la même facilité ; la mère allaitait d'abord ses enfants pour son propre *Page 84.*

(1) *Fonds Libri. Inédit* sauf deux lignes indiquées par Libri. Ms. petit in-folio de 5 pages. Collationné sur l'édition de 1755. (*Ed.*)

besoin, puis, l'habitude les lui ayant rendus chers, elle les nourrissait ensuite pour le leur, et comme il n'y avait presque point d'autre moyen de se retrouver que de ne se pas perdre de vue, ils en étaient bientôt au point de ne pas même se reconnaître les uns les autres... *Je ne crois rien de tout ceci.*

Page 111. Concluons qu'errant dans les forêts sans industrie, sans parole, sans domicile, sans guerre et sans liaisons, sans nul besoin de ses semblables comme sans nul désir de leur nuire, peut-être même sans en reconnaître aucun individuellement, l'homme sauvage sujet à peu de passions... *Je ne crois rien de cela.*

MES RÉFLEXIONS SUR L'ÉTAT DE NATURE[1].

Je pense que l'homme n'a jamais été errant, isolé, sans liaisons, sans besoin de ses semblables. Je crois au contraire que, [[2] soit que la population du monde ait commencé par un seul homme, soit que l'on la suppose...] sorti de l'enfance, arrivé à l'âge de l'adolescence, l'homme a senti le besoin de ses semblables, qu'il s'est uni à une femme, a choisi une caverne qui a dû être le centre de ses courses, son refuge dans la tempête, pendant la nuit, son magasin d'approvisionnements. Cette union s'est fortifiée par l'habitude, et par le lien des enfants : elle a pu cependant être rompue par le caprice. Je pense que dans leurs courses deux sauvages se sont rencontrés, pour se faire amitié se sont reconnus à la seconde entrevue et ont eu le désir de rapprocher leurs demeures. Je pense qu'ils se sont rapprochés et que, dans cet instant, est née la peuplade naturelle... Je pense que cette peuplade a vécu heureuse parce qu'elle a eu une nourriture abondante, un abri contre la saison et des beaux produits, qu'elle a vécu heureuse parce

(1) Publié par Libri, page 27 avec des interpolations et des mauvaises lectures. (*Ed.*)

(2) La phrase entre crochets est rayée. (*Ed.*)

qu'elle a joui du sentiment et de la religion naturelle. Je pense que la terre a été un grand nombre de siècles partagée ainsi en peuplades éloignées et ennemies et peu nombreuses. Après ces siècles, les peuplades se sont multipliées, ont dû ouvrir des relations entre elles. Dès lors, la terre n'a pu leur produire sans culture, la propriété, les relations sociales sont nées, bientôt les gouvernements. Il y a eu des échanges, dès lors des riches, des goûts. L'imagination est sortie alors de l'antre où elle s'est longtemps [enfermée]. L'amour-propre, la prévention impétueuse, l'orgueil et il y a eu des ambitieux au teint pâle qui se sont emparés des affaires et des jeunes [polissons] au teint fleuri qui ont baisé les femmes et couru les filles.

Ma question n'est pas de prouver cette série d'états où ont passé les hommes avant de venir dans l'état social, mais seulement de prouver qu'ils n'ont jamais pu vivre errants, sans domicile, sans liaisons, sans autre besoin que le mâle et la femelle s'unissant furtivement selon l'occasion, la rencontre, le désir. Pourquoi suppose-t-on que, dans l'état de nature, l'homme ait mangé ? C'est que l'on n'a pas d'exemple d'homme qui ait existé autrement que par une méthode semblable. Je pense que l'homme a eu, dans l'état de nature, la même faculté de sentir et de raisonner. Il a dû en faire usage, car il n'y a point d'exemple que des hommes aient existé sans usager les deux facultés... Sentir, c'est le besoin du cœur, comme manger du corps. Sentir, c'est s'attacher, c'est aimer. L'homme dut connaître la pitié, l'amitié et l'amour. Dès lors, la reconnaissance, la vénération, le respect... S'il en avait été autrement, s'il serait vrai de dire qu'en l'homme, le sentiment et la raison ne sont pas inhérents à l'homme, mais seulement des fruits de la société, il n'y aurait alors point de sentiment et de raison naturelle ; point de devoir pour la vertu ; point de bonheur pour la vertu. Ce ne sera pas le citoyen de Genève qui nous dira ceci.

LI

BROUILLONS ET NOTES

[1] Plus notre esprit est fort, plus il faut qu'il agisse,
Il meurt dans le repos, il vit dans l'exercice ;
C'est par les passions que l'homme est excité,
L'âme en tire sa force et son activité,
Loin qu'un trouble naissant l'épouvante et l'arrête,
Elle met à profit une utile tempête.

POPE.

... De la réforme en nous la passion régnante
Qui toujours combattue est toujours triomphante,
Semblable à ce serpent du grand législateur
Qui brava d'un tyran le prestige enchanteur,
Les autres passions, souvent l'orgueil rebelle,
Les dompte, les dévore et les transforme en elle.

POPE.

Nous sommes nés pour jouir de la vie. Le bonheur n'est autre chose que la jouissance de la vie de la manière la plus conforme à notre nature. Nous sommes donc nés pour être heureux.

Nous éprouvons sans cesse des sensations agréables et des sensations désagréables. Personne ne peut nier que la nature ne répugne aux dernières et ne nous porte à les

(1) *Inédit. Fonds Libri.* Mss. in-fol. de 4 pages. Ces notes écrites en août à Valence, ont servi pour le *discours* que l'on trouvera ci-après. (*Ed.*)

éviter comme elle nous fait avoir recours au médecin pour recouvrer la santé.

Nous éprouvons ces sensations dans tous les états de la vie, le laboureur comme le prince, mais sous différentes formes.

En quoi consiste cette jouissance de la vie ? Il faut descendre dans notre propre cœur et y lire.

Nous n'apercevons d'autre occupation dans l'animal que celle de manger. Ils paraissent cependant susceptibles de passions : le chien d'attachement, la vache de compassion, l'éléphant de reconnaissance, etc. ; mais tous ces différents attributs de l'âme, ils ne paraissent en être susceptibles que par une habitude extrêmement longue. Il serait donc difficile de leur refuser un instinct qui serait un diminutif du nôtre. Cet instinct n'étant point assez étendu pour admettre des idées, ils n'ont que des images qui, en leur servant fort utilement pour déceler leurs ennemis et veiller à leur conservation, ne sont le produit d'aucune imagination. Ils n'en ont pas l'inquiétude et par conséquent en sont point susceptibles de perfection, [ce] qui suppose une comparaison d'images ou d'idées que nous avons dit ne pas avoir.

Par exemple, un enfant croit pouvoir saisir un objet d'un bout de la table à l'autre. Il voit qu'il ne peut point. Une seconde fois, il s'approche. Un cheval, d'un pré voisin, veut passer à un autre. Il y va droit, trouve la muraille qui l'empêche de passer, la côtoie jusqu'à ce qu'il ait trouvé une ouverture. Une autre fois, il ira droit à l'ouverture. Voilà cependant une perfection acquise. Les oiseaux font leur nid comme ils le faisaient il y a mille ans. Les abeilles se gouvernent de la même manière.

L'homme, outre les nécessités physiques, en a de morales. Manger est la première loi de toutes les créatures. L'homme a cela de particulier qu'il mange en beaucoup moins de temps et il paraît que cette action, celle de ruminer et dormir, forme l'occupation de la brute. Mais quelle serait celle de l'homme ? La chaîne des événements lui amène des plaisirs et des peines, résultat de ses passions, sans lesquelles il n'aurait ni l'un ni l'autre et serait le plus malheureux des êtres créés. Mais, que dis-je, il ne serait plus homme ! Sa faculté de comparer qu'il a, en produisant la réflexion, l'imagination, engendre toutes les passions que l'on observe l'agiter sans-cesse. L'homme, comme être physique, doit manger, comme être moral, se gouverner. En quoi consiste ce gouvernement ? à diriger ses passions, ses facultés morales, de manière qu'elles tendent chacune à son bonheur.

La conservation physique est la première loi naturelle. Le désir d'être heureux est le second. Qu'est-ce que le bonheur ? c'est l'objet pour lequel nous sommes sur cette terre, c'est-à-dire la vraie jouissance de la vie. Ne s'égarent-ils pas en la cherchant ? Cela leur arrive presque toujours... Ils sont tour à tour livrés à quelques passions dominantes qui leur font prostituer le nom de bonheur à l'accomplissement de cette passion... Ils ne sont jamais de sang-froid.

La moitié du monde est ambitieuse et, dans les honneurs, cherche le bonheur. L'amour de la gloire leur fait désirer le commandement et les périls ; la volupté et l'avarice, les richesses ; l'amour, la possession d'une femme ; la bienfaisance, le soulagement des malheureux ; l'oisiveté, l'étude ; la curiosité, le succès [(1) Souvent ces passions se combinent dans une même personne : elles sont ambitieuses, voluptueuses et amoureuses. Il ne s'appelle plus] heureux que à peu près comme cet homme qui, pressé par une vive soif appelle le bonheur en buvant de l'eau. Ainsi le vif désir de parvenir à la félicité est une des principales causes de l'empire que quelque passion prend sur nous.

Quand, en se levant, l'homme ne sait que devenir et traîne de quartier en quartier son ennuyeuse existence ; quand, dans la perspective de l'avenir, il aperçoit toujours une

(1) La phrase entre crochets est rayée. (*Ed.*)

monotonie affreuse, tous les jours se ressemblant; quand il se demande : « pourquoi suis-je créé ? » celui-là à mon avis est le plus misérable de tous. Sa machine se détraque, son cœur perd cette énergie si naturelle à l'homme. Comment fait-il pour exister, ce cœur vide? C'est mener la vie des brutes avec les facultés morales qui sont propres à notre nature. Heureux s'il ne les possédait point, ces facultés ! Aussi, cet homme est découragé par un rien. Le moindre revers lui paraît une calamité insoutenable. Elle est tranquille cette vie, mais où en sont les douceurs? Dans la même position comparaît le savant. Il étudie, il discute, sa raison sera contente, mais n'a-t-il pas un cœur? Où le conduira cet amas de connaissances diverses? Le vide de la solitude, un émoi intérieur ne lui dira-t-il pas : non ! je ne suis pas heureux.

. . . .

Charmant je ne sais quoi qu'un secret sentiment
Qu'un soupir éternel incessamment appelle,
Toi dont l'espoir flatteur dans leur course mortelle
Endurcit les humains contre les coups du sort. . .
. . . .
Un autre condamnant jusqu'au moindre désir
Croit qu'en vivant sans peine on vit avec plaisir.
. . . .
D'autres doutent de tout et par un fier dédain
Refusent de chercher un bonheur incertain . . . .

LII

DISCOURS SUR LA QUESTION PROPOSÉE PAR L'ACADÉMIE DE LYON : QUELLES VÉRITÉS ET QUELS SENTIMENTS IMPORTE-T-IL LE PLUS D'INCULQUER AUX HOMMES POUR LEUR BONHEUR ?

> Il y aura des mœurs lorsque les gouvernements seront libres (RAYNAL).

Messieurs,

Les sociétés littéraires n'eussent jamais dû être animées que par l'amour de la vérité et des hommes. Mais il n'est point de vérités où règnent par devoir les préjugés. Il n'est point d'hommes où les rois sont souverains : il n'y a que l'esclave oppresseur, plus vil que l'esclave opprimé. Cela explique pourquoi les sociétés littéraires ont offert, dans tous les temps, le spectacle affligeant de la flatterie et de la plus coupable adulation. Cela explique pourquoi les sciences vraiment utiles, celles de la morale et de la politique, ont langui dans l'oubli, ou se sont entortillées dans le labyrinthe de l'obscurité. Elles ont fait cependant dans ces derniers temps des progrès rapides ; on le doit à quelques hommes hardis qui, impulsés par leur génie,

(1) *Fonds Libri.* Mss. de 62 pages in-folio, copie d'une écriture inconnue, collationnée et corrigée de la main de Napoléon. On sait que la première partie de ce discours et quelques pages de la deuxième partie ont été imprimées en 1821 par le général Gourgaud. On ignore où Gourgaud se les était procurées. Quoi qu'il en soit, le texte qu'il a donné ne fait point le tiers du discours, qui, pour la première fois, se trouve publié ici intégralement. L'Épigraphe est autographe. (*Ed.*)

n'ont craint ni le tonnerre des despotes ni les cachots de la Bastille. Ces rayons de lumière ont embrasé l'atmosphère, éclairé l'opinion qui, fière de ses droits, a détruit l'enchantement où étaient enlacées les nations depuis tant de siècles. Ainsi, Renaud fut rendu à la vertu, à lui-même, dès qu'une main courageuse et amie lui présenta le bouclier où à la fois étaient tracés ses devoirs et son apathie. A quoi peuvent être mieux comparés les ouvrages immortels de ces grands hommes qu'au divin bouclier du Tasse ?

La liberté conquise après vingt mois d'énergie, de lutte et de chocs les plus violents fera à jamais la gloire des Français, de la philosophie et des lettres.

C'est dans ces circonstances que l'Académie propose de déterminer les vérités, les sentiments qu'il importe le plus d'inculquer aux hommes pour leur bonheur. Cette question, vraiment digne de la méditation de l'homme libre, fait l'éloge des sages qui l'ont proposée : aucune ne pourrait mieux répondre au but du fondateur...

Illustre Raynal, si dans le courant d'une vie agitée par les préjugés et les grands que tu as démasqués, tu fus toujours constant et inébranlable dans ton zèle pour l'humanité souffrante et opprimée, daigne aujourd'hui, du milieu des applaudissements d'un peuple immense qui, appelé par toi à la liberté, t'en fait le premier hommage, daigne sourire aux efforts d'un zélé disciple dont tu voulus quelquefois encourager les essais. La question dont je vais m'occuper est digne de ton burin, mais, sans ambitionner d'en posséder la trempe, je me suis dit avec Corrège : *Moi aussi, je suis peintre.*

Il est indispensable d'abord de fixer nos idées sur le bonheur.

L'homme est né pour être heureux : la nature, mère éclairée, l'a doué de tous les organes nécessaires au but de sa création. Le bonheur n'est donc que la jouissance de la vie la plus conforme à son organisation.

Hommes de tous les climats, de toutes les sectes, de toutes les religions, y en aurait-il d'entre vous à qui le préjugé de ses dogmes empêcherait de sentir l'évidence de ce principe ? Hé bien ! qu'ils mettent la main droite sur leur cœur, la gauche sur leurs yeux, qu'ils rentrent en eux-mêmes, qu'ils soient de bonne foi... et qu'ils ne disent pas comme moi s'ils le peuvent.

Vivre donc d'une manière conforme à notre organisation ou point de bonheur.

Notre organisation animale a des besoins indispensables : manger, dormir, engendrer... Une nourriture, une cabane, des vêtements, une femme sont donc d'une stricte nécessité pour le bonheur

Notre organisation intellectuelle a des appétits non moins impérieux et dont la satisfaction est beaucoup plus précieuse. C'est dans leur entier développement que consiste vraiment le bonheur. Sentir et raisonner, voilà proprement le fait de l'homme, voilà ses titres à la suprématie qu'il a acquise, qu'il conserve, qu'il conservera toujours.

Le sentiment nous révolte contre la gêne, nous rend amis du beau, du juste, ennemis de l'oppresseur et du méchant. C'est dans le sentiment que gît la conscience, dès lors la moralité... Malheur à celui à qui ces vérités ne sont pas démontrées. Il ne connaît de la vie que les rebuts, il ne connaît de plaisirs que les jouissances des sens.

Raisonner, c'est comparer. La perfection naît du raisonnement comme le fruit de l'arbre. La raison, juge mobile [1], censeur de nos actions, en doit être la règle invariable. Les yeux de la raison garantissent l'homme des précipices des passions, comme ses décrets modifient même le sentiment de ses droits. Le sentiment fait naître la société, la raison la maintient encore.

Il faut donc manger, dormir, engendrer, sentir, raisonner pour vivre en homme, dès lors pour être heureux.

(1) Juge immobile de nos actions (*Gourgaud*).

De tous les législateurs que l'estime de leurs concitoyens appela à leur donner des lois, aucuns ne paraissent avoir été plus pénétrés de ces vérités que Lycurgue et M. Paoli. Ils sont parvenus cependant par des chemins bien différents à les mettre en œuvre dans leur législation.

Les Lacédémoniens avaient une nourriture abondante, des vêtements et des maisons commodes, des femmes robustes. Ils raisonnaient dans leurs sociétés, ils étaient libres dans leur gouvernement, ils jouissaient de leur force, de leur adresse, de la gloire, de l'estime de leurs compatriotes, de la prospérité de la patrie : c'étaient là les satisfactions de leur sentiment. Ils pouvaient s'attendrir avec leurs femmes, s'émouvoir aux perspectives variées du beau climat de la Grèce ; cependant c'était principalement par le spectacle du fort et de la vertu[1] qu'ils sentaient. Dans le courage, dans la force consiste la vertu. L'énergie est la vie de l'âme comme le principal ressort de la raison.

Les palpitations d'un Spartiate étaient celles de l'homme fort ; et l'homme fort est bon ; le faible seul est méchant. Le Spartiate vivait donc d'une manière conforme à son organisation. Il était heureux... Mais tout ceci n'est plus qu'un rêve. Sur les bords de l'Eurotas, vit aujourd'hui le bacha à trois queues et le voyageur, navré de ce spectacle déchirant, se retire avec effroi, doutant un moment de la bonté du Moteur de l'univers.

Mais, pour conduire les hommes au bonheur, faut-il donc qu'ils soient égaux en moyens ? Jusqu'à quel point doit-on leur prêcher, doit-on leur inspirer l'amour de l'égalité facultative ?

Puisqu'il faut sentir pour vivre heureux, quels sont les sentiments que l'on doit leur inspirer ?

Quelles sont les vérités que l'on doit leur développer ? Raisonnez, dites-vous, ou point de félicité.

1) Du for de la vertu (*Gourgaud*).

Première partie.

L'homme en naissant porte avec lui des droits sur la portion des fruits de la terre nécessaires à son existence.

Après l'étourderie de l'enfance, vient le réveil des passions : il choisit parmi les compagnes de ses jeux celle qui doit [illegible] de sa destinée. Son bras vigoureux, de concert avec ses besoins, demande du travail ; il jette un regard autour de lui, il voit la terre, partagée en peu de mains, servir d'aliment au luxe et à la superfluité ; il se demande quels sont donc les titres de ces gens-là ? Pourquoi le fainéant a-t-il tout, l'homme qui travaille presque rien ? Pourquoi enfin, à moi qui ai une femme, un père et une mère décrépits à nourrir, ne m'ont-ils rien laissé ?

Il court chez le ministre dépositaire de sa confiance, lui expose ses doutes : « Homme, lui répond le prêtre, ne réfléchis jamais sur l'existence de la société... Dieu conduit tout : abandonne-toi à sa providence... Cette vie n'est qu'un voyage... Les choses y sont faites par une justice dont nous ne devons pas chercher à approfondir les décrets... Crois, obéis, ne raisonne jamais et travaille : voilà tes devoirs. »

Une âme fière, un cœur sensible, une raison naturelle ne peut être satisfaite de cette réponse. Il porte ailleurs ses doutes et ses inquiétudes. Il arrive chez le plus savant du pays : c'est un notaire... « Homme savant, lui dit-il, on s'est partagé les biens de la contrée et l'on ne m'a rien donné. »

L'homme savant rit de sa simplicité, le conduit dans son étude, et là, d'acte en acte, de contrat en contrat, de testament en testament, il lui prouve la légitimité des partages dont il se plaint... « Quoi ! ce sont là les titres de ces messieurs, s'écrie-t-il indigné. Les miens sont plus sacrés, plus incontestables, plus universels. Ils se renouvellent avec ma transpiration, circulent avec mon sang, sont écrits sur mes nerfs, dans mon cœur. C'est la nécessité de mon existence et surtout de mon bonheur! » En achevant ces paroles, il saisit ces paperasses qu'il jette aux flammes.

Il ne tarde pas à craindre le bras du Puissant que l'on appelle Justice : il se réfugie dans sa cabane pour se jeter tout ému sur le corps glacé de son père. Ce respectable vieillard, aveuglé et perclus par l'âge, ne paraît vivre encore que par un oubli de la mort... « Mon père, vous m'avez donné la vie, avec elle un vif instinct du bonheur, eh bien! mon père, des ravisseurs se sont tout partagé, je n'ai que mes bras parce qu'ils n'ont pas pu me les ôter. O mon père, je suis donc condamné au travail le plus continuel, à l'asservissement le plus avilissant! Au soleil d'août comme aux frimas de janvier, il n'y aura donc jamais de repos pour votre fils. Pour prix d'un si grand travail, d'autres cueilleront donc des moissons acquises à la sueur de mon front!... Ah! encore, si je pouvais suffire à tout. Il faut que je nourrisse, loge, habille et chauffe une famille entière; le pain nous manquera; mon cœur se brisera à chaque instant, ma sensibilité s'émoussera, ma raison s'offusquera : ô mon père! je vivrai hébété, misérable, peut-être même méchant : je vivrai malheureux! Suis-je donc né pour cela? »

« Mon fils, lui répond le vénérable vieillard, le sacré caractère de la nature est tracé dans ton sein avec toute son énergie : conserve-le toujours pour vivre heureux et fort, mais écoute attentivement ce que quatre-vingts ans d'expérience m'ont enseigné. Mon fils, je t'ai élevé dans mes bras, j'ai protégé tes jeunes ans, et, aujourd'hui que ton cœur commence à palpiter, tes fibres sont accoutumées au travail sans doute, mais au travail modéré qui rafraîchit le corps, excite le sentiment, calme l'imagination fougueuse. Mon fils, t'a-t-il rien manqué? Ton habillement est grossier, ta demeure est rustique, ta nourriture simple, mais, encore une fois, as-tu rien désiré? Tes sentiments sont purs comme tes sensations, comme toi-même. Il te manquait une femme; mon fils, tu l'as choisie; je t'ai aidé de mon expérience à décider ton jeune cœur... O mon tendre ami, pourquoi te plains-tu? Tu crains l'avenir... Fais toujours comme tu as fait et tu ne le redouteras jamais.

« Mon fils, si j'avais été au nombre des hommes misérables qui ne possèdent rien, j'eusse façonné ton corps au joug de l'animal; j'eusse moi-même étouffé tes sentiments et tes idées; j'eusse fait de toi le premier des animaux de ta grange. Plié par le joug de l'habitude, tu eusses vécu tranquille de ton apathie, content de ton ignorance; tu n'eusses pas été heureux, oh non! tu ne l'eusses pas été, mais tu fusses mort sans savoir si tu avais vécu; car, mon fils, comme tu l'as observé, pour vivre, il faut sentir et raisonner, dès lors, ne pas être accablé par le besoin physique : oui, bon jeune homme, que cette nouvelle te rafraîchisse, te console, calme tes inquiétudes; ces champs, cette cabane, ces animaux sont à nous. J'ai voulu te le laisser ignorer : il est si heureux et si doux de monter, si dur de descendre.

« Ton père bientôt ne sera plus, il a assez vécu, il a connu les vrais plaisirs, il connaît le plus grand de tous puisqu'il te presse encore contre son sein. Une seule chose, mon fils, si tu veux l'imiter! Ton âme est ardente, mais ton travail, mais ta femme, ce doux présent de l'amour, mais tes enfants, que d'objets pour remplir le vide de ton cœur! Garde-toi seulement de la cupidité des richesses. Les richesses n'influent sur le bonheur, mon fils, qu'autant qu'elles procurent ou refusent le nécessaire physique. Tu l'as ce nécessaire, avec lui l'habitude du travail; tu es le plus riche du pays, sache donc brider ton imagination. D'une âme ardente à une imagination déréglée, il n'y a, mon fils, que la raison au milieu.

« Les riches sont-ils heureux? Mon fils, ils peuvent l'être, mais pas plus que toi. Ils peuvent l'être, entends-tu; car rarement ils le sont. Le bonheur est spécialement dans ta position, dans ton état, parce que c'est celui de la raison et du sentiment. L'état du riche est l'empire de l'imagination déréglée, de la vanité, des jouissances des sens, des caprices, des fantaisies... Ne l'envie jamais, et, si l'on t'offrait toutes les richesses de la contrée, mon unique ami, rejette-les loin de toi, à moins que ce ne soit pour les partager incontinent à tes concitoyens. Mais, mon fils, cet acte de force, de magnanimité n'appartient qu'à un dieu... Sois homme, mais sois-le vraiment. Vis maître de toi : sans force, mon fils, il n'est ni vertu, ni bonheur. »

Voilà les deux bouts de la chaîne sociale connue. Oui, messieurs, qu'au premier soit l'homme riche, j'y consens ; mais qu'au dernier ne soit pas le misérable ; que ce soit ou le petit propriétaire, ou le petit marchand, ou l'habile artisan qui puisse, avec un travail modéré, nourrir, habiller, loger sa famille.

Vous recommanderez donc au législateur de ne pas consacrer la loi civile où peu pourraient tout posséder ; mais il faut qu'il résolve son problème politique, de manière que le moindre ait quelque chose. Il n'établit pas pour cela l'égalité, car les deux extrêmes sont si éloignés, la latitude est si forte que l'inégalité peut exister dans l'intermédiaire... Dans la hutte comme dans le palais, couvert de peaux comme des broderies de Lyon, à la table frugale de Cincinnatus comme à celle de Vitellius, l'homme peut être heureux ; mais encore, cette hutte, ces peaux, cette table frugale, encore faut-il qu'il les ait. Comment le législateur peut-il y influer ? Comment doit-il résoudre son problème politique pour que le moindre ait quelque chose ? Les difficultés sont grandes ! Je ne sache personne qui s'en soit mieux tiré que M. Paoli.

M. Paoli, dont la sollicitude pour l'humanité et ses compatriotes fit le caractère distinctif, qui fit un moment renaître au milieu de la Méditerranée les beaux jours de Sparte et d'Athènes, M. Paoli, plein de ces sentiments, de ce génie que le nature ne réunit dans un même homme que pour la consolation des peuples, parut en Corse pour fixer les regards de l'Europe. Ses concitoyens, ballottés par les guerres civiles et étrangères, reconnurent son ascendant et le proclamèrent à peu près comme jadis Solon le fut à Athènes, ou les décemvirs à Rome. Les affaires étaient dans un tel désordre qu'un magistrat revêtu d'une grande autorité et d'un génie transcendant, pouvait seul sauver la patrie. Heureuse la nation où la chaîne sociale n'est pas assez rivée pour craindre les conséquences d'une démarche aussi téméraire ! Heureuse lorsqu'elle a des hommes qui justifient une confiance aussi illimitée en s'en rendant dignes !

Arrivé au timon des affaires, appelé par ses compatriotes à leur donner des lois, M. Paoli établit une constitution, non seulement fondée sur les mêmes principes que l'actuelle, mais encore sur les mêmes divisions administratives. Il y eut des municipalités, des districts, des procureurs syndics, des procureurs de la commune. Il renversa le clergé, appropria à la nation le bien des évêques ; enfin, l'histoire de la marche de son gouvernement est presque celle de la révolution actuelle. Il trouva dans son activité sans pareille, dans son éloquence persuasive et chaleureuse, dans son génie pénétrant et fertile, de quoi garantir sa constitution naissante des efforts des méchants et des ennemis, car l'on était alors en guerre avec Gênes.

Mais, à nos yeux, le principal mérite de M. Paoli est d'avoir paru pénétré du principe qu'en consacrant la loi civile, le législateur devait conserver à chaque homme une portion de propriété telle qu'avec un médiocre travail elle pût suffire à son entretien. Pour cela, il distingua les territoires de chaque village en deux espèces : ceux de la première furent les plaines bonnes aux semailles et aux pâturages. Ceux de la seconde furent les montagnes propres à la culture de l'olivier, de la vigne, du châtaignier, de l'arbre de toute espèce. Les terres de la première espèce appelées *Piage* devinrent la propriété publique et l'usufruit particulier. Tous les trois ans, la *Piage* de chaque village se partageait entre les habitants. Les terres de la seconde espèce, susceptibles d'une culture particulière, restèrent sous l'inspection de la cupidité individuelle. Par cette sage disposition, tout citoyen naissait propriétaire, sans détruire l'industrie, sans nuire aux progrès de l'agriculture, enfin sans avoir d'Ilotes.

Mais tous les législateurs ne se sont pas trouvés dans les mêmes circonstances. Tous n'ont pas pu maîtriser les choses et les conduire à une si heureuse fin ; cependant, pressés par le principe, ils lui ont rendu hommage en excluant de la société ceux qui ne possédaient rien ou ne payaient pas telle imposition. Pourquoi cette seconde injustice?... C'est que l'homme que les lois n'ont pas mis à même d'être heureux, c'est que l'homme qui n'a point d'intérêt au maintien de la loi civile en est l'ennemi. Il eût fallu lui assurer une portion de propriété, afin de l'y intéresser, de le regrader; et, au défaut de cela, il a fallu l'exclure comme un être avili, hébété et pour cela incapable d'exercer une portion de la souveraineté... Voilà la raison politique sans doute... Mais aux yeux de la morale! mais aux yeux de l'humanité!... Quand je verrai un de ces infortunés transgresser la loi de l'État, être supplicié, je me dirai : C'est le fort qui victime le faible... Il me semblera voir l'Américain périr pour avoir violé la loi de l'Espagnol.

Après avoir persuadé au législateur qu'il doit s'occuper également du sort de tous les citoyens dans la rédaction de sa loi civile, vous direz au riche : « Tes richesses sont ton malheur. Rentre dans la latitude de tes sens : tu ne seras plus ni inquiet ni fantasque. Combien de jeunes ménages qui deviennent méchants parce qu'il leur manque ce qui produit dans toi cette inquiétude! Tu as trop et eux pas assez. Votre sort est égal avec la différence que toi, plus sage, pourrais y remédier, au lieu qu'eux ne peuvent que gémir... Homme froid, ton cœur ne palpita donc jamais! je te plains et t'abhorre. Tu es malheureux et tu fais le malheur des autres. »

Sans femme, avons-nous dit, il n'est ni santé ni bonheur. Vous enseignerez donc à la classe nombreuse des célibataires que leurs plaisirs ne sont pas les vrais, à moins que, convaincus qu'ils ne peuvent vivre sans femme, ils ne fondent sur celles des autres la satisfaction de leur appétit. Vous les dénoncerez dès lors à la société entière.

Vous décelerez l'extravagante présomption du ministre de Brama : vous lui apprendrez que l'homme heureux est seul digne du Créateur et que le fakir qui se mutile est un monstre de dépravation et de folie.

Vous rirez avec le dédain de l'indignation lorsque l'on prétendra vous persuader que la perfection consiste dans le célibat. Vous avez ouvert le grand livre de la raison et du sentiment; ainsi vous dédaignerez de répondre aux sophismes des préjugés et de l'hypocrisie.

Que la loi civile assure à chacun son nécessaire physique, que la soif inextinguible des richesses soit remplacée par le sentiment consolant du bonheur; qu'à votre voix, le vieillard soit le père de tous ses enfants, qu'il partage également ses biens et que le spectacle harmonique de huit ménages heureux fasse à jamais abhorrer la loi barbare de la primogéniture; que l'homme apprenne enfin que sa vraie gloire est de vivre en homme; qu'à votre voix les ennemis de la nature se taisent et avalent de rage leur langue de serpent; que le ministre de la plus sublime des religions, qui doit porter des paroles de paix et de consolation dans l'âme navrée de l'infortuné, connaisse les douces émotions de l'épanchement; que le nectar de la volupté le rende sincèrement pénétré de la grandeur de l'auteur de la vie, alors, vraiment digne de la confiance publique, il sera l'homme de la nature et l'interprète de ses décrets. Qu'il choisisse une compagne : ce jour sera le vrai triomphe de la morale et les vrais amis de la vertu le célébreront de cœur; le ministre sensible bénira l'âge de la raison en goûtant les prémices de ses bienfaits.

Voilà, messieurs, sous le rapport animal, les vérités, les sentiments qu'il faut inculquer aux hommes pour leur bonheur.

Seconde partie.

Qu'est-ce que le sentiment... ? C'est le lien de la vie, de la société, de l'amour, de l'amitié. C'est lui qui unit le fils à la mère, le citoyen à la patrie. C'est surtout dans l'homme de la nature qu'il est puissant. La dissipation, les plaisirs des sens en émoussent la délicatesse, mais, dans l'infortune, l'homme le retrouve toujours : cet agent consolateur ne nous abandonne entièrement qu'avec la vie.

N'êtes-vous pas encore satisfait ?... Grimpez sur un des pitons du Mont-Blanc ; voyez le soleil, s'élevant par gradation, porter la consolation et l'espoir sous le chaume du laboureur. Que le premier rayon qu'il lance soit surtout recueilli dans votre cœur. Souvenez-vous bien des sensations que vous goûterez.

Descendez aux bords de la mer : voyez l'astre du jour sur son déclin se précipiter avec majesté dans le sein de l'infini : la mélancolie vous maîtrisera : vous vous y abandonnerez. L'on ne résiste pas à la mélancolie de la nature.

Êtes-vous sous le monument de Saint-Rémy ? Vous en avez contemplé la majesté ? Le doigt de ces fiers Romains tracé depuis deux mille ans, en transportant votre imagination dans les âges passés, vous fait exister avec Émile, Scipion, Fabius. Vous revenez à vous pour voir des montagnes, dans l'éloignement d'un nuage noir, couronner la plaine immense de Tarascon où cent mille Cimbres restèrent ensevelis. Le Rhône coule à l'extrémité, plus rapide que le trait ; un chemin est sur la gauche : la petite ville à quelque distance, un troupeau dans la prairie : vous rêvez sans doute. C'est le rêve du sentiment.

Égarez-vous dans la campagne, réfugiez-vous dans la chétive cabane du berger ; passez-y la nuit, couché sur des peaux, le feu à vos pieds. Quelle situation ! Minuit sonne, tous les bestiaux des environs sortent pour paître, leur bêlement se marie à la voix des conducteurs : il est minuit, ne l'oubliez pas. Quel moment pour rentrer en vous-même et pour méditer sur l'origine de la nature en goûtant les délices les plus exquises!

Au retour d'une longue promenade êtes-vous surpris par la nuit? Arrivez-vous, au clair des rayons argentés, dans le parfait silence de l'univers? Vous avez été accablé de la chaleur de la canicule; vous goûtez les délices de la fraîcheur et le baume salutaire de la rêverie.

Votre famille est-elle couchée, vos lumières éteintes, mais non pas votre feu, car les frimas de janvier s'opposent à la végétation de votre jardin... Que faites-vous là pendant plusieurs heures? Je ne suppose pas que vous soyez égaré par la rage de l'ambition ou des richesses! Qu'est-ce que vous faites? Vous jouissez de vous-même.

Vous savez que la métropole de Saint-Pierre de Rome est grande comme une ville. Une lampe est devant le principal autel. Vous y entrez à dix heures du soir; vous marchez en tâtonnant; cette faible lumière ne vous permet de voir qu'elle. Vous croyez ne faire que d'y entrer; il est déjà l'heure de l'aurore. Elle entre par les fenêtres. La pâleur du matin succède aux ténèbres de la nuit; vous vous en apercevez enfin pour vous retirer, mais vous y êtes resté six heures! Si j'eusse pu écrire vos pensées, qu'elles intéresseraient le moraliste!

La curiosité, mère de la vie, vous fait-elle embarquer pour la Grèce? Êtes-vous jeté par les courants à l'île de Monte-Cristo? Deux heures vous restent à la nuit. Vous cherchez un refuge : vous avez bientôt parcouru ce petit rocher : vous trouvez au milieu, sur une hauteur, les débris d'un vieux monastère; derrière un pan de mur couvert par le lierre et le romarin, vous faites dresser votre tente. Le mugissement rauque des vagues qui se brisent sur les rochers, car le vaste gouffre des mers vous environne, vous représente l'idée de cet élément terrible pour le faible passager. Une légère toile et un mur de plus de quinze siècles vous abritent. Vous êtes agité par l'agitation du sentiment[1].

Êtes-vous, à sept heures du matin, dans vos bosquets fleuris ou dans une vaste forêt, dans la saison des fruits? Sommeillez-vous dans une grotte environnée des eaux des Dryades, dans le fort de la canicule? Vous serez seul pour passer des heures entières sans pouvoir vous en arracher, ni soutenir les discours du fâcheux qui viendra vous importuner.

Il n'est point d'homme qui n'ait éprouvé la douceur, la mélancolie, le tressaillement qu'inspirent la plupart de ces situations. Que je plaindrais celui qui ne me comprendrait pas et qui n'aurait jamais été ému par l'électricité de la nature! Le sentiment ne nous ferait-il éprouver que ces délicieuses émotions, il aurait déjà fait beaucoup pour nous; il nous aurait offert une succession de jouissances sans regrets, sans fatigue, sans aucune espèce d'ébranlement violent. Ç'aurait été son plus précieux don si l'amour de la patrie, si l'amour conjugal, si la divine amitié n'étaient aussi de ses libéralités.

Vous rentrerez dans votre pays après quatre ans d'absence: vous parcourrez les sites, théâtres des jeux de votre premier âge et témoins de l'agitation que la première connaissance des hommes et l'aurore des passions produisent dans nos sens. Vous vivrez dans un moment de la vie de votre enfance, vous jouirez de ses plaisirs... Vous sentez tous les feux de l'amour de la patrie... Vous avez, dites-vous, un père et une tendre mère, des sœurs encore innocentes, des frères à la fois vos amis; homme trop heureux, cours, vole, ne perds pas un moment. Si la mort t'arrêtait en chemin, tu n'aurais pas connu les délices de la vie, celles de la douce reconnaissance, du tendre respect, de la sincère amitié... Mais, me dites-vous, j'ai une femme et des enfants... Une femme et des enfants!...

(1) Cf. Nouvelle Corse, n° XXXV. (*Ed.*)

C'en est trop, mon ami, c'en est trop, ne t'en éloigne plus ; le plaisir pourrait te suffoquer au retour, ou la douleur t'accabler au départ... Une femme et des enfants ! Un père et une mère, des frères et des sœurs, un ami ! et l'on se plaint de la nature et l'on se demande pourquoi sommes-nous nés : et l'on souffre avec impatience les maux passagers, et l'on court avec fureur après les (outres) vides de la vanité, des richesses ! Quelle est donc, ô infortunés humains, la boisson dépravatrice qui a ainsi altéré les penchants écrits dans votre sang, sur vos nerfs, dans vos yeux... Eussiez-vous l'âme aussi ardente que le foyer de l'Etna, si vous avez un père, une femme, des enfants, vous ne pouvez redouter les anxiétés de l'ennui.

Oui, voilà les vrais, les seuls plaisirs de la vie et dont rien ne peut ni nous distraire, ni nous indemniser. L'homme a beau s'environner de tous les biens de la fortune ; dès que ses sentiments s'enfuient de son cœur, l'ennui s'en empare, la tristesse, la noire mélancolie, le désespoir se succèdent, et, si cet état dure encore, il se donne la mort.

Pontaveri est arraché à Taïti : conduit en Europe, il est accablé de soins : l'on n'oublie rien pour le distraire : un seul objet le frappe, lui arrache les larmes de la douleur, c'est le mûrier à papier ; il l'embrasse avec transport en s'écriant : Arbre de mon pays ! Arbre de mon pays !... L'on prodigue en vain aux cinq Groënlandais tout ce que la Cour de Copenhague peut offrir, l'anxiété de la patrie, de la famille, les conduit à la mélancolie et de là à la mort... Au lieu de cela, combien d'Anglais, de Hollandais, de Français qui ont vécu avec les sauvages ! C'est que ces infortunés étaient avilis en Europe, vivaient jouets des passions et triste rebut des grands : tandis que l'homme de la nature vit heureux dans le sein du sentiment et de la raison naturelle.

Nous venons de voir comment, par le sentiment, nous jouissons de nous, de la nature, de la patrie, des hommes qui nous environnent. Il nous reste à observer comment il nous fait tressaillir à l'aspect des différentes vicissitudes de la vie. C'est ici que nous nous convaincrons que, s'il nous rend amis du beau, du juste, il nous révolte contre l'oppresseur et le méchant.

Une jeune beauté est entrée dans sa seizième année : les roses ont sur son teint fait place aux lys ; ses yeux de feu se sont presque éteints. La vivacité des grâces n'est plus que la langueur de la mélancolie... Elle aime... T'inspire-t-elle le respect, la confiance ? C'est le respect et la confiance du sentiment. T'inspire-t-elle le mépris de sa faiblesse ? A la bonne heure ! Mais ne me le dis jamais si tu prises mon estime.

Nina aima : son bien-aimé mourut. Elle eût dû mourir aussi ; elle lui survécut toutefois, mais pour lui rester fidèle. Nina a bien su que son bien-aimé était mort ; mais le sentiment ne peut pas concevoir son anéantissement : elle l'a attendu toujours, elle l'attendrait encore... Tu plains dédaigneusement sa folie, homme dur !... Sens-tu, au lieu de cela, l'estime de sa constance et l'attendrissement de son erreur ? C'est l'estime et l'attendrissement du sentiment.

Une femme adorée est morte ; c'est celle de ton ennemi. L'infortuné en est accablé : il a fui la société des hommes : le drap noir a remplacé la tapisserie de la gaîté : deux flambeaux sont sur sa table, le désespoir dans son cœur.. Il passera ainsi le reste languissant de sa vie... Ame bonne, tu sens ta haine se calmer, tu cours à son tombeau pour lui prodiguer les marques de ta réconciliation : c'est la réconciliation du sentiment.

Un [1] infortuné gémit dans les cachots, vous connaissez son innocence et l'oppresseur qui l'y retient. Celui-ci vient à passer. Vos yeux s'enflamment, votre cœur se gonfle, un frémissement général se communique à vos nerfs... C'est l'indignation du sentiment.

(1) Phrase omise par Gourgaud. (*Ed.*)

Vous avez lu Tacite, quel est celui de vous qui ne s'est écrié avec le jeune Caton : Que l'on me donne une épée pour tuer ce monstre. Depuis deux mille ans, le récit des actions de Sylla, Marius, Néron, Caligula, Domitien, etc., vous révolte : leur souvenir est celui de la haine et de l'exécration.

Le spectacle odieux du crime prospérant ou de l'innocence dans les fers vous brise le cœur ; le découragement circule dans vos veines pour y allumer bientôt le désir de la vengeance. Viennent-ils à paraître[1] ces rédempteurs des nations, vous vous prosternez devant eux, vous leur offrez de l'encens : c'est le culte du sentiment.

Si Socrate vous attire du respect et des larmes, c'est pour vous enrôler incontinent sous les drapeaux de Thrasybule : votre bras désespéré ne connaît plus de dangers et vous ne vous donnez point de paix que les trente Tyrans ne soient expulsés d'Athènes.

César succombant sous vingt-deux coups de poignard vous fait ressouvenir du monde ravagé, des lois violées, de la République renversée ; vous êtes à côté de Brutus, vous le suivez au Capitole, dans toutes ses vicissitudes, vous lui faites plastron de votre corps. Lorsque enfin il périt à Philippes, vous vous écriez dans un moment d'accablement : *Vertu ! ne serais-tu qu'une chimère !* Lorsque le stoïque Caton s'entr'ouvre les entrailles pour ne pas survivre à la République, à la perte de Rome et de la Liberté, je me sens enorgueilli de mon espèce : ce spectacle de la force m'enlève, je tombe prosterné aux pieds de sa statue. Cette admiration, c'est l'orgueil, c'est la fierté du sentiment.

Les esclaves corses que l'on vendit à Rome après la victoire de C. Cicéreus étaient impassibles ; ils se roidissaient contre les mauvais traitements, ils se jetaient contre un mur pour s'y laisser périr de faim. On ne pouvait

(1) A partir de *ces rédempteurs* le texte est inédit. (*Ed.*)

rien obtenir par la force. C'est là le vrai caractère de l'homme ; n'a-t-il pas une raison et un sentiment? Veut-on employer la violence? Les tyrans le maltraitent-ils? Eh bien ! qu'il périsse plutôt que de rendre aucun service à son bourreau.

Que de choses j'aurais à dire, que de tableaux, que de modulations différentes à esquisser ! Mais il faut nous arrêter, il est des vérités que l'on ne doit laisser qu'entrevoir ; il n'est point de lecteur qui n'y supplée. Qui a un cœur, du sang dans les veines et n'est pas pulvérisé par le dérèglement des mœurs conçoit bien mieux que l'on ne pourrait peindre.

Puisque, pour être heureux, il faut sentir, puisque le sentiment est ce tressaillement qui nous affecte si délicieusement aux perspectives variées de la nature, puisque le sentiment nous attache au pays, nous inspire l'amour, l'amitié, la reconnaissance ; puisque c'est le lien qui unit l'homme à l'intelligence supérieure, l'homme à la société, l'homme à l'homme ; c'est donc principalement par et pour le sentiment que nous vivons. C'est donc lui surtout que l'on doit chercher à développer, à faire croître selon l'impulsion de la bonne nature. Vous écarterez les ronces de toute espèce qui l'étouffent ou le détériorent et font de l'homme un être factice, secondaire, instrument d'un autre et dès lors de son malheur.

Mais quels sentiments doit-on lui inspirer?

Ceux de la Nature.

Une femme est nécessaire au jeu de son organisation animale ; mais elle l'est bien plus à la satisfaction de son sentiment. C'est la compagne de la nature, faite exprès, modifiée exprès ; qu'il la reçoive donc pour elle-même et, l'identifiant à son être, qu'il en devienne inséparable. Que son cœur s'épanche dans cet autre lui-même. Plus forts contre les appétits déréglés, l'un et l'autre seront plus sensibles aux charmes de la vie. La douceur de l'union corrigera les sévérités de la rêverie, rendra la mélancolie plus tendre, les jouissances plus variées, le vaste champ du sentiment plus abondant et plus fertile encore.

Mais surtout, que l'homme apprenne à apprécier les illusoires plaisirs des sens : ils détraquent sa machine, sans doute ; mais le principal châtiment de celui qui s'y livre, c'est de perdre cette pureté de tact, cette sensualité morale, cette délicatesse d'une bonne conscience.

Une imagination déréglée, voilà la cause, la source des malheurs de l'espèce humaine. Elle nous fait errer de mers en mers, de fantaisies en fantaisies, et si elle se calme enfin, si son prestige nous abandonne, il n'est plus temps ; l'heure sonne et l'homme meurt détestant la vie. Le libertin meurt comme le méchant, je n'y mets que peu de différence. L'homme malheureux et fantasque ne peut être bon : savez-vous où conduit la révolte contre les décrets de la Nature ? Au dérèglement le plus affreux, à la dissipation la moins réfléchie, quelquefois à l'hypocrisie la plus odieuse. L'inquiétude, le dégoût, la maladie, la mort désolante de la solitude sont le partage du célibataire. Criez donc bien fort au législateur que ces gens-ci ne peuvent concourir au maintien de l'ordre puisqu'ils en violent les premières lois.

Vous avez commencé à parler au législateur : que de choses à lui dire ! Le spectacle de notre voisin opprimé par le puissant nous afflige, nous révolte. Qu'il n'y ait donc de puissant que la loi. La sûreté de tous, le bonheur individuel dépend de la disposition du code criminel : que la loi sacrée des jurys soit adoptée. Si la félicité et la liberté même venaient sur la terre, elles n'en dicteraient point d'autre.

Nous naissons inégaux en moyens, sans doute, mais égaux en droits. Si vous adoptiez tout autre principe vous verriez la plante humaine se détériorer, languir dans l'angoisse et n'avoir de la nature que le visage.

L'orgueil est un vice, mais l'humiliation monacale est destructive de toute vertu, de toute énergie, de tout gouvernement. Bien loin de là, que le législateur dise à l'homme à chaque ligne, qu'il vit pour lui et non pour un autre ; que toutes ses actions comme celles du Gouvernement doivent avoir pour but son bonheur dans ce monde : qu'il lui dise : que dans ses yeux est écrite l'indépendance, sur sa physionomie la liberté : que la société est faite pour lui, et qu'il ne lui doit ses sacrifices qu'à cette condition, et que s'il en existait où il ne fût pas aux yeux de la loi l'égal d'un autre, il devrait en brûler le code, en chasser les magistrats avec l'indignation de l'intérêt individuel blessé, avec l'indignation de sa dignité méconnue.

Il faut parler au sentiment sa langue. Présentez-lui donc quelquefois Bewerley ; qu'il aille y puiser l'horreur des plaisirs que nous lui proscrivons. Beaucoup d'autres pièces de ce genre pourraient lui être utiles, s'il n'y avait trop d'amour. La nature l'inspire assez sans que vous souffliez encore sur ce brasier ardent. Le spectacle réitéré de l'amour ne peut être bon qu'à l'homme déréglé. Son être est si affreux ! Il n'a rien à perdre.

Empêcher le sentiment de se pervertir, voilà votre grand travail. Que la tendresse ne le conduise pas à la mollesse. Sans force, sans énergie, il n'est ni vertu, ni bonheur. Oui, qu'il partage les perplexités maternelles de Mérope et d'Andromaque ; qu'il accorde même des larmes à Phèdre et à Zaïre ; qu'en réfléchissant sur les catastrophes des passions désordonnées, il apprenne à s'en garantir, mais que Philoctète, mais que Caton, mais que Lucrèce, mais que Brutus sacrifiant ses enfants, élèvent son âme, attendrissent son cœur et fassent circuler dans son sang le baume restaurateur de l'énergie, du courage, de l'héroïsme. Qu'il soit clément avec Auguste : que cette belle scène se [passe] dans lui, après avoir fait couler les larmes de la satisfaction et du bien-être. Les larmes du sentiment sont les voluptés de l'âme ; mais surtout ne lui représentez jamais le spectacle bizarre d'Alzire.

Quel est donc cet homme étonnant qui a l'Amérique à venger ? Environné de ses braves, il jure d'enfoncer le poignard de la fureur dans le sein des assassins d'Ataliba. Il n'est pas pour moi un simple mortel, il est le dieu de la justice, de la force, le génie tutélaire de cette belle et vaste contrée. Ma transpiration se ralentit, mon âme est en suspens, mon cœur vole vers lui ; il n'a pas une perplexité que je ne partage. Lorsque je le crois prêt à frapper, je me prosterne devant le Créateur, Conservateur, Régulateur de la vie : je lui dis : « Ton peuple est le faible opprimé : daigne le secourir. Jadis, ton ange extermina cent quatre-vingt mille oppresseurs ; aujourd'hui serais-tu moins juste ? Sennachérib était-il plus coupable ou les Israélites plus persécutés ? Dieu des bons, fléau des méchants, âme du monde ! Si les miracles sont indignes de ta puissance, celui-ci ne le serait pas de ta bonté.... » Ce moment de recueillement m'enlève un moment du spectacle. J'y reviens pour y voir, oui, pour y voir Zamore, aux pieds d'une femme, oublier la patrie, la vengeance, ses concitoyens ; je me frappe la tête avec mes mains et je sors hurlant contre l'auteur et le parterre.

Plus de sang-froid, j'ouvre le livre, j'achève la pièce, mais pour y voir Guzman, le sanguinaire Guzman, mourir comme serait mort Socrate et l'indigne Zamore recevoir comme grâce Alzire et la vie.

Français ! cela a pu être votre spectacle ; ce ne le sera plus désormais ; j'en ai pour garants vingt mois de force et d'énergie. Au mot d'Amérique, mon sang s'enflamme, mes cheveux se dressent, le sentiment de la douleur, de la pitié pour ses infortunés habitants, de l'horreur pour les brigands qui l'ont dévastée me maîtrise impérieusement... Cette superbe scène m'afflige ; les belles pensées de Guzman me révoltent dans sa bouche moins cependant que l'atroce contentement de Zamore... Ah ! nous avons assez fait de mal à l'Amérique, n'allons pas encore outrager à ses anciennes mœurs.

Le fond de la pièce est une fable, je le sais certes. Si Zamore avait existé, je ne connaîtrais pas un homme plus méprisable : dans tous les cas, c'est un de ces caractères qu'il ne faut jamais représenter aux hommes lorsque surtout les charmes de la poésie et de l'art dramatique ont jeté tout plein d'intérêt dans le détail. Mais si Zamore avait existé, je me souviendrais alors qu'il y avait des despotes au Pérou et que Zamore était inca. L'on sait assez combien les rois ont toujours été égoïstes : ils croient porter dans eux leur peuple, leur nation, leur devoir, les lois, comme Louis XI portait avec lui son conseil. Un roi croit tout fait pour lui : Peuples libres, ressouvenez-vous-en toujours.

La musique naît avec l'homme et, comme la plupart des arts se perfectionnent avec la société, se corrompent avec elle, se régénèrent avec elle, la musique est à la fois un bienfait du sentiment comme un moyen pour le régler.

A tout âge, dans toutes les situations, même parmi les animaux, la musique console, réjouit, ébranle agréablement. Au sifflement du petit oiseau, le laboureur marie sa voix rustique, son âme s'épanche et, soit qu'il chante ses amours, ses désirs ou ses malheurs, son travail, et avec lui le fardeau de ses peines, se trouve allégé. N'allons donc pas proscrire la musique, cette tendre compagne de l'homme ému, cette inspiratrice du sentiment. Qu'elle augmente encore le nombre de ses jouissances et, qu'en savourant à petits traits tous les charmes de la mélodie, l'homme se convainque plus intimement des délices du sentiment, du bonheur de la vie champêtre, de l'innocence du premier âge... Que l'ambitieux qui s'agite en méditant des forfaits, soit ému ! que le libertin sente et se pénètre de l'horreur de ses dérèglements ! que le cœur du financier et du puissant s'attendrisse, que les perles du sentiment errent dans leurs yeux ! que la fille égarée coure dans le sein maternel épancher son âme et lui restituer sa confiance ! que les hommes, dans toutes leurs vicissitudes, se soutiennent vertueux ! L'accent de la musique peut produire ce miracle. L'absence de la vertu n'est que celle du sentiment naturel ; tout ce qui peut y restituer l'homme doit être précieux au moraliste.

Entendez la mélodie du rossignol ou les élans plaintifs d'une jeune beauté. Voyez le *Devin de village*, ce chef-d'œuvre de la musique ou plutôt du sentiment naturel. Ne craignez pas que votre âme soit amollie par les pleurs que vous aurez versés, oh non ! c'est l'accent de la vertu qui les a fait couler. Vous retournerez plus fort, plus sensible, après avoir joui de la tendresse de la simple villageoise.

O Rousseau, pourquoi faut-il que tu n'aies vécu que soixante ans ! Pour l'intérêt de la vertu, tu eusses dû être immortel ; mais n'aurais-tu fait que *le Devin de village*, ce serait déjà beaucoup pour le bonheur de tes semblables et pour mériter une statue par le monde sensible.

Il est quelques intermèdes aussi privilégiés ; il est un grand nombre de beaux mouvements que l'on ne saurait trop répéter, jouer, apprendre au peuple, mais combien en est-il qu'il faut proscrire ; combien en est-il qui n'inspirent que la mollesse ; combien en est-il qui ne tendent qu'à exciter l'appétit déréglé ? Ce sont les voix des sirènes qui captivent un moment, pour porter incontinent le coup de mort à la vertu et au bonheur. Que ces chefs-d'œuvre, que cette musique dépravatrice soient jetés au feu. Ils ont fait plus de mal aux nations que l'épicurien ou le matérialiste : car, si ceux-ci ont trouvé tant de prosélytes, c'est parce que le sentiment était altéré.

Lorsque la maladie se manifeste par l'estomac, le médecin épuise en vain son expérience ; le centre de la respiration est attaqué ; plus ou peu de secours à espérer de l'art : de même, les nations ont-elles le sentiment dépravé, toutes les absurdités y trouvent créance, tous les crimes y trouvent des défenseurs. Religion, législation, morale, droits, tout est un chaos.

Que toutes vos institutions ne tendent qu'à épurer de toute introduction étrangère ce sentiment de la conscience et il saura conduire les hommes à la vertu et à la félicité.

Point de code de morale, point de Catéchisme de Probité : ce ne sont pas des mots qu'il faut apprendre aux peuples ; mais c'est le sentiment naturel qu'il faut empêcher de se corrompre.

Ah ! surtout, que l'on ne profite pas de la faiblesse de son cerveau pour l'altérer dès sa naissance par les deux mobiles de la frayeur et du merveilleux. Vous étouffez la voix intérieure, vous brisez le sentiment, et les crimes inondent la terre comme l'océan inonderait la Hollande si une main malhabile ou criminelle en brisait les digues, fruit des siècles et de l'expérience.

Que le législateur, après avoir assuré à chacun, par sa loi civile, une portion quelconque de propriété, lui assure donc, par sa loi criminelle, l'indépendance de sa vie, le maintien de sa liberté ; lui assure donc, par sa loi politique, l'intégrité de ses droits et de sa dignité. Que, dans sa sollicitude paternelle, il écarte tout ce qui tendrait à l'égarer. Que les impostures, les contes adroitement présentés n'environnent plus son berceau ; que cette musique perfide soit surtout prohibée ; que ceux qui enfreindraient ces deux lois protectrices et conservatrices soient punis comme des empoisonneurs publics.

Vous avez dit à l'homme de rentrer en lui-même ; vous l'avez restitué à la Nature : sa voix toute-puissante saura le conduire à la félicité.

Tels sont, messieurs, les sentiments qu'il faut inculquer aux hommes pour leur bonheur.

Troisième partie.

La raison est la perfection par le moyen de la logique. La logique est cette faculté qui nous porte à comparer.

Il est des vérités que le sentiment seul peut démontrer ; nous les appellerons vérités de sentiments. Il est des vérités de pure logique, toutes les vérités mathématiques par exemple.

Dans les sciences morales, une vérité de sentiment, développée par une logique naturelle, donne la raison pour résultat ou une série de vérités qui perfectionnent la société, la législation, qui prescrivent des règles de conduite : c'est ainsi que sont nés les *Dialogues de Platon*, le *Contrat social*, le *Livre de l'Entendement*.

Dans les sciences morales, une vérité de logique, développée par une logique même saine, produit une série de résultats qui ordinairement ne sont que des sophismes et des erreurs. Cela explique comment, avec une bonne logique, le scolastique a créé la théologie, cloaque des des préjugés et des erreurs de tous genres.

Il existe une logique universelle, commune à toutes les nations, à tous les siècles.

La Raison est une comme la Vérité, comme le sentiment naturel. Il ne faut pas la confondre avec le préjugé ou le sophisme. Chaque nation, chaque siècle, chaque passion a les siens ; parce que chaque siècle, chaque nation s'éloigne ou s'approche plus du sentiment naturel, selon que celui-ci est plus ou moins perverti. Quant aux passions, la logique en est bien toujours la même, mais les objets de la comparaison qui en sont les éléments sont affaiblis : dès lors le résultat est fautif.

La raison est comme un contrat. Si la violence s'en mêle, vous ne tenez rien. La passion violente veut ce qu'elle veut ; la raison se sauve, le préjuge arrive ; les erreurs, les manquances de toute espèce s'ensuivent.

Lorsqu'on dit qu'un homme a la judiciaire fausse, ce n'est pas qu'on entende qu'il ait la logique fausse ; mais seulement qu'il est dans le cas de l'homme passionné, soit par le défaut de pénétration, d'observation ou de réflexion.

La perfection, faculté exclusive à l'homme, est l'origine des arts et sciences. Le peuple chasseur, par la perfection, crée l'art de la chasse. L'ichtyophage obtient des pêches plus abondantes ; le rhizophage des racines plus succulentes avec moins de recherches. Le laboureur obtient avec moins de travail de plus riches moissons.

Par la perfection, les cabanes de l'homme deviennent plus saines, plus commodes ; ses vêtements plus adaptés au climat, à sa position locale.

Par la perfection, les lois naissent, se modifient selon les besoins, les circonstances. Par la perfection, l'art vient défendre l'homme des éléments et de ses semblables. Par la perfection, il subjugue depuis le tigre du Caucase à l'aigle qui plane dans l'air, au muffoli qui vole sur les rochers, il dompte l'Océan... Le feu, l'eau, l'air ne peuvent résister ni à son audace, ni à son observation. Roi de la nature, il fait contribuer jusqu'au mouvement des étoiles à ses besoins, à ses fantaisies, à ses caprices ; mais il est vaincu à son tour, il se prend dans ses propres filets, il devient esclave des besoins de ses semblables... Oui, mais alors il vit hébété, dégradé ; oui, mais, alors, il n'a plus de l'homme que la figure. Il en perd le courage, la fierté, les caractères les plus marqués... Cent mille Perses fuient devant une poignée d'Athéniens ; vingt mille succombent sous les coups de trois cents Spartiates et leur empire entier, que le soleil étonné a peine à parcourir, est bravé par dix mille, renversé, subjugué, conquis par quarante mille... Vingt-un Corses battent huit cents Allemands ; sept désarment cent Génois... Quinze cents Suisses confondent près de Morgarten l'orgueil ridicule de vingt mille Autrichiens : le champ de Neuffels en voit fuir quinze mille devant quatre cents Glarois... Disons-le avec fierté : l'homme esclave est à peine l'ombre de l'homme libre.

La raison est nécessitée par le sentiment dont elle est la règle. Le sentiment est chaud, vif, précipité. Se marie-t-il à l'imagination déréglée ? les malheurs viennent de tous côtés fondre sur l'homme ; au contraire, se modifie-t-il, se nuance-t-il avec la raison ? la douce félicité, le vrai bonheur gît constamment à son chevet.

Dans le calme des passions la raison se forme : la tempête arrive-t-elle? L'homme se ressouvient des résultats, des principes dont il s'est imbu, et il se modère, et il se guide. Il aurait succombé à jamais, il se serait égaré pour longtemps ; la raison l'a soutenu, sinon entièrement, toutefois jusqu'à un certain point.

Tout est possible aux yeux du sentiment ; de là, ces fantômes que l'imagination accroît à l'infini, que la raison seule peut faire évanouir. Ce qui a été est ce qui sera aux yeux de celle-ci. Ce qui est, est ce qu'elle conçoit possible.

L'homme ne doit se livrer à l'impulsion des sens qu'autant qu'il le faut pour sa conservation animale. Par le sentiment, il goûte les vrais plaisirs. La raison, non seulement lui en assure la durée, mais encore lui en procure d'assez vifs pour mériter une place distinguée dans le répertoire de ses goûts.

Toutes les jouissances d'observation sont celles de la raison. Par celles-ci, l'homme perfectionne. Un acte de perfection est un acte de puissance ; dès lors, le sentiment de son excellence le frappe agréablement, il en jouit. Le laboureur, l'ichtyophage, le rhizophage, le chasseur, le mathématicien, le moraliste, le publiciste éprouvent des jouissances de cette nature, dans des modulations différentes cependant.

C'est par la raison que l'on prévoit et conseille ; c'est par la raison que la vieillesse guide les autres dans les sentiers de la vie ; c'est par elle que la vieillesse jouit du sentiment de son utilité. C'est par la raison que l'homme vertueux se persuade de l'excellence de son état. La raison nous trace nos devoirs ; la raison modifie même le sentiment de nos droits ; la raison prévoit l'avenir en profitant du passé.

Si le sentiment fit naître la société, la raison la maintient encore. Quand Brutus étouffa le sentiment paternel ; quand Codrus, Décius, Winkelried se sacrifièrent ; quand Socrate avala la ciguë, la raison avait en eux développé le sentiment naturel, elle avait agrandi leur âme. Aimer son pays est un sentiment des plus simples : l'aimer par-dessus toutes choses est l'amour du beau dans toute son énergie, c'est le plaisir de concourir à la félicité d'une nation entière. Lorsque Régulus retourne et périt à Carthage, avez-vous consulté les mouvements qui vous agitent ? Rien n'est faible : l'admiration, la pitié, la haine vous bercent impérieusement. Tout gémit autour de lui ; le monde étonné l'admire, lui seul est immuable ; voilà la perfection de la raison. Le sentiment seul nous porte à la vertu ; le sentiment exalté par la raison nous porte à l'héroïsme. Cette force indomptable, ce calme inaltérable qui anima Caton lorsqu'il joua après avoir été refusé de la préture, lorsqu'il lut aux portes de la mort, est la perfection de la sagesse.

Si le stoïcien dédaigne la mort, s'il apprécie la douleur, la surmonte, s'il la méprise même, c'est la force de la raison. S'il étouffe dans son cœur tous sentiments pour y donner cours seulement à ceux de la force et de la vertu, s'il ne donne rien aux sens, à l'imagination, au hasard ; si tout est en lui le fruit de la philosophie et de son devoir, sa vie est le règne de la raison ; c'est l'aigle qui plane dans l'empyrée, c'est le sommet sourcilleux du Caucase qui se perd dans les nues. Ce spectacle m'enlève, m'inspire le respect, l'étonnement ; mais je ne me sens pas le courage d'y arriver. Le dois-je même ? Cette perfection est un travail continu, n'est pas l'état naturel, n'est... mais je m'arrête, la plume me tombe des mains, la vénération m'impose silence. Caton était stoïcien, Brutus était stoïcien, Thraséas était stoïcien. Ombres des plus grands des humains, à qui tout ami de la vertu ne peut penser qu'avec un religieux enthousiasme, votre vie fut la perfection du sage et du patriote. Dans un temps où les hommes corrompus étaient livrés au vice, la République ébranlée aux factieux et aux tyrans, votre morale seule vous soutint et vous bravâtes le vice, les tyrans et les hommes.

Les peuples corrompus ont le sentiment naturel perverti par le besoin et le mal de cœur ou par les écarts de l'imagination effrénée. La superstition est souvent leur maladie. L'enthousiasme est une commotion violente dans certaines gens. L'enthousiasme est le délire de la raison, comme la superstition est la dépravation du sentiment.

Il faut commencer par établir le sentiment naturel ; car s'il est perverti, la raison devient un fanal trompeur ; mais, que dis-je, la raison ? elle n'est plus, elle se transforme. Le préjugé, le sophisme la remplacent et l'homme s'égare sans retour.

Avec le sentiment naturel et une logique saine, la raison pure et chaste sort de la cervelle de l'homme comme jadis Minerve de celle du Père des Dieux : le sentiment naturel supposé dans toute sa force, il ne s'agit plus que d'aider à développer la logique, il ne s'agit plus que de la fortifier, de manière qu'elle ne puisse pas lui faire illusion et l'égarer dans ses combinaisons. Pour préliminaire indispensable, vous anéantirez tout le fatras de l'argument pour ne laisser subsister que la marche de l'analyse.

Pour accélérer et fortifier la logique, agissez comme pour apprendre à marcher à l'enfant; faites-lui voir une science où tout se résout par la logique, où tout soit elle : les sciences mathématiques... il n'est point d'autre cours de logique.

Le peuple doit-il donc apprendre les mathématiques? Cela serait-il donc si absurde? Ne lui faites-vous pas apprendre un catéchisme? Eh bien, si, à la place, l'on substituait un petit cours de géométrie, cela serait-il donc impraticable ou moins utile? Que j'aimerais à voir des jeunes gens auxquels l'on enseignerait quelques propositions d'Euclide? Leur logique s'assurerait et la raison avec elle — mais je ne vous ai pas dit cela, je n'ai pas prétendu que l'on transformât en écoles les cabanes du berger ou du laboureur; je ne crois pas la science indispensable à l'homme et, certes, je ne pense pas que, sans Euclide, l'on ne puisse être heureux.

Le laboureur doit apprendre son art à son fils. L'art du labour consiste en beaucoup de faits et en quelques raisonnements; voilà une science mathématique. Tous les arts utiles vous en offrent autant et tous les artisans apprennent une science mathématique dans leur apprentissage.

Quant à la classe qui se destine spécialement à gouverner ou à guider les autres dans le sentier de la vérité, elle doit cultiver plus spécialement sa logique. Un bon cours de géométrie et d'algèbre remplira parfaitement son but. L'histoire, cette base des sciences morales, ce flambeau de la vérité, cette destructrice des préjugés, ne devra pas non plus être oubliée. Avec ces deux sciences, toutes les vérités politiques se découvriront à ses yeux : il sera à même de concourir puissamment à la prospérité de la chose publique.

Le travail des champs ou de l'atelier calme l'imagination fougueuse. L'heureux habitant des champs ne connaît pas cette inquiétude qui dévore l'oisif. Si peu que sa raison soit formée, elle suffit pour le guider, pour tempérer l'impulsion de son sentiment ou contenir l'écart de son imagination. Celui au contraire qui divague dans l'oisiveté, doit avoir une raison plus formée, plus puissante. Le torrent est plus fort : les digues doivent l'être. L'observation lui est plus nécessaire; il a besoin de toute l'énergie de la raison. Sent-il le feu du génie circuler dans ses veines? l'infortuné, je le plains; il sera l'admiration et l'envie de ses semblables et le plus misérable de tous. L'équilibre est rompu : il vivra malheureux... Ah! le feu du génie!... mais, ne nous alarmons pas; il est si rare! Que d'années qui s'écoulent sans que la nature en produise! Les hommes de génie sont des météores destinés à brûler pour éclairer leur siècle.

Puisque l'homme ne goûte de bonheur que dans une vie conforme à son organisation, puisque, par son organisation intellectuelle, la raison est la règle de ses actions, puisque la contrainte le déprave, l'anéantit, l'on ne doit donc jamais forcer personne à adopter des idées qui ne seraient pas senties.

Liberté de penser entière et absolue ; liberté de parler et d'écrire en ce qui ne blesse pas l'ordre social, est donc le fondement de la moralité, de la liberté et du bonheur individuel. Le droit naturel ne doit donc être borné que par une loi précise et cette loi ne peut prohiber que les actions directement contraires à la société. S'il en était autrement, l'ordre social serait une calamité, un intolérable esclavage.

La raison cède la partie de ses droits qu'elle ne pourrait conserver qu'avec son indépendance ; mais elle la cède à la raison générale ; la loi doit donc en être l'expression et ne peut concerner que les objets généraux. C'est un acquiescement de la raison individuelle à la raison générale sur des objets qui intéressent tous les citoyens.

Sans liberté, il n'est ni énergie, ni vertu, ni force dans les nations. Sans énergie, sans vertu, sans force, il n'est ni sentiment ni raison naturelle : il n'est point de bonheur. L'esclave qui tremble à la vue de son oppresseur, qui ne connaît de propriété, de loi, de justice, que la fantaisie, le caprice, l'intérêt du puissant, n'a de sentiment que celui de ses maux, n'a de raison que celle de ses tyrans : il devient lâche, bas, superbe, petit. Toi à qui tout rend hommage, dont l'industrie a su tout s'approprier, tout soumettre, comment as-tu pu souffrir d'appartenir à quelqu'un, de devenir la propriété de quelqu'un? Comment as-tu pu souffrir que l'on te vendît, que l'on t'achetât? Comment peux-tu souffrir que l'on te vende, que l'on t'achète encore? Les rois te trafiquèrent, te trafiquent encore au gré de leurs passions, de leurs basses intrigues ; les seigneurs, au gré de leur insatiable avidité. Comment as-tu pu, comment peux-tu encore te laisser ravaler au niveau du bœuf et du cheval?... au niveau? Tu as moins de force et de vitesse, tu es plus délicat et plus difficile. Esclave, tu n'as plus ni raison, ni sentiment... As-tu un maître ? Il t'estime moins que les animaux de son écurie... Homme, tu as été esclave et tu as pu te résoudre à vivre ?... Eh ! la mort n'est-elle pas un état de l'âme, l'esclavage n'en est-il pas la dissolution ? Réveille-toi : il est temps ou jamais. Le coq a chanté, le signal est donné ; de tes chaînes forge le fer vengeur. Il te restituera à toi-même, au bonheur, à la Patrie... Le peux-tu faire sans crime ?... Plaisante perplexité ! Il n'est ni devoir, ni loi où il n'est point de liberté. Où il n'est point de liberté, les hommes peuvent s'égorger respectivement, peuvent égorger leurs tyrans, leurs prétendus magistrats. L'homme enchaîné rentre dans l'anarchie de l'égoïsme, de l'intérêt personnel. Où l'association n'a pas le bonheur de tous pour principe, elle est nulle, et tout homme devient magistrat. Où la loi n'est pas la raison générale, la raison individuelle rentre dans son indépendance pour jouir de tous ses droits. Ne crains pas les clabauderies de la superstition, sois sûr que l'homme libre est seul digne du créateur... Tous les tyrans seront aux enfers sans doute, mais leurs esclaves y seront aussi ; car, après le crime d'opprimer une nation, celui de le souffrir est le plus énorme.

Que ces principes soient sans cesse répétés à l'homme. Résister à l'oppression est son plus beau droit, celui que les tyrans redoutent le plus : aussi en ont-ils été alarmés dans tous les temps. Ils seraient parvenus à l'effacer entièrement s'il n'était aussi inhérent à sa nature, si le Créateur ne l'avait, par le sentiment, gravé en caractères éternels : et, après des siècles, le Français, abruti par les rois et leurs ministres, les nobles et leurs préjugés, les prêtres et leurs impostures, s'est tout à coup réveillé et a tracé les droits de l'homme. Qu'ils servent de règle au législateur. Alors, l'on verra moins de méchants, parce qu'il y aura des heureux. L'influence des bonnes lois sur la morale, sur les passions individuelles, est incalculable et la morale, les modifications des passions déterminent le bonheur.

S'il est une constitution, une liberté politique, il est aussi une constitution et une liberté animale ; il est aussi une constitution et une liberté morale.

Par la constitution animale, les mains touchent, les yeux voient, les pieds marchent, la bouche parle.

Par la constitution morale, le sentiment jouit de tout le développement dont il est susceptible. L'homme s'identifie à la femme, se retrace dans ses enfants, s'épanche à l'amitié, jouit de la nature, vit de la vie de son pays, du bonheur des siens. Par la constitution morale, la raison modifie la chaleur du sentiment, lui en assure la durée, l'éclaire, contient l'imagination, spécifie à l'homme sa conduite externe. Par la constitution morale, il perfectionne ; il jouit de la perfection. Il conseille, il prévoit, il jouit de son utilité, de sa prévoyance. Voilà les lois de la constitution ou organisation humaine. En jouit-on, l'on vit heureux.

Qu'est-ce que la liberté politique ? C'est n'obéir qu'à la loi de la constitution.

Qu'est-ce que la liberté animale ? C'est n'obéir qu'à la loi de la constitution animale.

Qu'est-ce que la liberté morale ? C'est n'obéir qu'à la loi de la constitution morale.

Tout ce qui nous ébranle fortement, détraque les nerfs, l'estomac, épuise le sang... La chasteté et le libertinage, le jeûne et la débauche, le repos absolu et la fatigue excessive, les travaux du cabinet et ceux du guerrier, sont également innaturels, sont également destructifs de notre constitution, dès lors de la liberté animale.

Quant à la liberté morale, ses principaux ennemis se réduisent à deux : les mauvaises lois politiques, la domination du puissant et de l'usurpateur. Nous en avons parlé pour résumer que la nature répugne moins à la mort qu'à l'esclavage, parce que celui-ci est la dissolution, pis, la souffrance de l'âme, tandis que la mort en est la transfiguration.

Le second ennemi de la liberté morale, et dès lors du bonheur de l'homme, ne s'en détache plus dès qu'il l'a subjugué. Il traverse les mers, grimpe les rochers avec lui ; dans le sein des villes, des campagnes, sur quelque point de la terre qu'il aille, la passion violente qui l'a maîtrisé le suit.

L'ambition, la cupidité des richesses, l'amour ou toute autre passion s'empare-t-elle de l'homme, elle porte le coup de mort au repos, au moins pour un temps, au bonheur.

La passion violente dérange l'économie de la constitution animale : tous les organes sont troublés dans leurs fonctions ; ils sont dans l'anarchie. Sous ce point de vue, elle est destructive de la liberté animale.

La passion violente anéantit le sentiment à la fois doux et sublime de l'existence, de l'amitié, de la reconnaissance, du tendre respect. La nature n'a plus d'attraits : l'écume épaisse de l'effervescence la voile à ses yeux. La passion violente veut ce qu'elle veut. Elle ne souffre point de contraste. La raison disparaît, le préjugé arrive et l'homme y est livré sans défense. Elle n'est pas contente encore : elle appelle à son secours l'imagination déréglée qui, fière et joyeuse de l'humiliation de son ennemie, la raison, vient s'emparer de sa victime pour la tourmenter par tous genres de maux.

Le bonheur est donc incompatible avec une passion violente, puisque celle-ci est destructive de l'économie animale, du sentiment et de la raison naturelle.

Voyez ce jeune adolescent livré à l'amour : il s'agite, il gémit, il pleure. Un feu dévorant circule dans ses veines, rien ne peut le tranquilliser. Que veut-il ? Qu'a-t-il ? Que désire-t-il ? Tantôt, il frémit, il hurle comme le lion d'Afrique ; tantôt, il chante avec la mélodie du cygne ou la tendresse de la colombe... Il se crée des monstres pour les combattre et en être tourmenté. Le monde est réduit pour lui à un seul appartement, l'opinion à une seule bouche, le bonheur à une seule fantaisie. La morale, la vertu, la société, la nature, la patrie, un père et une mère jusqu'ici chéris, tout lui devient étranger, tout lui devient insupportable ; car il n'est ni morale, ni vertu, ni société, ni parents sans des devoirs à remplir, et, des devoirs, il ne pratique. il ne respecte que ceux de sa passion ; il a des plaisirs et des peines sans doute ; mais se compensent-ils ? Ce n'est pas là notre question. Jouit-il du sentiment naturel ?... Non... Jouit-il de la raison ? Il ne connaît que les préjugés de la passion : cela étant, aurait-il accumulé tous les plaisirs imaginables, il ne serait pas heureux, ne vivant pas conformément à son organisation, ne jouissant pas de la liberté ni animale, ni morale.

L'adolescence est-elle passée ? Ce même jeune homme a-t-il atteint l'âge viril et l'ambition se l'est-elle impatronisé... l'ambition au teint pâle, aux yeux égarés, à la démarche précipitée, aux mouvements irréguliers, au rire sardonique ? Les crimes ne lui sont plus que des jeux ; la cabale ne lui est plus qu'un moyen ; le mensonge, la calomnie, la médisance, un argument, une figure d'élocution. Arrive-t-il enfin au timon des affaires ? L'hommage des peuples le fatigue. — Mais il peut faire le bien. Est-il rien de plus consolant pour la raison que de pouvoir dire : Je viens d'assurer le bonheur de cent familles ; je me suis agité ; mais l'État en ira mieux. Mes concitoyens vivent tranquilles par mon inquiétude, sont heureux par mes perplexités, gais par mes chagrins... Oui, mais vous ne faites pas attention que c'est ainsi que raisonnaient Fabricius, Cincinnatus, Catinat — et Fabricius, Cincinnatus et Catinat n'étaient pas ambitieux. Celui qui ne désire de parvenir qu'impulsé par le pur sentiment de contribuer à la félicité publique est l'homme vertueux qui se sent du courage, de la fermeté, des talents. Il maîtrisera l'ambition au lieu d'en être maîtrisé et, dès lors, il pourra jouir du sentiment et de la raison : il jouit toujours de la liberté morale.

Mais l'ambition, ce désir immodéré de contenter l'orgueil ou l'intempérance, qui n'est jamais satisfait, qui mène Alexandre de Thèbes en Perse, du Granique à Issus, d'Issus à Arbelle, de là dans l'Inde ; l'ambition qui lui fait conquérir et ravager le monde pour ne pas la satisfaire ; le même feu l'embrase ; dans son délire, il ne sait plus quel cours lui donner ; il s'agite, il s'égare... Alexandre... se croit un Dieu ; il se croit fils de Jupiter, il veut le faire croire aux autres. L'ambition qui conduit le négociant à la fortune, de là au Contrôle général sans le contenter par la première place des finances ; l'ambition qui mena Cromwell, comme il menait l'Angleterre, mais pour le tourmenter par tous les poignards des furies ; l'ambition qui renverse les États, les fortunes particulières, qui se nourrit de sang et de crimes ; l'ambition qui inspira Charles-Quint, Philippe II, Louis XIV, est, comme toutes les passions désordonnées, un délire violent et irréfléchi qui ne cesse qu'avec la vie : comme un incendie, favorisé par la bise impitoyable, ne finit qu'après avoir tout consumé. Richelieu, né dans la médiocrité, arrive après des fatigues et des tourments infinis à être roi sous le nom de ministre. Il va jouir sans doute de son élévation, il vivra tranquille. Que lui reste-t-il à désirer ?... Mais il n'est pas cardinal ! Il obtient le chapeau : mais il est dans le royaume un Corneille ! Il devient poète et ses flatteurs, comme l'on s'en doute, le placent au premier rang. Pour le coup, que peut-il convoiter ?... La même folie qui altéra la cervelle d'Alexandre, produite par la même cause, s'empare de Richelieu. Il veut être un autre Bacchus, il veut être cru saint : il meurt dans cette espérance et son dernier soupir est un acte d'imposture, mais qu'il se flatte devoir le conduire à son but.

L'envie des richesses, l'avarice sordide sont-elles plus raisonnables ? Produisent-elles des plaisirs plus réels ? Voyez ce négociant millionnaire : la mer est couverte par ses vaisseaux : eh bien ! il se donne encore plus de mouvement. Il expose sa vie aux ouragans, aux saisons, aux tempêtes. Vous le prendriez pour un nécessiteux... Voyez l'avare sordide : il entasse or sur or ; il projette peut-être quelque grande entreprise ; il a envie d'une place honorifique ; ou un établissement utile immortalisera son nom en le faisant appeler le père des pauvres ? Eh non ? il ne projette que d'accroître encore son trésor.

L'amour ne sait ce qu'il veut et brûle tant qu'il dure. L'ambition n'est jamais contente, même au faîte des grandeurs. Pour l'avare, encaissez les mines du Potosi dans ses coffres, vous n'aurez pas le plaisir de le satisfaire.

Toutes les passions violentes sont incontentables : c'est l'imagination qui embrase le sang; celui-ci irrite les fibres, produit l'inquiétude... Observez les grandes passions, vous y verrez les mêmes symptômes.

Animal que la nature a distingué par la raison de toutes ses autres productions, tu es le plus versatile, le plus inconséquent, le plus victime. Veux-tu vivre selon le but de ta création ; eh bien ! ne t'abandonne jamais au torrent des passions violentes : tu le peux, tu es ton maître, mais, si tu n'y prends garde, tu finis par être maîtrisé. La passion est comme le Danube : l'enfant de Donaueschingen le détourne dans ses jeux ; mais quelques lieues plus bas, il inonde les provinces, renverse les villes... D'aussi loin que le pilote aperçoit le tornado épouvantable de Guinée ou le gouffre d'Euripe, il se détourne, il est maître de manœuvrer à sa fantaisie ; mais se confie-t-il en son habileté ? se néglige-t-il un moment ? il perd par son imprudence son bâtiment et la vie. Hommes ! voilà votre histoire : maîtrisez vos passions dès leur origine, ou vous en serez maîtrisés : à cela point de milieu.

Les tempêtes de l'océan sont à préférer à sa stagnation qui en rendrait les vapeurs mortelles. Les passions sont préférables à la stupidité absolue, au libertinage avilissant. Encore mieux vaut-il être enthousiaste, passionné qu'insensible. Sans doute on doit préférer le délire du sentiment à son assoupissement, à sa mort.

Savez-vous d'où viennent les passions désordonnées ? De la privation des jouissances naturelles. Privé des jouissances naturelles, le feu du sentiment n'a point de cours : il fermente, il produit la passion ; et l'imagination, vraie boîte de Pandore, réceptacle de tous les vices, vient dérégler tous ses appétits ; de même que, par le défaut d'exercice, les humeurs se réunissent, le sang s'embrase par son appauvrissement; la fièvre et les convulsions du délire en sont la suite inévitable.

Voyez l'inquiétude du riche : des palais, des campagnes, la cohue qui l'entoure, ne peuvent l'arracher au malaise, à l'insouciance, à l'insatisfaction ; il devient ambitieux pour se dire bientôt : j'ai cherché le bonheur et n'ai trouvé que la gloire. Il change de route. Il espère cette fois le trouver, ce bonheur, dans le sein de l'amour. L'infortuné cherche le sentiment et n'en trouve jamais que le délire. Après quelques épreuves aussi infructueuses, il ne croit plus au bonheur et meurt avec cette cruelle idée dans le cœur.

Aujourd'hui les trois quarts des hommes arrivent, par les mêmes épreuves, aux mêmes résultats. Aveugles ! Vivez conformément à votre nature ; sentez et raisonnez selon le sentiment et la raison naturelle et vous serez heureux.

Nous avons vu l'homme de la nature naître au milieu des champs : nous avons été témoins des perplexités de son jeune cœur sur les injustices de la propriété. Nous avons vu son père, ce respectable vieillard, calmer ses inquiétudes, en lui dévoilant l'état de sa fortune et l'inutilité, même le danger des richesses. Travaillant dans son champ, logé dans sa cabane, nourri par ses moissons, il ne tarda pas à avoir un fils. Son existence fut triplée, son travail en devint plus doux. Que de sentiments partagent le cœur de cet homme heureux ! Son père, sa femme, son enfant, la nature entière sont les objets de son affection et de son sentiment. Sans peines, le bonheur serait moins utile. Son père meurt... Une compagne douce et fidèle, des enfants innocents lui font sentir qu'il n'a pas tout perdu. Il modère ses transports : il élève à son père un monument aussi simple que lui ; et, lorsque son âme est accessible à la douleur ou à l'appétit déréglé, il court près de ces cendres vénérables, reprendre le goût du devoir et de la simplicité. Ainsi s'écoulent les jours, dans le sein de ses travaux domestiques, de ses amis : les jours sont trop courts pour lui comme les saisons trop rapides. Les glaces de la vieillesse insensiblement s'approchent : il vit de la vie passée, il vit dans ses enfants. Mais si, pour prix de sa vie réglée, il peut voir ses petits-fils, il bénit ce jour et n'attend plus que le moment de mourir.

C'est environné des objets de son affection qu'il rend le dernier soupir ! « Mes enfants, leur dit-il, j'ai adoré Dieu, car j'ai vécu heureux et ai préparé votre bonheur. Faire son bonheur, concourir à celui des hommes est le seul culte digne de l'Éternel... Vivez donc heureux pour votre intérêt et pour plaire au créateur de ce vaste univers. Ne vous laissez jamais séduire par la cupidité, ni par la passion violente, pour être à même de sentir et de raisonner... Mes enfants, le corps est mortel ; il dépérit insensiblement ; et le moment de la mort est son entière dissolution. L'âme au contraire acquiert toujours et les années ne font que la perfectionner, ne font que d'en accroître l'empire... L'âme est immortelle : cette idée me console, me rend la mort douce, désirable même... oui, désirable... Ah ! mes amis, il arrive un temps où la vie n'est plus qu'un fardeau ; c'est le temps où tout annonce qu'il faut mourir... Mes sens ne me retraçaient plus que cette image et ne m'affectaient plus que par la douleur... J'ai vu périr les hommes mes contemporains... L'amour, l'amitié, les liaisons de l'enfance, tout est mort depuis longtemps. Les choses seules me retraçaient ces doux tressaillements... et encore ! les choses n'ont-elles pas changé ! Notre cabane même, n'a-t-elle pas, par sa chute, annoncé le moment du départ ? Ne me plaignez donc pas, mes enfants, ne vous affligez pas : la mort est un état de l'âme, c'est un changement de maison : Y a-t-il là de quoi tant s'attrister ! Mon père m'appelle du sein de l'autre vie : un jour, je vous appellerai à mon tour ; vous appellerez vous-mêmes vos fils. Ainsi s'écoulent les siècles... Mais quel que soit le lieu où mon âme s'élance, je serai au milieu de vous, n'en doutez pas ; je le sens à ma tendresse... Je lirai dans vos cœurs. Que les sentiments qui y régneront soient toujours dignes de vous... Ah ! mes amis, si la discorde venait à vous désunir, souvenez-vous de votre père.... je vous porte tous dans mon âme, votre inimitié la déchirerait... Je ne puis être avec vous que par votre union... Placez mes cendres à côté de celles de mon père ; et, lorsque vous aurez des différends, venez les décider sur notre tombe ; souvenez-vous alors de ces dernières paroles, souvenez-vous que, depuis votre naissance, je ne vécus plus que pour vous et ne fus plus flatté que de ce qui pouvait concourir à votre bonheur... Ah ! si vous connaissiez toute la sollicitude de ces sentiments ! Mais vous serez pères à votre tour !... Mes enfants, continuez à vivre comme nous avons vécu ensemble. Que mon tombeau ne soit pas un lieu de tristesse ; au contraire, mes amis, que la gaité, que les doux plaisirs, que les innocents jeux soient célébrés autour de lui. Celui qui ne respira que pour votre félicité ne peut être que sensible au spectacle de vos plaisirs... Adieu, mes enfants, je sens que le moment arrive... Si jamais vous abandonniez ce séjour, ayez soin de transporter avec vous mes cendres et celles de mon père... Adieu, recevez ma bénédiction, qu'elle soit le palladium de votre union et de votre bonheur. »

Il détourne la tête, ouvre les yeux, et son âme s'envole.

Je n'ai consulté que l'utilité du voyage lorsque j'ai essayé de me frayer une route au travers d'une mer célèbre par ses naufrages. N'ai-je pas eté plus heureux, n'ai-je pas atteint au but ? Je n'en suis pas étonné ; je n'ai vu dans mon chemin que des personnes qui s'étaient égarées. Les ai-je imitées ? Je suis sûr du moins que quelqu'un y aura réussi et je me trouve consolé d'accroître, par ma lutte, le triomphe du vainqueur ; certain que la médiocrité n'enlèvera pas une palme que votre réputation fera disputer avec chaleur.

TABLE DES MATIÈRES

Les œuvres originales sont signalées par un astérisque.

ÉVREUX, IMPRIMERIE CH. HÉRISSEY ET FILS

ŒUVRES DE M. FRÉDÉRIC MASSON

de l'Académie française

Mémoires et Lettres du Cardinal de Bernis (1715-1758). — 2 vol. in-8°.
Le Cardinal de Bernis depuis son ministère (1758-1794). — 1 vol. in-8°.
Journal inédit du marquis de Torcy — 1 vol. in-8°.
Le Département des Affaires étrangères pendant la Révolution (1787-1804) — 1 vol. in-8°.
Souvenirs militaires du comte Hippolyte d'Espinchal — 2 vol. in-8°.

ÉTUDES NAPOLÉONIENNES

I. **Napoléon dans sa jeunesse.** — (1769-1793). Édition nouvelle des *Notes sur la jeunesse de Napoléon* — 1 vol. in-8°.

II. **Napoléon et les Femmes. — L'Amour** — 1 vol. in-8°.
Joséphine de Beauharnais (1763-1796) — 1 vol. in-8°.
Joséphine Impératrice et Reine (1804-1809) — 1 vol. in-8°.
Joséphine répudiée (1809-1814) — 1 vol. in-8°.
L'Impératrice Marie-Louise (1809-1815) — 1 vol. in-8°.

La série sera complète en six volumes.

III. **Napoléon et sa Famille.** (1769-1814) — 9 vol. in-8°.

L'ouvrage complet formera douze volumes.

IV. **Napoléon et son fils** — 1 vol. in-8°.
V. **Napoléon chez lui. — La journée de l'Empereur aux Tuileries** — 1 vol. in-8°.
VI. **Cavaliers de Napoléon** — 1 vol. in-8°.

CHAQUE VOLUME : 7 FR. 50

Collection à 3 fr. 50

Jadis — 1 vol. in-18.
Le Marquis de Grignan, petit-fils de Mme de Sévigné. — 1 vol. in-18.
Souvenirs de Maurice Duvicquet — 1 vol. in-18.
L'Affaire Maubreuil — 1 vol. in-18.
Jadis (2e série) — 1 vol. in-18.

ÉVREUX, IMPRIMERIE CH. HÉRISSEY ET FILS

www.ingramcontent.com/pod-product-compliance
Lightning Source LLC
Chambersburg PA
CBHW060301230426
43663CB00009B/1547